民商事指导案例实用速查手册

归类整理·实务问答
适用实例

孙政　编著

法律出版社
LAW PRESS·CHINA
——北京——

图书在版编目(CIP)数据

民商事指导案例实用速查手册:归类整理·实务问答·适用实例/孙政编著. -- 北京:法律出版社,2022

ISBN 978-7-5197-6381-7

Ⅰ.①民… Ⅱ.①孙… Ⅲ.①民法-案例-中国②商法-案例-中国 Ⅳ.①D923.05

中国版本图书馆 CIP 数据核字(2022)第015806号

民商事指导案例实用速查手册:
归类整理·实务问答·适用实例
MINSHANGSHI ZHIDAO ANLI SHIYONG SUCHA SHOUCE:GUILEI ZHENGLI·SHIWU WENDA·SHIYONG SHILI

孙 政 编著

策划编辑 周 洁 林 蕊
责任编辑 周 洁 林 蕊
装帧设计 李 瞻

出版发行 法律出版社
编辑统筹 司法实务出版分社
责任校对 晁明慧
责任印制 胡晓雅
经　　销 新华书店

开本 880毫米×1230毫米 1/32
印张 26　**字数** 783千
版本 2022年6月第1版
印次 2022年6月第1次印刷
印刷 永清县金鑫印刷有限公司

地址:北京市丰台区莲花池西里7号(100073)
网址:www.lawpress.com.cn
投稿邮箱:info@lawpress.com.cn
举报盗版邮箱:jbwq@lawpress.com.cn

销售电话:010-83938349
客服电话:010-83938350
咨询电话:010-63939796

书号:ISBN 978-7-5197-6381-7　　**定价**:96.00元

凡购买本社图书,如有印装错误,我社负责退换。电话:010-83938349

编写说明

近年来的司法实践中，无论是居中的裁判者，还是原被告双方，对案例尤其是权威案例的使用愈加普遍，甚至可以说已经蔚然成风，越来越多的诉讼主体通过各种方式积极援引和使用案例。在制度方面，强化类案强制检索与裁判统一的规范也不断出台，其中具有代表性的包括2017年《最高人民法院司法责任制实施意见（试行）》，它明确规定了“类案与关联案件检索”机制，这是人民法院司法责任制改革的一大举措。2018年的最高人民法院《关于进一步全面落实司法责任制的实施意见》要求，各级法院应建立类案及关联案件强制检索机制，以确保类案裁判标准和法律适用的统一。2020年的最高人民法院《关于统一法律适用加强类案检索的指导意见（试行）》（以下简称《指导意见》），从实体与程序两方面共同规定了案件承办法官检索类案和制作检索报告的义务，目的即是助力方兴未艾的案例指导制度，进一步统一裁判尺度。2021年11月出台的《最高人民法院统一法律适用工作实施办法》（以下简称《实施办法》）则进一步明确并扩大了最高人民法院审理的案件需要强制类案检索的情形和范围。此外，江苏省高级人民法院也出台了《关于建立类案强制检索报告制度的规定（试行）》，北京市高级人民法院出台了《关于规范民事案件自由裁量权行使保障裁判尺度统一的工作意见（试行）》，对类案检索和参照的规则作出了明确的规定。随着一系列规范类案裁判规定的实施，会有更多的地方法院探索和制定具体的实施方案。值得注意的是，不同的案例有不同的效力层次，而最高人民法院、最高人民检察院发布的指导案例无疑应居于效力“金字塔”的最顶端。

2018年修订的《人民法院组织法》第18条规定：“最高人民法院可以对

属于审判工作中具体应用法律的问题进行解释。最高人民法院可以发布指导性案例。”第37条第2款增加规定了最高人民法院审判委员会的职能：“发布指导性案例，可以由审判委员会专业委员会会议讨论通过。”由此观之，指导性案例的存在获得了宪法性法律的明确，发布指导性案例也被《人民法院组织法》规定为最高人民法院的一种与发布司法解释相并列的重要职能，指导性案例由此有了一种“准法源”的地位。《指导意见》第9条第1款明确了指导性案例的优先效力：“检索到的类案为指导性案例的，人民法院应当参照作出裁判，但与新的法律、行政法规、司法解释相冲突或者为新的指导性案例所取代的除外。”《实施办法》明确了除《指导意见》规定应进行类案检索的案件外，最高人民法院在审理过程中遇到“公诉机关、当事人及其辩护人、诉讼代理人提交指导性案例或者最高人民法院生效类案裁判支持其主张的案件”等情形，也应当进行类案检索。简言之，最高人民法院发布的指导性案例既不同于最高人民法院发布的公报案例、典型性案例、宣教性案例等，也不同于各高级人民法院发布的典型性案例、参考性案例，各级人民法院审判类似案件时应当参照指导性案例，且是“应当”而非“可以”，是“参照”而非“参考”。可以说，指导性案例确立的裁判规则，相较于其他一般案例具有更强的拘束力，在指导性案例与其他案例冲突的情况下，原则上应优先参照指导性案例。承办案件的法官若无更强理由，不得任意背离该裁判规则，否则可能构成法律适用错误。

如前所述，就目前众多的案例类型而言，最高人民法院、最高人民检察院发布的指导性案例无疑是效力最高的。但由于最高人民检察院发布的指导性案例绝大多数为刑事案例，故就民商事领域而言，最高人民法院指导性案例中的民商事案例无疑是最具权威性、效力最高的。

以往的案例汇编大多是按照发布批次（时间）所进行的汇编，不利于集中学习或专业梳理，也不利于识别、查阅、学习类案和长期记忆。既然案例指导制度的核心是类案的识别与判断，若无法有效解决类案寻找与判断的问题，那么类案参照自然难以为继。从这个意义上讲，准确地检索与发现类案是实现类案同判的逻辑前提。为方便准确发现、识别、查找相应指导案例，编者特编写了本书。本书有三大特色：

1. 将全部民商事指导案例按案件涉及的内容进行分类汇总，便于检索、学习和参照适用。值得一提的是，为适应信息化需求，每个指导案例后均附“二维码”，供单独下载、打印原文。

2. 结合最新法律规定，对指导案例涉及的知识点进行延伸解读，进一步扩展指导案例的理论与实践意义。通过举一反三，以百余个指导案例为基础扩展出近300个重要知识点，力求将指导案例及其衍生价值最快、最好、最全地发挥出来。

3. 精心挑选实践中适用指导案例的范例，将文书中紧密涉及指导案例的部分提炼出来，并在目录中注明适用方式（如法院说理引用、原告诉称引用、被告答辩引用等不同情形；因法院说理引用为一般情形，此情形不再注明），既为实践中如何适用指导性案例作了参考，亦与《实施办法》关于各方“提交指导性案例或者最高人民法院生效类案裁判支持其主张的案件，也应进行类案检索”的规定不谋而合。

此外，为适应最新法律规定，尤其是《民法典》的实施，本书还将指导案例“相关法条”“裁判结果”“裁判理由”部分的法律条文与最新规定进行了比对，有变动的，以脚注形式标注其对应的最新规定的条文序号或规范性文件的时效性。

截至2022年4月，最高人民法院共发布31批178件指导案例。经系统梳理，共有民商事案例118件（含已废止的2件），另有行政附带民事公益诉讼、刑事附带民事公益诉讼案例1件。因而，本书收录的指导案例总数为120件。

最后，有关体例排版方面的其他问题，说明如下：

正文黑体字部分为案例序号；宋体字加黑部分为案例名称；楷体字部分为最高人民法院公布的案例内容原文（包括关键词、裁判要点、相关法条、基本案情、裁判结果、裁判理由）；宋体字部分为“实务问答”；仿宋字体部分为“适用实例”。“实务问答”主要以问题解读的形式呈现相应指导案例涉及的与实务密切相关的延伸或扩展知识内容（结合最新法律规定对重要知识点进行精炼的解说，不限于指导案例“裁判要点”涉及的知识点)。为节省空间，该部分所列条文内容各段落（款、项）间并未采用换行而是空两格方式编排。“适用实例”则如前所述，均源于真实裁判，同时进行必要简化与提炼，并附相应案号。

本书编写过程中得到了法律出版社的大力支持，在此表示感谢。由于诸事繁杂、时间仓促，疏漏之处难免，敬请指正。

编者

二〇二二年四月

目　录

实　体　类

一、人格权纠纷 …………………………………………………… 3

001　指导案例 98 号　张庆福、张殿凯诉朱振彪生命权纠纷案 ……… 3

非因法定职责、法定义务或约定义务阻止不法侵害者逃逸的，可认定为见义勇为

【实务问答】1. 见义勇为与无因管理有何区别？ …………………… 6

2. 阻止不法侵害者逃逸的行为应否认定为侵权？ ………… 7

3. 因保护他人民事权益而使自己受损时，责任如何承担？ …… 8

【适用实例】闻某祥、闻某明见义勇为人受害责任纠纷案（被上诉人二审抗辩引用） ………………………………………… 8

002　指导案例 141 号　支某 1 等诉北京市永定河管理处生命权、健康权、身体权纠纷案 ……………………………………… 10

禁止公众进入的水利工程设施不属侵权法意义上的公共场所，管理方已采取合理安全提示和防护措施，不承担侵权责任

【实务问答】1. 安全保障义务的排除范围是什么？ ………………… 13

2. 违反安全保障义务的判断标准有哪些？ ……………… 14

【适用实例】任丘市水务局、河北供水有限责任公司与史某明、刘某维违反安全保障义务责任纠纷案（上诉人上诉引用） ……… 14

003　指导案例 142 号　刘明莲、郭丽丽、郭双双诉孙伟、河南兰庭物业管理有限公司信阳分公司生命权纠纷案 …………………… 16

为维护受害方合法权益，劝阻另一方勿离开现场且未超合理限度的，属合法行为

【实务问答】1. 被劝阻人因自身疾病猝死，劝阻人是否构成过错侵权？ …… 19

2. 公平责任的适用范围是否应被严格限制？ ………………… 20

004　指导案例 143 号　北京兰世达光电科技有限公司、黄晓兰诉赵敏名誉权纠纷案 ………………………………………………… 21

在不特定关系人组成的微信群中发布侮辱、诽谤、污蔑或贬损他人的言论，构成名誉权侵权

【实务问答】1. 名誉权与名誉的区分是什么？ ……………………………… 25

2. 行为人对网络空间内的名誉权侵权承担责任吗？ ……… 26

005　指导案例 99 号　葛长生诉洪振快名誉权、荣誉权纠纷案 …… 26

以细节考据、观点争鸣等名义对英烈事迹和精神进行污蔑、贬损，应承担法律责任

【实务问答】1. 对英烈事迹的亵渎损害社会公共利益性吗？ ……………… 30

2. 英烈人格利益在《民法典》下受到怎样的保护？ ……… 30

二、婚姻家庭、继承纠纷 ………………………………………………… 31

006　指导案例 66 号　雷某某诉宋某某离婚纠纷案 ………………… 31

以隐藏、转移、变卖、毁损共同财产或伪造债务的方式，企图侵占另一方财产的，离婚分割财产时可少分或不分

【实务问答】1. 如何理解婚前个人财产的稳定性？ ………………………… 34

2. 一方侵害夫妻共同财产的法律后果是什么？ …………… 34

【适用实例】袁某甲与董某离婚纠纷一案 …………………………………… 35

007　指导案例50号　李某、郭某阳诉郭某和、童某某继承纠纷案 …… 37

婚后人工授精，后男方反对但女方坚持生出，无论是否在婚姻存续期间，均应视为婚生子女

【实务问答】1. 利用人工授精技术所生子女的法律身份是什么样的？ …… 40

2. 《民法典》对胎儿权益保护的规定如何？ …… 41

三、物权纠纷 …… 42

008　指导案例65号　上海市虹口区久乐大厦小区业主大会诉上海环亚实业总公司业主共有权纠纷案 …… 42

专项维修资金属全体业主共有，缴纳专项维修资金是业主的一项法定义务

【实务问答】1. 《民法典》对专项维修资金的归属与使用有何规定？ …… 44

2. 专项维修资金缴纳是否适用诉讼时效？ …… 45

【适用实例】王某国、刘某维、钱某与长沙市天心区涵相大厦业主委员会业主撤销权纠纷案 …… 45

四、合同纠纷 …… 47

009　指导案例33号　瑞士嘉吉国际公司诉福建金石制油有限公司等确认合同无效纠纷案 …… 47

债务人以明显不合理低价转让财产给关联公司属恶意串通的无效合同，因此取得的财产应返还原财产所有人

【实务问答】1. 恶意串通损害他人合法权益的民事法律行为效力如何？ …… 52

2. 民事法律行为无效的后果如何？ …… 53

【适用实例】喻某与喻某健、喻某国确认合同无效纠纷案 …… 54

010 指导案例17号 张莉诉北京合力华通汽车服务有限公司买卖合同纠纷案 …… 55

为家庭生活消费需要购买汽车而发生欺诈纠纷的，消费者可依《消费者权益保护法》要求赔偿损失

【实务问答】1. 如何认定“消费者身份”？ …… 58

2. 如何认定欺诈成立？ …… 58

【适用实例】开平市丰泰汽车销售服务有限公司与张某静买卖合同纠纷案 …… 60

011 指导案例23号 孙银山诉南京欧尚超市有限公司江宁店买卖合同纠纷案 …… 62

“知假买假”的消费者仍有权主张10倍惩罚性赔偿

【实务问答】1. “知假买假者”是否一定属于“职业打假索赔者”？ …… 64

2. 如何理解食品安全中的首负责任制？ …… 65

【适用实例】廖某威与广东中榄农业科技有限公司、仁化县丹霞佳大农业科技园有限公司产品责任纠纷案（再审申请人申请理由引用） …… 66

012 指导案例107号 中化国际（新加坡）有限公司诉蒂森克虏伯冶金产品有限责任公司国际货物买卖合同纠纷案 …… 67

国际货物买卖合同中卖方交付的货物虽有缺陷，但买方经过合理努力就能使用或转售货物的，不构成根本违约

【实务问答】1. 《联合国国际货物销售合同公约》的适用顺序如何？ …… 71

2. 如何认定构成根本违约？ …… 71

013 指导案例72号 汤龙、刘新龙、马忠太、王洪刚诉新疆鄂尔多斯彦海房地产开发有限公司商品房买卖合同纠纷案 …… 72

终止借款合同建立商品房买卖合同关系，将借款本息转化为购房款，不存在《合同法》第52条情形的，合同有效

【实务问答】1. 债权到期后的“以物抵债”协议是否有效？ …………… 76
2. 对转化为已付购房款的借款本息，法院是否仍需审查？ …… 76
【适用实例】惠州怡海房地产开发有限公司与郭某翠房屋买卖合同纠纷案 ………………………………………………… 77

014　指导案例 53 号　福建海峡银行股份有限公司福州五一支行诉长乐亚新污水处理有限公司、福州市政工程有限公司金融借款合同纠纷案 ………………………………………… 79
特许经营权的收益权可质押并可作为应收账款出质登记

【实务问答】1. 特许经营权是否可以转让？ ………………………………… 84
2. 特许经营权质押担保的实质是什么？ …………………… 84
【适用实例】青岛秦鲁海联国际贸易有限责任公司与国家开发银行、海南华信国际控股有限公司应收账款质权纠纷案 ………… 85

015　指导案例 57 号　温州银行股份有限公司宁波分行诉浙江创菱电器有限公司等金融借款合同纠纷案 ………………… 86
债务发生在选择性列明部分最高额担保合同的决算期内，未列明的最高额担保合同的担保人也应承担担保责任

【实务问答】1. 最高额保证的特点及决算期是什么？ …………………… 90
2. 作出意思表示的方式有哪些？ ……………………………… 90
【适用实例】恒丰银行股份有限公司温州分行与淮安禧徕乐投资发展有限公司等金融借款合同纠纷案 …………………………… 92

016　指导案例 95 号　中国工商银行股份有限公司宣城龙首支行诉宣城柏冠贸易有限公司、江苏凯盛置业有限公司等金融借款合同纠纷案 ………………………………………… 94
最高额抵押权设立前已存在的债权经当事人协议可转入最高额抵押担保的债权范围，但不得对第三人产生不利影响

【实务问答】1. 最高额抵押权的定义及债权范围是什么？ ……………… 98
2. 如何对最高额抵押合同内容进行变更？ ………………… 99

【适用实例】上海建信钢铁有限公司与中国民生银行股份有限公司南京分行等合同纠纷上诉案 …… 99

017 指导案例51号 阿卜杜勒·瓦希德诉中国东方航空股份有限公司航空旅客运输合同纠纷案 …… 101

打折机票上标注的“不得退票，不得转签”，不影响旅客按时抵达目的地的权利

【实务问答】1. 因不可抗力致航班延误，航空公司需要采取什么措施，履行什么义务？ …… 106

2. 打折机票上注明“不得退票或转签（改签）”的法律意义如何？ …… 106

【适用实例】姚某、林某坚航空旅客运输合同纠纷案（被上诉人抗辩引用） …… 107

018 指导案例1号 上海中原物业顾问有限公司诉陶德华居间合同纠纷案 …… 109

卖方将同一房屋通过多个中介挂牌出售，买方通过其他公开途径获得信息促成合同成立，对中介不构成违约

【实务问答】1. “禁止跳单”格式条款的效力如何确定？ …… 112

2. 如何认定是否构成“跳单”？ …… 112

【适用实例】申某与重庆千苍房屋中介有限公司居间合同纠纷案 …… 112

019 指导案例64号 刘超捷诉中国移动通信集团江苏有限公司徐州分公司电信服务合同纠纷案 …… 114

格式合同中未明确商品或服务的限制条件，且经营者未能证明订立合同时已明确告知消费者并获其同意的，限制条件对消费者不发生效力

【实务问答】1. 如何识别格式条款？ …… 117

2.《民法典》对提供格式条款一方的提示说明义务及未履行该义务的法律后果有何规定？ …… 117

【适用实例】呼伦贝尔安泰热电有限责任公司满洲里热电厂与王杰供用热力合同纠纷案 …… 118

020　指导案例 166 号　北京隆昌伟业贸易有限公司诉北京城建重工有限公司合同纠纷案 …… 119

一方依照和解协议的约定申请解除了财产保全，另一方违反诚信原则不依约履行并请求调减和解协议违约金的，不予支持

【实务问答】1. 如何理解违约金的调整规则？ …… 122

2. 如何确定违约金过高的举证证明责任？ …… 123

021　指导案例 167 号　北京大唐燃料有限公司诉山东百富物流有限公司买卖合同纠纷案 …… 124

就代位权判决未获清偿的部分，债权人可另行向债务人主张权利

【实务问答】1. 债权人代位权的概念及债权人行使代位权的条件是什么？ …… 127

2. 债权人行使代位权后将产生哪些法律效果？ …… 128

022　指导案例 168 号　中信银行股份有限公司东莞分行诉陈志华等金融借款合同纠纷案 …… 129

未依约办理抵押登记，不影响抵押合同的效力。抵押权人对未办理抵押登记有过错的，相应减轻抵押人的赔偿责任

【实务问答】1. 如何理解合同效力与物权变动的“区分原则”？ …… 135

2. 如何理解一方违约时另一方的减损义务？ …… 136

3. 减损规则与过失相抵规则有何区别？ …… 137

023　指导案例 169 号　徐欣诉招商银行股份有限公司上海延西支行银行卡纠纷案 …… 138

持卡人未违反信息妥善保管义务时，银行不能仅以持卡人身份识别信息与交易验证信息相符为由拒绝承担账户被盗刷的赔偿责任

【实务问答】1. 过错是否属于违约责任的构成要件？ …… 141
2. 银行应如何保障存款人合法权益？ …… 142

024 指导案例 170 号 饶国礼诉某物资供应站等房屋租赁合同纠纷案 …… 143

合同违反的虽是行政规章而非行政法规，但损害了社会公共利益、违背了公序良俗的，仍应依法认定合同无效

【实务问答】1. 如何识别效力性强制性规定与管理性强制性规定？ …… 148
2. 违反规章与违反公序良俗之间的关系是什么？ …… 150

025 指导案例 171 号 中天建设集团有限公司诉河南恒和置业有限公司建设工程施工合同纠纷案 …… 152

合同违反的虽是行政规章而非行政法规，但损害了社会公共利益、违背了公序良俗的，仍应依法认定合同无效

【实务问答】1. 如何理解承包人的建设工程价款优先受偿权？ …… 155
2. 建设工程价款优先受偿权的行使方式有哪些？ …… 156
3. 多种方式主张优先受偿权时如何确定行使日期？ …… 157

五、知识产权与竞争纠纷 …… 159

026 指导案例 80 号 洪福远、邓春香诉贵州五福坊食品有限公司、贵州今彩民族文化研发有限公司著作权侵权纠纷案 …… 159

民间文学艺术衍生作品的表达系独立完成且有独创性的部分受《著作权法》保护

【实务问答】1. 如何理解《著作权法》中的“作品”？ …… 165
2. 民间文学艺术衍生作品的概念、种类及受《著作权法》保护的范围是什么？ …… 165

【适用实例】陶某钰、敖某青侵害作品信息网络传播权纠纷案（上诉人上诉理由引用） …… 166

027 指导案例 81 号 张晓燕诉雷献和、赵琪、山东爱书人音像图书有限公司著作权侵权纠纷案 …… 168

由不同作者就同一题材创作的作品，作品的表达系独立完成并且有创作性的，各自享有独立著作权

【实务问答】1. 如何确定不同作者就同一题材分别独创的作品的著作权归属？ …… 173

2.《著作权法》保护的是表达还是思想或情感本身？ …… 173

【适用实例】查某与杨某、北京联合出版有限责任公司著作权权属、侵权纠纷、商业贿赂不正当竞争纠纷案 …… 174

028 指导案例 157 号 左尚明舍家居用品（上海）有限公司诉北京中融恒盛木业有限公司、南京梦阳家具销售中心侵害著作权纠纷案 …… 177

《著作权法》保护的是实用艺术作品的艺术性而非实用性

【实务问答】1. 实用艺术作品的概念与特征是什么？ …… 181

2.《著作权法》对实用艺术作品的保护有哪些？ …… 182

3. 如何判断实用性与艺术性是否相互分离？ …… 182

029 指导案例 48 号 北京精雕科技有限公司诉上海奈凯电子科技有限公司侵害计算机软件著作权纠纷案 …… 183

他人研发能够读取著作权人设定特定文件格式的软件的行为不构成对计算机软件著作权的侵害

【实务问答】1. 计算机软件著作权的保护范围是什么？ …… 187

2. 捆绑销售是否属于为保护软件著作权而采取的技术措施？ …… 188

030 指导案例 49 号 石鸿林诉泰州华仁电子资讯有限公司侵害计算机软件著作权纠纷案 …… 188

对于软件在设计缺陷方面基本相同的情形，无正当理由拒绝提供其软件源程序或目标程序供直接比对的，认定侵权成立

【实务问答】1. 计算机软件侵权案件中相关侵权行为如何推定？ …………… 193
2. 常见的比对计算机软件侵权的方法有哪些？ ………………… 193

031 指导案例 30 号 兰建军、杭州小拇指汽车维修科技股份有限公司诉天津市小拇指汽车维修服务有限公司等侵害商标权及不正当竞争纠纷案 …………………………………… 194

经营者是否具有超越法定经营范围而违反行政许可法律法规的行为，不影响其依法行使制止商标侵权和不正当竞争的民事权利

【实务问答】1. 超出经营范围的经营者可否进行反不正当竞争维权？ …… 202
2. 间接竞争关系是否属《反不正当竞争法》的调整范围？ ………………………………………………… 203

032 指导案例 46 号 山东鲁锦实业有限公司诉鄄城县鲁锦工艺品有限责任公司、济宁礼之邦家纺有限公司侵害商标权及不正当竞争纠纷案 ………………………………… 204

在判定具有地域性特点的商品通用名称时，应进行综合分析

【实务问答】1. 如何理解商标合理使用制度？ ……………………………… 209
2. 如何判断商品通用名称的广泛性、规范性？ ……………… 211

【适用实例】成都客车股份有限公司与重庆小康工业集团股份有限公司等侵害商标权纠纷上诉案（上诉人上诉理由引用）…… 211

033 指导案例 58 号 成都同德福合川桃片有限公司诉重庆市合川区同德福桃片有限公司、余晓华侵害商标权及不正当竞争纠纷案 ……………………………………………… 214

与老字号有历史渊源的个人（企业）将其注册为个体工商户字号（企业名称），未引起公众误认且未突出使用的，不构成侵犯注册商标专用权或不正当竞争

【实务问答】1. 商标侵权行为的主要类型有哪些？ …………………………… 218
2. 如何界定与保护“字号权”？ ………………………………… 219

【适用实例】王某均与长寿区凤城街道灶房屋餐馆侵害商标权纠纷案……… 220

034　指导案例 82 号　王碎永诉深圳歌力思服饰股份有限公司、杭州银泰世纪百货有限公司侵害商标权纠纷案 …………… 223
违反诚信原则，恶意取得、行使商标权并主张他人侵权的，构成权利滥用

【实务问答】1. 如何适用禁止权利滥用原则？ …………………………… 226
2. 对不以使用为目的的恶意注册商标申请如何处理？ ……… 228
3. 恶意申请商标行为有哪些具体情形？ ……………………… 228

【适用实例】晋江市麦克格雷迪鞋服贸易有限公司与阿迪达斯体育（中国）有限公司、浙江天猫网络有限公司侵害商标权纠纷案……… 229

035　指导案例 158 号　深圳市卫邦科技有限公司诉李坚毅、深圳市远程智能设备有限公司专利权权属纠纷案 ……………… 231
判断职务发明专利权属纠纷中“与原单位有关的发明创造”时，应注重维护原单位、离职员工以及离职员工新任职单位之间的利益平衡

【实务问答】1. 我国现行法律对专利权下的职务发明制度是如何规定的？ ………………………………………………… 237
2. 职务发明专利权属能否适用约定？ ……………………… 238
3. 员工离职（退休、调离）情形下，发明创造权属如何认定？ ……………………………………………………… 239

036　~~指导案例 20 号~~ …………………………………………… 240
~~深圳市斯瑞曼精细化工有限公司诉深圳市坑梓自来水有限公司、深圳市康泰蓝水处理设备有限公司侵害发明专利权纠纷案（已废止）~~

037　指导案例83号　威海嘉易烤生活家电有限公司诉永康市金仕德工贸有限公司、浙江天猫网络有限公司侵害发明专利权纠纷案 …… 240

网络服务侵权纠纷中，权利人依法维护自身合法权利不受网络服务提供者自行设定的投诉规则的影响

【实务问答】1. 网络侵权责任的一般规定是怎样的？ …… 246
2. 如何理解“通知与取下”制度？ …… 247
3. 如何理解“不侵权声明”？ …… 248
4. 网络服务提供者有哪些连带责任？ …… 249

【适用实例】徐州旗山申韦食品有限公司、徐州雨霖铃文化传媒有限公司等名誉权纠纷上诉案（上诉人上诉理由引用） …… 249

038　指导案例84号　礼来公司诉常州华生制药有限公司侵害发明专利权纠纷案 …… 251

药品制备方法专利侵权纠纷中，无相反证据时，应推定被诉侵权药品在药监部门备案的工艺为其实际制备工艺

【实务问答】1. 如何确定发明专利权的保护范围？ …… 261
2. 现行法律对专利侵权纠纷中的证据提供有何规定？ …… 262
3. 如何理解专利侵权判定中的“全面覆盖原则”？ …… 263

039　指导案例115号　瓦莱奥清洗系统公司诉厦门卢卡斯汽车配件有限公司等侵害发明专利权纠纷案 …… 264

专利侵权诉讼程序中，责令停止被诉侵权行为的行为保全具有独立价值

【实务问答】1. 如何理解、判别“功能性特征”？ …… 267
2. 判令停止侵害的部分判决与行为保全、先予执行之间有何差异？ …… 268

040　指导案例 159 号　深圳敦骏科技有限公司诉深圳市吉祥腾达科技有限公司等侵害发明专利权纠纷案 ······ 270

制造、销售具备可直接实施专利方法功能的被诉侵权产品的行为可被认定为侵害专利权

【实务问答】1. 如何界定“专利实施”？ ······ 274

2. 如何认定网络通信中多主体实施的方法专利侵权？ ······ 275

041　指导案例 55 号　柏万清诉成都难寻物品营销服务中心等侵害实用新型专利权纠纷案 ······ 276

权利要求书存在明显瑕疵致保护范围不清而无法进行侵权比对的，被诉侵权技术方案不能被认定为侵权

【实务问答】1. 发明或实用新型专利申请中的申请文件有哪些？ ······ 279

2. 不能明确专利权保护范围时能否认定侵权成立？ ······ 280

042　指导案例 85 号　高仪股份公司诉浙江健龙卫浴有限公司侵害外观设计专利权纠纷案 ······ 281

被诉侵权设计未包含授权外观设计区别于现有设计的全部设计特征，一般可推定两者不近似

【实务问答】1. 如何确定外观设计专利权保护范围？ ······ 288

2. 判断外观设计相同或相似时的要求有哪些？ ······ 289

【适用实例】广州市百懋冷冻餐饮机械设备有限公司与金华市犇亿电器有限公司侵害外观设计专利权纠纷上诉案 ······ 290

043　指导案例 86 号　天津天隆种业科技有限公司与江苏徐农种业科技有限公司侵害植物新品种权纠纷案 ······ 292

当事人分别持有植物新品种的父本与母本，不能达成相互授权许可协议且互诉侵权的，可直接判令双方互授许可并免除许可费

【实务问答】1. 如何界定植物新品种、植物新品种权及利害关系人？ …… 297
2. 如何处理公共利益与知识产权专有权利保护之间的关系？ …… 297

044 指导案例92号 莱州市金海种业有限公司诉张掖市富凯农业科技有限责任公司侵犯植物新品种权纠纷案 …… 298

差异位点数在两个以下的，应综合其他因素判定是否为不同品种，如可通过扩大检测位点加测、提交审定样品测定等方法来确定

【实务问答】1. 授予品种权的植物新品种是否需具备一致性、稳定性？ …… 301
2. 如何判断是否侵犯植物新品种权？ …… 301

【适用实例】山东祥丰种业有限责任公司与徐州市新民种业有限公司侵害植物新品种权纠纷案 …… 303

045 指导案例100号 山东登海先锋种业有限公司诉陕西农丰种业有限责任公司、山西大丰种业有限公司侵害植物新品种权纠纷案 …… 304

DNA指纹鉴定意见认为被诉侵权繁殖材料与授权品种的特征特性相同或相似，但DUS测试报告证明通过田间种植被控侵权品种具有特异性的，不构成侵害植物新品种权

【实务问答】1. 植物新品种权侵权的判断是否适用专利侵权全面覆盖原则？ …… 308
2. 实务中，侵犯植物新品种权行为认定中的鉴定如何进行？ …… 308

046 指导案例160号 蔡新光诉广州市润平商业有限公司侵害植物新品种权纠纷案 …… 310

授权品种的保护范围不限于申请品种权时所采取的以特定方式获得的繁殖材料

【实务问答】1. 植物新品种权的保护对象是什么？ …… 313

2. 如何认定是否为繁殖材料？ …………………………………… 314
3. 如何认定生产、销售、使用繁殖材料行为？ ……………… 314

047 指导案例 47 号　意大利费列罗公司诉蒙特莎（张家港）食品有限公司、天津经济技术开发区正元行销有限公司不正当竞争纠纷案 …………………………………………………… 315

对能够区别来源的知名商品特有的包装、装潢，进行足以引起市场混淆、误认的全面模仿，构成不正当竞争

【实务问答】1. 如何理解知名商品判断中的地域因素？ ……………… 321
2. 受保护知名商品的名称、包装、装潢是否需要具备特有性？ …………………………………………………… 322
3. 如何理解判断商品是否存在混淆可能性时的时间因素？ … 323
【适用实例】奥飞娱乐股份有限公司与汕头市澄海区新力星玩具厂、义乌新迪玩具有限公司侵害商标权及不正当竞争纠纷案 ………… 323

048 指导案例 29 号　天津中国青年旅行社诉天津国青国际旅行社擅自使用他人企业名称纠纷案 ……………………… 325

擅自将他人已实际具有商号作用的企业名称简称作为商业活动中互联网竞价排名关键词，使相关公众产生混淆误认的，构成不正当竞争

【实务问答】1. 现行法律对企业名称中的简称有何保护？ ……………… 329
2. 如何理解商业混淆行为？ …………………………………… 329
【适用实例】优信互联（北京）信息技术有限公司等与北京五八信息技术有限公司仿冒纠纷案 …………………………………… 330

049 指导案例 161 号　广州王老吉大健康产业有限公司诉加多宝（中国）饮料有限公司虚假宣传纠纷案 ……………… 332

一方基于曾经的商标使用许可合同关系及自身贡献等，发布广告语符合客观情况，不存在易使公众误解的可能及不正当占用相关商标知名度和良好商誉的过错，不属虚假宣传

【实务问答】1. 如何认定虚假宣传行为？ …………………………… 338
2.《广告法》关于虚假广告是如何规定的？ ………………… 339
3. 如何判断被许可人使用原商誉的宣传是否属虚假宣传？ …… 340

050 指导案例 45 号 北京百度网讯科技有限公司诉青岛奥商网络技术有限公司等不正当竞争纠纷案 ……………… 341

在其他网站搜索结果页面强行弹出广告，有违诚信原则和商业道德，可依照《反不正当竞争法》的原则性规定认定为不正当竞争

【实务问答】1. 如何确定网络服务行为的主体？ …………………… 347
2. 如何认定经营者之间的竞争关系？ ……………………… 348
3. 如何认定不正当竞争行为？ ……………………………… 348
【适用实例】北京爱奇艺科技有限公司与杭州飞益信息科技有限公司等不正当竞争纠纷上诉案 ……………………………… 349

051 指导案例 78 号 北京奇虎科技有限公司诉腾讯科技（深圳）有限公司、深圳市腾讯计算机系统有限公司滥用市场支配地位纠纷案 ……………………………………………… 352

市场份额只是判断互联网领域市场支配地位的一项较粗糙且可能具有误导性的指标，认定市场支配力须根据案件具体情况确定

【实务问答】1. 反垄断领域界定相关市场是否必要？ ………………… 360
2. 如何利用“假定垄断者测试”方法界定相关市场？ ……… 361
3. 认定市场支配地位需要考虑哪些因素？ ………………… 361
【适用实例】武汉市汉阳光明贸易有限责任公司与上海韩泰轮胎销售有限公司纵向垄断协议纠纷案 ……………………………… 362

052 指导案例 79 号 吴小秦诉陕西广电网络传媒（集团）股份有限公司捆绑交易纠纷案 ……………………………… 365

经营者利用市场支配地位将数字电视基本收视维护费和付费节目费捆绑收取，构成搭售

【实务问答】1. 具有市场支配地位的界定方法有哪些？ …………………… 371
2. 如何理解滥用市场支配地位的捆绑交易行为和搭售行为？ …… 372
3. 如何确定滥用市场支配地位案件中的举证责任？ ………… 373
【适用实例】同指导案例78号【适用实例】部分［（2016）沪73民初866号］ …………………………………………………………… 374

六、劳动争议 …………………………………………………………… 375

053 指导案例18号 中兴通讯（杭州）有限责任公司诉王鹏劳动合同纠纷案 …………………………………………… 375

考核居于末位等次不等同于“不能胜任工作”，用人单位不应据此单方面解除劳动合同

【实务问答】1. “末位淘汰制”什么情况下可以成为用人单位管理员工的依据？ ……………………………………………………… 377
2. “末位淘汰制”能否作为解除劳动合同的依据？ ………… 377
3. 如何看待“标准线淘汰制”？ …………………………… 378
【适用实例】韩华新能源（启东）有限公司与石某莉劳动争议纠纷案 …… 378

七、海事海商纠纷 ……………………………………………………… 381

054 指导案例31号 江苏炜伦航运股份有限公司诉米拉达玫瑰公司船舶碰撞损害赔偿纠纷案 ……………………………… 381

在合意违规航行发生事故的情形下，仍应以《1972年国际海上避碰规则》为依据，在综合分析后对事故责任作出认定

【实务问答】1. 如何理解《国际海上避碰规则公约》的作用，以及如何适用该公约？ ………………………………………………… 383
2. 当事船舶的合意对事故责任认定是否有影响？ ………… 384

055 指导案例108号 浙江隆达不锈钢有限公司诉A. P. 穆勒－马士基有限公司海上货物运输合同纠纷案 …………………… 385

承运人将货物交付收货人之前，托运人享有要求变更运输合同的权利，但双方仍需遵循按照公平原则确定的权利义务

【实务问答】1. 现行法律对托运人变更或解除运输合同的权利是如何规定的？ …… 388
2. 托运人行使权利是否合理可行中的三个问题 …… 389

056 指导案例110号　交通运输部南海救助局诉阿昌格罗斯投资公司、香港安达欧森有限公司上海代表处海难救助合同纠纷案 …… 390

当事人约定无论救助是否成功，被救助方均应支付报酬，且以救助船舶每马力小时和人工投入等作为计算报酬的标准时，应认定为雇佣救助合同

【实务问答】1. 海难救助中“无效果无报酬”原则及其例外是什么？ …… 394
2. 如何对救助款项进行变更？ …… 395

057 指导案例52号　海南丰海粮油工业有限公司诉中国人民财产保险股份有限公司海南省分公司海上货物运输保险合同纠纷案 …… 396

在被保险人不存在故意或者过失的情况下，保险人应当承担运输途中由外来原因所致的一切损失

【实务问答】1. 如何确定海洋货物运输保险中“一切险”的承保范围？ …… 401
2. 如何确定“一切险”索赔中的举证责任？ …… 402

058 指导案例16号　中海发展股份有限公司货轮公司申请设立海事赔偿责任限制基金案 …… 403

申请人实体上应否享有海事赔偿责任限制，以及事故所涉债权除限制性债权外是否同时存在其他非限制性债权等问题，不影响法院依法作出准予设立海事赔偿责任限制基金的裁定

【实务问答】1. 海事赔偿责任限制与海事赔偿责任限制基金之间的关系是什么？ …… 406
2. 设立限制基金申请的审查范围包括哪些方面？ …… 407

3. 有不同责任人的，如何申请设立海事赔偿责任限制基金？ …… 408

【适用实例】珠海中燃石油有限公司与宁波经济技术开发区龙盛航运有限公司申请设立海事赔偿责任限制基金上诉案 …… 408

059　指导案例 112 号　阿斯特克有限公司申请设立海事赔偿责任限制基金案 …… 410

海事赔偿责任限制案件中判断是一次事故还是多次事故的关键是分析这些事故是否因同一原因所致

【实务问答】1. 如何理解海损事故“一次事故，一个限额”原则？ …… 413

2. 多船碰撞情况下，如何进行分类处理？ …… 414

八、公司、证券、保险、票据等有关的民事纠纷 …… 416

（一）与公司有关的纠纷 …… 416

060　指导案例 96 号　宋文军诉西安市大华餐饮有限公司股东资格确认纠纷案 …… 416

改制为有限公司的国有企业，按照有效的初始章程，支付合理对价回购股权、通过转让给其他股东等方式合理处置的，应予支持

【实务问答】1. 公司章程有关“人走股留”的内容是否有效？ …… 419

2. 公司能否作为抽逃出资的主体？ …… 420

【适用实例】郝某民、招远市黄金机械总厂有限公司再审审查与审判监督案（再审被申请人答辩引用） …… 421

061　指导案例 67 号　汤长龙诉周士海股权转让纠纷案 …… 423

有限责任公司的股权分期支付出现违约时，不适用分期付款买卖中未付到期价款达到全部欠款 1/5 即可解除合同的规定

【实务问答】1. 分期付款买卖合同如何解除？ …… 427

2. 分期付款形式的股权转让与分期付款买卖有何不同？ …… 428

【适用实例】刘某生与胡某军股东出资纠纷案（上诉及答辩理由均引用） …… 429

062 指导案例10号 李建军诉上海佳动力环保科技有限公司公司决议撤销纠纷案 …… 431

在未违反规定的前提下，公司解聘经理的事由不属于公司决议撤销之诉的司法审查范围

【实务问答】1. 营利法人的决议如何撤销？ …… 433

2. 一般情况下，司法机关能否介入公司内部事务？ …… 434

【适用实例】福建闽东电力股份有限公司与宁德市精信小额贷款股份有限公司公司决议撤销纠纷案（被告答辩引用） …… 435

063 指导案例15号 徐工集团工程机械股份有限公司诉成都川交工贸有限责任公司等买卖合同纠纷案 …… 436

关联公司人员、业务、财务等交叉混同导致丧失独立人格的，构成人格混同，对外承担连带责任

【实务问答】1. 法人人格独立与人格混同分别指什么？ …… 440

2. 现行法律对营利法人人格混同下的连带责任有何规定？ …… 441

【适用实例】海南鹿业发展公司与海南联合资产管理有限公司借款纠纷再审案 …… 441

064 指导案例8号 林方清诉常熟市凯莱实业有限公司、戴小明公司解散纠纷案 …… 444

公司虽处于盈利状态但已陷入僵局，可认定经营管理发生严重困难

【实务问答】1. 如何判断公司经营管理是否发生严重困难？ …… 447

2. 法人解散的事由有哪些？ …… 448

【适用实例】广西南宁红白蓝投资有限责任公司与刘某宁等解散公司纠纷案 …… 449

065　指导案例 9 号 ………………………………………… 451

~~上海存亮贸易有限公司诉蒋志东、王卫明等买卖合同纠纷案（已废止）~~

（二）与破产有关的纠纷……………………………………………… 452

066　指导案例 73 号　通州建总集团有限公司诉安徽天宇化工有限公司别除权纠纷案 ………………………………… 452

依照《企业破产法》规定建设工程施工合同视为解除的，承包人行使优先受偿权的期限自合同解除之日起计算

【实务问答】1. 如何理解《企业破产法》规定的“别除权”？ …………… 454

2. 现行法律对建设工程价款优先受偿权是如何规定的？ …… 455

【适用实例】湖南株洲嘉宇建设工程有限责任公司与株洲松西子建设发展有限公司管理人建设工程价款优先受偿权纠纷案 …………… 456

067　指导案例 163 号　江苏省纺织工业（集团）进出口有限公司及其五家子公司实质合并破产重整案 ………………………… 458

关联企业间出现人格高度混同、区分各关联企业财产成本过高、严重损害债权人公平清偿利益等情况的，法院可依申请适用关联企业实质合并破产方式审理

【实务问答】1. 什么是关联企业实质合并？ ………………………… 464

2. 实务中，什么情形下可适用关联企业实质合并？ ……… 465

3. 如何启动关联企业的实质合并重整？ ………………… 466

068　指导案例 164 号　江苏苏醇酒业有限公司及关联公司实质合并破产重整案 ……………………………………… 467

破产企业面临生产许可证等核心优质资产灭失、机器设备闲置贬损等风险，投资人希望通过试生产全面了解企业经营实力的，管理人可向法院申请由投资人先行投入部分资金试生产

【实务问答】如何理解企业破产重整中的试生产及投资人提前进场的必要性？……471

069 指导案例165号 重庆金江印染有限公司、重庆川江针纺有限公司破产管理人申请实质合并破产清算案……472

关联企业间的关系严重损害债权人利益时，管理人可申请对已进入破产程序的关联企业进行实质合并破产清算。法院依申请举行听证后依法作出裁定

【实务问答】1. 判断关联企业之间法人人格高度混同需考量的因素有哪些？……475

2. 关联企业资产混同及其常见情形有哪些？……476

（三）保险纠纷……477

070 指导案例74号 中国平安财产保险股份有限公司江苏分公司诉江苏镇江安装集团有限公司保险人代位求偿权纠纷案……477

因第三者的违约行为给保险标的造成损害，保险人有权向第三者行使代位求偿权

【实务问答】1. 保险代位求偿权的适用范围问题是什么？……482

2. 对同一标的具有不同保险利益的主体能否不分别投保而相互替代？……483

【适用实例】中银保险有限公司佛山中心支公司与曾某行、陈某宜保险人代位求偿权纠纷案……484

（四）信用证纠纷……485

071 指导案例111号 中国建设银行股份有限公司广州荔湾支行诉广东蓝粤能源发展有限公司等信用证开证纠纷案……485

提单持有人能否因受领提单的交付而取得物权及取得何种类型物权，取决于合同约定

【实务问答】1. 提单的概念与特征是什么？……488

2. 如何设立以提单等有价证券出质的质权？……489

【适用实例】董某春、玉环市玉环街道环城村股份经济合作社、玉环市玉环街道环城村村民委员会等合同纠纷再审审查与审判监督案 …… 490

（五）保函纠纷 …… **492**

072 **指导案例 109 号　安徽省外经建设（集团）有限公司诉东方置业房地产有限公司保函欺诈纠纷案** …… 492

即使受益人在独立保函项下有欺诈性索款情形，也不能推定担保行在独立反担保函项下构成欺诈性索款

【实务问答】1. 独立保函的概念、特点、性质是什么？ …… 499

2. 什么是独立保函欺诈？ …… 500

【适用实例】中国电建集团北京勘测设计研究院有限公司等与丽江五郎河水电开发有限公司信用证欺诈纠纷案 …… 501

九、侵权责任纠纷 …… **505**

073 **指导案例 140 号　李秋月等诉广州市花都区梯面镇红山村村民委员会违反安全保障义务责任纠纷案** …… 505

公共场所经营管理者的安全保障义务应限于合理限度范围内，与其管理和控制能力相适应

【实务问答】1. 《民法典》关于安全保障义务的规定有何变化？ …… 508

2. 如何判断是否尽到安全保障义务？ …… 508

074 **指导案例 19 号　赵春明等诉烟台市福山区汽车运输公司、卫德平等机动车交通事故责任纠纷案** …… 509

机动车所有者将号牌出借他人套牌使用，发生交通事故后，出借方与肇事方应承担连带责任

【实务问答】1. 现行法律对套牌机动车中的连带责任是如何规定的？ …… 512

2. 主动出借号牌与放任他人使用号牌，是否均需要承担连带责任？ …… 512

【适用实例】中国平安财产保险股份有限公司深圳分公司与唐某兴交通事故责任纠纷案 …… 513

075 指导案例24号 荣宝英诉王阳、永诚财产保险股份有限公司江阴支公司机动车交通事故责任纠纷案 …… 516

交通事故的受害人没有过错，其体质状况不属于可以减轻侵权人责任的法定情形

【实务问答】1. 受害者特殊体质是否适用侵权责任过失相抵的原则？ …… 519

2. 特殊体质的“损伤参与度”能否作为减轻保险公司赔付责任的事由？ …… 520

【适用实例】中国人民财产保险股份有限公司茂名市分公司与龙某、李某华机动车交通事故责任纠纷案 …… 521

076 指导案例128号 李劲诉华润置地（重庆）有限公司环境污染责任纠纷案 …… 524

光污染损害应依据国家标准、地方标准、行业标准，是否干扰他人正常生活、工作、学习，以及是否超出公众可容忍度等因素综合认定

【实务问答】1. 光污染的概念是什么？ …… 529

2. 如何认定光污染损害？ …… 529

077 指导案例127号 吕金奎等79人诉山海关船舶重工有限责任公司海上污染损害责任纠纷案 …… 530

排放未纳入环境标准但能够造成环境损害的物质亦属于环境污染责任中的“污染物”

【实务问答】1. 排污行为符合排放控制要求是否意味着无须承担侵权责任？ …… 535

2. 环境侵权责任有何特点？ …… 535

078　指导案例129号　江苏省人民政府诉安徽海德化工科技有限公司生态环境损害赔偿案 ······ 536

环境污染责任纠纷中可根据责任人的主观过错、经营情况等因素，在责任人提供有效担保后判令其分期支付赔偿费用

【实务问答】1. 能否以水体有自净能力作为污染物未造成损害及无须修复的理由？ ······ 539

2. 如何理解执行担保？ ······ 539

079　指导案例132号　中国生物多样性保护与绿色发展基金会诉秦皇岛方圆包装玻璃有限公司大气污染责任民事公益诉讼案 ······ 540

环境民事公益诉讼期间污染者主动改进环保设施有效降低环境风险的，可适当减轻赔偿责任

【实务问答】1. 环境公益诉讼的原则是什么？ ······ 544

2. 如何理解作为《民法典》基本原则的绿色原则？ ······ 544

080　指导案例133号　山东省烟台市人民检察院诉王振殿、马群凯环境民事公益诉讼案 ······ 546

污染者以水域有自净功能、水质得到恢复为由主张免除或者减轻生态环境修复责任的，不应获得支持

【实务问答】1. 现行法律对环境污染、生态破坏侵权中的减责或免责有何规定？ ······ 552

2. 生态系统具有自净能力是否属于减免侵权责任的理由？ ······ 552

081　指导案例130号　重庆市人民政府、重庆两江志愿服务发展中心诉重庆藏金阁物业管理有限公司、重庆首旭环保科技有限公司生态环境损害赔偿、环境民事公益诉讼案 ······ 553

向水域排污，生态环境修复费用难以计算的，可采用虚拟治理成本法计算生态环境损害量化数额

【实务问答】1. 如何认定委托排污中共同侵权行为的成立？ …………… 560
2. 生态环境损害赔偿范围包括哪些？ …………………… 561

程　序　类

一、一般综合类…………………………………………………… 565

082　指导案例7号　牡丹江市宏阁建筑安装有限责任公司诉牡丹江市华隆房地产开发有限责任公司、张继增建设工程施工合同纠纷案 ……………………………………… 565

纠纷已解决且当事人申请撤诉的民事抗诉案件，法院应作出终结审查或终结再审诉讼的裁定

【实务问答】1. 如何理解《民事诉讼法》第211条“接受抗诉的人民法院应当自收到抗诉书之日起三十日内作出再审的裁定”中的“三十日”？ ………………………………… 567
2. 当事人已和解或撤诉但检察院不撤回抗诉时，法院应如何处理？ ……………………………………………… 567

083　指导案例56号　韩凤彬诉内蒙古九郡药业有限责任公司等产品责任纠纷管辖权异议案 ……………………………… 568

一审期间未提出而在二审或者再审发回重审时提出管辖权异议的，不予审查

【实务问答】1. 如何理解管辖恒定原则？ ………………………………… 571
2. 管辖权异议需要注意哪些方面？ ……………………… 572
【适用实例】中国深圳对外贸易（集团）有限公司与张家界佳旺商贸有限公司债权债务概括转移合同纠纷案（被上诉人答辩引用） …… 573

084　指导案例25号　华泰财产保险有限公司北京分公司诉李志贵、天安财产保险股份有限公司河北省分公司张家口支公司保险人代位求偿权纠纷案 ………………………………… 574

保险合同关系不应作为确定保险人代位求偿权案件管辖法院的根据

【实务问答】1. 现行法律对保险人的代位求偿权有何规定？ …………… 576
2. 保险人代位求偿权案件的管辖法院如何确定？ ………… 577

085　指导案例68号　上海欧宝生物科技有限公司诉辽宁特莱维置业发展有限公司企业借贷纠纷案 ……………… 578
人民法院应依法制裁虚构事实、恶意串通、规避法律或国家政策以谋取非法利益进行的虚假民事诉讼

【实务问答】1. 当事人恶意诉讼（调解）的规制基础是什么？ ………… 589
2. 对恶意诉讼（调解）等侵害他人合法权益的行为如何处理？ …………………………………………… 589
【适用实例】徐某等诉大连万腾汉资航运有限公司船舶抵押合同纠纷案 …… 590

二、公益诉讼 …………………………………………………… 593

086　指导案例75号　中国生物多样性保护与绿色发展基金会诉宁夏瑞泰科技股份有限公司环境污染公益诉讼案 ………… 593
社会组织是否有权提起环境公益诉讼，应重点从其宗旨和业务范围、实际行动及其所维护的环境公益与其宗旨和业务的关联性等方面进行审查

【实务问答】1. 提起环境公益诉讼的主体类型有哪些？ ………………… 597
2. 社会组织提起环境民事公益诉讼的条件有哪些？ ……… 598
3. 如何区分环境民事公益诉讼与私益诉讼？ ……………… 599
【适用实例】江苏大吉发电有限公司与北京市朝阳区自然之友环境研究所大气污染责任纠纷公益诉讼上诉案 ………………………… 600

087　指导案例131号　中华环保联合会诉德州晶华集团振华有限公司大气污染责任民事公益诉讼案 …………… 602
对多次超标排污经环境保护行政部门行政处罚后仍不改正的单位和经营者，可依法提起环境公益诉讼

【实务问答】1. 损害尚未出现但行为严重危及公共利益时，能否提起环境民事公益诉讼？ …… 606
2. 如何判断是否具有损害社会公共利益的重大风险？ …… 606

088 指导案例134号 重庆市绿色志愿者联合会诉恩施自治州建始磺厂坪矿业有限责任公司水污染责任民事公益诉讼案 …… 607
判令污染者停止侵害并责令重新进行环境影响评价的，在环评文件审批及配套设施验收合格前，不得恢复生产

【实务问答】1. 如何理解环境影响评价的重新报批？ …… 612
2. 不能确保恢复生产后不会再次造成污染的，能否恢复生产？ …… 613

089 指导案例135号 江苏省徐州市人民检察院诉苏州其安工艺品有限公司等环境民事公益诉讼案 …… 614
侵权人拒不提供其处置污染物情况等环境信息，导致无法查明污染物去向的，法院可推定污染环境事实成立

【实务问答】1. 无法查明污染物去向时，相关污染事实如何推定？ …… 619
2. 如何确定重点排污单位及需要公开的环境信息内容？ …… 619

090 指导案例136号 吉林省白山市人民检察院诉白山市江源区卫生和计划生育局、白山市江源区中医院环境公益诉讼案 …… 620
审理检察院提起的环境行政公益诉讼案件时，对检察院就同一污染环境行为提起的环境民事公益诉讼可一并审理

【实务问答】1. 附带诉讼的程序目的和基本原则是什么？ …… 623
2. 提起行政附带民事公益诉讼需要满足哪些条件？ …… 624

091 指导案例172号 秦家学滥伐林木刑事附带民事公益诉讼案 …… 625
确定生态环境修复义务时，可参考专家意见及相关主管部门等出具的专业意见，明确履行修复义务的具体要求。被告人自愿交纳保证金作履行义务担保的，可以作为从轻量刑情节

【实务问答】如何理解刑事附带民事公益诉讼？ …… 627

092 指导案例 173 号 北京市朝阳区自然之友环境研究所诉中国水电顾问集团新平开发有限公司、中国电建集团昆明勘测设计研究院有限公司生态环境保护民事公益诉讼案 …… 628

环境民事公益诉讼中，综合被告行为是否符合《环境民事公益诉讼解释》第 1 条“损害社会公共利益重大风险”的情形，可判令其承担相应的预防性责任

【实务问答】1. 如何理解环境保护的预防为主原则及预防性环境公益诉讼？ …… 632

2. 如何判断是否属于具有“损害社会公共利益重大风险”行为？ …… 634

093 指导案例 174 号 中国生物多样性保护与绿色发展基金会诉雅砻江流域水电开发有限公司生态环境保护民事公益诉讼案 …… 635

项目建设可能破坏濒危野生植物生存环境，损害生态环境公共利益的，可判决采取预防性措施，将对濒危野生植物生存的影响纳入环境影响评价

【实务问答】如何理解环境民事公益诉讼中的预防性责任承担方式？ …… 639

094 指导案例 175 号 江苏省泰州市人民检察院诉王小朋等 59 人生态破坏民事公益诉讼案 …… 640

明知捕捞非法的收购者仍与非法捕捞者建立固定买卖关系，共同损害生态资源的，应与捕捞者对共同实施侵权行为造成的生态资源损失承担连带赔偿责任

【实务问答】长期收购者是否应与非法捕捞者承担连带赔偿责任？ …… 643

095 指导案例 176 号 湖南省益阳市人民检察院诉夏顺安等 15 人生态破坏民事公益诉讼案 ………… 644

破坏生态违法犯罪行为不仅需追究刑事责任，还需依法承担相应民事责任。非法采砂所致的生态环境损害，应根据水环境质量、河床结构等全面评估、合理认定

【实务问答】如何理解民事、行政、刑事责任的竞合及民事责任优先原则？ ………… 647

三、第三人撤销之诉 ………… 649

096 指导案例 148 号 高光诉三亚天通国际酒店有限公司、海南博超房地产开发有限公司等第三人撤销之诉案 ………… 649

针对已生效的公司对外诉讼裁判文书，股东不具有提起第三人撤销之诉的主体资格

【实务问答】1. 现行法律对第三人撤销之诉有何规定？ ………… 652

2. 主体为“民事诉讼上的第三人”是否系第三人撤销之诉的条件？ ………… 653

097 指导案例 149 号 长沙广大建筑装饰有限公司诉中国工商银行股份有限公司广州粤秀支行、林传武、长沙广大建筑装饰有限公司广州分公司等第三人撤销之诉案 ………… 654

分支机构以自己名义从事民事活动并独立参加民事诉讼，法院判其对外承担民事责任，公司法人不具有对该生效裁判提起第三人撤销之诉的资格

【实务问答】1. 提起第三人撤销之诉的主体范围是否包括双方当事人？ ………… 656

2. 被遗漏的必须共同参加诉讼的当事人能否提起第三人撤销之诉？ ………… 657

098　指导案例150号　中国民生银行股份有限公司温州分行诉浙江山口建筑工程有限公司、青田依利高鞋业有限公司第三人撤销之诉案 ······ 658

抵押权的实现因建设工程价款优先受偿权的有无及范围大小受影响的，抵押权人对确认建设工程价款优先受偿权的生效裁判具有提起第三人撤销之诉的资格

【实务问答】1. 提起第三人撤销之诉的实体要件有哪些？ ······ 661

2. 允许抵押权人对确认建设工程价款优先受偿权的生效裁判等提起第三人撤销之诉的理由是什么？ ······ 662

099　指导案例151号　台州德力奥汽车部件制造有限公司诉浙江建环机械有限公司管理人浙江安天律师事务所、中国光大银行股份有限公司台州温岭支行第三人撤销之诉案 ······ 663

破产管理人对付款银行在法院受理出票人破产申请前6个月内划扣票款的行为请求撤销并获法院支持的，汇票保证人对此具有提起第三人撤销之诉的资格

【实务问答】1. 银行承兑汇票保证人能否提起第三人撤销之诉？ ······ 666

2. 承兑汇票到期前，出票人依约付款行为是否为个别清偿？ ······ 666

100　指导案例152号　鞍山市中小企业信用担保中心诉汪薇、鲁金英第三人撤销之诉案 ······ 667

申请强制执行后，被执行人与他人通过诉讼中的调解放弃取回财产权利并大量减少债权，严重影响债权实现的，债权人对调解书可提起第三人撤销之诉

【实务问答】1. 现行法律对债权人撤销权有何规定？ ······ 670

2. 无法行使债权人撤销权的债权人，可否提起第三人撤销之诉？ ······ 671

101 指导案例153号 永安市燕诚房地产开发有限公司诉郑耀南、远东（厦门）房地产发展有限公司等第三人撤销之诉案 …… 672

债权人对确认债务人处分财产行为的生效裁判提起第三人撤销之诉，提起诉讼期间自出现影响债权人债权实现情形时开始计算

【实务问答】1. 生效裁判确认的债务人处分财产行为符合第三人行使撤销权的条件，债权人能否提起第三人撤销之诉？ …… 675

2. 如何判断债权人提起第三人撤销之诉是否超出6个月期间？ …… 676

四、执行异议之诉 …… 677

102 指导案例54号 中国农业发展银行安徽省分行诉张大标、安徽长江融资担保集团有限公司执行异议之诉纠纷案 …… 677

为出质的金钱开立保证金账户且由质权人占有控制的，账户资金余额浮动不影响金钱质权的设立

【实务问答】1. 如何理解固定账户质押、浮动账户质押？ …… 681

2. 如何理解空账户质押、实账户质押？ …… 682

3. 浮动式账户质押能否成立金钱质押担保？ …… 682

【适用实例】中国金谷国际信托有限责任公司与河北融投担保集团有限公司等案外人执行异议之诉上诉案 …… 683

103 指导案例154号 王四光诉中天建设集团有限公司、白山和丰置业有限公司案外人执行异议之诉案 …… 685

建设工程价款强制执行过程中，买受人对房屋提起案外人执行异议之诉但不否定原生效判决确认的债权人享有的建设工程价款优先受偿权的，应予受理

【实务问答】1. 案外人执行异议的类型及是否停止执行？ …… 688

2. 提起案外人执行异议之诉的条件有哪些？ …………………… 689

104　指导案例 155 号　中国建设银行股份有限公司怀化市分行诉中国华融资产管理股份有限公司湖南省分公司等案外人执行异议之诉案 …………………………………………… 690

在抵押权强制执行的过程中，在抵押登记前购买了抵押房产的案外人提起执行异议之诉但不否认抵押权人优先受偿权的，应予受理

【实务问答】1. 案外人执行异议之诉的诉求是否必须与原裁判无关？ …… 693

2. 如何判断案外人执行异议之诉的诉求是否与原裁判无关？ …………………………………………… 693

105　指导案例 156 号　王岩岩诉徐意君、北京市金陛房地产发展有限责任公司案外人执行异议之诉案 ………………… 694

案外人对登记在被执行房地产企业名下的商品房请求排除强制执行的，可选择适用《执行异议和复议案件规定》第 28 条或第 29 条，主张适用第 28 条的，应予审查

【实务问答】1. 不动产买受人与商品房消费者的物权期待权排除执行的竞合关系如何？ …………………………………… 697

2. 能否依照《执行异议和复议案件规定》第 28、29 条直接认定所有权？ …………………………………… 697

五、执行程序 ………………………………………………… 699

106　指导案例 2 号　吴梅诉四川省眉山西城纸业有限公司买卖合同纠纷案 ……………………………………………… 699

二审期间自行达成和解协议并撤回上诉，一方不履行和解协议，另一方申请执行一审判决的，应予支持

【实务问答】1. 如何理解二审期间当事人达成的和解协议的性质？ ……… 701

2. 不履行和解协议时如何处理？ …………………………… 701

【适用实例】广东中宝联合电缆有限公司与叶某繁买卖合同纠纷执行审查类执行裁定书 …… 702

107 指导案例 34 号 李晓玲、李鹏裕申请执行厦门海洋实业（集团）股份有限公司、厦门海洋实业总公司执行复议案 …… 704

生效法律文书权利人在进入执行程序前合法转让债权的，受让人可作为申请执行人直接申请执行

【实务问答】1. 如何理解进入执行程序前申请执行主体的变更？ …… 708

2. 执行程序前变更申请执行人的适用范围是什么？ …… 708

【适用实例】中保世纪资产管理（北京）有限公司执行复议案执行裁定书 …… 709

108 指导案例 35 号 广东龙正投资发展有限公司与广东景茂拍卖行有限公司委托拍卖执行复议案 …… 711

拍卖行与买受人有关联关系，评估价明显低于实际价格且未进行充分竞价，视为拍卖行与买受人恶意串通

【实务问答】1. 执行法院能否对执行中委托拍卖机构进行的拍卖进行监督与审查？ …… 715

2. 竞买人为一人的拍卖是否有效？ …… 717

【适用实例】哈尔滨万银小额贷款股份有限公司与武某生执行异议案执行裁定书 …… 717

109 指导案例 36 号 中投信用担保有限公司与海通证券股份有限公司等证券权益纠纷执行复议案 …… 719

不能将被执行人收到执行通知前已清偿另案执行法院确认的债务纳入执行范围

【实务问答】1. 如何执行被执行人的到期债权？ …… 721

2. 执行被执行人债权时对其他主体合法权益如何进行保护？ …… 722

【适用实例】杜某雄与武汉治历置业集团有限公司借款合同纠纷执行监督案执行裁定书 …… 723

110　指导案例 37 号　上海金纬机械制造有限公司与瑞士瑞泰克公司仲裁裁决执行复议案 …… 724

我国法院对被申请执行人或其财产在我国领域内的涉外仲裁裁决具有执行管辖权

【实务问答】1. 如何确定涉外仲裁裁决的执行管辖权？ …… 728

2. 申请执行涉外仲裁裁决的期间如何起算？ …… 728

111　指导案例 117 号　中建三局第一建设工程有限责任公司与澳中财富（合肥）投资置业有限公司、安徽文峰置业有限公司执行复议案 …… 729

民事调解书（笔录）载明第三人以债务承担方式加入债权债务关系的，可在该第三人债务承担范围内对其强制执行

【实务问答】1. 如何区分执行中的债务加入与执行和解协议？ …… 732

2. 如何理解执行行为异议？ …… 732

112　指导案例 118 号　东北电气发展股份有限公司与国家开发银行股份有限公司、沈阳高压开关有限责任公司等执行复议案 …… 733

撤销权诉讼撤销了财产转让合同并判令受让人向债务人返还财产，受让人未返还的，债权人可以债务人、受让人为被执行人申请强制执行

【实务问答】1. 如何理解债权人撤销权判决的性质？ …… 739

2. 如何确定债权人撤销权判决执行中被执行人？ …… 740

【适用实例】毛某、高某某民间借贷纠纷执行审查类执行裁定书 …… 740

113　指导案例119号　安徽省滁州市建筑安装工程有限公司与湖北追日电气股份有限公司执行复议案 …………………… 743
执行开始前自行达成和解协议并履行，一方申请执行原生效文书，被执行人以已履行和解协议提出执行异议的，可参照《执行和解规定》第19条处理

【实务问答】1. 如何区分“执行和解”与“执行外和解”？ ……………… 746
2. 执行过程中的“借条”可否认定为执行和解协议？ ……… 747
【适用实例】高某生、卞某帅不当得利纠纷执行审查类执行裁定书……… 748

114　指导案例120号　青海金泰融资担保有限公司与上海金桥工程建设发展有限公司、青海三工置业有限公司执行复议案 ………………………………………………… 750
被执行人虽有财产但严重不方便执行时，可执行一般保证人的财产

【实务问答】1. 现行法律对一般保证人的先诉抗辩权有何规定？ ……… 752
2. 如何确定债务人是否属于“不方便执行”的情形？ ……… 753
【适用实例】山东鲁建工程集团有限公司、罗某虎建设工程施工合同纠纷执行审查类执行裁定书 ………………………………………… 754

115　指导案例121号　株洲海川实业有限责任公司与中国银行股份有限公司长沙市蔡锷支行、湖南省德奕鸿金属材料有限公司财产保全执行复议案 …………………… 756
保全执行中的标的物为非金钱动产，被保全人不支付保管（租赁）费用的，协助执行人在保管（租赁）合同到期后无继续无偿保管的义务

【实务问答】1. 现行法律对协助执行人的权益保护问题有何规定？ ……… 758
2. 查封的财产可否由被执行人保管？ ……………………… 759

116　指导案例 122 号　河南神泉之源实业发展有限公司与赵五军、汝州博易观光医疗主题园区开发有限公司等执行监督案 …… 760

同一被执行人多个案件合并执行的，应按照申请执行人的各个债权受偿顺序清偿

【实务问答】1. 现行法律对民商事案件的合并执行有何规定？ …………… 762

2. 裁定以物抵债是否需要考虑在先顺序债权人的利益？ …… 763

【适用实例】郑某华、洛阳新好景房地产开发有限公司不当得利纠纷执行实施类执行裁定书 ………………………………………………… 764

117　指导案例 123 号　于红岩与锡林郭勒盟隆兴矿业有限责任公司执行监督案 …………………………………………………… 765

执行法院向相关主管机关发出的协助执行（采矿权转让手续）通知书，只具有启动主管机关审批转让手续的作用

【实务问答】1. 如何确定依法应办理批准手续的合同生效时间？ ………… 769

2. 如何应对矿业权转让审批未通过的风险？ ……………… 770

118　指导案例 124 号　中国防卫科技学院与联合资源教育发展（燕郊）有限公司执行监督案 ………………………………… 771

双方对执行和解协议内容产生争议，客观上无法继续履行的，可执行原生效法律文书

【实务问答】1. 如何理解“债的更改”与“替代型执行和解协议”？ …… 776

2. “选择型执行和解协议”的含义及特点是什么？ ………… 777

【适用实例】沈阳嘉盛房屋开发有限公司、吴某借款合同纠纷执行审查类执行裁定书 ………………………………………………………… 777

119　指导案例 125 号　陈载果与刘荣坤、广东省汕头渔业用品进出口公司等申请撤销拍卖执行监督案 …………………… 779

网络司法拍卖是法院通过互联网拍卖平台进行的司法拍卖，属于强制执行措施

【实务问答】1. 如何理解网络司法拍卖的性质？ …………………………… 782
2. 判断一人竞买行为法律效力的关键是什么？ ………………… 782
【适用实例】贺某迪与国家税务总局深圳市龙华区税务局、国家税务总局深圳市税务局其他一审行政判决书（被告答辩引用）………… 783

120 指导案例 126 号　江苏天宇建设集团有限公司与无锡时代盛业房地产开发有限公司执行监督案 ………………………… 785
申请人因被执行人迟延履行而申请恢复执行，同时又继续接受并积极配合后续履行至全部履行完毕，不再恢复执行

【实务问答】1. 不履行执行和解协议时如何恢复执行？ ……………………… 789
2. 实务中，对执行和解协议的迟延履行应注意哪些问题？…… 790

实　体　类

一、人格权纠纷

001 指导案例98号

张庆福、张殿凯诉朱振彪生命权纠纷案

非因法定职责、法定义务或约定义务阻止不法侵害者逃逸的，可认定为见义勇为

（最高人民法院审判委员会讨论通过　2018年12月19日发布）

关键词：民事／生命权／见义勇为

裁判要点

行为人非因法定职责、法定义务或约定义务，为保护国家、社会公共利益或者他人的人身、财产安全，实施阻止不法侵害者逃逸的行为，人民法院可以认定为见义勇为。

相关法条

《中华人民共和国侵权责任法》第6条[①]

《中华人民共和国道路交通安全法》第70条

基本案情

原告张庆福、张殿凯诉称：2017年1月9日，被告朱振彪驾驶奥迪小轿车追赶骑摩托车的张永焕。后张永焕弃车在前面跑，被告朱振彪也下车在后面继续追赶，最终导致张永焕在迁曹线90公里495米处（滦南路段）撞上火车身亡。朱振彪在追赶过程中散布和传递了张永焕撞死人的失实信息；在张永焕用语言表示自杀并撞车实施自杀行为后，朱振彪仍然追赶，超过了必要

① 《民法典》第1165条。

限度；追赶过程中，朱振彪手持木凳、木棍，对张永焕的生命造成了威胁，并数次漫骂张永焕，对张永焕的死亡存在主观故意和明显过错，对张永焕死亡应承担赔偿责任。

被告朱振彪辩称：被告追赶交通肇事逃逸者张永焕的行为属于见义勇为行为，主观上无过错，客观上不具有违法性，该行为与张永焕死亡结果之间不存在因果关系，对张永焕的意外死亡不承担侵权责任。

法院经审理查明：2017年1月9日上午11时许，张永焕由南向北驾驶两轮摩托车行驶至古柳线青坨鹏盛水产门口，与张雨来无证驾驶同方向行驶的无牌照两轮摩托车追尾相撞，张永焕跌倒、张雨来倒地受伤、摩托车受损，后张永焕起身驾驶摩托车驶离现场。此事故经曹妃甸交警部门认定：张永焕负主要责任，张雨来负次要责任。

事发当时，被告朱振彪驾车经过肇事现场，发现肇事逃逸行为即驾车追赶。追赶过程中，朱振彪多次向柳赞边防派出所、曹妃甸公安局110指挥中心等公安部门电话报警。报警内容主要是：柳赞镇一道档北两辆摩托车相撞，有人受伤，另一方骑摩托车逃逸，报警人正在跟随逃逸人，请出警。朱振彪驾车追赶张永焕过程中不时喊“这个人把人怼了逃跑呢”等内容。张永焕驾驶摩托车行至滦南县胡各庄镇西梁各庄村内时，弃车从南门进入该村村民郑如深家，并从郑如深家过道屋拿走菜刀一把，从北门走出。朱振彪见张永焕拿刀，即从郑如深家中拿起一个木凳，继续追赶。后郑如深赶上朱振彪，将木凳讨回，朱振彪则拿一木棍继续追赶。追赶过程中，有朱振彪喊“你怼死人了往哪跑！警察马上就来了”，张永焕称“一会儿我就把自己砍了”，朱振彪说“你把刀扔了我就不追你了”之类的对话。

走出西梁各庄村后，张永焕跑上滦海公路，有向过往车辆冲撞的行为。在被李江波驾驶的面包车撞倒后，张永焕随即又站起来，在路上行走一段后，转向铁路方向的开阔地跑去。在此过程中，曹妃甸区交通局路政执法大队副大队长郑作亮等人加入，与朱振彪一起继续追赶，并警告路上车辆，小心慢行，这个人想往车上撞。

张永焕走到迁曹铁路时，翻过护栏，沿路堑而行，朱振彪亦翻过护栏继续跟随。朱振彪边追赶边劝阻张永焕说：被撞到的那个人没事儿，你也有家人，知道了会惦记你的，你自首就中了。2017年1月9日11时56分，张永焕自行走向两铁轨中间，51618次火车机车上的视频显示，朱振彪挥动上衣，向驶来的列车示警。2017年1月9日12时02分，张永焕被由北向南行驶的51618次火车撞倒，后经检查被确认死亡。

在朱振彪跟随张永焕的整个过程中，两人始终保持一定的距离，未曾有过身体接触。朱振彪有劝张永焕投案的语言，也有责骂张永焕的言辞。

另查明，张雨来在与张永焕发生交通事故受伤后，当日先后被送到曹妃甸区医院、唐山市工人医院救治，于当日回家休养，至今未进行伤情鉴定。张永焕死亡后其第一顺序法定继承人有二人，即其父张庆福、其子张殿凯。

2017年10月11日，大秦铁路股份有限公司大秦车务段滦南站作为甲方，与原告张殿凯作为乙方，双方签订《铁路交通事故处理协议》，协议内容“2017年1月9日12时02分，51618次列车运行在曹北站至滦南站之间90公里495处，将擅自进入铁路线路的张永焕撞死，构成一般B类事故；死者张永焕负事故全部责任；铁路方在无过错情况下，赔偿原告张殿凯4万元。”

裁判结果

河北省滦南县人民法院于2018年2月12日作出（2017）冀0224民初3480号民事判决：驳回原告张庆福、张殿凯的诉讼请求。一审宣判后，原告张庆福、张殿凯不服，提出上诉。审理过程中，上诉人张庆福、张殿凯撤回上诉。河北省唐山市中级人民法院于2018年2月28日作出（2018）冀02民终2730号民事裁定：准许上诉人张庆福、张殿凯撤回上诉。一审判决已发生法律效力。

裁判理由

法院生效裁判认为：张庆福、张殿凯在本案二审审理期间提出撤回上诉的请求，不违反法律规定，准许撤回上诉。

本案焦点问题是被告朱振彪行为是否具有违法性；被告朱振彪对张永焕的死亡是否具有过错；被告朱振彪的行为与张永焕的死亡结果之间是否具备法律上的因果关系。

首先，案涉道路交通事故发生后张雨来受伤倒地昏迷，张永焕驾驶摩托车逃离。被告朱振彪作为现场目击人，及时向公安机关电话报警，并驱车、徒步追赶张永焕，敦促其投案，其行为本身不具有违法性。同时，根据《中华人民共和国道路交通安全法》第七十条规定，交通肇事发生后，车辆驾驶人应当立即停车、保护现场、抢救伤者，张永焕肇事逃逸的行为违法。被告朱振彪作为普通公民，挺身而出，制止正在发生的违法犯罪行为，属于见义勇为，应予以支持和鼓励。

其次，从被告朱振彪的行为过程看，其并没有侵害张永焕生命权的故意和过失。根据被告朱振彪的手机视频和机车行驶影像记录，双方始终未发生身体接触。在张永焕持刀声称自杀意图阻止他人追赶的情况下，朱振彪拿起木凳、木棍属于自我保护的行为。在张永焕声称撞车自杀，意图阻止他人追赶的情况下，朱振彪和路政人员进行了劝阻并提醒来往车辆。考虑到交通事故事发突然，当时张雨来处于倒地昏迷状态，在此情况下被告朱振彪未能准确判断张雨来伤情，在追赶过程中有时喊话传递的信息不准确或语言不文明，但不构成民事侵权责任过错，也不影响追赶行为的性质。在张永焕为逃避追赶，跨越铁路围栏、进入火车运行区间之后，被告朱振彪及时予以高声劝阻提醒，同时挥衣向火车司机示警，仍未能阻止张永焕死亡结果的发生。故该结果与朱振彪的追赶行为之间不具有法律上的因果关系。

综上，原告张庆福、张殿凯一审中提出的诉讼请求理据不足，不予支持。

（生效裁判审判人员：李学静、刘群勇、徐万启）

【实务问答】

1. 见义勇为与无因管理有何区别？

见义勇为，是指在没有法定或约定义务的前提下，为保护他人的人身、财产权益而制止各种侵权行为、意外事件的救助行为，以及为阻止不法侵害者逃逸而实施的行为。为弘扬社会主义核心价值观，倡导良好的社会风尚，鼓励和支持舍己为人的高尚行为，防止出现见义勇为者“流血又流泪”的情况，《民法典》第183条与第184条规定了见义勇为者的特别请求权和见义勇为情形下的责任承担规则。另需注意的是见义勇为与无因管理的区别问题，主要包括以下几方面：一是实施见义勇为行为的主体须为自然人，而关于实施无因管理的主体，按照传统观点来看，自然人、法人均可为管理人。二是见义勇为行为范围具有广泛性，作用对象不限于对自然人财产权利和人身权利的保护和求助，紧急情况下协助公安、司法机关追捕嫌疑人、被告人或在逃罪犯等亦属见义勇为行为涉及领域，而无因管理作用对象一般是自然人的财产和人身权益，并不涉及国家财产或安全利益。三是见义勇为须在紧急与危险情况下实施，而无因管理中的管理事务一般无危险可言。四是在价值取向上，见义勇为行为人一般是出于内心的正义感和道义上的责任感，超出了一般的无因管理行为而上升至高尚道德范畴，而无因管理在社会的道德感召力和影响力方面则相对较小，客观上主要是为了被管理人的“利”，并非一定体现“义”。五是在损害后果上，见义勇为情形一般会涉及财产和人身双重损害，而无因管理一般不会造成人身损害。六是见义勇为者的财产或人身损害有时可由国家、社会进行相应救济，而无因管理下管理人造成的损失一般由本人承担。

2. 阻止不法侵害者逃逸的行为应否认定为侵权？

过错责任原则是侵权责任中最基本、最主要的归责原则，《民法典》第1165条（原《侵权责任法》第6条）对过错责任作出了规定。一般而言，过错侵权责任需具备违法行为、损害事实、因果关系和主观过错4个要件。过错，是指侵权人在实施侵权行为时对于损害后果的主观心理状态，包括故意和过失。违法行为，是指行为人实施的行为在客观上违反法律规定，主要表现为违反法律规定的义务、违反保护他人的法律规定和故意实施违背善良风俗而造成他人损害的行为。损害，作为一种事实状态，是指因一定的行为或事件使他人受侵权法律规定保护的权益遭受某种不利的影响。因果关系，是侵权责任法乃至整个民法领域最复杂的问题之一。在此，需明确事实上的因果关系与法律上的因果关系的概念。事实上的因果关系，是指行为人对被告人损害的发生具有原因力。法律上的因果关系，是指在事实上的因果关系具备时，行为人未因法律政策或其他因素的考量而免除赔偿责任。一般而言，因果关系须由法官根据个案具体情况依一般社会经验确定。就本指导案例而言，一方面，被告朱振彪的行为并无损害张永焕生命权的故意和过失。另一方面，张永焕为逃避追赶，跨越铁路围栏、进入火车运行区间后，被告朱振彪及时进行高声劝阻提醒，同时挥衣向火车司机示警，仍未能阻止张永焕死亡结果的发生。可以说，该案损害结果的发生即张永焕的死亡，与朱振彪的追赶行为之间并不具有法律上的因果关系。换言之，就本案而言，朱振彪的追赶行为（阻止不法侵害者逃逸）并不构成侵权。

3. 因保护他人民事权益而使自己受损时，责任如何承担？

《民法典》第183条规定，因保护他人民事权益使自己受到损害的，由侵权人承担民事责任，受益人可以给予适当补偿。没有侵权人、侵权人逃逸或者无力承担民事责任，受害人请求补偿的，受益人应当给予适当补偿。

实践中，经常会遇到为保护他人民事权益而使自己受到损害的情况。如为了阻止偷窃者、抢劫者逃逸，被其打伤；为救落水儿童在施救时受伤等。为了弘扬社会主义核心价值观，鼓励和支持见义勇为等救助行为，《民法典》第183条规定了因保护他人民事权益而受到损害者的请求权和承担民事责任的主体，主要包括如下要点：一是见义勇为者是因保护他人民事权益而非自己利益使自己受到损害，该损害包括人身和财产两个方面。二是见义勇为者损失一般由侵权人承担责任，受益者可以给予适当补偿。三是特定情形下（如没有侵权人、侵权人逃逸或者无力承担民事责任）受益人应当给予适当补偿。需注意的是，补偿不是赔偿，赔偿一般是填平原则，即损失多少赔偿多少，而补偿是填补其中的一部分损失。按照民事责任的一般原理，受益人并非侵权人，原则上不应承担民事责任。但考虑到若非为了受益人的利益，受害人也不会受损，当侵权人逃逸、找不到或其无力承担民事责任时，作为受害人的见义勇为者得不到任何赔偿或补偿明显不公，不符合公平正义精神，也无助于对见义勇为行为的鼓励与发扬，故《民法典》明确了受益人此时应给予受害人适当补偿。但需注意还要满足一个条件，即作为受害人的见义勇为者明确向受益人提出给予适当补偿的请求。

【适用实例】

闻某祥、闻某明见义勇为人受害责任纠纷案（被上诉人二审抗辩引用）

上诉人闻某祥、闻某明因与被上诉人闻某何见义勇为人受害责任纠纷一案，不服一审民事判决，向杭州市中级人民法院提起上诉。

闻某祥、闻某明上诉请求：请求撤销一审判决，并依法改判驳回闻某何的起诉。事实和理由：一审法院同意并支持闻某何将案由由无因管理纠纷变更为见义勇为人受害责任纠纷错误。见义勇为人受害责任纠纷首先应存在见义勇为行为，闻某何不具有见义勇为行为。第一，认定见义勇为系公安机关的职权，案发后公安机关已介入调查，但经调查不能确定事实，法院不能越权行使公安机关的权力。第二，一审法院不能根据公安机关对闻某明的调查而推定煤气漏气。第三，闻某祥、闻某明在庭审中多次对处警记录做出说明，闻某祥、闻某明报警时对闻某何的受伤情况和原因并不知情，而是通过闻某何的儿子所陈述得知，为查明事情真相和原因而报警。第四，屏门乡的爱心捐赠也不能就此认定闻某何有见义勇为的行为。

被上诉人闻某何辩称：关于人民法院可否认定见义勇为行为。根据最高人民法院发布的**指导案例98号**张庆福、张殿凯诉朱振彪生命权纠纷案，行为人非因法定职责、法定义务或约定义务，保护国家、社会公共利益或者他人的人身、财产安全的，人民法院可以认定为见义勇为。由此可见，见义勇为行为并非只有公安机关可以确认，人民法院在审理案件过程中完全可以根据查明的事实认定见义勇为行为。

一审法院认为，闻某何陈述事故发生前，闻某何听其母亲说其家屋后闻某明家的厨房有冒烟着火迹象，遂即前往闻某明厨房准备帮助采取相应措施的说法符合常理，根据民事证据高度盖然性原则，一审法院对闻某何陈述事发经过的事实予以认定。闻某祥、闻某明认为系闻某何使用闻某明家煤气烧肉导致烧伤，与常理不符，且未提供证据证明，对该意见，一审法院不予采纳。一审法院认为，闻某何在发现邻居家厨房冒烟，有着火迹象的情况下，第一时间冒风险前往查看，准备采取相应措施，其实施的救助行为，系保护他人财产不受损害，应属见义勇为行为，其行为值得社会所推崇。依据《民法总则》第183条①之规定：因保护他人民事权益使自己受到损害的，由侵权人承担民事责任，受益人可以给予适当补偿。没有侵权人、侵权人逃逸或者无力承担民事责任，受害人请求补偿的，受益人应当给予适当补偿。

二审期间，淳安县公安局于2020年7月30日向闻某何出具《见义勇为行为确认证书》，载明：闻某何于2019年7月2日中午，在本村上庵基17号闻某明家厨房救火受伤的行为，符合《浙江省见义勇为人员奖励和保障条

① 《民法典》第183条。

例》的规定，依法确认行为人的行为为见义勇为。

杭州市中级人民法院二审认为，根据淳安县公安局出具的《见义勇为行为确认证书》，闻某何于2019年7月2日对闻某明家厨房救火受伤的行为，系见义勇为行为。闻某祥主张其已和闻某明于2006年前后分家析产，但在二审中陈述，包括案涉厨房在内的部分建筑，系后续建造，尚未进行确权。结合淳安县屏门乡人民政府出具的“屏门乡隐将大源村村民房屋2015年现状登记表”，案涉房屋登记在闻某明、闻某祥等五人名下。一审法院将闻某明、闻某祥认定为见义勇为受益人，有事实依据。综上所述，闻某明、闻某祥的上诉请求不能成立，不予支持。[（2020）浙01民终5140号]

002 指导案例141号

支某1等诉北京市永定河管理处生命权、健康权、身体权纠纷案

禁止公众进入的水利工程设施不属侵权法意义上的公共场所，管理方已采取合理安全提示和防护措施，不承担侵权责任

（最高人民法院审判委员会讨论通过　2020年10月9日发布）

关键词：民事/生命权纠纷/公共场所/安全保障义务

裁判要点

消力池属于禁止公众进入的水利工程设施，不属于侵权责任法第三十七条第一款①规定的“公共场所”。消力池的管理人和所有人采取了合理的安全提示和防护措施，完全民事行为能力人擅自进入造成自身损害，请求管理人和所有人承担赔偿责任的，人民法院不予支持。

① 《民法典》第1198条第1款。

相关法条

《中华人民共和国侵权责任法》第37条第1款①

基本案情

2017年1月16日，北京市公安局丰台分局卢沟桥派出所接李某某110报警，称支某3外出遛狗未归，怀疑支某3掉在冰里了。接警后该所民警赶到现场开展查找工作，于当晚在永定河拦河闸自西向东第二闸门前消力池内发现一男子死亡，经家属确认为支某3。发现死者时永定河拦河闸南侧消力池内池水表面结冰，冰面高度与消力池池壁边缘基本持平，消力池外河道无水。北京市公安局丰台分局于2017年1月20日出具关于支某3死亡的调查结论（丰公治亡查字〔2017〕第021号），主要内容为：经过（现场勘察、法医鉴定、走访群众等）工作，根据所获证据，得出如下结论：一、该人系符合溺亡死亡；二、该人死亡不属于刑事案件。支某3家属对死因无异议。支某3遗体被发现的地点为永定河拦河闸下游方向闸西侧消力池，消力池系卢沟桥分洪枢纽水利工程（拦河闸）的组成部分。永定河卢沟桥分洪枢纽工程的日常管理、维护和运行由北京市永定河管理处负责。北京市水务局称事发地点周边安装了防护栏杆，在多处醒目位置设置了多个警示标牌，标牌注明管理单位为“北京市永定河管理处”。支某3的父母支某1、马某某，妻子李某某和女儿支某2向法院起诉，请求北京市永定河管理处承担损害赔偿责任。

裁判结果

北京市丰台区人民法院于2019年1月28日作出（2018）京0106民初2975号民事判决：驳回支某1等四人的全部诉讼请求。宣判后，支某1等四人提出上诉。北京市第二中级人民法院于2019年4月23日作出（2019）京02民终4755号民事判决：驳回上诉，维持原判。

裁判理由

本案主要争议在于支某3溺亡事故发生地点的查实、相应管理机关的确定，以及该管理机关是否应承担侵权责任。本案主要事实和法律争议认定

① 《民法典》第1198条第1款。

如下：

一、关于支某3的死亡地点及管理机关的事实认定。首先，从死亡原因上看，公安机关经鉴定认定支某3死因系因溺水导致；从事故现场上看，支某3遗体发现地点为永定河拦河闸前消力池。根据受理支某3失踪查找的公安机关派出所出具工作记录可认定支某3溺亡地点为永定河拦河闸南侧的消力池内。其次，关于消力池的管理机关。现已查明北京市永定河管理处为永定河拦河闸的管理机关，北京市永定河管理处对此亦予以认可，并明确确认消力池属于其管辖范围，据此认定北京市永定河管理处系支某3溺亡地点的管理责任方。鉴于北京市永定河管理处系依法成立的事业单位，依法可独立承担相应民事责任，故北京市水务局、北京市丰台区水务局、北京市丰台区永定河管理所均非本案的适格被告，支某1等四人要求该三被告承担连带赔偿责任的主张无事实及法律依据，不予支持。

二、关于管理机关北京市永定河管理处是否应承担侵权责任的认定。首先，本案并不适用侵权责任法中安全保障义务条款。安全保障义务所保护的人与义务人之间常常存在较为紧密的关系，包括缔约磋商关系、合同法律关系等，违反安全保障义务的侵权行为是负有安全保障义务的人由于没有履行合理范围内的安全保障义务而实施的侵权行为。根据查明的事实，支某3溺亡地点位于永定河拦河闸侧面消力池。从性质上看，消力池系永定河拦河闸的一部分，属于水利工程设施的范畴，并非对外开放的冰场；从位置上来看，消力池位于拦河闸下方的永定河河道的中间处；从抵达路径来看，抵达消力池的正常路径，需要从永定河的沿河河堤下楼梯到达河道，再从永定河河道步行至拦河闸下方，因此无论是消力池的性质、消力池所处位置还是抵达消力池的路径而言，均难以认定消力池属于公共场所。北京市永定河管理处也不是群众性活动的组织者，故支某1等四人上诉主张四被上诉人未尽安全保障义务，与法相悖。其次，从侵权责任的构成上看，一方主张承担侵权责任，应就另一方存在违法行为、主观过错、损害后果且违法行为与损害后果之间具有因果关系等侵权责任构成要件承担举证责任。永定河道并非正常的活动、通行场所，依据一般常识即可知无论是进入河道或进入冰面的行为，均容易发生危及人身的危险，此类对危险后果的预见性，不需要专业知识就可知晓。支某3在明知进入河道、冰面行走存在风险的情况下，仍进入该区域并导致自身溺亡，其主观上符合过于自信的过失，应自行承担相应的损害后果。成年人应当是自身安危的第一责任人，不能把自己的安危寄托在国家相关机构的无时无刻的提醒之下，户外活动应趋利避害，不随意进入非群众活动场所是每一个公民应自觉遵守的行为规范。综上，北京市永定河管理处对支某3的死亡发生无过错，不应承担赔偿责任。在此需要指出，因支某3意外溺亡，造成支某1、马某某老年丧子、支某2年幼丧父，其家庭境遇令人同情，法院对此予以理解，但是赔偿的责任方是否构成侵权则需法律上严格界定及证据上的支持，不能以情感或结果责任主义为导向将损失交由不构成侵权的他方承担。

（生效裁判审判人员：邢述华、唐季怡、陈光旭）

【实务问答】

1. 安全保障义务的排除范围是什么？

《民法典》第1198条（原《侵权责任法》第37条）就安全保障义务人责任作出了规定。根据《民法典》第1198条“宾馆、商场、银行、车站、机场、体育场馆、娱乐场所等经营场所、公共场所的经营者、管理者或者群众性活动的组织者”的内容可知，安全保障义务人责任存在地理空间上的限制，即以公众为对象进行商业性经营的场所，包括对公众提供服务的场所。除已列举的宾馆、商场、银行、车站、娱乐场所等以外，还包括机场、码头、公园、餐厅等，以及面向社会公众举办的参加人数较多的活动场域等。所谓活动场域，往往就是指公共场所或营业场所。就本指导案例而言，其所涉及的消力池，从性质上来看，是永定河拦河闸的一部分，属水利工程设施的范畴，而非对外开放的冰场；从位置上来看，消力池位于拦河闸下方的永定河河道的中间处；从抵达路径来看，抵达消力池的正常路径，需要从永定河的沿河河堤下楼梯到达河道，再从永定河河道步行至拦河闸下方。可以说，无论是从消力池的性质、消力池所处位置还是抵达消力池的路径来说，均难以认定消力池属于公共场所。而且北京市永定河管理处也并非群众性活动的组织者，因而法院认定四原告关于北京市永定河管理处负有安全保障义务的主张不成立。

2. 违反安全保障义务的判断标准有哪些？

一是法定标准。即法律、行政法规等在安全保障义务方面有明确规定，如《娱乐场所管理条例》规定，歌舞娱乐场所应当按照国务院公安部门的规定在营业场所的出入口、主要通道安装闭路电视监控设备，并应当保证闭路电视监控设备在营业期间内正常运行，不得中断……二是一般标准。其又包括两方面：（1）对一般的被保护人而言，活动组织者或经营者所承担的隐蔽性危险告知义务；（2）对受邀进入活动领域或经营领域的人而言，活动组织者或经营者的一般保护义务。三是特殊标准。对特殊主体如残疾人、未成年人、孕妇等的安全保障，无疑需采特殊标准。现实社会，有很多社会活动或经营活动对儿童具有危险可能性，此时，活动组织者、经营者即须履行消除危险、隔离危险等严格的安全保障义务。四是善良管理人标准。该标准是在没有法定标准的情况下，高于侵权行为法上的一般人注意水平的标准。

【适用实例】

任丘市水务局、河北供水有限责任公司与史某明、刘某维违反安全保障义务责任纠纷案（上诉人上诉引用）

上诉人任丘市水务局、河北供水有限责任公司（以下简称供水公司）因与被上诉人史某明、刘某维违反安全保障义务责任纠纷一案，不服一审判决，向沧州市中级人民法院提起上诉。

一审法院查明：2020年6月14日，原告史某明、刘某维的儿子史某旗在任丘市青塔乡白洋村村西北水渠溺水。史某旗溺水事故地点在任丘市青塔乡白洋村村西北农业灌溉水渠，该水渠的防护设施不完备；该河段区域管理者为被告任丘市水务局。涉案河道是一条农业灌溉水渠，该水渠之下有南水北调的输水管线横向穿过，河道交叉地段修筑护坡，与河底形成截面为倒梯形凹槽。被告河北供水有限责任公司经营范围为南水北调配套工程水厂以上输水工程投资建设与运营管理；水库、河道、水生态治理和修复等水资源综合开发利用工程投资建设与运营管理；水能源开发、城镇供水、污水处理、节水改造、非常规水开发利用及与水相关产业的投资建设与运营管理……

一审法院认为，闸口、河渠附近防护、警示设施是否齐全涉及公共安全。

虽然被告任丘市水务局在事发地点附近设立警柱、喷涂警示标语等，按时履行了其管理职责及安全保证义务，但部分警示桩被杂草遮掩、个别字体已经模糊不清，无法起到警示作用。依据被告河北供水有限责任公司的经营范围，其未履行安全保障义务。二被告对史某旗的溺水死亡存在过错，应承担相应的民事责任；史某旗为限制民事行为能力人，原告作为监护人负有保护史某旗人身安全的法定义务，保证孩子远离危险，然而原告未尽到照看义务，致使史某旗溺水死亡，对事故发生存在过错，亦应承担一定的民事责任。结合本案案情，综上原告承担60%责任，被告承担40%责任为宜……依照《民法总则》第26、110条①，最高人民法院《关于审理人身损害赔偿案件适用法律若干问题的解释》（2003年）第17～20、27、29条，《侵权责任法》第6条②之规定，判决如下：被告任丘市水务局、被告河北供水有限责任公司于本判决生效之日起10日内连带赔偿原告史某明、刘某维医疗费、误工费、精神损害抚慰金、死亡赔偿金、丧葬费等各项损失共计159,700元。如果未按本判决指定的期间履行给付金钱义务，应当依照《民事诉讼法》第253条③之规定，加倍支付迟延履行期间的债务利息。案件受理费3675元，由原告史某明、刘某维承担2220元，由被告任丘市水务局、被告河北供水有限责任公司承担1455元。

二审审理期间，上诉人任丘市水务局提交最高人民法院**指导案例141号**，认为本案在基本案情与法律适用上与该案例基本相同，141号指导案例维持了北京市丰台区人民法院作出的一审判决，驳回了原告的诉讼请求，二审法院应当依照最高人民法院《关于案例指导工作的规定》第7条及其实施细则第9、10、11条之规定处理。

二审法院认为，任丘市水务局作为河道的管理单位，其在行使管理和维护河道、水利设施，确保河道运行安全等职能的同时，亦在其管理范围内负有合理限度的安全保障义务，该义务并不因案涉河道附加了其他设施而免除。在案涉河道水泥护坡坡度较大、危险系数明显增加的情形下，任丘市水务局应当采取相应防护措施。供水公司营业执照载明其经营范围包括“南水

① 《民法典》第26、110条。

② 《民法典》第1165条。

③ 《民事诉讼法》（2021年修正）第260条。

北调配套工程水厂以上输水工程投资建设与运营管理”，其提交的河北省水利厅、河北省人民政府国有资产监督管理委员会《关于河北供水集团有限责任公司组建方案的请示》载明“南水北调水厂以上配套工程建成后，将形成的资产、债务全部划入河北供水集团运营管理”，故供水公司系南水北调设施及配套工程的管理者。供水公司提交的工程施工质量验收表等证据显示，水泥护坡系南水北调配套工程，即供水公司系案涉护坡的管理者，亦应在其管理范围内承担合理限度的安全保障义务。上诉人任丘市水务局提交的**指导案例141号**支某1等诉北京市永定河管理处生命权、健康权、身体权纠纷案中，案发地为禁止公众进入的消力池，且该消力池的管理人和所有人采取了合理的安全提示和防护措施。而本案案涉河道并非禁止不特定公众靠近的区域，且河道及护坡的管理者未尽必要防护义务，两案案情不同。二上诉人应当对其管理范围内危险系数较高区域采取积极防护措施，以维护公众安全。［（2021）冀09民终612号］

003 **指导案例142号**

刘明莲、郭丽丽、郭双双诉孙伟、河南兰庭物业管理有限公司信阳分公司生命权纠纷案

为维护受害方合法权益，劝阻另一方勿离开现场且未超合理限度的，属合法行为

（最高人民法院审判委员会讨论通过　2020年10月9日发布）

关键词：民事／生命权／劝阻／合理限度／自身疾病

裁判要点

行为人为了维护因碰撞而受伤害一方的合法权益，劝阻另一方不要离开碰撞现场且没有超过合理限度的，属于合法行为。被劝阻人因自身疾病发生猝死，其近亲属请求行为人承担侵权责任的，人民法院不予支持。

相关法条

《中华人民共和国侵权责任法》第6条①

基本案情

2019年9月23日19时40分左右，郭某骑着一辆折叠自行车从博士名城小区南门广场东侧道路出来，向博士名城南门出口骑行，在南门广场与5岁儿童罗某相撞，造成罗某右颌受伤出血，倒在地上。带自己孩子在此玩耍的孙伟见此情况后，将罗某扶起，并通过微信语音通话功能与罗某母亲李某1联系，但无人接听。孙伟便让身旁的邻居去通知李某1，并让郭某等待罗某家长前来处理。郭某称是罗某撞了郭某，自己还有事，需要离开。因此，郭某与孙伟发生言语争执。孙伟站在自行车前面阻拦郭某，不让郭某离开。

事发时的第一段视频显示：郭某往前挪动自行车，孙伟站在自行车前方，左手拿手机，右手抓住自行车车把，持续时间约8秒后孙伟用右手推车把两下。郭某与孙伟之间争执的主要内容为：郭某对孙伟说，你讲理不？孙伟说，我咋不讲理，我叫你等一会儿。郭某说，你没事我还有事呢。孙伟说，我说的对不，你撞小孩。郭某说，我还有事呢。孙伟说，你撞小孩，我说你半天。郭某说，是我撞小孩还是小孩撞我？第二段视频显示，孙伟、郭某、博士名城小区保安李某2、吴某四人均在博士名城小区南门东侧出口从南往北数第二个石墩附近。孙伟左手拿手机，右手放在郭某自行车车把上持续时间约5秒左右。李某2、吴某劝郭某不要骂人，郭某称要拨打110，此时郭某情绪激动并有骂人的行为。

2019年9月23日19时46分，孙伟拨打110报警电话。郭某将自行车停好，坐在博士名城小区南门东侧出口从南往北数第一个石墩上。郭某坐在石墩上不到两分钟即倒在地上。孙伟提交的一段时长14秒事发状况视频显示，郭某倒在地上，试图起身；孙伟在操作手机，报告位置。

2019年9月23日19时48分，孙伟拨打120急救电话。随后，孙伟将自己孩子送回家，然后返回现场。医护人员赶到现场即对郭某实施抢救。郭某经抢救无效，因心脏骤停死亡。

---

①《民法典》第1165条。

另，郭某曾于2019年9月4日因“意识不清伴肢体抽搐1小时”为主诉入住河南省信阳市中心医院，后被诊断为“右侧脑梗死，继发性癫痫，高血压病3级（极高危），2型糖尿病，脑血管畸形，阵发性心房颤动”。信阳市中心医院就郭某该病症下达病重通知书，显示“虽经医护人员积极救治，但目前患者病情危重，并且病情有可能进一步恶化，随时会危及患者生命”。信阳市中心医院在对郭某治疗期间，在沟通记录单中记载了郭某可能出现的风险及并发症，其中包含：脑梗塞进展，症状加重；脑疝形成呼吸心跳骤停；恶心心律失常猝死等等。郭某2019年9月16日的病程记录记载：郭某及其家属要求出院，请示上级医师后予以办理。

郭某之妻刘明莲及其女郭丽丽、郭双双提起诉讼，要求孙伟承担侵权的赔偿责任，河南兰庭物业管理有限公司信阳分公司承担管理不善的赔偿责任。

裁判结果

河南省信阳市平桥区人民法院于2019年12月30日作出（2019）豫1503民初8878号民事判决：驳回原告刘明莲、郭丽丽、郭双双的诉讼请求。宣判后，各方当事人均未提出上诉。一审判决已发生法律效力。

裁判理由

法院生效裁判认为：本案争议的焦点问题是被告孙伟是否实施了侵权行为；孙伟阻拦郭某离开的行为与郭某死亡的结果之间是否有因果关系；孙伟是否有过错。

第一，郭某骑自行车与年幼的罗某相撞之后，罗某右颌受伤出血并倒在地上。郭某作为事故一方，没有积极理性处理此事，执意离开。对不利于儿童健康、侵犯儿童合法权益的行为，任何组织和个人有权予以阻止或者向有关部门控告。罗某作为未成年人，自我保护能力相对较弱，需要成年人对其予以特别保护。孙伟见到郭某与罗某相撞后，为保护罗某的利益，让郭某等待罗某的母亲前来处理相撞事宜，其行为符合常理。根据案发当晚博士名城业主群聊天记录中视频的发送时间及孙伟拨打110、120的电话记录等证据证实，可以确认孙伟阻拦郭某的时间为8分钟左右。在阻拦过程中，虽然孙伟与郭某发生言语争执，但孙伟的言语并不过激。孙伟将手放在郭某的自行车车把上，双方没有发生肢体冲突。孙伟的阻拦方式和内容均在正常限度之内。因此，孙伟的劝阻行为是合法行为，且没有超过合理限度，不具有违法性，应予以肯定与支持。

第二，郭某自身患脑梗、高血压、心脏病、糖尿病、继发性癫痫等多种疾病，事发当月曾在医院就医，事发前一周应其本人及家属要求出院。孙伟阻拦郭某离开，郭某坐在石墩上，倒地后因心脏骤停不幸死亡。郭某死亡，令人惋惜。刘明莲、郭丽丽、郭双双作为死者郭某的近亲属，心情悲痛，提起本案诉讼，可以理解。孙伟的阻拦行为本身不会造成郭某死亡的结果，郭某实际死亡原因为心脏骤停。因此，孙伟的阻拦行为与郭某死亡的后果之间并不存在法律上的因果关系。

第三，虽然孙伟阻拦郭某离开，诱发郭某情绪激动，但是，事发前孙伟与郭某并不认识，不知道郭某身患多种危险疾病。孙伟阻拦郭某的行为目的是为了保护儿童利益，并不存在侵害郭某的故意或过失。在郭某倒地后，孙伟拨打120急救电话予以救助。由此可见，孙伟对郭某的死亡无法预见，其对郭某的死亡后果发生没有过错。

（生效裁判审判人员：易松、彭洁、周成云）

【实务问答】

1. 被劝阻人因自身疾病猝死，劝阻人是否构成过错侵权？

就本指导案例而言，如果要判令劝阻人承担责任的话，要么认定其构成过错侵权，要么按照公平责任原则判令其承担部分责任。过错侵权责任的成立需满足侵权行为、客观损害、行为与损害间的因果关系、行为人的主观过错四个要件。本指导案例中，孙伟的劝阻行为是合法行为，且没有超过合理限度，不具有违法性，不属侵权行为。郭某实际死亡原因为自身疾病所导致的心脏骤停，孙伟的阻拦方式和内容均在正常限度之内，本身不会造成郭某死亡的结果。因而可以说，孙伟的阻拦行为与郭某死亡的后果之间并不存在法律上的因果关系。孙伟阻拦郭某的行为目的是保护儿童利益，并不存在侵害郭某的故意或过失。郭某倒地后，孙伟立刻拨打120急救电话进行救助。可见，孙伟对郭某的死亡无法预见，对其死亡后果发生也没有过错。综上，此种情形下孙伟无须承担过错侵权责任。

2. 公平责任的适用范围是否应被严格限制？

侵权责任中的公平责任原则是民法公平原则的必然引申，但需要注意，其既不同于过错责任，也有别于无过错责任。《民法典》也并未将其作为侵权责任的归责原则放在侵权责任编一般规定章中，而是放在了第二章“损害赔偿”部分作为侵权责任补充适用的规则，并将原《民法通则》规定的“分担民事责任”修改为“分担损失”。由于公平责任一般以财产之有无、多寡作为责任分担的依据，属分配正义而非矫正正义，如被滥用无疑将损害实质公平，也无助于社会主义核心价值观的践行。司法实践中，在无法认定劝阻人需承担过错侵权责任的情形下，受“死者为大”传统思想的影响，以往很多裁判会适用公平责任原则来判令劝阻方承担一定的责任，难称合理。实际上，公平责任的成立需同时满足以下条件：（1）受害人和行为人对损害的发生都没有过错。（2）须为法律规定的适用公平责任的情形。（3）双方当事人行为需与损害后果的发生之间具有一定因果关系。

就本指导案例所涉情形而言，在《民法典》生效后，虽符合了上面第1个条件，但并不符合第2个、第3个条件。《民法典》明确规定的适用公平责任的情形，主要有五种，包括第182条第2款（因自然原因引起的危险中紧急避险人对受害人的补偿责任）、第183条（见义勇为中受益人的补偿责任）、第1190条第1款（完全民事行为能力人对自己行为暂时无意识或失去控制造成他人损害且没有过错时，对受害人的补偿责任）、第1192条第2款（提供劳务一方因第三人行为遭受损害时，接受劳务一方承担的补偿责任）、第1254条第1款（高空抛物或坠落物造成他人损害，经调查难以确定具体侵权人且无法证明自己不是侵权人时，可能加害的建筑物使用人的补偿责任）。本指导案例所涉情形并不在上述范围之内。另据前文的分析，劝阻行为与猝死的后果之间并无直接的因果关系。基于此，该案也不符合适用公平责任的第三个条件，因而不应让劝阻人承担责任。可以说，本指导案例在分清是非的基础上，对“死者为大”传统思想支配下的裁判理念予以摒弃，旗帜鲜明地表明了司法的态度，对劝阻人的善行义举是一种肯定与鼓励，符合社会主义核心价值观的要求，正确适用法律，确保案件处理结果的法律效果与社会效果。

004 指导案例 143 号

北京兰世达光电科技有限公司、黄晓兰诉赵敏名誉权纠纷案

在不特定关系人组成的微信群中发布侮辱、诽谤、污蔑或贬损他人的言论，构成名誉权侵权

（最高人民法院审判委员会讨论通过 2020 年 10 月 9 日发布）

关键词：民事／名誉权／网络侵权／微信群／公共空间

裁判要点

1. 认定微信群中的言论构成侵犯他人名誉权，应当符合名誉权侵权的全部构成要件，还应当考虑信息网络传播的特点并结合侵权主体、传播范围、损害程度等具体因素进行综合判断。2. 不特定关系人组成的微信群具有公共空间属性，公民在此类微信群中发布侮辱、诽谤、污蔑或者贬损他人的言论构成名誉权侵权，应当依法承担法律责任。

相关法条

《中华人民共和国民法通则》第 101 条①、第 120 条②

《中华人民共和国侵权责任法》第 6 条③、第 20 条④、第 22 条⑤

基本案情

原告北京兰世达光电科技有限公司（以下简称兰世达公司）、黄晓兰诉称：黄晓兰系兰世达公司员工，从事机器美容美甲业务。自 2017 年 1 月 17 日以来，被告赵敏一直对二原告进行造谣、诽谤、诬陷，多次污蔑、谩骂，

---

① 《民法典》第 1024 条。
② 《民法典》第 990、995 条。
③ 《民法典》第 1165 条。
④ 《民法典》第 1182 条。
⑤ 《民法典》第 1183 条。

称黄晓兰有精神分裂，污蔑兰世达公司的仪器不正规、讹诈客户，并通过微信群等方式进行散布，造成原告名誉受到严重损害，生意受损，请求人民法院判令：一、被告对二原告赔礼道歉，并以在北京市顺义区X号张贴公告、北京当地报纸刊登公告的方式为原告消除影响、恢复名誉；二、赔偿原告兰世达公司损失2万元；三、赔偿二原告精神损害抚慰金各5千元。

被告赵敏辩称：被告没有在小区微信群里发过损害原告名誉的信息，只与邻居、好朋友说过与二原告发生纠纷的事情，且此事对被告影响亦较大。兰世达公司仪器不正规、讹诈客户非被告一人认为，其他人也有同感。原告的美容店经常不开，其损失与被告无关。故请求驳回原告的诉讼请求。

法院经审理查明：兰世达公司在北京市顺义区某小区一层开有一家美容店，黄晓兰系该公司股东兼任美容师。2017年1月17日下午16时许，赵敏陪同住小区的另一业主到该美容店做美容。黄晓兰为顾客做美容，赵敏询问之前其在该美容店祛斑的事情，后二人因美容服务问题发生口角。后公安部门对赵敏作出行政处罚决定书，给予赵敏行政拘留三日的处罚。

原告主张赵敏的微信昵称为X郡主（微信号X---calm），且系小区业主微信群群主，双方发生纠纷后赵敏多次在业主微信群中对二原告进行造谣、诽谤、污蔑、谩骂，并将黄晓兰从业主群中移出，兰世达公司因赵敏的行为生意严重受损。原告提供微信聊天记录及张某某的证人证言予以证明。微信聊天记录来自两个微信群，人数分别为345人和123人，记载有昵称X郡主发送的有关黄晓兰、兰世达公司的言论，以及其他群成员询问情况等的回复信息；证人张某某是兰世达公司顾客，也是小区业主，其到庭陈述看到的微信群内容并当庭出示手机微信，群主微信号为X---calm。

赵敏对原告陈述及证据均不予认可，并表示其2016年在涉诉美容店做激光祛斑，黄晓兰承诺保证全部祛除掉，但做过两次后，斑越发严重，多次沟通，对方不同意退钱，事发当日其再次咨询此事，黄晓兰却否认赵敏在此做过祛斑，双方发生口角；赵敏只有一个微信号，且经常换名字，现在业主群里叫X果，自己不是群主，不清楚群主情况，没有加过黄晓兰为好友，也没有在微信群里发过损害原告名誉的信息，只与邻居、朋友说过与原告的纠纷，兰世达公司仪器不正规、讹诈客户，其他人也有同感，公民有言论自由。

经原告申请，法院自深圳市腾讯计算机系统有限公司调取了微信号

X---calm的实名认证信息，确认为赵敏，同时确认该微信号与黄晓兰微信号X－HL互为好友时间为2016年3月4日13：16：18。赵敏对此予以认可，但表示对于微信群中发送的有关黄晓兰、兰世达公司的信息其并不清楚，现已经不用该微信号了，也退出了其中一个业主群。

裁判结果

北京市顺义区人民法院于2017年9月19日作出（2017）京0113民初5491号民事判决：一、被告赵敏于本判决生效之日起七日内在顺义区X房屋门口张贴致歉声明，向原告黄晓兰、北京兰世达光电科技有限公司赔礼道歉，张贴时间为七日，致歉内容须经本院审核；如逾期不执行上述内容，则由本院在上述地址门口全文张贴本判决书内容；二、被告赵敏于本判决生效之日起七日内赔偿原告北京兰世达光电科技有限公司经济损失三千元；三、被告赵敏于本判决生效之日起七日内赔偿原告黄晓兰精神损害抚慰金二千元；四、驳回原告黄晓兰、北京兰世达光电科技有限公司的其他诉讼请求。宣判后，赵敏提出上诉。北京市第三中级人民法院于2018年1月31日作出（2018）京03民终725号民事判决：驳回上诉，维持原判。

裁判理由

法院生效裁判认为：名誉权是民事主体依法享有的维护自己名誉并排除他人侵害的权利。民事主体不仅包括自然人，也包括法人及其他组织。《中华人民共和国民法通则》第一百零一条①规定，公民、法人享有名誉权，公民的人格尊严受法律保护，禁止用侮辱、诽谤等方式损害公民、法人的名誉。

本案的争议焦点为，被告赵敏在微信群中针对原告黄晓兰、兰世达公司的言论是否构成名誉权侵权。传统名誉权侵权有四个构成要件，即受害人确有名誉被损害的事实、行为人行为违法、违法行为与损害后果之间有因果关系、行为人主观上有过错。对于微信群中的言论是否侵犯他人名誉权的认定，要符合传统名誉权侵权的全部构成要件，还应当考虑信息网络传播的特点并结合侵权主体、传播范围、损害程度等具体因素进行综合判断。

本案中，赵敏否认其微信号X—calm所发的有关涉案信息是其本人所为，

---

① 《民法典》第1024条。

但就此未提供证据证明，且与已查明事实不符，故就该抗辩意见，法院无法采纳。根据庭审查明情况，结合微信聊天记录内容、证人证言、法院自深圳市腾讯计算机系统有限公司调取的材料，可以认定赵敏在与黄晓兰发生纠纷后，通过微信号在双方共同居住的小区两个业主微信群发布的信息中使用了“傻×”“臭傻×”“精神分裂”“装疯卖傻”等明显带有侮辱性的言论，并使用了黄晓兰的照片作为配图，而对于兰世达公司的“美容师不正规”“讹诈客户”“破仪器”“技术和产品都不灵”等贬损性言辞，赵敏未提交证据证明其所发表言论的客观真实性；退一步讲，即使有相关事实发生，其亦应通过合法途径解决。赵敏将上述不当言论发至有众多该小区住户的两个微信群，其主观过错明显，从微信群的成员组成、对其他成员的询问情况以及网络信息传播的便利、广泛、快捷等特点来看，涉案言论确易引发对黄晓兰、兰世达公司经营的美容店的猜测和误解，损害小区公众对兰世达公司的信赖，对二者产生负面认识并造成黄晓兰个人及兰世达公司产品或者服务的社会评价降低，赵敏的损害行为与黄晓兰、兰世达公司名誉受损之间存在因果关系，故赵敏的行为符合侵犯名誉权的要件，已构成侵权。

行为人因过错侵害他人民事权益，应当承担侵权责任。不特定关系人组成的微信群具有公共空间属性，公民在此类微信群中发布侮辱、诽谤、污蔑或者贬损他人的言论构成名誉权侵权，应当依法承担法律责任。公民、法人的名誉权受到侵害，有权要求停止侵害，恢复名誉，消除影响，赔礼道歉，并可以要求赔偿损失。现黄晓兰、兰世达公司要求赵敏基于侵犯名誉权之行为赔礼道歉，符合法律规定，应予以支持，赔礼道歉的具体方式由法院酌情确定。关于兰世达公司名誉权被侵犯产生的经济损失，兰世达公司提供的证据不能证明实际经济损失数额，但兰世达公司在涉诉小区经营美容店，赵敏在有众多该小区住户的微信群中发表不当言论势必会给兰世达公司的经营造成不良影响，故对兰世达公司的该项请求，综合考虑赵敏的过错程度、侵权行为内容与造成的影响、侵权持续时间、兰世达公司实际营业情况等因素酌情确定。关于黄晓兰主张的精神损害抚慰金，亦根据上述因素酌情确定具体数额。关于兰世达公司主张的精神损害抚慰金，缺乏法律依据，故不予支持。

（生效裁判审判人员：巴晶焱、李淼、徐晨）

【实务问答】

1. 名誉权与名誉的区分是什么?

《民法典》第 1024 条规定，民事主体享有名誉权。任何组织或者个人不得以侮辱、诽谤等方式侵害他人的名誉权。名誉是对民事主体的品德、声望、才能、信用等的社会评价。

这里需要注意区分名誉权与名誉。名誉权是民事主体所享有的一种重要人格权，关系到一个民事主体在社会经济生活中所处的地位以及应受到的信赖和受到尊重的程度，是民事主体进行民事活动乃至其他社会活动的基本条件。而名誉呢？根据《民法典》第 1024 条第 2 款的规定，名誉是对民事主体的品德、声望、才能、信用等的社会评价。自然人的名誉感是一种内心的主观感受，不属于社会评价，并不纳入名誉权的保护范围。若认为自己的名誉感受到了他人的侵害，且有证据证明他人的行为有过错、过错行为与自己名誉感受损之间存在因果关系的，可以人格尊严受到侵害为由主张对方承担民事责任。

享有名誉权的主体不仅包括自然人，也包括法人、非法人组织。侵害名誉权的行为主要表现为侮辱、诽谤行为。侮辱是指公然以暴力、谩骂等方式贬损他人名誉的行为，既包括行为方式，也包括语言、文字方式。诽谤行为是指以散布捏造或夸大的事实故意损害他人名誉的行为，可以是口头的，也可以是文字的。判断是否侵害名誉权时，需要注意以下几个方面：（1）受害人的社会评价是否降低。若没有降低，则不存在名誉权受损的问题。（2）行为人发布的信息或所作的陈述真实客观，且没有包含侮辱性的内容，即使受害人认为自己的名誉受损，也不构成名誉权侵权。（3）行为人侵害他人名誉权的行为需要受害人之外的主体知悉。（4）行为人的行为具有过错。（5）判断是否构成名誉权侵权及承担损害赔偿责任的程度时，除前述要件外，还需要综合考虑其他因素，如影响范围、具体行为方式、职业属性、造成的后果等。就微信群中的言论是否侵犯他人名誉权的认定及赔偿数额的确定而言，在符合传统名誉权侵权的全部构成要件的基础上，还应考虑信息网络传播的特点并结合侵权主体、传播范围、损害程度等具体因素来进行综合判断。本指导案例中，赵敏在与黄晓兰发生纠纷后，通过微信号在双方共同居住的小区两个业主微信群发布的信息中使用了“傻×”“臭傻×”“精神分裂”“装疯卖傻”等明显具有侮辱性的言论，并使用了黄晓兰的照片作为配图。赵敏将上述不当言论发至有众多该小区住户的两个微信群，主观过错明显。从微信群的成员组成、对其他成员的询问情况以及网络信息传播的便利、广泛、快捷等特点来看，涉案言论确易引发对黄晓兰、兰世达公司经营的美容店的猜测和误解，损害小区公众对兰世达公司的信赖，对二者产生负面认识并造成黄晓兰个人及兰世达公司产品或者服务的社会评价降低，其行为与黄晓兰、兰世达公司名誉受损之间存在因果关系，故赵敏的行为符合侵犯名誉权的要件，已构成侵权。

2. 行为人对网络空间内的名誉权侵权承担责任吗？

信息互联时代，使用网络的主体亦是社会的一员。网络社会与传统社会虽有一定差异，但仍具有同质性。同质性在于其社会性，归根结底，网络社会本质上还是人与人的关系。网络是工具和生活的综合体，网络社会是现实社会的反映和延伸。可以说，网络空间并非法外之地，一个主体在网络空间中的言行，也需要受到法律规范的制约。网络社会与现实社会的这种同质性决定了不特定关系人组成的网络空间，如微信群、qq群等亦具有公共空间属性，行为人在此类网络公共空间中发布侮辱、诽谤、污蔑或者贬损他人的言论构成名誉权侵权，应当依法承担法律责任。

005 指导案例99号

葛长生诉洪振快名誉权、荣誉权纠纷案

以细节考据、观点争鸣等名义对英烈事迹和精神进行污蔑、贬损，应承担法律责任

（最高人民法院审判委员会讨论通过 2018年12月19日发布）

关键词：民事/名誉权/荣誉权/英雄烈士/社会公共利益

裁判要点

1. 对侵害英雄烈士名誉、荣誉等行为，英雄烈士的近亲属依法向人民法院提起诉讼的，人民法院应予受理。2. 英雄烈士事迹和精神是中华民族的共同历史记忆和社会主义核心价值观的重要体现，英雄烈士的名誉、荣誉等受法律保护。人民法院审理侵害英雄烈士名誉、荣誉等案件，不仅要依法保护相关个人权益，还应发挥司法彰显公共价值功能，维护社会公共利益。3. 任何组织和个人以细节考据、观点争鸣等名义对英雄烈士的事迹和精神进行污蔑和贬损，属于歪曲、丑化、亵渎、否定英雄烈士事迹和精神的行为，应当依法承担法律责任。

相关法条

《中华人民共和国侵权责任法》第2条①、第15条②

基本案情

原告葛长生诉称：洪振快发表的《小学课本〈狼牙山五壮士〉有多处不实》一文以及《“狼牙山五壮士”的细节分歧》一文，以历史细节考据、学术研究为幌子，以细节否定英雄，企图达到抹黑“狼牙山五壮士”英雄形象和名誉的目的，请求判令洪振快停止侵权、公开道歉、消除影响。

被告洪振快辩称：案涉文章是学术文章，没有侮辱性的言词，关于事实的表述有相应的根据，不是凭空捏造或者歪曲，不构成侮辱和诽谤，不构成名誉权的侵害，不同意葛长生的全部诉讼请求。

法院经审理查明：1941年9月25日，在易县狼牙山发生了著名的狼牙山战斗。在这场战斗中，“狼牙山五壮士”英勇抗敌的基本事实和舍生取义的伟大精神，赢得了全中国人民的高度认同和广泛赞扬。新中国成立后，五壮士的事迹被编入义务教育教科书，五壮士被人民视为当代中华民族抗击外敌入侵的民族英雄。

2013年9月9日，时任《炎黄春秋》杂志社执行主编的洪振快在财经网发表《小学课本〈狼牙山五壮士〉有多处不实》一文。文中写道：据《南方

---

① 《民法典》第1164、110条。

② 《民法典》第179条。

都市报》2013年8月31日报道，广州越秀警方于8月29日晚间将一位在新浪微博上“污蔑狼牙山五壮士”的网民抓获，以虚构信息、散布谣言为由予以行政拘留7日。所谓“污蔑狼牙山五壮士”的“谣言”原本就有。据媒体报道，该网友实际上是传播了2011年12月14日百度贴吧里一篇名为《狼牙山五壮士真相原来是这样!》的帖子的内容，该帖子说五壮士“5个人中有3个是当场被打死的，后来清理战场把尸体丢下悬崖。另两个当场被活捉，只是后来不知道什么原因又从日本人手上逃了出来。”2013年第11期《炎黄春秋》杂志刊发洪振快撰写的《“狼牙山五壮士”的细节分歧》一文，亦发表于《炎黄春秋》杂志网站。该文分为“在何处跳崖”“跳崖是怎么跳的”“敌我双方战斗伤亡”“‘五壮士’是否拔了群众的萝卜”等部分。文章通过援引不同来源、不同内容、不同时期的报刊资料等，对“狼牙山五壮士”事迹中的细节提出质疑。

裁判结果

北京市西城区人民法院于2016年6月27日作出（2015）西民初字第27841号民事判决：一、被告洪振快立即停止侵害葛振林名誉、荣誉的行为；二、本判决生效后三日内，被告洪振快公开发布赔礼道歉公告，向原告葛长生赔礼道歉，消除影响。该公告须连续刊登五日，公告刊登媒体及内容需经本院审核，逾期不执行，本院将在相关媒体上刊登判决书的主要内容，所需费用由被告洪振快承担。一审宣判后，洪振快向北京市第二中级人民法院提起上诉，北京市第二中级人民法院于2016年8月15日作出（2016）京02民终6272号民事判决：驳回上诉，维持原判。

裁判理由

法院生效裁判认为：1941年9月25日，在易县狼牙山发生的狼牙山战斗，是被大量事实证明的著名战斗。在这场战斗中，“狼牙山五壮士”英勇抗敌的基本事实和舍生取义的伟大精神，赢得了全国人民高度认同和广泛赞扬，是五壮士获得“狼牙山五壮士”崇高名誉和荣誉的基础。“狼牙山五壮士”这一称号在全军、全国人民中已经赢得了普遍的公众认同，既是国家及公众对他们作为中华民族的优秀儿女在反抗侵略、保家卫国中作出巨大牺牲的褒奖，也是他们应当获得的个人名誉和个人荣誉。“狼牙山五壮士”是中国共产党领导的八路军在抵抗日本帝国主义侵略伟大斗争中涌现出来的英雄群体，是中国共产党领导的全民抗战并取得最终胜利的重要事件载体。“狼牙山五壮士”的事迹经由广泛传播，已成为激励无数中华儿女反抗侵略、英勇抗敌的精神动力之一；成为人民军队誓死捍卫国家利益、保障国家安全的军魂来源之一。在和平年代，“狼牙山五壮士”的精神，仍然是我国公众树立不畏艰辛、不怕困难、为国为民奋斗终身的精神指引。这些英雄烈士及其精神，已经获得全民族的广泛认同，是中华民族共同记忆的一部分，是中华民族精神的内核之一，也是社会主义核心价值观的重要内容。而民族的共同记忆、民族精神乃至社会主义核心价值观，无论是从我国的历史看，还是从现行法上看，都已经是社会公共利益的一部分。

案涉文章对于“狼牙山五壮士”在战斗中所表现出的英勇抗敌的事迹和舍生取义的精神这一基本事实，自始至终未作出正面评价。而是以考证“在何处跳崖”“跳崖是怎么跳的”“敌我双方战斗伤亡”以及“‘五壮士’是否拔了群众的萝卜”等细节为主要线索，通过援引不同时期的材料、相关当事者不同时期的言论，全然不考虑历史的变迁，各个材料所形成的时代背景以及各个材料的语境等因素。在无充分证据的情况下，案涉文章多处作出似是而非的推测、质疑乃至评价。因此，尽管案涉文章无明显侮辱性的语言，但通过强调与基本事实无关或者关联不大的细节，引导读者对“狼牙山五壮士”这一英雄烈士群体英勇抗敌事迹和舍生取义精神产生质疑，从而否定基本事实的真实性，进而降低他们的英勇形象和精神价值。洪振快的行为方式符合以贬损、丑化的方式损害他人名誉和荣誉权益的特征。

案涉文章通过刊物发行和网络传播，在全国范围内产生了较大影响，不仅损害了葛振林的个人名誉和荣誉，损害了葛长生的个人感情，也在一定范围和程度上伤害了社会公众的民族和历史情感。在我国，由于“狼牙山五壮士”的精神价值已经内化为民族精神和社会公共利益的一部分，因此，也损害了社会公共利益。洪振快作为具有一定研究能力和熟练使用互联网工具的人，应当认识到案涉文章的发表及其传播将会损害到“狼牙山五壮士”的名誉及荣誉，也会对其近亲属造成感情和精神上的伤害，更会损害到社会公共利益。在此情形下，洪振快有能力控制文章所可能产生的损害后果而未控制，仍以既有的状态发表，在主观上显然具有过错。

（生效裁判审判人员：王平、何江恒、赵胤晨）

【实务问答】

1. 对英烈事迹的亵渎损害社会公共利益性吗？

英雄烈士的事迹和精神是中华民族共同的历史记忆和宝贵的精神财富。对英烈事迹的亵渎，不仅侵害了英烈本人的名誉权，给英烈亲属造成精神痛苦，也在一定范围和程度上伤害了社会公众的民族和历史感情，损害了社会公共利益。以“狼牙山五壮士”为代表的民族英雄、英雄事迹以及其精神，已成为中华民族共同历史记忆和中华民族感情及精神世界的重要内容。本指导案例中，洪振快发表文章对前述社会共识以及主流价值观提出疑问，其应预见到可能引发的评价，亦应认识到其行为将会损害“狼牙山五壮士”的名誉和荣誉，对五壮士近亲属造成感情和精神上的伤害，更会损害社会公共利益。此种情况下，洪振快有能力控制文章所可能产生的损害后果而未控制，仍以既有的状态发表，主观上无疑具有过错。

2. 英烈人格利益在《民法典》下受到怎样的保护？

《民法典》第185条规定，侵害英雄烈士等的姓名、肖像、名誉、荣誉，损害社会公共利益的，应当承担民事责任。

《民法典》第185条是关于英烈人格利益保护的规定。当然，英烈也是死者，符合《民法典》第994条（死者人格利益保护）规定情形的，其近亲属有权依照《民法典》第994条请求行为人承担责任。而本条即《民法典》第185条的规定，则突出英烈人格利益背后的公共利益，其规定具有鲜明的时代特色和社会背景，立法目的在于为英雄烈士等的人格利益提供特别保护。需要注意，在英烈没有近亲属或近亲属未提起诉讼的情况下，可由检察机关依法对侵害英雄烈士的姓名、肖像、名誉、荣誉，损害社会公共利益的行为向法院提起诉讼。值得关注的是，于2021年3月1日开始实施的最高人民法院《关于深入推进社会主义核心价值观融入裁判文书释法说理的指导意见》，要求强化运用社会主义核心价值观在裁判文书中的释法说理，并就应当运用的情形以及案件类型作出了规定，其中第4条（应当运用社会主义核心价值观释法说理的案件类型）第2项将涉及“英烈保护”并可能引发社会道德评价的案件明确纳入其中。

二、婚姻家庭、继承纠纷

006 指导案例 66 号

雷某某诉宋某某离婚纠纷案

以隐藏、转移、变卖、毁损共同财产或伪造债务的方式，企图侵占另一方财产的，离婚分割财产时可少分或不分

（最高人民法院审判委员会讨论通过　2016 年 9 月 19 日发布）

关键词：民事／离婚／离婚时／擅自处分共同财产

裁判要点

一方在离婚诉讼期间或离婚诉讼前，隐藏、转移、变卖、毁损夫妻共同财产，或伪造债务企图侵占另一方财产的，离婚分割夫妻共同财产时，依照《中华人民共和国婚姻法》第四十七条①的规定可以少分或不分财产。

相关法条

《中华人民共和国婚姻法》第 47 条

基本案情

原告雷某某（女）和被告宋某某于 2003 年 5 月 19 日登记结婚，双方均系再婚，婚后未生育子女。双方婚后因琐事感情失和，于 2013 年上半年产生矛盾，并于 2014 年 2 月分居。雷某某曾于 2014 年 3 月起诉要求与宋某某离婚，经法院驳回后，双方感情未见好转。2015 年 1 月，雷某某再次诉至法院要求离婚，并依法分割夫妻共同财产。宋某某认为夫妻感情并未破裂、不同

① 《民法典》第 1192 条。

意离婚。

雷某某称宋某某名下在中国邮政储蓄银行的账户内有共同存款37万元，并提交存取款凭单、转账凭单作为证据。宋某某称该37万元，来源于婚前房屋拆迁补偿款及养老金，现尚剩余20万元左右（含养老金14 322.48元），并提交账户记录、判决书、案款收据等证据。

宋某某称雷某某名下有共同存款25万元，要求依法分割。雷某某对此不予认可，一审庭审中其提交在中国工商银行尾号为4179账户自2014年1月26日起的交易明细，显示至2014年12月21日该账户余额为262.37元。二审审理期间，应宋某某的申请，法院调取了雷某某上述中国工商银行账号自2012年11月26日开户后的银行流水明细，显示雷某某于2013年4月30日通过ATM转账及卡取的方式将该账户内的195 000元转至案外人雷某齐名下。宋某某认为该存款是其婚前房屋出租所得，应归双方共同所有，雷某某在离婚之前即将夫妻共同存款转移。雷某某提出该笔存款是其经营饭店所得收益，开始称该笔款已用于夫妻共同开销，后又称用于偿还其外甥女的借款，但雷某某对其主张均未提供相应证据证明。另，雷某某在庭审中曾同意各自名下存款归各自所有，其另行支付宋某某10万元存款，后雷某某反悔，不同意支付。

裁判结果

北京市朝阳区人民法院于2015年4月16日作出（2015）朝民初字第04854号民事判决：准予雷某某与宋某某离婚；雷某某名下中国工商银行尾号为4179账户内的存款归雷某某所有，宋某某名下中国邮政储蓄银行账号尾号为7101.9389及1156账户内的存款归宋某某所有，并对其他财产和债务问题进行了处理。宣判后，宋某某提出上诉，提出对夫妻共同财产雷某某名下存款分割等请求。

北京市第三中级人民法院于2015年10月19日作出（2015）三中民终字第08205号民事判决：维持一审判决其他判项，撤销一审判决第三项，改判雷某某名下中国工商银行尾号为4179账户内的存款归雷某某所有，宋某某名下中国邮政储蓄银行尾号为7101账户、9389账户及1156账户内的存款归宋某某所有，雷某某于本判决生效之日起七日内支付宋某某12万元。

裁判理由

法院生效裁判认为：婚姻关系以夫妻感情为基础。宋某某、雷某某共同生活过程中因琐事产生矛盾，在法院判决不准离婚后，双方感情仍未好转，经法院调解不能和好，双方夫妻感情确已破裂，应当判决准予双方离婚。

本案二审期间双方争议的焦点在于雷某某是否转移夫妻共同财产和夫妻双方名下的存款应如何分割。《中华人民共和国婚姻法》第十七条第二款①规定："夫妻对共同所有的财产，有平等的处理权。"第四十七条②规定："离婚时，一方隐藏、转移、变卖、毁损夫妻共同财产，或伪造债务企图侵占另一方财产的，分割夫妻共同财产时，对隐藏、转移、变卖、毁损夫妻共同财产或伪造债务的一方，可以少分或不分。离婚后，另一方发现有上述行为的，可以向人民法院提起诉讼，请求再次分割夫妻共同财产。"这就是说，一方在离婚诉讼期间或离婚诉讼前，隐藏、转移、变卖、毁损夫妻共同财产，或伪造债务企图侵占另一方财产的，侵害了夫妻对共同财产的平等处理权，离婚分割夫妻共同财产时，应当依照《中华人民共和国婚姻法》第四十七条的规定少分或不分财产。

本案中，关于双方名下存款的分割，结合相关证据，宋某某婚前房屋折迁款转化的存款，应归宋某某个人所有，宋某某婚后所得养老保险金，应属夫妻共同财产。雷某某名下中国工商银行尾号为4179账户内的存款为夫妻关系存续期间的收入，应作为夫妻共同财产予以分割。雷某某于2013年4月30日通过ATM转账及卡取的方式，将尾号为4179账户内的195 000元转至案外人名下。雷某某始称该款用于家庭开销，后又称用于偿还外债，前后陈述明显矛盾，对其主张亦未提供证据证明，对钱款的去向不能作出合理的解释和说明。结合案件事实及相关证据，认定雷某某存在转移、隐藏夫妻共同财产的情节。根据上述法律规定，对雷某某名下中国工商银行尾号4179账户内的存款，雷某某可以少分。宋某某主张对雷某某名下存款进行分割，符合法律规定，予以支持。故判决宋某某婚后养老保险金14 322.48元归宋某某所有，

---

① 《民法典》第1062条第2款。
② 《民法典》第1192条。

对于雷某某转移的19.5万元存款，由雷某某补偿宋某某12万元。

（生效裁判审判人员：李春香、赵霞、闫慧）

【实务问答】

1. 如何理解婚前个人财产的稳定性？

一方婚前财产属法定夫妻个人财产，除当事人约定共同共有外，不因婚姻关系的产生或延续而转化为共同财产。换而言之，即确定为夫妻一方所有的财产的，不管婚姻关系持续多久，该财产仍为夫妻一方个人所有的财产，不能自动转化为夫妻共同财产，即婚前个人财产具有稳定性。当然，如果该财产在婚姻关系存续期间已经由夫妻双方或一方消费或者已经自然损耗的，所有权人也不应不要求对方给予补偿。最高人民法院《关于适用〈中华人民共和国民法典〉婚姻家庭编的解释（一）》（以下简称《〈民法典〉婚姻家庭编解释一》）第32条在其原《关于适用〈中华人民共和国婚姻法〉若干问题的解释》第19条规定的基础上，亦对此进行了明确。理论上讲，财产所有权取得包括原始取得与继受取得。若允许婚前财产只要经夫妻共同使用、经营、管理，经过一定期限就自动转化为夫妻共同财产，既不合情也不合理。一方的婚前财产，只有对方在婚后对其投入了劳动或投资，在婚后所增值的部分才能作为夫妻共同财产。确保婚前个人财产的稳定，不但无害于婚姻的伦理性和促进男女平等，反而会更好地增进婚姻家庭关系的稳定和推动社会的进步。当然，若当事人另有约定，则应充分尊重当事人的意思自治，按照双方的约定处理。如此，既能适应家庭财产状况复杂化、多样化的大环境，使婚姻当事人在处理各方财产时有更大的自主性、灵活性，同时也能满足部分婚姻家庭的特殊需要。本指导案例中，结合相关证据，就宋某某婚前房屋拆迁款转化的存款而言，应属其个人财产，不因婚姻关系的发生而变为夫妻共同财产，仍归其个人所有。

2. 一方侵害夫妻共同财产的法律后果是什么？

《民法典》第1092条规定，夫妻一方隐藏、转移、变卖、毁损、挥霍夫妻共同财产，或者伪造夫妻共同债务企图侵占另一方财产的，在离婚分割夫妻共同财产时，对该方可以少分或者不分。离婚后，另一方发现有上述行为的，可以向人民法院提起诉讼，请求再次分割夫妻共同财产。

相较原《婚姻法》第47条，《民法典》第1092条删除了“离婚时”这一前提条件的限定，即无论是婚姻关系存续期间，还是双方已经进入离婚诉讼，只要一方有隐藏、转移、变卖、毁损、挥霍夫妻共同财产，或伪造夫妻共同债务企图侵占另一方财产的行为，离婚分割夫妻共同财产时均可对其少分或不分。需注意的是，“挥霍”亦是该条所增加列举的侵害夫妻共同财产的情形。实践中，一方为了达到减少对方分得财产数量的目的，不惜牺牲自己的利益，采用隐藏、转移、变卖、毁损以外的方式，不以发挥财产正当效用为目的，任意使用、处分夫妻共同财产，给夫妻共同财产造成无谓损失的行为，亦是严重侵犯配偶的财产权利的行为。该条在适用的过程中，另需注意两个问题：一是可以少分或不分的财产范围，主要是指被隐藏、转移、变卖、毁损、挥霍，或伪造的夫妻共同债务范围内的夫妻共同财产，并非全部夫妻共同财产均可少分或不分。本指导案例中，法院即认为雷某某名下中国工商银行尾号4179账户内的存款，雷某某可以少分。二是离婚后财产权受到侵犯的一方再次提起分割请求的期限，应受诉讼时效的约束，即自该方知道或者应当知道权利受到损害之日起计算。诉讼时效方面，按照《〈民法典〉婚姻家庭编解释一》第84条：“当事人依据民法典第一千零九十二条的规定向人民法院提起诉讼，请求再次分割夫妻共同财产的诉讼时效期间为三年，从当事人发现之日起计算。”

【适用实例】

袁某甲与董某离婚纠纷一案

上诉人袁某甲因与被上诉人董某离婚纠纷一案，不服一审民事判决，向菏泽市中级人民法院提起上诉。

袁某甲上诉请求：(1) 撤销（2014）曹民初字第2245号民事判决书第三项、第四项、第五项，改判被上诉人不分或少分相应共同财产；(2) 撤销（2014）曹民初字第2245号民事判决书第六项，改判被上诉人赔偿上诉人租金损失4万元；(3) 本案诉讼费由被上诉人承担。事实和理由：被上诉人恶意转移夫妻共同财产、伪造债务，一审判决简单认定房屋转让时间发生在上诉人起诉离婚前，未从整个案件看待被上诉人擅自处分夫妻共同财产的目的，判决平均分割夫妻共同财产，适用法律明显错误。被上诉人的行为导致上诉人租金损失8万元，一审法院只认定被上诉人赔偿26,000元，与事实不符。双方争议的门面房2013年12月21日至2016年12月20日租金共计81,000元，因被上诉人恶意转移夫妻共同财产给上诉人造成损失15,521.5元，以上租金及损失上诉人要求被上诉人赔偿4万元。

二审法院认为，案件争议焦点为被上诉人是否存在转移夫妻共同财产的行为？夫妻共同财产应如何分割？

《婚姻法》第47条第1款①规定："离婚时，一方隐藏、转移、变卖、毁损夫妻共同财产，或伪造债务企图侵占另一方财产的，分割夫妻共同财产时，对隐藏、转移、变卖、毁损夫妻共同财产或伪造债务的一方，可以少分或不分。离婚后，另一方发现有上述行为的，可以向人民法院提出诉讼，请求再次分割夫妻共同财产。"最高人民法院**指导案例66号**雷某某诉宋某某离婚纠纷案裁判要点中写明"一方在离婚诉讼期间或离婚诉讼前，隐藏、转移、变卖、毁损共同财产，或伪造债务企图侵占另一方财产的，离婚分割夫妻共同财产时，依照《婚姻法》第47条的规定可以少分或不分财产"。即《婚姻法》第47条中的"离婚时"不应仅狭义理解为离婚诉讼期间，一方在离婚诉讼前存在上述行为的，同样适用《婚姻法》第47条的规定少分或不分财产。本案中，案涉门面房及住房属于双方的夫妻共同财产，被上诉人董某分别于2013年9月6日、2014年8月23日，即上诉人袁某甲两次提出离婚诉讼（2013年12月23日、2014年8月25日）前，未经上诉人袁某甲同意擅自将门面房及住房出售给他人，事后也未得到上诉人的追认，被上诉人与他人签订的两份房屋转让协议均已被生效判决确认无效。结合本案事实及相关证据，应认定被上诉人存在转移、变卖夫妻共同财产企图侵占上诉人财产的情节。对于上述财产，被上诉人应当少分，具体分割比例根据被上诉人转移财产的情节及双方财产状况酌情确定。［（2016）鲁17民终1903号］

① 《民法典》第1092条。

007 指导案例50号

李某、郭某阳诉郭某和、童某某继承纠纷案

婚后人工授精，后男方反对但女方坚持生出，无论是否在婚姻存续期间，均应视为婚生子女

有章

（最高人民法院审判委员会讨论通过　2015年4月15日发布）

关键词：民事/继承/人工授精/婚生子女

裁判要点

1. 夫妻关系存续期间，双方一致同意利用他人的精子进行人工授精并使女方受孕后，男方反悔，而女方坚持生出该子女的，不论该子女是否在夫妻关系存续期间出生，都应视为夫妻双方的婚生子女。2. 如果夫妻一方所订立的遗嘱中没有为胎儿保留遗产份额，因违反《中华人民共和国继承法》第十九条①规定，该部分遗嘱内容无效。分割遗产时，应当依照《中华人民共和国继承法》第二十八条②规定，为胎儿保留继承份额。

相关法条

《中华人民共和国民法通则》第五十七条③

《中华人民共和国继承法》第十九条、第二十八条

基本案情

原告李某诉称：位于江苏省南京市某住宅小区的306室房屋，是其与被继承人郭某顺的夫妻共同财产。郭某顺因病死亡后，其儿子郭某阳出生。郭某顺的遗产，应当由妻子李某、儿子郭某阳与郭某顺的父母即被告郭某和、童某某等法定继承人共同继承。请求法院在析产继承时，考虑郭某和、童某

---

① 《民法典》第1141条。

② 《民法典》第1155条。

③ 《民法典》第136条。

某有自己房产和退休工资，而李某无固定收入还要抚养幼子的情况，对李某和郭某阳给予照顾。

被告郭某和、童某某辩称：儿子郭某顺生前留下遗嘱，明确将306室赠予二被告，故对该房产不适用法定继承。李某所生的孩子与郭某顺不存在血缘关系，郭某顺在遗嘱中声明他不要这个人工授精生下的孩子，他在得知自己患癌症后，已向李某表示过不要这个孩子，是李某自己坚持要生下孩子。因此，应该由李某对孩子负责，不能将孩子列为郭某顺的继承人。

法院经审理查明：1998年3月3日，原告李某与郭某顺登记结婚。2002年，郭某顺以自己的名义购买了涉案建筑面积为45.08平方米的306室房屋，并办理了房屋产权登记。2004年1月30日，李某和郭某顺共同与南京军区南京总医院生殖遗传中心签订了人工授精协议书，对李某实施了人工授精，后李某怀孕。2004年4月，郭某顺因病住院，其在得知自己患了癌症后，向李某表示不要这个孩子，但李某不同意人工流产，坚持要生下孩子。5月20日，郭某顺在医院立下自书遗嘱，在遗嘱中声明他不要这个人工授精生下的孩子，并将306室房屋赠与其父母郭某和、童某某。郭某顺于5月23日病故。李某于当年10月22日产下一子，取名郭某阳。原告李某无业，每月领取最低生活保障金，另有不固定的打工收入，并持有夫妻关系存续期间的共同存款18705.4元。被告郭某和、童某某系郭某顺的父母，居住在同一个住宅小区的305室，均有退休工资。2001年3月，郭某顺为开店，曾向童某某借款8500元。

南京大陆房地产估价师事务所有限责任公司受法院委托，于2006年3月对涉案306室房屋进行了评估，经评估房产价值为19.3万元。

裁判结果

江苏省南京市秦淮区人民法院于2006年4月20日作出一审判决：涉案的306室房屋归原告李某所有；李某于本判决生效之日起30日内，给付原告郭某阳33442.4元，该款由郭某阳的法定代理人李某保管；李某于本判决生效之日起30日内，给付被告郭某和33442.4元、给付被告童某某41942.4元。一审宣判后，双方当事人均未提出上诉，判决已发生法律效力。

裁判理由

法院生效裁判认为：本案争议焦点主要有两方面：一是郭某阳是否为郭某顺和李某的婚生子女？二是在郭某顺留有遗嘱的情况下，对306室房屋应如何析产继承？

关于争议焦点一。《最高人民法院关于夫妻离婚后人工授精所生子女的法律地位如何确定的复函》① 中指出："在夫妻关系存续期间，双方一致同意进行人工授精，所生子女应视为夫妻双方的婚生子女，父母子女之间权利义务关系适用《中华人民共和国婚姻法》② 的有关规定。"郭某顺因无生育能力，签字同意医院为其妻子即原告李某施行人工授精手术，该行为表明郭某顺具有通过人工授精方法获得其与李某共同子女的意思表示。只要在夫妻关系存续期间，夫妻双方同意通过人工授精生育子女，所生子女均应视为夫妻双方的婚生子女。《中华人民共和国民法通则》第五十七条规定③："民事法律行为从成立时起具有法律约束力。行为人非依法律规定或者取得对方同意，不得擅自变更或者解除。"因此，郭某顺在遗嘱中否认其与李某所怀胎儿的亲子关系，是无效民事行为，应当认定郭某阳是郭某顺和李某的婚生子女。

关于争议焦点二。《中华人民共和国继承法》（以下简称《继承法》）第五条④规定："继承开始后，按照法定继承办理；有遗嘱的，按照遗嘱继承或者遗赠办理；有遗赠扶养协议的，按照协议办理。"被继承人郭某顺死亡后，继承开始。鉴于郭某顺留有遗嘱，本案应当按照遗嘱继承办理。《继承法》第二十六条⑤规定："夫妻在婚姻关系存续期间所得的共同所有的财产，除有约定的以外，如果分割遗产，应当先将共同所有的财产的一半分出为配偶所有，其余的为被继承人的遗产。"最高人民法院《关于贯彻执行〈中华人民共和国继承法〉若干问题的意见》第38条规定："遗嘱人以遗嘱处分了属于国家、集体或他人所有的财产，遗嘱的这部分，应认定无效。"登记在被继

---

① 该司法解释已失效。
② 《民法典》第五编"婚姻家庭"。
③ 《民法典》第136条。
④ 《民法典》第1123条。
⑤ 《民法典》第1153条。

承人郭某顺名下的306室房屋，已查明是郭某顺与原告李某夫妻关系存续期间取得的夫妻共同财产。郭某顺死亡后，该房屋的一半应归李某所有，另一半才能作为郭某顺的遗产。郭某顺在遗嘱中，将306室全部房产处分归其父母，侵害了李某的房产权，遗嘱的这部分应属无效。此外，《继承法》第十九条①规定："遗嘱应当对缺乏劳动能力又没有生活来源的继承人保留必要的遗产份额。"郭某顺在立遗嘱时，明知其妻子腹中的胎儿而没有在遗嘱中为胎儿保留必要的遗产份额，该部分遗嘱内容无效。《继承法》第二十八条②规定："遗产分割时，应当保留胎儿的继承份额。"因此，在分割遗产时，应当为该胎儿保留继承份额。综上，在扣除应当归李某所有的财产和应当为胎儿保留的继承份额之后，郭某顺遗产的剩余部分才可以按遗嘱确定的分配原则处理。

【实务问答】

1. 利用人工授精技术所生子女的法律身份是什么样的？

人工授精是用人工方法将精液注入女性生殖道内，使精子和卵子结合，以达到妊娠目的的一种生殖技术，其作为一种人工生育方法被广泛运用。与《民法典》同日生效的《〈民法典〉婚姻家庭编解释一》第40条明确规定："婚姻关系存续期间，夫妻双方一致同意进行人工授精，所生子女应视为婚生子女，父母子女间的权利义务关系适用民法典的有关规定。"在此之前，最高人民法院《关于夫妻离婚后人工授精所生子女的法律地位如何确定的复函》中也规定："在夫妻关系存续期间，双方一致同意人工授精，所生子女应视为夫妻双方的婚生子女，父母子女之间的权利义务关系适用《婚姻法》的有关规定。"根据司法解释的精神，就本指导案例而言，郭某顺生前与妻子李某一起签下了人工授精申请书和协议书，表明了郭某顺当初是同意人工授精的。《民法典》第136条第2款（原《民法通则》第57条）规定："行为人非依法律规定或者未经对方同意，不得擅自变更或者解除民事法律行为。"该内容表明成立生效的民事法律行为对当事人具有法律拘束力，当事

---

① 《民法典》第1141条。
② 《民法典》第1155条。

人必须尊重该民事法律行为，并通过自己的行为全面履行民事法律行为所设定的义务，既包括全面积极地履行民事法律行为所设定的义务，也包括履行不擅自解除或者变更民事法律行为的不作为义务。郭某顺在去世前的遗嘱中单方不要孩子的决定未征得妻子李某的同意，应属无效。李某经人工授精所生子女在法律上享有婚生子女的权利，应作为郭某顺的法定继承人之一。

2.《民法典》对胎儿权益保护的规定如何？

《民法典》第16条规定，涉及遗产继承、接受赠与等胎儿利益保护的，胎儿视为具有民事权利能力。但是，胎儿娩出时为死体的，其民事权利能力自始不存在。第1155条规定，遗产分割时，应当保留胎儿的继承份额。胎儿娩出时是死体的，保留的份额按照法定继承办理。

如前所述，夫妻关系存续期间，双方一致同意利用他人的精子进行人工授精生育的子女，视为夫妻双方的婚生子女。为此，在该子女未出生之前，应保留胎儿利益。根据《民法典》第16条、第1155条的规定，无论是法定继承还是遗嘱继承的情形，在分割遗产时，都应当为胎儿保留其应继承的份额。保留份额的继承分两种情况：一种情况是，胎儿娩出时是死体的，其已取得的民事权利能力视为自始不存在，为其保留的份额按照法定继承办理。即当胎儿娩出时是死体的时候，将保留的份额按照法定继承的规则进行分配。另一种情况是，胎儿出生时是活体的，就依法进行继承。如胎儿出生后死亡的，即胎儿娩出时是活体而之后死亡的，为胎儿保留的继承份额成为其遗产，应由其法定继承人依法定继承的方式继承。在此需要说明的是，若胎儿为多胞胎，则应按胎儿的数量保留继承份额。本指导案例中，郭某顺立遗嘱时，明知其妻子已怀孕但没有在遗嘱中为胎儿保留必要的遗产份额，该部分遗嘱内容应无效。因而，该案例中，在扣除应当归李某和应为胎儿保留的继承份额后的剩余遗产部分，才能按遗嘱有效部分确定的分配原则处理。

三、物权纠纷

008 指导案例 65 号

上海市虹口区久乐大厦小区业主大会诉上海环亚实业总公司业主共有权纠纷案

专项维修资金属全体业主共有，缴纳专项维修资金是业主的一项法定义务

（最高人民法院审判委员会讨论通过　2016 年 9 月 19 日发布）

有章

关键词：民事／业主共有权／专项维修资金／法定义务／诉讼时效

裁判要点

专项维修资金是专门用于物业共用部位、共用设施设备保修期满后的维修和更新、改造的资金，属于全体业主共有。缴纳专项维修资金是业主为维护建筑物的长期安全使用而应承担的一项法定义务。业主拒绝缴纳专项维修资金，并以诉讼时效提出抗辩的，人民法院不予支持。

相关法条

《中华人民共和国民法通则》第 135 条①

《中华人民共和国物权法》第 79 条②、第 83 条第 2 款③

《物业管理条例》第 7 条第 4 项、第 54 条第 1 款、第 2 款

① 《民法典》第 188 条。

② 《民法典》第 281 条。

③ 《民法典》第 286 条第 2 款。

基本案情

2004年3月，被告上海环亚实业总公司（以下简称环亚公司）取得上海市虹口区久乐大厦底层、二层房屋的产权，底层建筑面积691.36平方米、二层建筑面积910.39平方米。环亚公司未支付过上述房屋的专项维修资金。2010年9月，原告久乐大厦小区业主大会（以下简称久乐业主大会）经征求业主表决意见，决定由久乐业主大会代表业主提起追讨维修资金的诉讼。久乐业主大会向法院起诉，要求环亚公司就其所有的久乐大厦底层、二层的房屋向原告缴纳专项维修资金57566.9元。被告环亚公司辩称，其于2004年获得房地产权证，至本案诉讼有6年之久，原告从未主张过维修资金，该请求已超过诉讼时效，不同意原告诉请。

裁判结果

上海市虹口区人民法院于2011年7月21日作出（2011）虹民三（民）初字第833号民事判决：被告环亚公司应向原告久乐业主大会缴纳久乐大厦底层、二层房屋的维修资金57566.9元。宣判后，环亚公司向上海市第二中级人民法院提起上诉。上海市第二中级人民法院于2011年9月21日作出（2011）沪二中民二（民）终字第1908号民事判决：驳回上诉，维持原判。

裁判理由

法院生效裁判认为：《中华人民共和国物权法》（以下简称《物权法》）第七十九条①规定，“建筑物及其附属设施的维修资金，属于业主共有。经业主共同决定，可以用于电梯、水箱等共有部分的维修。”《物业管理条例》第五十四条第二款规定，“专项维修资金属于业主所有，专项用于物业保修期满后物业共用部位、共用设施设备的维修和更新、改造，不得挪作他用”。《住宅专项维修资金管理办法》（建设部、财政部令第165号）（以下简称《办法》）第二条第二款规定，“本办法所称住宅专项维修资金，是指专项用于住宅共用部位、共用设施设备保修期满后的维修和更新、改造的资金。”依据上述规定，维修资金性质上属于专项基金，系为特定目的，即为住宅共用部位、共用设施设备保修期满后的维修和更新、改造而专设的资金。它在

① 《民法典》第281条。

购房款、税费、物业费之外，单独筹集、专户存储、单独核算。由其专用性所决定，专项维修资金的缴纳并非源于特别的交易或法律关系，而是为了准备应急性地维修、更新或改造区分所有建筑物的共有部分。由于共有部分的维护关乎全体业主的共同或公共利益，所以维修资金具有公共性、公益性。

《物业管理条例》第七条第四项规定，业主在物业管理活动中，应当履行按照国家有关规定交纳专项维修资金的义务。第五十四条第一款规定："住宅物业、住宅小区内的非住宅物业或者与单幢住宅楼结构相连的非住宅物业的业主，应当按照国家有关规定交纳专项维修资金。"依据上述规定，缴纳专项维修资金是为特定范围的公共利益，即建筑物的全体业主共同利益而特别确立的一项法定义务，这种义务的产生与存在仅仅取决于义务人是否属于区分所有建筑物范围内的住宅或非住宅所有权人。因此，缴纳专项维修资金的义务是一种旨在维护共同或公共利益的法定义务，其只存在补缴问题，不存在因时间经过而可以不缴的问题。

业主大会要求补缴维修资金的权利，是业主大会代表全体业主行使维护小区共同或公共利益之职责的管理权。如果允许某些业主不缴纳维修资金而可享有以其他业主的维修资金维护共有部分而带来的利益，其他业主就有可能在维护共有部分上支付超出自己份额的金钱，这违背了公平原则，并将对建筑物的长期安全使用，对全体业主的共有或公共利益造成损害。

基于专项维修资金的性质和业主缴纳专项维修资金义务的性质，被告环亚公司作为久乐大厦的业主，不依法自觉缴纳专项维修资金，并以业主大会起诉追讨专项维修资金已超过诉讼时效进行抗辩，该抗辩理由不能成立。原告根据被告所有的物业面积，按照同期其他业主缴纳专项维修资金的计算标准算出的被告应缴纳的数额合理，据此判决被告应当按照原告诉请支付专项维修资金。

（生效裁判审判人员：卢薇薇、陈文丽、成皿）

【实务问答】

1.《民法典》对专项维修资金的归属与使用有何规定？

建筑物及其附属设施的维修资金，属业主共有，这明确了维修资金的归属问题。维修资金在性质上属于业主的共有财产，不能处分、转让及分割为业主所有的份额。维修资金必须专款专用，用于特定的目的，不得挪作他用，特别是不能用作业主委员会承担责任的财产，以保证维持业主正常的居住和生活条件。政府也只能对维修资金是否实际用于维修建筑物及其附属设施进行监督指导，不能直接支配维修资金。《民法典》第 281 条第 2 款“紧急情况下使用维修资金”的规定属新增内容。所谓“紧急情况”，指发生危及房屋使用安全或公共安全等的事项，不立即展开维修会损害业主或社会公共利益。如电梯存在严重事故隐患可能发生危及人身或者财产安全的紧急情况，消防部门认定需要立即整改的消防设施故障，供水或者排水设施爆裂等紧急情况。

2. 专项维修资金缴纳是否适用诉讼时效？

维修资金属专项资金，有特定目的，具有公共性、公益性。缴纳专项维修资金是业主为维护建筑物的长期安全使用而应承担的一项法定义务，即为建筑物全体业主的共同利益而特别确立的义务。该义务的产生与存在仅取决于义务人是否属区分所有建筑物范围内的住宅或非住宅的所有权人。从这一角度而言，专项维修资金的缴纳目的在于维护业主的共同利益或公共利益，不应允许以时间经过而拒绝缴纳。此外，需注意的是，业主大会具有代表全体业主行使维护小区业主共同利益或公共利益之职责的管理权，可要求并起诉业主进行补缴。业主以业主大会起诉追讨专项维修资金已超诉讼时效为由进行抗辩的，不能成立。

【适用实例】

王某国、刘某维、钱某与长沙市天心区涵相大厦业主委员会业主撤销权纠纷案

上诉人王某国、刘某维、钱某因与被上诉人长沙市天心区涵相大厦业主委员会（以下简称涵相大厦业委会）业主撤销权纠纷一案，不服一审判决，向长沙市中级人民法院提起上诉。

一审法院首先对王某国、刘某维、钱某的诉讼主体资格作出了认定。

《物权法》第78条第2款[①]规定："业主大会或者业主委员会作出的决定侵害业主合法权益的，受侵害的业主可以请求人民法院予以撤销。"依据上述法律的规定，业主大会作出的决定侵害业主合法权益的，受侵害的业主可以请求人民法院予以撤销，故业主大会具有诉讼主体资格。其次，根据最高人民法院**指导案例65号**上海市虹口区久乐大厦小区业主大会诉上海环亚实业总公司业主共有权纠纷案，在该案中，上海市虹口区久乐大厦小区业主大会系作为原告起诉。该指导案例也进一步确定了业主大会的诉讼主体资格。故业主大会具有诉讼主体资格，既可以作为原告，也可以作为被告。王某国、刘某维、钱某要求撤销涵相大厦业主大会作出的《涵相大厦物业服务企业选聘方案》《涵相大厦物业维修资金缴存方案》《涵相大厦业主委员会聘请律师议案》《审议涵相大厦产权办理费用方案》《授权业主委员会解聘、聘请物业公司》《授权业主委员会聘请律师》《授权业主委员会委托律师进行诉讼和非诉讼代理》《授权业主委员会作为诉讼主体依法向人民法院提起诉讼》等8项决议，应以涵相大厦业主大会作为被告，故王某国、刘某维、钱某在以涵相大厦业委会作为被告的案件中提出诉讼请求，于法无据，不予支持。

二审法院认为，业主委员会作为业主大会的常设机构、执行机构，可以代表业主大会应诉。业主委员会在召开业主大会前，通过业主微信群和业主之家张贴公告和通知，尽到了对小区业主的告知义务，保障了广大业主的知情权、投票权。经表决，涉案的8项方案经专有部分占建筑物总面积过半数的业主且占总人数过半数的业主同意，比率符合法律规定，案涉8项决议为有效决议，对全体业主具有约束力。上诉人提出《涵相大厦物业维修资金缴存方案》属于筹集专项维修基金的范畴，未达到《物业管理条例》第11、12条规定的2/3以上标准，本院认为筹集和缴存并非同一法律关系，故对该意见不予采纳。《涵相大厦2020年业主大会表决表统计》有社区、街道监督确认，本院予以确认。《涵相大厦2020年业主大会公告》属于涵相大厦业委会的事务性、程序性工作事项，并无不当。综上，二审法院判决驳回上诉，维持原判。[（2020）湘01民终11572号]

---

① 《民法典》第280条第2款。

四、合同纠纷

009 指导案例33号

瑞士嘉吉国际公司诉福建金石制油有限公司等确认合同无效纠纷案

债务人以明显不合理低价转让财产给关联公司属恶意串通的无效合同，因此取得的财产应返还原财产所有人

（最高人民法院审判委员会讨论通过　2014年12月18日发布）

关键词：民事/确认合同无效/恶意串通/财产返还

裁判要点

1. 债务人将主要财产以明显不合理低价转让给其关联公司，关联公司在明知债务人欠债的情况下，未实际支付对价的，可以认定债务人与其关联公司恶意串通、损害债权人利益，与此相关的财产转让合同应当认定为无效。

2. 《中华人民共和国合同法》第五十九条①规定适用于第三人为财产所有权人的情形，在债权人对债务人享有普通债权的情况下，应当根据《中华人民共和国合同法》第五十八条②的规定，判令因无效合同取得的财产返还给原财产所有人，而不能根据第五十九条规定直接判令债务人的关联公司因“恶意串通，损害第三人利益”的合同而取得的债务人的财产返还给债权人。

① 《民法典》第157条。

② 《民法典》第157条。

相关法条

《中华人民共和国合同法》第五十二条第二项①

《中华人民共和国合同法》第五十八条②、第五十九条③

基本案情

瑞士嘉吉国际公司（Cargill International SA，简称嘉吉公司）与福建金石制油有限公司（以下简称福建金石公司）以及大连金石制油有限公司、沈阳金石豆业有限公司、四川金石油粕有限公司、北京珂玛美嘉粮油有限公司、宜丰香港有限公司（该六公司以下统称金石集团）存在商业合作关系。嘉吉公司因与金石集团买卖大豆发生争议，双方在国际油类、种子和脂类联合会仲裁过程中于2005年6月26日达成《和解协议》，约定金石集团将在五年内分期偿还债务，并将金石集团旗下福建金石公司的全部资产，包括土地使用权、建筑物和固着物、所有的设备及其他财产抵押给嘉吉公司，作为偿还债务的担保。2005年10月10日，国际油类、种子和脂类联合会根据该《和解协议》作出第3929号仲裁裁决，确认金石集团应向嘉吉公司支付1337万美元。2006年5月，因金石集团未履行该仲裁裁决，福建金石公司也未配合进行资产抵押，嘉吉公司向福建省厦门市中级人民法院申请承认和执行第3929号仲裁裁决。2007年6月26日，厦门市中级人民法院经审查后裁定对该仲裁裁决的法律效力予以承认和执行。该裁定生效后，嘉吉公司申请强制执行。

2006年5月8日，福建金石公司与福建田源生物蛋白科技有限公司（以下简称田源公司）签订一份《国有土地使用权及资产买卖合同》，约定福建金石公司将其国有土地使用权、厂房、办公楼和油脂生产设备等全部固定资产以2569万元人民币（以下未特别注明的均为人民币）的价格转让给田源公司，其中国有土地使用权作价464万元、房屋及设备作价2105万元，应在合同生效后30日内支付全部价款。王晓琪和柳锋分别作为福建金石公司与田源公司的法定代表人在合同上签名。福建金石公司曾于2001年12月31日以482.1万元取得本案所涉32138平方米国有土地使用权。2006年5月10日，

---

① 《民法典》第154条。

② 《民法典》第157条。

③ 《民法典》第157条。

福建金石公司与田源公司对买卖合同项下的标的物进行了交接。同年6月15日，田源公司通过在中国农业银行漳州支行的账户向福建金石公司在同一银行的账户转入2500万元。福建金石公司当日从该账户汇出1300万元、1200万元两笔款项至金石集团旗下大连金石制油有限公司账户，用途为往来款。同年6月19日，田源公司取得上述国有土地使用权证。

2008年2月21日，田源公司与漳州开发区汇丰源贸易有限公司（以下简称汇丰源公司）签订《买卖合同》，约定汇丰源公司购买上述土地使用权及地上建筑物、设备等，总价款为2669万元，其中土地价款603万元、房屋价款334万元、设备价款1732万元。汇丰源公司于2008年3月取得上述国有土地使用权证。汇丰源公司仅于2008年4月7日向田源公司付款569万元，此后未付其余价款。

田源公司、福建金石公司、大连金石制油有限公司及金石集团旗下其他公司的直接或间接控制人均为王政良、王晓莉、王晓琪、柳锋。王政良与王晓琪、王晓莉是父女关系，柳锋与王晓琪是夫妻关系。2009年10月15日，中纺粮油进出口有限责任公司（以下简称中纺粮油公司）取得田源公司80%的股权。2010年1月15日，田源公司更名为中纺粮油（福建）有限公司（以下简称中纺福建公司）。

汇丰源公司成立于2008年2月19日，原股东为宋明权、杨淑莉。2009年9月16日，中纺粮油公司和宋明权、杨淑莉签订《股权转让协议》，约定中纺粮油公司购买汇丰源公司80%的股权。同日，中纺粮油公司（甲方）、汇丰源公司（乙方）、宋明权和杨淑莉（丙方）及沈阳金豆食品有限公司（丁方）签订《股权质押协议》，约定：丙方将所拥有汇丰源公司20%的股权质押给甲方，作为乙方、丙方、丁方履行“合同义务”之担保；“合同义务”系指乙方、丙方在《股权转让协议》及《股权质押协议》项下因“红豆事件”而产生的所有责任和义务；“红豆事件”是指嘉吉公司与金石集团就进口大豆中掺杂红豆原因而引发的金石集团涉及的一系列诉讼及仲裁纠纷以及与此有关的涉及汇丰源公司的一系列诉讼及仲裁纠纷。还约定，下述情形同时出现之日，视为乙方和丙方的“合同义务”已完全履行：1. 因“红豆事件”而引发的任何诉讼、仲裁案件的全部审理及执行程序均已终结，且乙方未遭受财产损失；2. 嘉吉公司针对乙方所涉合同可能存在的撤销权因超过法律规定的最长期间（五年）而消灭。2009年11月18日，中纺粮油公司取得汇丰源公司80%的股权。汇丰源公司成立后并未进行实际经营。

由于福建金石公司已无可供执行的财产，导致无法执行，嘉吉公司遂向福建省高级人民法院提起诉讼，请求：一是确认福建金石公司与中纺福建公司签订的《国有土地使用权及资产买卖合同》无效；二是确认中纺福建公司与汇丰源公司签订的国有土地使用权及资产《买卖合同》无效；三是判令汇丰源公司、中纺福建公司将其取得的合同项下财产返还给财产所有人。

裁判结果

福建省高级人民法院于2011年10月23日作出（2007）闽民初字第37号民事判决，确认福建金石公司与田源公司（后更名为中纺福建公司）之间的《国有土地使用权及资产买卖合同》、田源公司与汇丰源公司之间的《买卖合同》无效；判令汇丰源公司于判决生效之日起三十日内向福建金石公司返还因上述合同而取得的国有土地使用权，中纺福建公司于判决生效之日起三十日内向福建金石公司返还因上述合同而取得的房屋、设备。宣判后，福建金石公司、中纺福建公司、汇丰源公司提出上诉。最高人民法院于2012年8月22日作出（2012）民四终字第1号民事判决，驳回上诉，维持原判。

裁判理由

最高人民法院认为：因嘉吉公司注册登记地在瑞士，本案系涉外案件，各方当事人对适用中华人民共和国法律审理本案没有异议。本案源于债权人嘉吉公司认为债务人福建金石公司与关联企业田源公司、田源公司与汇丰源公司之间关于土地使用权以及地上建筑物、设备等资产的买卖合同，因属于《中华人民共和国合同法》第五十二条第二项①“恶意串通，损害国家、集体或者第三人利益”的情形而应当被认定无效，并要求返还原物。本案争议的焦点问题是：福建金石公司、田源公司（后更名为中纺福建公司）、汇丰源公司相互之间订立的合同是否构成恶意串通、损害嘉吉公司利益的合同？本案所涉合同被认定无效后的法律后果如何？

---

① 《民法典》第154条。

一、关于福建金石公司、田源公司、汇丰源公司相互之间订立的合同是否构成“恶意串通，损害第三人利益”的合同

首先，福建金石公司、田源公司在签订和履行《国有土地使用权及资产买卖合同》的过程中，其实际控制人之间系亲属关系，且柳锋、王晓琪夫妇分别作为两公司的法定代表人在合同上签署。因此，可以认定在签署以及履行转让福建金石公司国有土地使用权、房屋、设备的合同过程中，田源公司对福建金石公司的状况是非常清楚的，对包括福建金石公司在内的金石集团因“红豆事件”被仲裁裁决确认对嘉吉公司形成1337万美元债务的事实是清楚的。

其次，《国有土地使用权及资产买卖合同》订立于2006年5月8日，其中约定田源公司购买福建金石公司资产的价款为2569万元，国有土地使用权作价464万元、房屋及设备作价2105万元，并未根据相关会计师事务所的评估报告作价。一审法院根据福建金石公司2006年5月31日资产负债表，以其中载明固定资产原价44042705.75元、扣除折旧后固定资产净值为32354833.70元，而《国有土地使用权及资产买卖合同》中对房屋及设备作价仅2105万元，认定《国有土地使用权及资产买卖合同》中约定的购买福建金石公司资产价格为不合理低价是正确的。在明知债务人福建金石公司欠债权人嘉吉公司巨额债务的情况下，田源公司以明显不合理低价购买福建金石公司的主要资产，足以证明其与福建金石公司在签订《国有土地使用权及资产买卖合同》时具有主观恶意，属恶意串通，且该合同的履行足以损害债权人嘉吉公司的利益。

第三，《国有土地使用权及资产买卖合同》签订后，田源公司虽然向福建金石公司在同一银行的账户转账2500万元，但该转账并未注明款项用途，且福建金石公司于当日将2500万元分两笔汇入其关联企业大连金石制油有限公司账户；又根据福建金石公司和田源公司当年的财务报表，并未体现该笔2500万元的入账或支出，而是体现出田源公司尚欠福建金石公司“其他应付款”121224155.87元。一审法院据此认定田源公司并未根据《国有土地使用权及资产买卖合同》向福建金石公司实际支付价款是合理的。

第四，从公司注册登记资料看，汇丰源公司成立时股东构成似与福建金石公司无关，但在汇丰源公司股权变化的过程中可以看出，汇丰源公司在与田源公司签订《买卖合同》时对转让的资产来源以及福建金石公司对嘉吉公

司的债务是明知的。《买卖合同》约定的价款为2669万元，与田源公司从福建金石公司购入该资产的约定价格相差不大。汇丰源公司除已向田源公司支付569万元外，其余款项未付。一审法院据此认定汇丰源公司与田源公司签订《买卖合同》时恶意串通并足以损害债权人嘉吉公司的利益，并无不当。

综上，福建金石公司与田源公司签订的《国有土地使用权及资产买卖合同》、田源公司与汇丰源公司签订的《买卖合同》，属于恶意串通、损害嘉吉公司利益的合同。根据合同法第五十二条第二项的规定，均应当认定无效。

二、关于本案所涉合同被认定无效后的法律后果

对于无效合同的处理，人民法院一般应当根据合同法第五十八条“合同无效或者被撤销后，因该合同取得的财产，应当予以返还；不能返还或者没有必要返还的，应当折价补偿。有过错的一方应当赔偿对方因此所受到的损失，双方都有过错的，应当各自承担相应的责任”的规定，判令取得财产的一方返还财产。本案涉及的两份合同均被认定无效，两份合同涉及的财产相同，其中国有土地使用权已经从福建金石公司经田源公司变更至汇丰源公司名下，在没有证据证明本案所涉房屋已经由田源公司过户至汇丰源公司名下、所涉设备已经由田源公司交付汇丰源公司的情况下，一审法院直接判令取得国有土地使用权的汇丰源公司、取得房屋和设备的田源公司分别就各自取得的财产返还给福建金石公司并无不妥。

合同法第五十九条规定：“当事人恶意串通，损害国家、集体或者第三人利益的，因此取得的财产收归国家所有或者返还集体、第三人。”该条规定应当适用于能够确定第三人为财产所有权人的情况。本案中，嘉吉公司对福建金石公司享有普通债权，本案所涉财产系福建金石公司的财产，并非嘉吉公司的财产，因此只能判令将系争财产返还给福建金石公司，而不能直接判令返还给嘉吉公司。

【实务问答】

1. 恶意串通损害他人合法权益的民事法律行为效力如何？

《民法典》生效后，《合同法》不再有效，原《合同法》第52条关于合同无效的法定情形之规定被《民法典》总则编第六章第三节“民事法律行为

的效力”替代。所谓“恶意串通”，是指行为人与相对人勾结，为牟取私利而实施的损害他人合法权益的民事法律行为。“他人”应作广义理解，包括国家、集体、第三人。恶意串通损害他人合法权益的民事法律行为，具有以下特点：一是各方当事人都出于恶意。恶意串通中的恶意，应为行为人具有加害他人的不良动机，且主观上具有损害第三人合法权益的故意。二是当事人之间互相串通。所谓互相串通，首先是指当事人之间存在意思联络或者沟通，都希望通过实施某种民事法律行为而损害特定第三人的合法权益。其次，当事人之间在客观上相互配合或者共同实施了该行为。三是损害了特定第三人的合法权益。这里说的特定第三人，应包括国家、特定集体或者特定第三人在内。此外，需要注意恶意串通与虚假表示的不同。在虚假表示的民事法律行为中，行为人与相对人表示出的意思均非真意，而恶意串通的双方当事人所表达的都是内心真意，二者尽管都是无效的民事法律行为，但不可混淆。本指导案例中关联公司之间的合同转让价款，与固定资产净值相比明显偏低，属于以不合理低价转让财产的情形。作为金石公司的关联企业，田源公司对金石公司背负巨额债务的情况是知晓的，金石公司逃避债务的意图明显，其与田源公司间的低价转让财产行为属恶意串通逃避债务的行为，该行为损害了债权人嘉吉公司的利益，符合恶意串通损害他人合法权益的行为，应为无效。

2. 民事法律行为无效的后果如何？

民事法律行为无效、被撤销或被确认不发生效力后，一般会出现财产返还、折价补偿、依照过错进行损害赔偿等后果，《民法典》第 157 条即对此做了规定。该条与《民法通则》《合同法》《民法总则》的有关规定一脉相承，实质内容与原《合同法》第 58 条规定并无明显变化。民事法律行为无效、被撤销或者确定不发生效力后，行为人对所取得的财产已没有合法占有或保有的根据，应恢复到民事法律行为实施前的状态。返还财产目的即在于使双方的财产关系恢复到民事法律行为实施前的状态，且无论双方是否存在过错，都负有返还财产的义务。本指导案例中，相关合同被认定无效，合同涉及财产中的国有土地使用权已经从福建金石公司经田源公司变更至汇丰源公司名下，在没有证据证明案涉房屋已经由田源公司过户至汇丰源公司名下、所涉设备已经由田源公司交付汇丰源公司的情况下，法院判令取得国有土地使用权的汇丰源公司、取得房屋和设备的田源公司分别就各自取得的财产返还给福建金石公司并无不妥。另值得注意的是，作为恶意串通行为中的受损害方，嘉吉公司对福建金石公司享有普通债权，而本案所涉财产系福建金石公司的财产，并非嘉吉公司的财产，因此只能判令将系争财产返还给福建金石公司，而不能直接判令返还给嘉吉公司。

【适用实例】

喻某与喻某健、喻某国确认合同无效纠纷案

原告喻某诉被告喻某健、喻某国确认合同无效纠纷一案，重庆市九龙坡区法院审理并作出判决。

原告喻某提起诉讼请求：(1) 确认2被告于2014年9月22日签订的房屋买卖合同无效，该房屋位于重庆市×××；(2) 判令被告喻某国将前述房屋返还给被告喻某健，并协助被告喻某健办理房屋过户手续。

九龙坡区法院认为，任何人的合法权益都应受到法院的保护，任何组织和个人均不得侵犯。本案争议焦点是二被告签订的房屋买卖合同的法律效力。《合同法》第52条第2项①规定："有下列情形之一的，合同无效：……(二) 恶意串通，损害国家、集体或者第三人利益……"本案中，被告喻某国系原告爷爷、被告喻某健父亲，且被告喻某国在原告第一次起诉被告喻某健将涉案房屋过户给原告时已经知道被告喻某健将房屋赠与原告的事实，加之，被告喻某国未支付任何对价，故二被告签订房屋买卖合同构成恶意串通，而且损害了原告的合法权益，故该合同属于无效合同。

另外，《合同法》第58条②规定："合同无效或者被撤销后，因该合同取得的财产，应当予以返还；不能返还或者没有必要返还的，应当折价补偿。有过错的一方应当赔偿对方因此所受到的损失，双方都有过错的，应当各自承担相应的责任。"此外，根据最高人民法院**指导案例33号**可知，《合同法》

① 《民法典》第154条。
② 《民法典》第157条。

第59条①规定适用于第三人为财产所有人的情形，在债权人对债务人享有普通债权的情况下，应当根据《合同法》第58条②之规定，判令因无效合同取得的财产返还给原财产所有人，而不能根据第59条③规定直接判令债务人的关联公司因“恶意串通，损害第三人利益”的合同而取得的债务人的财产返还给债权人。本案中，被告喻某健将房屋过户给被告喻某国之前，其系涉案房屋的所有人，原告仅系债权人，据此，对原告要求被告喻某国将涉案房屋返还给喻某健的诉讼请求，予以支持。综上，依照《合同法》第52条④、第58条，《民事诉讼法》第144条⑤之规定，判决确认被告喻某健与喻某国于2014年9月22日签订的《重庆市房屋买卖》系无效合同；被告喻某国于本判决生效之后十日内将位于×××处的房屋返还给被告喻某健，并协助被告喻某健办理房屋变更登记手续。[（2016）渝0107民初1156号]

010 指导案例17号

张莉诉北京合力华通汽车服务有限公司买卖合同纠纷案

为家庭生活消费需要购买汽车而发生欺诈纠纷的，消费者可依《消费者权益保护法》要求赔偿损失

（最高人民法院审判委员会讨论通过 2013年11月8日发布）

有章

关键词：民事／买卖合同／欺诈／家用汽车

① 《民法典》第157条。
② 《民法典》第157条。
③ 《民法典》第157条。
④ 《民法典》第388条。
⑤ 《民事诉讼法》（2021年修正）第147条。

裁判要点

1. 为家庭生活消费需要购买汽车，发生欺诈纠纷的，可以按照《中华人民共和国消费者权益保护法》处理。2. 汽车销售者承诺向消费者出售没有使用或维修过的新车，消费者购买后发现系使用或维修过的汽车，销售者不能证明已履行告知义务且得到消费者认可的，构成销售欺诈，消费者要求销售者按照消费者权益保护法赔偿损失的，人民法院应予支持。

相关法条

《中华人民共和国消费者权益保护法》第二条、第五十五条第一款（该款系2013年10月25日修改，修改前为第四十九条）

基本案情

2007年2月28日，原告张莉从被告北京合力华通汽车服务有限公司（简称合力华通公司）购买上海通用雪佛兰景程轿车一辆，价格138 000元，双方签有《汽车销售合同》。该合同第七条约定："……卖方保证买方所购车辆为新车，在交付之前已作了必要的检验和清洁，车辆路程表的公里数为18公里且符合卖方提供给买方的随车交付文件中所列的各项规格和指标……"合同签订当日，张莉向合力华通公司交付了购车款138 000元，同时支付了车辆购置税12 400元、一条龙服务费500元、保险费6060元。同日，合力华通公司将雪佛兰景程轿车一辆交付张莉，张莉为该车办理了机动车登记手续。2007年5月13日，张莉在将车辆送合力华通公司保养时，发现该车曾于2007年1月17日进行过维修。

审理中，合力华通公司表示张莉所购车辆确曾在运输途中造成划伤，于2007年1月17日进行过维修，维修项目包括右前叶子板喷漆、右前门喷漆、右后叶子板喷漆、右前门钣金、右后叶子板钣金、右前叶子板钣金，维修中更换底大边卡扣、油箱门及前叶子板灯总成。送修人系该公司业务员。合力华通公司称，对于车辆曾进行维修之事已在销售时明确告知张莉，并据此予以较大幅度优惠，该车销售定价应为151 900元，经协商后该车实际销售价格为138 000元，还赠送了部分装饰。为证明上述事实，合力华通公司提供了车辆维修记录及有张莉签字的日期为2007年2月28日的车辆交接验收单一份，在车辆交接验收单备注一栏中注有"加1/4油，此车右侧有钣喷修复，按约定价格销售”。合力华通公司表示该验收单系该公司保存，张莉手中并无此单。对于合力华通公司提供的上述两份证据，张莉表示对于车辆维修记录没有异议，车辆交接验收单中的签字确系其所签，但合力华通公司在销售时并未告知车辆曾有维修，其在签字时备注一栏中没有“此车右侧有钣喷修复，按约定价格销售”字样。

裁判结果

北京市朝阳区人民法院于2007年10月作出（2007）朝民初字第18230号民事判决：一、撤销张莉与合力华通公司于2007年2月28日签订的《汽车销售合同》；二、张莉于判决生效后七日内将其所购的雪佛兰景程轿车退还合力华通公司；三、合力华通公司于判决生效后七日内退还张莉购车款十二万四千二百元；四、合力华通公司于判决生效后七日内赔偿张莉购置税一万二千四百元、服务费五百元、保险费六千零六十元；五、合力华通公司于判决生效后七日内加倍赔偿张莉购车款十三万八千元；六、驳回张莉其他诉讼请求。宣判后，合力华通公司提出上诉。北京市第二中级人民法院于2008年3月13日作出（2008）二中民终字第00453号民事判决：驳回上诉，维持原判。

裁判理由

法院生效裁判认为：原告张莉购买汽车系因生活需要自用，被告合力华通公司没有证据证明张莉购买该车用于经营或其他非生活消费，故张莉购买汽车的行为属于生活消费需要，应当适用《中华人民共和国消费者权益保护法》。

根据双方签订的《汽车销售合同》约定，合力华通公司交付张莉的车辆应为无维修记录的新车，现所售车辆在交付前实际上经过维修，这是双方共同认可的事实，故本案争议的焦点为合力华通公司是否事先履行了告知义务。

车辆销售价格的降低或优惠以及赠送车饰是销售商常用的销售策略，也是双方当事人协商的结果，不能由此推断出合力华通公司在告知张莉汽车存在瑕疵的基础上对其进行了降价和优惠。合力华通公司提交的有张莉签名的车辆交接验收单，因系合力华通公司单方保存，且备注一栏内容由该公司不同人员书写，加之张莉对此不予认可，该验收单不足以证明张莉对车辆以前维修过有所了解。故对合力华通公司抗辩称其向张莉履行了瑕疵告知义务，不予采信，应认定合力华通公司在售车时隐瞒了车辆存在的瑕疵，有欺诈行为，应退车还款并增加赔偿张莉的损失。

【实务问答】

1. 如何认定“消费者身份”？

《消费者权益保护法》第 2 条规定，消费者为生活消费需要购买、使用商品或者接受服务，其权益受本法保护；本法未作规定的，受其他有关法律、法规保护。

就消费主体而言，《消费者权益保护法》规定的“消费者”，既包括个人，也包括法人或非法人组织。法人或非法人组织的消费，也称单位消费，包括两种情况：一是为了本单位职工生活而消费，如单位食堂采购食材。此种情形应属本法规定的“为生活消费需要购买、使用商品或者接受服务”的范畴，单位也应属《消费者权益保护法》规定的“消费者”。二是为了生产经营而消费，即生产资料的消费。这种情形的消费，则不属于《消费者权益保护法》规定的消费范畴，此时的单位也不应认定为《消费者权益保护法》规定的“消费者”，进而不适用《消费者权益保护法》。从消费性质上看，《消费者权益保护法》规定的消费，为生活消费，即人们为满足物质、文化需要而进行的各种消耗过程。相对而言，为生产而进行的消费活动，如企业采购原材料等，因当事人都属于以营利为目的的市场主体，可通过协商、谈判及合同等方式确定，原则上也不属于《消费者权益保护法》调整范围。但为保护农民权益，《消费者权益保护法》特别规定农民购买、使用直接用于农业生产的生产资料“参照本法执行”。从消费对象上看，则包括“商品”“服务”两类。消费者购买的商品，一般指经过流通渠道进入商品销售场所的产品。服务则是指与生活消费有关的有偿服务。就本指导案例而言，为家庭生活消费需要而购买汽车，应认定为消费者，应适用《消费者权益保护法》相关规定。

2. 如何认定欺诈成立？

经营者提供的商品或服务有欺诈的，按照《消费者权益保护法》第 55 条第 1 款的规定需承担惩罚性赔偿的责任，即“经营者提供商品或者服务有欺诈行为的，应当按照消费者的要求增加赔偿其受到的损失，增加赔偿的金额为消费者购买商品的价款或者接受服务的费用的三倍；增加赔偿的金额不足五百元的，为五百元。法律另有规定的，依照其规定”。而经营者是否存在欺诈行为则是适用惩罚性赔偿的关键。欺诈行为是指经营者在提供商品或者服务的过程中，采取虚假或者其他不正当手段欺骗、误导消费者，使消费者的合法权益受到损害的行为。欺诈在法律上包括积极欺诈与消极欺诈。积极欺诈，是指欺诈者以积极的言辞，提供虚假情况使消费者作出错误的意思表示，如故意夸大商品性能。消极欺诈，是指行为人有告知的义务但故意不告知或隐瞒，致使消费者作出错误的意思表示。就欺诈而言，其具体表现形式也较多，如以次充好、以假充真、夸大功能、虚构成分、虚构产地等。

经营者向消费者提供商品或服务，有下列情形之一的，应认定构成欺诈：销售掺杂、掺假，以假充真，以次充好的商品的；采取虚假或者不正当手段使销售的商品分量不足的；销售“处理品”“残次品”“等外品”等商品而谎称是正品的；以虚假的“清仓价”“甩卖价”“最低价”“优惠价”或者其他欺骗性价格标示销售商品的；以虚假的商品说明、商品标准、实物样品等方式销售商品的；不以自己的真实名称和标记销售商品的；采取雇佣他人等方式进行欺骗性的销售诱导的；作虚假的现场演示和说明的；利用广播、电视、电影、报刊等大众传播媒介对商品作虚假宣传的；骗取消费者预付款的；利用邮购销售骗取价款而不提供或者不按照约定条件提供商品；以虚假的“有奖销售”“还本销售”等方式销售商品的；以其他虚假或者不正当手段欺诈消费者的行为。

经营者向消费者提供商品或服务中有下列情形之一且不能证明自己确非欺骗、误导消费者的，应承担欺诈消费者的法律责任：销售失效、变质商品的；销售侵犯他人注册商标的商品的；销售伪造产地、伪造或者冒用他人的企业名称或者姓名的商品的；销售伪造或者冒用他人商品特有的名称、包装、装潢的商品的；销售伪造或者冒用认证标志、名优标志等质量标志的商品的。

认定经营者存在欺诈的成立，应满足以下几点：一是经营者对重要事实作虚假陈述，如商品或服务的质量、性能（用途、内容）价格等；二是消费者因不明真相而信赖，进而产生上当受骗的事实；三是经营者须有主观上的故意。本指导案例中，合力华通公司未履行瑕疵告知义务（存在主观上的故意)，以存在维修的车辆以新车名义对外销售（存在虚假陈述)，作为消费者的张莉对此产生信赖并购买（存在受骗事实)，被告合力华通公司的行为构成欺诈。

【适用实例】

开平市丰泰汽车销售服务有限公司与张某静买卖合同纠纷案

再审申请人开平市丰泰汽车销售服务有限公司（以下简称丰泰公司）因与被申请人张某静买卖合同纠纷一案，不服广东省江门市中级人民法院二审民事判决，向广东省高级人民法院申请再审。

一审法院认为，张某静向丰泰公司购买车辆，双方之间买卖合同关系依法成立，合法有效，双方应全面履行合同义务。本案争议焦点在于丰泰公司向张某静销售涉案车辆时是否存在销售欺诈。最高人民法院《关于贯彻执行〈中华人民共和国民法通则〉若干问题的意见（试行)》第68条①规定："一方当事人故意告知对方虚假情况，或者故意隐瞒真实情况，诱使对方当事人作出错误意思表示的，可以认定为欺诈行为。"按通常理解，张某静从丰泰公司处购买的新车应是一辆未使用过、未维修过的新车，而丰泰公司所销售给张某静的车辆在交付前已实际上经过维修，且丰泰公司亦未向张某静告知车辆维修情况。丰泰公司作为专业汽车销售公司，在接收车辆检查时应当知道车辆曾维修的情况，丰泰公司辩解对涉案车辆维修情况不知情，一审法院不予采信。丰泰公司隐瞒车辆维修情况的行为显然是为了追求或放任张某静与其订立汽车买卖合同的结果，其主观故意明显。最高人民法院**指导案例17号**明确将未向消费者告知新车维修相关情况的行为认定为有欺诈的故意。该指导案例裁判要点记载："汽车销售者承诺向消费者出售没有使用或维修过的新车，消费者购买后发现系使用或维修过的汽车，销售者不能证明已履行告知义务且得到消费者认可的，构成销售欺诈，消费者要求销售者按照消费者权益保护法赔偿损失的，人民法院应予支持。"本案与该指导案例所描述的情形十分相似，该指导案例可作参照。综上所述，丰泰公司的行为构成销售欺诈。张某静购买涉案车辆为生活自用，丰泰公司没有证据证明张某静该

---

① 该司法解释已失效。

车用于经营或其他非生活消费，应认定张某静购买涉案车辆的行为属于生活消费，故本案适用《消费者权益保护法》调整。该法第55条第1款规定："经营者提供商品或者服务有欺诈行为的，应当按照消费者的要求增加赔偿其受到的损失，增加赔偿的金额为消费者购买商品的价款或者接受服务的费用的三倍；增加赔偿的金额不足五百元的，为五百元。法律另有规定的，依照其规定。"现张某静主张丰泰公司按涉案车辆的销售价的一倍，即94,672元赔偿购车损失，一审法院予以支持。综上所述，一审法院决丰泰公司应自判决生效之日起十日内赔偿购车款94,672元给张某静。

二审法院认为，按照普通购车人的一般理解，"新车"应当是全新、未经使用、未经维修的车辆。涉案车辆由于在交付前进行过漆面修复，已非通常意义和一般交易习惯上所述的"新车"，对其是否仍愿意购买系争车辆具有重大影响，对此经销商负有如实告知和说明的义务。在丰泰公司有售前检查义务且对涉案车辆瑕疵应知能知的情况下，并未将相关维修情况如实告知张某静，具有过错。综上，一审法院认定丰泰公司在本案中构成欺诈，并结合张某静的诉请，适用《消费者权益保护法》第55条规定，判令丰泰公司应向张某静赔偿其购买涉案车辆的价款的一倍即94,672元，于法有据，并无不当。二审法院予以维持。

再审法院认为，本案争议焦点为申请人丰泰公司是否构成销售欺诈。首先，根据二审法院查明的事实，涉案车辆天窗胶条处，车顶钢板与玻璃结合处以及其他塑料部件处，有多处明显可见的喷漆痕迹，申请人作为以销售汽车为主营业务的专业公司，应当知道也有能力知道以上瑕疵。其次，汽车作为一项耐用商品，具有较高的专业要求，普通消费者缺乏相关知识，也难有能力掌握较为深入的信息。为保障消费者权益和交易的公平性，包括销售者对商品瑕疵有及时全面告知义务，以保障消费者的选择权和知情权。再次，影响消费者缔结新车买卖合同意愿的基础是该车辆为没有争议的新车。关于何为"新车"，不应当在消费者购买车辆时对消费者加以专业的、较高的要求，应当按照一般的、具有正常理性和知识的消费者的观念进行判断。一般的消费者关于新车的共识至少应当包含该车未经维修这一要求。一旦车辆经过明显的、可见的维修，则消费者按照新车标准确定合同权利义务的意愿将受到重大影响。申请人所提出的PDI操作等行业规则和业内共识，不应当用来约束消费者，更不能成为生产者、销售者不积极履行对消费者相关义务的理由。同时，消费者知情权的范围针对不同产品和服务，应当有不同的技术要求，不应也无法由法律规范穷尽规定。就本案而言，消费者有权了解的真实情况应当至少包括买卖合同的标的物是否经过维修。通常情况下，普通消费者一般默认其购买的新车未经过维修且消费者一般也没有足够能力鉴别是否经过维修，这就要求销售者必须全面掌握车辆状况。一旦车辆发生对消费者权益构成重大影响的事项，生产者或销售者也必须及时告知和说明。最后，丰泰公司提交的《情况说明》等证据证明力较低，缺乏相互印证，且内容与涉案车辆存在不一致，因此认定丰泰公司不能充分证明其主张，并无不当。综上，在丰泰公司具有专业能力，应知且能知瑕疵存在的情况下，二审法院认为丰泰公司明知涉案车辆存在瑕疵，依然与被申请人订立、履行新车买卖合同，具有欺诈的故意，依据《消费者权益保护法》第55条的规定，判令丰泰公司支付一倍价款的赔偿金，认定事实和适用法律并无不当。综上，开平市丰泰汽车销售服务有限公司申请再审理由不充分，应予驳回。［（2019）粤民申2085号］

011 指导案例23号

孙银山诉南京欧尚超市有限公司江宁店买卖合同纠纷案

“知假买假”的消费者仍有权主张10倍惩罚性赔偿

（最高人民法院审判委员会讨论通过　2014年1月26日发布）

关键词：民事／买卖合同／食品安全／十倍赔偿

裁判要点

消费者购买到不符合食品安全标准的食品，要求销售者或者生产者依照食品安全法规定支付价款十倍赔偿金或者依照法律规定的其他赔偿标准赔偿的，不论其购买时是否明知食品不符合安全标准，人民法院都应予支持。

相关法条

《中华人民共和国食品安全法》第九十六条第二款①

基本案情

2012年5月1日，原告孙银山在被告南京欧尚超市有限公司江宁店（简称欧尚超市江宁店）购买“玉兔牌”香肠15包，其中价值558.6元的14包香肠已过保质期。孙银山到收银台结账后，即径直到服务台索赔，后因协商未果诉至法院，要求欧尚超市江宁店支付14包香肠售价十倍的赔偿金5586元。

裁判结果

江苏省南京市江宁区人民法院于2012年9月10日作出（2012）江宁开民初字第646号民事判决：被告欧尚超市江宁店于判决发生法律效力之日起10日内赔偿原告孙银山5586元。宣判后，双方当事人均未上诉，判决已发生法律效力。

裁判理由

法院生效裁判认为：关于原告孙银山是否属于消费者的问题。《中华人民共和国消费者权益保护法》第二条规定：“消费者为生活消费需要购买、使用商品或者接受服务，其权益受本法保护；本法未作规定的，受其他有关法律、法规保护。”消费者是相对于销售者和生产者的概念。只要在市场交易中购买、使用商品或者接受服务是为了个人、家庭生活需要，而不是为了生产经营活动或者职业活动需要的，就应当认定为“为生活消费需要”的消费者，属于消费者权益保护法调整的范围。本案中，原、被告双方对孙银山从欧尚超市江宁店购买香肠这一事实不持异议，据此可以认定孙银山实施了购买商品的行为，且孙银山并未将所购香肠用于再次销售经营，欧尚超市江宁店也未提供证据证明其购买商品是为了生产经营。孙银山因购买到超过保质期的食品而索赔，属于行使法定权利。因此欧尚超市江宁店认为孙银山“买假索赔”不是消费者的抗辩理由不能成立。

---

① 《食品安全法》（2021年修正）第148条第2款。

关于被告欧尚超市江宁店是否属于销售明知是不符合食品安全标准食品的问题。《中华人民共和国食品安全法》（以下简称《食品安全法》）第三条①规定："食品生产经营者应当依照法律、法规和食品安全标准从事生产经营活动，对社会和公众负责，保证食品安全，接受社会监督，承担社会责任。"该法第二十八条第（八）项②规定，超过保质期的食品属于禁止生产经营的食品。食品销售者负有保证食品安全的法定义务，应当对不符合安全标准的食品自行及时清理。欧尚超市江宁店作为食品销售者，应当按照保障食品安全的要求储存食品，及时检查待售食品，清理超过保质期的食品，但欧尚超市江宁店仍然摆放并销售货架上超过保质期的"玉兔牌"香肠，未履行法定义务，可以认定为销售明知是不符合食品安全标准的食品。

关于被告欧尚超市江宁店的责任承担问题。《食品安全法》第九十六条第一款③规定："违反本法规定，造成人身、财产或者其他损害的，依法承担赔偿责任。"第二款④规定："生产不符合食品安全标准的食品或者销售明知是不符合食品安全标准的食品，消费者除要求赔偿损失外，还可以向生产者或者销售者要求支付价款十倍的赔偿金。"当销售者销售明知是不符合安全标准的食品时，消费者可以同时主张赔偿损失和支付价款十倍的赔偿金，也可以只主张支付价款十倍的赔偿金。本案中，原告孙银山仅要求欧尚超市江宁店支付售价十倍的赔偿金，属于当事人自行处分权利的行为，应予支持。关于被告欧尚超市江宁店提出原告明知食品过期而购买，希望利用其错误谋求利益，不应予以十倍赔偿的主张，因前述法律规定消费者有权获得支付价款十倍的赔偿金，因该赔偿获得的利益属于法律应当保护的利益，且法律并未对消费者的主观购物动机作出限制性规定，故对其该项主张不予支持。

【实务问答】

1. "知假买假者"是否一定属于"职业打假索赔者"？

消费者的认定问题，前面第17号指导案例【实务问答】部分已进行详

---

① 《食品安全法》（2021年修正）第4条第2款。
② 《食品安全法》（2021年修正）第34条第10项。
③ 《食品安全法》（2021年修正）第147条。
④ 《食品安全法》（2021年修正）第148条。

细论述，此处不再赘述。值得注意的是，最近一段时间，部分高级人民法院乃至最高人民法院对一些“知假买假”后主张惩罚性赔偿的案件，进行了改判或撤销，大多是不予支持的。需说明的是，支持与否最终还是要落脚到消费者身份的认定上。虽然“职业打假索赔”在近期司法实践中通常不再认为属一般意义上的消费者，但“知假买假者”并非一定属于“职业打假索赔者”范畴。若在市场交易中购买、使用商品或服务纯粹是为了个人、家庭生活需要，而非生产经营活动或职业活动需要，即使属“知假者”，也不妨碍被认定为受《消费者权益保护法》保护的消费者；部分“知假买假”者若非出于生活需要的目的，而是出于职业索赔以牟利的目的，当然不属受消费者权益保护法保护的消费者。

2. 如何理解食品安全中的首负责任制？

《食品安全法》第148条规定，消费者因不符合食品安全标准的食品受到损害的，可以向经营者要求赔偿损失，也可以向生产者要求赔偿损失。接到消费者赔偿要求的生产经营者，应当实行首负责任制，先行赔付，不得推诿；属于生产者责任的，经营者赔偿后有权向生产者追偿；属于经营者责任的，生产者赔偿后有权向经营者追偿。生产不符合食品安全标准的食品或者经营明知是不符合食品安全标准的食品，消费者除要求赔偿损失外，还可以向生产者或者经营者要求支付价款10倍或者损失3倍的赔偿金；增加赔偿的金额不足1000元的，为1000元。但是，食品的标签、说明书存在不影响食品安全且不会对消费者造成误导的瑕疵的除外。

2021年修正后的《食品安全法》第148条相较2009年该法第96条而言，增加了消费者可以要求支付“损失三倍”的赔偿金、最低赔偿金额和但书规定。同时，增加了首负责任制的规定。首负责任制，就是消费者在合法权益受到损害，向生产者或者经营者要求赔偿时，由首先接到赔偿要求的生产者或者经营者负责先行赔付，再由先行赔付的生产者或者经营者依法向相关责任人追偿。首负责任制有利于防止生产经营者相互推诿，维护消费者合法权益。惩罚性赔偿方面，第148条借鉴消费者权益保护法对惩罚性赔偿规定的修订，在规定消费者可以要求支付价款10倍的赔偿金的基础上，进一步赋予了消费者选择权，同时规定了最低赔偿金额。根据本条规定，消费者可以选择要求支付价款10倍或者损失3倍的赔偿金；增加赔偿的金额不足1000元的，为1000元。此外，另增加了不适用惩罚性赔偿之情形的但书规定，即食品的标签、说明书存在不影响食品安全且不会对消费者造成误导的瑕疵的，不适用有关惩罚性赔偿的规定。另外需要说明的是，第148条规定惩罚性赔偿并非要求消费者有实际损失才可主张。消费者购买不符合食品安全标准的食品后尚未食用，仍可主张惩罚性赔偿。

【适用实例】

廖某威与广东中榄农业科技有限公司、仁化县丹霞佳大农业科技园有限公司产品责任纠纷案（再审申请人申请理由引用）

再审申请人廖某威因与被申请人广东中榄农业科技有限公司（以下简称中榄公司）、仁化县丹霞佳大农业科技园有限公司产品责任纠纷一案，不服中山市中级人民法院二审判决，向广东省高级人民法院申请再审。

廖某威申请再审称，最高人民法院发布的**指导案例23号**认为，购买商品后不是为了生产经营活动或者职业活动需要的，应认定为消费者。本案应参照该指导案例认定廖某威为消费者。该指导案例认为，法律并未对消费者的主观购物动机作出限制性规定。本案应参照该指导案例保障廖某威作为消费者获得10倍赔偿的权益。除因无法送达而撤诉的案件外，廖某威在法院起诉的民事案件有30余件，仅占廖某威网络购买商品或服务次数的3.7%，廖某威不存在不正常的诉讼或滥诉行为。中榄公司交付的涉案商品为假冒伪劣商品，应退还廖某威的货款。请求再审改判。

广东省高级人民法院再审认为，廖某威于2014年12月27日在中榄公司的淘宝网店购买了1罐中榄特级初榨橄榄油，单价79元。廖某威于2015年1月4日又分3次在中榄公司的淘宝网店购买了115罐中榄特级初榨橄榄油，总价9085元。廖某威短时间内大批量购买橄榄油已超出日常消费需求，可以推定廖某威购买目的并非用于日常消费。二审法院查明廖某威有多起诉讼要求10倍赔偿，廖某威陈述有30余起类似诉讼，因此综合推定廖某威购买本案橄榄油的目的是获得10倍价款赔偿，二审认定廖某威以营利为目的而购买涉案橄榄油，并无不当。根据《消费者权益保护法》第2条的规定，消费者为生活消费需要购买、使用商品或者接受服务，其权益受本法保护。因此，在本案中**廖某威不属于消费者**。《食品安全法》第96条①规定，对不符合食品安全标准的食品，消费者除要求赔偿损失外，还可以要求支付价款10倍的赔偿金。由于廖某威在本案中并非消费者，二审判决对10倍赔偿的请求不予支持，并无不当。综上，廖某威的再审申请不符合《民事诉讼法》第200条②规定的情形，应予驳回。［（2017）粤民申2143号］

012 指导案例107号

中化国际（新加坡）有限公司诉蒂森克虏伯冶金产品有限责任公司国际货物买卖合同纠纷案

国际货物买卖合同中卖方交付的货物虽有缺陷，但买方经过合理努力就能使用或转售货物的，不构成根本违约

（最高人民法院审判委员会讨论通过　2019年2月25日发布）

关键词：民事／国际货物买卖合同／联合国国际货物销售合同公约／法律适用／根本违约

裁判要点

1. 国际货物买卖合同的当事各方所在国为《联合国国际货物销售合同公约》的缔约国，应优先适用公约的规定，公约没有规定的内容，适用合同中约定适用的法律。国际货物买卖合同中当事人明确排除适用《联合国国际货物销售合同公约》的，则不应适用该公约。2. 在国际货物买卖合同中，卖方交付的货物虽然存在缺陷，但只要买方经过合理努力就能使用货物或转售货物，不应视为构成《联合国国际货物销售合同公约》规定的根本违约的

① 《食品安全法》（2021年修正）第148条。
② 《民事诉讼法》（2021年修正）第207条。

情形。

相关法条

《中华人民共和国民法通则》第145条①

《联合国国际货物销售合同公约》第1条、第25条

基本案情

2008年4月11日，中化国际（新加坡）有限公司（以下简称中化新加坡公司）与蒂森克虏伯冶金产品有限责任公司（以下简称德国克虏伯公司）签订了购买石油焦的《采购合同》，约定本合同应当根据美国纽约州当时有效的法律订立、管辖和解释。中化新加坡公司按约支付了全部货款，但德国克虏伯公司交付的石油焦HGI指数仅为32，与合同中约定的HGI指数典型值为36－46之间不符。中化新加坡公司认为德国克虏伯公司构成根本违约，请求判令解除合同，要求德国克虏伯公司返还货款并赔偿损失。

裁判结果

江苏省高级人民法院一审认为，根据《联合国国际货物销售合同公约》的有关规定，德国克虏伯公司提供的石油焦HGI指数远低于合同约定标准，导致石油焦难以在国内市场销售，签订买卖合同时的预期目的无法实现，故德国克虏伯公司的行为构成根本违约。江苏省高级人民法院于2012年12月19日作出（2009）苏民三初字第0004号民事判决：一、宣告蒂森克虏伯冶金产品有限责任公司与中化国际（新加坡）有限公司于2008年4月11日签订的《采购合同》无效。二、蒂森克虏伯冶金产品有限责任公司于本判决生效之日起三十日内返还中化国际（新加坡）有限公司货款2684302.9美元并支付自2008年9月25日至本判决确定的给付之日的利息。三、蒂森克虏伯冶金产品有限责任公司于本判决生效之日起三十日内赔偿中化国际（新加坡）有限公司损失520339.77美元。

宣判后，德国克虏伯公司不服一审判决，向最高人民法院提起上诉，认为一审判决对本案适用法律认定错误。最高人民法院认为一审判决认定事实基本清楚，但部分法律适用错误，责任认定不当，应当予以纠正。最高人民

① 《民法典》不再保留本条内容。

法院于2014年6月30日作出（2013）民四终字第35号民事判决：一、撤销江苏省高级人民法院（2009）苏民三初字第0004号民事判决第一项。二、变更江苏省高级人民法院（2009）苏民三初字第0004号民事判决第二项为蒂森克虏伯冶金产品有限责任公司于本判决生效之日起三十日内赔偿中化国际（新加坡）有限公司货款损失1610581.74美元并支付自2008年9月25日至本判决确定的给付之日的利息。三、变更江苏省高级人民法院（2009）苏民三初字第0004号民事判决第三项为蒂森克虏伯冶金产品有限责任公司于本判决生效之日起三十日内赔偿中化国际（新加坡）有限公司堆存费损失98442.79美元。四、驳回中化国际（新加坡）有限公司的其他诉讼请求。

裁判理由

最高人民法院认为，本案为国际货物买卖合同纠纷，双方当事人均为外国公司，案件具有涉外因素。《最高人民法院关于适用〈中华人民共和国涉外民事关系法律适用法〉若干问题的解释（一）》第二条规定："涉外民事关系法律适用法实施以前发生的涉外民事关系，人民法院应当根据该涉外民事关系发生时的有关法律规定确定应当适用的法律；当时法律没有规定的，可以参照涉外民事关系法律适用法的规定确定。"案涉《采购合同》签订于2008年4月11日，在《中华人民共和国涉外民事关系法律适用法》实施之前，当事人签订《采购合同》时的《中华人民共和国民法通则》第一百四十五条规定："涉外合同的当事人可以选择处理合同争议所适用的法律，法律另有规定的除外。涉外合同的当事人没有选择的，适用与合同有最密切联系的国家的法律。"本案双方当事人在合同中约定应当根据美国纽约州当时有效的法律订立、管辖和解释，该约定不违反法律规定，应认定有效。由于本案当事人营业地所在国新加坡和德国均为《联合国国际货物销售合同公约》缔约国，美国亦为《联合国国际货物销售合同公约》缔约国，且在一审审理期间双方当事人一致选择适用《联合国国际货物销售合同公约》作为确定其权利义务的依据，并未排除《联合国国际货物销售合同公约》的适用，江苏省高级人民法院适用《联合国国际货物销售合同公约》审理本案是正确的。而对于审理案件中涉及到的问题《联合国国际货物销售合同公约》没有规定的，应当适用当事人选择的美国纽约州法律。《〈联合国国际货物销售合同公约〉判例法摘要汇编》并非《联合国国际货物销售合同公约》的组成部分，其不能作为审理本案的法律依据。但在如何准确理解《联合国国际货物销售合同公约》相关条款的含义方面，其可以作为适当的参考资料。

双方当事人在《采购合同》中约定的石油焦 HGI 指数典型值在 36－46 之间，而德国克虏伯公司实际交付的石油焦 HGI 指数为 32，低于双方约定的 HGI 指数典型值的最低值，不符合合同约定。江苏省高级人民法院认定德国克虏伯公司构成违约是正确的。

关于德国克虏伯公司的上述违约行为是否构成根本违约的问题。首先，从双方当事人在合同中对石油焦需符合的化学和物理特性规格约定的内容看，合同对石油焦的受潮率、硫含量、灰含量、挥发物含量、尺寸、热值、硬度（HGI 值）等七个方面作出了约定。而从目前事实看，对于德国克虏伯公司交付的石油焦，中化新加坡公司仅认为 HGI 指数一项不符合合同约定，而对于其他六项指标，中化新加坡公司并未提出异议。结合当事人提交的证人证言以及证人出庭的陈述，HGI 指数表示石油焦的研磨指数，指数越低，石油焦的硬度越大，研磨难度越大。但中化新加坡公司一方提交的上海大学材料科学与工程学院出具的说明亦不否认 HGI 指数为 32 的石油焦可以使用，只是认为其用途有限。故可以认定虽然案涉石油焦 HGI 指数与合同约定不符，但该批石油焦仍然具有使用价值。其次，本案一审审理期间，中化新加坡公司为减少损失，经过积极的努力将案涉石油焦予以转售，且其在就将相关问题致德国克虏伯公司的函件中明确表示该批石油焦转售的价格“未低于市场合理价格”。这一事实说明案涉石油焦是可以以合理价格予以销售的。第三，综合考量其他国家裁判对《联合国国际货物销售合同公约》中关于根本违约条款的理解，只要买方经过合理努力就能使用货物或转售货物，甚至打些折扣，质量不符依然不是根本违约。故应当认为德国克虏伯公司交付 HGI 指数为 32 的石油焦的行为，并不构成根本违约。江苏省高级人民法院认定德国克虏伯公司构成根本违约并判决宣告《采购合同》无效，适用法律错误，应予以纠正。

（生效裁判审判人员：任雪峰、成明珠、朱科）

【实务问答】

1.《联合国国际货物销售合同公约》的适用顺序如何？

在国际货物买卖合同中，若当事各方所在国系公约缔约国，应当优先适用公约，公约没有规定的，适用合同约定的法律。若当事人明确约定排除适用公约的，不适用公约。换言之，由于公约调整的对象为合同领域，并不具有强制性，当事人可以全部或部分地排除公约的适用。就排除方式而言，对合同中与公约规定相冲突的条款或内容，当事人在合同中并不需要作出明示的合同条款的效力优先于公约的约定，才能导致合同约定排除公约的适用。双方当事人在合同中的约定，在与公约相关强制性规定不抵触的情况下，优先于公约的约定构成排除公约的适用；当事人没有约定的事项，才适用公约的规定；当事人没有约定同时公约也没有规定的，应依照冲突法规范确定的法律进行适用。

2. 如何认定构成根本违约？

《民法典》第563条规定，有下列情形之一的，当事人可以解除合同：（1）因不可抗力致使不能实现合同目的；（2）在履行期限届满前，当事人一方明确表示或者以自己的行为表明不履行主要债务；（3）当事人一方迟延履行主要债务，经催告后在合理期限内仍未履行；（4）当事人一方迟延履行债务或者有其他违约行为致使不能实现合同目的；（5）法律规定的其他情形。以持续履行的债务为内容的不定期合同，当事人可以随时解除合同，但是应当在合理期限之前通知对方。

“不能实现合同目的”是根本违约的本质要求。从民法角度而言，根本违约一般指当事人一方迟延履行债务或其他将导致相对方合同目的不能实现的其他违约行为。根本违约行为，其违反的义务对合同目的实现十分重要，如一方不履行这种义务，将剥夺另一方当事人根据合同有权期待的利益。《民法典》第563条对此进行了较为明确的规定。根本违约行为的表现形式主要包括以下几类：（1）完全不履行。（2）履行质量与约定严重不符，无法通过修理、替换、降价的方法予以补救。（3）部分履行合同，但该部分的价值和金额与整个合同的价值和金额相比占极小部分，对于另一方当事人无意义。

013 指导案例72号

汤龙、刘新龙、马忠太、王洪刚诉新疆鄂尔多斯彦海房地产开发有限公司商品房买卖合同纠纷案

终止借款合同建立商品房买卖合同关系，将借款本息转化为购房款，不存在《合同法》第52条①情形的，合同有效

有章

（最高人民法院审判委员会讨论通过　2016年12月28日发布）

关键词：民事/商品房买卖合同/借款合同/清偿债务/法律效力/审查

裁判要点

借款合同双方当事人经协商一致，终止借款合同关系，建立商品房买卖合同关系，将借款本金及利息转化为已付购房款并经对账清算的，不属于《中华人民共和国物权法》第一百八十六条②规定禁止的情形，该商品房买卖合同的订立目的，亦不属于《最高人民法院关于审理民间借贷案件适用法律若干问题的规定》第二十四条③规定的“作为民间借贷合同的担保”。在不存在《中华人民共和国合同法》第五十二条④规定情形的情况下，该商品房买卖合同具有法律效力。但对转化为已付购房款的借款本金及利息数额，人民法院应当结合借款合同等证据予以审查，以防止当事人将超出法律规定保护限额的高额利息转化为已付购房款。

相关法条

《中华人民共和国物权法》第186条⑤

① 《民法典》第146、150、153、154条。
② 《民法典》第401条。
③ 相关法条已被修正。
④ 《民法典》第146、150、153、154条。
⑤ 《民法典》第401条。

《中华人民共和国合同法》第52条①

基本案情

原告汤龙、刘新龙、马忠太、王洪刚诉称：根据双方合同约定，新疆鄂尔多斯彦海房地产开发有限公司（以下简称彦海公司）应于2014年9月30日向四人交付符合合同约定的房屋。但至今为止，彦海公司拒不履行房屋交付义务。故请求判令：一、彦海公司向汤龙、刘新龙、马忠太、王洪刚支付违约金6000万元；二、彦海公司承担汤龙、刘新龙、马忠太、王洪刚主张权利过程中的损失费用416300元；三、彦海公司承担本案的全部诉讼费用。

彦海公司辩称：汤龙、刘新龙、马忠太、王洪刚应分案起诉。四人与彦海公司没有购买和出售房屋的意思表示，双方之间房屋买卖合同名为买卖实为借贷，该商品房买卖合同系为借贷合同的担保，该约定违反了《中华人民共和国担保法》第四十条②、《中华人民共和国物权法》第一百八十六条③的规定无效。双方签订的商品房买卖合同存在显失公平、乘人之危的情况。四人要求的违约金及损失费用亦无事实依据。

法院经审理查明：汤龙、刘新龙、马忠太、王洪刚与彦海公司于2013年先后签订多份借款合同，通过实际出借并接受他人债权转让，取得对彦海公司合计2.6亿元借款的债权。为担保该借款合同履行，四人与彦海公司分别签订多份商品房预售合同，并向当地房屋产权交易管理中心办理了备案登记。该债权陆续到期后，因彦海公司未偿还借款本息，双方经对账，确认彦海公司尚欠四人借款本息361398017.78元。双方随后重新签订商品房买卖合同，约定彦海公司将其名下房屋出售给四人，上述欠款本息转为已付购房款，剩余购房款38601982.22元，待办理完毕全部标的物产权转移登记后一次性支付给彦海公司。汤龙等四人提交与彦海公司对账表显示，双方之间的借款利息系分别按照月利率3%和4%、逾期利率10%计算，并计算复利。

---

① 《民法典》第一编"总则"第六章第二节"民事法律行为的效力"相应内容。

② 《民法典》第401条。

③ 《民法典》第401条。

裁判结果

新疆维吾尔自治区高级人民法院于2015年4月27日作出（2015）新民一初字第2号民事判决，判令：一、彦海公司向汤龙、马忠太、刘新龙、王洪刚支付违约金9275057.23元；二、彦海公司向汤龙、马忠太、刘新龙、王洪刚支付律师费416300元；三、驳回汤龙、马忠太、刘新龙、王洪刚的其他诉讼请求。上述款项，应于判决生效后十日内一次性付清。宣判后，彦海公司以双方之间买卖合同系借款合同的担保，并非双方真实意思表示，且欠款金额包含高利等为由，提起上诉。最高人民法院于2015年10月8日作出（2015）民一终字第180号民事判决：一、撤销新疆维吾尔自治区高级人民法院（2015）新民一初字第2号民事判决；二、驳回汤龙、刘新龙、马忠太、王洪刚的诉讼请求。

裁判理由

法院生效裁判认为：本案争议的商品房买卖合同签订前，彦海公司与汤龙等四人之间确实存在借款合同关系，且为履行借款合同，双方签订了相应的商品房预售合同，并办理了预购商品房预告登记。但双方系争商品房买卖合同是在彦海公司未偿还借款本息的情况下，经重新协商并对账，将借款合同关系转变为商品房买卖合同关系，将借款本息转为已付购房款，并对房屋交付、尾款支付、违约责任等权利义务作出了约定。民事法律关系的产生、变更、消灭，除基于法律特别规定，需要通过法律关系参与主体的意思表示一致形成。民事交易活动中，当事人意思表示发生变化并不鲜见，该意思表示的变化，除为法律特别规定所禁止外，均应予以准许。本案双方经协商一致终止借款合同关系，建立商品房买卖合同关系，并非为双方之间的借款合同履行提供担保，而是借款合同到期彦海公司难以清偿债务时，通过将彦海公司所有的商品房出售给汤龙等四位债权人的方式，实现双方权利义务平衡的一种交易安排。该交易安排并未违反法律、行政法规的强制性规定，不属于《中华人民共和国物权法》第一百八十六条①规定禁止的情形，亦不适用

① 《民法典》第401条。

《最高人民法院关于审理民间借贷案件适用法律若干问题的规定》① 第二十四条②规定。尊重当事人嗣后形成的变更法律关系性质的一致意思表示，是贯彻合同自由原则的题中应有之意。彦海公司所持本案商品房买卖合同无效的主张，不予采信。

但在确认商品房买卖合同合法有效的情况下，由于双方当事人均认可该合同项下已付购房款系由原借款本息转来，且彦海公司提出该欠款数额包含高额利息。在当事人请求司法确认和保护购房者合同权利时，人民法院对基于借款合同的实际履行而形成的借款本金及利息数额应当予以审查，以避免当事人通过签订商品房买卖合同等方式，将违法高息合法化。经审查，双方之间借款利息的计算方法，已经超出法律规定的民间借贷利率保护上限。对双方当事人包含高额利息的欠款数额，依法不能予以确认。由于法律保护的借款利率明显低于当事人对账确认的借款利率，故应当认为汤龙等四人作为购房人，尚未足额支付合同约定的购房款，彦海公司未按照约定时间交付房屋，不应视为违约。汤龙等四人以彦海公司逾期交付房屋构成违约为事实依据，要求彦海公司支付违约金及律师费，缺乏事实和法律依据。一审判决判令彦海公司承担支付违约金及律师费的违约责任错误，本院对此予以纠正。

（生效裁判审判人员：辛正郁、潘杰、沈丹丹）

【实务问答】

本指导案例涉及“流押”内容。流押，是指债权人在抵押合同订立时与抵押人约定，债务人不履行债务时抵押财产归债权人所有。原《担保法》及原《物权法》均禁止当事人约定流押条款，但《民法典》第401条对此进行了修改，明确了流押条款的效力，即抵押权人在债务履行期届满前，与抵押人约定债务人不履行到期债务时抵押财产归债权人所有的，只能依法就抵押财产优先受偿。这表明订立流押条款后，抵押财产虽不能直接归债权人所有，但可根据《民法典》第410条（抵押权的实现）、第413条（抵押财产

① 以下简称《民间借贷规定》。
② 相关法条已修正。

变价后的处理）规定的实现抵押权的方式就抵押财产优先受偿。

1. 债权到期后的“以物抵债”协议是否有效？

《民法典》第 410 条规定，债务人不履行到期债务或者发生当事人约定的实现抵押权的情形，抵押权人可以与抵押人协议以抵押财产折价或者以拍卖、变卖该抵押财产所得的价款优先受偿。协议损害其他债权人利益的，其他债权人可以请求人民法院撤销该协议。抵押权人与抵押人未就抵押权实现方式达成协议的，抵押权人可以请求人民法院拍卖、变卖抵押财产。抵押财产折价或者变卖的，应当参照市场价格。

《民法典》第 410 条虽然规定在物权编抵押权一章，但也间接涉及协议效力问题。根据该条规定，债务人不履行到期债务或者发生当事人约定的实现抵押权的情形的，抵押权人可以与抵押人就如何处理抵押财产进行协商，如果双方达成协议，就可以按照协议的方式实现抵押权。该条提供了 3 种抵押财产的处理方式供抵押权人与抵押人在订立协议时选择，债权到期后，债权人与债务人可以约定，在债务人不履行到期债务的情况下抵押财产归债权人所有，即此时约定的“以物抵债”协议效力不应得到否定。换而言之，正如本指导案例所言，在原来的借款合同债权债务到期后，双方可通过建立买卖合同关系来终止借款合同关系。因此时双方间的借贷债权已到期，因而此时的买卖合同并不是对原来的借款合同履行所提供的担保。

2. 对转化为已付购房款的借款本息，法院是否仍需审查？

《民法典》第 680 条规定，禁止高利放贷，借款的利率不得违反国家有关规定。借款合同对支付利息没有约定的，视为没有利息。借款合同对支付利息约定不明确，当事人不能达成补充协议的，按照当地或者当事人的交易方式、交易习惯、市场利率等因素确定利息；自然人之间借款的，视为没有利息。第 676 条规定，借款人未按照约定的期限返还借款的，应当按照约定或者国家有关规定支付逾期利息。

如本指导案例所言，为防止当事人将超出法律规定保护限额的高额利息，对转化为已付购房款的借款本金及利息数额，法院仍需结合借款合同等证据进行审查。但需注意的是，《民间借贷规定》（2020 年第二次修正）改变了原来的年利率24%、36%这两条线，而是采用根据4倍LPR（贷款市场报价利率）一条线，即该规定第25条的内容："出借人请求借款人按照合同约定利率支付利息的，人民法院应予支持，但是双方约定的利率超过合同成立时一年期贷款市场报价利率四倍的除外。前款所称'一年期贷款市场报价利率'，是指中国人民银行授权全国银行间同业拆借中心自2019年8月20日起每月发布的一年期贷款市场报价利率。"

【适用实例】

惠州怡海房地产开发有限公司与郭某翠房屋买卖合同纠纷案

上诉人惠州怡海房地产开发有限公司（简称怡海公司）因与被上诉人郭某翠房屋买卖合同纠纷一案，不服一审判决，向广东省高级人民法院提起上诉。

一审法院先是对郭某翠与怡海公司之间的基础法律关系作出了认定。郭某翠主张双方的基础法律关系是商品房买卖合同关系，并提交了案涉商品房买卖合同为据，怡海公司辩称双方之间为借款法律关系，但未否认案涉商品房买卖合同的真实性，且双方签订两份商品房买卖合同的时间均在借款到期之后，不违反《物权法》第186条①有关"禁止流押"的规定，故原审法院依法认定本案郭某翠与怡海公司之间的基础法律关系是商品房买卖合同关系，案由为商品房买卖合同纠纷。然后，一审法院对案涉商品房买卖合同双方是否均未履行完毕的问题作出了认定。郭某翠签订案涉两份商品房买卖合同后虽未按照合同约定的时间、方式支付购房款，但在双方签订的借款合同到期怡海公司没有偿还借款后，怡海公司书面承诺将陶×××小区5－Ax7、5－Bx7用于抵偿所欠案郭某翠700万元，郭某翠接受，随后怡海公司将陶×××小区5－Ax7、5－Bx7备案登记在郭某翠名下，通过这种交易安排来实现双方权利义务平衡系当事人真实意思表示，并未违反《民法总则》第153条②关于民事法律行为无效的规定，也不存在《合同法》第52条③规定的合

---

① 《民法典》第401条。
② 《民法典》第153条。
③ 《民法典》第153条。

同无效的情形，因此，该"以房抵账"的交易安排具有法律效力，据此可以视为郭某翠已实际支付案涉陶×××小区5－Ax7、5－Bx7两套房屋的购房款。根据前述分析，郭某翠已经履行了支付购房款的主要义务，且案涉房屋已备案登记在郭某翠名下，双方签订的两份《商品房买卖合同》不属于双方均未履行完毕的合同，不符合《企业破产法》第18条规定的管理人有权决定解除合同的情形，怡海公司管理人解除案涉两份商品房买卖合同的行为无效。故判决双方签订的商品房买卖合同合法有效，继续履行。

广东省高级人民法院二审认为，郭某翠与怡海公司之间原存在借款合同关系，借款期限届满后经协商并签订《商品房买卖合同》，将原借款本金700万元作为商品房的购房款一次性付清。之后双方到房产管理部门办理了预售备案登记手续。参照最高人民法院**指导案例72号**案件的审判指引，本案双方当事人将借款合同关系转变为商品房买卖合同关系，将借款本息转为已付购房款，所签订的《商品房买卖合同》约定了商品房基本状况、商品房总价款、单价、付款方式及时间、交付使用条件及日期等，具备商品房买卖合同的必要条款。该《商品房买卖合同》是双方真实意思表示，内容不违反法律、行政法规强制性规定，合法有效。因此，本案双方当事人之间的基础法律关系为商品房买卖合同关系。怡海公司主张本案的基础法律关系为借款合同关系，与事实不符。怡海公司认为该《商品房买卖合同》违反《物权法》第186条①有关"禁止流押"的规定。但经查案涉《借款合同》及《商品房买卖合同》中并就涉案两套房产设定抵押担保，并不涉及《担保法》关于"流质契约禁止"的情形。故怡海公司的上述主张缺乏法律依据。原审判决认定郭某翠与怡海公司之间的基础法律关系是商品房买卖关系，依据充分，并无不当，应予支持。[（2019）粤民终2730号]

---

① 《民法典》第401条。

014 指导案例53号

福建海峡银行股份有限公司福州五一支行诉长乐亚新污水处理有限公司、福州市政工程有限公司金融借款合同纠纷案

特许经营权的收益权可质押并可作为应收账款出质登记

（最高人民法院审判委员会讨论通过　2015年11月19日发布）

关键词：民事/金融借款合同/收益权质押/出质登记/质权实现

裁判要点

1. 特许经营权的收益权可以质押，并可作为应收账款进行出质登记。

2. 特许经营权的收益权依其性质不宜折价、拍卖或变卖，质权人主张优先受偿权的，人民法院可以判令出质债权的债务人将收益权的应收账款优先支付质权人。

相关法条

《中华人民共和国物权法》第208条①、第223条②、第228条第1款③

基本案情

原告福建海峡银行股份有限公司福州五一支行（以下简称海峡银行五一支行）诉称：原告与被告长乐亚新污水处理有限公司（以下简称长乐亚新公司）签订单位借款合同后向被告贷款3000万元。被告福州市政工程有限公司（以下简称福州市政公司）为上述借款提供连带责任保证。原告海峡银行五一支行、被告长乐亚新公司、福州市政公司、案外人长乐市建设局四方签订

① 《民法典》第425条。
② 《民法典》第440条。
③ 《民法典》第445条第1款。

了《特许经营权质押担保协议》，福州市政公司以长乐市污水处理项目的特许经营权提供质押担保。因长乐亚新公司未能按期偿还贷款本金和利息，故诉请法院判令：长乐亚新公司偿还原告借款本金和利息；确认《特许经营权质押担保协议》合法有效，拍卖、变卖该协议项下的质物，原告有优先受偿权；将长乐市建设局支付给两被告的污水处理服务费优先用于清偿应偿还原告的所有款项；福州市政公司承担连带清偿责任。

被告长乐亚新公司和福州市政公司辩称：长乐市城区污水处理厂特许经营权，并非法定的可以质押的权利，且该特许经营权并未办理质押登记，故原告诉请拍卖、变卖长乐市城区污水处理厂特许经营权，于法无据。

法院经审理查明：2003年，长乐市建设局为让与方、福州市政公司为受让方、长乐市财政局为见证方，三方签订《长乐市城区污水处理厂特许建设经营合同》，约定：长乐市建设局授予福州市政公司负责投资、建设、运营和维护长乐市城区污水处理厂项目及其附属设施的特许权，并就合同双方权利义务进行了详细约定。2004年10月22日，长乐亚新公司成立。该公司系福州市政公司为履行《长乐市城区污水处理厂特许建设经营合同》而设立的项目公司。

2005年3月24日，福州市商业银行五一支行与长乐亚新公司签订《单位借款合同》，约定：长乐亚新公司向福州市商业银行五一支行借款3000万元；借款用途为长乐市城区污水处理厂BOT项目；借款期限为13年，自2005年3月25日至2018年3月25日；还就利息及逾期罚息的计算方式作了明确约定。福州市政公司为长乐亚新公司的上述借款承担连带责任保证。

同日，福州市商业银行五一支行与长乐亚新公司、福州市政公司、长乐市建设局共同签订《特许经营权质押担保协议》，约定：福州市政公司以《长乐市城区污水处理厂特许建设经营协议》授予的特许经营权为长乐亚新公司向福州市商业银行五一支行的借款提供质押担保，长乐市建设局同意该担保；福州市政公司同意将特许经营权收益优先用于清偿借款合同项下的长乐亚新公司的债务，长乐市建设局和福州市政公司同意将污水处理费优先用于清偿借款合同项下的长乐亚新公司的债务；福州市商业银行五一支行未受清偿的，有权依法通过拍卖等方式实现质押权利等。

上述合同签订后，福州市商业银行五一支行依约向长乐亚新公司发放贷款3000万元。长乐亚新公司于2007年10月21日起未依约按期足额还本付息。

另查明，福州市商业银行五一支行于2007年4月28日名称变更为福州市商业银行股份有限公司五一支行；2009年12月1日其名称再次变更为福建海峡银行股份有限公司五一支行。

裁判结果

福建省福州市中级人民法院于2013年5月16日作出（2012）榕民初字第661号民事判决：一、长乐亚新污水处理有限公司应于本判决生效之日起十日内向福建海峡银行股份有限公司福州五一支行偿还借款本金28714764.43元及利息（暂计至2012年8月21日为2142597.6元，此后利息按《单位借款合同》的约定计至借款本息还清之日止）；二、长乐亚新污水处理有限公司应于本判决生效之日起十日内向福建海峡银行股份有限公司福州五一支行支付律师代理费人民币123640元；三、福建海峡银行股份有限公司福州五一支行于本判决生效之日起有权直接向长乐市建设局收取应由长乐市建设局支付给长乐亚新污水处理有限公司、福州市政工程有限公司的污水处理服务费，并对该污水处理服务费就本判决第一、二项所确定的债务行使优先受偿权；四、福州市政工程有限公司对本判决第一、二项确定的债务承担连带清偿责任；五、驳回福建海峡银行股份有限公司福州五一支行的其他诉讼请求。宣判后，两被告均提起上诉。福建省高级人民法院于2013年9月17日作出福建省高级人民法院（2013）闽民终字第870号民事判决，驳回上诉，维持原判。

裁判理由

法院生效裁判认为：被告长乐亚新公司未依约偿还原告借款本金及利息，已构成违约，应向原告偿还借款本金，并支付利息及实现债权的费用。福州市政公司作为连带责任保证人，应对讼争债务承担连带清偿责任。本案争议焦点主要涉及污水处理项目特许经营权质押是否有效以及该质权如何实现问题。

一、关于污水处理项目特许经营权能否出质问题

污水处理项目特许经营权是对污水处理厂进行运营和维护，并获得相应收益的权利。污水处理厂的运营和维护，属于经营者的义务，而其收益权，则属于经营者的权利。由于对污水处理厂的运营和维护，并不属于可转让的财产权利，故讼争的污水处理项目特许经营权质押，实质上系污水处理项目收益权的质押。

关于污水处理项目等特许经营的收益权能否出质问题，应当考虑以下方面：其一，本案讼争污水处理项目《特许经营权质押担保协议》签订于2005年，尽管当时法律、行政法规及相关司法解释并未规定污水处理项目收益权可质押，但污水处理项目收益权与公路收益权性质上相类似。《最高人民法院关于适用〈中华人民共和国担保法〉若干问题的解释》① 第九十七条规定，“以公路桥梁、公路隧道或者公路渡口等不动产收益权出质的，按照担保法第七十五条第（四）项的规定处理”，明确公路收益权属于依法可质押的其他权利，与其类似的污水处理收益权亦应允许出质。其二，国务院办公厅2001年9月29日转发的《国务院西部开发办〈关于西部大开发若干政策措施的实施意见〉》（国办发〔2001〕73号）中提出，“对具有一定还贷能力的水利开发项目和城市环保项目（如城市污水处理和垃圾处理等），探索逐步开办以项目收益权或收费权为质押发放贷款的业务”，首次明确可试行将污水处理项目的收益权进行质押。其三，污水处理项目收益权虽系将来金钱债权，但其行使期间及收益金额均可确定，其属于确定的财产权利。其四，在《中华人民共和国物权法》②（以下简称《物权法》）颁布实施后，因污水处理项目收益权系基于提供污水处理服务而产生的将来金钱债权，依其性质亦可纳入依法可出质的“应收账款”的范畴。因此，讼争污水处理项目收益权作为特定化的财产权利，可以允许其出质。

二、关于污水处理项目收益权质权的公示问题

对于污水处理项目收益权的质权公示问题，在《物权法》自2007年10月1日起施行后，因收益权已纳入该法第二百二十三条第六项的“应收账

① 该司法解释已失效。
② 《民法典》第二编“物权”。

款”范畴，故应当在中国人民银行征信中心的应收账款质押登记公示系统进行出质登记，质权才能依法成立。由于本案的质押担保协议签订于2005年，在《物权法》施行之前，故不适用《物权法》关于应收账款的统一登记制度。因当时并未有统一的登记公示的规定，故参照当时公路收费权质押登记的规定，由其主管部门进行备案登记，有关利害关系人可通过其主管部门了解该收益权是否存在质押之情况，该权利即具备物权公示的效果。

本案中，长乐市建设局在《特许经营权质押担保协议》上盖章，且协议第七条明确约定“长乐市建设局同意为原告和福州市政公司办理质押登记出质登记手续”，故可认定讼争污水处理项目的主管部门已知晓并认可该权利质押情况，有关利害关系人亦可通过长乐市建设局查询了解讼争污水处理厂的有关权利质押的情况。因此，本案讼争的权利质押已具备公示之要件，质权已设立。

三、关于污水处理项目收益权的质权实现方式问题

我国担保法和物权法均未具体规定权利质权的具体实现方式，仅就质权的实现作出一般性的规定，即质权人在行使质权时，可与出质人协议以质押财产折价，或就拍卖、变卖质押财产所得的价款优先受偿。但污水处理项目收益权属于将来金钱债权，质权人可请求法院判令其直接向出质人的债务人收取金钱并对该金钱行使优先受偿权，故无需采取折价或拍卖、变卖之方式。况且收益权均附有一定之负担，且其经营主体具有特定性，故依其性质亦不宜拍卖、变卖。因此，原告请求将《特许经营权质押担保协议》项下的质物予以拍卖、变卖并行使优先受偿权，不予支持。

根据协议约定，原告海峡银行五一支行有权直接向长乐市建设局收取污水处理服务费，并对所收取的污水处理服务费行使优先受偿权。由于被告仍应依约对污水处理厂进行正常运营和维护，若无法正常运营，则将影响到长乐市城区污水的处理，亦将影响原告对污水处理费的收取，故原告在向长乐市建设局收取污水处理服务费时，应当合理行使权利，为被告预留经营污水处理厂的必要合理费用。

（生效裁判审判人员：何忠、詹强华、朱宏海）

【实务问答】

1. 特许经营权是否可以转让？

在银行等债权人向特许经营权人提供贷款的情形下，特许经营权质押担保是常见的质押担保方式之一。特许经营权可分为基础设施和公用事业特许经营权及商业特许经营权，前者较为常见。特许经营权质押中的质物为特许经营权的收益权，本质上属应收账款质押担保。实践中，使用特许经营权为商业银行提供质押担保的，主要是指基础设施和公用事业类特许经营权，例如燃气特许经营权、污水处理特许经营权。特许经营权是不可转让的，主要是因为：一是权利人是通过行政许可获得特许经营权的，而目前没有法律行政法规规定该行政许可可以转让。二是从特许经营权无法成为股东出资财产可印证特许经营权不可转让。三是特许经营权集收费权、获取补贴权和提供服务、履行义务于一体，而非单一的权利享有者，对履行义务的资质、能力、经验等有特殊要求，从法律性质考虑，应属不可转让的财产性权利。

2. 特许经营权质押担保的实质是什么？

特许经营权质押担保并非权利人将其特许经营权出质进行担保，也非权利人用实施特许经营权而形成的不动产物权或动产物权设立担保，除非权利人为债权人另行办理了动产质押登记或土地使用权、房屋等不动产抵押登记。由于特许经营权人享有权利的时间较长，在一定程度上具有经营上的垄断性与收益上的稳定性。当特许经营权人提供服务后，就享有了对服务用户收费的权利或者要求有关主管部门履行补贴义务的权利，对于特许经营权人而言，也就形成了应收账款。可以说，特许经营权人最核心的权利是收益权，该项权利主要由收费权和按照合同约定或法律规定获取的补贴权。而银行等债权人之所以接受特许经营权人质押担保的主要原因也在于此。原《物权法》及《民法典》均明确了“应收账款”属可出质的权利。中国人民银行《应收账款质押登记办法》第2条第2款亦规定：“本办法所称的应收账款包括下列权利：（一）销售、出租产生的债权，包括销售货物，供应水、电、气、暖，知识产权的许可使用，出租动产或不动产等；（三）能源、交通运输、水利、环境保护、市政工程等基础设施和公用事业项目收益权；（四）提供贷款或其他信用活动产生的债权；（五）其他以合同为基础的具有金钱给付内容的债权。”因而，可以看出，特许经营权质押担保的实质是特许经营权人利用应收账款收益权为自身或者第三人债务向债权人提供的质押担保。此外值得注意的是，最高人民法院《关于适用〈中华人民共和国民法典〉有关担保制度的解释》第61条第4款就应收账款质权实现中的特定账户设立及拍卖、变卖的价款优先受偿权作了规定，即“以基础设施和公用事业项目收益权、提供服务或者劳务产生的债权以及其他将有的应收账款出质，当事人为应收账款设立特定账户，发生法定或者约定的质权实现事由时，质权人请求就该特定账户内的款项优先受偿的，人民法院应予支持；特定账户内的款项不足以清偿债务或者未设立特定账户，质权人请求折价或者拍卖、变卖项目收益权等将有的应收账款，并以所得的价款优先受偿的，人民法院依法予以支持”，对相关实践操作提供了较为明确的指引。

【适用实例】

青岛秦鲁海联国际贸易有限责任公司与国家开发银行、海南华信国际控股有限公司应收账款质权纠纷案

上诉人青岛秦鲁海联国际贸易有限责任公司（简称青岛秦鲁公司）因与上诉人国家开发银行及原审第三人海南华信国际控股有限公司（简称海南华信公司）应收账款质权纠纷一案，不服山东省高级人民法院一审判决，向最高人民法院提起上诉。

最高人民法院首先对于案涉应收账款质权是否成立的问题作出了认定。以应收账款出质的，当事人应当订立书面合同。质权自信贷征信机构办理出质登记时设立。本案中，从形式上看，国家开发银行与海南华信公司订立了《质押合同》及附件《应收账款质押登记协议》，系双方当事人真实意思表示，内容未违反法律法规强制性规定，对合同双方具有约束力。青岛秦鲁公司以海南华信公司与国家开发银行签订的《借款合同》《质押合同》系以合法形式掩盖非法目的为由，主张合同无效，却未举证予以证明，该主张没有事实及法律依据，不能成立。合同签订后，于2017年8月10日在中国人民

银行征信中心办理出质登记，质权自登记起设立。国家开发银行能否对出质债权的债务人青岛秦鲁公司主张权利，还需要以出质人对应收账款债务人确有债权真实存在为前提。

其次是关于质权人行使应收账款质权时能否要求应收账款债务人给付相应款项的问题。我国法律并未规定应收账款质权的具体实现方式。由于应收账款质权的标的仅限于金钱之债，故质权人行使质权时有权直接要求应收账款债务人给付相应款项，而无须采取折价、拍卖或变卖之方式。本院发布的**指导案例53号**福建海峡银行股份有限公司福州五一支行诉长乐亚新污水处理有限公司、福州市政工程有限公司金融借款合同纠纷案认为，特许经营权的收益权依其性质不宜折价、拍卖或变卖，质权人主张优先受偿权的，人民法院可以判令出质债权的债务人将收益权的应收账款优先支付质权人。参照上述指导案例，一审判决关于应收账款质权人可以请求确认其对所涉应收账款享有优先受偿权，但无权请求应收账款债务人直接向其支付所涉应收账款的认定确有不当，审理中，注意根据查明事实情况，予以纠正。[（2019）最高法民终1023号]

015 **指导案例57号**

温州银行股份有限公司宁波分行诉浙江创菱电器有限公司等金融借款合同纠纷案

债务发生在选择性列明部分最高额担保合同的决算期内，未列明的最高额担保合同的担保人也应承担担保责任

（最高人民法院审判委员会讨论通过　2016年5月20日发布）

关键词：民事/金融借款合同/最高额担保

裁判要点

在有数份最高额担保合同情形下，具体贷款合同中选择性列明部分最高额担保合同，如债务发生在最高额担保合同约定的决算期内，且债权人未明示放弃担保权利，未列明的最高额担保合同的担保人也应当在最高债权限额内承担担保责任。

相关法条

《中华人民共和国担保法》第14条①

基本案情

原告浙江省温州银行股份有限公司宁波分行（以下简称温州银行）诉称：其与被告宁波婷微电子科技有限公司（以下简称婷微电子公司）、岑建锋、宁波三好塑模制造有限公司（以下简称三好塑模公司）分别签订了“最高额保证合同”，约定三被告为浙江创菱电器有限公司（以下简称创菱电器公司）一定时期和最高额度内借款，提供连带责任担保。创菱电器公司从温州银行借款后，不能按期归还部分贷款，故诉请判令被告创菱电器公司归还原告借款本金250万元，支付利息、罚息和律师费用；岑建锋、三好塑模公司、婷微电子公司对上述债务承担连带保证责任。

被告创菱电器公司、岑建锋未作答辩。

被告三好塑模公司辩称：原告诉请的律师费不应支持。

被告婷微电子公司辩称：其与温州银行签订的最高额保证合同，并未被列入借款合同所约定的担保合同范围，故其不应承担保证责任。

法院经审理查明：2010年9月10日，温州银行与婷微电子公司、岑建锋分别签订了编号为温银9022010年高保字01003号、01004号的最高额保证合同，约定婷微电子公司、岑建锋自愿为创菱电器公司在2010年9月10日至2011年10月18日期间发生的余额不超过1100万元的债务本金及利息、罚息等提供连带责任保证担保。

2011年10月12日，温州银行与岑建锋、三好塑模公司分别签署了编号为温银9022011年高保字00808号、00809号最高额保证合同，岑建锋、三好

---

① 《民法典》第690条。

塑模公司自愿为创菱电器公司在2010年9月10日至2011年10月18日期间发生的余额不超过550万元的债务本金及利息、罚息等提供连带责任保证担保。

2011年10月14日，温州银行与创菱电器公司签署了编号为温银9022011企贷字00542号借款合同，约定温州银行向创菱电器公司发放贷款500万元，到期日为2012年10月13日，并列明担保合同编号分别为温银9022011年高保字00808号、00809号。贷款发放后，创菱电器公司于2012年8月6日归还了借款本金250万元，婷微电子公司于2012年6月29日、10月31日、11月30日先后支付了贷款利息31115.3元、53693.71元、21312.59元。截至2013年4月24日，创菱电器公司尚欠借款本金250万元、利息141509.01元。另查明，温州银行为实现本案债权而发生律师费用95200元。

裁判结果

浙江省宁波市江东区人民法院于2013年12月12日作出（2013）甬东商初字第1261号民事判决：一、创菱电器公司于本判决生效之日起十日内归还温州银行借款本金250万元，支付利息141509.01元，并支付自2013年4月25日起至本判决确定的履行之日止按借款合同约定计算的利息、罚息；二、创菱电器公司于本判决生效之日起十日内赔偿温州银行为实现债权而发生的律师费用95200元；三、岑建锋、三好塑模公司、婷微电子公司对上述第一、二项款项承担连带清偿责任，其承担保证责任后，有权向创菱电器公司追偿。宣判后，婷微电子公司以其未被列入借款合同，不应承担保证责任为由，提起上诉。浙江省宁波市中级人民法院于2014年5月14日作出（2014）浙甬商终字第369号民事判决，驳回上诉，维持原判。

裁判理由

法院生效裁判认为：温州银行与创菱电器公司之间签订的编号为温银9022011企贷字00542号借款合同合法有效，温州银行发放贷款后，创菱电器公司未按约还本付息，已经构成违约。原告要求创菱电器公司归还贷款本金250万元，支付按合同约定方式计算的利息、罚息，并支付原告为实现债权而发生的律师费95200元，应予支持。岑建锋、三好塑模公司自愿为上述债务提供最高额保证担保，应承担连带清偿责任，其承担保证责任后，有权向创菱电器公司追偿。

本案的争议焦点为，婷微电子公司签订的温银9022010年高保字01003号最高额保证合同未被选择列入温银9022011企贷字00542号借款合同所约定的担保合同范围，婷微电子公司是否应当对温银9022011企贷字00542号借款合同项下债务承担保证责任。对此，法院经审理认为，婷微电子公司应当承担保证责任。理由如下：第一，民事权利的放弃必须采取明示的意思表示才能发生法律效力，默示的意思表示只有在法律有明确规定及当事人有特别约定的情况下才能发生法律效力，不宜在无明确约定或者法律无特别规定的情况下，推定当事人对权利进行放弃。具体到本案，温州银行与创菱电器公司签订的温银9022011企贷字00542号借款合同虽未将婷微电子公司签订的最高额保证合同列入，但原告未以明示方式放弃婷微电子公司提供的最高额保证，故婷微电子公司仍是该诉争借款合同的最高额保证人。第二，本案诉争借款合同签订时间及贷款发放时间均在婷微电子公司签订的编号温银9022010年高保字01003号最高额保证合同约定的决算期内（2010年9月10日至2011年10月18日），温州银行向婷微电子公司主张权利并未超过合同约定的保证期间，故婷微电子公司应依约在其承诺的最高债权限额内为创菱电器公司对温州银行的欠债承担连带保证责任。第三，最高额担保合同是债权人和担保人之间约定担保法律关系和相关权利义务关系的直接合同依据，不能以主合同内容取代从合同的内容。具体到本案，温州银行与婷微电子公司签订了最高额保证合同，双方的担保权利义务应以该合同为准，不受温州银行与创菱电器公司之间签订的温州银行非自然人借款合同约束或变更。第四，婷微电子公司曾于2012年6月、10月、11月三次归还过本案借款利息，上述行为也是婷微电子公司对本案借款履行保证责任的行为表征。综上，婷微电子公司应对创菱电器公司的上述债务承担连带清偿责任，其承担保证责任后，有权向创菱电器公司追偿。

（生效裁判审判人员：赵文君、徐梦梦、毛姣）

【实务问答】

1. 最高额保证的特点及决算期是什么？

《民法典》第690条规定，保证人与债权人可以协商订立最高额保证的合同，约定在最高债权额限度内就一定期间连续发生的债权提供保证。最高额保证除适用本章规定外，参照适用本法第二编最高额抵押权的有关规定。

最高额保证合同不同于普通保证合同。普通保证合同是指保证人与债权人约定，由保证人对实际发生的债权作担保。而最高额保证是指保证人与债权人约定，在最高债权额限度内由保证人对未来连续发生的债权作担保。与普通保证合同相比，最高额保证合同的主要特点在于以下几点：（1）最高额保证合同是为“将来”发生的债权作担保。（2）最高额保证合同所担保的债权数额在最高额限度内是“不确定的”。（3）最高额保证合同是对“将来一定期间连续发生的债权”作担保，在约定的期限内连续发生的债权数额仍处于变动的状态。（4）最高额保证合同所担保的债权数额具有“最高债权额限度”。就保证范围而言，最高额保证合同所保证的债权范围包括主债权、利息、违约金、损害赔偿金等。另需注意，本指导案例裁判说理部分第2点涉及了最高额保证合同的“决算期”。所谓决算期，是指债权人与保证人在最高额保证合同中约定的确定保证的最高额债权数额的时间，它是当事人约定的据以将最高额保证的连续发生的债权数额特定化的期日，是最终确定最高额保证所担保的债权的实际数额的日期。一旦该决算期到来，已经发生的债权就应到该日截止，以此来计算保证人应当承担的债权总额。也就是说，决算期到来，不特定的债权就已经特定，只要未超过最高限额，则对于所有在该期限前已经发生的债权，保证人都应承担保证责任。

2. 作出意思表示的方式有哪些？

《民法典》第140条规定，行为人可以明示或者默示作出意思表示。沉默只有在有法律规定、当事人约定或者符合当事人之间的交易习惯时，才可以视为意思表示。

一般而言，行为人作出意思表示的方式包括明示、默示、沉默（有观点也认为其属默示类型）三类。前两种是通过积极行为的方式表现出来，都有“示”的积极行为，是直接表现出来的方式，不用推测、揣摩；最后一种则是消极的不作为，其意思表示的方式没有“示”这种积极的行为，只有沉默、不作为。本指导案例裁判说理部分提及“民事权利的放弃必须采取明示的意思表示才能发生法律效力，默示的意思表示只有在法律有明确规定及当事人有特别约定的情况下才能发生法律效力，不宜在无明确约定或者法律无特别规定的情况下，推定当事人对权利进行放弃”。该案例更多是从权利放弃需明示的角度而言的，对明示、默示、沉默并未进行准确区分，下面我们进一步予以明确。

明示，就是行为人以作为的方式使得相对人能够直接了解到意思表示的内容，具有直接、明确、不易产生纠纷等特征。该方式强调的是“明”，即意思表示的内容明确、具体、直接、肯定，不用再对其意思表示的内容进行推测、揣摩。默示，是与明示相对的一种意思表示的表达方式，是指行为人虽没有以语言或文字等明示方式作出意思表示，但以行为的方式作出了意思表示。其虽强调的是“默”，但本质上仍然是“示”，可通过行为来推定、认定出行为人意思表示的内容。如乘客刷卡行为本身，就表明其与公共汽车公司订立了旅客运输合同。沉默，即行为人作出意思表示时既无语言等明示方式，也无行为等默示方式，在一定条件下仍可视为意思表示的情形。现实生活千姿百态，有时从沉默行为之中也能够推定出行为人的意思表示内容，也允许这种意思表示的存在，如试用买卖合同中买受人在试用期内可购买标的物，也可拒绝购买；但试用期届满，买受人对是否购买标的物未作表示的，应当认定其意思表示的内容是购买。

由于沉默是一种推定，为保护当事人民事权利，避免给当事人造成损害，根据《民法典》第140条第2款的规定，沉默只有在有法律规定、当事人约定或者符合当事人之间的交易习惯时，才可以视为意思表示。需注意的是，这里的法律并不包括行政法规。实践中，当事人主张沉默应被视为意思表示时，其负有相应的举证证明责任。其可以举出相应的法律规定，也可以举证证明这是当事人之间的约定，还可以举证证明这种沉默符合当事人之间的交易习惯。但难点在于如何证明沉默符合当事人之间的交易习惯，即负有举证责任的当事人要证明沉默在当事人之间的交易中反复、多次适用，而对方当事人亦予以认可。而适用多少次才能构成当事人之间的交易习惯，则要结合交易类型、时间长短、熟悉程度、行业惯例等因素进行综合考量认定。

【适用实例】

恒丰银行股份有限公司温州分行与淮安禧徕乐投资发展有限公司等金融借款合同纠纷案

原告恒丰银行股份有限公司温州分行（以下简称原告）与被告淮安禧徕乐投资发展有限公司（以下简称淮安禧徕乐公司）、上海禧徕乐（集团）有限公司（以下简称上海禧徕乐公司）、禧徕乐投资发展有限公司（以下简称禧徕乐投资公司）、冯某忠等7人金融借款合同纠纷案，由浙江省高级人民法院审理并作出判决。

浙江省高级人民法院认为，原告与恒丰银行投资银行、淮安禧徕乐公司签订的《委托债权投资协议》及《委托债权投资协议补充协议》，原告与淮安禧徕乐公司签订的《最高额抵押合同》，原告与上海禧徕乐公司、禧徕乐投资公司、冯某忠、杨某义、张某良、倪某川、彭某福、孙某丁、孙某琴签订的《最高额保证合同》系各方当事人真实意思表示，内容不违反法律法规禁止性规定，应为合法有效，各方当事人均应依约履行。2014年3月10日，原告按照协议约定向淮安禧徕乐公司发放3亿元款项，履行了相关合同义务。淮安禧徕乐公司向原告偿还首期借款本金1000万元及截至2014年12月20日的利息，并于2015年4月10日支付利息270万元，但尚未支付其余本息，构成违约。故原告依据《委托债权投资协议》及《委托债权投资协议补充协议》向淮安禧徕乐公司主张偿还剩余借款本金及利息有相应事实和法律依据。原告与淮安禧徕乐公司签订的《最高额抵押合同》已办理相关抵押登记手续，原告主张对抵押物在相应范围内享有优先受偿的权利具有事实和法律依据，予以支持。

然后是关于上海禧徕乐公司和禧徕乐投资公司认为担保范围有误的问题。原告根据各方签订的《最高额保证合同》主张保证人依约承担相应担保责任，有合同和法律依据，上海禧徕乐公司和禧徕乐投资公司认为担保范围有误的主张系其对合同的错误理解，不予支持。关于杨某义等人是否应当承担保证责任。杨某义等人答辩认为其系为淮安禧徕乐公司向原告借款提供保证责任，并非为本案《委托债权投资协议》借款提供担保。首先，根据各方《委托债权投资协议》及《委托债权投资代理协议》约定，对于逾期或融资方违约情形，委托人指示受托人采取包括但不限于诉讼、行使担保权利等措施回收投资本息。故本案中原告按照恒丰银行投资银行的指示以原告身份向各被告主张权利有合同依据。其次，从《最高额保证合同》约定看，各保证人系为原告与债务人淮安禧徕乐公司在2013年12月6日至2021年12月6日期间因办理委托债权投资等融资业务而订立的全部授信业务合同项下的债权提供最高额保证担保。保证合同中并未区分杨某义等人的借贷关系和委贷关系，其抗辩认为不应为本案委托债权投资担保的主张不能成立。至于其主张在空白《最高额保证合同》上签字的情形，由于其提供的证据不足以证明该事实，故而该抗辩也不能成立。再次，张某良等人主张《委托债权投资协议》及《委托债权投资协议补充协议》没有将其列为担保人，不应承担担保责任。对此，最高人民法院**指导案例57号**裁判要点指出，"在有数份最高额担保合同情形下，具体贷款合同中选择性列明部分最高额担保合同，如债务发生在最高额担保合同约定的决算期内，且债权人未明示放弃担保权利，未列明的最高额担保合同的担保人也应当在最高债权限额内承担担保责任"。具体到本案，案涉《委托债权投资协议》及《委托债权投资协议补充协议》虽未将张某良等人签订的最高额保证合同列入，但原告未以明示方式放弃张某良等人提供的最高额保证，且案涉债务发生在最高额保证合同约定的决算期内，原告主张权利亦未超过合同约定的保证期间，故张某良等人应依最高额保证合同约定在其承诺的最高债权限额内承担连带保证责任，其主张不是本案保证人，不应承担保证责任的理由不能成立。至于杨某义主张应当在物保之外承担保证责任的问题，由于杨某义与原告签订的《最高额保证合同》第8.5条约定了保证人同意债权人有权自行决定行使权利的顺序，故杨某义的这一抗辩没有合同和法律依据，不予支持。[（2016）浙民初7号]

016 指导案例95号

中国工商银行股份有限公司宣城龙首支行诉宣城柏冠贸易有限公司、江苏凯盛置业有限公司等金融借款合同纠纷案

最高额抵押权设立前已存在的债权经当事人协议可转入最高额抵押担保的债权范围，但不得对第三人产生不利影响

有章

（最高人民法院审判委员会讨论通过　2018年6月20日发布）

关键词：民事/金融借款合同/担保/最高额抵押权

裁判要点

当事人另行达成协议将最高额抵押权设立前已经存在的债权转入该最高额抵押担保的债权范围，只要转入的债权数额仍在该最高额抵押担保的最高债权额限度内，即使未对该最高额抵押权办理变更登记手续，该最高额抵押权的效力仍然及于被转入的债权，但不得对第三人产生不利影响。

相关法条

《中华人民共和国物权法》第二百零三条①、第二百零五条②

基本案情

2012年4月20日，中国工商银行股份有限公司宣城龙首支行（以下简称工行宣城龙首支行）与宣城柏冠贸易有限公司（以下简称柏冠公司）签订《小企业借款合同》，约定柏冠公司向工行宣城龙首支行借款300万元，借款期限为7个月，自实际提款日起算，2012年11月1日还100万元，2012年11月17日还200万元。涉案合同还对借款利率、保证金等作了约定。同年4

① 《民法典》第420条。
② 《民法典》第422条。

月24日，工行宣城龙首支行向柏冠公司发放了上述借款。

2012年10月16日，江苏凯盛置业有限公司（以下简称凯盛公司）股东会决议决定，同意将该公司位于江苏省宿迁市宿豫区江山大道118号-宿迁红星凯盛国际家居广场（房号：B-201、产权证号：宿豫字第201104767）房产，抵押与工行宣城龙首支行，用于亿荣达公司商户柏冠公司、闽航公司、航嘉公司、金亿达公司四户企业在工行宣城龙首支行办理融资抵押，因此产生一切经济纠纷均由凯盛公司承担。同年10月23日，凯盛公司向工行宣城龙首支行出具一份房产抵押担保的承诺函，同意以上述房产为上述四户企业在工行宣城龙首支行融资提供抵押担保，并承诺如该四户企业不能按期履行工行宣城龙首支行的债务，上述抵押物在处置后的价值又不足以偿还全部债务，凯盛公司同意用其他财产偿还剩余债务。该承诺函及上述股东会决议均经凯盛公司全体股东签名及加盖凯盛公司公章。2012年10月24日，工行宣城龙首支行与凯盛公司签订《最高额抵押合同》，约定凯盛公司以宿房权证宿豫字第201104767号房地产权证项下的商铺为自2012年10月19日至2015年10月19日期间，在4000万元的最高余额内，工行宣城龙首支行依据与柏冠公司、闽航公司、航嘉公司、金亿达公司签订的借款合同等主合同而享有对债务人的债权，无论该债权在上述期间届满时是否已到期，也无论该债权是否在最高额抵押权设立之前已经产生，提供抵押担保，担保的范围包括主债权本金、利息、实现债权的费用等。同日，双方对该抵押房产依法办理了抵押登记，工行宣城龙首支行取得宿房他证宿豫第201204387号房地产他项权证。2012年11月3日，凯盛公司再次经过股东会决议，并同时向工行宣城龙首支行出具房产抵押承诺函，股东会决议与承诺函的内容及签名盖章均与前述相同。当日，凯盛公司与工行宣城龙首支行签订《补充协议》，明确双方签订的《最高额抵押合同》担保范围包括2012年4月20日工行宣城龙首支行与柏冠公司、闽航公司、航嘉公司和金亿达公司签订的四份贷款合同项下的债权。

柏冠公司未按期偿还涉案借款，工行宣城龙首支行诉至宣城市中级人民法院，请求判令柏冠公司偿还借款本息及实现债权的费用，并要求凯盛公司以其抵押的宿房权证宿豫字第201104767号房地产权证项下的房地产承担抵押担保责任。

裁判结果

宣城市中级人民法院于2013年11月10日作出（2013）宣中民二初字第00080号民事判决：一、柏冠公司于判决生效之日起五日内给付工行宣城龙首支行借款本金300万元及利息。……四、如柏冠公司未在判决确定的期限内履行上述第一项给付义务，工行宣城龙首支行以凯盛公司提供的宿房权证宿豫字第201104767号房地产权证项下的房产折价或者以拍卖、变卖该房产所得的价款优先受偿……。宣判后，凯盛公司以涉案《补充协议》约定的事项未办理最高额抵押权变更登记为由，向安徽省高级人民法院提起上诉。该院于2014年10月21日作出（2014）皖民二终字第00395号民事判决：驳回上诉，维持原判。

裁判理由

法院生效裁判认为：凯盛公司与工行宣城龙首支行于2012年10月24日签订《最高额抵押合同》，约定凯盛公司自愿以其名下的房产作为抵押物，自2012年10月19日至2015年10月19日期间，在4000万元的最高余额内，为柏冠公司在工行宣城龙首支行所借贷款本息提供最高额抵押担保，并办理了抵押登记，工行宣城龙首支行依法取得涉案房产的抵押权。2012年11月3日，凯盛公司与工行宣城龙首支行又签订《补充协议》，约定前述最高额抵押合同中述及抵押担保的主债权及于2012年4月20日工行宣城龙首支行与柏冠公司所签《小企业借款合同》项下的债权。该《补充协议》不仅有双方当事人的签字盖章，也与凯盛公司的股东会决议及其出具的房产抵押担保承诺函相印证，故该《补充协议》应系凯盛公司的真实意思表示，且所约定内容符合《中华人民共和国物权法》（以下简称《物权法》）第二百零三条第二款①的规定，也不违反法律、行政法规的强制性规定，依法成立并有效，其作为原最高额抵押合同的组成部分，与原最高额抵押合同具有同等法律效力。由此，本案所涉2012年4月20日《小企业借款合同》项下的债权已转入前述最高额抵押权所担保的最高额为4000万元的主债权范围内。就该《补充协议》约定事项，是否需要对前述最高额抵押权办理相应的变更登记手

① 《民法典》第420条第2款。

续，《物权法》[1] 没有明确规定，应当结合最高额抵押权的特点及相关法律规定来判定。

根据《物权法》第二百零三条第一款[2]的规定，最高额抵押权有两个显著特点：一是最高额抵押权所担保的债权额有一个确定的最高额度限制，但实际发生的债权额是不确定的；二是最高额抵押权是对一定期间内将要连续发生的债权提供担保。由此，最高额抵押权设立时所担保的具体债权一般尚未确定，基于尊重当事人意思自治原则，《物权法》第二百零三条第二款[3]对前款作了但书规定，即允许经当事人同意，将最高额抵押权设立前已经存在的债权转入最高额抵押担保的债权范围，但此并非重新设立最高额抵押权，也非《物权法》第二百零五条[4]规定的最高额抵押权变更的内容。同理，根据《房屋登记办法》[5] 第五十三条的规定，当事人将最高额抵押权设立前已存在债权转入最高额抵押担保的债权范围，不是最高抵押权设立登记的他项权利证书及房屋登记簿的必要记载事项，故亦非应当申请最高额抵押权变更登记的法定情形。

本案中，工行宣城龙首支行和凯盛公司仅是通过另行达成补充协议的方式，将上述最高额抵押权设立前已经存在的债权转入该最高额抵押权所担保的债权范围内，转入的涉案债权数额仍在该最高额抵押担保的4000万元最高债权额限度内，该转入的确定债权并非最高抵押权设立登记的他项权利证书及房屋登记簿的必要记载事项，在不会对其他抵押权人产生不利影响的前提下，对于该意思自治行为，应当予以尊重。此外，根据商事交易规则，法无禁止即可为，即在法律规定不明确时，不应强加给市场交易主体准用严格交易规则的义务。况且，就涉案2012年4月20日借款合同项下的债权转入最高额抵押担保的债权范围，凯盛公司不仅形成了股东会决议，出具了房产抵押担保承诺函，且和工行宣城龙首支行达成了《补充协议》，明确将已经存在的涉案借款转入前述最高额抵押权所担保的最高额为4000万元的主债权范

---

① 《民法典》第二编“物权”。
② 《民法典》第420条第1款。
③ 《民法典》第420条第2款。
④ 《民法典》第422条。
⑤ 该条例已失效。

围内。现凯盛公司上诉认为该《补充协议》约定事项必须办理最高额抵押权变更登记才能设立抵押权，不仅缺乏法律依据，也有悖诚实信用原则。

综上，工行宣城龙首支行和凯盛公司达成《补充协议》，将涉案2012年4月20日借款合同项下的债权转入前述最高额抵押权所担保的主债权范围内，虽未办理最高额抵押权变更登记，但最高额抵押权的效力仍然及于被转入的涉案借款合同项下的债权。

（生效裁判审判人员：陶恒河、王玉圣、马士鹏）

【实务问答】

1. 最高额抵押权的定义及债权范围是什么？

《民法典》第420条（原《物权法》第203条）规定，为担保债务的履行，债务人或者第三人对一定期间内将要连续发生的债权提供担保财产的，债务人不履行到期债务或者发生当事人约定的实现抵押权的情形，抵押权人有权在最高债权额限度内就该担保财产优先受偿。最高额抵押权设立前已经存在的债权，经当事人同意，可以转入最高额抵押担保的债权范围。

《民法典》第420条第1款就最高额抵押权的定义进行了明确，对最高额抵押权的理解需要注意以下几点：（1）最高额抵押权是为“将来发生的债权”提供担保。最高额抵押权设定时，并不以主债权的存在为条件。（2）最高额抵押权所担保的最高债权额确定但实际发生额不确定。由于最高额抵押权设定时债权尚未发生，抵押人与抵押权人协议确定担保最高数额，并在此额度内对债权担保，故产生了最高担保限额确定但实际担保数额不确定的结果。（3）最高额抵押权是对一定期间内连续发生的债权。这里的一定期间，不仅指债权发生的期间，更是指抵押权担保的期间。另需注意，根据该条第1款，最高额抵押是对将要连续发生的债权提供担保，在最高额抵押权设立前已经存在的债权，能否被转入最高额抵押担保的债权范围内呢？主流观点认为，最高额抵押权的本质特征不在于其所担保的债权为将来的债权，而在于其所担保的债权为不特定债权且具有最高限额。只要最终的债权总额不超最高债权额，即使债权发生在最高额抵押权设立前，也应允许增补到最高额抵押所担保的债权范围内。而是否将已经存在的债权转入最高额抵押担保的债权范围，从本质上来讲是当事人自己的权利，只要双方合意，法律不应对此进行排斥。因而，该条第2款规定，最高额抵押权设立前已经存在的债权，经当事人同意，可以转入最高额抵押担保的债权范围。本指导案例的处理亦与此规定相吻合。

2. 如何对最高额抵押合同内容进行变更？

《民法典》第422条（原《物权法》第205条）规定，最高额抵押担保的债权确定前，抵押权人与抵押人可以通过协议变更债权确定的期间、债权范围以及最高债权额。但是，变更的内容不得对其他抵押权人产生不利影响。

《民法典》第422条对最高额抵押合同内容的变更做了规定。根据该条，可协议变更的内容主要包括债权确定的期间、债权范围、最高债权额。而是否变更债权确定的期间、范围及最高债权额，取决于当事人是否协商一致，但在同一抵押财产上还有其他抵押权人特别是后顺位的抵押权人时，变更内容可能损害他们的合法权益。为防止抵押权人与抵押人的变更损害其他抵押权人利益，该条以但书形式特别规定：变更的内容不得对其他抵押权人产生不利影响。据此规定，抵押权人与抵押人的变更对其他抵押权人产生不利影响的，该变更无效。此外，需注意的是，本指导案例中涉及的2012年4月20日借款合同项下的债权转入最高额抵押担保债权范围情形，非属最高额抵押权内容的变更，而是属《民法典》第420条第2款“经当事人同意，可以转入最高额抵押担保的侵权范围”的调整范围。

【适用实例】

上海建信钢铁有限公司与中国民生银行股份有限公司南京分行等合同纠纷上诉案

上诉人上海建信钢铁有限公司（以下简称上海建信公司）因与被上诉人中国民生银行股份有限公司南京分行（以下简称民生银行南京分行）、原审被告溧阳建新制铁有限公司（以下简称溧阳建新公司）、溧阳昌兴炉料有限公司（以下简称溧阳昌兴公司）、江苏申特钢铁有限公司（以下简称江苏申特公司）、杨某忠合同纠纷一案，不服江苏省南京市中级人民法院一审判决，向江苏省高级人民法院提起上诉。

江苏省高级人民法院二审认为，上海建信公司应当就案涉全部债务承担质押担保责任。(1) 民生银行南京分行与江苏申特公司先后签订的两份《综合授信合同》合法有效，民生银行南京分行为江苏申特公司开具给淮矿物流公司的商业承兑汇票办理贴现，是基于江苏申特公司出具的额度占用确认函，同意淮矿物流公司占用属于江苏申特公司的授信额度办理票据贴现，淮矿物流公司与民生银行南京分行并未就订立借款合同进行磋商、缔约，淮矿物流公司办理票据贴现系源于江苏申特公司对其自身授信额度的授权，淮矿物流公司并非《综合授信合同》的当事人，故淮矿物流公司与民生银行南京分行之间并不存在借款合同关系。(2) 民生银行南京分行基于票据法律关系行使追索权，具有事实及法律依据，而本案中民生银行南京分行向上海建信公司主张行使担保权是基于上海建信公司签订了《最高额质押合同》并出具了《确认函》，其权利基础是担保法律关系。民生银行南京分行是基于不同性质的法律关系向不同的当事人分别提出相应的请求，不属于重复主张权利的情形。虽然民生银行南京分行向淮矿物流公司的管理人申报债权并经确认，但一审法院在判决说理部分及主文部分均明确民生银行南京分行向上海建信公司主张担保权利时不得重复就同一笔债权重复受偿，并未加重上海建信公司的担保责任承担，亦未超出上海建信公司提供担保时对其责任范围的合理预期。(3) 关于上海建信公司主张其出具给民生银行南京分行的《确认函》是否应当采信的问题。因上海建信公司出具的《确认函》，文义清晰，内容明确，即针对淮矿物流公司、江苏申特公司在案涉两份《综合授信合同》的业务提供质押担保。虽然《确认函》中对于两份《综合授信合同》的编号记载存在2014年合同编号在先、2013年合同编号在后的情况，但该《确认函》就证据形式而言属于书证，在上海建信公司无相反证据推翻该证据证明效力的情形下，依据证据认定规则，该书面证据的内容应当采信。民生银行南京分行接受了上海建信公司的《确认函》且并未提出异议，应视为双方就将最高额质押设立之前的债权转入最高额质押担保的债权范围达成了一致。(4) 案涉《最高额质押合同》仅约定向编号为ZH1400000138833的《综合授信合同》提供担保，上海建信公司通过出具《确认函》的方式明确同意将公授信字第ZH1300000075193号《综合授信合同》项下的债务也纳入质权担保范围。依据最高人民法院**指导案例95号**，当事人另行达成协议将最高额抵押权设立前已经存在的债权转入该最高额抵押担保的债权范围，只要转入的债权数额仍在该最高额抵押担保的最高债权额限度内，即使未对该最高额抵押权办理变更登记手续，该最高额抵押权的效力仍然及于被转入的债权，但不得对第三人产生不利影响。依据《物权法》第 222 条第 2 款[1]的规定，最高额质权适用最高额抵押权的规定。据此，上海建信公司关于《确认函》需经登记才能变更质权担保债权范围的上诉理由不能成立。［（2018）苏民终 415 号］

017 指导案例 51 号

阿卜杜勒·瓦希德诉中国东方航空股份有限公司航空旅客运输合同纠纷案

打折机票上标注的“不得退票，不得转签”，不影响旅客按时抵达目的地的权利

（最高人民法院审判委员会讨论通过　2015 年 4 月 15 日发布）

关键词：民事/航空旅客运输合同/航班延误/告知义务/赔偿责任

裁判要点

1. 对航空旅客运输实际承运人提起的诉讼，可以选择对实际承运人或缔约承运人提起诉讼，也可以同时对实际承运人和缔约承运人提起诉讼。被诉承运人申请追加另一方承运人参加诉讼的，法院可以根据案件的实际情况决定是否准许。2. 当不可抗力造成航班延误，致使航空公司不能将换乘其他航班的旅客按时运抵目的地时，航空公司有义务及时向换乘的旅客明确告知到达目的地后是否提供转签服务，以及在不能提供转签服务时旅客如何办理旅行手续。航空公司未履行该项义务，给换乘旅客造成损失的，应当承担赔偿责任。3. 航空公司在打折机票上注明“不得退票，不得转签”，只是限制购

① 《民法典》第 439 条第 2 款。

买打折机票的旅客由于自身原因而不得退票和转签，不能据此剥夺旅客在支付票款后享有的乘坐航班按时抵达目的地的权利。

相关法条

《中华人民共和国民法通则》第一百四十二条①

《经1955年海牙议定书修订的1929年华沙统一国际航空运输一些规则的公约》第十九条、第二十条、第二十四条第一款

《统一非立约承运人所作国际航空运输的某些规则以补充华沙公约的公约》第七条

基本案情

2004年12月29日，ABDUL WAHEED（阿卜杜勒·瓦希德，以下简称阿卜杜勒）购买了一张由香港国泰航空公司（以下简称国泰航空公司）作为出票人的机票。机票列明的航程安排为：2004年12月31日上午11点，上海起飞至香港，同日16点香港起飞至卡拉奇；2005年1月31日卡拉奇起飞至香港，同年2月1日香港起飞至上海。其中，上海与香港间的航程由中国东方航空股份有限公司（以下简称东方航空公司）实际承运，香港与卡拉奇间的航程由国泰航空公司实际承运。机票背面条款注明，该合同应遵守华沙公约所指定的有关责任的规则和限制。该机票为打折票，机票上注明“不得退票、不得转签”。

2004年12月30日下午15时起上海浦东机场下中雪，导致机场于该日22点至23点被迫关闭1小时，该日104个航班延误。31日，因飞机除冰、补班调配等原因，导致该日航班取消43架次、延误142架次，飞机出港正常率只有24.1%。东方航空公司的MU703航班也因为天气原因延误了3小时22分钟，导致阿卜杜勒及其家属到达香港机场后未能赶上国泰航空公司飞卡拉奇的衔接航班。东方航空公司工作人员告知阿卜杜勒只有两种处理方案：其一是阿卜杜勒等人在机场里等候3天，然后搭乘国泰航空公司的下一航班，3天费用自理；其二是阿卜杜勒等人出资，另行购买其他航空公司的机票至卡拉奇，费用为25000港元。阿卜杜勒当即表示无法接受该两种方案，其妻子杜琳打电话给东方航空公司，但该公司称有关工作人员已下班。杜琳对东

① 《民法典》不再保留本条内容。

方航空公司的处理无法接受，且因携带婴儿而焦虑、激动。最终由香港机场工作人员交涉，阿卜杜勒及家属共支付17000港元，购买了阿联酋航空公司的机票及行李票，搭乘该公司航班绕道迪拜，到达卡拉奇。为此，阿卜杜勒支出机票款4721港元、行李票款759港元，共计5480港元。

阿卜杜勒认为，东方航空公司的航班延误，又拒绝重新安排航程，给自己造成了经济损失，遂提出诉讼，要求判令东方航空公司赔偿机票款和行李票款，并定期对外公布航班的正常率、旅客投诉率。

东方航空公司辩称，航班延误的原因系天气条件恶劣，属不可抗力；其已将此事通知了阿卜杜勒，阿卜杜勒亦明知将错过香港的衔接航班，其无权要求东方航空公司改变航程。阿卜杜勒称，其明知会错过衔接航班仍选择登上飞往香港的航班，系因为东方航空公司对其承诺会予以妥善解决。

裁判结果

上海市浦东新区人民法院于2005年12月21日作出（2005）浦民一（民）初字第12164号民事判决：一、中国东方航空股份有限公司应在判决生效之日起十日内赔偿阿卜杜勒损失共计人民币5863.60元；二、驳回阿卜杜勒的其他诉讼请求。宣判后，中国东方航空股份有限公司提出上诉。上海市第一中级人民法院于2006年2月24日作出（2006）沪一中民一（民）终字第609号民事判决：驳回上诉，维持原判。

裁判理由

法院生效裁判认为：原告阿卜杜勒是巴基斯坦国公民，其购买的机票，出发地为我国上海，目的地为巴基斯坦卡拉奇。《中华人民共和国民法通则》第一百四十二条第一款规定："涉外民事关系的法律适用，依照本章的规定确定。"第二款规定："中华人民共和国缔结或者参加的国际条约同中华人民共和国的民事法律有不同规定的，适用国际条约的规定，但中华人民共和国声明保留的条款除外。"我国和巴基斯坦都是《经1955年海牙议定书修订的1929年华沙统一国际航空运输一些规则的公约》（以下简称《1955年在海牙修改的华沙公约》）和1961年《统一非立约承运人所办国际航空运输的某些规则以补充华沙公约的公约》（以下简称《瓜达拉哈拉公约》）的缔约国，故这两个国际公约对本案适用。《1955年在海牙修改的华沙公约》第二十八条

(1) 款规定："有关赔偿的诉讼，应该按原告的意愿，在一个缔约国的领土内，向承运人住所地或其总管理处所在地或签订契约的机构所在地法院提出，或向目的地法院提出。"第三十二条规定："运输合同的任何条款和在损失发生以前的任何特别协议，如果运输合同各方借以违背本公约的规则，无论是选择所适用的法律或变更管辖权的规定，都不生效力。"据此，在阿卜杜勒持机票起诉的情形下，中华人民共和国上海市浦东新区人民法院有权对这起国际航空旅客运输合同纠纷进行管辖。

《瓜达拉哈拉公约》第一条第二款规定："'缔约承运人'指与旅客或托运人，或与旅客或托运人的代理人订立一项适用华沙公约的运输合同的当事人。"第三款规定："'实际承运人'指缔约承运人以外，根据缔约承运人的授权办理第二款所指的全部或部分运输的人，但对该部分运输此人并非华沙公约所指的连续承运人。在没有相反的证据时，上述授权被推定成立。"第七条规定："对实际承运人所办运输的责任诉讼，可以由原告选择，对实际承运人或缔约承运人提起，或者同时或分别向他们提起。如果只对其中的一个承运人提起诉讼，则该承运人应有权要求另一承运人参加诉讼。这种参加诉讼的效力以及所适用的程序，根据受理案件的法院的法律决定。"阿卜杜勒所持机票，是由国泰航空公司出票，故国际航空旅客运输合同关系是在阿卜杜勒与国泰航空公司之间设立，国泰航空公司是缔约承运人。东方航空公司与阿卜杜勒之间不存在直接的国际航空旅客运输合同关系，也不是连续承运人，只是推定其根据国泰航空公司的授权，完成该机票确定的上海至香港间运输任务的实际承运人。阿卜杜勒有权选择国泰航空公司或东方航空公司或两者同时为被告提起诉讼；在阿卜杜勒只选择东方航空公司为被告提起的诉讼中，东方航空公司虽然有权要求国泰航空公司参加诉讼，但由于阿卜杜勒追究的航班延误责任发生在东方航空公司承运的上海至香港段航程中，与国泰航空公司无关，根据本案案情，衡量诉讼成本，无需追加国泰航空公司为本案的当事人共同参加诉讼。故东方航空公司虽然有权申请国泰航空公司参加诉讼，但这种申请能否被允许，应由受理案件的法院决定。一审法院认为国泰航空公司与阿卜杜勒要追究的航班延误责任无关，根据本案旅客维权的便捷性、担责可能性、诉讼的成本等情况，决定不追加香港国泰航空公司为本案的当事人，并无不当。

《1955年在海牙修改的华沙公约》第十九条规定："承运人对旅客、行李或货物在航空运输过程中因延误而造成的损失应负责任。"第二十条（1）款规定："承运人如果证明自己和他的代理人为了避免损失的发生，已经采取一切必要的措施，或不可能采取这种措施时，就不负责任。"2004年12月31日的MU703航班由于天气原因发生延误，对这种不可抗力造成的延误，东方航空公司不可能采取措施来避免发生，故其对延误本身无需承担责任。但还需证明其已经采取了一切必要的措施来避免延误给旅客造成的损失发生，否则即应对旅客因延误而遭受的损失承担责任。阿卜杜勒在浦东机场时由于预见到MU703航班的延误会使其错过国泰航空公司的衔接航班，曾多次向东方航空公司工作人员询问怎么办。东方航空公司应当知道国泰航空公司从香港飞往卡拉奇的衔接航班三天才有一次，更明知阿卜杜勒一行携带着婴儿，不便在中转机场长时间等候，有义务向阿卜杜勒一行提醒中转时可能发生的不利情形，劝告阿卜杜勒一行改日乘机。但东方航空公司没有这样做，却让阿卜杜勒填写《续航情况登记表》，并告知会帮助解决，使阿卜杜勒对该公司产生合理信赖，从而放心登机飞赴香港。鉴于阿卜杜勒一行是得到东方航空公司的帮助承诺后来到香港，但是东方航空公司不考虑阿卜杜勒一行携带婴儿要尽快飞往卡拉奇的合理需要，向阿卜杜勒告知了要么等待三天乘坐下一航班且三天中相关费用自理，要么自费购买其他航空公司机票的"帮助解决"方案。根据查明的事实，东方航空公司始终未能提供阿卜杜勒的妻子杜琳在登机前填写的《续航情况登记表》，无法证明阿卜杜勒系在明知飞往香港后会发生对己不利的情况仍选择登机，故法院认定"东方航空公司没有为避免损失采取了必要的措施"是正确的。东方航空公司没有采取一切必要的措施来避免因航班延误给旅客造成的损失发生，不应免责。阿卜杜勒迫于无奈自费购买其他航空公司的机票，对阿卜杜勒购票支出的5480港元损失，东方航空公司应承担赔偿责任。

在延误的航班到达香港机场后，东方航空公司拒绝为阿卜杜勒签转机票，其主张阿卜杜勒的机票系打折票，已经注明了"不得退票，不得转签"，其无须另行提醒和告知。法院认为，即使是航空公司在打折机票上注明"不得退票，不得转签"，只是限制购买打折机票的旅客由于自身原因而不得退票和转签；旅客购买了打折机票，航空公司可以相应地取消一些服务，但是旅客支付了足额票款，航空公司就要为旅客提供完整的运输服务，并不能剥夺旅客在支付了票款后享有的乘坐航班按时抵达目的地的权利。本案中的航班延误并非由阿卜杜勒自身的原因造成。阿卜杜勒乘坐延误的航班到达香港机场后肯定需要重新签转机票，东方航空公司既未能在始发机场告知阿卜杜勒在航班延误时机票仍不能签转的理由，在中转机场亦拒绝为其办理签转手续。因此，东方航空公司未能提供证据证明损失的产生系阿卜杜勒自身原因所致，也未能证明其为了避免损失扩大采取了必要的方式和妥善的补救措施，故判令东方航空公司承担赔偿责任。

【实务问答】

1. 因不可抗力致航班延误，航空公司需要采取什么措施，履行什么义务？

不可抗力是指不能预见、不能避免且不能克服的客观情况。不可抗力作为民事责任的免责事由，须是在不可抗力作为损害后果发生的唯一原因时方能成立。若当事人行为对损害发生或扩大具有因果关系，就需进一步查清不可抗力与损害结果间的关系，确定不可抗力条件对损害后果的作用，明确当事人过错对损害的影响，确定依据自身过错应承担的民事责任。此外，要注意区分不可抗力与意外事件。二者差异主要表现在：不可抗力通常是一般人不可预见的，但意外事件有时是可预见的，且一些意外事件是能够避免和克服的。正因为存在差异，意外事件并不能像不可抗力那样广泛地适用，成为一般的民事责任免责事由。另外需要注意，因不可抗力致无法履行民事义务的，虽无须对此承担责任，但当事人仍可能存在后续情况的通知、协助等义务。就本指导案例而言，航空公司虽对因天气原因造成的航班延误本身无须承担责任，但其仍有义务向换乘的旅客及时且明确地告知延误后的航班到达目的地后是否提供转签服务，以及在无法提供转签服务的情况下旅客如何办理相关履行手续。透过该指导案例的裁判结果可知，若航空公司未履行该项义务，给换乘旅客造成损失的，需要承担赔偿责任。

2. 打折机票上注明“不得退票或转签（改签）”的法律意义如何？

机票上“不得退票或转签（改签）”，只是对购买打折机票的乘客的退票、改签行为进行了限制性约定，且这种限制针对的原因应限定在旅客自身原因的范围内。就实质上的法律效果而言，注明“不得退票或改签”并不影响旅客其他合法权益的享有。本指导案例中，旅客购买的虽是打折机票，但也就改机票支付了足额票款，享有乘坐特定航班按时抵达目的地的权利，航空公司负有为旅客提供完整运输服务的义务。本案例中，东方航空公司无法证明损失由旅客自身原因所致，也没有证据证明其为了避免损失扩大采取了必要方式和妥善的补救措施，故法院判定其需承担赔偿责任。

【适用实例】

姚某、林某坚航空旅客运输合同纠纷案（被上诉人抗辩引用）

上诉人姚某、林某坚因与被上诉人厦门航空有限公司（以下简称厦门航空）、北京嘉信浩远信息技术有限公司（以下简称嘉信公司）航空旅客运输合同纠纷一案，不服杭州铁路运输法院一审民事判决，向杭州市中级人民法院提起上诉。

一审法院认为，本案起因系姚某、林某坚在网上订票时未注意到相关的退改签规则，致行程有变时厦门航空按照退改签规则仅退回机场建设费和燃油附加费而引发诉讼。预订机票时了解退改签规则系生活常理，航空公司设定退改签规则亦符合行业惯例，且该规则不存在明显的权利义务失衡，恰恰能够规范航空旅客运输合同当事人之间的权利和义务，合同当事人在订约时应仔细阅读知悉该规则的内容。“只退机建和燃油”的条款内容没有免除航空公司的责任，亦不属于加重消费者责任、排除和限制消费者主要权利的行为。且在本案中，厦门航空在多处位置对退改签规则进行公示和步骤设置，可视为已采取合理的方式提请对方注意，厦门航空的行为并无不当。姚某、林某坚作为成年人对涉及自己利益的事项应保有基本的注意，其中包括一旦行程有变发生退改签时是否退费、退费的数额、退费的范围等事项，但姚某、林某坚在网上购票时未尽到应有的审慎义务，其因自身疏忽而要求航空公司承担损失，显属不当。综上，判决驳回姚某、林某坚的诉讼请求。

姚某、林某坚上诉称，一审法院在被上诉人厦门航空未提交任何证据的情形下，直接认定其退改签规则符合行业惯例，不符合证据规则。此外一审法院也混淆了知情权和格式条款的概念，即使上诉人姚某、林某坚未尽到所谓的审慎义务，也不当然成为厦门航空退改签规则有效的充分理由。一审法院在对上诉人姚某、林某坚关于本案知情权和格式条款效力的请求权基础未加以明显的区分，大篇幅说明上诉人未尽到注意义务，在厦门航空未递交退改签规则符合行业惯例的情况下推出厦门航空已经尽到告知义务来驳回上诉人的诉讼请求，论理不足，亦不符合证据规则。上诉人认为，知情权属于消费者权利，主要的法律依据是《消费者权益保护法》，格式条款主要适用《合同法》以及《消费者权益保护法》。本案厦门航空的合作商“去哪儿”网在消费者订票过程中也未明显告知，即使告知了消费者有该格式条款的限制，也不能据此认定厦门航空的退改签规则符合行业惯例。综上，应撤销原审判决，改判厦门航空退改签规则无效；厦门航空退还上诉人姚某、林某坚手续费540元；赔偿因厦门航空退改签规则导致上诉人姚某、林某坚支付机票费用900元。

被上诉人厦门航空答辩称：首先，原审判决正确，应维持原判。一审法院依据法律规定、法理、司法判例和基本的情理常识，认定退改签规则合法合理，也符合行业惯例，是完全正确的。退改签规则是一种合理合法的交易条件。(1)“退改签”的限制并非免除经营者的法定义务，也未违反公平原则，是合法的交易条件。《合同法》第40条①重点规定的是“违反了法律、行政法规的强制性规定而导致合同权利严重失衡的违规格式条款的效力认定问题”，这一规定与公平原则也是相适应的。在合同法律关系中，合同权利与合同义务是相统一的，应当将“免除其责任”“加重对方责任”和“排除对方主要权利”三者统一起来看，“免除其责任”应当理解为免除法定责任，即法律上有强制性规定的责任，而厦门航空为旅客办理特价机票的退改签手续并非法定义务，且本案乃上诉人违约。(2)司法实践认同“退改签规则”的正当性和合法性。最高人民法院**指导案例51号**阿卜杜勒·瓦希德诉东航航空旅客运输合同纠纷案也确认航空公司明示“不得退票，不得转签”的，可限制购买打折机票的旅客由于自身原因而不得退票和转签。其次，上诉人在订立航空运输合同后，因自身原因违约，却无视交易法律规则和双方的权利义务公平性，意图通过否认交易规则来转嫁损失，于法无据、于理不符，

① 《民法典》第497条。

其诉求不应得到支持。倘若旅客都能够任性退票而不承担应有的责任，势必造成混乱局面。任何人都能提前随意购买低价票，先虚占座位，然后再根据自身需要而随意退票，甚至在飞机起飞前才故意退票以换购更低价的甩卖机票，整个市场必然混乱无序。显然，这是不被允许的。最后，上诉人违约后另行购买机票的费用，要求厦门航空承担，无法律依据，也已严重违背常理。双方达成了明确的运输服务合同，明确了价格、日期等，上诉人欲单方变更合同，厦门航空有权拒绝。上诉人另行购买机票，与双方的运输服务合同无任何关系，应自行承担另购机票的费用，岂有自身违约却要对方承担后果之理。综上，一审法院判决正确。

二审法院认为，厦门航空发展低成本航空服务、机票价格低廉的差异化服务模式，不违反法律、行政法规的禁止性规定。上诉人购买的是厦门航空的特价机票，其更应尽到审慎的注意义务，上诉人提交的机票购买流程中的退改签规则载有“只退机建和燃油”的提示内容，上诉人未对该提示内容进行查看，由此产生的不利后果应由其自行承担。案涉退改签规则虽属格式条款，但该规则并无《合同法》规定的合同无效情形。综上，上述人上诉请求应予驳回。[（2019）浙01民终2313号]

018 指导案例1号

上海中原物业顾问有限公司诉陶德华居间合同纠纷案

卖方将同一房屋通过多个中介挂牌出售，买方通过其他公开途径获得信息促成合同成立，对中介不构成违约

（最高人民法院审判委员会讨论通过　2011年12月20日发布）

关键词：民事/居间合同/二手房买卖/违约

裁判要点

房屋买卖居间合同中关于禁止买方利用中介公司提供的房源信息却绕开该中介公司与卖方签订房屋买卖合同的约定合法有效。但是，当卖方将同一房屋通过多个中介公司挂牌出售时，买方通过其他公众可以获知的正当途径获得相同房源信息的，买方有权选择报价低、服务好的中介公司促成房屋买卖合同成立，其行为并没有利用先前与之签约中介公司的房源信息，故不构成违约。

相关法条

《中华人民共和国合同法》第四百二十四条①

基本案情

原告上海中原物业顾问有限公司（简称中原公司）诉称：被告陶德华利用中原公司提供的上海市虹口区株洲路某号房屋销售信息，故意跳过中介，私自与卖方直接签订购房合同，违反了《房地产求购确认书》的约定，属于恶意“跳单”行为，请求法院判令陶德华按约支付中原公司违约金1.65万元。

被告陶德华辩称：涉案房屋原产权人李某某委托多家中介公司出售房屋，中原公司并非独家掌握该房源信息，也非独家代理销售。陶德华并没有利用中原公司提供的信息，不存在“跳单”违约行为。

法院经审理查明：2008年下半年，原产权人李某某到多家房屋中介公司挂牌销售涉案房屋。2008年10月22日，上海某房地产经纪有限公司带陶德华看了该房屋；11月23日，上海某房地产顾问有限公司（简称某房地产顾问公司）带陶德华之妻曹某某看了该房屋；11月27日，中原公司带陶德华看了该房屋，并于同日与陶德华签订了《房地产求购确认书》。该《确认书》第2.4条约定，陶德华在验看过该房地产后六个月内，陶德华或其委托人、代理人、代表人、承办人等与陶德华有关联的人，利用中原公司提供的信息、机会等条件但未通过中原公司而与第三方达成买卖交易的，陶德华应按照与出卖方就该房地产买卖达成的实际成交价的1%，向中原公司支付违约金。

① 《民法典》第961条。

当时中原公司对该房屋报价165万元，而某房地产顾问公司报价145万元，并积极与卖方协商价格。11月30日，在某房地产顾问公司居间下，陶德华与卖方签订了房屋买卖合同，成交价138万元。后买卖双方办理了过户手续，陶德华向某房地产顾问公司支付佣金1.38万元。

裁判结果

上海市虹口区人民法院于2009年6月23日作出（2009）虹民三（民）初字第912号民事判决：被告陶德华应于判决生效之日起十日内向原告中原公司支付违约金1.38万元。宣判后，陶德华提出上诉。上海市第二中级人民法院于2009年9月4日作出（2009）沪二中民二（民）终字第1508号民事判决：一、撤销上海市虹口区人民法院（2009）虹民三（民）初字第912号民事判决；二、中原公司要求陶德华支付违约金1.65万元的诉讼请求，不予支持。

裁判理由

法院生效裁判认为：中原公司与陶德华签订的《房地产求购确认书》属于居间合同性质，其中第2.4条的约定，属于房屋买卖居间合同中常有的禁止“跳单”格式条款，其本意是为防止买方利用中介公司提供的房源信息却“跳”过中介公司购买房屋，从而使中介公司无法得到应得的佣金，该约定并不存在免除一方责任、加重对方责任、排除对方主要权利的情形，应认定有效。根据该条约定，衡量买方是否“跳单”违约的关键，是看买方是否利用了该中介公司提供的房源信息、机会等条件。如果买方并未利用该中介公司提供的信息、机会等条件，而是通过其他公众可以获知的正当途径获得同一房源信息，则买方有权选择报价低、服务好的中介公司促成房屋买卖合同成立，而不构成“跳单”违约。本案中，原产权人通过多家中介公司挂牌出售同一房屋，陶德华及其家人分别通过不同的中介公司了解到同一房源信息，并通过其他中介公司促成了房屋买卖合同成立。因此，陶德华并没有利用中原公司的信息、机会，故不构成违约，对中原公司的诉讼请求不予支持。

【实务问答】

1. “禁止跳单”格式条款的效力如何确定？

《民法典》第143～157条和第506条对此作出了规定。

需要注意的是，本指导案例产生于《民法典》之前，属原《合同法》中的居间合同。《民法典》合同编未将居间合同纳入典型合同，而是设置了有关中介合同的规定并将其纳入典型合同。就本质属性而言，《民法典》的“中介合同”也就是原《合同法》中的“居间合同”。“中介合同”可以约定禁止“跳单”的格式条款。根据《民法典》第143～157条、第506条等相关规定可知，若该条款并无免除一方责任、加重对方责任、排除对方主要权利的情形，应是有效的。

2. 如何认定是否构成“跳单”？

《民法典》第965条规定，委托人在接受中介人的服务后，利用中介人提供的交易机会或者媒介服务，绕开中介人直接订立合同的，应当向中介人支付报酬。

“跳单”，是指委托人接受中介人的服务后，利用中介人提供的订约信息或媒介服务，绕开中介人直接与第三人签订合同的行为，以避免向中介人支付报酬。“跳”的形式有两种：一种是委托人直接与第三人私下订立合同；另一种是委托人通过其他中介与第三人订立合同。由于“跳单”行为违背诚信和公平原则，严重损害中介人利益，扰乱市场秩序，阻碍中介行业健康发展，故《民法典》第965条规定，此种情况下委托人仍需向中介人支付报酬。需注意，根据本指导案例可知，未利用中介人提供的机会、信息等条件，而是利用了其他“公众可获知的正当途径”，则不属“跳单”行为，进而无须承担违约责任。此外，委托人委托多个中介来从事相应中介活动，多个中介人为其提供相应的交易信息或媒介服务，委托人最后只通过其中一个中介人与第三人订立合同，此种情况下也并不构成“跳单”，不应认定为违约。

【适用实例】

申某与重庆千苍房屋中介有限公司居间合同纠纷案

上诉人申某因其与被上诉人重庆千苍房屋中介有限公司（以下简称千苍

公司）居间合同纠纷一案，不服重庆市北碚区人民法院一审民事判决，向重庆市第一中级人民法院提起上诉。

申某上诉请求撤销一审判决，依法改判驳回千苍公司的诉讼请求。事实和理由：首先，千苍公司是无权代理，未取得涉案房屋产权人委托其售卖房屋的任何授权。其次，申某在重庆旌智房地产营销策划有限公司（以下简称旌智公司）购买案涉房屋不属于跳单行为，申某是通过其他中介机构了解到同一房源信息，且其他中介机构收取的中介费更低，故申某有权选择费用更低的中介机构购买该房屋。根据最高人民法院**指导案例1号**案例，衡量买方是否“跳单”的关键，是看买方是否利用了该中介公司提供的房源信息、机会等条件，如果买方是通过其他公众可以获知的正当途径获得同一房源信息，则买方有权选择报价低、服务好的中介公司促成房屋买卖合同成立。第三，看房协议中关于禁止申某在其他中介机构购买涉案房屋的格式条款应属无效条款，严重侵害了申某作为消费者应当享有的自主选择商品或服务的权利。

一审法院认为，当事人一方不履行合同或者履行合同义务不符合约定的，应当承担继续履行、采取补救措施或者赔偿损失等违约责任。申某在千苍公司向其提供房源信息并带其看房后，通过其他中介公司购买了同一房屋，违反了双方签订的看房居间协议的约定，应向千苍公司支付违约金。但双方对违约金的约定明显高于千苍公司的损失，考虑到千苍公司向申某提供房源信息并带申某实地看房实际产生的合理费用，同时申某的违约也使得千苍公司无法取得本可以赚取的利润，故酌情确定由申某向千苍公司支付违约金2000元。故判决由申某在本判决生效之日起5日内向重庆千苍房屋中介有限公司支付违约金2000元；驳回重庆千苍房屋中介有限公司的其他诉讼请求。

二审法院认为，本案争议焦点为申某是否承担违约责任。

首先，千苍公司与申某签订的居间协议约定，千苍公司为申某提供房源信息后若申某在其他中介成交及买卖双方逃避支付千苍公司佣金，千苍公司有权要求申某支付违约金，该约定属于居间合同中的禁止“跳单”格式条款，其本意是为防止买房人利用中介公司提供的房源信息“跳”过中介公司购买房屋，从而使中介公司无法得到佣金，该约定并不存在免除一方责任、加重对方责任、排除对方主要权利的情形，应认定有效。

其次，最高人民法院发布的**指导案例1号**（上海中原物业顾问有限公司诉陶德华居间合同纠纷案）确定以下裁判要点：“房屋买卖居间合同中关于禁止买方利用中介公司提供的房源信息却绕开该中介公司与卖方签订房屋买卖合同的约定合法有效。但是，当卖方将同一房屋通过多个中介公司挂牌出售时，买方通过其他公众可以获知的正当途径获得相同房源信息的，买方有权选择报价低、服务好的中介公司促成房屋买卖合同成立，其行为并没有利用先前与之签约中介公司的房源信息，故不构成违约”。本案与上述指导案例类似，本案的处理可参照上述指导案例的裁判要点。本案中，居间协议约定“逃避支付乙方佣金”才承担违约责任，如果要适用该约定，那么就要求申某主观上具有利用千苍公司提供的信息订立房屋买卖合同的故意，即具有逃避支付佣金的故意，而千苍公司没有举证证明自己独家掌握案涉房源信息，也并未举证证明申某利用了其提供的房源信息与机会，因此，申某通过其他中介公司与涉案房屋出卖人订立房屋买卖合同并不构成违约，千苍公司向申某主张违约金没有事实依据和法律依据，其诉讼请求本院不予支持。[（2017）渝01民终7167号]

019 指导案例64号

刘超捷诉中国移动通信集团江苏有限公司徐州分公司电信服务合同纠纷案

格式合同中未明确商品或服务的限制条件，且经营者未能证明订立合同时已明确告知消费者并获其同意的，限制条件对消费者不发生效力

（最高人民法院审判委员会讨论通过 2016年6月30日发布）

关键词：民事／电信服务合同／告知义务／有效期限／违约

裁判要点

1. 经营者在格式合同中未明确规定对某项商品或服务的限制条件，且未

能证明在订立合同时已将该限制条件明确告知消费者并获得消费者同意的，该限制条件对消费者不产生效力。2. 电信服务企业在订立合同时未向消费者告知某项服务设定了有效期限限制，在合同履行中又以该项服务超过有效期限为由限制或停止对消费者服务的，构成违约，应当承担违约责任。

相关法条

《中华人民共和国合同法》第39条①

基本案情

2009年11月24日，原告刘超捷在被告中国移动通信集团江苏有限公司徐州分公司（以下简称移动徐州分公司）营业厅申请办理“神州行标准卡”，手机号码为1590520××××，付费方式为预付费。原告当场预付话费50元，并参与移动徐州分公司充50元送50元的活动。在业务受理单所附《中国移动通信客户入网服务协议》中，双方对各自的权利和义务进行了约定，其中第四项特殊情况的承担中的第1条为：在下列情况下，乙方有权暂停或限制甲方的移动通信服务，由此给甲方造成的损失，乙方不承担责任：（1）甲方银行账户被查封、冻结或余额不足等非乙方原因造成的结算时扣划不成功的；（2）甲方预付费使用完毕而未及时补交款项（包括预付费账户余额不足以扣划下一笔预付费用）的。

2010年7月5日，原告在中国移动官方网站网上营业厅通过银联卡网上充值50元。2010年11月7日，原告在使用该手机号码时发现该手机号码已被停机，原告到被告的营业厅查询，得知被告于2010年10月23日因话费有效期到期而暂停移动通信服务，此时账户余额为11.70元。原告认为被告单方终止服务构成合同违约，遂诉至法院。

裁判结果

徐州市泉山区人民法院于2011年6月16日作出（2011）泉商初字第240号民事判决：被告中国移动通信集团江苏有限公司徐州分公司于本判决生效之日起十日内取消对原告刘超捷的手机号码为1590520××××的话费有效期的限制，恢复该号码的移动通信服务。一审宣判后，被告提出上诉，二审期间申请撤回上诉，一审判决已发生法律效力。

① 《民法典》第496条。

裁判理由

法院生效裁判认为：电信用户的知情权是电信用户在接受电信服务时的一项基本权利，用户在办理电信业务时，电信业务的经营者必须向其明确说明该电信业务的内容，包括业务功能、费用收取办法及交费时间、障碍申告等。如果用户在不知悉该电信业务的真实情况下进行消费，就会剥夺用户对电信业务的选择权，达不到真正追求的电信消费目的。

依据《中华人民共和国合同法》第三十九条①的规定，采用格式条款订立合同的，提供格式条款的一方应当遵循公平原则确定当事人之间的权利和义务，并采取合理的方式提请对方注意免除或者限制其责任的条款，按照对方的要求，对该条款予以说明。电信业务的经营者作为提供电信服务合同格式条款的一方，应当遵循公平原则确定与电信用户的权利义务内容，权利义务的内容必须符合维护电信用户和电信业务经营者的合法权益、促进电信业的健康发展的立法目的，并有效告知对方注意免除或者限制其责任的条款并向其释明。业务受理单、入网服务协议是电信服务合同的主要内容，确定了原被告双方的权利义务内容，入网服务协议第四项约定有权暂停或限制移动通信服务的情形，第五项约定有权解除协议、收回号码、终止提供服务的情形，均没有因有效期到期而中止、解除、终止合同的约定。而话费有效期限制直接影响到原告手机号码的正常使用，一旦有效期到期，将导致停机、号码被收回的后果，因此被告对此负有明确如实告知的义务，且在订立电信服务合同之前就应如实告知原告。如果在订立合同之前未告知，即使在缴费阶段告知，亦剥夺了当事人的选择权，有违公平和诚实信用原则。被告主张“通过单联发票、宣传册和短信的方式向原告告知了有效期”，但未能提供有效的证据予以证明。综上，本案被告既未在电信服务合同中约定有效期内容，亦未提供有效证据证实已将有效期限制明确告知原告，被告暂停服务、收回号码的行为构成违约，应当承担继续履行等违约责任，故对原告主张“取消被告对原告的话费有效期的限制，继续履行合同”的诉讼请求依法予以支持。

（生效裁判审判人员：王平、赵增尧、李丽）

---

① 《民法典》第496条。

【实务问答】

1. 如何识别格式条款?

《民法典》第496条第1款规定,格式条款是当事人为了重复使用而预先拟定,并在订立合同时未与对方协商的条款。

由于只有格式条款才能适用《民法典》第496条第2款、第497条、第498条的规定,故格式条款的识别尤为重要。格式条款形式多样,可以是合同书中合同条款的形式,也可以是店铺公告,还可以是在制式单中的印制条款。《民法典》第496条第1款与原《合同法》第39条第2款对格式条款的定义是一致的。即格式条款需同时具备三个特征:事先拟好;反复使用;未经协商。未与对方协商是格式条款的主要特点并无争议,但对于“反复使用”则有不同观点。王利明教授认为,反复使用并不是格式条款的本质特征,而仅是为了说明预先制定的目的。反复使用只是其经济功能,而不是其法律特征。有的格式条款仅使用一次,并没有重复使用。[①] 实务中也有此类观点。将“反复使用”作为格式条款的构成要件,当事人在主张某合同条款为格式条款时就负有举证责任,即需证明该条款已被重复使用。但如此的话,举证责任就过于严苛。《民法典》起草过程中,曾将“重复使用”这一特征删除,但最终还是恢复。基于此,可以说,立法机关仍认为重复使用为格式条款的实质特征。

2.《民法典》对提供格式条款一方的提示说明义务及未履行该义务的法律后果有何规定?

《民法典》第496条第2款规定,采用格式条款订立合同的,提供格式条款的一方应当遵循公平原则确定当事人之间的权利和义务,并采取合理的方式提示对方注意免除或者减轻其责任等与对方有重大利害关系的条款,按照对方的要求,对该条款予以说明。提供格式条款的一方未履行提示或者说明义务,致使对方没有注意或者理解与其有重大利害关系的条款的,对方可以主张该条款不成为合同的内容。

---

① 王利明:《对〈合同法〉格式条款规定的评析》,载《政法论坛》1999年第6期。

采用格式条款订立合同的，提供格式条款的一方应当遵循公平原则确定当事人之间的权利和义务，并采取合理的方式提请对方注意免除或者限制其责任的条款，并按照对方的要求，对该条款予以说明。这是原《合同法》第39条第1款的规定。[①]《民法典》第496条在吸收该规定的基础上，就格式条款提供方未履行提示或说明义务的法律效果规定为“对方可以主张该条款不成为合同的内容”，属新增内容。如此规定，在于此款涉及的内容总体上仍属合同订立范畴，而非《民法典》第497条涉及的合同效力制度范畴。第496条第2款的法律效果是对方可以主张该条款不成为合同的内容，也称“未订入合同”，本指导案例从本质上看，即属该类型。该案中，移动公司以话费有效期满为由停止对客户刘超捷的服务，但又不能提供证据证明其与客户订立的合同中存在话费有效期的约定，故判决继续履行合同。此外需注意，按照《民法典》第496条的规定，即使能证明合同存在话费有效期条款，但若没有履行提示或说明义务，致消费者没有注意或理解该条款的，消费者有权主张该条款不成为合同内容。

【适用实例】

呼伦贝尔安泰热电有限责任公司满洲里热电厂与王杰供用热力合同纠纷案

原告满洲里市热电厂向内蒙古自治区呼伦贝尔市满洲里市人民法院提出诉讼请求：(1) 要求被告王某给付取暖费22,361.86元；(2) 给付违约金1422元；(3) 诉讼费由被告承担。事实和理由：原告与被告是供用热力合同关系，原告权属房坐落于满洲里市某小区地下车库、某小区门市等处，共八处产权。自2016年9月21日至2018年5月10日供暖期间，被告应向原告支付取暖费22,361.86元，经原告工作人员多次上门催缴，被告至今没有缴纳所欠取暖费，本着权利和义务相一致的原则，请求判令被告给付拖欠的取暖费及违约金合计23,781.86元。

法院认为，被告承认原告的诉讼请求部分，不违反法律规定，本院予以支持。合同当事人的法律地位平等，一方不得将自己的意志强加给另一方，

---

① 《民法典》第496条第1款。

关于双方争议的被告是否应向原告支付违约金的问题，根据最高人民法院发布的**指导案例 64 号**刘超捷诉中国移动通信集团江苏有限公司徐州分公司电信服务合同纠纷案“经营者在格式合同中未明确规定对某项商品或服务的限制条件，且未能证明在订立合同时已将该限制条件明确告知消费者并获得消费者同意的，该限制条件对消费者不产生效力。”本案中，虽然原告实际为被告房屋进行了供热，原告依据其上级公司固定的合同样本中格式条款规定的逾期不缴纳热费加收违约金的情形，要求被告支付违约金，但原、被告之间没有签订供用热力合同，原告也没有证据证明其已经将逾期不缴纳热费将加收违约金的条款在供热时告知了被告，且被告表示愿意接受，同时，原告自行通过报纸及电视台公示加收违约金不具有法律效力，故原告逾期不缴纳热费加收违约金的规定对被告不具有约束力。被告所持因资金紧张请求延期交付的请求，未提交证据佐证，不予支持。综上，内蒙古自治区呼伦贝尔市满洲里市人民法院判决被告王某于本判决生效后立即向原告呼伦贝尔安泰热电有限责任公司满洲里热电厂缴纳拖欠的自 2016 年 9 月 21 日至 2018 年 5 月 10 日供暖期间取暖费 22, 361. 86 元；驳回原告要求被告支付违约金的诉讼请求。［（2018）内 0781 民初 1743 号］

020 **指导案例 166 号**

北京隆昌伟业贸易有限公司诉北京城建重工有限公司合同纠纷案

一方依照和解协议的约定申请解除了财产保全，另一方违反诚信原则不依约履行并请求调减和解协议违约金的，不予支持

（最高人民法院审判委员会讨论通过　2021 年 11 月 9 日发布）

关键词：民事／合同纠纷／违约金调整／诚实信用原则

裁判要点

当事人双方就债务清偿达成和解协议，约定解除财产保全措施及违约责任。一方当事人依约申请人民法院解除了保全措施后，另一方当事人违反诚实信用原则不履行和解协议，并在和解协议违约金诉讼中请求减少违约金的，人民法院不予支持。

相关法条

《中华人民共和国合同法》第6条、第114条（注：现行有效的法律为《中华人民共和国民法典》第7条、第585条）

基本案情

2016年3月，北京隆昌伟业贸易有限公司（以下简称隆昌贸易公司）因与北京城建重工有限公司（以下简称城建重工公司）买卖合同纠纷向人民法院提起民事诉讼，人民法院于2016年8月作出（2016）京0106民初6385号民事判决，判决城建重工公司给付隆昌贸易公司货款5284648.68元及相应利息。城建重工公司对此判决提起上诉，在上诉期间，城建重工公司与隆昌贸易公司签订协议书，协议书约定：（1）城建重工公司承诺于2016年10月14日前向隆昌贸易公司支付人民币300万元，剩余的本金2284648.68元、利息462406.72元及诉讼费25802元（共计2772857.4元）于2016年12月31日前支付完毕；城建重工公司未按照协议约定的时间支付首期给付款300万元或未能在2016年12月31日前足额支付完毕全部款项的，应向隆昌贸易公司支付违约金80万元；如果城建重工公司未能在2016年12月31日前足额支付完毕全部款项的，隆昌贸易公司可以自2017年1月1日起随时以（2016）京0106民初6385号民事判决为依据向人民法院申请强制执行，同时有权向城建重工公司追索本协议确定的违约金80万元。（2）隆昌贸易公司申请解除在他案中对城建重工公司名下财产的保全措施。双方达成协议后城建重工公司向二审法院申请撤回上诉并按约定于2016年10月14日给付隆昌贸易公司首期款项300万元，隆昌贸易公司按协议约定申请解除了对城建重工公司财产的保全。后城建重工公司未按照协议书的约定支付剩余款项，2017年1月隆昌贸易公司申请执行（2016）京0106民初6385号民事判决书所确定的债权，并于2017年6月起诉城建重工公司支付违约金80万元。

一审中，城建重工公司答辩称：隆昌贸易公司要求给付的请求不合理，违约金数额过高。根据生效判决，城建重工公司应给付隆昌贸易公司的款项为5284648.68元及利息。隆昌贸易公司诉求城建重工公司因未完全履行和解协议承担违约金的数额为80万元，此违约金数额过高，有关请求不合理。一审宣判后，城建重工公司不服一审判决，上诉称：一审判决在错误认定城建重工公司恶意违约的基础上，适用惩罚性违约金，不考虑隆昌贸易公司的损失情况等综合因素而全部支持其诉讼请求，显失公平，请求适当减少违约金。

裁判结果

北京市丰台区人民法院于2017年6月30日作出（2017）京0106民初15563号民事判决：北京城建重工有限公司于判决生效之日起十日内支付北京隆昌伟业贸易有限公司违约金80万元。北京城建重工有限公司不服一审判决，提起上诉。北京市第二中级人民法院于2017年10月31日作出（2017）京02民终8676号民事判决：驳回上诉，维持原判。

裁判理由

法院生效裁判认为：隆昌贸易公司与城建重工公司在诉讼期间签订了协议书，该协议书均系双方的真实意思表示，不违反法律法规强制性规定，合法有效，双方应诚信履行。本案涉及诉讼中和解协议的违约金调整问题。本案中，隆昌贸易公司与城建重工公司签订协议书约定城建重工公司如未能于2016年10月14日前向隆昌贸易公司支付人民币300万元，或未能于2016年12月31日前支付剩余的本金2284648.68元、利息462406.72元及诉讼费25802元（共计2772857.4元），则隆昌贸易公司有权申请执行原一审判决并要求城建重工公司承担80万元违约金。现城建重工公司于2016年12月31日前未依约向隆昌贸易公司支付剩余的2772857.4元，隆昌贸易公司的损失主要为尚未得到清偿的2772857.4元。城建重工公司在诉讼期间与隆昌贸易公司达成和解协议并撤回上诉，隆昌贸易公司按协议约定申请解除了对城建重工公司账户的冻结。而城建重工公司作为商事主体自愿给隆昌贸易公司出具和解协议并承诺高额违约金，但在账户解除冻结后城建重工公司并未依约履行后续给付义务，具有主观恶意，有悖诚实信用。一审法院判令城建重工公司依约支付80万元违约金，并无不当。

（生效裁判审判人员：苏丽英、王国才、周维）

【实务问答】

1. 如何理解违约金的调整规则？

《民法典》第585条规定，当事人可以约定一方违约时应当根据违约情况向对方支付一定数额的违约金，也可以约定因违约产生的损失赔偿额的计算方法。约定的违约金低于造成的损失的，人民法院或者仲裁机构可以根据当事人的请求予以增加；约定的违约金过分高于造成的损失的，人民法院或者仲裁机构可以根据当事人的请求予以适当减少。当事人就迟延履行约定违约金的，违约方支付违约金后，还应当履行债务。

虽然基于自愿原则，当事人有权约定违约金，但如果任由当事人约定违约金，在有些情况下无异于鼓励当事人获得不公平的利益。因此，本款规定了调整规则，包括违约金的酌增与酌减。根据《民法典》第585条的规定，违约金的具体数额要与实际损失相当，只有约定的违约金低于或过分高于实际损失的，才考虑酌增或酌减。

适用酌减需满足约定违约金“过分高于”造成的损失这一前提。如何理解“过分”二字？最高人民法院《关于当前形势下审理民商事合同纠纷案件若干问题的指导意见》（以下简称《当前形势下合同纠纷指导意见》）第7条规定：“人民法院根据合同法第一百一十四条第二款调整过高违约金时，应当根据案件的具体情形，以违约造成的损失为基准，综合衡量合同履行程度、当事人的过错、预期利益、当事人缔约地位强弱、是否适用格式合同或条款等多项因素，根据公平原则和诚实信用原则予以综合权衡，避免简单地采用固定比例等一刀切的做法，防止机械司法而可能造成的实质不公平。”就司法实践而言，通常的标准是当事人约定的违约金超过造成损失的30%的，一般认定为“过分高于造成的损失”，但对此不应机械认定，还需要综合考虑合同履行情况、当事人过错程度、预期利益、当事人的主体身份等其他因素，根据公平原则和诚实信用原则综合权衡，防止机械司法而可能造成的实质不公平。即使有时约定的违约金高于实际损失30%，在综合考量其他因素后，认为不调整违约金符合公平原则及诚实信用原则的，可不予调整。

适用酌增则要满足违约金“低于”造成的损失这一前提。需要注意的是，与酌减不同的是，此时并未有“过分”二字的限定。之所以如此，是为了将酌增的标准定得比酌减的标准更为宽容，可以体现出对债权人或守约方的倾斜保护。

此外，在无特殊规定的情况下，违约金调整应以当事人申请为前提，法院不应主动调整违约金，除非合同条款本身违法。另外需要注意，无论是法院还是仲裁机构均是“可以”而非“应当”适当减少违约金数额。

结合本指导案例看，双方在诉中达成和解并约定新的违约金。而通过比较发现，新的违约金与损失的差额更大，且当事人也申请进行调整，故本案已具备调整违约金的可能性。但在综合考量其他因素时发现，隆昌贸易公司已经依约撤回对城建重工公司名下财产的保全，但城建重工公司却违反和解协议约定拒绝支付欠款。可以说，城建重工公司主观恶意较大，有“假和解真逃债”之嫌，严重违反诚信原则。此时，应侧重发挥违约金的惩罚性功能，即在违约方主观恶意达到严重程度的情况下，即使损失明显小于约定的违约金数额，法院也可以不进行调整。

2. 如何确定违约金过高的举证证明责任？

在违约方认为违约金过高并请求调减时，举证证明责任应按照“谁主张，谁举证”的基本原则进行分配，即原则上由违约方承担证明违约金过高的举证证明责任。但需要注意的是，由于衡量违约金是否过高的时候需要将违约金与违约造成的损失进行比较，而守约方对自己的损失情况更为了解。因此，要求违约方证明并承担举证证明责任也不能绝对化。此外，在司法实践中，违约方有时会以合同不成立、未生效、无效或不属于违约为由进行免责抗辩，而未提出违约金调整的请求，此时，法院是否需要就违约金过高问题进行释明呢?《当前形势下合同纠纷指导意见》第 8 条规定：“为减轻当事人诉累，妥当解决违约金纠纷，违约方以合同不成立、合同未生效、合同无效或不构成违约进行免责抗辩而未提出违约金调整请求的，人民法院可以就违约金是否过高的问题进行释明……”在构成违约的前提下，对已向违约方释明但其仍不请求调整违约金的，应遵循意思自治原则，法院一般不主动调整，但存在例外情况。若约定的违约金严重违反公序良俗、公平和诚信原则进而导致利益严重失衡的，法院可以根据《民法典》第 585 条第 2 款规定作出调整。

021 指导案例 167 号

北京大唐燃料有限公司诉山东百富物流有限公司买卖合同纠纷案

就代位权判决未获清偿的部分，债权人可另行向债务人主张权利

（最高人民法院审判委员会讨论通过　2021 年 11 月 9 日发布）

关键词：民事／买卖合同／代位权诉讼／未获清偿／另行起诉

裁判要点

代位权诉讼执行中，因相对人无可供执行的财产而被终结本次执行程序，债权人就未实际获得清偿的债权另行向债务人主张权利的，人民法院应予支持。

相关法条

《最高人民法院关于适用〈中华人民共和国合同法〉若干问题的解释（一）》第 20 条（注：现行有效的法律为《中华人民共和国民法典》第 537 条）

基本案情

2012 年 1 月 20 日至 2013 年 5 月 29 日期间，北京大唐燃料有限公司（以下简称大唐公司）与山东百富物流有限公司（以下简称百富公司）之间共签订采购合同 41 份，约定百富公司向大唐公司销售镍铁、镍矿、精煤、冶金焦等货物。双方在履行合同过程中采用滚动结算的方式支付货款，但是每次付款金额与每份合同约定的货款金额并不一一对应。自 2012 年 3 月 15 日至 2014 年 1 月 8 日，大唐公司共支付百富公司货款 1827867179.08 元，百富公司累计向大唐公司开具增值税发票总额为 1869151565.63 元。大唐公司主张百富公司累计供货货值为 1715683565.63 元，百富公司主张其已按照开具增值税发票数额足额供货。

2014年11月25日，大唐公司作为原告，以宁波万象进出口有限公司（以下简称万象公司）为被告，百富公司为第三人，向浙江省宁波市中级人民法院提起债权人代位权诉讼。该院作出（2014）浙甬商初字第74号民事判决书，判决万象公司向大唐公司支付款项36369405.32元。大唐公司于2016年9月28日就（2014）浙甬商初字第74号民事案件向浙江省象山县人民法院申请强制执行。该院于2016年10月8日依法向万象公司发出执行通知书，但万象公司逾期仍未履行义务，万象公司尚应支付执行款36369405.32元及利息，承担诉讼费209684元、执行费103769.41元。经该院执行查明，万象公司名下有机动车二辆，该院已经查封但实际未控制。大唐公司在限期内未能提供万象公司可供执行的财产，也未向该院提出异议。该院于2017年3月25日作出（2016）浙0225执3676号执行裁定书，终结本次执行程序。

大唐公司以百富公司为被告，向山东省高级人民法院提起本案诉讼，请求判令百富公司向其返还本金及利息。

裁判结果

山东省高级人民法院于2018年8月13日作出（2018）鲁民初10号民事判决：一、山东百富物流有限公司向北京大唐燃料有限公司返还货款75814208.13元；二、山东百富物流有限公司向北京大唐燃料有限公司赔偿占用货款期间的利息损失（以75814208.13元为基数，自2014年11月25日起至山东百富物流有限公司实际支付之日止，按照中国人民银行同期同类贷款基准利率计算）；三、驳回北京大唐燃料有限公司其他诉讼请求。大唐燃料有限公司不服一审判决，提起上诉。最高人民法院于2019年6月20日作出（2019）最高法民终6号民事判决：一、撤销山东省高级人民法院（2018）鲁民初10号民事判决；二、山东百富物流有限公司向北京大唐燃料有限公司返还货款153468000元；三、山东百富物流有限公司向北京大唐燃料有限公司赔偿占用货款期间的利息损失（以153468000元为基数，自2014年11月25日起至山东百富物流有限公司实际支付之日止，按照中国人民银行同期同类贷款基准利率计算）；四、驳回北京大唐燃料有限公司的其他诉讼请求。

裁判理由

最高人民法院认为：关于（2014）浙甬商初字第74号民事判决书涉及的36369405.32元债权问题。大唐公司有权就该笔款项另行向百富公司主张。

第一，《最高人民法院关于适用〈中华人民共和国合同法〉若干问题的解释（一）》[①]（以下简称《合同法解释（一）》）第二十条规定，债权人向次债务人提起的代位权诉讼经人民法院审理后认定代位权成立的，由次债务人向债权人履行清偿义务，债权人与债务人、债务人与次债务人之间相应的债权债务关系即予消灭。根据该规定，认定债权人与债务人之间相应债权债务关系消灭的前提是次债务人已经向债权人实际履行相应清偿义务。本案所涉执行案件中，因并未执行到万象公司的财产，浙江省象山县人民法院已经作出终结本次执行的裁定，故在万象公司并未实际履行清偿义务的情况下，大唐公司与百富公司之间的债权债务关系并未消灭，大唐公司有权向百富公司另行主张。

第二，代位权诉讼属于债的保全制度，该制度是为防止债务人财产不当减少或者应当增加而未增加，给债权人实现债权造成障碍，而非要求债权人在债务人与次债务人之间择一选择作为履行义务的主体。如果要求债权人择一选择，无异于要求债权人在提起代位权诉讼前，需要对次债务人的偿债能力作充分调查，否则应当由其自行承担债务不得清偿的风险，这不仅加大了债权人提起代位权诉讼的经济成本，还会严重挫伤债权人提起代位权诉讼的积极性，与代位权诉讼制度的设立目的相悖。

第三，本案不违反“一事不再理”原则。根据《最高人民法院关于适用〈中华人民共和国民事诉讼法〉的解释》[②]第二百四十七条规定，判断是否构成重复起诉的主要条件是当事人、诉讼标的、诉讼请求是否相同，或者后诉的诉讼请求是否实质上否定前诉裁判结果等。代位权诉讼与对债务人的诉讼并不相同，从当事人角度看，代位权诉讼以债权人为原告、次债务人为被告，而对债务人的诉讼则以债权人为原告、债务人为被告，两者被告身份不具有同一性。从诉讼标的及诉讼请求上看，代位权诉讼虽然要求次债务人直接向债权人履行清偿义务，但针对的是债务人与次债务人之间的债权债务，而对

① 该司法解释已失效。

② 以下简称《民诉法解释》。

债务人的诉讼则是要求债务人向债权人履行清偿义务，针对的是债权人与债务人之间的债权债务，两者在标的范围、法律关系等方面亦不相同。从起诉要件上看，与对债务人诉讼不同的是，代位权诉讼不仅要求具备民事诉讼法规定的起诉条件，同时还应当具备《合同法解释（一）》第十一条规定的诉讼条件。基于上述不同，代位权诉讼与对债务人的诉讼并非同一事由，两者仅具有法律上的关联性，故大唐公司提起本案诉讼并不构成重复起诉。

（生效裁判审判人员：李伟、王毓莹、苏蓓）

【实务问答】

1. 债权人代位权的概念及债权人行使代位权的条件是什么？

《民法典》第535条规定，因债务人怠于行使其债权或者与该债权有关的从权利，影响债权人的到期债权实现的，债权人可以向人民法院请求以自己的名义代位行使债务人对相对人的权利，但是该权利专属于债务人自身的除外。代位权的行使范围以债权人的到期债权为限。债权人行使代位权的必要费用，由债务人负担。相对人对债务人的抗辩，可以向债权人主张。

债权人代位权，是指因债务人怠于行使其债权或与该债权有关的从权利，影响债权人到期债权实现的，债权人可向法院起诉，请求以自己名义代位行使债务人对相对人的权利，以保障其债权的实现。通常说来，债权债务发生后，债务人应以其所有财产为债的实现提供担保。换言之，债务人所有的个人财产原则上都应属其责任财产，其责任财产的变动尤其是减少对债权人权利实现有着十分重要的影响。债权人代位权具有法定性，并不需要当事人对此作出约定。可以说，代位权作为债权人的一项特殊的法定权能，本身就是一项独特的权利，它突破了单一法律关系下债权相对性的梗阻，可直接解决多重法律关系中的权利义务实现问题。《民法典》合同编对债权人代位权作出规定，将其作为债权保全的重要方式，主要目的在于维持债务人的责任财产，并督促债务人及时履行债务。

债权人行使代位权应符合下列条件：一是债权人对债务人存在合法有效的到期债权。这是代位权存在的基础。二是债务人对次债务人存在合法有效的到期债权。需要注意的是，此处的权利不能是专属于债务人自身的权利，如抚养费、赡养费、扶养费请求权。三是债务人的怠于行使权利影响债权人债权的实现。“怠于行使”是指债务人应当行使其权利且能够行使而不行使。若债务人已行使了权利，不管行使权利的实际效果如何，债权人都不能行使代位权。当然，若债务人怠于行使权利不影响债权人的到期债权实现，也不发生代位权。例如，债务人怠于行使某一债权，但该债权之外的其他资产充足，足以清偿对债权人所负的债务，此时便不能行使代位权。四是债务人怠于行使与其债权有关的从权利。从权利是指附属于主债权的权利，如担保物权中的抵押权、质权、保证及附属于主债权的利息、建设工程价款优先受偿权等。

另外需要注意的是，债权人行使代位权时，债务人的相对人对债务人的抗辩如虚假表示可撤销的抗辩、时效届满的抗辩、同时履行抗辩权、后履行抗辩权等，可对抗债权人。本条第 3 款对此进行了明确。

2. 债权人行使代位权后将产生哪些法律效果？

《民法典》第 537 条规定，人民法院认定代位权成立的，由债务人的相对人向债权人履行义务，债权人接受履行后，债权人与债务人、债务人与相对人之间相应的权利义务终止。债务人对相对人的债权或者与该债权有关的从权利被采取保全、执行措施，或者债务人破产的，依照相关法律的规定处理。

债权人行使代位权，对债务人、债务人的相对人和债权人都会产生一定的法律效果，既包括对当事人权利义务关系变化的影响，也包括代位标的债权履行的法律后果。

对当事人权利义务关系变化影响有以下三个方面：一是对债权人的影响。代位权成立后，债权人即可越过债务人将相对人与债务人一并作为履行义务人，有了接受相对人履行义务并申请强制执行的权利。二是对债务人的影响。请求权层面，债务人被债权人取代，其相应债权及从权利转让、免除、抵销等权利丧失，其在债权人提起代位权诉讼后的前述处分行为不能对抗债权人。三是对相对人的影响。在债权人提起代位权诉讼后，相对人对债务人的给付在代位权判决确定的给付数额内不能对抗债权人，且其应直接向债权人履行给付义务。

代位标的债权履行的法律后果方面，按照本条的规定，债权人接受履行后，债权人与债务人、债务人与相对人之间相应的权利义务终止。对此事项的理解，需要注意以下三个方面：一是只有在债权人接受履行后，相应的权利义务才终止。《合同法解释一》① 第 20 条“债权人向次债务人提起的代位权诉讼经人民法院审理后认定代位权成立的，由次债务人向债权人履行清偿义务，债权人与债务人、债务人与次债务人之间相应的债权债务关系即予消灭”的表述，易让人产生“代位权判决的生效使债权人与债务人之间相应债权债务关系消灭，以致债权人再向债务人诉讼主张或强制执行时得不到支持”的误解。《民法典》第 537 条的规定则弥补了《合同法解释一》此条规定的不足，同时也明确了代位权的成立与代位权的履行在法律效果上的区别。二是履行方式既可以是诉讼中或代位权判决后的自动履行，也可以是对判决的强制执行，还可以是三方共同参与的和解。三是履行后终止的仅是履行部分的权利义务，未获履行的部分仍然存在。即若相对人向债权人履行义务使债权人的债权获得了全部清偿，则债权人与债务人之间的债权债务关系将因此消灭；若相对人向债权人履行义务只是使债权人的债权获得部分清偿，对未获得清偿的部分债权而言，债权人仍有权向债务人主张权利。

022 指导案例 168 号

中信银行股份有限公司东莞分行诉陈志华等金融借款合同纠纷案

未依约办理抵押登记，不影响抵押合同的效力。抵押权人对未办理抵押登记有过错的，相应减轻抵押人的赔偿责任

（最高人民法院审判委员会讨论通过　2021 年 11 月 9 日发布）

关键词：民事／金融借款合同／未办理抵押登记／赔偿责任／过错

---

① 该司法解释已失效。

裁判要点

以不动产提供抵押担保，抵押人未依抵押合同约定办理抵押登记的，不影响抵押合同的效力。债权人依据抵押合同主张抵押人在抵押物的价值范围内承担违约赔偿责任的，人民法院应予支持。抵押权人对未能办理抵押登记有过错的，相应减轻抵押人的赔偿责任。

相关法条

1.《中华人民共和国物权法》第15条（注：现行有效的法律为《中华人民共和国民法典》第215条）；

2.《中华人民共和国合同法》第107条、第113条第1款、第119条第1款（注：现行有效的法律为《中华人民共和国民法典》第577条、第584条、第591条第1款）。

基本案情

2013年12月31日，中信银行股份有限公司东莞分行（以下简称中信银行东莞分行）与东莞市华丰盛塑料有限公司（以下简称华丰盛公司）、东莞市亿阳信通集团有限公司（以下简称亿阳公司）、东莞市高力信塑料有限公司（以下简称高力信公司）签订《综合授信合同》，约定中信银行东莞分行为亿阳公司、高力信公司、华丰盛公司提供4亿元的综合授信额度，额度使用期限自2013年12月31日起至2014年12月31日止。为担保该合同，中信银行东莞分行于同日与陈志波、陈志华、陈志文、亿阳公司、高力信公司、华丰盛公司、东莞市怡联贸易有限公司（以下简称怡联公司）、东莞市力宏贸易有限公司（以下简称力宏公司）、东莞市同汇贸易有限公司（以下简称同汇公司）分别签订了《最高额保证合同》，约定：高力信公司、华丰盛公司、亿阳公司、力宏公司、同汇公司、怡联公司、陈志波、陈志华、陈志文为上述期间的贷款本息、实现债权费用在各自保证限额内向中信银行东莞分行提供连带保证责任。同时，中信银行东莞分行还分别与陈志华、陈志波、陈仁兴、梁彩霞签订了《最高额抵押合同》，陈志华、陈志波、陈仁兴、梁彩霞同意为中信银行东莞分行自2013年12月31日至2014年12月31日期间对亿阳公司等授信产生的债权提供最高额抵押，担保的主债权限额均为4亿元，担保范围包括贷款本息及相关费用，抵押物包括：1. 陈志华位于东莞市中堂镇东泊村的房产及位于东莞市中堂镇东泊村中堂汽车站旁的一栋综合楼（未取得不动产登记证书）；2. 陈志波位于东莞市中堂镇东泊村陈屋东兴路东一巷面积为4667.7平方米的土地使用权及地上建筑物、位于东莞市中堂镇吴家涌面积为30801平方米的土地使用权、位于东莞市中堂镇东泊村面积为12641.9平方米的土地使用权（均未取得不动产登记证书）；3. 陈仁兴位于东莞市中堂镇的房屋；4. 梁彩霞位于东莞市中堂镇东泊村陈屋新村的房产。以上不动产均未办理抵押登记。

另，中信银行东莞分行于同日与亿阳公司签订了《最高额权利质押合同》《应收账款质押登记协议》。

基于《综合授信合同》，中信银行东莞分行与华丰盛公司于2014年3月18日、19日分别签订了《人民币流动资金贷款合同》，约定：中信银行东莞分行为华丰盛公司分别提供2500万元、2500万元、2000万元流动资金贷款，贷款期限分别为2014年3月18日至2015年3月18日、2014年3月19日至2015年3月15日、2014年3月19日至2015年3月12日。

东莞市房产管理局于2011年6月29日向东莞市各金融机构发出《关于明确房地产抵押登记有关事项的函》（东房函〔2011〕119号），内容为："东莞市各金融机构：由于历史遗留问题，我市存在一些土地使用权人与房屋产权人不一致的房屋。2008年，住建部出台了《房屋登记办法》（建设部令第168号），其中第八条明确规定'办理房屋登记，应当遵循房屋所有权和房屋占用范围内的土地使用权权利主体一致的原则'。因此，上述房屋在申请所有权转移登记时，必须先使房屋所有权与土地使用权权利主体一致后才能办理。为了避免抵押人在实现该类房屋抵押权时，因无法在房管部门办理房屋所有权转移登记而导致合法利益无法得到保障，根据《物权法》《房屋登记办法》等相关规定，我局进一步明确房地产抵押登记的有关事项，现函告如下：一、土地使用权人与房屋产权人不一致的房屋需办理抵押登记的，必须在房屋所有权与土地使用权权利主体取得一致后才能办理。二、目前我市个别金融机构由于实行先放款再到房地产管理部门申请办理抵押登记，产生了一些不必要的矛盾纠纷。为了减少金融机构信贷风险和信贷矛盾纠纷，我局建议各金融机构在日常办理房地产抵押贷款申请时，应认真审查抵押房地产的房屋所有权和土地使用权权利主体是否一致，再决定是否发放该笔贷款。如对房地产权属存在疑问，可咨询房地产管理部门。三、为了更好地保障当事人利益，我局将从2011年8月1日起，对所有以自建房屋申请办理抵押登记的业务，要求申请人必须同时提交土地使用权证。”

中信银行东莞分行依约向华丰盛公司发放了7000万贷款。然而，华丰盛公司自2014年8月21日起未能按期付息。中信银行东莞分行提起本案诉讼。请求：华丰盛公司归还全部贷款本金7000万元并支付贷款利息等；陈志波、陈志华、陈仁兴、梁彩霞在抵押物价值范围内承担连带赔偿责任。

裁判结果

广东省东莞市中级人民法院于2015年11月19日作出（2015）东中法民四初字第15号民事判决：一、东莞市华丰盛塑料有限公司向中信银行股份有限公司东莞分行偿还借款本金7000万元、利息及复利并支付罚息；二、东莞市华丰盛塑料有限公司赔偿中信银行股份有限公司东莞分行支出的律师费13万元；三、东莞市亿阳信通集团有限公司、东莞市高力信塑料有限公司、东莞市力宏贸易有限公司、东莞市同汇贸易有限公司、东莞市怡联贸易有限公司、陈志波、陈志华、陈志文在各自《最高额保证合同》约定的限额范围内就第一、二判项确定的东莞市华丰盛塑料有限公司所负中信银行股份有限公司东莞分行的债务范围内承担连带清偿责任，保证人在承担保证责任后，有权向东莞市华丰盛塑料有限公司追偿；四、陈志华在位于广东省东莞市中堂镇东泊村中堂汽车站旁的一栋综合楼、陈志波在位于广东省东莞市中堂镇东泊村陈屋东兴路东一巷面积为4667.7平方米的土地使用权及地上建筑物（面积为3000平方米的三幢住宅）、位于东莞市中堂镇吴家涌面积为30801平方米的土地使用权、位于东莞市中堂镇东泊村面积为12641.9平方米的土地使用权的价值范围内就第一、二判项确定的东莞市华丰盛塑料有限公司所负中信银行股份有限公司东莞分行债务的未受清偿部分的二分之一范围内承担连带赔偿责任；五、驳回中信银行股份有限公司东莞分行的其他诉讼请求。中信银行股份有限公司东莞分行提出上诉。广东省高级人民法院于2017年11月14日作出（2016）粤民终1107号民事判决：驳回上诉，维持原判。中信银行股份有限公司东莞分行不服向最高人民法院申请再审。最高人民法院于2018年9月28日作出（2018）最高法民申3425号民事裁定，裁定提审本案。

2019年12月9日，最高人民法院作出（2019）最高法民再155号民事判决：一、撤销广东省高级人民法院（2016）粤民终1107号民事判决；二、维持广东省东莞市中级人民法院（2015）东中法民四初字第15号民事判决第一、二、三、四项；三、撤销广东省东莞市中级人民法院（2015）东中法民四初字第15号民事判决第五项；四、陈志华在位于东莞市中堂镇东泊村的房屋价值范围内、陈仁兴在位于东莞市中堂镇的房屋价值范围内、梁彩霞在位于东莞市中堂镇东泊村陈屋新村的房屋价值范围内，就广东省东莞市中级人民法院（2015）东中法民四初字第15号民事判决第一、二判项确定的东莞市华丰盛塑料有限公司所负债务未清偿部分的二分之一范围内向中信银行股份有限公司东莞分行承担连带赔偿责任；五、驳回中信银行股份有限公司东莞分行的其他诉讼请求。

裁判理由

最高人民法院认为：《中华人民共和国物权法》第十五条①规定："当事人之间订立有关设立、变更、转让和消灭不动产物权的合同，除法律另有规定或者合同另有约定外，自合同成立时生效；未办理物权登记的，不影响合同效力。"本案中，中信银行东莞分行分别与陈志华等三人签订的《最高额抵押合同》，约定陈志华以其位于东莞市中堂镇东泊村的房屋、陈仁兴以其位于东莞市中堂镇的房屋、梁彩霞以其位于东莞市中堂镇东泊村陈屋新村的房屋为案涉债务提供担保。上述合同内容系双方当事人的真实意思表示，内容不违反法律、行政法规的强制性规定，应为合法有效。虽然前述抵押物未办理抵押登记，但根据《中华人民共和国物权法》第十五条之规定，该事实并不影响抵押合同的效力。

依法成立的合同，对当事人具有法律约束力，当事人应当按照合同约定履行各自义务，不履行合同义务或履行合同义务不符合约定的，应依据合同约定或法律规定承担相应责任。《最高额抵押合同》第六条"甲方声明与保证"约定："6.2 甲方对本合同项下的抵押物拥有完全的、有效的、合法的所有权或处分权，需依法取得权属证明的抵押物已依法获发全部权属证明文

---

① 《民法典》第215条。

件，且抵押物不存在任何争议或任何权属瑕疵……6.4 设立本抵押不会受到任何限制或不会造成任何不合法的情形。”第十二条“违约责任”约定：“12.1 本合同生效后，甲乙双方均应履行本合同约定的义务，任何一方不履行或不完全履行本合同约定的义务的，应当承担相应的违约责任，并赔偿由此给对方造成的损失。12.2 甲方在本合同第六条所作声明与保证不真实、不准确、不完整或故意使人误解，给乙方造成损失的，应予赔偿。”根据上述约定，陈志华等三人应确保案涉房产能够依法办理抵押登记，否则应承担相应的违约责任。本案中，陈志华等三人尚未取得案涉房屋所占土地使用权证，因房地权属不一致，案涉房屋未能办理抵押登记，抵押权未依法设立，陈志华等三人构成违约，应依据前述约定赔偿由此给中信银行东莞分行造成的损失。

《中华人民共和国合同法》第一百一十三条第一款①规定：“当事人一方不履行合同义务或者履行合同义务不符合约定，给对方造成损失的，损失赔偿额应当相当于因违约所造成的损失，包括合同履行后可以获得的利益，但不得超过违反合同一方订立合同时预见到或者应当预见到的因违反合同可能造成的损失。”《最高额抵押合同》第6.6条约定：“甲方承诺：当主合同债务人不履行到期债务或发生约定的实现担保物权的情形，无论乙方对主合同项下的债权是否拥有其他担保（包括但不限于主合同债务人自己提供物的担保、保证、抵押、质押、保函、备用信用证等担保方式），乙方有权直接请求甲方在其担保范围内承担担保责任，无需行使其他权利（包括但不限于先行处置主合同债务人提供的物的担保）。”第8.1条约定：“按照本合同第二条第2.2款确定的债务履行期限届满之日债务人未按主合同约定履行全部或部分债务的，乙方有权按本合同的约定处分抵押物。”在《最高额抵押合同》正常履行的情况下，当主债务人不履行到期债务时，中信银行东莞分行可直接请求就抵押物优先受偿。本案抵押权因未办理登记而未设立，中信银行东莞分行无法实现抵押权，损失客观存在，其损失范围相当于在抵押财产价值范围内华丰盛公司未清偿债务数额部分，并可依约直接请求陈志华等三人进行赔偿。同时，根据本案查明的事实，中信银行东莞分行对《最高额抵押合

---

① 《民法典》第584条。

同》无法履行亦存在过错。东莞市房产管理局已于2011年明确函告辖区各金融机构，房地权属不一致的房屋不能再办理抵押登记。据此可以认定，中信银行东莞分行在2013年签订《最高额抵押合同》时对于案涉房屋无法办理抵押登记的情况应当知情或者应当能够预见。中信银行东莞分行作为以信贷业务为主营业务的专业金融机构，应比一般债权人具备更高的审核能力。相对于此前曾就案涉抵押物办理过抵押登记的陈志华等三人来说，中信银行东莞分行具有更高的判断能力，负有更高的审查义务。中信银行东莞分行未尽到合理的审查和注意义务，对抵押权不能设立亦存在过错。同时，根据《中华人民共和国合同法》第一百一十九条①“当事人一方违约后，对方应当采取适当措施防止损失的扩大；没有采取适当措施致使损失扩大的，不得就扩大的损失要求赔偿”的规定，中信银行东莞分行在知晓案涉房屋无法办理抵押登记后，没有采取降低授信额度、要求提供补充担保等措施防止损失扩大，可以适当减轻陈志华等三人的赔偿责任。综合考虑双方当事人的过错程度以及本案具体情况，酌情认定陈志华等三人以抵押财产价值为限，在华丰盛公司尚未清偿债务的二分之一范围内，向中信银行东莞分行承担连带赔偿责任。

（生效裁判审判人员：高燕竹、张颖新、刘少阳）

【实务问答】

1. 如何理解合同效力与物权变动的“区分原则”？

《民法典》第215条规定，当事人之间订立有关设立、变更、转让和消灭不动产物权的合同，除法律另有规定或者当事人另有约定外，自合同成立时生效；未办理物权登记的，不影响合同效力。

《民法典》第215条（原《物权法》第15条）把不动产物权的变动与其原因行为分成两个法律现象，物权变动交由物权编调整，原因行为则由合同编规制，在民法学说中，也称为物权变动与其基础关系或原因关系的区分。以发生物权变动为目的的基础关系（合同），属债权法律关系的范畴，这种合同也可看成是物权变动的原因行为。而不动产物权变动只能在登记时生

① 《民法典》第591条。

效，依法成立生效的合同不意味着必然发生物权变动的结果。如物权因客观情势发生变迁，使得变动不再可能。可以说，有关设立、变更、转让、消灭不动产物权的合同和物权本身的设立、变更、转让、消灭是两个需要区分来看的问题。合同是当事人间的合意，除非法律有特别规定或当事人特别约定，合同一经成立，只要不违反法律的强制性规定和社会公共利益，就应发生效力。而登记是针对民事权利的变动而设定的，是一种物权变动的公示方法。若当事人仅就物权的变动达成合意而没有办理登记，合同仍有效。如当事人订立房屋买卖合同后，合同就已生效，没有办理登记手续，房屋所有权虽不能发生移转，但买受人基于有效合同而享有的占有权仍然受到保护，违约的当事人应承担违约责任。就本案而言，虽然案涉抵押物未办理抵押登记，但并不影响案涉抵押合同的效力。

关于如何具体理解“当事人是否办理物权登记，不应当影响合同的效力”，需要从以下几点把握：一是不影响合同的继续履行。因为合同仍然有效，当事人依然负有按照有效的合同继续办理登记等方面的义务。二是不影响解约、追责等条款的约束力。在合同依然有效的前提下，合同中的条款对当事人均具有约束力。若一方未办理登记构成根本违约，另一方可请求继续履行，当然也有权解除合同并要求对方承担相应违约责任。三是因部分履行取得的合法权益免于非法剥夺。如依据有效合同而交付后，买受人等债权人占有作为标的物的不动产属于有权占有，出卖人等无权请求返还。针对第三人侵害占有的，买受人可基于有权占有提起占有之诉。

2. 如何理解一方违约时另一方的减损义务？

《民法典》第591条规定，当事人一方违约后，对方应当采取适当措施防止损失的扩大；没有采取适当措施致使损失扩大的，不得就扩大的损失请求赔偿。当事人因防止损失扩大而支出的合理费用，由违约方负担。

减损义务是指债权人在债务人违约并造成损害之后，负有采取适当措施避免损失扩大的义务。面对债务人的违约，债权人不应无动于衷放任损失扩大，而应采取适当措施防止损失扩大，以期提高市场效率，避免不必要的资源浪费，增进社会整体效益，为此《民法典》第591条规定了债权人的减损规则。债权人负有的减损义务是一种强度较低的义务，也称不真正义务。换言之，债权人违反减损义务的，债务人并不能直接请求债权人承担赔偿责任，而是仅针对债权人发生利益的消极减损，即债权人不得就扩大损失请求债务人赔偿。

适用减损规则，需要满足以下条件：一是一方违约行为导致了损害发生，且受损方对损害发生并无过错。二是受损方未采取合理措施致损失扩大。需要注意，若违约行为使受损方得到了某种利益，如使受损害方免除了履行义务并节省了履行费用，此时在确定损害赔偿额时还需要采取损益相抵规则扣除所得利益，而不适用减损规则。三是受损方对损失扩大有过失。基于诚信原则，受损方在损害发生后负有减轻损失的义务，其应采取合理、适当的措施防止损失进一步扩大。四是扩大的损失与受损害方未及时采取合理的、适当的措施之间存在因果关系。

需要注意，在判断“防止损失扩大的适当措施”中的措施是否适当的时候，主要考量非违约的受损方是否基于诚信原则的要求尽己努力采取措施避免损失扩大，具体措施包括停止进一步履行、接受债务人变更合同的合理要求、合理的替代交易等。当然，若采取的措施需要的代价过高，或者有悖于商业道德，或将严重损害债权人自身利益，此时不应认为债权人未采取适当措施。此外，措施适当还考虑期限方面是否合理，是债权人因为防止损失扩大而支出的，并且根据当时情况是合理的。

3. 减损规则与过失相抵规则有何区别？

过失相抵规则也称与有过失，是指受损害方对于损害的发生或扩大有过错的，应相应减轻相对方的损害赔偿责任。《民法典》第 591 条规定了减损规则，第 592 条第 2 款规定了与有过失。两个法条均规定在合同编通则分编的“违约责任”一章且彼此相邻，虽有一定联系乃至相似之处，但毕竟通过《民法典》两个条文分别进行规定，说明二者仍存显著区别。从权利义务先后顺序上看，减损规则是一方当事人违约行为在前，另一方防止损失扩大的义务在后；而与有过失通常情况下是当事人违约行为同时发生，或者虽然存在先后顺序，但先后顺序并不存在逻辑关系。从法律后果上看，减损规则是根据一方是否采取合理措施来判断责任承担，受损方也不一定承担损失扩大的责任；而过失相抵规则是按照各方的过错大小划分责任，各方往往均要负担一定责任。

023 指导案例169号

徐欣诉招商银行股份有限公司上海延西支行银行卡纠纷案

持卡人未违反信息妥善保管义务时，银行不能仅以持卡人身份识别信息与交易验证信息相符为由拒绝承担账户被盗刷的赔偿责任

（最高人民法院审判委员会讨论通过 2021年11月9日发布）

关键词：民事/银行卡纠纷/网络盗刷/责任认定

裁判要点

持卡人提供证据证明他人盗用持卡人名义进行网络交易，请求发卡行承担被盗刷账户资金减少的损失赔偿责任，发卡行未提供证据证明持卡人违反信息妥善保管义务，仅以持卡人身份识别信息和交易验证信息相符为由主张不承担赔偿责任的，人民法院不予支持。

相关法条

《中华人民共和国合同法》第107条（注：现行有效的法律为《中华人民共和国民法典》第577条）

基本案情

徐欣系招商银行股份有限公司上海延西支行（以下简称招行延西支行）储户，持有卡号为××××的借记卡一张。

2016年3月2日，徐欣上述借记卡发生三笔转账，金额分别为50000元、50000元及46200元，共计146200元。转入户名均为石某，卡号：××××，转入行：中国农业银行。

2016年5月30日，徐欣父亲徐某至上海市公安局青浦分局经侦支队报警并取得《受案回执》。当日，上海市公安局青浦分局经侦支队向徐欣发送沪公（青）立告字（2016）3923号《立案告知书》，告知信用卡诈骗案决定

立案。

2016年4月29日，福建省福清市公安局出具融公（刑侦）捕字（2016）00066号《逮捕证》，载明：经福清市人民检察院批准，兹由我局对涉嫌盗窃罪的谢某1执行逮捕，送福清市看守所羁押。

2016年5月18日，福建省福清市公安局刑侦大队向犯罪嫌疑人谢某1制作《讯问笔录》，载明：……我以9800元人民币向我师傅购买了笔记本电脑、银行黑卡（使用别人身份办理的银行卡）、身份证、优盘等设备用来实施盗刷他人银行卡存款。我师傅卖给我的优盘里有受害人的身份信息、手机号码、银行卡号、取款密码以及银行卡内的存款情况。……用自己人的头像补一张虚假的临时身份证，办理虚假的临时身份证的目的是用于到手机服务商营业厅将我们要盗刷的那个受害者的手机挂失并补新的SIM卡，我们补新SIM卡的目的是掌握受害者预留给银行的手机，以便于接收转账等操作时银行发送的验证码，只有输入验证码手机银行内的钱才能被转账成功。而且将受害者的银行卡盗刷后，他手上持有的SIM卡接收不到任何信息，我们转他银行账户内的钱不至于被他发现。……2016年3月2日，我师傅告诉我说这次由他负责办理受害人假的临时身份证，并补办受害者关联银行卡的新手机SIM卡。他给了我三个银行账号和密码（经辨认银行交易明细，……一张是招行卡号为××××，户名：徐欣）。

2016年6月，福建省福清市公安局出具《呈请案件侦查终结报告书》，载明：……2016年3月2日，此次作案由谢某1负责转账取款，上家负责提供信息、补卡，此次谢某1盗刷了周某、徐欣、汪某等人银行卡内存款共计400700元……。

2016年6月22日，福建省福清市人民检察院向徐欣发送《被害人诉讼权利义务告知书》，载明：犯罪嫌疑人谢某1、谢某2等3人盗窃案一案，已由福清市公安局移送审查起诉……。

徐欣向人民法院起诉请求招行延西支行赔偿银行卡盗刷损失及利息。

裁判结果

上海市长宁区人民法院于2017年4月25日作出（2017）沪0105民初1787号民事判决：一、招商银行股份有限公司上海延西支行给付徐欣存款损失146200元；二、招商银行股份有限公司上海延西支行给付原告徐欣自2016年3月3日起至判决生效之日止，以146200元为基数，按照中国人民银行同期存款利率计算的利息损失。招商银行股份有限公司上海延西支行不服一审判决，向上海市第一中级人民法院提起上诉。上海市第一中级人民法院2017年10月31日作出（2017）沪01民终9300号民事判决：驳回上诉，维持原判。

裁判理由

法院生效裁判认为：被上诉人在上诉人处办理了借记卡并将资金存入上诉人处，上诉人与被上诉人之间建立储蓄存款合同关系。《中华人民共和国商业银行法》第六条规定，“商业银行应当保障存款人的合法权益不受任何单位和个人的侵犯”。在储蓄存款合同关系中，上诉人作为商业银行对作为存款人的被上诉人，具有保障账户资金安全的法定义务以及向被上诉人本人或者其授权的人履行的合同义务。为此，上诉人作为借记卡的发卡行及相关技术、设备和操作平台的提供者，应当对交易机具、交易场所加强安全管理，对各项软硬件设施及时更新升级，以最大限度地防范资金交易安全漏洞。尤其是，随着电子银行业务的发展，商业银行作为电子交易系统的开发、设计、维护者，也是从电子交易便利中获得经济利益的一方，应当也更有能力采取更为严格的技术保障措施，以增强防范银行卡违法犯罪行为的能力。本案根据查明的事实，被上诉人涉案账户的资金损失，系因案外人谢某1非法获取被上诉人的身份信息、手机号码、取款密码等账户信息后，通过补办手机SIM卡截获上诉人发送的动态验证码，进而进行转账所致。在存在网络盗刷的情况下，上诉人仍以身份识别信息和交易验证信息通过为由主张案涉交易是持卡人本人或其授权交易，不能成立。而且，根据本案现有证据无法查明案外人谢某1如何获得交易密码等账户信息，上诉人亦未提供相应的证据证明账户信息泄露系因被上诉人没有妥善保管使用银行卡所导致，因此，就被上诉人自身具有过错，应当由上诉人承担举证不能的法律后果。上诉人另主张，手机运营商在涉案事件中存在过错。然，本案被上诉人提起诉讼的请求权基础为储蓄存款合同关系，手机运营商并非合同以及本案的当事人，手机运营商是否存在过错以及上诉人对被上诉人承担赔偿责任后，是否有权向手机运营商追偿，并非本案审理范围。综上，上诉人在储蓄存款合同履行过程中，对上诉人账户资金未尽到安全保障义务，又无证据证明被上诉人存在违约行为可以减轻责任，上诉人对被上诉人的账户资金损失应当承担全部赔偿责任。上诉人的上诉请求，理由不成立，不予支持。

（生效裁判审判人员：崔婕、周欣、桂佳）

【实务问答】

1. 过错是否属于违约责任的构成要件？

《民法典》第577条规定，当事人一方不履行合同义务或者履行合同义务不符合约定的，应当承担继续履行、采取补救措施或者赔偿损失等违约责任。

关于过错是否属于违约责任构成要件的问题，实质上即是违约责任归责原则的问题。归责原则，是指将责任归属于某主体的正当理由。若将责任归属于某主体的正当理由是其具有过错，即属过错归责原则；若将责任归属于某主体时无须考虑其是否存在过错，即不以其具有过错为前提，除法定事由外即使其证明自己并没有过错仍需承担责任，即为无过错归责原则。当然，除此之外，还存在过错推定情形，但其本质上仍属过错原则的大范畴。只是，在确认是否存在过错时采用了推定的形式。

就我国民事立法进程而言，违约责任的归责原则大致经历了从过错责任到无过错责任的演变。原《合同法》之前的原《经济合同法》第29条第1款规定："由于当事人一方的过错，造成经济合同不能履行或者不能完全履行，由有过错的一方承担违约责任；如属双方的过错，根据实际情况，由双方分别承担各应负的违约责任。"即属过错责任原则。就原《民法通则》而言，其第106条第1款明确了"公民、法人违反合同或者不履行其他义务的，应当承担民事责任"，第2款明确规定对侵权责任采用过错责任原则，第3款对所有民事责任规定在有特别规定场合可承担无过错责任。若认为原《民法通则》对违约责任采纳无过错归责原则，那么该条第3款无疑是多余的。故，应认为原《民法通则》针对违约责任采用了过错原则。参与起草原《民法通则》的王家福教授在其著作中亦认为违约责任的归责原则为过错原则。

而后来颁布的原《合同法》第107条既未规定当事人承担违约责任须以主观过错为要件，也未规定“若当事人能够证明自己没有过错则不应承担违约责任”，故被认为采用了无过错归责原则。

《民法典》第577条关于违约责任的一般规定沿用了原《合同法》第107条的规定，亦采取无过错责任原则，即在违约责任一般构成要件中不考虑是否存在过错。如此，更有利于保护非违约方或守约方利益。但为避免让违约方绝对担责导致风险不合理分配，更好地平衡行为自由和受害人法益保护，《民法典》对部分违约责任的减免、限制也作了特殊规定：一是违约责任减免。如《民法典》第590条第1款、第591条第1款、第592条、第823条第1款、第832条、第893条等。二是典型合同中的特殊归责与免责。如《民法典》第662条第2款、第824条第1款、第841条、第897条、第917条、第929条第1款、第930条等。三是允许当事人在特殊情形下就限制或免除责任进行约定。特殊情形包括《民法典》第506条、第618条。

本指导案例中，案涉基础关系为储蓄存款合同关系，银行在储蓄存款合同履行过程中未尽到安全保障义务，应承担违约责任，且银行无证据证明存在可以减轻违约责任的情形，故银行应对账户资金损失承担全部赔偿责任。

2. 银行应如何保障存款人合法权益？

《商业银行法》第6条规定：“商业银行应当保障存款人的合法权益不受任何单位和个人的侵犯。”该条实际上就商业银行对存款人合法权益保障作出了基本规定。商业银行与存款人之间的法律关系民法中的债权债务关系，具体而言为储蓄存款合同关系，应适用平等、自愿、公平、诚信等民法基本原则。但由于商业银行在存款人面前处于强势地位，尤其是个人储蓄存款人在经济实力、权益维护等各方面与商业银行并不平等，故需要法律给予存款人特殊保护，因而《商业银行法》第6条明确了保障存款人合法权益的原则，且交由商业银行履行该义务。此外，作出这样的规定除有上述因素外，还有存款业务本身的特点以及商业银行存款业务涉及广大个人经济利益、事关社会安定团结等因素。

除《商业银行法》第6条的规定外，保障存款人合法权益原则在以下规定中也有体现：一是保障存款人权益方面。该法第29条规定了办理储蓄业务时要遵循存款自愿、取款自由、存款有息、为存款人保密的原则。第33条规定了保证存款本金和利息的支付，不得拖延、拒绝支付存款本金和利息。第31条规定了商业银行应按照中国人民银行规定的存款利率的上下限，确定存款利率，并予以公告。第32条规定了按照中国人民银行的规定，向中国人民银行交存存款准备金，留足备付金。二是便利存款人实现权利方面。该法第49条规定商业银行的营业时间应当方便客户，并予以公告。商业银行应当在公告的时间内营业，不得擅自停止营业或者缩短营业时间。三是制止他人侵犯存款人合法权益方面。该法第29条规定，对个人储蓄存款，商业银行有权拒绝任何单位或者个人查询、冻结、扣划，但法律另有规定的除外。第30条规定，对单位存款，商业银行有权拒绝任何单位和个人查询，但法律、行政法规另有规定的除外；有权拒绝任何单位或个人冻结、扣划，但法律另有规定的除外。四是银行破产清算时给予存款人特别保护。该法第71条第2款规定，商业银行破产清算时，在支付清算费用，所欠职工工资和劳动保险费用后，应优先支付个人储蓄存款的本金和利息。

024 指导案例170号

饶国礼诉某物资供应站等房屋租赁合同纠纷案

合同违反的虽是行政规章而非行政法规，但损害了社会公共利益、违背了公序良俗的，仍应依法认定合同无效

（最高人民法院审判委员会讨论通过　2021年11月9日发布）

关键词：民事/房屋租赁合同/合同效力/行政规章/公序良俗危房

裁判要点

违反行政规章一般不影响合同效力，但违反行政规章签订租赁合同，约定将经鉴定机构鉴定存在严重结构隐患，或将造成重大安全事故的应当尽快拆除的危房出租用于经营酒店，危及不特定公众人身及财产安全，属于损害社会公共利益、违背公序良俗的行为，应当依法认定租赁合同无效，按照合同双方的过错大小确定各自应当承担的法律责任。

相关法条

《中华人民共和国民法总则》第153条、《中华人民共和国合同法》第52条、第58条（注：现行有效的法律为《中华人民共和国民法典》第153条、第157条）

基本案情

南昌市青山湖区晶品假日酒店（以下简称晶品酒店）组织形式为个人经营，经营者系饶国礼，经营范围及方式为宾馆服务。2011年7月27日，晶品酒店通过公开招标的方式中标获得租赁某物资供应站所有的南昌市青山南路1号办公大楼的权利，并向物资供应站出具《承诺书》，承诺中标以后严格按照加固设计单位和江西省建设工程安全质量监督管理局等权威部门出具的加固改造方案，对青山南路1号办公大楼进行科学、安全的加固，并在取得具有法律效力的书面文件后，再使用该大楼。同年8月29日，晶品酒店与物资供应站签订《租赁合同》，约定：物资供应站将南昌市青山南路1号（包含房产证记载的南昌市东湖区青山南路1号和东湖区青山南路3号）办公楼4120平方米建筑出租给晶品酒店，用于经营商务宾馆。租赁期限为十五年，自2011年9月1日起至2026年8月31日止。除约定租金和其他费用标准、支付方式、违约赔偿责任外，还在第五条特别约定：1. 租赁物经有关部门鉴定为危楼，需加固后方能使用。晶品酒店对租赁物的前述问题及瑕疵已充分了解。晶品酒店承诺对租赁物进行加固，确保租赁物达到商业房产使用标准，晶品酒店承担全部费用。2. 加固工程方案的报批、建设、验收（验收部门为江西省建设工程安全质量监督管理局或同等资质的部门）均由晶品酒店负责，物资供应站根据需要提供协助。3. 晶品酒店如未经加固合格即擅自使用租赁物，应承担全部责任。合同签订后，物资供应站依照约定交付了租赁房屋。晶品酒店向物资供应站给付20万元履约保证金，1000万元投标保证金。中标后物质供应站退还了800万元投标保证金。

2011年10月26日，晶品酒店与上海永祥加固技术工程有限公司签订加固改造工程《协议书》，晶品酒店将租赁的房屋以包工包料一次包干（图纸内的全部土建部分）的方式发包给上海永祥加固技术工程有限公司加固改造，改造范围为主要承重柱、墙、梁板结构加固新增墙体全部内粉刷，图纸内的全部内容，图纸、电梯、热泵。开工时间2011年10月26日，竣工时间2012年1月26日。2012年1月3日，在加固施工过程中，案涉建筑物大部分垮塌。

江西省建设业安全生产监督管理站于2007年6月18日出具《房屋安全鉴定意见》，鉴定结果和建议是：1. 该大楼主要结构受力构件设计与施工均不能满足现行国家设计和施工规范的要求，其强度不能满足上部结构承载力的要求，存在较严重的结构隐患。2. 该大楼未进行抗震设计，没有抗震构造措施，不符合《建筑抗震设计规范》（GB50011－2001）的要求。遇有地震或其他意外情况发生，将造成重大安全事故。3. 根据《危险房屋鉴定标准》（GB50292－1999），该大楼按房屋危险性等级划分，属D级危房，应予以拆除。4. 建议：（1）应立即对大楼进行减载，减少结构上的荷载。（2）对有问题的结构构件进行加固处理。（3）目前，应对大楼加强观察，并应采取措施，确保大楼安全过渡至拆除。如发现有异常现象，应立即撤出大楼的全部人员，并向有关部门报告。（4）建议尽快拆除全部结构。

饶国礼向一审法院提出诉请：一、解除其与物资供应站于2011年8月29日签订的《租赁合同》；二、物资供应站返还其保证金220万元；三、物资供应站赔偿其各项经济损失共计281万元；四、本案诉讼费用由物资供应站承担。

物资供应站向一审法院提出反诉诉请：一、判令饶国礼承担侵权责任，赔偿其2463.5万元；二、判令饶国礼承担全部诉讼费用。

再审中，饶国礼将其上述第一项诉讼请求变更为：确认案涉《租赁合同》无效。物资供应站亦将其诉讼请求变更为：饶国礼赔偿物资供应站损失418.7万元。

裁判结果

江西省南昌市中级人民法院于2017年9月1日作出（2013）洪民一初字第2号民事判决：一、解除饶国礼经营的晶品酒店与物资供应站2011年8月29日签订的《租赁合同》；二、物质供应站应返还饶国礼投标保证金200万元；三、饶国礼赔偿物资供应站804.3万元，抵扣本判决第二项物资供应站返还饶国礼的200万元保证金后，饶国礼还应于本判决生效后十五日内给付物资供应站604.3万元；四、驳回饶国礼其他诉讼请求；五、驳回物资供应站其他诉讼请求。一审判决后，饶国礼提出上诉。江西省高级人民法院于2018年4月24日作出（2018）赣民终173号民事判决：一、维持江西省南昌市中级人民法院（2013）洪民一初字第2号民事判决第一项、第二项；二、撤销江西省南昌市中级人民法院（2013）洪民一初字第2号民事判决第三项、第四项、第五项；三、物资供应站返还饶国礼履约保证金20万元；四、饶国礼赔偿物资供应站经济损失182.4万元；五、本判决第一项、第三项、第四项确定的金额相互抵扣后，物资供应站应返还饶国礼375.7万元，该款项限物资供应站于本判决生效后10日内支付；六、驳回饶国礼的其他诉讼请求；七、驳回物资供应站的其他诉讼请求。饶国礼、物资供应站均不服二审判决，向最高人民法院申请再审。最高人民法院于2018年9月27日作出（2018）最高法民申4268号民事裁定，裁定提审本案。2019年12月19日，最高人民法院作出（2019）最高法民再97号民事判决：一、撤销江西省高级人民法院（2018）赣民终173号民事判决、江西省南昌市中级人民法院（2013）洪民一初字第2号民事判决；二、确认饶国礼经营的晶品酒店与物资供应站签订的《租赁合同》无效；三、物资供应站自本判决发生法律效力之日起10日内向饶国礼返还保证金220万元；四、驳回饶国礼的其他诉讼请求；五、驳回物资供应站的诉讼请求。

裁判理由

最高人民法院认为：根据江西省建设业安全生产监督管理站于2007年6月18日出具的《房屋安全鉴定意见》，案涉《租赁合同》签订前，该合同项下的房屋存在以下安全隐患：一是主要结构受力构件设计与施工均不能满足现行国家设计和施工规范的要求，其强度不能满足上部结构承载力的要求，存在较严重的结构隐患；二是该房屋未进行抗震设计，没有抗震构造措施，不符合《建筑抗震设计规范》国家标准，遇有地震或其他意外情况发生，将造成重大安全事故。《房屋安全鉴定意见》同时就此前当地发生的地震对案涉房屋的结构造成了一定破坏、应引起业主及其上级部门足够重视等提出了警示。在上述认定基础上，江西省建设业安全生产监督管理站对案涉房屋的鉴定结果和建议是，案涉租赁房屋属于应尽快拆除全部结构的D级危房。据此，经有权鉴定机构鉴定，案涉房屋已被确定属于存在严重结构隐患、或将造成重大安全事故的应当尽快拆除的D级危房。根据中华人民共和国住房和城乡建设部《危险房屋鉴定标准》（2016年12月1日实施）第6.1条规定，房屋危险性鉴定属D级危房的，系指承重结构已不能满足安全使用要求，房屋整体处于危险状态，构成整幢危房。尽管《危险房屋鉴定标准》第7.0.5条规定，对评定为局部危房或整幢危房的房屋可按下列方式进行处理：1. 观察使用；2. 处理使用；3. 停止使用；4. 整体拆除；5. 按相关规定处理。但本案中，有权鉴定机构已经明确案涉房屋应予拆除，并建议尽快拆除该危房的全部结构。因此，案涉危房并不具有可在加固后继续使用的情形。《商品房屋租赁管理办法》第六条规定，不符合安全、防灾等工程建设强制性标准的房屋不得出租。《商品房屋租赁管理办法》虽在效力等级上属部门规章，但是，该办法第六条规定体现的是对社会公共安全的保护以及对公序良俗的维护。结合本案事实，在案涉房屋已被确定属于存在严重结构隐患、或将造成重大安全事故、应当尽快拆除的D级危房的情形下，双方当事人仍签订《租赁合同》，约定将该房屋出租用于经营可能危及不特定公众人身及财产安全的商务酒店，明显损害了社会公共利益、违背了公序良俗。从维护公共安全及确立正确的社会价值导向的角度出发，对本案情形下合同效力的认定应从严把握，司法不应支持、鼓励这种为追求经济利益而忽视公共安全的有违社会公共利益和公序良俗的行为。故依照《中华人民共和国民法总则》第一百五十三条第二款①关于违背公序良俗的民事法律行为无效的规定，以及

---

① 《民法典》第153条第2款。

《中华人民共和国合同法》第五十二条第四项①关于损害社会公共利益的合同无效的规定，确认《租赁合同》无效。关于案涉房屋倒塌后物资供应站支付给他人的补偿费用问题，因物资供应站应对《租赁合同》的无效承担主要责任，根据《中华人民共和国合同法》第五十八条②“合同无效后，双方都有过错的，应当各自承担相应的责任”的规定，上述费用应由物资供应站自行承担。因饶国礼对于《租赁合同》无效亦有过错，故对饶国礼的损失依照《中华人民共和国合同法》第五十八条的规定，亦应由其自行承担。饶国礼向物资供应站支付的220万元保证金，因《租赁合同》系无效合同，物资供应站基于该合同取得的该款项依法应当退还给饶国礼。

（生效裁判审判人员：张爱珍、何君、张颖）

【实务问答】

1. 如何识别效力性强制性规定与管理性强制性规定？

实践中，经常需要对包括合同在内的民事法律行为的效力进行判断。而判断合同是否无效，原来主要依据为《合同法》第52条：“有下列情形之一的，合同无效：（一）一方以欺诈、胁迫的手段订立合同，损害国家利益；（二）恶意串通，损害国家、集体或者第三人利益；（三）以合法形式掩盖非法目的；（四）损害社会公共利益；（五）违反法律、行政法规的强制性规定。”该条前四项不难理解，但第5项中的“强制性规定”则较为模糊。为此，最高人民法院在《关于适用〈中华人民共和国合同法〉若干问题的解释（二）》③第14条中做了进一步规定：“合同法第五十二条第（五）项规定的‘强制性规定’，是指效力性强制性规定。”

《民法典》生效后，原《合同法》被废止，判断民事法律行为效力的主要依据变为《民法典》总则编第六章第三节（民事法律行为的效力），尤其是《民法典》第153条第1款。该款规定：“违反法律、行政法规的强制性规定的民事法律行为无效。但是，该强制性规定不导致该民事法律行为无效

① 《民法典》不再保留本条内容。
② 《民法典》第157条。
③ 该司法解释已失效。

的除外。”但如原《合同法》第52条一样，《民法典》第153条中的强制性规定，无疑也是指效力性强制性规定。

也就是说，违反与效力性相对的管理性强制性规定并不必然导致合同无效。但判断一个强制性规定，属效力性强制性规定还是管理性强制性规定，无论对实务界还是理论界，都是一大难题。

有建议采取下述区分方法：首先，法律明确规定违反该强制性规定将导致合同无效的，为当然的效力性规定；其次，法律虽然没有规定违反该强制性规定将导致合同无效，但违反该规定将损害国家利益和社会公共利益的，也属效力性规定；最后，法律没有规定违反该强制性规定将导致合同无效，违反该规定亦不损害国家利益和社会公共利益，只是损害当事人利益的，则属于管理性规定。但由于国家利益和社会公共利益没有一个明确的界定标准，让裁判者径直对此进行认定，主观因素过强，不利于裁判统一，以致这一规定在实践中很难被直接适用。

也有人主张从强制性规定的预期目的上进行区分：从规定目的来看，效力性强制性规范的目的在于否认行为的法律效力，而管理性强制性规范的目的在于禁止实施该行为。但对该方法中“否认行为”与“禁止实施”的区分，实践中也存在较大的模糊性与主观性，很难单纯据此判断。

此外，也有人提出了对象识别法、责任识别法、原因识别法等区分方法，不过也都存在一定缺陷，并不能高效且准确地区分开来。为此，笔者结合各个方法的优缺点，联系审判实际，提出了下述“三步法”：

第一步，找“无效”。即看该强制性规定及相应的解释性规定中是否明确规定了违反后“无效”的后果。若明确规定了“无效”的后果，则为效力性强制性规范。若找不到“无效”，则进入第二步。例如，最高人民法院《关于审理建设工程施工合同纠纷案件适用法律问题的解释（一）》第1条明确规定无资质所签订的协议是无效的，故该解释对应的相关规定《建筑法》第13条关于主体资质的规定，即属效力性强制性规定。

第二步，看“句子”。透过相关规定的字句，能判断为“禁止任何人、在任何时间、任何地点、以任何方式”从事某种行为的，即否定整个合同行为的，倾向认定为效力性强制性规定；若为“禁止特定人、在特定时间、特定地点、以特定方式”从事某种行为的，即并非否定整个合同行为，而是限制合同行为某些条件的，倾向认定为管理性强制性规定。如果透过“字句”看不出上述内容，或者能看出但不太确定，需要进一步检验的，则进入第三步。例如，《储蓄管理条例》第 23 条规定：“储蓄机构必须挂牌公告储蓄存款利率，不得擅自变动。”首先进行第一步，找“无效”，但我们发现并无明确的“无效”后果，故需要进入第二步，看“句子”。透过句子可以看出，该规定并不是禁止任何人的，不是对所有储蓄合同的否定，而是禁止储蓄机构（特定人）不按照挂牌利率订立储蓄合同的，故应为管理性强制性规定，不应单纯基于违反该规定而认定合同无效。

第三步，抓“实质”。从本质上来说，效力性强制性规定主要在于“直接维持或保护公共利益”，管理性强制性规定主要在于“维护特定的管理秩序”。若规定意在禁止某类交易行为的发生，以避免对实质性公共利益的损害，则为效力性强制性规范；若规定意在禁止以违反法律的方式进行某类交易的行为，以避免对管理秩序造成损害，则为管理性强制性规范。例如，《保险法》第 6 条关于保险业从业资格的规定。首先进行第一步找“无效”，发现并无“无效”字样，故进入第二步看“句子”。但透过句子“保险业务由依照本法设立的保险公司以及法律、行政法规规定的其他保险组织经营，其他单位和个人不得经营保险业务”，我们不能肯定是禁止“任何人”还是禁止“特定人”，即使勉强可认定但仍觉得需要进一步检验的，故需要进入第三步抓“实质”。经分析可知，该规定的“实质”，并非仅出于便于管理的需要，更重要的是为了保障不特定的投保人利益，涉及更多的还是公共利益，故此应认定为效力性强制性规定。

上述“三步法”，并没有一上来就对国家或公共利益进行判断，避免了径直考量强制性规定的预期目的，而是从简单处着手，兼顾形式与实质，循序渐进，在坚持法律逻辑的基础上将强制性规定的判断规范化、流程化，简单迅速，可行易行。

2. 违反规章与违反公序良俗之间的关系是什么？

据前所述可知，从原《合同法》到《民法典》，认定违“法”行为无效的“法”限于法律、行政法规，违反规章原则上并不影响合同效力。违反规章同时构成违背公序良俗，应认定合同无效。但之所以无效并非因为违反了规章而是违背了公序良俗，即裁判依据为《民法典》第153条第2款“违背公序良俗的民事法律行为无效”之规定。即便如此，也并不意味着在判断某一合同或者民事法律行为是否违背公序良俗时无须考虑是否违反规章。因为在实践中，往往只有在某一行为违反了规章内容时，才会进入是否违背公序良俗的判断。就本指导案例而言，《商品房屋租赁管理办法》虽为部门规章，但该办法第6条“不符合安全、防灾等工程建设强制性标准的房屋不得出租”的内容体现的则是对公共安全的保护、对公序良俗的维护。案涉当事人将不符合安全标准、应当拆除的D级危房出租用于商务酒店，违反了上述第6条的规定，显而易见也违反了社会公共利益、违背了公序良俗，故而法院最终认定合同无效。

在考察违反规章是否构成违背公序良俗时，下述角度的考量应受到重视，现结合常见的金融领域为例说明：

一是规范对象方面。即规范对象是交易行为本身还是市场主体准入条件，抑或是对监管对象进行合规性监管。一般来说，只有当规章的规范对象是交易行为本身或市场主体准入条件时，才可能影响合同效力。对监管对象的合规性要求，一般不影响合同效力。二是相对人利益保护方面。需要考察规范对象是一方行为还是双方行为。若规范对象仅为一方行为，基于相对人利益保护的考量，不应轻易否定合同效力。三是监管力度方面。若违反规章后果仅是导致行政处罚，则监管强度较弱，一般不宜以此否定合同效力。若违反规章的行为可能构成犯罪，则监管强度较强，认定合同效力时需要进行考量。四是社会影响方面。当违反规章行为可能造成严重社会后果如系统性金融风险时，才可以违背公序良俗为由否定合同无效。而判断社会后果是否严重时，需要看此类违规是否普遍，认定此类交易行为效力对整个行业影响如何。

025 指导案例 171 号

中天建设集团有限公司诉河南恒和置业有限公司建设工程施工合同纠纷案

合同违反的虽是行政规章而非行政法规，但损害了社会公共利益、违背了公序良俗的，仍应依法认定合同无效

（最高人民法院审判委员会讨论通过　2021 年 11 月 9 日发布）

关键词：民事/建设工程施工合同/优先受偿权/除斥期间

裁判要点

执行法院依其他债权人的申请，对发包人的建设工程强制执行，承包人向执行法院主张其享有建设工程价款优先受偿权且未超过除斥期间的，视为承包人依法行使了建设工程价款优先受偿权。发包人以承包人起诉时行使建设工程价款优先受偿权超过除斥期间为由进行抗辩的，人民法院不予支持。

相关法条

《中华人民共和国合同法》第 286 条（注：现行有效的法律为《中华人民共和国民法典》第 807 条）

基本案情

2012 年 9 月 17 日，河南恒和置业有限公司与中天建设集团有限公司签订一份《恒和国际商务会展中心工程建设工程施工合同》约定，由中天建设集团有限公司对案涉工程进行施工。2013 年 6 月 25 日，河南恒和置业有限公司向中天建设集团有限公司发出《中标通知书》，通知中天建设集团有限公司中标位于洛阳市洛龙区开元大道的恒和国际商务会展中心工程。2013 年 6 月 26 日，河南恒和置业有限公司和中天建设集团有限公司签订《建设工程施工合同》，合同中双方对工期、工程价款、违约责任等有关工程事项进行

了约定。合同签订后，中天建设集团有限公司进场施工。施工期间，因河南恒和置业有限公司拖欠工程款，2013 年 11 月 12 日、11 月 26 日、2014 年 12 月 23 日中天建设集团有限公司多次向河南恒和置业有限公司送达联系函，请求河南恒和置业有限公司立即支付拖欠的工程款，按合同约定支付违约金并承担相应损失。2014 年 4 月、5 月，河南恒和置业有限公司与德汇工程管理（北京）有限公司签订《建设工程造价咨询合同》，委托德汇工程管理（北京）有限公司对案涉工程进行结算审核。2014 年 11 月 3 日，德汇工程管理（北京）有限公司出具《恒和国际商务会展中心结算审核报告》。河南恒和置业有限公司、中天建设集团有限公司和德汇工程管理（北京）有限公司分别在审核报告中的审核汇总表上加盖公章并签字确认。2014 年 11 月 24 日，中天建设集团有限公司收到通知，河南省焦作市中级人民法院依据河南恒和置业有限公司其他债权人的申请将对案涉工程进行拍卖。2014 年 12 月 1 日，中天建设集团有限公司第九建设公司向河南省焦作市中级人民法院提交《关于恒和国际商务会展中心在建工程拍卖联系函》中载明，中天建设集团有限公司系恒和国际商务会展中心在建工程承包方，自项目开工，中天建设集团有限公司已完成产值2.87 亿元工程，中天建设集团有限公司请求依法确认优先受偿权并参与整个拍卖过程。中天建设集团有限公司和河南恒和置业有限公司均认可案涉工程于2015 年2 月5 日停工。

2018 年1 月31 日，河南省高级人民法院立案受理中天建设集团有限公司对河南恒和置业有限公司的起诉。中天建设集团有限公司请求解除双方签订的《建设工程施工合同》并请求确认河南恒和置业有限公司欠付中天建设集团有限公司工程价款及优先受偿权。

裁判结果

河南省高级人民法院于2018 年10 月30 日作出（2018）豫民初3 号民事判决：一、河南恒和置业有限公司与中天建设集团有限公司于2012 年9 月17 日、2013 年6 月26 日签订的两份《建设工程施工合同》无效；二、确认河南恒和置业有限公司欠付中天建设集团有限公司工程款288428047.89 元及相应利息（以288428047.89 元为基数，自2015 年3 月1 日起至2018 年4 月10 日止，按照中国人民银行公布的同期贷款利率计付）；三、中天建设集团有限公司在工程价款288428047.89元范围内，对其施工的恒和国际商务会展中心工程折价或者拍卖的价款享有行使优先受偿权的权利；四、驳回中天建设集团有限公司的其他诉讼请求。宣判后，河南恒和置业有限公司提起上诉，最高人民法院于2019年6月21日作出（2019）最高法民终255号民事判决：驳回上诉，维持原判。

裁判理由

最高人民法院认为：《最高人民法院关于审理建设工程施工合同纠纷案件适用法律问题的解释（二）》① 第二十二条规定："承包人行使建设工程价款优先受偿权的期限为六个月，自发包人应当给付建设工程价款之日起算。"根据《最高人民法院关于建设工程价款优先受偿权问题的批复》② 第一条规定，建设工程价款优先受偿权的效力优先于设立在建设工程上的抵押权和发包人其他债权人所享有的普通债权。人民法院依据发包人的其他债权人或抵押权人申请对建设工程采取强制执行行为，会对承包人的建设工程价款优先受偿权产生影响。此时，如承包人向执行法院主张其对建设工程享有建设工程价款优先受偿权的，属于行使建设工程价款优先受偿权的合法方式。河南恒和置业有限公司和中天建设集团有限公司共同委托的造价机构德汇工程管理（北京）有限公司于2014年11月3日对案涉工程价款出具《审核报告》。2014年11月24日，中天建设集团有限公司收到通知，河南省焦作市中级人民法院依据河南恒和置业有限公司其他债权人的申请将对案涉工程进行拍卖。2014年12月1日，中天建设集团有限公司第九建设公司向河南省焦作市中级人民法院提交《关于恒和国际商务会展中心在建工程拍卖联系函》，请求依法确认对案涉建设工程的优先受偿权。2015年2月5日，中天建设集团有限公司对案涉工程停止施工。2015年8月4日，中天建设集团有限公司向河南恒和置业有限公司发送《关于主张恒和国际商务会展中心工程价款优先受偿权的工作联系单》，要求对案涉工程价款享有优先受偿权。2016年5月5日，中天建设集团有限公司第九建设公司又向河南省洛阳市中级人民法院提交《优先受偿权参与分配申请书》，依法确认并保障其对案涉建设工程

① 该司法解释已失效。

② 该司法解释已失效。

价款享有的优先受偿权。因此，河南恒和置业有限公司关于中天建设集团有限公司未在6个月除斥期间内以诉讼方式主张优先受偿权，其优先受偿权主张不应得到支持的上诉理由不能成立。

（生效裁判审判人员：包剑平、杜军、谢勇）

【实务问答】

1. 如何理解承包人的建设工程价款优先受偿权？

《民法典》第807条规定，发包人未按照约定支付价款的，承包人可以催告发包人在合理期限内支付价款。发包人逾期不支付的，除根据建设工程的性质不宜折价、拍卖外，承包人可以与发包人协议将该工程折价，也可以请求人民法院将该工程依法拍卖。建设工程的承包人就该工程折价或者拍卖的价款优先受偿。

《民法典》第807条是关于发包人未依约支付工程价款的责任之规定，该条实质上确立了承包人对建设工程价款的优先受偿权。需要注意，只有发包人在承包人催告后的合理期限内仍没有支付价款的，承包人才能将该工程折价或拍卖以优先受偿。若发包人在承包人催告后的合理期限内支付了全部价款，承包人只能要求发包人承担支付约定的违约金或支付逾期利息、赔偿其他损失等违约责任，而不能将该工程折价或拍卖以优先受偿。此外，按照建设工程的性质不宜折价、拍卖的规则，承包人不能将该工程折价或拍卖，如发包方无所有权的工程、国防设施、国家重点工程、公共设施工程。此外，承包人按照本条规定行使优先受偿权，还需要注意以下几点：（1）按照合同约定已经达到付款的条件。（2）承包人对工程依法折价或者拍卖的，应当遵循一定的程序。承包人对工程折价的，应当与发包人达成协议，参照市场价格确定一定的价款把该工程的所有权由发包人转移给承包人，从而使承包人的价款债权得以实现。承包人因与发包人达不成折价协议而采取拍卖方式的，应当申请人民法院依法将该工程予以拍卖。承包人不得委托拍卖公司或者自行将工程予以拍卖。（3）工程折价或者拍卖后所得价款如果超出发包人应付价款数额的，该超过的部分应当归发包人所有；如果折价或者拍卖所得价款还不足以清偿承包人价款债权额的，承包人可以请求发包人支付不足部分。另外需要注意，根据最新司法解释的规定，建设工程价款优先受偿权行使期限已修改为最长不超过18个月。

2. 建设工程价款优先受偿权的行使方式有哪些？

建设工程价款优先受偿权属法定优先权，基于《民法典》第807条的规定可知，当事人除了协议折价的方式外，还可通过申请法院拍卖的方式行使。而就申请拍卖而言，又具体可分为以下情形：一是在工程款诉讼中直接确认优先受偿权，并据此直接执行；二是工程款诉讼中未要求确认但在执行阶段提出优先权，被执行人无异议的可直接执行，被执行人有异议的，可通过执行审查程序进行审查；三是当事人单独提起优先权诉讼，诉讼期间暂停执行，待案件裁决后再行分配。

需要注意，根据《民诉法解释》第506条第2款的规定，对人民法院查封、扣押、冻结的财产有优先权、担保物权的债权人，可以直接申请参与分配，主张优先受偿权。基于此，作为法定优先权的一种，建设工程价款优先受偿权并非必须通过诉讼裁判才能确立，权利人可直接向法院执行部门提出行使权利的主张。但提出归提出，能否获得执行部门采纳进而直接进入执行程序优先受偿，则需要进一步区分不同情况。

最高人民法院民事审判第一庭在其编写的《民事审判实务问答》（法律出版社2021年7月出版）一书中，就“未经诉讼直接向执行机构主张建设工程优先权的，执行机构应当如何处理”这一问题，其主要观点为：法院在执行程序中收到承包人要求行使未经生效法律文书确认的建设工程优先权申请的，可分两种情况予以处理：一是如果被执行人对其申请的工程款金额无异议，且经法院审查承包人提供的建设工程合同及相关材料合法有效，亦未发现承包人和被执行人恶意串通损害国家、集体和第三人利益的，应准许其优先受偿；二是如果被执行人对其申请的工程款金额有异议，法院应当告知承包人另行诉讼，但法院对工程变价款的分配程序须待诉讼有结果后方可继续进行。建设工程优先权覆盖的工程款具体金额应由审判机构或仲裁机构确定。这是因为，根据审执分立的原则，除非法律或司法解释特别授权，执行机构一般不得对实体问题进行裁判。从法律性质来看，承包人是否享有建设工程优先权以及优先权部分的具体金额属于实体问题，本质上应由审判机构通过诉讼程序或者由仲裁机构通过仲裁程序予以确认。

值得一提的是，在司法实践中，更常见的情况并非当事人之间就建设工程价款未经诉讼即申请执行，而是当事人经过了纠纷解决程序并获得了有关工程款的执行名义（法院的判决、仲裁机构的裁决等），但这些执行名义或者根本不确认承包人是否享有建设工程优先权，或者不对工程款中优先受偿权部分的具体金额加以明确。面对此种执行名义，执行机构往往陷入窘境。事实上，审判机构在关于工程款纠纷的裁判文书中，应当根据当事人的诉讼请求，确认承包人是否享有建设工程优先权；如果享有，则应确认其具体金额。因此，当前在执行对建设工程优先权未予明确的执行名义时，执行机构可首先告知承包人申请再审或另行诉讼，经审判机构对有建设工程优先权的债权数额进行确认后，依确定的金额执行。

3. 多种方式主张优先受偿权时如何确定行使日期？

如前所述，当事人协议折价与申请法院拍卖是行使工程价款优先受偿权的两种主要方式。而申请法院拍卖又可分为诉讼、非诉讼等。由此观之，存在权利人通过多种方式行使优先权的可能，司法实践中这种情形也较为常见。此类情形下，若当事人协商折价或承包人采取非诉讼方式行使优先受偿权的时间尚在行使期限内，但承包人第二次或者第三次寻求救济时已超过行使期限，如何处理？

根据《民法典》第807条可知，法律并未禁止承包人在协议折价无果后采取司法程序，也未在非诉讼方式失败后再运用诉讼方式。考虑代协议折价或非诉讼拍卖的方式可降低成本，减少司法资源消耗，其更应得到鼓励。为此，应将首次主张优先权（协议折价或非诉讼申请拍卖）与其后主张优先权的行为视为一个整体，即在首次行使日未超行使期限的情况下，其后再次寻求救济的时间即使超出行使期限，也不宜认定丧失优先受偿权。

本指导案例的裁判结果即持上述意见。该案中，双方当事人（发包人与承包人）于2014年11月3日对第三方造价咨询单位出具的工程造价《审核报告》进行了确认。2014年12月1日，承包人向河南省焦作市中级人民法院提交了涉案工程的拍卖联系函，请求依法确认对涉案工程的优先受偿权。2015 年 8 月 4 日，承包人向发包人发送工作联系单，要求对涉案工程价款享有优先受偿权。2016 年 5 月 5 日，承包人向河南省洛阳市中级人民法院提交了《优先受偿权参与分配申请书》，请求参与分配，依法确认并保障其对涉案建设工程价款享有的优先受偿权。最高人民法院最终认为，承包人行使建设工程价款的优先受偿权未超过法定期限。

五、知识产权与竞争纠纷

026 指导案例 80 号

洪福远、邓春香诉贵州五福坊食品有限公司、贵州今彩民族文化研发有限公司著作权侵权纠纷案

民间文学艺术衍生作品的表达系独立完成且有独创性的部分受《著作权法》保护

（最高人民法院审判委员会讨论通过 2017 年 3 月 6 日发布）

关键词：民事／著作权侵权／民间文学艺术衍生作品

裁判要点

民间文学艺术衍生作品的表达系独立完成且有创作性的部分，符合著作权法保护的作品特征的，应当认定作者对其独创性部分享有著作权。

相关法条

《中华人民共和国著作权法》第三条

《中华人民共和国著作权法实施条例》第二条

基本案情

原告洪福远、邓春香诉称：原告洪福远创作完成的《和谐共生十二》作品，发表在 2009 年 8 月贵州人民出版社出版的《福远蜡染艺术》一书中。洪福远曾将该涉案作品的使用权（蜡染上使用除外）转让给原告邓春香，由邓春香维护著作财产权。被告贵州五福坊食品有限公司（以下简称五福坊公司）以促销为目的，擅自在其销售的商品上裁切性地使用了洪福远的上述画作。原告认为被告侵犯了洪福远的署名权和邓春香的著作财产权，请求法院判令：被告就侵犯著作财产权赔偿邓春香经济损失 20 万元；被告停止使用涉

案图案，销毁涉案包装盒及产品册页；被告就侵犯洪福远著作人身权刊登声明赔礼道歉。

被告五福坊公司辩称：第一，原告起诉其拥有著作权的作品与贵州今彩民族文化研发有限公司（以下简称今彩公司）为五福坊公司设计的产品外包装上的部分图案，均借鉴了贵州黄平革家传统蜡染图案，被告使用今彩公司设计的产品外包装不构成侵权；第二，五福坊公司的产品外包装是委托本案第三人今彩公司设计的，五福坊公司在使用产品外包装时已尽到合理注意义务；第三，本案所涉作品在产品包装中位于右下角，整个作品面积只占产品外包装面积的二十分之一左右，对于产品销售的促进作用影响较小，原告起诉的赔偿数额20万元显然过高。原告的诉请没有事实和法律依据，故请求驳回原告的诉讼请求。

第三人今彩公司述称：其为五福坊公司进行广告设计、策划，2006年12月创作完成“四季如意”的手绘原稿，直到2011年10月五福坊公司开发针对旅游市场的礼品，才重新截取该图案的一部分使用，图中的鸟纹、如意纹、铜鼓纹均源于贵州黄平革家蜡染的“原形”，原告作品中的鸟纹图案也源于贵州传统蜡染，原告方主张的作品不具有独创性，本案不存在侵权的事实基础，故原告的诉请不应支持。

法院经审理查明：原告洪福远从事蜡染艺术设计创作多年，先后被文化部①授予“中国十大民间艺术家”“非物质文化遗产保护工作先进个人”等荣誉称号。2009年8月其创作完成的《和谐共生十二》作品发表在贵州人民出版社出版的《福远蜡染艺术》一书中，该作品借鉴了传统蜡染艺术的自然纹样和几何纹样的特征，色彩以靛蓝为主，描绘了一幅花、鸟共生的和谐图景。但该作品对鸟的外形进行了补充，对鸟的眼睛、嘴巴丰富了线条，使得鸟图形更加传神，对鸟的脖子、羽毛融入了作者个人的独创，使得鸟图形更为生动，对中间的铜鼓纹花也融合了作者自己的构思而有别于传统的蜡染艺术图案。2010年8月1日，原告洪福远与原告邓春香签订《作品使用权转让合同》，合同约定洪福远将涉案作品的使用权（蜡染上使用除外）转让给邓春香，由邓春香维护受让权利范围内的著作财产权。

---

① 现为文化和旅游部。

被告五福坊公司委托第三人今彩公司进行产品的品牌市场形象策划设计服务，包括进行产品包装及配套设计、产品手册以及促销宣传品的设计等。根据第三人今彩公司的设计服务，五福坊公司在其生产销售的产品贵州辣子鸡、贵州小米渣、贵州猪肉干的外包装礼盒的左上角、右下角使用了蜡染花鸟图案和如意图案边框。洪福远认为五福坊公司使用了其创作的《和谐共生十二》作品，一方面侵犯了洪福远的署名权，割裂了作者与作品的联系，另一方面侵犯了邓春香的著作财产权。经比对查明，五福坊公司生产销售的上述三种产品外包装礼盒和产品手册上使用的蜡染花鸟图案与洪福远创作的《和谐共生十二》作品，在鸟与花图形的结构造型、线条的取舍与排列上一致，只是图案的底色和线条的颜色存在差别。

裁判结果

贵州省贵阳市中级人民法院于2015年9月18日作出（2015）筑知民初字第17号民事判决：一、被告贵州五福坊食品有限公司于本判决生效之日起10日内赔偿原告邓春香经济损失10万元；二、被告贵州五福坊食品有限公司在本判决生效后，立即停止使用涉案《和谐共生十二》作品；三、被告贵州五福坊食品有限公司于本判决生效之日起5日内销毁涉案产品贵州辣子鸡、贵州小米渣、贵州猪肉干的包装盒及产品宣传册页；四、驳回原告洪福远和邓春香的其余诉讼请求。一审宣判后，各方当事人均未上诉，判决已发生法律效力。

裁判理由

法院生效裁判认为：本案的争议焦点一是本案所涉《和谐共生十二》作品是否受著作权法保护；二是案涉产品的包装图案是否侵犯原告的著作权；三是如何确定本案的责任主体；四是本案的侵权责任方式如何判定；五是本案的赔偿数额如何确定。

关于第一个争议焦点，本案所涉原告洪福远的《和谐共生十二》画作中两只鸟尾部重合，中间采用铜鼓纹花连接而展示对称的美感，而这些正是传统蜡染艺术的自然纹样和几何纹样的主题特征，根据本案现有证据，可以认定涉案作品显然借鉴了传统蜡染艺术的表达方式，创作灵感直接来源于黄平革家蜡染背扇图案。但涉案作品对鸟的外形进行了补充，对鸟的眼睛、嘴巴丰富了线条，对鸟的脖子、羽毛融入了作者个人的独创，使得鸟图形更为传神生动，对中间的铜鼓纹花也融合了作者的构思而有别于传统的蜡染艺术图案。根据著作权法实施条例第二条“著作权法所称作品，是指文学、艺术和科学领域内具有独创性并能以某种有形形式复制的智力成果”的规定，本案所涉原告洪福远创作的《和谐共生十二》画作属于传统蜡染艺术作品的衍生作品，是对传统蜡染艺术作品的传承与创新，符合著作权法保护的作品特征，在洪福远具有独创性的范围内受著作权法的保护。

关于第二个争议焦点，根据著作权法实施条例第四条第九项“美术作品，是指绘画、书法、雕塑等以线条、色彩或者其他方式构成的有审美意义的平面或者立体的造型艺术作品”的规定，绘画作品主要是以线条、色彩等方式构成的有审美意义的平面造型艺术作品。经过庭审比对，本案所涉产品贵州辣子鸡等包装礼盒和产品手册中使用的花鸟图案与涉案《和谐共生十二》画作，在鸟与花图形的结构造型、线条的取舍与排列上一致，只是图案的底色和线条的颜色存在差别，就比对的效果来看图案的底色和线条的颜色差别已然成为侵权的掩饰手段而已，并非独创性的智力劳动；第三人今彩公司主张其设计、使用在五福坊公司产品包装礼盒和产品手册中的作品创作于2006年，但其没有提交任何证据可以佐证，而洪福远的涉案作品于2009年发表在《福远蜡染艺术》一书中，且书中画作直接注明了作品创作日期为2003年，由此可以认定洪福远的涉案作品创作并发表在先。在五福坊公司生产、销售涉案产品之前，洪福远即发表了涉案《和谐共生十二》作品，五福坊公司有机会接触到原告的作品。据此，可以认定第三人今彩公司有抄袭洪福远涉案作品的故意，五福坊公司在生产、销售涉案产品包装礼盒和产品手册中部分使用原告的作品，侵犯了原告对涉案绘画美术作品的复制权。

关于第三个争议焦点，庭前准备过程中，经法院向洪福远释明是否追加今彩公司为被告参加诉讼，是否需要变更诉讼请求，原告以书面形式表示不同意追加今彩公司为被告，并认为五福坊公司与今彩公司属于另一法律关系，不宜与本案合并审理。事实上，五福坊公司与今彩公司签订了合同书，合同约定被告生产的所有产品的外包装、广告文案、宣传品等皆由今彩公司设计，合同也约定如今彩公司提交的设计内容有侵权行为，造成的后果由今彩公司全部承担。但五福坊公司作为产品包装的委托方，并未举证证明其已尽到了合理的注意义务，且也是侵权作品的最终使用者和实际受益者，根据著作权法第四十八条第二款第一项①“有下列侵权行为的，应当根据情况，承担停止侵害、消除影响、赔礼道歉、赔偿损失等民事责任……（一）未经著作权人许可，复制、发行、表演、放映、广播、汇编、通过信息网络向公众传播其作品的，本法另有规定的除外”、《最高人民法院关于审理著作权民事纠纷案件适用法律若干问题的解释》（以下简称《著作权纠纷案件解释》）第十九条、第二十条第二款的规定，五福坊公司依法应承担本案侵权的民事责任。五福坊公司与第三人今彩公司之间属另一法律关系，不属于本案的审理范围，当事人可另行主张解决。

关于第四个争议焦点，根据著作权法第四十七条②、第四十八条规定，侵犯著作权或与著作权有关的权利的，应当根据案件的实际情况，承担停止侵害、消除影响、赔礼道歉、赔偿损失等民事责任。本案中，第一，原告方的部分著作人身权和财产权受到侵害，客观上产生相应的经济损失，对于原告方的第一项赔偿损失的请求，依法应当获得相应的支持；第二，无论侵权人有无过错，为防止损失的扩大，责令侵权人立即停止正在实施的侵犯他人著作权的行为，以保护权利人的合法权益，也是法律实施的目的，对于原告方第二项要求被告停止使用涉案图案，销毁涉案包装盒及产品册页的诉请，依法应予支持；第三，五福坊公司事实上并无主观故意，也没有重大过失，只是没有尽到合理的审查义务而基于法律的规定承担侵权责任，洪福远也未举证证明被告侵权行为造成其声誉的损害，故对于洪福远要求五福坊公司在《贵州都市报》综合版面刊登声明赔礼道歉的第三项诉请，不予支持。

关于第五个争议焦点，本案中，原告方并未主张为制止侵权行为所支出的合理费用，也没有举证证明为制止侵权行为所支出的任何费用。庭审中，

---

① 《著作权法》（2020 年修正）第 53 条第 1 款第 1 项。

② 《著作权法》（2020 年修正）第 52 条。

原告方没有提交任何证据以证明其实际损失的多少，也没有提交任何证据以证明五福坊公司因侵权行为的违法所得。事实上，原告方的实际损失本身难以确定，被告方因侵权行为的违法所得也难以查清。根据《著作权纠纷案件解释》第二十五条第一款、第二款“权利人的实际损失或者侵权人的违法所得无法确定的，人民法院根据当事人的请求或者依职权适用著作权法第四十八条第二款（现为第四十九条第二款）的规定确定赔偿数额。人民法院在确定赔偿数额时，应当考虑作品类型、合理使用费、侵权行为性质、后果等情节综合确定”的规定，结合本案的客观实际，主要考量以下5个方面对侵犯著作权赔偿数额的影响：第一，洪福远的涉案《和谐共生十二》作品属于贵州传统蜡染艺术作品的衍生作品，著作权作品的创作是在传统蜡染艺术作品基础上的传承与创新，涉案作品中鸟图形的轮廓与对称的美感来源于传统艺术作品，作者构思的创新有一定的限度和相对局限的空间；第二，贵州蜡染有一定的区域特征和地理标志意义，以花、鸟、虫、鱼等为创作缘起的蜡染艺术作品在某种意义上属于贵州元素或贵州符号，五福坊公司作为贵州的本土企业，其使用贵州蜡染艺术作品符合民间文学艺术作品作为非物质文化遗产固有的民族性、区域性的基本特征要求；第三，根据洪福远与邓春香签订的《作品使用权转让合同》，洪福远已经将其创作的涉案《和谐共生十二》作品的使用权（蜡染上使用除外）转让给邓春香，即涉案作品的大部分著作财产权转让给了传统民间艺术传承区域外的邓春香，由邓春香维护涉案作品著作财产权，基于本案著作人身权与财产权的权利主体在传统民间艺术传承区域范围内外客观分离的状况，传承区域范围内的企业侵权行为产生的后果与影响并不显著；第四，洪福远几十年来执着于民族蜡染艺术的探索与追求，在创作中将传统的民族蜡染与中国古典文化有机地揉和，从而使蜡染艺术升华到一定高度，对区域文化的发展起到一定的推动作用。尽管涉案作品的大部分著作财产权已经转让给了传统民间艺术传承区域外的邓春香，但洪福远的创作价值以及其在蜡染艺术业内的声誉应得到尊重；第五，五福坊公司涉案产品贵州辣子鸡、贵州小米渣、贵州猪肉干的生产经营规模、销售渠道等应予以参考，根据五福坊公司提交的五福坊公司与广州卓凡彩色印刷有限公司的采购合同，尽管上述证据不一定完全客观反映五福坊公司涉案产品的生产经营状况，但在原告方无任何相反证据的情形下，被告的证明主张在合理范围内应为法律所允许。综合考量上述因素，参照贵州省当前的经济发展水平和人们的生活水平，酌情确定由五福坊公司赔偿邓春香经济损失10万元。

（生效裁判审判人员：唐有临、刘永菊、袁波文）

【实务问答】

1. 如何理解《著作权法》中的“作品”？

按照《著作权法》第3条的规定，其所称的作品是指文学、艺术和科学领域内具有独创性并能以一定形式表现的智力成果，包括文字作品；口述作品；音乐、戏剧、曲艺、舞蹈、杂技艺术作品；美术、建筑作品；摄影作品；视听作品；工程设计图、产品设计图、地图、示意图等图形作品和模型作品；计算机软件；符合作品特征的其他智力成果。作品应具备的条件包括：一是必须是“创作”的文学、艺术和自然科学、社会科学、工程技术等方面的作品。所谓创作，按《著作权法实施条例》的规定，是指直接产生文学、艺术和科学作品的智力活动。为他人创作进行组织工作，提供咨询意见、物质条件，或者进行其他辅助工作，均不视为创作。二是必须是作者“自己”的创作，即创作具有“独创性”。但需注意，创作过程中可以依法“引用”。此外，《著作权法》的“独创性”不同于《专利法》中的“新颖性”。“新颖性”具有“排他性”，而《著作权法》中的“独创性”则没有《专利法》所称的“排他性”这一特点。如在同一地点不同人拍摄的作品，尽管相似甚至“雷同”，但不属侵权。三是必须是“文学、艺术和科学领域”范围内的作品。不属于“文学、艺术和科学领域”范围内的作品，不属《著作权法》规范的范畴。四是必须是以一定的形式表现出来的作品，即《著作权法》第3条所列举的形式。

2. 民间文学艺术衍生作品的概念、种类及受《著作权法》保护的范围是什么？

民间文学艺术衍生作品在法律上并无明确的定义，从字面意思看，其是指由民间文学艺术作品演变而生的另一种具有新的表现形式的作品。法学界主流观点认为民间文学艺术衍生作品系基于对民间文学艺术表达进行收集、记录、整理、翻译、汇集、改编等而形成的作品。衍生作品也可分类，第一类是在原民间文学艺术基础上加入作者独创性思维产生的作品，第二类则是没有加入创造成分而不具有独创性的衍生作品。受著作权法保护的民间文学艺术衍生作品无疑应限定为第一类范围。通过本指导案例亦可得知，涉及的民间文学艺术衍生作品的表达系独立完成且有创造性的部分，符合《著作权法》保护的作品特征的，应认定作者对其独创性部分享有著作权。即该案所涉《和谐共生十二》画作属于传统蜡染艺术作品的衍生作品，是对传统蜡染艺术作品的传承与创新，符合《著作权法》保护的作品特征，作为作者的原告洪福远，在其具有独创性的范围内应受《著作权法》的保护。

【适用实例】

陶某钰、敖某青侵害作品信息网络传播权纠纷案（上诉人上诉理由引用）

上诉人陶某钰因与被上诉人敖某青侵害作品署名权、信息网络传播权纠纷一案，不服杭州互联网法院一审判决，向杭州市中级人民法院提起上诉。

陶某钰上诉请求：（1）撤销杭州互联网法院（2019）浙0192民初4122号民事判决；（2）改判敖某青在其经营的淘宝店铺首页赔礼道歉并持续6个月；（3）改判敖某青赔偿侵权赔偿金人民币25,000元；（4）改判敖某青承担陶某钰为制止侵权而支付的律师费5000元，并承担本案一审和二审的全部诉讼费用。事实和理由：一审判决对于涉案作品是否达到独创性要求的认定标准过高，陶某钰独创的智力成果部分理应得到著作权法的保护。首先，《著作权法》未对作品独创性高度作出任何规定，不应对独创性提出高要求。其次，从最高人民法院**指导案例80号**可知，著作权法所述的独创性，不应以从无到有为标准，在借鉴现有作品的情况下，融合了作者的构思而有别于现有作品的衍生作品也属于著作权法保护范围。本案中陶某钰主张保护的“脸型和五官”部分由其独立完成且有创作性，虽然游戏中捏脸环节所呈现的基本素材和调整范围均为游戏内置和已设定的玩法，但陶某钰在脸型、五官、妆容等多处细节均进行了数次的精细调整及搭配，耗费了巨大精力，每次调整均体现了作者的思想和审美以及特有的取舍、选择、安排和设计等。创作完成后的人物形象更真实，眼睛更为有神灵动，五官比例也更符合亚洲人的三庭五眼的审美标准，满足了最低限度的独创性要求，构成著作权法意义上的作品。

二审法院认为，作品著作权登记的目的是为解决著作权纠纷提供初步证据。陶某钰虽然对案涉形象进行了著作权登记，但案涉形象获得著作权登记本身并不能成为其当然能够获得著作权法保护的依据。能否获得著作权法保护的关键在于案涉形象是否构成著作权法意义上的作品。根据《著作权法实施条例》第2条“著作权法所称作品，是指文学、艺术和科学领域内具有独创性并能以某种有形形式复制的智力成果”以及第4条第8项“美术作品，是指绘画、书法、雕塑等以线条、色彩或者其他方式构成的有审美意义的平面或者立体的造型艺术作品”之规定，著作权法所保护的作品需要具备独创性和可复制性。本案涉及的请求保护客体（案涉形象）的可复制性问题并无争议，核心问题在于案涉形象能否满足著作权法对作品的独创性要求。作品的独创性强调独立完成和创作性，独立完成是指作品由作者通过独立思考创作产生；创作性是指作品应当能够体现作者独特的判断与选择。且著作权法保护的是具有独创性的表达，而非作者的思想、创意等。

通常情况下，客观限制因素越多，则表达的个性化选择空间越少，独创性程度越低。从本案捏脸系统的玩法设置可见，可供游戏玩家选择的素材选项虽然很多，但微调的范围仅仅体现在眉妆、瞳色、唇妆等有限参数，玩家独创性的高度广度均有限。本案涉及的捏脸过程不是一种从无到有的独立思考创作，而是在现有设置素材的基础之上进行的创作，已经承载着游戏开发者个性化的设计、构思，该捏脸是在已有他人独特思想的表达之上，故对于“创”的要求相应会提高，捏出的五官和脸型形象应该能体现出作者独特的判断与选择。只有该形象能体现作者新的表达，体现个性化的创作，与初始人物形象区别明显，才能达到一定的创作高度。案涉形象与《一梦江湖》初始人物形象相比，在剔除发型、着装等之后，两者的脸型和五官虽然存在少许的差异，但是这样的差异太过细微，无法客观识别，不符合“独创性”中“独”和“创”的要求，不构成我国著作权法上意义的作品。鉴于案涉形象不构成著作权上的作品，本案的权利基础已经不存在，其他争议问题就不予赘述。故对于陶某钰的诉求，不予支持。［（2020）浙01民终1426号］

027 指导案例81号

张晓燕诉雷献和、赵琪、山东爱书人音像图书有限公司著作权侵权纠纷案

由不同作者就同一题材创作的作品，作品的表达系独立完成并且有创作性的，各自享有独立著作权

（最高人民法院审判委员会讨论通过　2017年3月6日发布）

关键词：民事/著作权侵权/影视作品/历史题材/实质相似

裁判要点

1. 根据同一历史题材创作的作品中的题材主线、整体线索脉络，是社会共同财富，属于思想范畴，不能为个别人垄断，任何人都有权对此类题材加以利用并创作作品。2. 判断作品是否构成侵权，应当从被诉侵权作品作者是否接触过权利人作品、被诉侵权作品与权利人作品之间是否构成实质相似等方面进行。在判断是否构成实质相似时，应比较作者在作品表达中的取舍、选择、安排、设计等是否相同或相似，不应从思想、情感、创意、对象等方面进行比较。3. 按照著作权法保护作品的规定，人民法院应保护作者具有独创性的表达，即思想或情感的表现形式。对创意、素材、公有领域信息、创作形式、必要场景，以及具有唯一性或有限性的表达形式，则不予保护。

相关法条

《中华人民共和国著作权法》第二条

《中华人民共和国著作权法实施条例》第二条

基本案情

原告张晓燕诉称：其于1999年12月开始改编创作《高原骑兵连》剧本，2000年8月根据该剧本筹拍20集电视连续剧《高原骑兵连》（以下将该剧本及其电视剧简称“张剧”），2000年12月该剧摄制完成，张晓燕系该剧著作

权人。被告雷献和作为《高原骑兵连》的名誉制片人参与了该剧的摄制。被告雷献和作为第一编剧和制片人、被告赵琪作为第二编剧拍摄了电视剧《最后的骑兵》(以下将该电视剧及其剧本简称“雷剧”)。2009年7月1日，张晓燕从被告山东爱书人音像图书有限公司购得《最后的骑兵》DVD光盘，发现与“张剧”有很多雷同之处，主要人物关系、故事情节及其他方面相同或近似，“雷剧”对“张剧”剧本及电视剧构成侵权。故请求法院判令：三被告停止侵权，雷献和在《齐鲁晚报》上公开发表致歉声明并赔偿张晓燕剧本稿酬损失、剧本出版发行及改编费损失共计80万元。

被告雷献和辩称：“张剧”剧本根据张冠林的长篇小说《雪域河源》改编而成，“雷剧”最初由雷献和根据师永刚的长篇小说《天苍茫》改编，后由赵琪参照其小说《骑马挎枪走天涯》重写剧本定稿。2000年上半年，张晓燕找到雷献和，提出合拍反映骑兵生活的电视剧。雷献和向张晓燕介绍了改编《天苍茫》的情况，建议合拍，张晓燕未同意。2000年8月，雷献和与张晓燕签订了合作协议，约定拍摄制作由张晓燕负责，雷献和负责军事保障，不参与艺术创作，雷献和没有看到张晓燕的剧本。“雷剧”和“张剧”创作播出的时间不同，“雷剧”不可能影响“张剧”的发行播出。

法院经审理查明：“张剧”“雷剧”、《骑马挎枪走天涯》《天苍茫》，均系以二十世纪八十年代中期精简整编中骑兵部队撤（缩）编为主线展开的军旅、历史题材作品。短篇小说《骑马挎枪走天涯》发表于《解放军文艺》1996年第12期总第512期；长篇小说《天苍茫》于2001年4月由解放军文艺出版社出版发行；“张剧”于2004年5月17日至5月21日由中央电视台第八套节目在上午时段以每天四集的速度播出；“雷剧”于2004年5月19日至29日由中央电视台第一套节目在晚上黄金时段以每天两集的速度播出。

《骑马挎枪走天涯》通过对骑兵连被撤销前后连长、指导员和一匹神骏的战马的描写，叙述了骑兵在历史上的辉煌、骑兵连被撤销、骑兵连官兵特别是骑兵连长对骑兵、战马的痴迷。《骑马挎枪走天涯》存在如下描述：神马（15号军马）出身来历中透着的神秘、连长与军马的水乳交融、指导员孔越华的人物形象、连长作诗、父亲当过骑兵团长、骑兵在未来战争中发挥的重要作用、连长为保留骑兵连所做的努力、骑兵连最后被撤销、结尾处连长与神马的悲壮。“雷剧”中天马的来历也透着神秘，除了连长常问天的父亲曾为骑兵师长外，上述情节内容与《骑马挎枪走天涯》基本相似。

《天苍茫》是讲述中国军队最后一支骑兵连充满传奇与神秘历史的书，书中展示草原与骑兵的生活，如马与人的情感、最后一匹野马的基因价值，以及研究马语的老人，神秘的预言者，最后的野马在香港赛马场胜出的传奇故事。《天苍茫》中连长成天的父亲是原骑兵师的师长，司令员是山南骑兵连的第一任连长、成天父亲的老部下，成天从小暗恋司令员女儿兰静，指导员王青衣与兰静相爱，并促进成天与基因学者刘可可的爱情。最后连长为救被困沼泽的研究人员牺牲。雷剧中高波将前指导员跑得又快又稳性子好的“大喇嘛”牵来交给常问天作为临时坐骑。结尾连长为完成抓捕任务而牺牲。“雷剧”中有关指导员孔越华与连长常问天之间关系的描述与《天苍茫》中指导员王青衣与连长成天关系的情节内容有相似之处。

法院依法委托中国版权保护中心版权鉴定委员会对张剧与雷剧进行鉴定，结论如下：1. 主要人物设置及关系部分相似；2. 主要线索脉络即骑兵部队缩编（撤销）存在相似之处；3. 存在部分相同或者近似的情节，但除一处语言表达基本相同之外，这些情节的具体表达基本不同。语言表达基本相同的情节是指双方作品中男主人公表达“愿做牧马人”的话语的情节。“张剧”电视剧第四集秦冬季说：“草原为家，以马为伴，做个牧马人”；“雷剧”第十八集常问天说：“以草原为家，以马为伴，你看过电影《牧马人》吗？做个自由的牧马人”。

裁判结果

山东省济南市中级人民法院于2011年7月13日作出（2010）济民三初字第84号民事判决：驳回张晓燕的全部诉讼请求。张晓燕不服，提起上诉，山东省高级人民法院于2012年6月14日作出（2011）鲁民三终字第194号民事判决：驳回上诉，维持原判。张晓燕不服，向最高人民法院申请再审。最高人民法院经审查，于2014年11月28日作出（2013）民申字第1049号民事裁定：驳回张晓燕的再审申请。

裁判理由

法院生效裁判认为：本案的争议焦点是“雷剧”的剧本及电视剧是否侵

害“张剧”的剧本及电视剧的著作权。

判断作品是否构成侵权，应当从被诉侵权作品的作者是否“接触”过要求保护的权利人作品、被诉侵权作品与权利人的作品之间是否构成“实质相似”两个方面进行判断。本案各方当事人对雷献和接触“张剧”剧本及电视剧并无争议，本案的核心问题在于两部作品是否构成实质相似。

我国著作权法所保护的是作品中作者具有独创性的表达，即思想或情感的表现形式，不包括作品中所反映的思想或情感本身。这里指的思想，包括对物质存在、客观事实、人类情感、思维方法的认识，是被描述、被表现的对象，属于主观范畴。思想者借助物质媒介，将构思诉诸形式表现出来，将意象转化为形象、将抽象转化为具体、将主观转化为客观、将无形转化为有形，为他人感知的过程即为创作，创作形成的有独创性的表达属于受著作权法保护的作品。著作权法保护的表达不仅指文字、色彩、线条等符号的最终形式，当作品的内容被用于体现作者的思想、情感时，内容也属于受著作权法保护的表达，但创意、素材或公有领域的信息、创作形式、必要场景或表达唯一或有限则被排除在著作权法的保护范围之外。必要场景，指选择某一类主题进行创作时，不可避免而必须采取某些事件、角色、布局、场景，这种表现特定主题不可或缺的表达方式不受著作权法保护；表达唯一或有限，指一种思想只有唯一一种或有限的表达形式，这些表达视为思想，也不给予著作权保护。在判断“雷剧”与“张剧”是否构成实质相似时，应比较两部作品中对于思想和情感的表达，将两部作品表达中作者的取舍、选择、安排、设计是否相同或相似，而不是离开表达看思想、情感、创意、对象等其他方面。结合张晓燕的主张，从以下几个方面进行分析判断：

关于张晓燕提出“雷剧”与“张剧”题材主线相同的主张，因“雷剧”与《骑马挎枪走天涯》都通过紧扣“英雄末路、骑兵绝唱”这一主题和情境描述了“最后的骑兵”在撤编前后发生的故事，可以认定“雷剧”题材主线及整体线索脉络来自《骑马挎枪走天涯》。“张剧”“雷剧”以及《骑马挎枪走天涯》《天苍茫》4部作品均系以二十世纪八十年代中期精简整编中骑兵部队撤（缩）编为主线展开的军旅历史题材作品，是社会的共同财富，不能为个别人所垄断，故4部作品的作者都有权以自己的方式对此类题材加以利用并创作作品。因此，即便“雷剧”与“张剧”题材主线存在一定的相似性，因题材主线不受著作权法保护，且“雷剧”的题材主线系来自最早发表的《骑马挎枪走天涯》，不能认定“雷剧”抄袭自“张剧”。

关于张晓燕提出“雷剧”与“张剧”人物设置与人物关系相同、相似的主张，鉴于前述4部作品均系以特定历史时期骑兵部队撤（缩）编为主线展开的军旅题材作品，除了《骑马挎枪走天涯》受短篇小说篇幅的限制，没有三角恋爱关系或军民关系外，其他3部作品中都包含三角恋爱关系、官兵上下关系、军民关系等人物设置和人物关系，这样的表现方式属于军旅题材作品不可避免地采取的必要场景，因表达方式有限，不受著作权法保护。

关于张晓燕提出“雷剧”与“张剧”语言表达及故事情节相同、相似的主张，从语言表达看，如“雷剧”中“做个自由的‘牧马人’”与“张剧”中“做个牧马人”语言表达基本相同，但该语言表达属于特定语境下的惯常用语，非独创性表达。从故事情节看，用于体现作者的思想与情感的故事情节属于表达的范畴，具有独创性的故事情节应受著作权法保护，但是，故事情节中仅部分元素相同、相似并不能当然得出故事情节相同、相似的结论。前述4部作品相同、相似的部分多属于公有领域素材或缺乏独创性的素材，有的仅为故事情节中的部分元素相同，但情节所展开的具体内容和表达的意义并不相同。二审法院认定“雷剧”与“张剧”6处相同、相似的故事情节，其中老部下关系、临时指定马匹等在《天苍茫》中也有相似的情节内容，其他部分虽在情节设计方面存在相同、相似之处，但有的仅为情节表达中部分元素的相同、相似，情节内容相同、相似的部分少且微不足道。

整体而言，“雷剧”与“张剧”具体情节展开不同、描写的侧重点不同、主人公性格不同、结尾不同，二者相同、相似的故事情节在“雷剧”中所占比例极低，且在整个故事情节中处于次要位置，不构成“雷剧”中的主要部分，不会导致读者和观众对两部作品产生相同、相似的欣赏体验，不能得出两部作品实质相似的结论。根据《最高人民法院关于审理著作权民事纠纷案件适用法律若干问题的解释》第十五条“由不同作者就同一题材创作的作品，作品的表达系独立完成并且有创作性的，应当认定作者各自享有独立著作权”的规定，“雷剧”与“张剧”属于由不同作者就同一题材创作的作品，两剧都有独创性，各自享有独立著作权。

（生效裁判审判人员：于晓白、骆电、李嵘）

【实务问答】

1. 如何确定不同作者就同一题材分别独创的作品的著作权归属？

实践中，就同一题材特别是重大历史或者社会题材经常发生多位作者分别创作作品的情况，作品的某些内容和表达也经常出现一定的雷同。一般来说，体现重大社会、历史题材的作品都需要使用一些客观的历史史实，而任何人对此都不能凭空杜撰。因而，部分作品在记述人物、时间、事件等内容时所反映的客观史实和所利用的史料部分相同，不能作为构成剽窃的根据。而不同作品在创作风格、文学处理等表达形式上体现作者的创作特点，则突出地表现了作品的独创性。若原告不能证明这些表达形式属其作品所独有，其主张他人抄袭剽窃自己作品的请求就不能成立。可以说，对同一主题，任何人都享有充分的创作自由与创作空间。若认定部分作者可对某些题材、史实、资料等进行垄断，则会阻碍其他作者的创作，而这并非著作权立法本意及其精神所在。为此，《著作权纠纷案件解释》第15条规定，由不同作者就同一题材创作的作品，作品的表达系独立完成并且有创作性的，应当认定作者各自享有独立著作权。本指导案例认为，历史是社会的共同财富，任何人都有权利用历史题材创作作品。

2.《著作权法》保护的是表达还是思想或情感本身？

我国著作权法所保护的是作品中作者具有独创性的表达，即思想或情感的表现形式，而不包括作品中所反映的思想或情感本身。换言之，作品构成实质性相同或相似，应当是指表达的构成而非思想、情感。所谓思想，包括对物质存在、客观事实、人类情感、思维方法的认识，是被描述、被表现的对象，属主观范畴。思想者借助物质媒介，将构思诉诸形式表现出来，将意象转化为形象、将抽象转化为具体、将主观转化为客观、将无形转化为有形，为他人感知的过程即为创作，创作形成的有独创性的表达属受著作权法保护的作品。此处的表达不仅指文字、色彩、线条等符号的最终形式，当作品内容被用于体现作者的思想、情感时，内容也属受著作权法保护的表达，但创意、素材或公有领域的信息、创作形式、必要场景或表达唯一或有限的话则被排除在著作权法的保护范围之外。必要场景，是指选择某一类主题进行创作时，不可避免而必须采取某些事件、角色、布局、场景，这种为表现特定主题而不可或缺的表达方式不受著作权法保护；表达唯一或有限，是指一种思想只有唯一一种或有限的表达形式，这些表达被视为思想，也不给予著作权保护。就本指导案例言，判断作品是否构成实质性相似即比较两部作品对于思想和情感的表达时，需确定两部作品表达中作者的取舍、选择、安排、设计是否相同或相似，而不是离开表达看思想、情感、创意、对象等其他方面。

【适用实例】

查某与杨某、北京联合出版有限责任公司著作权权属、侵权纠纷、商业贿赂不正当竞争纠纷案

原告查某（CHA，Louis）诉被告杨某、北京联合出版有限责任公司（以下简称联合出版公司）、北京精典博维文化传媒有限公司（以下简称精典博维公司）、广州购书中心有限公司（以下简称广州购书中心）著作权侵权及不正当竞争纠纷一案，由广东省广州市天河区人民法院审理并作出判决。

法院认为，关于《此间的少年》是否侵害原告的著作权的问题，《著作权法实施条例》第2条规定，著作权法所称作品，是指文学、艺术和科学领域内具有独创性并能以某种有形形式复制的智力成果。根据“思想与表达两分法”，著作权法所保护的是作品中作者具有独创性的表达，即思想的表现形式，不包括作品中所反映的思想本身。这里指的思想，包括对物质存在、客观事实、人类情感、思维方法的认识，是被描述、被表现的对象，属于主观范畴。作者借助物质媒介，将构思诉诸形式表现出来，将意象转化为形象、将抽象转化为具体、将主观转化为客观、将无形转化为有形且能够为他人感知的过程即为创作，创作形成的有独创性的表达属于受著作权法保护的作品。

在文学创作领域中，文字作品以小说为例，其内容主要由人物、情节、

环境三个要素构成。人物是核心，人物关系、性格特征、故事情节均围绕人物展开；情节是骨架，人物名称、人物关系、性格特征均通过故事情节塑造构建而成；环境是背景，包括自然环境与社会环境，包括时代背景与空间背景。当具有特定性格特征与人物关系的人物名称以具体的故事情节在一定的时空环境中展开时，其整体已经超越了抽象的思想，属于对思想的具体表达。反之而言，脱离了具体故事情节的人物名称、人物关系、性格特征的单纯要素，往往难以构成具体的表达。杨某作为原告作品的读者，在创作之前即已接触原告作品，故判断《此间的少年》是否侵害原告著作权，需要认定《此间的少年》与原告作品是否构成实质性相似。在最高人民法院发布的**指导案例 81 号**张晓燕诉雷献和、赵琪、山东爱书人音像图书有限公司著作权侵权纠纷一案中，最高人民法院在裁定书中认为，判断是否构成实质相似时，应比较作者在作品表达中的取舍、选择、安排、设计等是否相同或相似，不应从思想、情感、创意、对象等方面进行比较。

就本案而言，经比对，《此间的少年》使用了郭靖、黄蓉、杨康、穆念慈、乔峰、康敏、令狐冲等数十个与原告作品中相同的人物名称，但同名人物的性格特征、人物关系及故事情节在具体表达的取舍、选择、安排、设计上并不一致。其中，部分人物与原告作品同名人物的简单性格特征相似，如郭靖老实木讷、正直善良与黄蓉娇生惯养、古灵精怪；部分人物与原告作品的同名人物性格不同，二者存在不同的安排与设计，如《天龙八部》中的康敏阴险歹毒、行事放浪，不惜杀死自己的丈夫，而《此间的少年》中的康敏率真、豪爽、仗义、领导能力强；部分人物仅作简略提及，并无原告作品同名人物的典型性格，如梅超风、程瑶迦、孙不二等十余个人物存在不同的取舍。部分人物与原告作品同名人物之间的简单人物关系相似，如郭靖与黄蓉是恋人关系，黄药师是黄蓉的父亲，完颜洪烈是杨康（完颜康）的继父等；部分人物与原告作品的同名人物关系看似结果相同但实质关系不同，如《天龙八部》中康敏爱慕乔峰，因乔峰未积极回应而进行陷害，但《此间的少年》中康敏与乔峰关系较好，不因乔峰未积极回应而陷害，乔峰对康敏暗生情愫而不自知，二者安排、设计并不一致。部分情节与原告作品中特定人物之间的故事情节具有抽象的相似性，例如黄蓉与郭靖相恋、杨康与穆念慈若即若离，但故事的主要情节（如黄蓉与郭靖爱情线、乔峰与康敏感情线）、一般情节（如令狐冲当上班委的故事线、杨康与穆念慈感情线）在故事发展的起承转合、背景、具体描写等方面都有很大不同；原告作品中反映人物关系与性格特征的部分典型故事情节（如郭靖、黄蓉、华筝之间的感情关系，郭靖误会黄药师危害其师傅而发生的波折，郭靖学习全真教、丐帮武功等）在《此间的少年》中没有提及，二者对情节的取舍亦有不同。

正如华东政法大学王迁教授在《同人作品著作权侵权问题初探》一文中所言，“判断同人作品是否为侵权作品的关键，在于正确地划分思想与表达的界限。独创且细致到一定程度的情节属于表达，未经许可使用实质相似的表达就可能侵权。在同人小说中直接借用经充分描述的角色和复杂的关系，可能将以角色为中心的情节带入新作品，从而形成与原作品在表达上的实质性相似。但仅使用从具体情节中抽离的角色名称、简单的性格特征及角色之间的简单关系，更多的是起到识别符号的作用，难以构成与原作品的实质性相似。”从整体上看，虽然《此间的少年》使用了原告4部作品中的大部分人物名称、部分人物的简单性格特征、简单人物关系以及部分抽象的故事情节，但上述人物的简单性格特征、简单人物关系以及部分抽象的故事情节属于小说类文字作品中的惯常表达，《此间的少年》并没有将情节建立在原告作品的基础上，基本没有提及、重述或以其他方式利用原告作品的具体情节，而是在不同的时代与空间背景下，围绕人物角色撰写故事的开端、发展、高潮、结局等全新的故事情节，创作出不同于原告作品的校园青春文学小说，且存在部分人物的性格特征缺失，部分人物的性格特征、人物关系及相应故事情节与原告作品截然不同，情节所展开的具体内容和表达的意义并不相同。在此情况下，《此间的少年》与原告作品的人物名称、人物关系、性格特征和故事情节在整体上仅存在抽象的形式相似性，不会导致读者产生相同或相似的欣赏体验，二者并不构成实质性相似。因此，《此间的少年》是杨某重新创作的文字作品，并非根据原告作品改编的作品，无需署上原告的名字，相关读者因故事情节、时空背景的设定不同，不会对原告作品中人物形象产生意识上的混乱，《此间的少年》并未侵害原告所享有的改编权、署名权、保护作品完整权。[（2016）粤0106民初12068号]

028 指导案例 157 号

左尚明舍家居用品（上海）有限公司诉北京中融恒盛木业有限公司、南京梦阳家具销售中心侵害著作权纠纷案

《著作权法》保护的是实用艺术作品的艺术性而非实用性

（最高人民法院审判委员会讨论通过 2021 年 7 月 23 日发布）

关键词：民事/侵害著作权/实用艺术作品/实用性/艺术性

裁判要点

对于具有独创性、艺术性、实用性、可复制性，且艺术性与实用性能够分离的实用艺术品，可以认定为实用艺术作品，并作为美术作品受著作权法的保护。受著作权法保护的实用艺术作品必须具有艺术性，著作权法保护的是实用艺术作品的艺术性而非实用性。

相关法条

《中华人民共和国著作权法实施条例》第 2 条、第 4 条

基本案情

2009 年 1 月，原告左尚明舍家居用品（上海）有限公司（以下简称左尚明舍公司）设计了一款名称为“唐韵衣帽间家具”的家具图。同年 7 月，左尚明舍公司委托上海傲世摄影设计有限公司对其制作的系列家具拍摄照片。2011 年 9 月、10 月，左尚明舍公司先后在和家网、搜房网进行企业及产品介绍与宣传，同时展示了其生产的“唐韵衣帽间家具”产品照片。2013 年 12 月 10 日，左尚明舍公司申请对“唐韵衣帽间组合柜”立体图案进行著作权登记。

被告南京梦阳家具销售中心（以下简称梦阳销售中心）为被告北京中融恒盛木业有限公司（以下简称中融公司）在南京地区的代理经销商。左尚明

舍公司发现梦阳销售中心门店销售品牌为“越界”的“唐韵红木衣帽间”与“唐韵衣帽间组合柜”完全一致。左尚明舍公司认为，“唐韵衣帽间组合柜”属于实用艺术作品，中融公司侵犯了左尚明舍公司对该作品享有的复制权、发行权；梦阳销售中心侵犯了左尚明舍公司对该作品的发行权。2013年11月29日至2014年1月13日，左尚明舍公司对被诉侵权产品申请保全证据，并提起了本案诉讼。

将左尚明舍公司的“唐韵衣帽间家具”与被诉侵权产品“唐韵红木衣帽间”进行比对，二者相似之处在于：整体均呈L形，衣柜门板布局相似，配件装饰相同，板材花色纹路、整体造型相似等，上述相似部分主要体现在艺术方面；不同之处主要在于L形拐角角度和柜体内部空间分隔，体现于实用功能方面，且对整体视觉效果并无影响，不会使二者产生明显差异。

裁判结果

江苏省南京市中级人民法院于2014年12月16日作出（2014）宁知民初字第126号民事判决：驳回左尚明舍公司的诉讼请求。左尚明舍公司不服一审判决，提起上诉。江苏省高级人民法院于2016年8月30日作出（2015）苏知民终字第00085号民事判决：一、撤销江苏省南京市中级人民法院（2014）宁知民初字第126号民事判决；二、中融公司立即停止生产、销售侵害左尚明舍公司“唐韵衣帽间家具”作品著作权的产品的行为；三、梦阳销售中心立即停止销售侵害左尚明舍公司“唐韵衣帽间家具”作品著作权的产品的行为；四、中融公司于本判决生效之日起十日内赔偿左尚明舍公司经济损失（包括合理费用）30万元；五、驳回左尚明舍公司的其他诉讼请求。中融公司不服，向最高人民法院申请再审。最高人民法院于2018年12月29日作出（2018）最高法民申6061号裁定，驳回中融公司的再审申请。

裁判理由

最高人民法院认为，本案主要争议焦点为：

一、关于左尚明舍公司的“唐韵衣帽间家具”是否构成受我国著作权法保护作品的问题

《中华人民共和国著作权法实施条例》（以下简称《实施条例》）第二条规定：“著作权法所称作品，是指文学、艺术和科学领域内具有独创性并能

以某种有形形式复制的智力成果。”《实施条例》第四条第八项规定：“美术作品，是指绘画、书法、雕塑等以线条、色彩或者其他方式构成的具有审美意义的平面或者立体的造型艺术作品。”我国著作权法所保护的是作品中作者具有独创性的表达，而不保护作品中所反映的思想本身。实用艺术品本身既具有实用性，又具有艺术性。实用功能属于思想范畴不应受著作权法保护，作为实用艺术作品受到保护的仅仅在于其艺术性，即保护实用艺术作品上具有独创性的艺术造型或艺术图案，亦即该艺术品的结构或形式。作为美术作品中受著作权法保护的实用艺术作品，除同时满足关于作品的一般构成要件及其美术作品的特殊构成条件外，还应满足其实用性与艺术性可以相互分离的条件。在实用艺术品的实用性与艺术性不能分离的情况下，不能成为受著作权法保护的美术作品。

左尚明舍公司的“唐韵衣帽间家具”具备可复制性的特点，双方当事人对此并无争议。本案的核心问题在于“唐韵衣帽间家具”上是否具有具备独创性高度的艺术造型或艺术图案，该家具的实用功能与艺术美感能否分离。

首先，关于左尚明舍公司是否独立完成“唐韵衣帽间家具”的问题。左尚明舍公司向一审法院提交的设计图稿、版权登记证书、产品照片、销售合同、宣传报道等证据已经形成完整的证据链，足以证明该公司已于2009年独立完成“唐韵衣帽间家具”。中融公司主张左尚明舍公司的“唐韵衣帽间家具”系抄袭自他人的配件设计，并使用通用花色和通用设计，因其未提交足以证明其主张的证据，法院对其上述主张不予支持。

其次，关于左尚明舍公司完成的“唐韵衣帽间家具”是否具有独创性的问题。从板材花色设计方面看，左尚明舍公司“唐韵衣帽间家具”的板材花色系由其自行设计完成，并非采用木材本身的纹路，而是提取传统中式家具的颜色与元素用抽象手法重新设计，将传统中式与现代风格融合，在颜色的选择、搭配、纹理走向及深浅变化上均体现了其独特的艺术造型或艺术图案；从配件设计方面看，“唐韵衣帽间家具”使用纯手工黄铜配件，包括正面柜门及抽屉把手及抽屉四周镶有黄铜角花，波浪的斜边及镂空的设计。在家具上是否使用角花镶边，角花选用的图案，镶边的具体位置，均体现了左尚明舍公司的取舍、选择、设计、布局等创造性劳动；从中式家具风格看，“唐韵衣帽间家具”右边采用了中式一一对称设计，给人以和谐的美感。因此，“唐韵衣帽间家具”具有审美意义，具备美术作品的艺术创作高度。

最后，关于左尚明舍公司“唐韵衣帽间家具”的实用功能是否能与艺术美感分离的问题。“唐韵衣帽间家具”之实用功能主要在于柜体内部置物空间设计，使其具备放置、陈列衣物等功能，以及柜体L形拐角设计，使其能够匹配具体家居环境进行使用。该家具的艺术美感主要体现在板材花色纹路、金属配件搭配、中式对称等设计上，通过在中式风格的基础上加入现代元素，产生古典与现代双重审美效果。改动“唐韵衣帽间家具”的板材花色纹路、金属配件搭配、中式对称等造型设计，其作为衣帽间家具放置、陈列衣物的实用功能并不会受到影响。因此，“唐韵衣帽间家具”的实用功能与艺术美感能够进行分离并独立存在。

因此，左尚明舍公司的“唐韵衣帽间家具”作为兼具实用功能和审美意义的立体造型艺术作品，属于受著作权法保护的美术作品。

二、关于中融公司是否侵害了左尚明舍公司主张保护涉案作品著作权的问题

判断被诉侵权产品是否构成侵害他人受著作权法保护的作品，应当从被诉侵权人是否“接触”权利人主张保护的作品、被诉侵权产品与权利人主张保护的作品之间是否构成“实质相似”两个方面进行判断。本案中，首先，根据二审法院查明的事实，中融公司提供的相关设计图纸不能完全反映被诉侵权产品“唐韵红木衣帽间”的设计元素，亦缺乏形成时间、设计人员组成等信息，不能充分证明被诉侵权产品由其自行设计且独立完成。左尚明舍公司的“唐韵衣帽间家具”作品形成及发表时间早于中融公司的被诉侵权产品。中融公司作为家具行业的经营者，具备接触左尚明舍公司“唐韵衣帽间家具”作品的条件。其次，如前所述，对于兼具实用功能和审美意义的美术作品，著作权法仅保护其具有艺术性的方面，而不保护其实用功能。判断左尚明舍公司的“唐韵衣帽间家具”作品与中融公司被诉侵权产品“唐韵红木衣帽间”是否构成实质性相似时，应从艺术性方面进行比较。将“唐韵衣帽间家具”与被诉侵权产品“唐韵红木衣帽间”进行比对，二者相似之处在于：整体均呈L形，衣柜门板布局相似，配件装饰相同，板材花色纹路、整体造型相似等，上述相似部分主要体现在艺术方面；不同之处主要在于L形拐角角度和柜体内部空间分隔，体现于实用功能方面，且对整体视觉效果并

无影响，不会使二者产生明显差异。因此，中融公司的被诉侵权产品与左尚明舍公司的“唐韵衣帽间家具”作品构成实质性相似、中融公司侵害了左尚明舍公司涉案作品的著作权。

（生效裁判审判人员：秦元明、李嵘、吴蓉）

【实务问答】

1. 实用艺术作品的概念与特征是什么？

“实用艺术作品”是以立体造型表达的具有艺术性和实用性，且可以通过工业生产等形式复制的智力成果。“实用艺术作品”源于《保护文学和艺术作品伯尔尼公约》（以下简称公约）。公约规定其属著作权保护范畴。世界知识产权组织编写的《著作权与邻接权法律术语汇编》也规定了“实用艺术作品”含义为“适于作为实用物品的艺术作品，不论是手工艺还是按工业规模制作的作品”。“实用艺术作品”在我国最早出现在1992年国务院颁布的《实施国际著作权条约的规定》第6条：“对外国实用艺术作品的保护期，为自该作品完成起二十五年。美术作品（包括动画形象设计）用于工业制品的，不适用前款规定。”2014年的《〈著作权法〉送审稿》中将“实用艺术作品”明确为“玩具、家具、饰品等具有实用功能并有审美意义的平面或者立体的造型艺术作品”，且将其与美术作品置于并列地位。可看出，我国2014年《〈著作权法〉送审稿》对实用艺术作品的定义基本上符合公约的规定。

实用艺术作品主要具有以下几个方面的特征：（1）独创性。独创性是实用艺术作品能够成为《著作权法》规定的“作品”的最基本要求，其一方面要求作品需由作者独立创作完成而非抄袭、剽窃他人作品的产物，但无需达到《专利法》对受其保护的作品所要求的新颖性标准；另一方面作品须具有创造性的个性表达。不同于《著作权法》中保护的一般作品的创造性高度，这里仅要求其能够作为与同类产品进行区别的标志。（2）实用性。实用艺术作品最明显的特征是拥有实用性和艺术鉴赏性两个特征。实用性是一件艺术作品被称为实用艺术作品必须具备的基本特征之一。实用性，简而言之就是能满足实际生活需要，在实际生活中具有使用价值，可在实际生活之中使用，在生活中被大部分人接受。（3）艺术性。艺术性指作者通过作品的创造使人们在视觉美感上得到的统一感受。艺术性强调的主要是作者的思想表达，是作者主观想法的体现。但在实用性和艺术鉴赏性可分离的情况下，若该艺术鉴赏成分能达到美术作品独创性的要求，则可从完成之日起就受到《著作权法》保护，而具备艺术鉴赏性与否，一般按照大众审美标准进行判断。（4）可复制性。可复制性是指作品可以在实际生产中进行复制，以求满足创作者一定经济利益。可复制性是区分实用艺术作品和纯欣赏性作品的标志所在，同时也是判断一个作品是否能称得上实用艺术作品的标志之一。

2. 《著作权法》对实用艺术作品的保护有哪些？

本指导案例明确了实用艺术品受《著作权法》保护的原因是其本身是美术作品，其受《著作权法》保护是其具有艺术性而非实用性。其受《著作权法》保护的条件是具有独创性、艺术性、实用性、可复制性，且其艺术性与实用性能够分离。可知，《著作权法》对实用艺术作品的保护，主要是对其中具有独创性的艺术美感部分的保护，而非对实用功能的保护。

可以说，作为美术作品受著作权法保护的实用艺术作品，除同时满足关于作品的一般构成要件及美术作品的特殊构成要件外，还应满足其实用性与艺术性可相互分离的条件。实用艺术品虽然兼具实用性和艺术性，但只有当这类智力创作成果的艺术成分能够独立于实用功能而存在时，《著作权法》才能基于艺术表达的部分而对产品造型给予保护。可以说，《著作权法》基于“艺术性”而非“实用性”对实用艺术品进行保护，旨在确保《著作权法》不沦为保护实用功能的工具。因而，值得相关生产厂商注意的是，要想产品获得《著作权法》的有效保护，应加大产品艺术美感的提升，尽可能达到较高的创作高度。

3. 如何判断实用性与艺术性是否相互分离？

一般而言，若物理上或观念上可相互分离，即可认定符合“实用性与艺术性可相互分离”的条件。物理上的相互分离，是指具备实用功能的实用性与体现艺术美感的艺术性可在物理上进行拆分并单独存在。同时将艺术成分与实用功能分离后，对实用艺术品的功能性不产生减损，如一座拥有雄狮造型底座及龙纹装饰的家具，作为底座的雄狮造型可以从家具上分离出来并独立存在，即为“物理上的”分离，只要再满足了对艺术美感表达的独创性和保护期要求，该家具造型即可获《著作权法》保护。观念上的相互分离，指实用艺术品的艺术成分能够在“观念上”同实用功能区分开，改动实用艺术品中的艺术性也不会致其实用功能的实质丧失或减损。相反，若改动实用艺术品在艺术部分的设计，直接影响到实用功能实现的话，则属无法分离，如茶具表面的绘画和茶具本身，由于绘画的艺术价值和茶具的实用功能在观念上有本质区别，即使换其他绘画也不会影响茶具的盛饮功能，此时即属观念上能够区分之情形。

029 指导案例 48 号

北京精雕科技有限公司诉上海奈凯电子科技有限公司侵害计算机软件著作权纠纷案

他人研发能够读取著作权人设定特定文件格式的软件的行为不构成对计算机软件著作权的侵害

（最高人民法院审判委员会讨论通过　2015 年 4 月 15 日发布）

关键词：民事/侵害计算机软件著作权/捆绑销售/技术保护措施/权利滥用

裁判要点

计算机软件著作权人为实现软件与机器的捆绑销售，将软件运行的输出数据设定为特定文件格式，以限制其他竞争者的机器读取以该特定文件格式保存的数据，从而将其在软件上的竞争优势扩展到机器，不属于著作权法所规定的著作权人为保护其软件著作权而采取的技术措施。他人研发软件读取其设定的特定文件格式的，不构成侵害计算机软件著作权。

相关法条

《中华人民共和国著作权法》第四十八条第一款第六项①

① 《著作权法》（2020 年修正）第 53 条第 1 款第 6 项。

《计算机软件保护条例》第二条、第三条第一款第一项、第二十四条第一款第三项

基本案情

原告北京精雕科技有限公司（以下简称精雕公司）诉称：原告自主开发了精雕 CNC 雕刻系统，该系统由精雕雕刻 CAD/CAM 软件（JDPaint 软件）、精雕数控系统、机械本体三大部分组成。该系统的使用通过两台计算机完成，一台是加工编程计算机，另一台是数控控制计算机。两台计算机运行两个不同的程序需要相互交换数据，即通过数据文件进行。具体是：JDPaint 软件通过加工编程计算机运行生成 Eng 格式的数据文件，再由运行于数控控制计算机上的控制软件接收该数据文件，将其变成加工指令。原告对上述 JDPaint 软件享有著作权，该软件不公开对外销售，只配备在原告自主生产的数控雕刻机上使用。2006 年初，原告发现被告上海奈凯电子科技有限公司（以下简称奈凯公司）在其网站上大力宣传其开发的 NC－1000 雕铣机数控系统全面支持精雕各种版本的 Eng 文件。被告上述数控系统中的 Ncstudio 软件能够读取 JDPaint 软件输出的 Eng 格式数据文件，而原告对 Eng 格式采取了加密措施。被告非法破译 Eng 格式的加密措施，开发、销售能够读取 Eng 格式数据文件的数控系统，属于故意避开或者破坏原告为保护软件著作权而采取的技术措施的行为，构成对原告软件著作权的侵犯。被告的行为使得其他数控雕刻机能够非法接收 Eng 文件，导致原告精雕雕刻机销量减少，造成经济损失。故请求法院判令被告立即停止支持精雕 JDPaint 各种版本输出 Eng 格式的数控系统的开发、销售及其他侵权行为，公开赔礼道歉，并赔偿损失 485000 元。

奈凯公司辩称：其开发的 Ncstudio 软件能够读取 JDPaint 软件输出的 Eng 格式数据文件，但 Eng 数据文件及该文件所使用的 Eng 格式不属于计算机软件著作权的保护范围，故被告的行为不构成侵权。请求法院驳回原告的诉讼请求。

法院经审理查明：告精雕公司分别于 2001 年、2004 年取得国家版权局向其颁发的软著登字第 0011393 号、软著登字第 025028 号《计算机软件著作权登记证书》，登记其为精雕雕刻软件 JDPaintV4.0、JDPaintV5.0（两软件以

下简称 JDPaint）的原始取得人。奈凯公司分别于 2004 年、2005 年取得国家版权局向其颁发的软著登字第 023060 号、软著登字第 041930 号《计算机软件著作权登记证书》，登记其为软件奈凯数控系统 V5.0、维宏数控运动控制系统 V3.0（两软件以下简称 Ncstudio）的原始取得人。

奈凯公司在其公司网站上宣称：2005 年 12 月，奈凯公司推出 NC－1000 雕铣机控制系统，该数控系统全面支持精雕各种版本 Eng 文件，该功能是针对用户对精雕 JDPaintV5.19 这一排版软件的酷爱而研发的。

精雕公司的 JDPaint 软件输出的 Eng 文件是数据文件，采用 Eng 格式。奈凯公司的 Ncstudio 软件能够读取 JDPaint 软件输出的 Eng 文件，即 Ncstudio 软件与 JDPaint 软件所输出的 Eng 文件兼容。

裁判结果

上海市第一中级人民法院于 2006 年 9 月 20 日作出（2006）沪一中民五（知）初字第 134 号民事判决：驳回原告精雕公司的诉讼请求。宣判后，精雕公司提出上诉。上海市高级人民法院于 2006 年 12 月 13 日作出（2006）沪高民三（知）终字第 110 号民事判决：驳回上诉，维持原判。

裁判理由

法院生效裁判认为：本案应解决的争议焦点是：一、原告精雕公司的 JDPaint 软件输出的、采取加密措施的 Eng 格式数据文件，是否属于计算机软件著作权的保护范围；二、奈凯公司研发能够读取 JDPaint 软件输出的 Eng 格式文件的软件的行为，是否构成《中华人民共和国著作权法》（以下简称《著作权法》）第四十八条第一款第六项①、《计算机软件保护条例》第二十四条第一款第三项规定的“故意避开或者破坏著作权人为保护其软件著作权而采取的技术措施”的行为。

关于第一点。《计算机软件保护条例》第二条规定：“本条例所称计算机软件（下称软件），是指计算机程序及其有关文档。”第三条规定：“本条例下列用语的含义：（一）计算机程序，是指为了得到某种结果而可以由计算机等具有信息处理能力的装置执行的代码化指令序列，或者可以被自动转换

① 《著作权法》（2020 年修正）第 53 条第 1 款第 6 项。

成代码化指令序列的符号化指令序列或者符号化语句序列。同一计算机程序的源程序和目标程序为同一作品。（二）文档，是指用来描述程序的内容、组成、设计、功能规格、开发情况、测试结果及使用方法的文字资料和图表等，如程序设计说明书、流程图、用户手册等。……”第四条规定：“受本条例保护的软件必须由开发者独立开发，并已固定在某种有形物体上。”根据上述规定，计算机软件著作权的保护范围是软件程序和文档。

本案中，Eng 文件是 JDPaint 软件在加工编程计算机上运行所生成的数据文件，其所使用的输出格式即 Eng 格式是计算机 JDPaint 软件的目标程序经计算机执行产生的结果。该格式数据文件本身不是代码化指令序列、符号化指令序列、符号化语句序列，也无法通过计算机运行和执行，对 Eng 格式文件的破解行为本身也不会直接造成对 JDPaint 软件的非法复制。此外，该文件所记录的数据并非原告精雕公司的 JDPaint 软件所固有，而是软件使用者输入雕刻加工信息而生成的，这些数据不属于 JDPaint 软件的著作权人精雕公司所有。因此，Eng 格式数据文件中包含的数据和文件格式均不属于 JDPaint 软件的程序组成部分，不属于计算机软件著作权的保护范围。

关于第二点。根据《著作权法》第四十八条第一款第六项①、《计算机软件保护条例》第二十四条第一款第三项的规定，故意避开或者破坏著作权人为保护其软件著作权而采取的技术措施的行为，是侵犯软件著作权的行为。上述规定体现了对恶意规避技术措施的限制，是对计算机软件著作权的保护。但是，上述限制“恶意规避技术措施”的规定不能被滥用。上述规定主要限制的是针对受保护的软件著作权实施的恶意技术规避行为。著作权人为输出的数据设定特定文件格式，并对该文件格式采取加密措施，限制其他品牌的机器读取以该文件格式保存的数据，从而保证捆绑自己计算机软件的机器拥有市场竞争优势的行为，不属于上述规定所指的著作权人为保护其软件著作权而采取技术措施的行为。他人研发能够读取著作权人设定的特定文件格式的软件的行为，不构成对软件著作权的侵犯。

根据本案事实，JDPaint 输出的 Eng 格式文件是在精雕公司的“精雕 CNC 雕刻系统”中两个计算机程序间完成数据交换的文件。从设计目的而言，精

---

① 《著作权法》（2020 年修正）第 53 条第 1 款第 6 项。

雕公司采用 Eng 格式而没有采用通用格式完成数据交换，并不在于对 JDPaint 软件进行加密保护，而是希望只有“精雕 CNC 雕刻系统”能接收此种格式，只有与“精雕 CNC 雕刻系统”相捆绑的雕刻机床才可以使用该软件。精雕公司对 JDPaint 输出文件采用 Eng 格式，旨在限定 JDPaint 软件只能在“精雕 CNC 雕刻系统”中使用，其根本目的和真实意图在于建立和巩固 JDPaint 软件与其雕刻机床之间的捆绑关系。这种行为不属于为保护软件著作权而采取的技术保护措施。如果将对软件著作权的保护扩展到与软件捆绑在一起的产品上，必然超出我国著作权法对计算机软件著作权的保护范围。精雕公司在本案中采取的技术措施，不是为保护 JDPaint 软件著作权而采取的技术措施，而是为获取著作权利益之外利益而采取的技术措施。因此，精雕公司采取的技术措施不属于《著作权法》《计算机软件保护条例》所规定著作权人为保护其软件著作权而采取的技术措施，奈凯公司开发能够读取 JDPaint 软件输出的 Eng 格式文件的软件的行为，并不属于故意避开和破坏著作权人为保护软件著作权而采取的技术措施的行为。

【实务问答】

1. 计算机软件著作权的保护范围是什么？

按照《计算机软件保护条例》第 2 条的规定，计算机软件，是指计算机程序及其有关文档。也就是说，计算机软件著作权的保护范围（对象）即为计算机程序和文档。且受保护的软件需由开发者独立开发，并已固定在某种有形物体上。该条例第 3 条同时规定：计算机程序，是指为了得到某种结果而可以由计算机等具有信息处理能力的装置执行的代码化指令序列，或者可以被自动转换成代码化指令序列的符号化指令序列或者符号化语句序列。同一计算机程序的源程序和目标程序为同一作品。文档，是指用来描述程序的内容、组成、设计、功能规格、开发情况、测试结果及使用方法的文字资料和图表等，如程序设计说明书、流程图、用户手册等。就本指导案例而言，其涉及的 Eng 格式数据文件是 JDPaint 软件在加工编程计算机上运行所生成的数据文件，并非代码化指令序列、符号化指令序列、符号化语句序列，且该数据文件无法通过计算机运行和执行，对该格式文件的破解本身也不会直接造成对JDPaint软件的非法复制。因而，Eng格式数据文件并不属于计算机软件著作权保护范围。

2. 捆绑销售是否属于为保护软件著作权而采取的技术措施？

为限制使用恶意规避技术措施的行为，强化对计算机软件著作权的保护，根据《著作权法》《计算机软件保护条例》相关规定，故意避开或者破坏著作权人为保护其软件著作权而采取的技术措施的行为，可认定为侵犯软件著作权的行为，但“恶意规避技术措施”不能被滥用。计算机软件著作权人为实现机器与软件的捆绑销售，将软件运行的输出数据设定特定文件格式，以限制其他机器读取该数据，以期将软件上的竞争优势扩展到机器上。此种捆绑销售行为，显然已超出著作权法对软件著作权的保护范围，不属著作权人为保护软件著作权可采取的技术措施范围。就本指导案例而言，其他公司开发可读取JDPaint软件输出的Eng格式文件的软件行为，并不属于故意避开和破坏著作权人为保护软件著作权而采取的技术措施的行为。

030 指导案例49号

石鸿林诉泰州华仁电子资讯有限公司侵害计算机软件著作权纠纷案

对于软件在设计缺陷方面基本相同的情形，无正当理由拒绝提供其软件源程序或目标程序供直接比对的，认定侵权成立

（最高人民法院审判委员会讨论通过　2015年4月15日发布）

关键词：民事/侵害计算机软件著作权/举证责任/侵权对比/缺陷性特征

裁判要点

在被告拒绝提供被控侵权软件的源程序或者目标程序，且由于技术上的限制，无法从被控侵权产品中直接读出目标程序的情形下，如果原、被告软

件在设计缺陷方面基本相同，而被告又无正当理由拒绝提供其软件源程序或者目标程序以供直接比对，则考虑到原告的客观举证难度，可以判定原、被告计算机软件构成实质性相同，由被告承担侵权责任。

相关法条

《计算机软件保护条例》第三条第一款

基本案情

原告石鸿林诉称：被告泰州华仁电子资讯有限公司（以下简称华仁公司）未经许可，长期大量复制、发行、销售与石鸿林计算机软件“S型线切割机床单片机控制器系统软件V1.0”相同的软件，严重损害其合法权益。故诉请判令华仁公司停止侵权，公开赔礼道歉，并赔偿原告经济损失10万元、为制止侵权行为所支付的证据保全公证费、诉讼代理费9200元以及鉴定费用。

被告华仁公司辩称：其公司HR－Z型线切割机床控制器所采用的系统软件系其独立开发完成，与石鸿林S型线切割机床单片机控制系统应无相同可能，且其公司产品与石鸿林生产的S型线切割机床单片机控制器的硬件及键盘布局也完全不同，请求驳回石鸿林的诉讼请求。

法院经审理查明：2000年8月1日，石鸿林开发完成S型线切割机床单片机控制器系统软件。2005年4月18日获得国家版权局软著登字第035260号计算机软件著作权登记证书，证书载明软件名称为S型线切割机床单片机控制器系统软件V1.0（以下简称S系列软件），著作权人为石鸿林，权利取得方式为原始取得。2005年12月20日，泰州市海陵区公证处出具（2005）泰海证民内字第1146号公证书一份，对石鸿林以660元价格向华仁公司购买HR－Z线切割机床数控控制器（以下简称HR－Z型控制器）一台和取得销售发票（No：00550751）的购买过程，制作了保全公证工作记录、拍摄了所购控制器及其使用说明书、外包装的照片8张，并对该控制器进行了封存。

一审中，法院委托江苏省科技咨询中心对下列事项进行比对鉴定：（1）石鸿林本案中提供的软件源程序与其在国家版权局版权登记备案的软件源程序的同一性；（2）公证保全的华仁公司HR－Z型控制器系统软件与石鸿林获得版权登记的软件源程序代码相似性或者相同性。后江苏省科技咨询中心出具鉴定工作报告，因被告的软件主要固化在美国 ATMEL 公司的 AT89F51 和菲利普公司的 P89C58 两块芯片上，而代号为“AT89F51”的芯片是一块带自加密的微控制器，必须首先破解它的加密系统，才能读取固化其中的软件代码。而根据现有技术条件，无法解决芯片解密程序问题，因而根据现有鉴定材料难以作出客观、科学的鉴定结论。

二审中，法院根据原告石鸿林的申请，就以下事项组织技术鉴定：原告软件与被控侵权软件是否具有相同的软件缺陷及运行特征。经鉴定，中国版权保护中心版权鉴定委员会出具鉴定报告，结论为：通过运行原、被告软件，发现二者存在如下相同的缺陷情况：（1）二控制器连续加工程序段超过 2048 条后，均出现无法正常执行的情况；（2）在加工完整的一段程序后只让自动报警两声以下即按任意键关闭报警时，在下一次加工过程中加工回复线之前自动暂停后，二控制器均有偶然出现蜂鸣器响声 2 声的现象。

二审法院另查明：原、被告软件的使用说明书基本相同。两者对控制器功能的描述及技术指标基本相同；两者对使用操作的说明基本相同；两者在段落编排方式和多数语句的使用上基本相同。经二审法院多次释明，华仁公司始终拒绝提供被控侵权软件的源程序以供比对。

裁判结果

江苏省泰州市中级人民法院于 2006 年 12 月 8 日作出（2006）泰民三初字第 2 号民事判决：驳回原告石鸿林的诉讼请求。石鸿林提起上诉，江苏省高级人民法院于 2007 年 12 月 17 日作出（2007）苏民三终字第 0018 号民事判决：一、撤销江苏省泰州市中级人民法院（2006）泰民三初字第 2 号民事判决；二、华仁公司立即停止生产、销售侵犯石鸿林 S 型线切割机床单片机控制器系统软件 V1.0 著作权的产品；三、华仁公司于本判决生效之日起 10 日内赔偿石鸿林经济损失 79200 元；四、驳回石鸿林的其他诉讼请求。

裁判理由

法院生效裁判认为：根据现有证据，应当认定华仁公司侵犯了石鸿林 S 系列软件著作权。

一、本案的证明标准应根据当事人客观存在的举证难度合理确定

根据法律规定，当事人对自己提出的诉讼请求所依据的事实有责任提供

证据加以证明。本案中，石鸿林主张华仁公司侵犯其S系列软件著作权，其须举证证明双方计算机软件之间构成相同或实质性相同。一般而言，石鸿林就此须举证证明两计算机软件的源程序或目标程序之间构成相同或实质性相同。但本案中，由于存在客观上的困难，石鸿林实际上无法提供被控侵权的HR－Z软件的源程序或目标程序，并进而直接证明两者的源程序或目标程序构成相同或实质性相同。1. 石鸿林无法直接获得被控侵权的计算机软件源程序或目标程序。由于被控侵权的HR－Z软件的源程序及目标程序处于华仁公司的实际掌握之中，因此在华仁公司拒绝提供的情况下，石鸿林实际无法提供HR－Z软件的源程序或目标程序以供直接对比。2. 现有技术手段无法从被控侵权的HR－Z型控制器中获得HR－Z软件源程序或目标程序。根据一审鉴定情况，HR－Z软件的目标程序系加载于HR－Z型控制器中的内置芯片上，由于该芯片属于加密芯片，无法从芯片中读出HR－Z软件的目标程序，并进而反向编译出源程序。因此，依靠现有技术手段无法从HR－Z型控制器中获得HR－Z软件源程序或目标程序。

综上，本案在华仁公司无正当理由拒绝提供软件源程序以供直接比对，石鸿林确因客观困难无法直接举证证明其诉讼主张的情形下，应从公平和诚实信用原则出发，合理把握证明标准的尺度，对石鸿林提供的现有证据能否形成高度盖然性优势进行综合判断。

二、石鸿林提供的现有证据能够证明被控侵权的HR－Z软件与石鸿林的S系列软件构成实质相同，华仁公司应就此承担提供相反证据的义务

本案中的现有证据能够证明以下事实：

1. 二审鉴定结论显示：通过运行安装HX－Z软件的HX－Z型控制器和安装HR－Z软件的HR－Z型控制器，发现二者存在前述相同的系统软件缺陷情况。

2. 二审鉴定结论显示：通过运行安装HX－Z软件的HX－Z型控制器和安装HR－Z软件的HR－Z型控制器，发现二者在加电运行时存在相同的特征性情况。

3. HX－Z和HR－Z型控制器的使用说明书基本相同。

4. HX－Z和HR－Z型控制器的整体外观和布局基本相同，主要包括面板、键盘的总体布局基本相同等。

据此，鉴于 HX－Z 和 HR－Z 软件存在共同的系统软件缺陷，根据计算机软件设计的一般性原理，在独立完成设计的情况下，不同软件之间出现相同的软件缺陷机率极小，而如果软件之间存在共同的软件缺陷，则软件之间的源程序相同的概率较大。同时结合两者在加电运行时存在相同的特征性情况、HX－Z 和 HR－Z 型控制器的使用说明书基本相同、HX－Z 和 HR－Z 型控制器的整体外观和布局基本相同等相关事实，法院认为石鸿林提供的现有证据能够形成高度盖然性优势，足以使法院相信 HX－Z 和 HR－Z 软件构成实质相同。同时，由于 HX－Z 软件是石鸿林对其 S 系列软件的改版，且 HX－Z 软件与 S 系列软件实质相同。因此，被控侵权的 HR－Z 软件与石鸿林的 S 系列软件亦构成实质相同，即华仁公司侵犯了石鸿林享有的 S 系列软件著作权。

三、华仁公司未能提供相反证据证明其诉讼主张，应当承担举证不能的不利后果

本案中，在石鸿林提供了上述证据证明其诉讼主张的情形下，华仁公司并未能提供相反证据予以反证，依法应当承担举证不能的不利后果。经本院反复释明，华仁公司最终仍未提供被控侵权的 HR－Z 软件源程序以供比对。华仁公司虽提供了 DX－Z 线切割控制器微处理器固件程序系统 V3.0 的计算机软件著作权登记证书，但其既未证明该软件与被控侵权的 HR－Z 软件属于同一软件，又未证明被控侵权的 HR－Z 软件的完成时间早于石鸿林的 S 系列软件，或系其独立开发完成。尽管华仁公司还称，其二审中提供的 2004 年 5 月 19 日商业销售发票，可以证明其于 2004 年就开发完成了被控侵权软件。对此法院认为，该份发票上虽注明货物名称为 HR－Z 线切割控制器，但并不能当然推断出该控制器所使用的软件即为被控侵权的 HR－Z 软件，华仁公司也未就此进一步提供其他证据予以证实。同时结合该份发票并非正规的增值税发票、也未注明购货单位名称等一系列瑕疵，法院认为，华仁公司 2004 年就开发完成了被控侵权软件的诉讼主张缺乏事实依据，不予采纳。

综上，根据现有证据，同时在华仁公司持有被控侵权的 HR－Z 软件源程序且无正当理由拒不提供的情形下，应当认定被控侵权的 HR－Z 软件与石鸿林的 S 系列软件构成实质相同，华仁公司侵犯了石鸿林 S 系列软件著作权。

【实务问答】

1. 计算机软件侵权案件中相关侵权行为如何推定?

本指导案例涉及著作权侵权案件中举证证明责任的确定问题。按照《计算机软件保护条例》第3条第1款的规定，同一计算机程序的源程序和目标程序为同一作品。根据《民事诉讼法》的规定，当事人对自己提出的诉讼请求所依据的事实有责任提供证据加以证明。为此，主张侵犯软件著作权的一方，须举证证明双方计算机软件之间构成相同或实质性相同，通常情况下即两个计算机软件的源程序或目标程序之间构成相同或实质性相同。但在涉计算机软件侵权案件审理过程中，很多情况下，原告虽然可取得装载有侵权软件的产品，但由于加密设置等的存在，其并不能直接读出软件的源程序、目标程序等核心程序。换而言之，原告虽能获得产品并投入正常使用，但无法取得该软件的具体指令序列，亦无法直接进行软件侵权对比。为此，则需要适用推定规则。就本指导案例而言，在被告无正当理由拒绝提供软件源程序以供直接比对，原告因客观困难无法直接举证证明其诉讼主张的情形下，应从公平和诚实信用原则出发，合理把握证明标准的尺度，对原告提供的现有证据能否形成高度盖然性优势进行综合判断。引申开来，在计算机软件侵权案件审理过程中，证明方面的事宜应注意以下几点：一是原告有无其他证据证明涉案软件之间存在相同或实质相同情况。如软件运行时，两者间是否存在相同的软件设计缺陷等。二是原告是否已在其能力范围内尽到举证职责。取得装载被控侵权软件的产品应在原告举证能力内，但被诉侵权软件的源程序一般不在其举证能力范围内。三是被告拒绝提供软件源程序是否存在合理理由。

2. 常见的比对计算机软件侵权的方法有哪些?

一是对特征性缺陷的比对。特征性缺陷，是指软件本身特有的、不具普遍意义的缺陷。通常因设计人员在进行软件设计时的疏漏而产生，后果是在特定条件下出现不属原设计范围的特别状态。由于其带有很强的偶然性，故而可作为一种重要的识别标志。二是对软件源程序的比对。众所周知，源程序是软件程序的核心和根本内容。若两个软件的源程序相同或实质性相同，则应认定这两个软件之间构成相同或实质性相同。三是对目标程序的比对。由于目标程序是软件源程序的具体表现，在无法获取被诉侵权软件源程序的情况下，也可读取目标程序进行对比。但是需要注意，目标程序相同或实质性相同则源程序也要相同或实质性相同，这只是通常情况而非绝对。但被告对除外情形负有举证证明责任。

031 指导案例30号

兰建军、杭州小拇指汽车维修科技股份有限公司诉天津市小拇指汽车维修服务有限公司等侵害商标权及不正当竞争纠纷案

经营者是否具有超越法定经营范围而违反行政许可法律法规的行为，不影响其依法行使制止商标侵权和不正当竞争的民事权利

（最高人民法院审判委员会讨论通过　2014年6月26日发布）

关键词：民事/侵害商标权/不正当竞争/竞争关系

裁判要点

1. 经营者是否具有超越法定经营范围而违反行政许可法律法规的行为，不影响其依法行使制止商标侵权和不正当竞争的民事权利。2. 反不正当竞争法并未限制经营者之间必须具有直接的竞争关系，也没有要求其从事相同行业。经营者之间具有间接竞争关系，行为人违背反不正当竞争法的规定，损害其他经营者合法权益的，也应当认定为不正当竞争行为。

相关法条

《中华人民共和国反不正当竞争法》第二条

基本案情

原告兰建军、杭州小拇指汽车维修科技股份有限公司（以下简称杭州小拇指公司）诉称：其依法享有“小拇指”注册商标专用权，而天津市小拇指汽车维修服务有限公司（以下简称天津小拇指公司）、天津市华商汽车进口配件公司（以下简称天津华商公司）在从事汽车维修及通过网站进行招商加盟过程中，多处使用了标识，且存在单独或突出使用“小拇指”的情形，侵害了其注册商标专用权；同时，天津小拇指公司擅自使用杭州小拇指公司在先的企业名称，构成对杭州小拇指公司的不正当竞争。故诉请判令天津小拇指公司立即停止使用“小拇指”字号进行经营、天津小拇指公司及天津华商公司停止商标侵权及不正当竞争行为、公开赔礼道歉、连带赔偿经济损失630000元及合理开支24379.4元，并承担案件诉讼费用。

被告天津小拇指公司、天津华商公司辩称：1. 杭州小拇指公司的经营范围并不含许可经营项目及汽车维修类，也未取得机动车维修的许可，且不具备“两店一年”的特许经营条件，属于超越经营范围的非法经营，故其权利不应得到保护。2. 天津小拇指公司、天津华商公司使用“小拇指”标识有合法来源，不构成商标侵权。3. 杭州小拇指公司并不从事汽车维修行业，双方不构成商业竞争关系，且不能证明其为知名企业，其主张企业名称权缺乏法律依据，天津小拇指公司、天津华商公司亦不构成不正当竞争，故请求驳回原告诉讼请求。

法院经审理查明：杭州小拇指公司成立于2004年10月22日，法定代表人为兰建军。其经营范围为：“许可经营项目：无；一般经营项目：服务；汽车玻璃修补的技术开发，汽车油漆快速修复的技术开发；批发、零售；汽车配件；含下属分支机构经营范围；其他无需报经审批的一切合法项目（上述经营范围不含国家法律法规规定禁止、限制和许可经营的项目。）凡以上涉及许可证制度的凭证经营。”其下属分支机构为杭州小拇指公司萧山分公司，该分公司成立于2005年11月8日，经营范围为：“汽车涂漆、玻璃安装”。该分公司于2008年8月1日取得的《道路运输经营许可证》载明的经营范围为：“维修（二类机动车维修：小型车辆维修）”。

2011年1月14日，杭州小拇指公司取得第6573882号“小拇指”文字注册商标，核定服务项目（第35类）：连锁店的经营管理（工商管理辅助）；

特许经营的商业管理；商业管理咨询；广告（截止）。该商标现在有效期内。2011年4月14日，兰建军将其拥有的第6573881号“小拇指”文字注册商标以独占使用许可的方式，许可给杭州小拇指公司使用。

杭州小拇指公司多次获中国连锁经营协会颁发的中国特许经营连锁120强证书，2009年杭州小拇指公司“小拇指汽车维修服务”被浙江省质量技术监督局认定为浙江服务名牌。

天津小拇指公司成立于2008年10月16日，法定代表人田俊山。其经营范围为：“小型客车整车修理、总成修理、整车维护、小修、维修救援、专项修理。(许可经营项目的经营期限以许可证为准)”。该公司于2010年7月28日取得的《天津市机动车维修经营许可证》载明类别为“二类（汽车维修)”，经营项目为“小型客车整车修理、总成修理、整车维护、小修、维修救援、专项维修。”有效期自2010年7月28日至2012年7月27日。

天津华商公司成立于1992年11月23日，法定代表人与天津小拇指公司系同一人，即田俊山。其经营范围为：“汽车配件、玻璃、润滑脂、轮胎、汽车装具；车身清洁维护、电气系统维修、涂漆；代办快件、托运、信息咨询；普通货物（以上经营范围涉及行业许可证的凭许可证件在有效期内经营，国家有专项专营规定的按规定办理)。”天津华商公司取得的《天津市机动车维修经营许可证》的经营项目为：“小型客车整车修理、总成修理、整车维护、小修、维修救援、专项修理”，类别为二类（汽车维修)”，现在有效期内。

天津小拇指公司、天津华商公司在从事汽车维修及通过网站进行招商加盟过程中，多处使用了“小拇指图”标识，且存在单独或突出使用“小拇指”的情形。

2008年6月30日，天津华商公司与杭州小拇指公司签订了《特许连锁经营合同》，许可天津华商公司在天津经营“小拇指”品牌汽车维修连锁中心，合同期限为2008年6月30日至2011年6月29日。该合同第三条第（4）项约定：“乙方（天津华商公司）设立加盟店，应以甲方（杭州小拇指公司）书面批准的名称开展经营活动。商号的限制使用（以下选择使用)：（√）未经甲方书面同意，乙方不得在任何场合和时间，以任何形式使用或对‘小拇指’或‘小拇指微修’等相关标志进行企业名称登记注册；未经甲方书面同意，不得将‘小拇指’或‘小拇指微修’名称加上任何前缀、后缀进行修改或补充；乙方不得注册含有‘小拇指’或‘小拇指微修’或与其相关或相近似字样的域名等，该限制包含对乙方的分支机构的限制”。2010年12月16日，天津华商公司与杭州小拇指公司因履行《特许连锁经营合同》发生纠纷，经杭州市仲裁委员会仲裁裁决解除合同。

另查明，杭州小拇指公司于2008年4月8日取得商务部商业特许经营备案。天津华商公司曾向商务部行政主管部门反映杭州小拇指公司违规从事特许经营活动应予撤销备案的问题。对此，浙江省商务厅《关于上报杭州小拇指汽车维修科技股份有限公司特许经营有关情况的函》记载：1. 杭州小拇指公司特许经营备案时已具备“两店一年”条件，符合《商业特许经营管理条例》第七条的规定，可以予以备案；2. 杭州小拇指公司主要负责“小拇指”品牌管理，不直接从事机动车维修业务，并且拥有自己的商标、专利、经营模式等经营资源，可以开展特许经营业务；3. 经向浙江省道路运输管理局有关负责人了解，杭州小拇指公司下属直营店拥有《道路运输经营许可证》，经营范围包含“三类机动车维修”或“二类机动车维修”，具备从事机动车维修的资质；4. 杭州小拇指公司授权许可，以及机动车维修经营不在特许经营许可范围内。

裁判结果

天津市第二中级人民法院于2012年9月17日作出（2012）二中民三知初字第47号民事判决：一、判决生效之日起天津市小拇指汽车维修服务有限公司立即停止侵害第6573881号和第6573882号“小拇指”文字注册商标的行为，即天津市小拇指汽车维修服务有限公司立即在其网站（www. tjxiaomuzhi. net）、宣传材料、优惠体验券及其经营场所（含分支机构）停止使用“小拇指图”标识，并停止单独使用“小拇指”字样；二、判决生效之日起天津市华商汽车进口配件公司立即停止侵害第6573881号和第6573882号“小拇指”文字注册商标的行为，即天津市华商汽车进口配件公司立即停止在其网站（www. tjxiaomuzhi. com）使用“小拇指图”标识；三、判决生效之日起十日内，天津市小拇指汽车维修服务有限公司、天津市华商汽车进口配件公司连带赔偿兰建军、杭州小拇指汽车维修科技股份有限公司经济损失及维权费用人民币50000元；四、驳回兰建军、杭州小拇指汽车维修科技股份有限公司的其他诉讼请求。宣判后，兰建军、杭州小拇指公司及天津小拇指公司、天津华商公司均提出上诉。天津市高级人民法院于2013年2月19日作出（2012）津高民三终字第0046号民事判决：一、维持天津市第二中级人民法院（2012）二中民三知初字第47号民事判决第一、二、三项及逾期履行责任部分；二、撤销天津市第二中级人民法院（2012）二中民三知初字第47号民事判决第四项；三、自本判决生效之日起，天津市小拇指汽车维修服务有限公司立即停止在其企业名称中使用“小拇指”字号；四、自本判决生效之日起十日内，天津市小拇指汽车维修服务有限公司赔偿杭州小拇指汽车维修科技股份有限公司经济损失人民币30000元；五、驳回兰建军、杭州小拇指汽车维修科技股份有限公司的其他上诉请求；六、驳回天津市小拇指汽车维修服务有限公司、天津市华商汽车进口配件公司的上诉请求。

裁判理由

法院生效裁判认为：本案的主要争议焦点为被告天津小拇指公司、天津华商公司的被诉侵权行为是否侵害了原告兰建军、杭州小拇指公司的注册商标专用权，以及是否构成对杭州小拇指公司的不正当竞争。

一、关于被告是否侵害了兰建军、杭州小拇指公司的注册商标专用权

天津小拇指公司、天津华商公司在从事汽车维修及通过网站进行招商加盟过程中，多处使用了标识，且存在单独或突出使用“小拇指”的情形，相关公众施以一般注意力，足以对服务的来源产生混淆，或误认天津小拇指公司与杭州小拇指公司之间存在特定联系。标识主体及最易识别部分“小拇指”字样与涉案注册商标相同，同时考虑天津小拇指公司在经营场所、网站及宣传材料中对“小拇指”的商标性使用行为，应当认定该标识与涉案的“小拇指”文字注册商标构成近似。据此，因天津小拇指公司、天津华商公司在与兰建军、杭州小拇指公司享有权利的第6573881号“小拇指”文字注册商标核定的相同服务项目上，未经许可而使用及单独使用“小拇指”字样，足以导致相关公众的混淆和误认，属于《中华人民共和国商标法》（以

下简称《商标法》）第五十二条第（一）项[①]规定的侵权行为。天津小拇指公司、天津华商公司通过其网站进行招商加盟的商业行为，根据《最高人民法院关于审理商标民事纠纷案件适用法律若干问题的解释》[②] 第十二条之规定，可以认定在与兰建军、杭州小拇指公司享有权利的第6573882号“小拇指”文字注册商标核定服务项目相类似的服务中使用了近似商标，且未经权利人许可，亦构成《商标法》第五十二条第（一）项[③]规定的侵权行为。

二、被告是否构成对杭州小拇指公司的不正当竞争

该争议焦点涉及两个关键问题：一是经营者是否存在超越法定经营范围的违反行政许可法律法规行为及其民事权益能否得到法律保护；二是如何认定反不正当竞争法调整的竞争关系。

（一）关于经营者是否存在超越法定经营范围行为及其民事权益能否得到法律保护

天津小拇指公司、天津华商公司认为其行为不构成不正当竞争的一个主要理由在于，杭州小拇指公司未依法取得机动车维修的相关许可，超越法定经营范围从事特许经营且不符合法定条件，属于非法经营行为，杭州小拇指公司主张的民事权益不应得到法律保护。故本案中要明确天津小拇指公司、天津华商公司所指称杭州小拇指公司超越法定经营范围而违反行政许可法律法规的行为是否成立，以及相应民事权益能否受到法律保护的问题。

首先，对于超越法定经营范围违反有关行政许可法律法规的行为，应当依法由相应的行政主管部门进行认定，主张对方有违法经营行为的一方，应自行承担相应的举证责任。本案中，对于杭州小拇指公司是否存在非法从事机动车维修及特许经营业务的行为，从现有证据和事实看，难以得出肯定性的结论。经营汽车维修属于依法许可经营的项目，但杭州小拇指公司并未从事汽车维修业务，其实际从事的是授权他人在车辆清洁、保养和维修等服务中使用其商标，或以商业特许经营的方式许可其直营店、加盟商在经营活动中使用其“小拇指”品牌、专利技术等，这并不以其自身取得经营机动车维

---

① 《商标法》（2019年修正）第57条第1项。

② 以下简称《商标纠纷案件解释》。

③ 《商标法》（2019年修正）第57条第1项。

修业务的行政许可为前提条件。此外，杭州小拇指公司已取得商务部商业特许经营备案，杭州小拇指公司特许经营备案时已具备“两店一年”条件，其主要负责“小拇指”品牌管理，不直接从事机动车维修业务，并且拥有自己的商标、专利、经营模式等经营资源，可以开展特许经营业务。故本案依据现有证据，并不能认定杭州小拇指公司存在违反行政许可法律法规从事机动车维修或特许经营业务的行为。

其次，即使有关行为超越法定经营范围而违反行政许可法律法规，也应由行政主管部门依法查处，不必然影响有关民事权益受到侵害的主体提起民事诉讼的资格，亦不能以此作为被诉侵权者对其行为不构成侵权的抗辩。本案中，即使杭州小拇指公司超越法定经营范围而违反行政许可法律法规，这属于行政责任范畴，该行为并不影响其依法行使制止商标侵权和不正当竞争行为的民事权利，也不影响人民法院依法保护其民事权益。被诉侵权者以经营者超越法定经营范围而违反行政许可法律法规为由主张其行为不构成侵权的，人民法院不予支持。

（二）关于如何认定反不正当竞争法调整的竞争关系

经营者之间是否存在竞争关系是认定构成不正当竞争的关键。《中华人民共和国反不正当竞争法》（以下简称反不正当竞争法）第二条规定：“经营者在市场交易中，应当遵循自愿、平等、公平、诚实信用的原则，遵守公认的商业道德。本法所称的不正当竞争，是指经营者违反本法规定，损害其他经营者的合法权益，扰乱社会经济秩序的行为。本法所称的经营者，是指从事商品经营或者营利性服务（以下所称商品包括服务）的法人、其他经济组织和个人。”由此可见，反不正当竞争法并未限制经营者之间必须具有直接的或具体的竞争关系，也没有要求经营者从事相同行业。反不正当竞争法所规制的不正当竞争行为，是指损害其他经营者合法权益、扰乱经济秩序的行为，从直接损害对象看，受损害的是其他经营者的市场利益。因此，经营者之间具有间接竞争关系，行为人违背反不正当竞争法的规定，损害其他经营者合法权益的，也应当认定为不正当竞争行为。

本案中，被诉存在不正当竞争的天津小拇指公司与天津华商公司均从事汽车维修行业。根据已查明的事实，杭州小拇指公司本身不具备从事机动车维修的资质，也并未实际从事汽车维修业务，但从其所从事的汽车玻璃修补、汽车油漆快速修复等技术开发活动，以及经授权许可使用的注册商标核定服务项目所包含的车辆保养和维修等可以认定，杭州小拇指公司通过将其拥有的企业标识、注册商标、专利、专有技术等经营资源许可其直营店或加盟店使用，使其成为“小拇指”品牌的运营商，以商业特许经营的方式从事与汽车维修相关的经营活动。因此，杭州小拇指公司是汽车维修市场的相关经营者，其与天津小拇指公司及天津华商公司之间存在间接竞争关系。

反不正当竞争法第五条第（三）项①规定，禁止经营者擅自使用他人企业名称，引人误认为是他人的商品，以损害竞争对手。在认定原被告双方存在间接竞争关系的基础上，确定天津小拇指公司登记注册“小拇指”字号是否构成擅自使用他人企业名称的不正当竞争行为，应当综合考虑以下因素：

1. 杭州小拇指公司的企业字号是否具有一定的市场知名度。根据本案现有证据，杭州小拇指公司自2004年10月成立时起即以企业名称中的“小拇指”作为字号使用，并以商业特许经营的方式从事汽车维修行业，且专门针对汽车小擦小碰的微创伤修复，创立了“小拇指”汽车微修体系，截至2011年，杭州小拇指公司在全国已有加盟店400余个。虽然“小拇指”本身为既有词汇，但通过其直营店和加盟店在汽车维修领域的持续使用及宣传，“小拇指”汽车维修已在相关市场起到识别经营主体及与其他服务相区别的作用。2008年10月天津小拇指公司成立时，杭州小拇指公司的“小拇指”字号及相关服务在相关公众中已具有一定的市场知名度。

2. 天津小拇指公司登记使用“小拇指”字号是否具有主观上的恶意。市场竞争中的经营者，应当遵循诚实信用原则，遵守公认的商业道德，尊重他人的市场劳动成果，登记企业名称时，理应负有对同行业在先字号予以避让的义务。本案中，天津华商公司作为被特许人，曾于2008年6月30日与作为“小拇指”品牌特许人的杭州小拇指公司签订《特许连锁经营合同》，法定代表人田俊山代表该公司在合同上签字，其知晓合同的相关内容。天津小拇指公司虽主张其与天津华商公司之间没有关联，是两个相互独立的法人，

---

① 《反不正当竞争法》（2019年修正）第6条第2项。

但两公司的法定代表人均为田俊山，且天津华商公司的网站内所显示的宣传信息及相关联系信息均直接指向天津小拇指公司，并且天津华商公司将其登记的经营地点作为天津小拇指公司天津总店的经营地点。故应认定，作为汽车维修相关市场的经营者，天津小拇指公司成立时，对杭州小拇指公司及其经营资源、发展趋势等应当知晓，但天津小拇指公司仍将“小拇指”作为企业名称中识别不同市场主体核心标识的企业字号，且不能提供使用“小拇指”作为字号的合理依据，其主观上明显具有“搭便车”及攀附他人商誉的意图。

3. 天津小拇指公司使用“小拇指”字号是否足以造成市场混淆。根据已查明事实，天津小拇指公司在其开办的网站及其他宣传材料中，均以特殊字体突出注明“汽车小划小碰怎么办？找天津小拇指”、“天津小拇指专业特长”的字样，其“优惠体验券”中亦载明“汽车小划小痕，找天津小拇指”，其服务对象与杭州小拇指公司运营的“小拇指”汽车微修体系的消费群体多有重合。且自2010年起，杭州小拇指公司在天津地区的加盟店也陆续成立，两者的服务区域也已出现重合。故天津小拇指公司以“小拇指”为字号登记使用，必然会使相关公众误认两者存在某种渊源或联系，加之天津小拇指公司存在单独或突出使用“小拇指”汽车维修、“天津小拇指”等字样进行宣传的行为，足以使相关公众对市场主体和服务来源产生混淆和误认，容易造成竞争秩序的混乱。

综合以上分析，天津小拇指公司登记使用该企业名称本身违反了诚实信用原则，具有不正当性，且无论是否突出使用均难以避免产生市场混淆，已构成不正当竞争，应对此承担停止使用“小拇指”字号及赔偿相应经济损失的民事责任。

【实务问答】

1. 超出经营范围的经营者可否进行反不正当竞争维权？

超出法定经营范围违反行政许可法律法规的，不影响其依法行使制止商标侵权和不正当竞争的民事权利。这是本指导案例的裁判要旨之一。在该案中，被告称原告超出法定经营范围，违反了行政许可规定，故其权利不应受保护。但其并未对原告超出法定经营范围进行充分的举证证明，故法院并未认定原告超出法定经营范围。延伸开来，若本案被告可以证明原告确实超出了法定经营范围，被告又能否以此抗辩呢？对此，最高人民法院也持否定态度。换言之，即使经营者超出法定的经营范围，违反行政许可法律法规，超越经营范围的行为和责任本身也应由行政法调整，其民事权利仍应受保护。而回归条文本身，《反不正当竞争法》第2条规定的“经营者”，也并未要求双方必须处于同一行业，一定要符合法定经营范围。因此可以说，超出经营范围的经营者仍是可以进行反不正当竞争维权的。

2. 间接竞争关系是否属《反不正当竞争法》的调整范围？

竞争关系的认定，亦是本指导案例的重要焦点。即《反不正当竞争法》调整的竞争关系，直接竞争关系当然包括在内，但间接竞争关系呢？本指导案例中，杭州小拇指公司本身并不直接从事汽车维修业务，但通过将经营资源许可直营店或加盟店使用的方式，成为“小拇指”品牌的运营商，以商业特许经营的方式从事与汽车维修相关的经营活动。最高人民法院明确了杭州小拇指公司与天津小拇指公司和天津华商公司之间的竞争关系为“间接竞争关系”，其详细理由为：“反不正当竞争法以保护市场经营者、消费者和社会公众的利益为目标。如果以直接的竞争关系为前提认定不正当竞争行为，可能导致不正当竞争行为侵害其他市场经营者的合法利益而法律不能提供保护。因此，对竞争关系不能狭隘地去理解。对竞争关系的认定，不应仅以二者属于同一行业或服务类别为限，如果经营者之间在市场竞争中存在一定联系，或一方的不当行为损害了另一方的正当经营的合法权益，一般应肯定二者之间存在竞争关系。”此观点对维权的经营者而言无疑是一个利好消息，即从保护市场经营者、消费者和社会公众利益角度出发来从宽认定存在竞争关系，将“间接竞争关系”亦纳入《反不正当竞争法》的调整范围。

032 指导案例46号

山东鲁锦实业有限公司诉鄄城县鲁锦工艺品有限责任公司、济宁礼之邦家纺有限公司侵害商标权及不正当竞争纠纷案

在判定具有地域性特点的商品通用名称时，应进行综合分析

有章

（最高人民法院审判委员会讨论通过 2015年4月15日发布）

关键词：民事/商标侵权/不正当竞争/商品通用名称

裁判要点

判断具有地域性特点的商品通用名称，应当注意从以下方面综合分析：(1) 该名称在某一地区或领域约定俗成，长期普遍使用并为相关公众认可；(2) 该名称所指代的商品生产工艺经某一地区或领域群众长期共同劳动实践而形成；(3) 该名称所指代的商品生产原料在某一地区或领域普遍生产。

相关法条

《中华人民共和国商标法》第五十九条

基本案情

原告山东鲁锦实业有限公司（以下简称鲁锦公司）诉称：被告鄄城县鲁锦工艺品有限责任公司（以下简称鄄城鲁锦公司）、济宁礼之邦家纺有限公司（以下简称礼之邦公司）大量生产、销售标有“鲁锦”字样的鲁锦产品，侵犯其“鲁锦”注册商标专用权。鄄城鲁锦公司企业名称中含有原告的“鲁锦”注册商标字样，误导消费者，构成不正当竞争。“鲁锦”不是通用名称。请求判令二被告承担侵犯商标专用权和不正当竞争的法律责任。

被告鄄城鲁锦公司辩称：原告鲁锦公司注册成立前及鲁锦商标注册完成前，“鲁锦”已成为通用名称。按照有关规定，其属于“正当使用”，不构成

商标侵权，也不构成不正当竞争。

被告礼之邦公司一审未作答辩，二审上诉称：“鲁锦”是鲁西南一带民间纯棉手工纺织品的通用名称，不知道“鲁锦”是鲁锦公司的注册商标，接到诉状后已停止相关使用行为，故不应承担赔偿责任。

法院经审理查明：鲁锦公司的前身嘉祥县瑞锦民间工艺品厂于1999年12月21日取得注册号为第1345914号的“鲁锦”文字商标，有效期为1999年12月21日至2009年12月20日，核定使用商品为第25类服装、鞋、帽类。鲁锦公司又于2001年11月14日取得注册号为第1665032号的“Lj+LUJIN”的组合商标，有效期为2001年11月14日至2011年11月13日，核定使用商品为第24类的“纺织物、棉织品、内衣用织物、纱布、纺织品、毛巾布、无纺布、浴巾、床单、纺织品家具罩等”。嘉祥县瑞锦民间工艺品厂于2001年2月9日更名为嘉祥县鲁锦实业有限公司，后于2007年6月11日更名为山东鲁锦实业有限公司。

鲁锦公司在获得“鲁锦”注册商标专用权后，在多家媒体多次宣传其产品及注册商标，并于2006年3月被“中华老字号”工作委员会接纳为会员单位。鲁锦公司经过多年努力及长期大量的广告宣传和市场推广，其“鲁锦”牌系列产品，特别是“鲁锦”牌服装在国内享有一定的知名度。2006年11月16日，“鲁锦”注册商标被审定为山东省著名商标。

2007年3月，鲁锦公司从礼之邦鲁锦专卖店购买到由鄄城鲁锦公司生产的同鲁锦公司注册商标所核定使用的商品相同或类似的商品，该商品上的标签（吊牌）、包装盒、包装袋及店堂门面上均带有“鲁锦”字样。在该店门面上“鲁锦”已被突出放大使用，其出具的发票上加盖的印章为礼之邦公司公章。

鄄城鲁锦公司于2003年3月3日成立，在产品上使用的商标是“精一坊文字+图形”组合商标，该商标已申请注册，但尚未核准。2007年9月，鄄城鲁锦公司申请撤销鲁锦公司已注册的第1345914号“鲁锦”商标，国家工商总局商标评审委员会已受理但未作出裁定。

一审法院根据鲁锦公司的申请，依法对鄄城鲁锦公司、礼之邦公司进行了证据保全，发现二被告处存有大量同“鲁锦”注册商标核准使用的商品同类或者类似的商品，该商品上的标签（吊牌）、包装盒、包装袋、商品标价签以及被告店堂门面上均带有原告注册商标“鲁锦”字样。被控侵权商品的标签（吊牌）、包装盒、包装袋上已将“鲁锦”文字放大，作为商品的名称或者商品装潢醒目突出使用，且包装袋上未标识生产商及其地址。

另查明：鲁西南民间织锦是一种山东民间纯棉手工纺织品，因其纹彩绚丽、灿烂似锦而得名，在鲁西南地区已有上千年的历史，是历史悠久的齐鲁文化的一部分。从20世纪80年代中期开始，鲁西南织锦开始被开发利用。1986年1月8日，在济南举行了“鲁西南织锦与现代生活展览汇报会”。1986年8月20日，在北京民族文化宫举办了“鲁锦与现代生活展”。1986年前后，《人民日报》《经济参考》《农民日报》等报刊发表“鲁锦”的专题报道，中央电视台、山东电视台也拍摄了多部“鲁锦”的专题片。自此，“鲁锦”作为山东民间手工棉纺织品的通称被广泛使用。此后，鲁锦的研究、开发和生产逐渐普及并不断发展壮大。1987年11月15日，为促进鲁锦文化与现代生活的进一步结合，加拿大国际发展署（CIDA）与中华全国妇女联合会共同在鄄城县杨屯村举行了双边合作项目—鄄城杨屯妇女鲁锦纺织联社培训班。

山东省及济宁、菏泽等地方史志资料在谈及历史、地方特产或传统工艺时，对“鲁锦”也多有记载，均认为“鲁锦”是流行在鲁西南地区广大农村的一种以棉纱为主要原料的传统纺织产品，是山东的主要民间美术品种之一。相关工具书及出版物也对“鲁锦”多有介绍，均认为“鲁锦”是山东民间手工织花棉布，以棉花为主要原料，手工织线、染色、织造，俗称“土布”或“手织布”，因此布色彩斑斓，似锦似绣，故称为“鲁锦”。

1995年12月25日，山东省文物局作出《关于建设“中国鲁锦博物馆”的批复》，同意菏泽地区文化局在鄄城县成立“中国鲁锦博物馆”。2006年12月23日，山东省人民政府公布第一批省级非物质文化遗产，其中山东省文化厅、鄄城县、嘉祥县申报的“鲁锦民间手工技艺”被评定为非物质文化遗产。2008年6月7日，国务院国发〔2008〕19号文件确定由山东省鄄城县、嘉祥县申报的“鲁锦织造技艺”被列入第二批国家级非物质文化遗产名录。

裁判结果

山东省济宁市中级人民法院于2008年8月25日作出（2007）济民五初字第6号民事判决：一、郓城鲁锦公司于判决生效之日立即停止在其生产、销售的第25类服装类系列商品上使用“鲁锦”作为其商品名称或者商品装潢，并于判决生效之日起30日内，消除其现存被控侵权产品上标明的“鲁锦”字样；礼之邦公司立即停止销售郓城鲁锦公司生产的被控侵权商品。二、郓城鲁锦公司于判决生效之日起15日内赔偿鲁锦公司经济损失25万元；礼之邦公司赔偿鲁锦公司经济损失1万元。三、郓城鲁锦公司于判决生效之日起30日内变更企业名称，变更后的企业名称中不得包含“鲁锦”文字；礼之邦公司于判决生效之日立即消除店堂门面上的“鲁锦”字样。宣判后，郓城鲁锦公司与礼之邦公司提出上诉。山东省高级人民法院于2009年8月5日作出（2009）鲁民三终字第34号民事判决：撤销山东省济宁市中级人民法院（2007）济民五初字第6号民事判决；驳回鲁锦公司的诉讼请求。

裁判理由

法院生效裁判认为：根据本案事实可以认定，在1999年鲁锦公司将“鲁锦”注册为商标之前，已是山东民间手工棉纺织品的通用名称，“鲁锦”织造技艺为非物质文化遗产。郓城鲁锦公司、济宁礼之邦公司的行为不构成商标侵权，也非不正当竞争。

首先，“鲁锦”已成为具有地域性特点的棉纺织品的通用名称。商品通用名称是指行业规范或社会公众约定俗成的对某一商品的通常称谓。该通用名称可以是行业规范规定的称谓，也可以是公众约定俗成的简称。鲁锦指鲁西南民间纯棉手工织锦，其纹彩绚丽灿烂似锦，在鲁西南地区已有上千年的历史。“鲁锦”作为具有山东特色的手工纺织品的通用名称，为国家主流媒体、各类专业报纸以及山东省新闻媒体所公认，山东省、济宁、菏泽、嘉祥、郓城的省市县三级史志资料均将“鲁锦”记载为传统鲁西南民间织锦的“新名”，有关工艺美术和艺术的工具书中也确认“鲁锦”就是产自山东的一种民间纯棉手工纺织品。“鲁锦”织造工艺历史悠久，在提到“鲁锦”时，人们想到的就是传统悠久的山东民间手工棉纺织品及其织造工艺。“鲁锦织造技艺”被确定为国家级非物质文化遗产。“鲁锦”代表的纯棉手工纺织生产工艺并非由某一自然人或企业法人发明而成，而是由山东地区特别是鲁西南地区人民群众长期劳动实践而形成。“鲁锦”代表的纯棉手工纺织品的生产原料亦非某一自然人或企业法人特定种植，而是山东不特定地区广泛种植的棉花。自20世纪80年代中期后，经过媒体的大量宣传，“鲁锦”已成为以棉花为主要原料、手工织线、染色、织造的山东地区民间手工纺织品的通称，且已在山东地区纺织行业领域内通用，并被相关社会公众所接受。综上，可以认定“鲁锦”是山东地区特别是鲁西南地区民间纯棉手工纺织品的通用名称。

关于鲁锦公司主张“鲁锦”这一名称不具有广泛性，在我国其他地方也出产老粗布，但不叫“鲁锦”。对此法院认为，对于具有地域性特点的商品通用名称，判断其广泛性应以特定产区及相关公众为标准，而不应以全国为标准。我国其他省份的手工棉纺织品不叫“鲁锦”，并不影响“鲁锦”专指山东地区特有的民间手工棉纺织品这一事实。

关于鲁锦公司主张“鲁锦”不具有科学性，棉织品应称为“棉”而不应称为“锦”。对此法院认为，名称的确定与其是否符合科学没有必然关系，对于已为相关公众接受、指代明确、约定俗成的名称，即使有不科学之处，也不影响其成为通用名称。关于鲁锦公司还主张“鲁锦”不具有普遍性，山东省内有些经营者、消费者将这种民间手工棉纺织品称为“粗布”或“老土布”。对此法院认为，“鲁锦”这一称谓是20世纪80年代中期确定的新名称，经过多年宣传与使用，现已为相关公众所知悉和接受。“粗布”“老土布”等旧有名称的存在，不影响“鲁锦”通用名称的认定。

其次，注册商标中含有的本商品的通用名称，注册商标专用权人无权禁止他人正当使用。《中华人民共和国商标法实施条例》第四十九条规定：“注册商标中含有的本商品的通用名称、图形、型号，或者直接表示商品的质量、主要原料、功能、用途、重量、数量及其他特点，或者含有地名，注册商标专用权人无权禁止他人正当使用。”商标的作用主要为识别性，即消费者能够依不同的商标而区别相应的商品及服务的提供者。保护商标权的目的，就是防止对商品及服务的来源产生混淆。由于鲁锦公司“鲁锦”文字商标和“Lj＋LUJIN”组合商标，与作为山东民间手工棉纺织品通用名称的“鲁锦”一致，其应具备的显著性区别特征因此趋于弱化。“鲁锦”虽不是鲁锦服装的通用名称，但却是山东民间手工棉纺织品的通用名称。

商标注册人对商标中通用名称部分不享有专用权，不影响他人将“鲁锦”作为通用名称正当使用。鲁西南地区有不少以鲁锦为面料生产床上用品、工艺品、服饰的厂家，这些厂家均可以正当使用“鲁锦”名称，在其产品上叙述性标明其面料采用鲁锦。

本案中，鄄城鲁锦公司在其生产的涉案产品的包装盒、包装袋上使用“鲁锦”两字，虽然在商品上使用了鲁锦公司商标中含有的商品通用名称，但仅是为了表明其产品采用鲁锦面料，其生产技艺具备鲁锦特点，并不具有侵犯鲁锦公司“鲁锦”注册商标专用权的主观恶意，也并非作为商业标识使用，属于正当使用，故不应认定为侵犯“鲁锦”注册商标专用权的行为。基于同样的理由，鄄城鲁锦公司在其企业名称中使用“鲁锦”字样，也系正当使用，不构成不正当竞争。礼之邦公司作为鲁锦制品的专卖店，同样有权使用“鲁锦”字样，亦不构成对“鲁锦”注册商标专用权的侵犯。

此外，鲁锦公司的“鲁锦”文字商标和“Lj + LUJIN”的组合商标已经国家商标局核准注册并核定使用于第25类、第24类商品上，该注册商标专用权应依法受法律保护。虽然鄄城鲁锦公司对此商标提出撤销申请，但在国家商标局商标评审委员会未撤销前，仍应依法保护上述有效注册商标。鉴于“鲁锦”是注册商标，为规范市场秩序，保护公平竞争，鄄城鲁锦公司在今后使用“鲁锦”字样以标明其产品面料性质的同时，应合理避让鲁锦公司的注册商标专用权，应在其产品包装上突出使用自己的“精一坊”商标，以显著区别产品来源，方便消费者识别。

【实务问答】

1. 如何理解商标合理使用制度？

《商标法》第59条规定，注册商标中含有的本商品的通用名称、图形、型号，或者直接表示商品的质量、主要原料、功能、用途、重量、数量及其他特点，或者含有的地名，注册商标专用权人无权禁止他人正当使用。三维标志注册商标中含有的商品自身的性质产生的形状、为获得技术效果而需有的商品形状或者使商品具有实质性价值的形状，注册商标专用权人无权禁止他人正当使用。商标注册人申请商标注册前，他人已经在同一种商品或者类似商品上先于商标注册人使用与注册商标相同或者近似并有一定影响的商标的，注册商标专用权人无权禁止该使用人在原使用范围内继续使用该商标，但可以要求其附加适当区别标识。

商标合理使用制度，也可称为注册商标专用权人的权利限制。众所周知，商标的主要作用在于让消费者可以就不同商标对应的相应商品及服务提供者识别判断，防止对商品及服务来源产生混淆。《商标法》一方面规定了商标权人积极使用商标及排除他人妨害商标权的权利，另一方面也明确排除的范围仅限禁止他人将商标用于标识商品来源的作用上，此即为商标的合理使用，也称注册商标专用权人的权利限制，又称商标权限制。当注册商标专用权人的权利与他人的正当利益发生冲突时，商标合理使用制度可以平衡且公平保护各方利益，鼓励并保证公平竞争，维护社会经济正常秩序。该制度目的旨在于防止滥用商标权，通过确定合理的界限，让权利人在合理适当的范围内保护商标。《商标法》2013 年修正时即通过第 59 条明确规定了该制度，并在 2019 年修正时保留。具体而言，包括三个方面内容：（1）该条第 1 款，即法律对商标的基本要求是其应当具有显著特征，以便于社会公众识别。仅有本商品的通用名称、图形、型号的，仅直接表示商品的质量、主要原料、功能、用途、重量、数量及其他特点的，及其他缺乏显著特征的标志，不得作为商标注册。若上述标志经使用取得显著特征并便于识别的，则可作为商标注册。但需注意，此种情形下，原本属于社会成员自由使用的社会公共资源，因注册人取得了注册商标专用权而可能产生使用上的冲突。故需对此类注册商标专用权人权利作出限制，即注册商标中含有的本商品的通用名称、图形、型号，或直接表示商品的质量、主要原料、功能、用途、重量、数量及其他特点，或含有的地名，专用权人无权禁止他人正当使用。（2）该条第 2 款，即以三维标志申请注册商标的，仅由商品自身的性质产生的形状、为获得技术效果而需有的商品形状或者使商品具有实质性价值的形状，不得注册。在上述形状外再结合其他要素组合成新的标志可作为商标进行注册。形状属社会公共资源，法律也有必要限制此类注册商标专用权人的权利，不能允许其享有禁止他人正当使用的权利。（3）该条第 3 款是对于保护在先权利原则的规定，即申请商标注册不得损害他人已有的在先权利，也不得以不正当手段抢注他人已使用并有一定影响的商标。绝大多数商品所使用的商标，由当事人自愿申请注册，使用未注册的商标，为法律所允许，但不能产生注册商标专用权。同时，既然法律允许使用未注册的商标，就不能因为后来被人注册了相同或者近似的商标，而要求不能再继续使用了。因而，也有必要对此作出限制，即该条第3款的规定。

本指导案例中，鄄城鲁锦公司在产品包装上使用“鲁锦”二字，仅是为了表明其产品面料为鲁锦，生产技艺符合鲁锦生产特点，并不具有侵犯山东鲁锦公司“鲁锦”商标专用权的主观恶意，其使用行为也并非作为商业标识的使用，属对“鲁锦”商标的合理使用，不构成对“鲁锦”商标专用权的侵犯。礼之邦家纺公司作为鲁锦制品的专卖店，也有权使用“鲁锦”二字，这一使用行为同样也不属于侵犯“鲁锦”商标专用权的行为。

2. 如何判断商品通用名称的广泛性、规范性?

商品通用名称，是指该商品特定行业内经营者、消费者约定俗成、普遍使用的名称，一般应具广泛性、规范性。通常而言，认定具有地域特点的商品的通用名称可从如下方面来判断：一是商品名称是否由某一地区或某领域内的经营者、消费者所普遍使用并广泛接受；二是该商品生产工艺是否由某一地区或某一领域内人们长期劳动实践而成；三是该商品的生产原料是否在某地区不特定广泛种植；四是商品消费者是特定群体还是普通社会公众。需注意，判断是否具有广泛性时，应以特定产区及相关公众的接受程度为标准，而不应以是否在全国范围内被广泛使用为标准；在判断是否具有规范性的时候，应以相关公众的一般认识及其指代是否明确为标准。相关公众只要了解这一名称，明确这一名称所指代的具体对象，那么该名称的符号作用、指代作用、区别作用即体现出来。就本指导案例而言，我国其他省份的手工棉纺织品虽不叫“鲁锦”，但这并不影响“鲁锦”指代独有的山东地区民间手工棉纺织品的事实，可以说，“鲁锦”的指代是具体明确的。

【适用实例】

成都客车股份有限公司与重庆小康工业集团股份有限公司等侵害商标权纠纷上诉案（上诉人上诉理由引用）

上诉人成都客车股份有限公司（以下简称成都客车公司）因与被上诉人

重庆小康工业集团股份有限公司（以下简称重庆小康公司）、重庆瑞驰汽车实业有限公司（以下简称重庆瑞驰公司）侵害商标权纠纷一案，不服重庆市第一中级人民法院一审判决，向重庆市高级人民法院提起上诉。

成都客车公司上诉请求撤销一审判决，改判支持成都客车公司的全部诉讼请求。事实和理由：一审判决对成都客车公司商标显著性的判断错误。一审判决认为成都客车公司的商标是以椭圆形和S形为基本构成要素，属于通用程度较高的符号，且与案外人商标形成商标共存，故显著性相对较低。首先，对于“通用”的认定，法律有严格要求，如最高人民法院《关于审理商标授权确权行政案件若干问题的规定》第10条、最高人民法院**指导案例46号**、《商标审查及审理标准》。“通用”的认定需要足够的证据来支持，一审判决仅凭构成元素在日常生活中较为常见就认为其在汽车商品上组合使用时就属于通用符号，明显错误。其次，这些构成要素虽然是日常生活中常见的图形和符号，但既没有被汽车的功能、用途、质量等商品自身特性所限定，又非固有搭配，将其组合使用在汽车产品上，依旧属于创造，具有独特性，整体上具备很强的显著性。再次，关于商标共存，属于认定事实错误，显然不成立。最后，显著性对混淆的影响，不仅包括固有显著性，也包括获得显著性，一审判决仅对商标构成要素进行固有显著性判断，忽视商标经长期宣传、使用带来的获得显著性，对显著性理解不充分。

重庆小康公司、重庆瑞驰公司共同辩称，成都客车公司的上诉请求于法无据，与事实不符，请求驳回其上诉请求。关于成都客车公司商标的显著性问题，一审法院对成都客车公司注册商标固有显著性的判断适用法律正确，一审判决所述的“通用”为“通常使用”的含义。而成都客车公司将“通用”的含义通过所举的最高人民法院**指导案例46号**（鲁锦案）等将其偷换概念为“通用名称”。然而，并不是商标要达到“通用名称”的程度，才能用“通用”这样的语言来描述和认定一个商标的固有显著性。

一审法院认为，《商标法》第57条规定，未经商标注册人的许可，在同一种商品上使用与其注册商标近似的商标，或者在类似商品上使用与其注册商标相同或者近似的商标，容易导致混淆的，属于侵犯注册商标专用权的行为。根据前述规定，商标侵权判定涉及三个方面的问题：(1) 注册商标与被诉标识是否构成近似；(2) 被诉标识使用的商品与注册商标核定使用的商品是否构成相同或类似商品；(3) 是否容易导致相关公众混淆。

在判断是否侵犯注册商标专用权的时候，将是否产生或者容易产生市场混淆作为认定商标侵权的重要考量因素，主要是要求相关标识具有不产生市场混淆的较大可能性，并不要求达到任何人在任何情况下均绝对不会误认的程度。前述五方面的因素足以使相关公众对冲突商标代表的商品来源加以区分，不至于对冲突商标所表示的来源产生混淆或者误认。且成都客车公司在诉讼过程中也没有举证证明存在相关公众购买被诉标识所标示的汽车产品时，对其商品产生混淆，或者是误认其来源与成都客车公司注册商标的商品有特定联系的实例。因此，重庆小康公司、重庆瑞驰公司使用被诉标识的行为不容易导致相关公众混淆，被诉的行为不构成商标侵权。

二审法院认为，最高人民法院《关于审理注册商标、企业名称与在先权利冲突的民事纠纷案件若干问题的规定》第1条第2款规定，原告以他人使用在核定商品上的注册商标与其在先的注册商标相同或者近似为由提起诉讼的，人民法院应当告知原告向有关行政主管机关申请解决。但原告以他人超出核定商品的范围或者以改变显著特征、拆分、组合等方式使用的注册商标，与其注册商标相同或者近似为由提起诉讼的，人民法院应当受理。《商标法》第13条规定，为相关公众所熟知的商标，持有人认为其权利受到侵害时，可以依照本法规定请求驰名商标保护。就相同或者类似商品申请注册的商标是复制、摹仿或者翻译他人未在中国注册的驰名商标，容易导致混淆的，不予注册并禁止使用。就不相同或者不相类似商品申请注册的商标是复制、摹仿或者翻译他人已经在中国注册的驰名商标，误导公众，致使该驰名商标注册人的利益可能受到损害的，不予注册并禁止使用。根据上述规定，原告以他人使用在核定商品上的注册商标与其在先的注册商标相同或者近似为由提起诉讼的，人民法院一般不受理。但是，如果被诉侵权行为是复制、摹仿、翻译在先驰名商标的，则被诉侵权商标虽为注册商标，人民法院亦可以受理。

本案中，成都客车公司以重庆小康公司、重庆瑞驰公司使用在核定商品汽车上以及相关商业活动中的第15482516号注册商标与其在先的第3279360号注册商标近似为由提起诉讼，但是，该公司未在一审期间提出认定驰名商标的请求，因此，人民法院依法不应当受理。虽然成都客车公司认为其诉讼请求第2项即“重庆小康公司、重庆瑞驰公司立即停止在‘汽车’等1202类似群组中、以及1211类似群组中的相同类似商品上，以及相关商业活动中使用第15482516号注册商标”已经隐含了认定驰名商标之意，但根据《商标纠纷案件解释》第22条第1款“人民法院在审理商标纠纷案件中，根据当事人的请求和案件的具体情况，可以对涉及的注册商标是否驰名依法作出认定”的规定，当事人提出认定驰名商标的请求应当是明确、具体的，应该被人民法院及对方当事人完全知晓并作出回应，故法院认为，成都客车公司并未依法提出认定驰名商标的请求，因此，不能依据《商标法》第13条的规定对重庆小康公司的注册商标进行起诉。

综上，二审法院裁定驳回成都客车股份有限公司对重庆小康工业集团股份有限公司、重庆瑞驰汽车实业有限公司在汽车商品以及相关商业活动中使用第15482516号注册商标行为的起诉。[（2018）渝民终65号之一]

033 指导案例58号

成都同德福合川桃片有限公司诉重庆市合川区同德福桃片有限公司、余晓华侵害商标权及不正当竞争纠纷案

与老字号有历史渊源的个人（企业）将其注册为个体工商户字号（企业名称），未引起公众误认且未突出使用的，不构成侵犯注册商标专用权或不正当竞争

（最高人民法院审判委员会讨论通过　2016年5月20日发布）

有章

关键词：民事/侵害商标权/不正当竞争/老字号/虚假宣传

裁判要点

1. 与“老字号”无历史渊源的个人或企业将“老字号”或与其近似的字号注册为商标后，以“老字号”的历史进行宣传的，应认定为虚假宣传，构成不正当竞争。2. 与“老字号”具有历史渊源的个人或企业在未违反诚

实信用原则的前提下，将“老字号”注册为个体工商户字号或企业名称，未引人误认且未突出使用该字号的，不构成不正当竞争或侵犯注册商标专用权。

相关法条

《中华人民共和国商标法》第57条第7项

《中华人民共和国反不正当竞争法》第2条、第9条

基本案情

原告（反诉被告）成都同德福合川桃片食品有限公司（以下简称成都同德福公司）诉称，成都同德福公司为“同德福TONGDEFU及图”商标权人，余晓华先后成立的个体工商户和重庆市合川区同德福桃片有限公司（以下简称重庆同德福公司），在其字号及生产的桃片外包装上突出使用了“同德福”，侵害了原告享有的“同德福TONGDEFU及图”注册商标专用权并构成不正当竞争。请求法院判令重庆同德福公司、余晓华停止使用并注销含有“同德福”字号的企业名称；停止侵犯原告商标专用权的行为，登报赔礼道歉、消除影响，赔偿原告经济、商誉损失50万元及合理开支5066.4元。

被告（反诉原告）重庆同德福公司、余晓华共同答辩并反诉称，重庆同德福公司的前身为始创于1898年的同德福斋铺，虽然同德福斋铺因公私合营而停止生产，但未中断独特技艺的代代相传。“同德福”第四代传人余晓华继承祖业先后注册了个体工商户和公司，规范使用其企业名称及字号，重庆同德福公司、余晓华的注册行为是善意的，不构成侵权。成都同德福公司与老字号“同德福”并没有直接的历史渊源，但其将“同德福”商标与老字号“同德福”进行关联的宣传，属于虚假宣传。而且，成都同德福公司擅自使用“同德福”知名商品名称，构成不正当竞争。请求法院判令成都同德福公司停止虚假宣传，在全国性报纸上登报消除影响；停止对“同德福”知名商品特有名称的侵权行为。

法院经审理查明：开业于1898年的同德福斋铺，在1916年至1956年期间，先后由余鸿春、余复光、余永祚三代人经营。在20世纪20年代至50年代期间，“同德福”商号享有较高知名度。1956年，由于公私合营，同德福

斋铺停止经营。1998年，合川市桃片厂温江分厂获准注册了第1215206号“同德福TONGDEFU及图”商标，核定使用范围为第30类，即糕点、桃片（糕点）、可可产品、人造咖啡。2000年11月7日，前述商标的注册人名义经核准变更为成都同德福公司。成都同德福公司的多种产品外包装使用了“老字号”“百年老牌”字样、“‘同德福牌’桃片简介：‘同德福牌’桃片创制于清乾隆年间（或1840年），有着悠久的历史文化”等字样。成都同德福公司网站中“公司简介”页面将《合川文史资料选辑（第二辑）》中关于同德福斋铺的历史用于其“同德福”牌合川桃片的宣传。

2002年1月4日，余永祚之子余晓华注册个体工商户，字号名称为合川市老字号同德福桃片厂，经营范围为桃片、小食品自产自销。2007年，其字号名称变更为重庆市合川区同德福桃片厂，后注销。2011年5月6日，重庆同德福公司成立，法定代表人为余晓华，经营范围为糕点（烘烤类糕点、熟粉类糕点）生产，该公司是第6626473号“余复光1898”图文商标、第7587928号“余晓华”图文商标的注册商标专用权人。重庆同德福公司的多种产品外包装使用了“老字号【同德福】商号，始创于清光绪23年（1898年）历史悠久”等介绍同德福斋铺历史及获奖情况的内容，部分产品在该段文字后注明“以上文字内容摘自《合川县志》”；“【同德福】颂：同德福，在合川，驰名远，开百年，做桃片，四代传，品质高，价亦廉，讲诚信，无欺言，买卖公，热情谈”；“合川桃片”“重庆市合川区同德福桃片有限公司”等字样。

裁判结果

重庆市第一中级人民法院于2013年7月3日作出（2013）渝一中法民初字第00273号民事判决：一、成都同德福公司立即停止涉案的虚假宣传行为。二、成都同德福公司就其虚假宣传行为于本判决生效之日起连续五日在其网站刊登声明消除影响。三、驳回成都同德福公司的全部诉讼请求。四、驳回重庆同德福公司、余晓华的其他反诉请求。一审宣判后，成都同德福公司不服，提起上诉。重庆市高级人民法院于2013年12月17日作出（2013）渝高法民终字00292号民事判决：驳回上诉，维持原判。

裁判理由

法院生效裁判认为：个体工商户余晓华及重庆同德福公司与成都同德福公司经营范围相似，存在竞争关系；其字号中包含“同德福”三个字与成都同德福公司的“同德福 TONGDEFU 及图”注册商标的文字部分相同，与该商标构成近似。其登记字号的行为是否构成不正当竞争关键在于该行为是否违反诚实信用原则。成都同德福公司的证据不足以证明“同德福 TONGDEFU 及图”商标已经具有相当知名度，即便他人将“同德福”登记为字号并规范使用，不会引起相关公众误认，因而不能说明余晓华将个体工商户字号注册为“同德福”具有“搭便车”的恶意。而且，在二十世纪二十年代至五十年代期间，“同德福”商号享有较高商誉。同德福斋铺先后由余鸿春、余复光、余永祚三代人经营，尤其是在余复光经营期间，同德福斋铺生产的桃片获得了较多荣誉。余晓华系余复光之孙、余永祚之子，基于同德福斋铺的商号曾经获得的知名度及其与同德福斋铺经营者之间的直系亲属关系，将个体工商户字号登记为“同德福”具有合理性。余晓华登记个体工商户字号的行为是善意的，并未违反诚实信用原则，不构成不正当竞争。基于经营的延续性，其变更个体工商户字号的行为以及重庆同德福公司登记公司名称的行为亦不构成不正当竞争。

从重庆同德福公司产品的外包装来看，重庆同德福公司使用的是企业全称，标注于外包装正面底部，“同德福”三字位于企业全称之中，与整体保持一致，没有以简称等形式单独突出使用，也没有为突出显示而采取任何变化，且整体文字大小、字形、颜色与其他部分相比不突出。因此，重庆同德福公司在产品外包装上标注企业名称的行为系规范使用，不构成突出使用字号，也不构成侵犯商标权。就重庆同德福公司标注“同德福颂”的行为而言，“同德福颂”四字相对于其具体内容（三十六字打油诗）字体略大，但视觉上形成一个整体。其具体内容系根据史料记载的同德福斋铺曾经在商品外包装上使用过的一段类似文字改编，意在表明“同德福”商号的历史和经营理念，并非为突出“同德福”三个字。且重庆同德福公司的产品外包装使用了多项商业标识，其中“合川桃片”集体商标特别突出，其自有商标也比较明显，并同时标注了“合川桃片”地理标志及重庆市非物质文化遗产，相对于这些标识来看，“同德福颂”及其具体内容仅属于普通描述性文字，明显不具有商业标识的形式，也不够突出醒目，客观上不容易使消费者对商品来源产生误认，亦不具备替代商标的功能。因此，重庆同德福公司标注“同德福颂”的行为不属于侵犯商标权意义上的“突出使用”，不构成侵犯商标权。

成都同德福公司的网站上登载的部分“同德福牌”桃片的历史及荣誉，与史料记载的同德福斋铺的历史及荣誉一致，且在其网站上标注了史料来源，但并未举证证明其与同德福斋铺存在何种联系。此外，成都同德福公司还在其产品外包装标明其为“百年老牌”“老字号”“始创于清朝乾隆年间”等字样，而其“同德福 TONGDEFU 及图”商标核准注册的时间是 1998 年，就其采取前述标注行为的依据，成都同德福公司亦未举证证明。成都同德福公司的前述行为与事实不符，容易使消费者对于其品牌的起源、历史及其与同德福斋铺的关系产生误解，进而取得竞争上的优势，构成虚假宣传，应承担相应的停止侵权、消除影响的民事责任。

（生效裁判审判人员：李剑、周露、宋黎黎）

【实务问答】

1. 商标侵权行为的主要类型有哪些？

《商标法》第 57 条规定，有下列行为之一的，均属侵犯注册商标专用权：（1）未经商标注册人的许可，在同一种商品上使用与其注册商标相同的商标的；（2）未经商标注册人的许可，在同一种商品上使用与其注册商标近似的商标，或者在类似商品上使用与其注册商标相同或者近似的商标，容易导致混淆的；（3）销售侵犯注册商标专用权的商品的；（4）伪造、擅自制造他人注册商标标识或者销售伪造、擅自制造的注册商标标识的；（5）未经商标注册人同意，更换其注册商标并将该更换商标的商品又投入市场的；（6）故意为侵犯他人商标专用权行为提供便利条件，帮助他人实施侵犯商标专用权行为的；（7）给他人的注册商标专用权造成其他损害的。

商标侵权行为，又称侵犯注册商标专用权行为，是指一切损害他人注册商标权益的行为，构成要件包括四个：一是客观上存在损害他人注册商标权益的事实；二是行为人的行为违反了法律规定；三是行为人实施违法行为时主观上具有故意或过失；四是损害事实与违法行为之间存在因果关系。《商标法》第57条就商标侵权行为规定了七种类型，具体如下：（1）未经商标注册人的许可，在同一种商品上使用与其注册商标相同的商标的行为。即通常说的“假冒”，后果是混淆商品出处，误导消费者，损害商标注册人的合法权益和消费者的利益。（2）未经商标注册人的许可，在同一种商品上使用与其注册商标近似的商标，或者在类似商品上使用与其注册商标相同或者近似的商标，容易导致混淆的行为。该种行为的后果是混淆商品出处，误导消费者，损害商标注册人的合法权益和消费者的利益。（3）销售侵犯注册商标专用权的商品的行为。该行为一般发生在流通环节，有的是生产者自行销售，有的则是通过他人进行销售。（4）伪造、擅自制造他人注册商标标识或者销售伪造、擅自制造的注册商标标识的行为。所谓“伪造”，是指没有经过他人同意或者许可，模仿他人注册商标的图样或者实物，制作出与他人注册商标标识相同的商标标识。“擅自制造”，是指没有经过他人同意或者许可，制作他人注册商标标识。擅自制造，通常发生在加工承揽活动中，即承揽人在承揽制作他人注册商标标识时，未经他人同意，在商标印制合同约定的印数之外，又私自加印商标标识。销售伪造、擅自制造注册商标标识的行为，是指采用零售、批发、内部销售等方式，出售伪造或者擅自制造的他人注册商标标识。（5）未经商标注册人同意，更换其注册商标并将该更换商标的商品又投入市场的行为。该行为也称“反向假冒”，即在商品销售活动中，消除商品上的他人商标，然后换上自己的商标，冒充自己的商品进行销售。（6）故意为侵犯他人商标专用权行为提供便利条件，帮助他人实施侵犯商标专用权行为的。该行为主要是指故意提供诸如仓储、运输、邮寄、隐匿等方面的条件，从而帮助他人完成实施侵犯商标专用权的行为。（7）给他人的注册商标专用权造成其他损害的行为，属兜底性规定。

2. 如何界定与保护“字号权”？

国家工商行政管理总局①在《商标审查及审理标准》“审理标准”部分“损害他人在先权利审理标准”项目的引言中规定，在先权利是指在系争商

① 现为国家知识产权局。

标申请注册日之前已经取得的，除商标权以外的其他权利，包括字号权、著作权、外观设计专利权、姓名权、肖像权以及应予保护的其他合法在先权益。同时，该标准也对“字号权”作了界定，将与他人在先登记、使用并具有一定知名度的字号相同或者近似的文字申请注册为商标，容易导致中国相关公众混淆，致使在先字号权人的利益可能受到损害的，应当认定为对他人在先字号权的损害，系争商标应当不予核准注册或者予以无效宣告。由此可知，具有一定知名度的字号属于他人在先取得的权利，他人申请注册商标不得与其相冲突。一旦产生冲突，则优先保护登记在先的字号。但当他人在先登记的企业字号知名度不足或他人登记的字号以前具有一定知名度如老字号但后来中断使用的，则不属他人在先取得的权利，商标注册人可注册该商标。但在使用商标时，则应遵循《反不正当竞争法》相关规定，如擅自使用他人的企业名称或者姓名，引人误认为是他人商品的，属于不正当竞争；经营者不得利用广告或者其他方法，对商品的质量、制作成分、性能、用途、生产者、有效期限、产地等作引人误解的虚假宣传。

就本指导案例而言，“同德福”老字号自创立以来虽有较高知名度，但1956年后便停止经营与使用，至成都同德福公司注册“同德福及图”商标时已中断达38年。且“同德福”老字号并未登记，因而无法获得字号权。基于此，成都同德福公司的商标注册行为不应被认为侵犯了他人在先权利。但成都同德福公司宣传时使用“百年老牌”“老字号”字样，并将同德福斋铺历史用于其产品宣传，在同“同德福”传承人经营范围相似、存在竞争的情况下，成都同德福公司的行为易使消费者产生误认，故构成不正当竞争。

【适用实例】

王某均与长寿区凤城街道灶房屋餐馆侵害商标权纠纷案

王某均向重庆自由贸易实验区人民法院提出诉讼请求：(1) 被告立即停止侵害原告第23243013号注册商标专用权的行为，即立即停止在餐饮服务上使用“灶房屋”标识；(2) 被告赔偿原告经济损失100,000元；(3) 被告承担原告为制止被告侵权行为支付的合理费用23,600元；(4) 被告停止使用“灶房屋”作为字号；(5) 本案诉讼费用由被告承担。事实和理由：原告自

2015年开始在餐饮服务上使用“灶房屋”商标，且于2017年3月22日申请，2018年7月21日获得商标号23243013“灶房屋”商标的核准注册，对该商标享有商标专用权。该商标在餐饮行业具有较高知名度。现原告发现被告未经商标注册人许可，在其餐饮服务场所的招牌、装饰、菜单、名片、价目表、美团平台的餐饮服务网络宣传等处使用与原告第43类第23243013号“灶房屋”注册商标相同的标识，被告的上述行为侵犯了原告的注册商标专用权。同时被告将“灶房屋”商标作为其字号使用，违背诚实信用原则，构成不正当竞争。

被告灶房屋餐馆辩称：被告餐馆及工商登记时间均早于原告餐馆成立及申请该商标时间，被告使用“灶房屋”字号在先，具有在先权利，对“灶房屋”标识的使用为善意，不构成商标侵权，也不构成不正当竞争；原告主张损失赔偿金额过高，其未出示充分证据证明其经济损失和合理支出金额。综上，请求法院驳回原告全部诉讼请求。

法院认为，原告依法享有第23243013号“灶房屋”注册商标专用权，且实际使用在核定餐饮服务上，其权利合法有效，应当受到法律的保护。依照《商标法》第57条第1项规定，未经商标注册人的许可，在同一种商品上使用与其注册商标相同的商标的，属于侵犯注册商标专用权的行为。在原告注册商标有效期内，被告在其经营的餐馆中，在门头、店内桌牌、宣传牌、工作人员名片、网络宣传中均单独或用区别性大字载明“灶房屋”字样，用于识别其餐饮服务的来源，为商标性使用方式，构成在相同商品上使用与原告注册商标相同的商标，构成商标侵权。

关于被告提出的在先字号权利抗辩。首先，企业名称权（包括企业字号）与商标权属于不同的标识性权利，前者主要用于区别企业主体，后者则主要用于识别商品、服务来源。两者功能不同，均有其各自的权利范围，受不同的法律保护，不能混同而论，两者均为注册登记成立，其注册登记主体、权利的成立时间先后并不影响各自的权利范围和受法律保护的程度，因此，在本案中，即使被告在先登记注册含有“灶房屋”字号的企业名称，也不能阻却原告后注册“灶房屋”商标及其对该商标权的合法行使与合理维权行为。其次，商标侵权认定的前提在于被诉行为属于商标使用行为。根据《商标法》第48条之规定，“本法所称商标的使用，是指将商标用于商品、商品包装或者容器以及商品交易文书上，或者将商标用于广告宣传、展览以及其他商业活动中，用于识别商品来源的行为”。基于商标与企业名称功能的不同，在被诉侵权标识与被告之字号相同或近似的情况下，对被告使用相应标识是否属于商标侵权进行认定时应首先考虑被诉侵权标识的具体使用性质，即被告对该标识的使用是用于标明商品服务来源的商标使用行为抑或区别企业主体的企业名称使用行为，只有在前者情况下，才可能构成商标侵权。具体在本案中，被告在其经营的餐馆中，在门头、店内桌牌、宣传牌、工作人员名片、网络宣传中均单独或以区别性大字载明“灶房屋”标识，该行为系向消费者标明其餐饮服务来源，而非表明其企业主体为谁，属于商标性使用方式，并非对其字号的使用，因此，其行为理应受到商标法相关规定之规制。最后，根据《商标纠纷案件解释》第1条之规定，如“将与他人注册商标相同或相近似的文字作为企业字号在相同或类似商品上突出使用，容易使相关公众产生误认的”，仍属于商标侵权行为。由此可见，在生产经营过程中，当事人应秉承诚实信用原则，合理规范地使用其企业字号，如其使用行为构成商标的使用，导致相关公众误认，则仍构成商标侵权行为。因此，即使本案中，假设被告对于“灶房屋”标识的使用行为为其所声称的作为企业字号的使用，但细究其使用方式，仍属于对“灶房屋”标识的突出使用或单独使用，在该标识与原告注册商标相同、使用商品服务相同的情况下，极易在餐饮服务行业使相关公众对其餐饮服务与原告的餐饮服务产生相联系的误认，亦构成商标侵权。最后，在特殊情况下，被告字号与原告注册商标相同，且被告将字号用作商标使用时，不会产生相关公众的误认混淆，不构成商标侵权。但此种情形是考虑到特定历史原因或特殊情况，并基于公平和诚实信用原则而形成了特例规则，该特例规则对于字号的商标性使用进行了严格限定。最高人民法院在**指导案例58号**中，针对具有历史渊源的“老字号”情形，明确指出，即使与“老字号”具有历史渊源的个人或企业在未违反诚实信用原则的前提下，将“老字号”注册为个体工商户字号或企业名称，若要不构成商标侵权或不正当竞争，仍需做到未引人误认且未突出使用该字号。而具体在本案中，被告并未出示充分证据证明其在餐饮服务中诚实信用地使用“灶房屋”标识具有历史原因或其他特殊情形，足以不导致相关公众的误认，故本案并非属于特例。综上所述，由于被告对于“灶房屋”标识的使用属于商标使用行为，且其使用无相应历史渊源等特殊情形，故被告的在先字号权利抗辩，因无相应事实与法律依据，法院依法不予支持。另外，即使被告先于原告使用未注册的“灶房屋”商标，但其未举证证明其使用的商标具有一定影响力，故其在先商标使用抗辩亦一并不成立。[（2019）渝0192民初382号]

034 指导案例82号

王碎永诉深圳歌力思服饰股份有限公司、杭州银泰世纪百货有限公司侵害商标权纠纷案

违反诚信原则，恶意取得、行使商标权并主张他人侵权的，构成权利滥用

（最高人民法院审判委员会讨论通过　2017年3月6日发布）

关键词：民事/侵害商标权/诚实信用/权利滥用

裁判要点

当事人违反诚实信用原则，损害他人合法权益，扰乱市场正当竞争秩序，恶意取得、行使商标权并主张他人侵权的，人民法院应当以构成权利滥用为由，判决对其诉讼请求不予支持。

相关法条

《中华人民共和国民事诉讼法》第13条

《中华人民共和国商标法》第52条

基本案情

深圳歌力思服装实业有限公司成立于1999年6月8日。2008年12月18日，该公司通过受让方式取得第1348583号“歌力思”商标，该商标核定使用于第25类的服装等商品之上，核准注册于1999年12月。2009年11月19日，该商标经核准续展注册，有效期自2009年12月28日至2019年12月27

日。深圳歌力思服装实业有限公司还是第4225104号“ELLASSAY”的商标注册人。该商标核定使用商品为第18类的（动物）皮；钱包；旅行包；文件夹（皮革制）；皮制带子；裘皮；伞；手杖；手提包；购物袋。注册有效期限自2008年4月14日至2018年4月13日。2011年11月4日，深圳歌力思服装实业有限公司更名为深圳歌力思服饰股份有限公司（以下简称歌力思公司，即本案一审被告人）。2012年3月1日，上述“歌力思”商标的注册人相应变更为歌力思公司。

一审原告人王碎永于2011年6月申请注册了第7925873号“歌力思”商标，该商标核定使用商品为第18类的钱包、手提包等。王碎永还曾于2004年7月7日申请注册第4157840号“歌力思及图”商标。后因北京市高级人民法院于2014年4月2日作出的二审判决认定，该商标损害了歌力思公司的关联企业歌力思投资管理有限公司的在先字号权，因此不应予以核准注册。

自2011年9月起，王碎永先后在杭州、南京、上海、福州等地的“ELLASSAY”专柜，通过公证程序购买了带有“品牌中文名：歌力思，品牌英文名：ELLASSAY”字样吊牌的皮包。2012年3月7日，王碎永以歌力思公司及杭州银泰世纪百货有限公司（以下简称杭州银泰公司）生产、销售上述皮包的行为构成对王碎永拥有的“歌力思”商标、“歌力思及图”商标权的侵害为由，提起诉讼。

裁判结果

杭州市中级人民法院于2013年2月1日作出（2012）浙杭知初字第362号民事判决，认为歌力思公司及杭州银泰公司生产、销售被诉侵权商品的行为侵害了王碎永的注册商标专用权，判决歌力思公司、杭州银泰公司承担停止侵权行为、赔偿王碎永经济损失及合理费用共计10万元及消除影响。歌力思公司不服，提起上诉。浙江省高级人民法院于2013年6月7日作出（2013）浙知终字第222号民事判决，驳回上诉、维持原判。歌力思公司及王碎永均不服，向最高人民法院申请再审。最高人民法院裁定提审本案，并于2014年8月14日作出（2014）民提字第24号判决，撤销一审、二审判决，驳回王碎永的全部诉讼请求。

裁判理由

法院生效裁判认为，诚实信用原则是一切市场活动参与者所应遵循的基本准则。一方面，它鼓励和支持人们通过诚实劳动积累社会财富和创造社会价值，并保护在此基础上形成的财产性权益，以及基于合法、正当的目的支配该财产性权益的自由和权利；另一方面，它又要求人们在市场活动中讲究信用、诚实不欺，在不损害他人合法利益、社会公共利益和市场秩序的前提下追求自己的利益。民事诉讼活动同样应当遵循诚实信用原则。一方面，它保障当事人有权在法律规定的范围内行使和处分自己的民事权利和诉讼权利；另一方面，它又要求当事人在不损害他人和社会公共利益的前提下，善意、审慎地行使自己的权利。任何违背法律目的和精神，以损害他人正当权益为目的，恶意取得并行使权利、扰乱市场正当竞争秩序的行为均属于权利滥用，其相关权利主张不应得到法律的保护和支持。

第 4157840 号“歌力思及图”商标迄今为止尚未被核准注册，王碎永无权据此对他人提起侵害商标权之诉。对于歌力思公司、杭州银泰公司的行为是否侵害王碎永的第 7925873 号“歌力思”商标权的问题，首先，歌力思公司拥有合法的在先权利基础。歌力思公司及其关联企业最早将“歌力思”作为企业字号使用的时间为 1996 年，最早在服装等商品上取得“歌力思”注册商标专用权的时间为 1999 年。经长期使用和广泛宣传，作为企业字号和注册商标的“歌力思”已经具有了较高的市场知名度，歌力思公司对前述商业标识享有合法的在先权利。其次，歌力思公司在本案中的使用行为系基于合法的权利基础，使用方式和行为性质均具有正当性。从销售场所来看，歌力思公司对被诉侵权商品的展示和销售行为均完成于杭州银泰公司的歌力思专柜，专柜通过标注歌力思公司的“ELLASSAY”商标等方式，明确表明了被诉侵权商品的提供者。在歌力思公司的字号、商标等商业标识已经具有较高的市场知名度，而王碎永未能举证证明其“歌力思”商标同样具有知名度的情况下，歌力思公司在其专柜中销售被诉侵权商品的行为，不会使普通消费者误认该商品来自于王碎永。从歌力思公司的具体使用方式来看，被诉侵权商品的外包装、商品内的显著部位均明确标注了“ELLASSAY”商标，而仅在商品吊牌之上使用了“品牌中文名：歌力思”的字样。由于“歌力思”本身就是歌力思公司的企业字号，且与其“ELLASSAY”商标具有互为指代关系，故歌力思公司在被诉侵权商品的吊牌上使用“歌力思”文字来指代商品生产者的做法并无明显不妥，不具有攀附王碎永“歌力思”商标知名度的主观意图，亦不会为普通消费者正确识别被诉侵权商品的来源制造障碍。在此基础上，杭州银泰公司销售被诉侵权商品的行为亦不为法律所禁止。最后，王碎永取得和行使“歌力思”商标权的行为难谓正当。“歌力思”商标由中文文字“歌力思”构成，与歌力思公司在先使用的企业字号及在先注册的“歌力思”商标的文字构成完全相同。“歌力思”本身为无固有含义的臆造词，具有较强的固有显著性，依常理判断，在完全没有接触或知悉的情况下，因巧合而出现雷同注册的可能性较低。作为地域接近、经营范围关联程度较高的商品经营者，王碎永对“歌力思”字号及商标完全不了解的可能性较低。在上述情形之下，王碎永仍在手提包、钱包等商品上申请注册“歌力思”商标，其行为难谓正当。王碎永以非善意取得的商标权对歌力思公司的正当使用行为提起的侵权之诉，构成权利滥用。

（生效裁判审判人员：王艳芳、朱理、佟姝）

【实务问答】

1. 如何适用禁止权利滥用原则？

诚实信用是一切市场活动参与者所应遵循的基本准则，《民法典》与《民事诉讼法》对此均有明确规定。一方面，它鼓励和支持人们通过诚实劳动积累社会财富和创造社会价值，并保护在此基础上形成的财产性权益，以及基于合法、正当的目的支配该财产性权益的自由和权利；另一方面，它又要求人们在市场活动中讲究信用、诚实不欺，在不损害他人合法利益、社会公共利益和市场秩序的前提下追求自己的利益。除诚信原则外，《民法典》还通过第132条规定了“禁止权利滥用原则”，即民事主体不得滥用民事权利损害国家利益、社会公共利益或者他人合法权益。随着学说和判例的发展，禁止权利滥用原则与诚信原则的适用范围越来越广，作用也愈发接近。

实践中，有以下几种常见的权利滥用情形：（1）恶意行使权利。（2）欠缺正当利益的权利行使。（3）以有害方式行使权利。（4）损害大于所获利益。（5）违背权利目的行使权利。关于权利滥用的法律后果，一般情况下应给予否定性法律评价。但具体为何种法律后果，需结合具体情形分别作出：（1）不能产生相应法律效果。权利的行使如实施法律行为，构成权利滥用时，该法律行为无效。若该行为损害国家利益、社会公共利益或者他人合法权益的，行为无效。（2）承担民事赔偿责任。权利行使若构成权利滥用并对他人造成损害的，滥用权利人应承担责任，受害人有权请求权利人承担侵权责任，也可以依法请求相对方承担违约责任。（3）限制权利。对于可行使权利而不行使，或虽不具备行使权利的条件，但也不允许他人行使该权利的，应限制其权利。

适用禁止权利滥用原则时有下列问题需要注意：一是严格区分权利滥用与权利正当行使的界限。二是准确把握权利的本质和权利的正当界限。三是根据个案具体情况，综合考量权利行使时间、方式、对象、程度等因素，判断双方当事人之间是否产生了利益的严重失衡，以致违背公序良俗、诚信原则。本指导案例中，“歌力思”本身为无固有含义的臆造词，具有较强的固有显著性，依常理判断，在完全没有接触或知悉的情况下，因巧合而出现雷同注册的可能性较低。作为地域接近、经营范围关联程度较高的商品经营者，王碎永对“歌力思”字号及商标完全不了解的可能性较低。在上述情形之下，王碎永仍在手提包、钱包等商品上申请注册“歌力思”商标，其行为难谓正当。王碎永以非善意取得的商标权对歌力思公司的正当使用行为提起的侵权之诉，构成权利滥用，其诉求也不应获得支持。

另外值得注意的是，最高人民法院于2021年6月3日发布并于同日实施的《关于知识产权侵权诉讼中被告以原告滥用权利为由请求赔偿合理开支问题的批复》规定：“在知识产权侵权诉讼中，被告提交证据证明原告的起诉构成法律规定的滥用权利损害其合法权益，依法请求原告赔偿其因该诉讼所支付的合理的律师费、交通费、食宿费等开支的，人民法院依法予以支持。被告也可以另行起诉请求原告赔偿上述合理开支。”可以预见，该规定将有利于发挥律师费等合理开支对当事人上述行为的调节作用，更好规制权利滥用现象。

2. 对不以使用为目的的恶意注册商标申请如何处理？

2019年修正的《商标法》在第4条第1款中增加了“不以使用为目的的恶意商标注册申请，应当予以驳回”的规定，可遏制不具有商标使用目的的商标恶意注册行为。规制商标的恶意注册行为，是此次商标法修改主要解决的问题之一。该规定所规制的范围，既包括商标抢注行为也包括商标囤积行为。需注意，该规定的适用以“不以使用为目的”和具有主观“恶意”为适用条件，意图规制不以使用为目的的规模性商标注册、商标囤积等非正常注册行为，也间接表明商标注册申请应具有善意的商标使用意图。结合本规定的目的及“恶意”的具体语境，本规定所谓“恶意”，应理解为注册商标申请人主观上不具有善意使用意图，即为生产经营活动所必需的商标使用申请可注册，反之，若不以使用为目的，大量、重复或超出其营业范围等非正当性的申请，则不应通过。具体言之，该规定内容的含义包括两方面：（1）禁止性规范，若申请人提起申请的注册商标，既不以使用为目的又有恶意的，应予以驳回；（2）许可性规范，若申请人提起注册商标虽不以使用为目的，但没有恶意，仍应予以认可。

3. 恶意申请商标行为有哪些具体情形？

申请人恶意申请商标的行为有很多类型，但其共性是申请人都违反了诚实信用原则，申请的真实意图要么是抢注在先使用人商标，要么是侵犯他人在先权益，要么采用了虚假或欺骗手段。实践中的具体表现包括但不限于以下情形：（1）无正当理由在多个类别上大量申请他人具有在先权利的商业标志；（2）申请人与在先使用人共处相同地域或者双方的商品或服务有相同销售渠道和地域范围，并知晓在先使用人商标；（3）存在因与他人注册商标相同或相似的情况而被驳回或异议申请的历史；或因侵犯涉案商标权受到民事、行政、刑事处罚的记录；（4）申请的商标是复制、摹仿、翻译他人在先具有知名度或显著性强的商标；（5）存在以欺骗、不正当手段等商标申请行为；（6）与在先使用人曾有交易、劳动、合作关系，并知晓在先使用人的商标；（7）有阻止他人合法使用的意图或具有以牟取不当利益的目的等。需说明的是，具体审查时，针对个案判断是否构成恶意注册商标，需综合考虑申请人经营范围、使用能力、名下的申请注册商标数量、商标申请的历史、商标的显著性、在先判决等因素。

【适用实例】

晋江市麦克格雷迪鞋服贸易有限公司与阿迪达斯体育（中国）有限公司、浙江天猫网络有限公司侵害商标权纠纷案

上诉人晋江市麦克格雷迪鞋服贸易有限公司（以下简称麦克格雷迪公司）因与阿迪达斯体育（中国）有限公司（以下简称阿迪达斯中国公司）侵害商标权纠纷一案，不服江苏省苏州市中级人民法院一审民事判决，向江苏省高级人民法院提起上诉。

一审法院认为：阿迪达斯中国公司在生产、销售的鞋产品上使用案涉标志不侵害麦克格雷迪公司第3792093号注册商标专用权。阿迪达斯中国公司在涉案第3792093号注册商标申请日前即已使用案涉标识，并具有一定影响，麦克格雷迪公司受让该商标并指控阿迪达斯中国公司商标侵权有违诚信原则，具有明显主观恶意，其侵权指控不能成立。理由：案外人丁某竹申请注册涉案第3792093号商标、麦克格雷迪公司受让该商标并指控阿迪达斯中国公司侵害其商标权的行为有违诚信原则，具有明显主观恶意。《商标法》第7条规定，申请注册和使用商标，应当遵循诚实信用原则。最高人民法院**指导案例82号**王碎永诉深圳歌力思服饰股份有限公司、杭州银泰世纪百货有限公司侵害商标权纠纷案裁判要点载明，当事人违反诚实信用原则，损害他人合法权益，扰乱市场正当竞争秩序，恶意取得、行使商标权并主张他人侵权的，人民法院应当以构成权利滥用为由，判决对其诉讼请求不予支持。本案中，案涉标志系完全臆造的标识，具有较强的固有显著性，麦克格雷迪公司无法合理解释其原法定代表人丁某竹如何创设与该标识基本一致的涉案商标，基于一般常理推断，其未经借鉴或抄袭独立创作该标识的可能性极低，加之丁某竹长期系鞋、服装制造厂商经营者，对于相关市场应具有较高认知水平，案涉标识在其2003年11月申请案涉商标时即具有相当知名度，其理应清楚案涉标识系阿迪达斯为NBA球星特雷西·麦克格雷迪创设的专属商业标识，在此情况下其仍将该标识注册为商标，具有明显的攀附恶意。麦克格雷迪公司本身企业字号即使用了特雷西·麦克格雷迪的名字，公司创始股东和原法定代表人亦是丁某竹，在案证据表明麦克格雷迪公司除持有涉案商标外，还曾恶意抢注“特雷西·麦克格雷迪”“凯文·杜兰特”等NBA篮球明星姓名音译商标而被商标局驳回，可见该公司长期惯于实施此类恶意抢注、权利滥用行为，其受让、使用涉案商标同样明显具有抢占他人商誉的不当意图。

商标法的基本目的在于通过保护商标权，鼓励市场主体开展诚实守信的市场经营，保护消费者利益。丁某竹、麦克格雷迪公司申请获得和受让涉案商标，其目的并不在于悉心投入和经营一个新的品牌，而系不当攀附利用在先权利人在既有标识上已经凝结的商誉和市场知名度，谋求和攫取在先权利人的市场份额和交易机会。商标持有人并无诚实守信的市场经营，商标保护便无从谈起，而该种抢注行为更不应予以鼓励和助长。本案构成**第82号指导案例**中恶意取得、行使商标权并主张他人侵权的情形，据此，麦克格雷迪公司关于阿迪达斯中国公司在其生产、销售的鞋产品上使用案涉标志侵犯涉案第3792093号商标专用权的主张不应得到支持。为此，一审法院判决驳回晋江市麦克格雷迪鞋服贸易有限公司的全部诉讼请求。

二审法院经审理认为，《商标法》第7条第1款规定，申请注册和使用商标，应当遵循诚实信用原则。诚实信用原则是一切市场活动参与者所应遵循的基本准则。一方面，它鼓励和支持人们通过诚实劳动积累社会财富和创造社会价值，并保护在此基础上形成的财产性权益，以及基于合法、正当的目的支配该财产性权益的自由和权利；另一方面，它又要求人们在市场活动中讲究信用、诚实不欺，在不损害他人合法利益、社会公共利益和市场秩序的前提下追求自己的利益。一方面，它保障当事人有权在法律规定的范围内行使和处分自己的民事权利和诉讼权利；另一方面，它又要求当事人在不损害他人和社会公共利益的前提下，善意、审慎地行使自己的权利。任何违背法律目的和精神，以损害他人正当权益为目的，恶意取得并行使权利、扰乱市场正当竞争秩序的行为均属于权利滥用，其相关权利主张不应得到法律的保护和支持。本案中，阿迪达斯中国公司使用的被诉标识具有较强显著性、在中国境内影响范围广泛，而案外人丁某竹仍将阿迪达斯国际公司享有在先著作权、在先使用具有一定影响的标识注册为商标，麦克格雷迪公司不可能对此不知情，仍然受让涉案商标，且麦克格雷迪公司第3792093号商标与阿迪达斯国际公司享有著作权的美术作品完全相同，其行为难谓正当。此外，本院注意到，麦克格雷迪公司于2011年1月14日对案涉标识在18、35类申请注册商标。麦克格雷迪公司亦未经特雷西·麦克格雷迪、凯文·杜兰特等NBA篮球明星许可或授权，将其姓名音译作为商标注册，均已被认定为无效。因此，法院认为麦克格雷迪公司对阿迪达斯中国公司提起的侵权之诉，系对涉案注册商标权的滥用，有违诚实信用原则。综上，结合阿迪达斯国际公司享有在先著作权、阿迪达斯国际公司与阿迪达斯中国公司在先使用且具有一定影响的标识具有正当性等因素，一审法院关于阿迪达斯国际公司、阿迪达斯中国公司不侵害麦克格雷迪公司第3792093号注册商标专用权认定正确，应予维持，故判决驳回上诉，维持原判。[（2019）苏民终471号]

035　指导案例158号

深圳市卫邦科技有限公司诉李坚毅、深圳市远程智能设备有限公司专利权权属纠纷案

判断职务发明专利权属纠纷中“与原单位有关的发明创造”时，应注重维护原单位、离职员工以及离职员工新任职单位之间的利益平衡

（最高人民法院审判委员会讨论通过　2021年7月23日发布）

关键词：民事/专利权权属/职务发明创造/有关的发明创造

裁判要点

判断是否属于专利法实施细则第十二条第一款第三项规定的与在原单位承担的本职工作或者原单位分配的任务“有关的发明创造”时，应注重维护原单位、离职员工以及离职员工新任职单位之间的利益平衡，综合考虑以下因素作出认定：一是离职员工在原单位承担的本职工作或原单位分配的任务的具体内容；二是涉案专利的具体情况及其与本职工作或原单位分配的任务的相互关系；三是原单位是否开展了与涉案专利有关的技术研发活动，或者有关的技术是否具有其他合法来源；四是涉案专利（申请）的权利人、发明

人能否对专利技术的研发过程或者来源作出合理解释。

相关法条

《中华人民共和国专利法》第6条

《中华人民共和国专利法实施细则》第12条

基本案情

深圳市卫邦科技有限公司（以下简称卫邦公司）是一家专业从事医院静脉配液系列机器人产品及配液中心相关配套设备的研发、制造、销售及售后服务的高科技公司。2010年2月至2016年7月期间，卫邦公司申请的多项专利均涉及自动配药设备和配药装置。其中，卫邦公司于2012年9月4日申请的102847473A号专利（以下简称473专利）主要用于注射科药液自动配置。

李坚毅于2012年9月24日入职卫邦公司生产、制造部门，并与卫邦公司签订《深圳市劳动合同》《员工保密合同》，约定由李坚毅担任该公司生产制造部门总监，主要工作是负责研发“输液配药机器人”相关产品。李坚毅任职期间，曾以部门经理名义在研发部门采购申请表上签字，在多份加盖“受控文件”的技术图纸审核栏处签名，相关技术图纸内容涉及“沙窝复合针装配”“蠕动泵输液针”“蠕动泵上盖连接板实验”“装配体”“左夹爪”“右夹爪”“机械手夹爪1”“机械手夹爪2”等，系有关自动配药装置的系列设计图。此外，卫邦公司提供的工作邮件显示，李坚毅以工作邮件的方式接收研发测试情况汇报，安排测试工作并对研发测试提出相应要求。且从邮件内容可知，李坚毅多次参与研发方案的会议讨论。

李坚毅与卫邦公司于2013年4月17日解除劳动关系。李坚毅于2013年7月12日向国家知识产权局申请名称为“静脉用药自动配制设备和摆动型转盘式配药装置”、专利号为201310293690.X的发明专利（以下简称涉案专利）。李坚毅为涉案专利唯一的发明人。涉案专利技术方案的主要内容是采用机器人完成静脉注射用药配制过程的配药装置。李坚毅于2016年2月5日将涉案专利权转移至其控股的深圳市远程智能设备有限公司（以下简称远程公司）。李坚毅在入职卫邦公司前，并无从事与医疗器械、设备相关的行业从业经验或学历证明。

卫邦公司于2016年12月8日向一审法院提起诉讼，请求：1. 确认涉案专利的发明专利权归卫邦公司所有；2. 判令李坚毅、远程公司共同承担卫邦公司为维权所支付的合理开支30000元，并共同承担诉讼费。

裁判结果

广东省深圳市中级人民法院于2018年6月8日作出（2016）粤03民初2829号民事判决：一、确认卫邦公司为涉案专利的专利权人；二、李坚毅、远程公司共同向卫邦公司支付合理支出3万元。一审宣判后，李坚毅、远程公司不服，向广东省高级人民法院提起上诉。广东省高级人民法院于2019年1月28日作出（2018）粤民终2262号民事判决：驳回上诉，维持原判。李坚毅、远程公司不服，向最高人民法院申请再审。最高人民法院于2019年12月30日作出（2019）最高法民申6342号民事裁定，驳回李坚毅和远程公司的再审申请。

裁判理由

最高人民法院认为：本案的争议焦点为涉案专利是否属于李坚毅在卫邦公司工作期间的职务发明创造。

专利法第六条规定："执行本单位的任务或者主要是利用本单位的物质技术条件所完成的发明创造为职务发明创造。职务发明创造申请专利的权利属于该单位。"专利法实施细则第十二条第一款第三项进一步规定："退休、调离原单位后或者劳动、人事关系终止后1年内作出的，与其在原单位承担的本职工作或者原单位分配的任务有关的发明创造属于职务发明创造。"

发明创造是复杂的智力劳动，离不开必要的资金、技术和研发人员等资源的投入或支持，并承担相应的风险。在涉及与离职员工有关的职务发明创造的认定时，既要维护原单位对确属职务发明创造的科学技术成果享有的合法权利，鼓励和支持创新驱动发展，同时也不宜将专利法实施细则第十二条第一款第三项规定的"有关的发明创造"作过于宽泛的解释，导致在没有法律明确规定或者竞业限制协议等合同约定的情况下，不适当地限制研发人员的正常流动，或者限制研发人员在新的单位合法参与或开展新的技术研发活动。因此，在判断涉案发明创造是否属于专利法实施细则第十二条第一款第三项规定的"有关的发明创造"时，应注重维护原单位、离职员工以及离职员工新任职单位之间的利益平衡，综合考虑以下因素：一是离职员工在原单位承担的本职工作或原单位分配的任务的具体内容，包括工作职责、权限，能够接触、控制、获取的与涉案专利有关的技术信息等。二是涉案专利的具体情况，包括其技术领域，解决的技术问题，发明目的和技术效果，权利要求限定的保护范围，涉案专利相对于现有技术的"实质性特点"等，以及涉案专利与本职工作或原单位分配任务的相互关系。三是原单位是否开展了与涉案专利有关的技术研发活动，或者是否对有关技术具有合法的来源。四是涉案专利（申请）的权利人、发明人能否对于涉案专利的研发过程或者技术来源作出合理解释，相关因素包括涉案专利技术方案的复杂程度，需要的研发投入，以及权利人、发明人是否具有相应的知识、经验、技能或物质技术条件，是否有证据证明其开展了有关研发活动等。

结合本案一、二审法院查明的有关事实以及再审申请人提交的有关证据，围绕前述四个方面的因素，就本案争议焦点认定如下：

首先，关于李坚毅在卫邦公司任职期间承担的本职工作或分配任务的具体内容。第一，李坚毅于卫邦公司任职期间担任生产制造总监，直接从事配药设备和配药装置的研发管理等工作。其在再审申请书中，也认可其从事了"研发管理工作"。第二，李坚毅在卫邦公司任职期间，曾以部门经理名义，在研发部门采购申请表上签字，并在多份与涉案专利技术密切相关且加盖有"受控文件"的技术图纸审核栏处签字。第三，李坚毅多次参与卫邦公司内部与用药自动配药设备和配药装置技术研发有关的会议或讨论，还通过电子邮件接收研发测试情况汇报，安排测试工作，并对研发测试提出相应要求。综上，根据李坚毅在卫邦公司任职期间承担的本职工作或分配的任务，其能够直接接触、控制、获取卫邦公司内部与用药自动配制设备和配药装置技术研发密切相关的技术信息，且这些信息并非本领域普通的知识、经验或技能。因此，李坚毅在卫邦公司承担的本职工作或分配的任务与涉案专利技术密切相关。对于李坚毅有关其仅仅是进行研发管理，没有参与卫邦公司有关静脉配药装置的研发工作，卫邦公司的相关证据都不是真正涉及研发的必要文件等相关申请再审理由，本院均不予支持。

其次，关于涉案专利的具体情况及其与李坚毅的本职工作或分配任务的相互关系。第一，涉案专利涉及"静脉用药自动配制设备和摆动型转盘式配药装置”，其针对的技术问题是：“1. 药剂师双手的劳动强度很大，只能进行短时间的工作；2. 由于各药剂师技能不同、配药地点也不能强制固定，造成所配制的药剂药性不稳定；3. 化疗药剂对药剂师健康危害较大。”实现的技术效果是：“本发明采用机器人完成静脉注射用药的整个配制过程，采用机电一体化来控制配制的药剂量准确，提高了药剂配制质量；医务人员仅需要将预先的药瓶装入转盘工作盘和母液架，最后将配制好的母液瓶取下，极大地减少了医务人员双手的劳动强度；对人体有害的用药配制（比如化疗用药），由于药剂师可以不直接接触药瓶，采用隔离工具对药瓶进行装夹和取出，可以很大程度地减少化疗药液对人体的健康损害。”在涉案专利授权公告的权利要求1中，主要包括底座、转盘工作台、若干个用于固定药瓶的药瓶夹、具座、转盘座、转盘传动机构和转盘电机、近后侧的转盘工作台两边分别设有背光源和视觉传感器、机器人、夹具体、输液泵、输液管、针具固定座、针具夹头、前后摆动板、升降机构等部件。第二，卫邦公司于2012年9月4日申请的473专利的名称为“自动化配药系统的配药方法和自动化配药系统”，其针对的技术问题是：“医院中配制药物的方式均通过医护人员手工操作。……操作时医护人员工作强度高，而且有的药物具有毒性，对医护人员的安全有着较大的威胁。”发明目的是：“在于克服上述现有技术的不足，提供一种自动化配药系统的配药方法和自动化配药系统，其可实现自动配药，医护人员无需手动配制药液，大大降低了医护人员的劳动强度，有利于保障医护人员的健康安全。”实现的技术效果是：“提供一种自动化配药系统的配药方法和自动化配药系统，其可快速完成多组药液的配制，提高了配药的效率，大大降低了医护人员的劳动强度，有利于保障医护人员的健康安全。”473专利的说明书中，还公开了“药液输入摇匀装置”“卡夹部件”“输液软管装填移载及药液分配装置”“用于折断安瓿瓶的断瓶装置”“母液瓶夹持装置”“母液瓶”“可一次容纳多个药瓶的输入转盘”等部件的具体结构和附图。将涉案专利与卫邦公司的473专利相比，二者解决的技术问题、发明目的、技术效果基本一致，二者技术方案高度关联。二审法院结合涉案专利的审查意见、引证专利检索，认定473专利属于可单独影响涉案专利权利要求的新颖性或创造性的文件，并无不当。第三，在卫邦公司提供的与李坚毅的本职工作有关的图纸中，涉及“输入模块新盖”“沙窝复合针装配”

“蠕动泵输液针”“蠕动泵上盖连接板实验”“装配体”“左夹爪”“右夹爪”“机械手夹爪1”“机械手夹爪2”等与涉案专利密切相关的部件，相关图纸上均加盖“受控文件”章，在“审核”栏处均有李坚毅的签字。第四，在李坚毅与卫邦公司有关工作人员的往来电子邮件中，讨论的内容直接涉及转盘抱爪、母液上料方案、安瓿瓶掰断测试等与涉案专利技术方案密切相关的研发活动。综上，涉案专利与李坚毅在卫邦公司承担的本职工作或分配的任务密切相关。

再次，卫邦公司在静脉用药自动配制设备领域的技术研发是持续进行的。卫邦公司成立于2002年，经营范围包括医院静脉配液系列机器人产品及配液中心相关配套设备的研发、制造、销售及售后服务。其在2010年2月至2016年7月期间先后申请了60余项涉及医疗设备、方法及系统的专利，其中44项专利是在李坚毅入职卫邦公司前申请，且有多项专利涉及自动配药装置。因此，对于李坚毅主张卫邦公司在其入职前已经完成了静脉配药装置研发工作，涉案专利不属于职务发明创造的相关申请再审理由，本院不予支持。

最后，关于李坚毅、远程公司能否对涉案专利的研发过程或者技术来源作出合理解释。根据涉案专利说明书，涉案专利涉及“静脉用药自动配制设备和摆动型转盘式配药装置”，共有13页附图，约60个部件，技术方案复杂，研发难度大。李坚毅作为涉案专利唯一的发明人，在离职卫邦公司后不到3个月即以个人名义单独申请涉案专利，且不能对技术研发过程或者技术来源做出合理说明，不符合常理。而且，根据二审法院的认定，以及李坚毅一审提交的专利搜索网页打印件及自制专利状况汇总表，李坚毅作为发明人，最早于2013年7月12日申请了涉案专利以及201320416724.5号“静脉用药自动配制设备和采用视觉传感器的配药装置”实用新型专利，而在此之前，本案证据不能证明李坚毅具有能够独立研发涉案专利技术方案的知识水平和能力。

综上，综合考虑本案相关事实以及李坚毅、远程公司再审中提交的有关证据，一、二审法院认定涉案专利属于李坚毅在卫邦公司工作期间的职务发明创造并无不当。李坚毅、远程公司的申请再审理由均不能成立。

（生效裁判审判人员：杜微科、吴蓉、张玲玲）

【实务问答】

1. 我国现行法律对专利权下的职务发明制度是如何规定的？

《专利法》第6条规定，执行本单位的任务或者主要是利用本单位的物质技术条件所完成的发明创造为职务发明创造。职务发明创造申请专利的权利属于该单位，申请被批准后，该单位为专利权人。该单位可以依法处置其职务发明创造申请专利的权利和专利权，促进相关发明创造的实施和运用。非职务发明创造，申请专利的权利属于发明人或者设计人；申请被批准后，该发明人或者设计人为专利权人。利用本单位的物质技术条件所完成的发明创造，单位与发明人或者设计人订有合同，对申请专利的权利和专利权的归属作出约定的，从其约定。

专利权的核心内容在于独占使用权，即专利权主体对其专利依法享有的在一定期限内的独占权。我国《专利法》第6条对此做了明确规定。需要注意，《专利法》第6条所称的“发明人”“设计人”，是指对发明创造的实质特点作出创造性贡献的人，即通过自己的智力劳动，完成产品、方法的发明或者实用新型、外观设计的技术方案的人。在完成发明创造的过程中，只负责组织、管理工作的人，为物质条件的利用提供方便的人，以及从事其他辅助工作的人，如实验员、文印人员、数据录入人员等，则不在这个范围内。另外需要指出的是，法人、非法人组织虽然可成为专利申请权和专利权的主体，但不能作为发明人、设计人。发明人、设计人只限于自然人。

按照《专利法》第6条第1款，属于下列两种情形之一的发明创造，为职务发明创造。一是执行本单位的任务所完成的发明创造。如科研人员完成本单位所下达的科研任务所完成的发明创造，工程技术人员在本职工作范围内完成的新产品设计或新的工艺方法等。《专利法实施细则》第12条对此做了进一步规定，《专利法》第6条规定的执行本单位的任务所完成的职务发明创造，包括在本职工作中作出的发明创造，履行本单位交付的本职工作之外的任务所作出的发明创造以及退休、调离原单位后或者劳动、人事关系终止后1年内作出的，与其在原单位承担的本职工作或者原单位分配的任务有关的发明创造。二是主要利用本单位的物质技术条件所完成的发明创造。所谓本单位的物质条件，包括资金、仪器设备、原材料等；技术条件，包括未公开的技术资料等。发明人、设计人主要利用本单位的物质技术条件完成发明创造，尽管不属于执行本单位的任务，也应作为职务发明创造，申请专利的权利和专利权属于单位。

2. 职务发明专利权属能否适用约定？

如前所述，职务发明创造主要包括两类情形：一是执行本单位的任务所完成的发明创造。二是主要利用本单位的物质技术条件所完成的发明创造。关于职务发明专利能否适用约定，即《专利法》第6条第3款的规定针对的是以上两种情形还是仅针对第二种情形？我们认为，应是针对第二种情形，即利用本单位物质技术条件完成的发明创造，可进行权属约定。第一种情形即执行本单位任务完成的发明创造，发明权应当归单位所有，不适用约定。

从《专利法》第6条的逻辑看，第1款规定执行本单位任务及主要利用本单位物质技术条件完成的发明创造是职务发明，第3款则规定单位与发明人仅可就利用本单位物质技术条件完成的发明创造进行约定，应似排除了执行本单位任务的情况。此外，在现代社会大生产趋势下，很多有重要价值的发明大多离不开资金、设备等物质技术的大量且长期的投入，很难再仅凭个人的力量完成。为保障单位投资研发意愿，职务发明权利宜归属雇佣人。从推动发明创造转化应用的角度看，相较于发明人，企业更有动力也更有能力最大限度地促进和推动专利的转化实施。另外，将为执行单位任务完成的发明创造权属排除约定适用范围，并不会对发明人、设计人造成不公，因为专利法的奖励、报酬的制度设计确保了单位与发明人之间的天平保持平衡。

而利用物质技术条件完成的发明创造可适用约定，主要原因在于此类情形并非单位有目的、有计划地进行，而是基于发明人自主或兴趣性、积极性驱动而生的“意外”所得。发明人虽利用了单位的物质技术条件，但这种物质技术条件并非单位主动为其投入，而是发明人对单位已有条件的再利用，且所得产品大多非属单位主营业务或核心范围。即使相关权利归属发明人，大多情况下也不会对单位造成不利影响。因而，《专利法》对此并不做强制性干预，允许双方自由协商，这也符合《专利法》的立法目的及职务发明制度的设立初衷。

3. 员工离职（退休、调离）情形下，发明创造权属如何认定？

《专利法》第6条第1款是规范发明创造是职务发明还是非职务发明的条款，用于解决员工和单位之间因专利权属发生争议的情况。而《专利法实施细则》第12条第1款则是对《专利法》第6条职务发明规定内容的进一步细化，用于解决员工任职的原单位和新单位之间因发明创造归属发生争议的情况。根据该款的规定，在员工离职（退休、调离）后完成的发明创造认定为职务发明创造，需同时满足以下条件：(1) 作出发明创造的发明人曾是原单位员工；(2) 该员工对发明创造的实质性特点作出了创造性贡献；(3) 发明创造是员工离职后1年内作出的；(4) 发明创造的内容与该员工在原单位承担的本职工作或者原单位分配的任务有关。关于上面第(4)点即是否属于与在原单位承担的本职工作或者原单位分配的任务“有关的发明创造”的问题，本指导案例提供了参考思路，即考量下列因素综合认定：一是离职员工在原单位承担的本职工作或原单位分配任务的具体内容；二是涉案专利的具体情况及其与本职工作或原单位分配任务的相互关系；三是原单位是否开展了与涉案专利有关的技术研发活动，或者有关的技术是否具有其他合法来源；四是涉案专利（申请）的权利人、发明人能否对专利技术的研发过程或者来源作出合理解释。此外，需要说明的是，对发明创造的研发而言，一个好的技术构思对最终技术方案的形成具有重要意义。实践中，员工在原单位从事相关研发时，基于技术认知和专业素养获得新的研发构思，在离职后进一步研发取得成果的现象比较普遍。《专利法实施细则》第12条第1款关于员工离职1年内作出的发明创造归属原单位所有的规定，则充分考虑了技术研发具有的连续性，评估了员工离职后利用其在原单位工作期间产生的研发构思进行后续发明创造的情况，一方面充分支持人员正常流动，保障劳动者的择业权，另一方面也保证原单位的合法利益的立法选择。

本指导案例所涉的情形实践中较为常见，但需要意识到，一个员工所作出的发明创造，并非一蹴而就的，而是一个长期实践与不断积累的过程。当一个员工在原单位从事相关工作后到了新单位，即便其仍然从事相关工作，即使新单位提供了资金、设备和团队支持，但只要符合上面分析的4个条件的，权属原则上仍应认定属于原单位。

036 指导案例20号

深圳市斯瑞曼精细化工有限公司诉深圳市坑梓自来水有限公司、深圳市康泰蓝水处理设备有限公司侵害发明专利权纠纷案（已废止）

裁判要点

在发明专利申请公布后至专利权授予前的临时保护期内制造、销售、进口的被诉专利侵权产品不为专利法禁止的情况下，其后续的使用、许诺销售、销售，即使未经专利权人许可，也不视为侵害专利权，但专利权人可以依法要求临时保护期内实施其发明的单位或者个人支付适当的费用。

037 指导案例83号

威海嘉易烤生活家电有限公司诉永康市金仕德工贸有限公司、浙江天猫网络有限公司侵害发明专利权纠纷案

网络服务侵权纠纷中，权利人依法维护自身合法权利不受网络服务提供者自行设定的投诉规则的影响

（最高人民法院审判委员会讨论通过　2017年3月6日发布）

关键词：民事/侵害发明专利权/有效通知/必要措施/网络服务提供者/连带责任

裁判要点

1. 网络用户利用网络服务实施侵权行为，被侵权人依据侵权责任法向网络服务提供者所发出的要求其采取必要措施的通知，包含被侵权人身份情况、权属凭证、侵权人网络地址、侵权事实初步证据等内容的，即属有效通知。网络服务提供者自行设定的投诉规则，不得影响权利人依法维护其自身合法权利。2. 侵权责任法第三十六条第二款所规定的网络服务提供者接到通知后所应采取的必要措施包括但并不限于删除、屏蔽、断开链接。“必要措施”应遵循审慎、合理的原则，根据所侵害权利的性质、侵权的具体情形和技术条件等来加以综合确定。

相关法条

《中华人民共和国侵权责任法》第三十六条①

基本案情

原告威海嘉易烤生活家电有限公司（以下简称嘉易烤公司）诉称：永康市金仕德工贸有限公司（以下简称金仕德公司）未经其许可，在天猫商城等网络平台上宣传并销售侵害其ZL200980000002.8号专利权的产品，构成专利侵权；浙江天猫网络有限公司（以下简称天猫公司）在嘉易烤公司投诉金仕德公司侵权行为的情况下，未采取有效措施，应与金仕德公司共同承担侵权责任。请求判令：1. 金仕德公司立即停止销售被诉侵权产品；2. 金仕德公司立即销毁库存的被诉侵权产品；3. 天猫公司撤销金仕德公司在天猫平台上所有的侵权产品链接；4. 金仕德公司、天猫公司连带赔偿嘉易烤公司50万元；5. 本案诉讼费用由金仕德公司、天猫公司承担。

金仕德公司答辩称：其只是卖家，并不是生产厂家，嘉易烤公司索赔数额过高。

天猫公司答辩称：1. 其作为交易平台，并不是生产销售侵权产品的主要经营方或者销售方；2. 涉案产品是否侵权不能确定；3. 涉案产品是否使用在先也不能确定；4. 在不能证明其为侵权方的情况下，由其连带赔偿50万元缺乏事实和法律依据，且其公司业已删除了涉案产品的链接，嘉易烤公司关

① 《民法典》第1194、1195、1197条。

于撤销金仕德公司在天猫平台上所有侵权产品链接的诉讼请求亦不能成立。

法院经审理查明：2009年1月16日，嘉易烤公司及其法定代表人李琎熙共同向国家知识产权局申请了名称为“红外线加热烹调装置”的发明专利，并于2014年11月5日获得授权，专利号为ZL200980000002.8。该发明专利的权利要求书记载：“1. 一种红外线加热烹调装置，其特征在于，该红外线加热烹调装置包括：托架，在其上部中央设有轴孔，且在其一侧设有控制电源的开关；受红外线照射就会被加热的旋转盘，作为在其上面可以盛食物的圆盘形容器，在其下部中央设有可拆装的插入到上述轴孔中的突起；支架，在上述托架的一侧纵向设置；红外线照射部，其设在上述支架的上端，被施加电源就会朝上述旋转盘照射红外线；上述托架上还设有能够从内侧拉出的接油盘；在上述旋转盘的突起上设有轴向的排油孔。”2015年1月26日，涉案发明专利的专利权人变更为嘉易烤公司。涉案专利年费缴纳至2016年1月15日。

2015年1月29日，嘉易烤公司的委托代理机构北京商专律师事务所向北京市海诚公证处申请证据保全公证，其委托代理人王永先、时寅在公证处监督下，操作计算机登入天猫网（网址为http：//www.tmall.com），在一家名为“益心康旗舰店”的网上店铺购买了售价为388元的3D烧烤炉，并拷贝了该网店经营者的营业执照信息。同年2月4日，时寅在公证处监督下接收了寄件人名称为“益心康旗舰店”的快递包裹一个，内有韩文包装的3D烧烤炉及赠品、手写收据联和中文使用说明书、保修卡。公证员对整个证据保全过程进行了公证并制作了（2015）京海诚内民证字第01494号公证书。同年2月10日，嘉易烤公司委托案外人张一军向淘宝网知识产权保护平台上传了包含专利侵权分析报告和技术特征比对表在内的投诉材料，但淘宝网最终没有审核通过。同年5月5日，天猫公司向浙江省杭州市钱塘公证处申请证据保全公证，由其代理人刁曼丽在公证处的监督下操作电脑，在天猫网益心康旗舰店搜索“益心康3D烧烤炉韩式家用不粘电烤炉无烟烤肉机电烤盘铁板烧烤肉锅”，显示没有搜索到符合条件的商品。公证员对整个证据保全过程进行了公证并制作了（2015）浙杭钱证内字第10879号公证书。

一审庭审中，嘉易烤公司主张将涉案专利权利要求1作为本案要求保护的范围。经比对，嘉易烤公司认为除了开关位置的不同，被控侵权产品的技术特征完全落入了涉案专利权利要求1记载的保护范围，而开关位置的变化是业内普通技术人员不需要创造性劳动就可解决的，属于等同特征。两原审被告对比对结果不持异议。

另查明，嘉易烤公司为本案支出公证费4000元，代理服务费81000元。

裁判结果

浙江省金华市中级人民法院于2015年8月12日作出（2015）浙金知民初字第148号民事判决：一、金仕德公司立即停止销售侵犯专利号为ZL200980000002.8的发明专利权的产品的行为；二、金仕德公司于判决生效之日起十日内赔偿嘉易烤公司经济损失150000元（含嘉易烤公司为制止侵权而支出的合理费用）；三、天猫公司对上述第二项中金仕德公司赔偿金额的50000元承担连带赔偿责任；四、驳回嘉易烤公司的其他诉讼请求。一审宣判后，天猫公司不服，提起上诉。浙江省高级人民法院于2015年11月17日作出（2015）浙知终字第186号民事判决：驳回上诉，维持原判。

裁判理由

法院生效裁判认为：各方当事人对于金仕德公司销售的被诉侵权产品落入嘉易烤公司涉案专利权利要求1的保护范围，均不持异议，原审判决认定金仕德公司涉案行为构成专利侵权正确。关于天猫公司在本案中是否构成共同侵权，侵权责任法第三十六条第二款①规定，网络用户利用网络服务实施侵权行为的，被侵权人有权通知网络服务提供者采取删除、屏蔽、断开链接等必要措施。网络服务提供者接到通知后未及时采取必要措施的，对损害的扩大部分与该网络用户承担连带责任。上述规定系针对权利人发现网络用户利用网络服务提供者的服务实施侵权行为后“通知”网络服务提供者采取必要措施，以防止侵权后果不当扩大的情形，同时还明确界定了此种情形下网络服务提供者所应承担的义务范围及责任构成。本案中，天猫公司涉案被诉侵权行为是否构成侵权应结合对天猫公司的主体性质、嘉易烤公司“通知”的有效性以及天猫公司在接到嘉易烤公司的“通知”后是否应当采取措施及所采取的措施的必要性和及时性等加以综合考量。

---

① 《民法典》第1195条。

首先，天猫公司依法持有增值电信业务经营许可证，系信息发布平台的服务提供商，其在本案中为金仕德公司经营的“益心康旗舰店”销售涉案被诉侵权产品提供网络技术服务，符合侵权责任法第三十六条第二款①所规定网络服务提供者的主体条件。

其次，天猫公司在二审庭审中确认嘉易烤公司已于2015年2月10日委托案外人张一军向淘宝网知识产权保护平台上传了包含被投诉商品链接及专利侵权分析报告、技术特征比对表在内的投诉材料，且根据上述投诉材料可以确定被投诉主体及被投诉商品。

侵权责任法第三十六条第二款所涉及的“通知”是认定网络服务提供者是否存在过错及应否就危害结果的不当扩大承担连带责任的条件。“通知”是指被侵权人就他人利用网络服务商的服务实施侵权行为的事实向网络服务提供者所发出的要求其采取必要技术措施，以防止侵权行为进一步扩大的行为。“通知”既可以是口头的，也可以是书面的。通常，“通知”内容应当包括权利人身份情况、权属凭证、证明侵权事实的初步证据以及指向明确的被诉侵权人网络地址等材料。符合上述条件的，即应视为有效通知。嘉易烤公司涉案投诉通知符合侵权责任法规定的“通知”的基本要件，属有效通知。

第三，经查，天猫公司对嘉易烤公司投诉材料作出审核不通过的处理，其在回复中表明审核不通过原因是：烦请在实用新型、发明的侵权分析对比表表二中详细填写被投诉商品落入贵方提供的专利权利要求的技术点，建议采用图文结合的方式一一指出。（需注意，对比的对象为卖家发布的商品信息上的图片、文字），并提供购买订单编号或双方会员名。

二审法院认为，发明或实用新型专利侵权的判断往往并非仅依赖表面或书面材料就可以作出，因此专利权人的投诉材料通常只需包括权利人身份、专利名称及专利号、被投诉商品及被投诉主体内容，以便投诉接受方转达被投诉主体。在本案中，嘉易烤公司的投诉材料已完全包含上述要素。至于侵权分析比对，天猫公司一方面认为其对卖家所售商品是否侵犯发明专利判断能力有限，另一方面却又要求投诉方“详细填写被投诉商品落入贵方提供的专利权利要求的技术点，建议采用图文结合的方式一一指出”，该院认为，

① 《民法典》第1195条。

考虑到互联网领域投诉数量巨大、投诉情况复杂的因素，天猫公司的上述要求基于其自身利益考量虽也具有一定的合理性，而且也有利于天猫公司对于被投诉行为的性质作出初步判断并采取相应的措施。但就权利人而言，天猫公司的前述要求并非权利人投诉通知有效的必要条件。况且，嘉易烤公司在本案的投诉材料中提供了多达5页的以图文并茂的方式表现的技术特征对比表，天猫公司仍以教条的、格式化的回复将技术特征对比作为审核不通过的原因之一，处置失当。至于天猫公司审核不通过并提出提供购买订单编号或双方会员名的要求，该院认为，本案中投诉方是否提供购买订单编号或双方会员名并不影响投诉行为的合法有效。而且，天猫公司所确定的投诉规制并不对权利人维权产生法律约束力，权利人只需在法律规定的框架内行使维权行为即可，投诉方完全可以根据自己的利益考量决定是否接受天猫公司所确定的投诉规制。更何况投诉方可能无需购买商品而通过其他证据加以证明，也可以根据他人的购买行为发现可能的侵权行为，甚至投诉方即使存在直接购买行为，但也可以基于某种经济利益或商业秘密的考量而拒绝提供。

最后，侵权责任法第三十六条第二款①所规定的网络服务提供者接到通知后所应采取必要措施包括但并不限于删除、屏蔽、断开链接。“必要措施”应根据所侵害权利的性质、侵权的具体情形和技术条件等来加以综合确定。

本案中，在确定嘉易烤公司的投诉行为合法有效之后，需要判断天猫公司在接受投诉材料之后的处理是否审慎、合理。该院认为，本案系侵害发明专利权纠纷。天猫公司作为电子商务网络服务平台的提供者，基于其公司对于发明专利侵权判断的主观能力、侵权投诉胜诉概率以及利益平衡等因素的考量，并不必然要求天猫公司在接受投诉后对被投诉商品立即采取删除和屏蔽措施，对被诉商品采取的必要措施应当秉承审慎、合理原则，以免损害被投诉人的合法权益。但是将有效的投诉通知材料转达被投诉人并通知被投诉人申辩当属天猫公司应当采取的必要措施之一。否则权利人投诉行为将失去任何意义，权利人的维权行为也将难以实现。网络服务平台提供者应该保证有效投诉信息传递的顺畅，而不应成为投诉信息的黑洞。被投诉人对于其或

① 《民法典》第1195条。

生产、或销售的商品是否侵权，以及是否应主动自行停止被投诉行为，自会作出相应的判断及应对。而天猫公司未履行上述基本义务的结果导致被投诉人未收到任何警示从而造成损害后果的扩大。至于天猫公司在嘉易烤公司起诉后即对被诉商品采取删除和屏蔽措施，当属审慎、合理。综上，天猫公司在接到嘉易烤公司的通知后未及时采取必要措施，对损害的扩大部分应与金仕德公司承担连带责任。天猫公司就此提出的上诉理由不能成立。关于天猫公司所应承担责任的份额，一审法院综合考虑侵权持续的时间及天猫公司应当知道侵权事实的时间，确定天猫公司对金仕德公司赔偿数额的50000元承担连带赔偿责任，并无不当。

（生效裁判审判人员：周平、陈宇、刘静）

【实务问答】

本案例虽属知识产权与竞争纠纷案由范畴，但实际上其涉及的是侵权责任中的网络侵权责任问题，即原《侵权责任法》第36条的规定。就网络侵权责任而言，《民法典》对其进行了细化，用第1194～1197条四个条文，分别规定了网络侵权责任一般性规定、网络侵权中“通知与取下”制度、不侵权声明、网络服务提供者的连带责任。下面分别来看：

1. 网络侵权责任的一般规定是怎样的？

《民法典》第1194条规定，网络用户、网络服务提供者利用网络侵害他人民事权益的，应当承担侵权责任。法律另有规定的，依照其规定。

网络侵权，是指发生在互联网上的各种侵害他人民事权益的行为，包括网络用户侵权责任和网络服务提供者侵权责任。网络用户利用网络侵害他人民事权益的类型主要包括侵害人格权、侵害财产利益、侵害知识产权（本指导案例即属此类）三大类。该条所谓“网络服务提供者”并不是IT专业词语，而是法律上的概念，它包括网络技术服务提供者和网络内容服务提供者。网络技术服务提供者，主要指提供接入、缓存、信息存储空间、搜索以及链接等服务类型的网络主体，其不直接向网络用户提供信息。网络内容服务提供者，是指主动向网络用户提供内容的网络主体，其法律地位与出版社相同，应当对所上传内容的真实性与合法性负责。对于那些提供内容和产品服务的网络服务提供者而言，其网站信息内容都是该网络服务提供者自己主动编辑、组织和提供的，应由其自己负责，侵害他人权益的，应承担直接侵权责任。对于那些提供网络接入或平台服务的网络服务提供者，除符合《民法典》第1195条、第1196条、第1197条规定外，技术服务提供者一般无须对网络用户提供的信息侵犯他人民事权益承担责任。但是，技术服务提供者若主动实施侵权行为，也应依据本条承担侵权责任。另需说明，这里的网络包括互联网和局域网。

2. 如何理解“通知与取下”制度？

《民法典》第1195条规定，网络用户利用网络服务实施侵权行为的，权利人有权通知网络服务提供者采取删除、屏蔽、断开链接等必要措施。通知应当包括构成侵权的初步证据及权利人的真实身份信息。网络服务提供者接到通知后，应当及时将该通知转送相关网络用户，并根据构成侵权的初步证据和服务类型采取必要措施；未及时采取必要措施的，对损害的扩大部分与该网络用户承担连带责任。权利人因错误通知造成网络用户或者网络服务提供者损害的，应当承担侵权责任。法律另有规定的，依照其规定。

《民法典》第1195条为网络服务提供者确立了“避风港规则”和责任限制，并规定了网络用户错误通知的侵权责任。被侵权人如果发现网络用户利用网络服务侵害其合法权益，便有权向网络服务提供者发出通知，要求其采取必要措施。若网络服务提供者及时采取了必要措施，则不承担侵权责任，谓之“避风港规则”。若网络服务提供者在收到被侵权人的通知后未及时采取必要措施，或采取的措施不合理，造成损害结果扩大的，网络服务提供者只对损害扩大部分与直接侵权的网络用户承担连带责任，体现了立法对网络服务提供者的侵权责任作出的限制。该条对“避风港规则”中的“通知一取下”程序作出了原则性规定，并增加规定了权利人通知的必要内容、网络服务提供者的及时转送通知和采取必要措施义务。通知人是被侵权人、权利人，即网络用户利用网络服务实施侵权行为的被侵权人。接收通知人，即网络服务提供者，是指依照服务类别有能力采取删除、屏蔽、断开链接等必要措施的网络服务提供者。侵权人，即网络用户。通知内容方面，增加规定了通知应当包含的必要事项，即通知应当包括构成侵权的初步证据及权利人的真实身份信息，但较为原则。所谓必要措施，是指足以防止侵权行为的继续和侵害后果的扩大并且不会给网络服务提供者造成不成比例的损害的措施，包括删除、屏蔽、断开链接、暂时中止对该网络用户提供服务等。所谓“及时”，即采取删除、屏蔽、断开等必要措施是否及时，这是其能否援引“避风港规则”进行免责抗辩的关键。本指导案例的裁判结果即体现了此点。另需注意，该条第3款增加了错误通知的法律后果。通知人将不构成侵权的网络信息误认为构成侵权，向网络服务提供者发出的错误删除通知。这种错误通知是通知人承担侵权责任的先决条件，若是网络用户起诉主张发出通知一方的通知错误的，则只有在通知一方举证证明网络信息构成侵权的前提下才能证明通知正确。因网络用户与网络服务提供者存在服务合同关系，网络服务提供者可能因错误删除而向网络用户承担违约责任，由此产生的损害应由错误通知的通知人承担。

3. 如何理解“不侵权声明”?

《民法典》第1196条规定，网络用户接到转送的通知后，可以向网络服务提供者提交不存在侵权行为的声明。声明应当包括不存在侵权行为的初步证据及网络用户的真实身份信息。网络服务提供者接到声明后，应当将该声明转送发出通知的权利人，并告知其可以向有关部门投诉或者向人民法院提起诉讼。网络服务提供者在转送声明到达权利人后的合理期限内，未收到权利人已经投诉或者提起诉讼通知的，应当及时终止所采取的措施。

《民法典》第1196条第1款规定网络用户向网络服务提供者提交不存在侵权行为的声明，其目的是赋予网络用户以抗辩权。抗辩意味着对侵权主张的反驳，网络用户应提供相应的反驳证据，故本条规定网络用户提交的不构成侵权的声明，应包括不存在侵权行为的初步证据。第2款规定了网络服务提供者转送声明的义务和恢复义务。网络用户向网络服务提供者作出不构成侵权的声明后，网络服务提供者作为网络用户的合同相对方，有义务将该声明转送给发出通知的权利人，以使发出通知的权利人知晓网络用户的抗辩主张，同时，网络服务提供者也有义务告知发出通知的权利人可向有关部门投诉或向法院提起诉讼。若发出通知的权利人在接到网络用户的声明后及时提起了诉讼或者向有关部门投诉，则表明其不认可网络用户不构成侵权的声明，此时网络服务提供者无须恢复其基于侵权通知而采取的删除信息、断开链接等“取下”措施；但若发出通知的权利人接到网络用户不构成侵权的声明后，在合理期限内未向有关部门投诉或向法院起诉，则为保障网络用户的合法权益，网络服务提供者应及时终止采取的措施。

4. 网络服务提供者有哪些连带责任？

《民法典》第1197条规定，网络服务提供者知道或者应当知道网络用户利用其网络服务侵害他人民事权益，未采取必要措施的，与该网络用户承担连带责任。

网络侵权纠纷中，提供网络技术服务的网络服务提供者，应承担过错责任。过错体现在其知道或应当知道网络用户利用其网络服务侵害他人民事权益，但未采取必要措施。《民法典》第1197条相较原《侵权责任法》第36条第3款，增加了“应当知道”。另外需要注意本条与《民法典》第1195条的关系。二者都涉及网络服务提供者“知道”侵权。第1195条规定的“通知规则”与本条规定的“知道规则”在适用上既非递进关系，也非包含关系，而是“并列关系”。本条规定的是“知道或者应当知道”侵权事实而未采取措施的侵权责任；而第1195条规定的是网络服务提供者经“通知”后未及时采取措施造成损害扩大的侵权责任。被侵权人能证明网络服务提供者对侵权行为“知道”的，可不发出侵权通知而直接要求网络服务提供者按照本条规定承担侵权责任；若被侵权人自认为无法举证证明的，可根据第1195条发出侵权通知。

【适用实例】

徐州旗山申韦食品有限公司、徐州雨霖铃文化传媒有限公司等名誉权纠纷上诉案（上诉人上诉理由引用）

上诉人徐州旗山申韦食品有限公司（简称旗山申韦公司）与上诉人薛某、上诉人徐州雨霖铃文化传媒有限公司（简称雨霖铃公司）、深圳市腾讯计算机系统有限公司（简称腾讯公司）名誉权纠纷一案，不服江苏省徐州市泉山区人民法院一审判决，向徐州市中级人民法院提起上诉。

一审法院认为：关于腾讯公司是否应对旗山申韦公司损失扩大的部分承

担责任的问题。根据《侵权责任法》第36条①“网络用户、网络服务提供者利用网络侵害他人民事权益的，应当承担侵权责任。网络用户利用网络服务实施侵权行为的，被侵权人有权通知网络服务提供者采取删除、屏蔽、断开链接等必要措施。网络服务提供者接到通知后未及时采取必要措施的，对损害的扩大部分与该网络用户承担连带责任。网络服务提供者知道网络用户利用其网络服务侵害他人民事权益，未采取必要措施的，与该网络用户承担连带责任。”本案中，腾讯公司作为网络服务提供者，在接到旗山申韦公司投诉信息后，未采取积极措施，故其应就损失扩大部分承担连带赔偿责任，酌定该部分损失为5000元。

腾讯公司对此不服提起上诉称，即使认定案涉文章构成侵权，腾讯公司也已及时进行审查，并采取了积极措施。根据最高人民法院**指导案例83号**确立的“必要措施”应遵循审慎、合理的原则，根据所侵害权利的性质、侵权的具体情形和技术条件等来加以综合确定。本案中，腾讯公司作为网络服务平台应保障平台用户的言论自由，收到“侵权通知”就必须“删除”既不合理也不现实，更有可能损害用户的合法权益。由于本案的侵权行为并不明显，不能苛求平台超出审查能力范围作出准确的法律判断。收到旗山申韦公司的投诉后，腾讯公司已及时尽到审查义务，并采取了一切必要措施防止损失的扩大。经审查，腾讯公司基于自身判断认为案涉文章未构成侵权，但同时告知旗山申韦公司其他维权途径，以避免损失的扩大。但旗山申韦公司未及时采取该途径，对于扩大的损失应由旗山申韦公司自身承担。

二审法院认为：根据腾讯公司提供的《调查回函》所载，截至2019年9月29日，薛某在雨霖铃公司微信公众号“馋余饭后”上发布的案涉文章的阅读量为6237，点赞量17。薛某在其微信朋友圈对该文章予以转发。腾讯公司于2019年12月17日删除了“馋余饭后”公众号上涉案文章。2019年9月13日是传统节日中秋节，该文章发布于2019年9月2日，正是节日前消费者购买月饼的高峰期，网络信息的传播必然带来一定量的人际传播，必然对一定量的消费者购买意向产生较大的心理影响，在一定范围内造成旗山申韦公司产品的社会评价降低。从而造成旗山申韦公司一定的经济损失。腾讯公司

① 《民法典》第1194、1195、1197条。

作为网络服务提供者，在2019年9月8日接到旗山申韦公司投诉信息后，未及时采取积极措施，于2019年12月17日接到一审法院应诉材料后才删除案涉文章，客观上造成了旗山申韦公司损失的扩大。一审法院根据《侵权责任法》第36条①的规定，判决其就损失扩大部分承担连带赔偿责任，酌定该部分损失为5000元，并无不当。故腾讯公司的该项上诉请求缺乏事实与法律理由，不予支持。[（2020）苏03民终4949号]

038 指导案例84号

礼来公司诉常州华生制药有限公司侵害发明专利权纠纷案

药品制备方法专利侵权纠纷中，无相反证据时，应推定被诉侵权药品在药监部门备案的工艺为其实际制备工艺

（最高人民法院审判委员会讨论通过　2017年3月6日发布）

有章

关键词：民事/侵害发明专利权/药品制备方法发明专利/保护范围/技术调查官/被诉侵权药品制备工艺查明

裁判要点

1. 药品制备方法专利侵权纠纷中，在无其他相反证据情形下，应当推定被诉侵权药品在药监部门的备案工艺为其实际制备工艺；有证据证明被诉侵权药品备案工艺不真实的，应当充分审查被诉侵权药品的技术来源、生产规程、批生产记录、备案文件等证据，依法确定被诉侵权药品的实际制备工艺。

2. 对于被诉侵权药品制备工艺等复杂的技术事实，可以综合运用技术调查官、专家辅助人、司法鉴定以及科技专家咨询等多种途径进行查明。

① 《民法典》第1194、1195、1197条。

相关法条

《中华人民共和国专利法》（2008年修正）第五十九条第一款①、第六十一条②、第六十八条第一款③（本案适用的是2000年修正的《中华人民共和国专利法》第五十六条第一款、第五十七条第二款、第六十二条第一款）

《中华人民共和国民事诉讼法》第七十八条、第七十九条④

基本案情

2013年7月25日，礼来公司（又称伊莱利利公司）向江苏省高级人民法院（以下简称江苏高院）诉称，礼来公司拥有涉案91103346.7号方法发明专利权，涉案专利方法制备的药物奥氮平为新产品。常州华生制药有限公司（以下简称华生公司）使用落入涉案专利权保护范围的制备方法生产药物奥氮平并面向市场销售，侵害了礼来公司的涉案方法发明专利权。为此，礼来公司提起本案诉讼，请求法院判令：1. 华生公司赔偿礼来公司经济损失人民币151060000元、礼来公司为制止侵权所支付的调查取证费和其他合理开支人民币28800元；2. 华生公司在其网站及《医药经济报》刊登声明，消除因其侵权行为给礼来公司造成的不良影响；3. 华生公司承担礼来公司因本案发生的律师费人民币1500000元；4. 华生公司承担本案的全部诉讼费用。

江苏高院一审查明：涉案专利为英国利利工业公司1991年4月24日申请的名称为“制备一种噻吩并苯二氮杂化合物的方法”的第91103346.7号中国发明专利申请，授权公告日为1995年2月19日。2011年4月24日涉案专利权期满终止。1998年3月17日，涉案专利的专利权人变更为英国伊莱利利有限公司；2002年2月28日专利权人变更为伊莱利利公司。

涉案专利授权公告的权利要求为：1. 一种制备2－甲基－10－（4－甲基－1－哌嗪基）－4H－噻吩并［2，3，－b］［1，5］苯并二氮杂，或其酸加成盐的方法，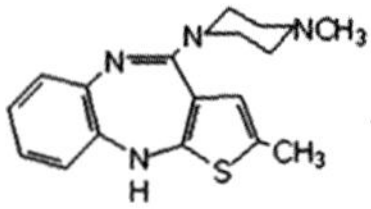所述方法包括：（a）使N－甲基哌嗪与下式

① 《专利法》（2020年修正）第64条。

② 《专利法》（2020年修正）第66条。

③ 《专利法》（2020年修正）第74条。

④ 《民事诉讼法》（2021年修正）第81条、第82条。

化合物反应，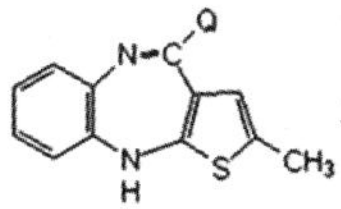式中Q是一个可以脱落的基团，或（b）使下式的化合物进行闭环反应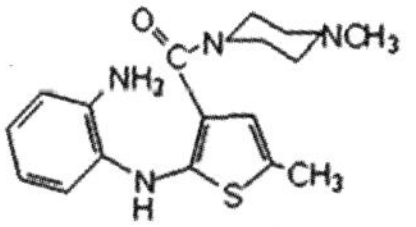

2001年7月，中国医学科学院药物研究所（简称医科院药物所）和华生公司向国家药品监督管理局（简称国家药监局）申请奥氮平及其片剂的新药证书。2003年5月9日，医科院药物所和华生公司获得国家药监局颁发的奥氮平原料药和奥氮平片《新药证书》，华生公司获得奥氮平和奥氮平片《药品注册批件》。新药申请资料中《原料药生产工艺的研究资料及文献资料》记载了制备工艺，即加入4－氨基－2－甲基－10－苄基－噻吩并苯并二氮杂，盐酸盐，甲基哌嗪及二甲基甲酰胺搅拌，得粗品，收率94.5%；加入2－甲基－10－苄基－（4－甲基－1－哌嗪基）－4H－噻吩并苯并二氮杂、冰醋酸、盐酸搅拌，然后用氢氧化钠中和后得粗品，收率73.2%；再经过两次精制，总收率为39.1%。从反应式分析，该过程就是以式四化合物与甲基哌嗪反应生成式五化合物，再对式五化合物脱苄基，得式一化合物。2003年8月，华生公司向青岛市第七人民医院推销其生产的“华生－奥氮平”5mg－新型抗精神病药，其产品宣传资料记载，奥氮平片主要成份为奥氮平，其化学名称为2－甲基－10－（4－甲基－1－哌嗪）－4H－噻吩并苯并二氮杂。

在另案审理中，根据江苏高院的委托，2011年8月25日，上海市科技咨询服务中心出具（2010）鉴字第19号《技术鉴定报告书》。该鉴定报告称，按华生公司备案的“原料药生产工艺的研究资料及文献资料”中记载的工艺进行实验操作，不能获得原料药奥氮平。鉴定结论为：华生公司备案资料中记载的生产原料药奥氮平的关键反应步骤缺乏真实性，该备案的生产工艺不可行。

经质证，伊莱利利公司认可该鉴定报告，华生公司对该鉴定报告亦不持异议，但是其坚持认为采取两步法是可以生产出奥氮平的，只是因为有些内容涉及商业秘密没有写入备案资料中，故专家依据备案资料生产不出来。

华生公司认为其未侵害涉案专利权，理由是：2003年至今，华生公司一直使用2008年补充报批的奥氮平备案生产工艺，该备案文件已于2010年9月8日获国家药监局批准，具备可行性。在礼来公司未提供任何证据证明华生公司的生产工艺的情况下，应以华生公司2008年奥氮平备案工艺作为认定侵权与否的比对工艺。

华生公司提交的2010年9月8日国家药监局《药品补充申请批件》中“申请内容”栏为：“（1）改变影响药品质量的生产工艺；（2）修改药品注册标准。”“审批结论”栏为：“经审查，同意本品变更生产工艺并修订质量标准。变更后的生产工艺在不改变原合成路线的基础上，仅对其制备工艺中所用溶剂和试剂进行调整。质量标准所附执行，有效期24个月。”

上述2010年《药品补充申请批件》所附《奥氮平药品补充申请注册资料》中5.1原料药生产工艺的研究资料及文献资料章节中5.1.1说明内容为：“根据我公司奥氮平原料药的实际生产情况，在不改变原来申报生产工艺路线的基础上，对奥氮平的制备工艺过程做了部分调整变更，对工艺进行优化，使奥氮平各中间体的质量得到进一步的提高和保证，其制备过程中的相关杂质得到有效控制。……由于工艺路线没有变更，并且最后一步的结晶溶剂亦没有变更，故化合物的结构及晶型不会改变。”

最高人民法院二审审理过程中，为准确查明本案所涉技术事实，根据民事诉讼法第七十九条①、《最高人民法院关于适用〈中华人民共和国民事诉讼法〉的解释》（以下简称《民事诉讼法解释》）第一百二十二条之规定，对礼来公司的专家辅助人出庭申请予以准许；根据《民事诉讼法解释》第一百一十七条之规定，对华生公司的证人出庭申请予以准许；根据民事诉讼法第七十八条、《民事诉讼法解释》第二百二十七条之规定，通知出具（2014）司鉴定第02号《技术鉴定报告》的江苏省科技咨询中心工作人员出庭；根据《最高人民法院关于知识产权法院技术调查官参与诉讼活动若干问题的暂行规定》第二条、第十条之规定，首次指派技术调查官出庭，就相关技术问题与各方当事人分别询问了专家辅助人、证人及鉴定人。

最高人民法院二审另查明：1999年10月28日，华生公司与医科院药物所签订《技术合同书》，约定医科院药物所将其研制开发的抗精神分裂药奥

---

① 《民事诉讼法》（2017年修正）第79条。

氮平及其制剂转让给华生公司，医科院药物所负责完成临床前报批资料并在北京申报临床；验收标准和方法按照新药审批标准，采用领取临床批件和新药证书方式验收；在其他条款中双方对新药证书和生产的报批作出了约定。

医科院药物所1999年10月填报的（京99）药申临字第82号《新药临床研究申请表》中，“制备工艺”栏绘制的反应路线如下：

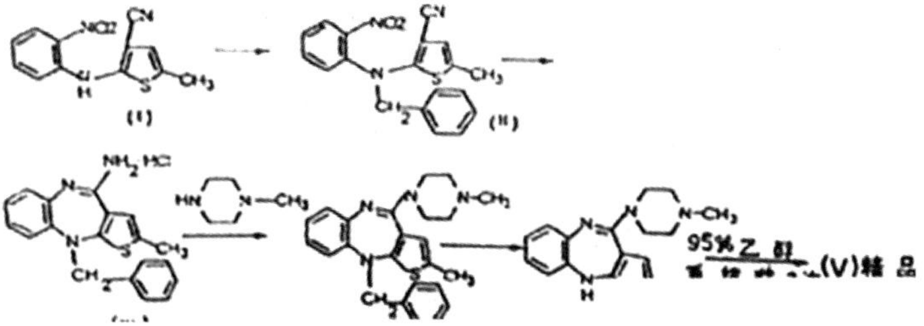

1999年11月9日，北京市卫生局针对医科院药物所的新药临床研究申请作出《新药研制现场考核报告表》，“现场考核结论”栏记载：“该所具备研制此原料的条件，原始记录、实验资料基本完整，内容真实。”

2001年6月，医科院药物所和华生公司共同向国家药监局提交《新药证书、生产申请表》（（2001）京申产字第019号）。针对该申请，江苏省药监局2001年10月22日作出《新药研制现场考核报告表》，“现场考核结论”栏记载：“经现场考核，样品制备及检验原始记录基本完整，检验仪器条件基本具备，研制单位暂无原料药生产车间，现申请本品的新药证书。”

根据华生公司申请，江苏药监局2009年5月21日发函委托江苏省常州市食品药品监督管理局药品安全监管处对华生公司奥氮平生产现场进行检查和产品抽样，江苏药监局针对该检查和抽样出具了《药品注册生产现场检查报告》（受理号CXHB0800159），其中“检查结果”栏记载：“按照药品注册现场检查的有关要求，2009年7月7日对该品种的生产现场进行了第一次检查，该公司的机构和人员、生产和检验设施能满足该品种的生产要求，原辅材料等可溯源，主要原料均按规定量投料，生产过程按申报的工艺进行。2009年8月25日，按药品注册现场核查的有关要求，检查了70309001、70309002、70309003三批产品的批生产记录、检验记录、原料领用使用、库存情况记录等，已按抽样要求进行了抽样。”“综合评定结论”栏记载：“根据综合评定，现场检查结论为：通过”。

国家药监局2010年9月8日颁发给华生公司的《药品补充申请批件》所附《奥氮平药品补充申请注册资料》中，5.1“原料药生产工艺的研究资料及文献资料”之5.1.2“工艺路线”中绘制的反应路线如下：

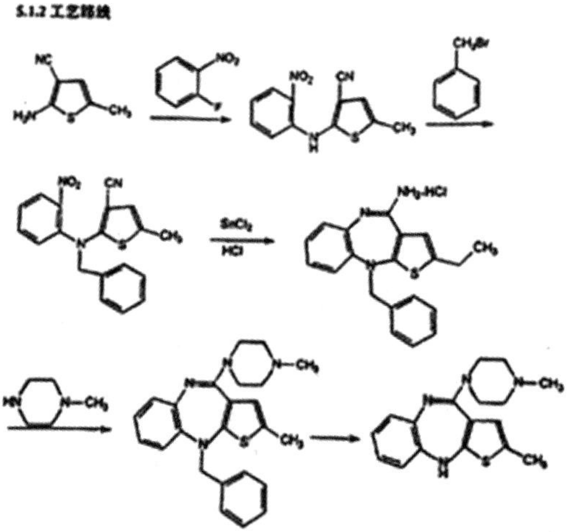

2015年3月5日，江苏省科技咨询中心受上海市方达（北京）律师事务所委托出具（2014）司鉴字第02号《技术鉴定报告》，其“鉴定结论”部分记载：“1. 华生公司2008年向国家药监局备案的奥氮平制备工艺是可行的。2. 对比华生公司2008年向国家药监局备案的奥氮平制备工艺与礼来公司第91103346.7号方法专利，两者起始原料均为仲胺化物，但制备工艺路径不同，具体表现在：（1）反应中产生的关键中间体不同；（2）反应步骤不同：华生公司的是四步法，礼来公司是二步法；（3）反应条件不同：取代反应中，华生公司采用二甲基甲酰胺为溶媒，礼来公司采用二甲基亚砜和甲苯的混合溶剂为溶媒。”

二审庭审中，礼来公司明确其在本案中要求保护涉案专利权利要求1中的方法（a）。

裁判结果

江苏省高级人民法院于2014年10月14日作出（2013）苏民初字第0002号民事判决：1. 常州华生制药有限公司赔偿礼来公司经济损失及为制止侵权支出的合理费用人民币计350万元；2. 驳回礼来公司的其他诉讼请求。案件受理费人民币809744元，由礼来公司负担161950元，常州华生制药有限公司负担647794元。礼来公司、常州华生制药有限公司均不服，提起上诉。最高人民法院2016年5月31日作出（2015）民三终字第1号民事判决：1. 撤销江苏省高级人民法院（2013）苏民初字第0002号民事判决；2. 驳回礼来公司的诉讼请求。一、二审案件受理费各人民币809744元，由礼来公司负担323897元，常州华生制药有限公司负担1295591元。

裁判理由

法院生效裁判认为，《最高人民法院关于审理侵犯专利权纠纷案件应用法律若干问题的解释》① 第七条规定："人民法院判定被诉侵权技术方案是否落入专利权的保护范围，应当审查权利人主张的权利要求所记载的全部技术特征。被诉侵权技术方案包含与权利要求记载的全部技术特征相同或者等同的技术特征的，人民法院应当认定其落入专利权的保护范围；被诉侵权技术方案的技术特征与权利要求记载的全部技术特征相比，缺少权利要求记载的一个以上的技术特征，或者有一个以上技术特征不相同也不等同的，人民法院应当认定其没有落入专利权的保护范围。"本案中，华生公司被诉生产销售的药品与涉案专利方法制备的产品相同，均为奥氮平，判定华生公司奥氮平制备工艺是否落入涉案专利权保护范围，涉及以下三个问题：

一、关于涉案专利权的保护范围

专利法第五十六条第一款②规定："发明或者实用新型专利权的保护范围以其权利要求的内容为准，说明书及附图可以用于解释权利要求。"本案中，礼来公司要求保护涉案专利权利要求1中的方法（a），该权利要求采取开放式的撰写方式，其中仅限定了参加取代反应的三环还原物及N－甲基哌嗪以及发生取代的基团，其保护范围涵盖了所有采用所述三环还原物与N－甲基哌嗪在Q基团处发生取代反应而生成奥氮平的制备方法，无论采用何种反应起始物、溶剂、反应条件，均在其保护范围之内。基于此，判定华生公司奥氮平制备工艺是否落入涉案专利权保护范围，关键在于两个技术方案反应路线的比对，而具体的反应起始物、溶剂、反应条件等均不纳入侵权比对范围，否则会不当限缩涉案专利权的保护范围，损害礼来公司的合法权益。

① 以下简称《专利权纠纷解释》。
② 《专利法》（2020年修正）第64条。

二、关于华生公司实际使用的奥氮平制备工艺

专利法第五十七条第二款①规定："专利侵权纠纷涉及新产品制造方法的发明专利的，制造同样产品的单位或者个人应当提供其产品制造方法不同于专利方法的证明。"本案中，双方当事人对奥氮平为专利法中所称的新产品不持异议，华生公司应就其奥氮平制备工艺不同于涉案专利方法承担举证责任。具体而言，华生公司应当提供证据证明其实际使用的奥氮平制备工艺反应路线未落入涉案专利权保护范围，否则，将因其举证不能而承担推定礼来公司侵权指控成立的法律后果。

本案中，华生公司主张其自2003年至今一直使用2008年向国家药监局补充备案工艺生产奥氮平，并提交了其2003年和2008年奥氮平批生产记录（一审补充证据6）、2003年、2007年和2013年生产规程（一审补充证据7）、《药品补充申请批件》（一审补充证据12）等证据证明其实际使用的奥氮平制备工艺。如前所述，本案的侵权判定关键在于两个技术方案反应路线的比对，华生公司2008年补充备案工艺的反应路线可见于其向国家药监局提交的《奥氮平药品补充申请注册资料》，其中5.1"原料药生产工艺的研究资料及文献资料"之5.1.2"工艺路线"图显示该反应路线为：先将"仲胺化物"中的仲氨基用苄基保护起来，制得"苄基化物"（苄基化），再进行闭环反应，生成"苄基取代的噻吩并苯并二氮杂"三环化合物（还原化物）。"还原化物"中的氨基被N－甲基哌嗪取代，生成"缩合物"，然后脱去苄基，制得奥氮平。本院认为，现有在案证据能够形成完整证据链，证明华生公司2003年至涉案专利权到期日期间一直使用其2008年补充备案工艺的反应路线生产奥氮平，主要理由如下：

首先，华生公司2008年向国家药监局提出奥氮平药品补充申请注册，在其提交的《奥氮平药品补充申请注册资料》中，明确记载了其奥氮平制备工艺的反应路线。针对该补充申请，江苏省药监部门于2009年7月7日和8月25日对华生公司进行了生产现场检查和产品抽样，并出具了《药品注册生产现场检查报告》（受理号CXHB0800159），该报告显示华生公司的"生产过程按申报的工艺进行"，三批样品"已按抽样要求进行了抽样"，现场检查结

① 《专利法》（2020年修正）第66条第2款。

论为“通过”。也就是说，华生公司2008年补充备案工艺经过药监部门的现场检查，具备可行性。基于此，2010年9月8日，国家药监局向华生公司颁发了《药品补充申请批件》，同意华生公司奥氮平“变更生产工艺并修订质量标准”。对于华生公司2008年补充备案工艺的可行性，礼来公司专家辅助人在二审庭审中予以认可，江苏省科技咨询中心出具的（2014）司鉴字第02号《技术鉴定报告》在其鉴定结论部分也认为“华生公司2008年向国家药监局备案的奥氮平制备工艺是可行的”。因此，在无其他相反证据的情形下，应当推定华生公司2008年补充备案工艺即为其取得《药品补充申请批件》后实际使用的奥氮平制备工艺。

其次，一般而言，适用于大规模工业化生产的药品制备工艺步骤繁琐，操作复杂，其形成不可能是一蹴而就的。从研发阶段到实际生产阶段，其长期的技术积累过程通常是在保持基本反应路线稳定的情况下，针对实际生产中发现的缺陷不断优化调整反应条件和操作细节。华生公司的奥氮平制备工艺受让于医科院药物所，双方于1999年10月28日签订了《技术转让合同》。按照合同约定，医科院药物所负责完成临床前报批资料并在北京申报临床。在医科院药物所1999年10月填报的（京99）药申临字第82号《新药临床研究申请表》中，“制备工艺”栏绘制的反应路线显示，其采用了与华生公司2008年补充备案工艺相同的反应路线。针对该新药临床研究申请，北京市卫生局1999年11月9日作出《新药研制现场考核报告表》，确认“原始记录、实验资料基本完整，内容真实。”在此基础上，医科院药物所和华生公司按照《技术转让合同》的约定，共同向国家药监局提交新药证书、生产申请表（（2001）京申产字第019号）。针对该申请，江苏省药监局2001年10月22日作出《新药研制现场考核报告表》，确认“样品制备及检验原始记录基本完整”。通过包括前述考核在内的一系列审查后，2003年5月9日，医科院药物所和华生公司获得国家药监局颁发的奥氮平原料药和奥氮平片《新药证书》。由此可见，华生公司自1999年即拥有了与其2008年补充备案工艺反应路线相同的奥氮平制备工艺，并以此申报新药注册，取得新药证书。因此，华生公司在2008补充备案工艺之前使用反应路线完全不同的其他制备工艺生产奥氮平的可能性不大。

最后，国家药监局2010年9月8日向华生公司颁发的《药品补充申请批件》“审批结论”栏记载：“变更后的生产工艺在不改变原合成路线的基础上，仅对其制备工艺中所用溶剂和试剂进行调整”，即国家药监局确认华生公司2008年补充备案工艺与其之前的制备工艺反应路线相同。华生公司在一审中提交了其2003、2007和2013年的生产规程，2003、2008年的奥氮平批生产记录，华生公司主张上述证据涉及其商业秘密，一审法院组织双方当事人进行了不公开质证，确认其真实性和关联性。本院经审查，华生公司2003、2008年的奥氮平批生产记录是分别依据2003、2007年的生产规程进行实际生产所作的记录，上述生产规程和批生产记录均表明华生公司奥氮平制备工艺的基本反应路线与其2008年补充备案工艺的反应路线相同，只是在保持该基本反应路线不变的基础上对反应条件、溶剂等生产细节进行调整，不断优化，这样的技术积累过程是符合实际生产规律的。

综上，本院认为，华生公司2008年补充备案工艺真实可行，2003年至涉案专利权到期日期间华生公司一直使用2008年补充备案工艺的反应路线生产奥氮平。

三、关于礼来公司的侵权指控是否成立

对比华生公司奥氮平制备工艺的反应路线和涉案方法专利，二者的区别在于反应步骤不同，关键中间体不同。具体而言，华生公司奥氮平制备工艺使用的三环还原物的胺基是被苄基保护的，由此在取代反应之前必然存在苄基化反应步骤以生成苄基化的三环还原物，相应的在取代反应后也必然存在脱苄基反应步骤以获得奥氮平。而涉案专利的反应路线中并未对三环还原物中的胺基进行苄基保护，从而不存在相应的苄基化反应步骤和脱除苄基的反应步骤。

《最高人民法院关于审理专利纠纷案件适用法律问题的若干规定》第十七条第二款规定：“等同特征，是指与所记载的技术特征以基本相同的手段，实现基本相同的功能，达到基本相同的效果，并且本领域普通技术人员在被诉侵权行为发生时无需经过创造性劳动就能够联想到的特征。”本案中，就华生公司奥氮平制备工艺的反应路线和涉案方法专利的区别而言，首先，苄基保护的三环还原物中间体与未加苄基保护的三环还原物中间体为不同的化合物，两者在化学反应特性上存在差异，即在未加苄基保护的三环还原物中间体上，可脱落的Q基团和胺基均可与N-甲基哌嗪发生反应，而苄基保护的三环还原物中间体由于其中的胺基被苄基保护，无法与N-甲基哌嗪发生不期望的取代反应，取代反应只能发生在Q基团处；相应地，涉案专利的方法中不存在取代反应前后的加苄基和脱苄基反应步骤。因此，两个技术方案在反应中间物和反应步骤上的差异较大。其次，由于增加了加苄基和脱苄基步骤，华生公司的奥氮平制备工艺在终产物收率方面会有所减损，而涉案专利由于不存在加苄基保护步骤和脱苄基步骤，收率不会因此而下降。故两个技术方案的技术效果如收率高低等方面存在较大差异。最后，尽管对所述三环还原物中的胺基进行苄基保护以减少副反应是化学合成领域的公知常识，但是这种改变是实质性的，加苄基保护的三环还原物中间体的反应特性发生了改变，增加反应步骤也使收率下降。而且加苄基保护为公知常识仅说明华生公司的奥氮平制备工艺相对于涉案专利方法改进有限，但并不意味着两者所采用的技术手段是基本相同的。

综上，华生公司的奥氮平制备工艺在三环还原物中间体是否为苄基化中间体以及由此增加的苄基化反应步骤和脱苄基步骤方面，与涉案专利方法是不同的，相应的技术特征也不属于基本相同的技术手段，达到的技术效果存在较大差异，未构成等同特征。因此，华生公司奥氮平制备工艺未落入涉案专利权保护范围。

综上所述，华生公司奥氮平制备工艺未落入礼来公司所有的涉案专利权的保护范围，一审判决认定事实和适用法律存在错误，依法予以纠正。

（生效裁判审判人员：周翔、吴蓉、宋淑华）

【实务问答】

1. 如何确定发明专利权的保护范围？

《专利法》第64条第1款规定，发明或者实用新型专利权的保护范围以其权利要求的内容为准，说明书及附图可以用于解释权利要求的内容。

专利权的保护范围是指发明、实用新型和外观设计专利权的法律效力所及的范围。2020年《专利法》修改中，该条由第59条调整为第64条，实质内容并无修改。根据该条第1款，便可以确定发明或者实用新型专利权的保护范围，“以其权利要求的内容为准，说明书及附图可以用于解释权利要求的内容”。该规定包括两层含义：一是一项发明创造专利权的保护范围，须以其权利要求的内容为准，即以由专利申请人提出的并经国务院专利行政主管部门批准的权利要求书中所记载的权利要求的内容为准，不小于也不得超出权利要求书中所记载的权利要求内容的范围。二是说明书及附图对权利要求具有解释的功能，可以作为解释权利要求内容的依据。但是，相对权利要求的内容而言，说明书及附图只具有从属的地位，不能单以其作为发明或者实用新型专利权保护的基本依据，基本依据只能是权利要求书的内容。

2. 现行法律对专利侵权纠纷中的证据提供有何规定？

《专利法》第66条规定，专利侵权纠纷涉及新产品制造方法的发明专利的，制造同样产品的单位或者个人应当提供其产品制造方法不同于专利方法的证明。专利侵权纠纷涉及实用新型专利或者外观设计专利的，人民法院或者管理专利工作的部门可以要求专利权人或者利害关系人出具由国务院专利行政部门对相关实用新型或者外观设计进行检索、分析和评价后作出的专利权评价报告，作为审理、处理专利侵权纠纷的证据；专利权人、利害关系人或者被控侵权人也可以主动出具专利权评价报告。

本条第1、2款分别针对专利侵权涉发明专利、涉实用新型或外观设计专利的情形。按照本条第1款，涉发明专利的专利侵权诉讼中的举证责任由被诉侵权的人即被告来承担。被诉侵权的人不能提供其同样产品的制造方法不同于专利方法的充分证据的，推定其使用了专利权人的发明专利，构成了对专利权的侵犯，应依法承担侵权损害赔偿责任。按照本条第2款，涉及实用新型或者外观设计专利的，由法院或管理专利工作的部门可要求专利权人或者利害关系人出具由国务院专利行政部门作出的专利权评价报告。之所以要求专利权人或者利害关系人提供专利权评价报告，在于国务院专利行政部门对实用新型和外观设计专利申请只进行形式审查。由国务院专利行政部门对实用新型和外观设计专利权出具评价报告，有利于准确认定事实。

3. 如何理解专利侵权判定中的“全面覆盖原则”?

《专利权案件解释》第7条规定:“人民法院判定被诉侵权技术方案是否落入专利权的保护范围，应当审查权利人主张的权利要求所记载的全部技术特征。被诉侵权技术方案包含与权利要求记载的全部技术特征相同或者等同的技术特征的，人民法院应当认定其落入专利权的保护范围；被诉侵权技术方案的技术特征与权利要求记载的全部技术特征相比，缺少权利要求记载的一个以上的技术特征，或者有一个以上技术特征不相同也不等同的，人民法院应当认定其没有落入专利权的保护范围。”该条实际上规定了专利侵权判定的基本方法，即专利法理论上的“全面覆盖原则”。只要被诉侵权技术方案的技术特征包含了专利权保护范围的技术特征，即认定其落入了专利权的保护范围。被诉侵权技术方案是否包括其他增加的技术特征，在所不问。但对以封闭式权利要求表征的组合物专利，若被控侵权技术方案含有权利要求记载的组分外的组分，则应认为并未落入专利权的保护范围，而不应当以“增加的技术特征不影响侵权判定”为由认定落入保护范围，这与全面覆盖原则也并不矛盾。因为组合物封闭式权利要求，是指组合物中仅包括权利要求记载的组分而排除所有其他组分。因此，对其他组分的排除也是封闭式权利要求的内含特征之一。若被控侵权技术方案存在其他组分，则可视为没有“覆盖”全部的技术特征，即没有落入专利权保护范围。

另外需要注意，本条第1款规定的“应当审查权利人主张的权利要求所记载的全部技术特征”实际上否定了“多余指定原则”。原因在于：权利要求书的作用是确定专利权的保护范围，即通过向公众表明构成发明或者实用新型的技术方案所包括的全部技术特征，使公众能够清楚地知道实施何种行为不会侵犯专利权。只有对权利要求书所记载的全部技术特征给予全面、充分的尊重，公众才不会因权利要求内容不可预见的变动而无所适从，从而确保法律权利的确定性、稳定性。

039 指导案例115号

瓦莱奥清洗系统公司诉厦门卢卡斯汽车配件有限公司等侵害发明专利权纠纷案

专利侵权诉讼程序中，责令停止被诉侵权行为的行为保全具有独立价值

有章

（最高人民法院审判委员会讨论通过 2019年12月24日发布）

关键词：民事/发明专利权/功能性特征/先行判决/行为保全

裁判要点

1. 如果专利权利要求的某个技术特征已经限定或者隐含了特定结构、组分、步骤、条件或其相互之间的关系等，即使该技术特征同时还限定了其所实现的功能或者效果，亦不属于《最高人民法院关于审理侵犯专利权纠纷案件应用法律若干问题的解释（二）》① 第八条所称的功能性特征。2. 在专利侵权诉讼程序中，责令停止被诉侵权行为的行为保全具有独立价值。当事人既申请责令停止被诉侵权行为，又申请先行判决停止侵害，人民法院认为需要作出停止侵害先行判决的，应当同时对行为保全申请予以审查；符合行为保全条件的，应当及时作出裁定。

相关法条

《中华人民共和国专利法》第59条②

《中华人民共和国民事诉讼法》第153条

基本案情

瓦莱奥清洗系统公司（以下简称瓦莱奥公司）是涉案“机动车辆的刮水器的连接器及相应的连接装置”发明专利的专利权人，该专利仍在保护期

---

① 以下简称《专利权纠纷解释二》。

② 《专利法》（2020年修正）第64条。

内。瓦莱奥公司于2016年向上海知识产权法院提起诉讼称，厦门卢卡斯汽车配件有限公司（以下简称卢卡斯公司）、厦门富可汽车配件有限公司（以下简称富可公司）未经许可制造、销售、许诺销售，陈少强未经许可制造、销售的雨刮器产品落入其专利权保护范围。瓦莱奥公司请求判令卢卡斯公司、富可公司和陈少强停止侵权，赔偿损失及制止侵权的合理开支暂计600万元，并请求人民法院先行判决卢卡斯公司、富可公司和陈少强立即停止侵害涉案专利权的行为。此外，瓦莱奥公司还提出了临时行为保全申请，请求法院裁定卢卡斯公司、富可公司、陈少强立即停止侵权行为。

裁判结果

上海知识产权法院于2019年1月22日作出先行判决，判令厦门卢卡斯汽车配件有限公司、厦门富可汽车配件有限公司于判决生效之日起立即停止对涉案发明专利权的侵害。厦门卢卡斯汽车配件有限公司、厦门富可汽车配件有限公司不服上述判决，向最高人民法院提起上诉。最高人民法院于2019年3月27日公开开庭审理本案，作出（2019）最高法知民终2号民事判决，并当庭宣判，判决驳回上诉，维持原判。

裁判理由

最高人民法院认为：

一、关于“在所述关闭位置，所述安全搭扣面对所述锁定元件延伸，用于防止所述锁定元件的弹性变形，并锁定所述连接器”的技术特征是否属于功能性特征以及被诉侵权产品是否具备上述特征的问题

第一，关于上述技术特征是否属于功能性特征的问题。功能性特征是指不直接限定发明技术方案的结构、组分、步骤、条件或其之间的关系等，而是通过其在发明创造中所起的功能或者效果对结构、组分、步骤、条件或其之间的关系等进行限定的技术特征。如果某个技术特征已经限定或者隐含了发明技术方案的特定结构、组分、步骤、条件或其之间的关系等，即使该技术特征还同时限定了其所实现的功能或者效果，原则上亦不属于《最高人民法院关于审理侵犯专利权纠纷案件应用法律若干问题的解释（二）》第八条所称的功能性特征，不应作为功能性特征进行侵权比对。前述技术特征实际

上限定了安全搭扣与锁定元件之间的方位关系并隐含了特定结构——“安全搭扣面对所述锁定元件延伸”，该方位和结构所起到的作用是“防止所述锁定元件的弹性变形，并锁定所述连接器”。根据这一方位和结构关系，结合涉案专利说明书及其附图，特别是说明书第【0056】段关于“连接器的锁定由搭扣的垂直侧壁的内表面保证，内表面沿爪外侧表面延伸，因此，搭扣阻止爪向连接器外横向变形，因此连接器不能从钩形端解脱出来”的记载，本领域普通技术人员可以理解，“安全搭扣面对所述锁定元件延伸”，在延伸部分与锁定元件外表面的距离足够小的情况下，就可以起到防止锁定元件弹性变形并锁定连接器的效果。可见，前述技术特征的特点是，既限定了特定的方位和结构，又限定了该方位和结构的功能，且只有将该方位和结构及其所起到的功能结合起来理解，才能清晰地确定该方位和结构的具体内容。这种“方位或者结构＋功能性描述”的技术特征虽有对功能的描述，但是本质上仍是方位或者结构特征，不是《最高人民法院关于审理侵犯专利权纠纷案件应用法律若干问题的解释（二）》第八条意义上的功能性特征。

第二，关于被诉侵权产品是否具备前述技术特征的问题。涉案专利权利要求1的前述技术特征既限定了安全搭扣与锁定元件的方位和结构关系，又描述了安全搭扣所起到的功能，该功能对于确定安全搭扣与锁定元件的方位和结构关系具有限定作用。前述技术特征并非功能性特征，其方位、结构关系的限定和功能限定在侵权判定时均应予以考虑。本案中，被诉侵权产品的安全搭扣两侧壁内表面设有一对垂直于侧壁的凸起，当安全搭扣处于关闭位置时，其侧壁内的凸起朝向弹性元件的外表面，可以起到限制弹性元件变形张开、锁定弹性元件并防止刮水器臂从弹性元件中脱出的效果。被诉侵权产品在安全搭扣处于关闭位置时，安全搭扣两侧壁内表面垂直于侧壁的凸起朝向弹性元件的外表面，属于涉案专利权利要求1所称的“所述安全搭扣面对所述锁定元件延伸”的一种形式，且同样能够实现“防止所述锁定元件的弹性变形，并锁定所述连接器”的功能。因此，被诉侵权产品具备前述技术特征，落入涉案专利权利要求1的保护范围。原审法院在认定上述特征属于功能性特征的基础上，认定被诉侵权产品具有与上述特征等同的技术特征，比对方法及结论虽有偏差，但并未影响本案侵权判定结果。

二、关于本案诉中行为保全申请的具体处理问题

本案需要考虑的特殊情况是，原审法院虽已作出关于责令停止侵害涉案专利权的先行判决，但并未生效，专利权人继续坚持其在一审程序中的行为保全申请。此时，第二审人民法院对于停止侵害专利权的行为保全申请，可以考虑如下情况，分别予以处理：如果情况紧急或者可能造成其他损害，专利权人提出行为保全申请，而第二审人民法院无法在行为保全申请处理期限内作出终审判决的，应当对行为保全申请单独处理，依法及时作出裁定；符合行为保全条件的，应当及时采取保全措施。此时，由于原审判决已经认定侵权成立，第二审人民法院可根据案情对该行为保全申请进行审查，且不要求必须提供担保。如果第二审人民法院能够在行为保全申请处理期限内作出终审判决的，可以及时作出判决并驳回行为保全申请。本案中，瓦莱奥公司坚持其责令卢卡斯公司、富可公司停止侵害涉案专利权的诉中行为保全申请，但是其所提交的证据并不足以证明发生了给其造成损害的紧急情况，且最高人民法院已经当庭作出判决，本案判决已经发生法律效力，另行作出责令停止侵害涉案专利权的行为保全裁定已无必要。对于瓦莱奥公司的诉中行为保全申请，不予支持。

（生效裁判审判人员：罗东川、王闯、朱理、徐卓斌、任晓兰）

【实务问答】

1. 如何理解、判别“功能性特征”？

《专利权纠纷解释二》第8条规定，功能性特征，是指对于结构、组分、步骤、条件或其之间的关系等，通过其在发明创造中所起的功能或者效果进行限定的技术特征，但本领域普通技术人员仅通过阅读权利要求即可直接、明确地确定实现上述功能或者效果的具体实施方式的除外。与说明书及附图记载的实现前款所称功能或者效果不可缺少的技术特征相比，被诉侵权技术方案的相应技术特征是以基本相同的手段，实现相同的功能，达到相同的效果，且本领域普通技术人员在被诉侵权行为发生时无需经过创造性劳动就能够联想到的，人民法院应当认定该相应技术特征与功能性特征相同或者等同。

被诉侵权产品具备相关技术特征，将落入相应专利权利要求的保护范围，进而被认定构成侵权。专利权利要求的某个技术特征已限定或隐含了特定结构、组分、步骤、条件或其相互之间的关系等，即使该技术特征同时还限定了其所实现的功能或者效果，亦不属专利法司法解释所称的功能性特征。专利法司法解释确立了功能性特征解释的基本原则，即“该功能或者效果的具体实施方式及其等同的实施方式”。《专利权纠纷解释二》第8条（该条较原规定未作修改）进一步明确了功能性特征的定义以及“等同的实施方式”的认定规则。需要注意，该条第1款但书将“仅通过阅读权利要求即可直接、明确地确定实现上述功能或者效果的具体实施方式”的技术特征排除在功能性特征之外。对于但书所称技术特征的认定，基于本领域普通技术人员的认识水平和能力，由当事人举证。构成但书所述情形的，则不属功能性特征，进而无须适用“实施例+等同”的功能性特征的解释规则。该条第2款明确了“等同的实施方式”的认定规则。功能性特征与结构特征的“等同”认定有两点不同：一是对比基础不同，前者是说明书及附图记载的实现所述功能或效果不可缺少的结构特征，而后者是权利要求记载的特征本身；二是认定标准不同，前者要求功能、效果“相同”，而后者要求功能、效果“基本相同”。如此规定，在于功能性特征本身是以功能或者效果表述的技术特征，其字面含义较为宽泛，加之大量的实用新型专利授权未经实质审查，对功能、效果适用“基本相同”，将不适当地扩张专利权的保护范围。因此，《专利权纠纷解释二》未采纳“二次等同”理论。亦即，在以具体实施例为基点的“一次等同”之后，功能性特征的保护范围即已划定，不存在对于功能性特征所述功能或效果的“二次等同”问题。因而，该条第2款采用了“相应技术特征与功能性特征相同或者等同”的表述。在等同认定尺度适当从严的同时，为了将专利申请日后新技术导致的等同替换手段涵盖进来，该条将侵权判断的时间点放宽至被诉侵权行为发生时。

2. 判令停止侵害的部分判决与行为保全、先予执行之间有何差异？

本指导案例中，原告瓦莱奥公司既申请法院就停止侵权作出部分判决，又申请行为保全。上海知识产权法院作出部分判决，认定两被告构成侵权并判令其停止侵权，但未对行为保全作出处理。后最高人民法院二审认为，被诉侵权产品具备涉案专利权利要求 1 的全部技术特征，落入涉案专利权的保护范围，两上诉人（一审被告）构成侵权，应停止侵权。但临时禁令具有价值，判令停止侵害的部分判决尚未生效时，临时禁令可起到及时强制执行的效果，以充分保护专利权人利益。最高人民法院通过本案指出了判令停止侵害的部分判决与行为保全的关系，一审判决停止侵害的部分判决并非终局判决，当事人可上诉。对权利已受侵害的原告而言，被告一旦上诉，停止侵害部分判决将起不到及时执行的效果。而行为保全裁定一经作出即发生效力，可强制被告停止侵害、避免原告损失扩大。

另外需要区分先予执行与行为保全。先予执行，是指案件受理后终审判决作出前，根据一方当事人申请，裁定对方当事人向申请一方当事人给付一定数额的金钱或其他财物，或者实施或停止某种行为，并立即付诸执行的一种制度。《民事诉讼法》第 109 条规定了先予执行适用的范围包括追索赡养费、扶养费、抚育费、抚恤金、医疗费用的案件；追索劳动报酬的案件；因情况紧急需要先予执行的案件。所谓的情况紧急包括如下情形：需要立即停止侵害，排除妨碍的；需要立即制止某项行为的；需要立即返还用于购置生产原料、生产工具款的；追索恢复生产、经营急需的保险理赔费的。基于此，在知识产权案件终审判决前，如符合上面情形的也可申请先予执行。可以说，先予执行是具有部分行为保全作用的。但二者仍有很大区别，并不能相互替代：一是规定目的不同。先予执行的目的主要在于解决判决前申请人生活或生产方面的迫切需求；行为保全的目的则是避免申请人的损失进一步扩大。二是针对对象不同。先予执行更多针对被申请人财产；行为保全针则多针对被申请人行为。三是发生时间有差异。行为保全既可在发生在诉讼前也可发生在诉讼提起后生效判决作出前；而先予执行只能在诉讼提起后判决作出前。四是对实体判决影响不同。先予执行基本表明了案件结果走向，其裁定与实体裁判结果基本一致；行为保全则对案件实体裁判结果无决定性影响。

040 指导案例 159 号

深圳敦骏科技有限公司诉深圳市吉祥腾达科技有限公司等侵害发明专利权纠纷案

制造、销售具备可直接实施专利方法功能的被诉侵权产品的行为可被认定为侵害专利权

（最高人民法院审判委员会讨论通过　2021 年 7 月 23 日发布）

关键词：民事/侵害发明专利权/多主体实施的方法专利/侵权损害赔偿计算/举证责任/专利技术贡献度

裁判要点

1. 如果被诉侵权行为人以生产经营为目的，将专利方法的实质内容固化在被诉侵权产品中，该行为或者行为结果对专利权利要求的技术特征被全面覆盖起到了不可替代的实质性作用，终端用户在正常使用该被诉侵权产品时就能自然再现该专利方法过程，则应认定被诉侵权行为人实施了该专利方法，侵害了专利权人的权利。2. 专利权人主张以侵权获利计算损害赔偿数额且对侵权规模事实已经完成初步举证，被诉侵权人无正当理由拒不提供有关侵权规模事实的相应证据材料，导致用于计算侵权获利的基础事实无法确定的，对被诉侵权人提出的应考虑涉案专利对其侵权获利的贡献度的抗辩，人民法院可以不予支持。

相关法条

《中华人民共和国专利法》（2020 年修正）第 1 条、第 11 条第 1 款、第 64 条第 1 款（本案适用的是 2008 年修正的《中华人民共和国专利法》第 1 条、第 11 条第 1 款、第 59 条第 1 款）

基本案情

原告深圳敦骏科技有限公司（以下简称敦骏公司）诉称：深圳市吉祥腾达科技有限公司（以下简称腾达公司）未经许可制造、许诺销售、销售，济

南历下弘康电子产品经营部（以下简称弘康经营部）、济南历下昊威电子产品经营部（以下简称昊威经营部）未经许可销售的多款商用无线路由器（以下简称被诉侵权产品）落入其享有的名称为“一种简易访问网络运营商门户网站的方法”（专利号为ZL02123502.3，以下简称涉案专利）发明专利的专利权保护范围，请求判令腾达公司、弘康经营部、昊威经营部停止侵权，赔偿损失及制止侵权的合理开支共计500万元。

被告腾达公司辩称：1. 涉案专利、被诉侵权产品访问任意网站时实现定向的方式不同，访问的过程亦不等同，腾达公司没有侵害敦骏公司的涉案专利权。并且，涉案专利保护的是一种网络接入认证方法，腾达公司仅是制造了被诉侵权产品，但并未使用涉案专利保护的技术方案，故其制造并销售被诉侵权产品的行为并不构成专利侵权；2. 敦骏公司诉请的赔偿数额过高且缺乏事实及法律依据，在赔偿额计算中应当考虑专利的技术贡献度、涉案专利技术存在替代方案等。

弘康经营部、昊威经营部共同辩称：其所销售的被诉侵权产品是从代理商处合法进货的，其不是被诉侵权产品的生产者，不应承担责任。

法院经审理查明：敦骏公司明确以涉案专利的权利要求1和2为依据主张权利，其内容为：1. 一种简易访问网络运营商门户网站的方法，其特征在于包括以下处理步骤：A. 接入服务器底层硬件对门户业务用户设备未通过认证前的第一个上行HTTP报文，直接提交给“虚拟Web服务器”，该“虚拟Web服务器”功能由接入服务器高层软件的“虚拟Web服务器”模块实现；B. 由该“虚拟Web服务器”虚拟成用户要访问的网站与门户业务用户设备建立TCP连接，“虚拟Web服务器”向接入服务器底层硬件返回含有重定向信息的报文，再由接入服务器底层硬件按正常的转发流程向门户业务用户设备发一个重定向到真正门户网站Portal_Server的报文；C. 收到重定向报文后的门户业务用户设备的浏览器自动发起对真正门户网站Portal_Server的访问。2. 根据权利要求1所述的一种简易访问网络运营商门户网站的方法，其特征在于：所述的步骤A，由门户业务用户在浏览器上输入任何正确的域名、IP地址或任何的数字，形成上行IP报文；所述的步骤B，由“虚拟Web服务器”虚拟成该IP报文的IP地址的网站。

敦骏公司通过公证购买方式从弘康经营部、昊威经营部购得“Tenda路由器W15E”“Tenda路由器W20E增强型”各一个，并在公证人员的监督下对“Tenda路由器W15E”访问网络运营商门户网站的过程进行了技术演示，演示结果表明使用“Tenda路由器W15E”过程中具有与涉案专利权利要求1和2相对应的方法步骤。

被诉侵权产品在京东商城官方旗舰店、“天猫”网站腾达旗舰店均有销售，且销量巨大。京东商城官方旗舰店网页显示有“腾达（Tenda）W15E”路由器的图片、京东价199元、累计评价1万+，“腾达（Tenda）W20E”路由器、京东价399元、累计评价1万+，“腾达（Tenda）G1”路由器、京东价359元、累计评价1万+等信息。“天猫”网站腾达旗舰店网页显示有“腾达（Tenda）W15E”路由器的图片、促销价179元、月销量433、累计评价4342、安装说明、技术支持等信息。

2018年12月13日，一审法院依法作出通知书，主要内容为：限令腾达公司10日内向一审法院提交自2015年7月2日以来，关于涉案“路由器”产品生产、销售情况的完整资料和完整的财务账簿。逾期不提交，将承担相应的法律责任。但至二审判决作出时，腾达公司并未提交相关证据。

裁判结果

山东省济南市中级人民法院于2019年5月6日作出（2018）鲁01民初1481号民事判决：一、腾达公司立即停止制造、许诺销售、销售涉案的路由器产品；二、弘康经营部、昊威经营部立即停止销售涉案的路由器产品；三、腾达公司于判决生效之日起十日内赔偿敦骏公司经济损失及合理费用共计500万元；四、驳回敦骏公司的其他诉讼请求。一审案件受理费46800元，由腾达公司负担。宣判后，腾达公司向最高人民法院提起上诉。最高人民法院于2019年12月6日作出（2019）最高法知民终147号民事判决，驳回上诉，维持原判。

裁判理由

最高人民法院认为：本案焦点问题包括三个方面：

一、关于被诉侵权产品使用过程是否落入涉案专利权利要求的保护范围

首先，涉案专利权利要求1中的“第一个上行HTTP报文”不应解释为用户设备与其要访问的实际网站建立TCP“三次握手”连接过程中的第一个报文，而应当解释为未通过认证的用户设备向接入服务器发送的第一个上行HTTP报文。其次，根据对被诉侵权产品进行的公证测试结果，被诉侵权产

品的强制 Portal 过程与涉案专利权利要求 1 和 2 所限定步骤方法相同，三款被诉侵权产品在“Web 认证开启”模式下的使用过程，全部落入涉案专利权利要求 1 和 2 的保护范围。

二、关于腾达公司的被诉侵权行为是否构成侵权

针对网络通信领域方法的专利侵权判定，应当充分考虑该领域的特点，充分尊重该领域的创新与发展规律，以确保专利权人的合法权利得到实质性保护，实现该行业的可持续创新和公平竞争。如果被诉侵权行为人以生产经营为目的，将专利方法的实质内容固化在被诉侵权产品中，该行为或者行为结果对专利权利要求的技术特征被全面覆盖起到了不可替代的实质性作用，也即终端用户在正常使用该被诉侵权产品时就能自然再现该专利方法过程的，则应认定被诉侵权行为人实施了该专利方法，侵害了专利权人的权利。本案中：1. 腾达公司虽未实施涉案专利方法，但其以生产经营为目的制造、许诺销售、销售的被诉侵权产品，具备可直接实施专利方法的功能，在终端网络用户利用被诉侵权产品完整再现涉案专利方法的过程中，发挥着不可替代的实质性作用。2. 腾达公司从制造、许诺销售、销售被诉侵权产品的行为中获得不当利益与涉案专利存在密切关联。3. 因终端网络用户利用被诉侵权产品实施涉案专利方法的行为并不构成法律意义上的侵权行为，专利权人创新投入无法从直接实施专利方法的终端网络用户处获得应有回报，如专利权人的利益无法得到补偿，必将导致研发创新活动难以为继。另一方面，如前所述，腾达公司却因涉案专利获得了原本属于专利权人的利益，利益分配严重失衡，有失公平。综合以上因素，在本案的情形下，应当认定腾达公司制造、许诺销售、销售被诉侵权产品的行为具有侵权性质并应承担停止侵权、赔偿损失的民事责任。

三、关于一审判决确定的赔偿数额是否适当

专权利人主张以侵权获利确定赔偿额的，侵权规模即为损害赔偿计算的基础事实。专利权人对此项基础事实承担初步举证责任。在专利权人已经完成初步举证，被诉侵权人无正当理由拒不提供有关侵权规模基础事实的相应证据材料的情况下，对其提出的应考虑涉案专利对其侵权获利的贡献率等抗辩理由可不予考虑。具体到本案中：1. 敦骏公司主张依照侵权人因侵权获利计算赔偿额，并在一审中提交了腾达公司分别在京东网和天猫网的官方旗舰

店销售被诉侵权产品数量、售价的证据，鉴于该销售数量和价格均来源于腾达公司自己在正规电商平台的官方旗舰店，数据较为可信，腾达公司虽指出将累计评价作为销量存在重复计算和虚报的可能性，但并未提交确切证据，且考虑到敦骏公司就此项事实的举证能力，应当认定敦骏公司已就侵权规模的基础事实完成了初步举证责任。2. 敦骏公司在一审中，依据其已提交的侵权规模的初步证据，申请腾达公司提交与被诉侵权产品相关的财务账簿、资料等，一审法院也根据本案实际情况，依法责令腾达公司提交能够反映被诉侵权产品生产、销售情况的完整的财务账簿资料等证据，但腾达公司并未提交。在一审法院因此适用相关司法解释对敦骏公司的500万元高额赔偿予以全额支持、且二审中腾达公司就此提出异议的情况下，其仍然未提交相关的财务账簿等资料。由于本案腾达公司并不存在无法提交其所掌握的与侵权规模有关证据的客观障碍，故应认定腾达公司并未就侵权规模的基础事实完成最终举证责任。3. 根据现有证据，有合理理由相信，被诉侵权产品的实际销售数量远超敦骏公司所主张的数量。综上，在侵权事实较为清楚、且已有证据显示腾达公司实际侵权规模已远大于敦骏公司所主张赔偿的范围时，腾达公司如对一审法院确定的全额赔偿持有异议，应先就敦骏公司计算赔偿所依据的基础事实是否客观准确进行实质性抗辩，而不能避开侵权规模的基础事实不谈，另行主张专利技术贡献度等其他抗辩事由，据此对腾达公司二审中关于一审确定赔偿额过高的各项抗辩主张均不予理涉。

（生效裁判审判人员：朱理、傅蕾、张晓阳）

【实务问答】

1. 如何界定“专利实施”？

《专利法》第11条规定，发明和实用新型专利权被授予后，除本法另有规定的以外，任何单位或者个人未经专利权人许可，都不得实施其专利，即不得为生产经营目的制造、使用、许诺销售、销售、进口其专利产品，或者使用其专利方法以及使用、许诺销售、销售、进口依照该专利方法直接获得的产品。外观设计专利权被授予后，任何单位或者个人未经专利权人许可，都不得实施其专利，即不得为生产经营目的制造、许诺销售、销售、进口其外观设计专利产品。

发明涉及产品和方法两个方面，实用新型则只涉及产品不涉及方法。若一项专利是关于产品（及其改进）的发明或实用新型，则其实施便是“为生产经营目的制造、使用、许诺销售、销售、进口其专利产品”的行为；若是关于方法（及其改进）的发明，则该专利的实施就是“为生产经营目的使用其专利方法以及使用、许诺销售、销售、进口依照该专利方法直接获得的产品”的行为。可以看出，方法专利实施范围要大于产品专利的实施范围，故也称“对专利方法的保护延及产品”，但这仅是针对“依照该专利方法直接获得的产品”。

另外需要注意，专利权人对其专利的独占实施权即专有权，并非限定只有专利权人自己才可实施，专利权人以外的单位或个人也可实施，但必须取得专利权人的许可（专利法另有规定的除外）。专利权行使，包括积极性与消极性两方面。积极性，是指专利权人行使权利的主动状态，其既可以自己实施也可通过合同方式许可他人实施。消极性，是指专利权人行使权利的被动状态，即有权禁止他人未经许可的实施行为。专利权人对其专利产品或方法实施的专有权，实质上是专利权人的私权，但为平衡专利权人利益与国家、社会公众利益，专利权人实施专利的专有权也并非绝对。《专利法》第11条即作了“除本法另有规定的以外”的限制。所谓的“本法另有规定”，一方面为《专利法》第49条规定的对国有企业事业单位的发明专利，经国务院批准的推广实施；另一方面是指国务院专利行政部门依照本法第六章规定给予的专利实施的特别许可。换言之，只有在以上两方面的法定情形下，才能依照法定程序而无须经专利权人同意实施其专利。

就本指导案例而言，最高人民法院从《专利法》鼓励发明创造、促进科技进步的立法目的出发，充分考虑新技术领域的行业特点，明确了网络通信领域方法专利的侵权判定标准，体现知识产权司法审判尊重科技发展规律和谋求知识产权实质性保护的价值取向。

2. 如何认定网络通信中多主体实施的方法专利侵权？

判定被诉侵权人的行为是否属专利侵权，一般情况下，应以行为是否覆盖专利权利要求所有技术特征为要件。但在网络通信领域中的多主体实施方法专利的情形下，实施覆盖专利权利要求所有技术特征的行为人，多为终端产品的消费者和使用者，并不具有生产经营目的，并不构成法律意义上的专利侵权。而提供覆盖专利方法全部技术特征的主要设备的通信产品制造商，则因并未实施专利权人的方法或仅提供部分产品，并无实施覆盖专利权利要求所有技术特征的行为，也难以认定构成直接侵权；且很难证明制造商存在主观过错，也难以认定间接侵权。本指导案例二审裁判指出，网络通信领域多主体实施方法专利，实际应用中大多以软件形式安装在某一硬件设备中，由终端用户在使用时触发软件在后台自动运行。从表面上看，终端用户是专利方法的实施者。但实质上，专利方法已在被诉侵权产品的制造过程中固化，终端用户再使用不过是对固化在被诉侵权产品内专利方法的机械性重复。因而，被诉侵权人制造并销售的行为才是专利方法被侵害的真正原因。为此，该指导案例指出，就网络通信领域方法专利侵权认定而言，应充分考虑该领域特点，尊重该领域的创新与发展规律。若被诉侵权行为人以生产经营为目的，将专利方法的实质内容固化在被诉侵权产品中，该行为或者行为结果对专利权利要求的技术特征被全面覆盖起到了不可替代的实质性作用，也即终端用户在正常使用该被诉侵权产品时就能自然再现该专利方法过程的，则应认定被诉侵权行为人实施了该专利方法，侵害了专利权人的权利。可以说，此规则的确立，将有助于解决网络通信领域多主体实施的方法专利难获实质性保护的问题。

041 指导案例 55 号

柏万清诉成都难寻物品营销服务中心等侵害实用新型专利权纠纷案

权利要求书存在明显瑕疵致保护范围不清而无法进行侵权比对的，被诉侵权技术方案不能被认定为侵权

（最高人民法院审判委员会讨论通过　2015 年 11 月 19 日发布）

关键词：民事／侵害实用新型专利权／保护范围／技术术语／侵权对比

裁判要点

专利权的保护范围应当清楚，如果实用新型专利权的权利要求书的表述存在明显瑕疵，结合涉案专利说明书、附图、本领域的公知常识及相关现有技术等，不能确定权利要求中技术术语的具体含义而导致专利权的保护范围明显不清，则因无法将其与被诉侵权技术方案进行有实质意义的侵权对比，从而不能认定被诉侵权技术方案构成侵权。

相关法条

《中华人民共和国专利法》第26条第4款、第59条第1款①

基本案情

原告柏万清系专利号200420091540.7、名称为“防电磁污染服”实用新型专利（以下简称涉案专利）的专利权人。涉案专利权利要求1的技术特征为：A.一种防电磁污染服，包括上装和下装；B.服装的面料里设有起屏蔽作用的金属网或膜；C.起屏蔽作用的金属网或膜由导磁率高而无剩磁的金属细丝或者金属粉末构成。该专利说明书载明，该专利的目的是提供一种成本低、保护范围宽和效果好的防电磁污染服。其特征在于所述服装在面料里设有由导磁率高而无剩磁的金属细丝或者金属粉末构成的起屏蔽保护作用的金属网或膜。所述金属细丝可用市售5到8丝的铜丝等，所述金属粉末可用如软铁粉末等。附图1、2表明，防护服是在不改变已有服装样式和面料功能的基础上，通过在面料里织进导电金属细丝或者以喷、涂、扩散、浸泡和印染等任一方式的加工方法将导电金属粉末与面料复合，构成带网眼的网状结构即可。

2010年5月28日，成都难寻物品营销服务中心销售了由上海添香实业有限公司生产的添香牌防辐射服上装，该产品售价490元，其技术特征是：a.一种防电磁污染服上装；b.服装的面料里设有起屏蔽作用的金属防护网；c.起屏蔽作用的金属防护网由不锈钢金属纤维构成。7月19日，柏万清以成都难寻物品营销服务中心销售、上海添香实业有限公司生产的添香牌防辐射服上装（以下简称被诉侵权产品）侵犯涉案专利权为由，向四川省成都市中

① 《专利法》（2020年修正）第64条第1款。

级人民法院提起民事诉讼，请求判令成都难寻物品营销服务中心立即停止销售被控侵权产品；上海添香实业有限公司停止生产、销售被控侵权产品，并赔偿经济损失100万元。

裁判结果

四川省成都市中级人民法院于2011年2月18日作出（2010）成民初字第597号民事判决，驳回柏万清的诉讼请求。宣判后，柏万清提起上诉。四川省高级人民法院于2011年10月24日作出（2011）川民终字第391号民事判决驳回柏万清上诉，维持原判。柏万清不服，向最高人民法院申请再审，最高人民法院于2012年12月28日裁定驳回其再审申请。

裁判理由

法院生效裁判认为：本案争议焦点是上海添香实业有限公司生产、成都难寻物品营销服务中心销售的被控侵权产品是否侵犯柏万清的“防电磁污染服”实用新型专利权。《中华人民共和国专利法》第二十六条第四款规定：“权利要求书应当以说明书为依据，清楚、简要地限定要求专利保护的范围。”第五十九条第一款①规定：“发明或者实用新型专利权的保护范围以其权利要求的内容为准，说明书及附图可以用于解释权利要求的内容。”可见，准确界定专利权的保护范围，是认定被诉侵权技术方案是否构成侵权的前提条件。如果权利要求书的撰写存在明显瑕疵，结合涉案专利说明书、附图、本领域的公知常识以及相关现有技术等，仍然不能确定权利要求中技术术语的具体含义，无法准确确定专利权的保护范围的，则无法将被诉侵权技术方案与之进行有意义的侵权对比。因此，对于保护范围明显不清楚的专利权，不能认定被诉侵权技术方案构成侵权。

本案中，涉案专利权利要求1的技术特征C中的“导磁率高”的具体范围难以确定。首先，根据柏万清提供的证据，虽然磁导率有时也被称为导磁率，但磁导率有绝对磁导率与相对磁导率之分，根据具体条件的不同还涉及起始磁导率μi、最大磁导率μm等概念。不同概念的含义不同，计算方式也不尽相同。磁导率并非常数，磁场强度H发生变化时，即可观察到磁导率的

① 《专利法》（2020年修正）第64条第1款。

变化。但是在涉案专利说明书中，既没有记载导磁率在涉案专利技术方案中是指相对磁导率还是绝对磁导率或者其他概念，又没有记载导磁率高的具体范围，也没有记载包括磁场强度H等在内的计算导磁率的客观条件。本领域技术人员根据涉案专利说明书，难以确定涉案专利中所称的导磁率高的具体含义。其次，从柏万清提交的相关证据来看，虽能证明有些现有技术中确实采用了高磁导率、高导磁率等表述，但根据技术领域以及磁场强度的不同，所谓高导磁率的含义十分宽泛，从80 Gs/Oe至83.5×104 Gs/Oe均被柏万清称为高导磁率。柏万清提供的证据并不能证明在涉案专利所属技术领域中，本领域技术人员对于高导磁率的含义或者范围有着相对统一的认识。最后，柏万清主张根据具体使用环境的不同，本领域技术人员可以确定具体的安全下限，从而确定所需的导磁率。该主张实际上是将能够实现防辐射目的的所有情形均纳入涉案专利权的保护范围，保护范围过于宽泛，亦缺乏事实和法律依据。

综上所述，根据涉案专利说明书以及柏万清提供的有关证据，本领域技术人员难以确定权利要求1技术特征C中“导磁率高”的具体范围或者具体含义，不能准确确定权利要求1的保护范围，无法将被诉侵权产品与之进行有实质意义的侵权对比。因此，二审判决认定柏万清未能举证证明被诉侵权产品落入涉案专利权的保护范围，并无不当。

（生效裁判审判人员：周翔、罗霞、杜微科）

【实务问答】

1. 发明或实用新型专利申请中的申请文件有哪些？

申请发明或者实用新型专利的，应提交规定的专利申请文件，包括请求书、说明书及其摘要、权利要求书等。

请求书是申请人就发明创造提出的书面专利请求。其内容一般包括发明或者实用新型的名称、发明人姓名（应是个人而非单位或集体，姓名应用真名）、申请人的姓名或者名称、地址（申请人可以是个人，也可以是单位）、专利代理机构的全称（如未委托，则无须填写）、其他事项。

说明书是申请人对申请专利的发明或者实用新型所作的书面说明，是专利申请最基本的文件，是一项发明创造申请专利的基础，撰写要求要求主要包括：一是对发明或者实用新型作出清楚、完整的说明。“清楚”，是指主题明确，用词准确。主题明确，即说明书应当写明发明或者实用新型的目的，为达到该目的所采用的技术方案以及该技术方案所能达到的技术效果。用词准确，即要求说明书应当使用技术用语，准确表达主题，用词不能含糊不清，所使用的法定计量单位应当符合规范。“完整”，是指说明书不得缺少理解、再现发明或者实用新型所必不可少的内容，如技术领域、背景技术、发明内容、附图说明、实施方式等。二是以所属技术领域的技术人员能够实现为准。“实现”，是指所属技术领域的技术人员按照说明书记载的内容，不需要创造性的劳动，就能够再现该发明或者实用新型的技术方案，并能够达到预期的效果。三是必要时应有附图。附图可以有助于直观地理解发明或者实用新型的每个技术特征和整体技术方案。实用新型专利申请说明书必须有附图。四是摘要应当简要说明发明或者实用新型的技术要点。摘要是发明或者实用新型说明书的内容提要，不具有任何法律效力，不属于原始公开的内容，不能作为以后修改说明书和权利要求书的根据，也不能用来解释专利权的保护范围。

权利要求书即申请人要求专利保护的范围。权利要求书应当以说明书为依据，清楚、简要地限定要求专利保护的范围。“以说明书为依据”，是指权利的要求应当得到说明书的支持，即权利要求从形式到内容都应与说明书所反映的内容相一致，不能超出说明书的范围。“清楚、简要地限定要求专利保护的范围”，因权利要求书是专利申请文件的核心，是判断新颖性、创造性和实用性的基础。在被授予专利权之后，权利要求书也是判断专利侵权的依据，也是提出专利权无效宣告的依据。可以说，明确权利要求书中的专利保护范围甚为重要。“清楚”与说明书的要求相同，即主题明确，用词准确；“简要”即要求突出重点，简单明了。

2. 不能明确专利权保护范围时能否认定侵权成立？

根据《专利法》第 64 条第 1 款的规定，发明或者实用新型专利权的保护范围，“以其权利要求的内容为准，说明书及附图可以用于解释权利要求的内容”。一方面，一项发明创造专利权的保护范围，须以其权利要求的内容为准，即以由专利申请人提出的并经国务院专利行政主管部门批准的权利要求书中所记载的权利要求的内容为准，不小于也不得超出权利要求书中所记载的权利要求内容的范围。另一方面，说明书及附图对权利要求具有解释的功能，可作为解释权利要求内容的依据。但就相对权利要求的内容而言，说明书及附图只具有从属的地位，不能单以其作为发明或者实用新型专利权保护的基本依据，基本依据只能是权利要求的内容。

而准确界定专利权保护范围，是认定是否构成专利侵权的前提。如前所述，权利要求书应当将专利权的保护范围记载得清楚、明了。若实用新型专利权的权利要求书表述存在明显瑕疵，且结合专利说明书、附图、本领域通常知识和相关现有技术等，仍不能确定权利要求书中相关术语具体含义，以致专利权保护范围明显不清，无法与被诉侵权技术方案做有实质意义的对比的，不能认定侵权行为成立。

042 指导案例 85 号

高仪股份公司诉浙江健龙卫浴有限公司侵害外观设计专利权纠纷案

被诉侵权设计未包含授权外观设计区别于现有设计的全部设计特征，一般可推定两者不近似

（最高人民法院审判委员会讨论通过　2017 年 3 月 6 日发布）

有章

关键词：民事/侵害外观设计专利/设计特征/功能性特征/整体视觉效果

裁判要点

1. 授权外观设计的设计特征体现了其不同于现有设计的创新内容，也体现了设计人对现有设计的创造性贡献。如果被诉侵权设计未包含授权外观设计区别于现有设计的全部设计特征，一般可以推定被诉侵权设计与授权外观设计不近似。2. 对设计特征的认定，应当由专利权人对其所主张的设计特征

进行举证。人民法院在听取各方当事人质证意见基础上，对证据进行充分审查，依法确定授权外观设计的设计特征。3. 对功能性设计特征的认定，取决于外观设计产品的一般消费者看来该设计是否仅仅由特定功能所决定，而不需要考虑该设计是否具有美感。功能性设计特征对于外观设计的整体视觉效果不具有显著影响。功能性与装饰性兼具的设计特征对整体视觉效果的影响需要考虑其装饰性的强弱，装饰性越强，对整体视觉效果的影响越大，反之则越小。

相关法条

《中华人民共和国专利法》第五十九条第二款①

基本案情

高仪股份公司（以下简称高仪公司）为“手持淋浴喷头（No. A4284410X2）”外观设计专利的权利人，该外观设计专利现合法有效。2012年11月，高仪公司以浙江健龙卫浴有限公司（以下简称健龙公司）生产、销售和许诺销售的丽雅系列等卫浴产品侵害其“手持淋浴喷头”外观设计专利权为由提起诉讼，请求法院判令健龙公司立即停止被诉侵权行为，销毁库存的侵权产品及专用于生产侵权产品的模具，并赔偿高仪公司经济损失20万元。经一审庭审比对，健龙公司被诉侵权产品与高仪公司涉案外观设计专利的相同之处为：二者属于同类产品，从整体上看，二者均是由喷头头部和手柄两个部分组成，被诉侵权产品头部出水面的形状与涉案专利相同，均表现为出水孔呈放射状分布在两端圆、中间长方形的区域内，边缘呈圆弧状。两者的不同之处为：1. 被诉侵权产品的喷头头部四周为斜面，从背面向出水口倾斜，而涉案专利主视图及左视图中显示其喷头头部四周为圆弧面；2. 被诉侵权产品头部的出水面与面板间仅由一根线条分隔，涉案专利头部的出水面与面板间由两条线条构成的带状分隔；3. 被诉侵权产品头部出水面的出水孔分布方式与涉案专利略有不同；4. 涉案专利的手柄上有长椭圆形的开关设计，被诉侵权产品没有；5. 涉案专利中头部与手柄的连接虽然有一定的斜角，但角度很小，几乎为直线形连接，被诉侵权产品头部与手柄的连接产生的斜角角度较大；6. 从涉案专利的仰视图看，手柄底部为圆形，被诉侵权产

① 《专利法》（2020年修正）第64条第2款。

品仰视的底部为曲面扇形，涉案专利手柄下端为圆柱体，向与头部连接处方向逐步收缩压扁呈扁椭圆体，被诉侵权产品的手柄下端为扇面柱体，且向与喷头连接处过渡均为扇面柱体，过渡中的手柄中段有弧度的突起；7. 被诉侵权产品的手柄底端有一条弧形的装饰线，将手柄底端与产品的背面连成一体，涉案专利的手柄底端没有这样的设计；8. 涉案专利头部和手柄的长度比例与被诉侵权产品有所差别，两者的头部与手柄的连接处弧面亦有差别。

裁判结果

浙江省台州市中级人民法院于2013年3月5日作出（2012）浙台知民初字第573号民事判决，驳回高仪股份公司诉讼请求。高仪公司不服，提起上诉。浙江省高级人民法院于2013年9月27日作出（2013）浙知终字第255号民事判决：1. 撤销浙江省台州市中级人民法院（2012）浙台知民初字第573号民事判决；2. 健龙公司立即停止制造、许诺销售、销售侵害高仪公司“手持淋浴喷头”外观设计专利权的产品的行为，销毁库存的侵权产品；3. 健龙公司赔偿高仪公司经济损失（含高仪公司为制止侵权行为所支出的合理费用）人民币10万元；4. 驳回高仪公司的其他诉讼请求。健龙公司不服，提起再审申请。最高人民法院于2015年8月11日作出（2015）民提字第23号民事判决：1. 撤销二审判决；2. 维持一审判决。

裁判理由

法院生效裁判认为，本案的争议焦点在于被诉侵权产品外观设计是否落入涉案外观设计专利权的保护范围。

专利法第五十九条第二款①规定：“外观设计专利权的保护范围以表示在图片或者照片中的该产品的外观设计为准，简要说明可以用于解释图片或者照片所表示的该产品的外观设计。”《最高人民法院关于审理侵犯专利权纠纷案件应用法律若干问题的解释》（以下简称《侵犯专利权纠纷案件解释》）第八条规定：“在与外观设计专利产品相同或者相近种类产品上，采用与授权外观设计相同或者近似的外观设计的，人民法院应当认定被诉侵权设计落入

---

① 《专利法》（2020年修正）第64条第2款。

专利法第五十九条第二款①规定的外观设计专利权的保护范围”；第十条规定：“人民法院应当以外观设计专利产品的一般消费者的知识水平和认知能力，判断外观设计是否相同或者近似。”本案中，被诉侵权产品与涉案外观设计专利产品相同，均为淋浴喷头类产品，因此，本案的关键问题是对于一般消费者而言，被诉侵权产品外观设计与涉案授权外观设计是否相同或者近似，具体涉及以下四个问题：

一、关于涉案授权外观设计的设计特征

外观设计专利制度的立法目的在于保护具有美感的创新性工业设计方案，一项外观设计应当具有区别于现有设计的可识别性创新设计才能获得专利授权，该创新设计即是授权外观设计的设计特征。通常情况下，外观设计的设计人都是以现有设计为基础进行创新。对于已有产品，获得专利权的外观设计一般会具有现有设计的部分内容，同时具有与现有设计不相同也不近似的设计内容，正是这部分设计内容使得该授权外观设计具有创新性，从而满足专利法第二十三条所规定的实质性授权条件：不属于现有设计也不存在抵触申请，并且与现有设计或者现有设计特征的组合相比具有明显区别。对于该部分设计内容的描述即构成授权外观设计的设计特征，其体现了授权外观设计不同于现有设计的创新内容，也体现了设计人对现有设计的创造性贡献。由于设计特征的存在，一般消费者容易将授权外观设计区别于现有设计，因此，其对外观设计产品的整体视觉效果具有显著影响，如果被诉侵权设计未包含授权外观设计区别于现有设计的全部设计特征，一般可以推定被诉侵权设计与授权外观设计不近似。

对于设计特征的认定，一般来说，专利权人可能将设计特征记载在简要说明中，也可能会在专利授权确权或者侵权程序中对设计特征作出相应陈述。根据“谁主张谁举证”的证据规则，专利权人应当对其所主张的设计特征进行举证。另外，授权确权程序的目的在于对外观设计是否具有专利性进行审查，因此，该过程中有关审查文档的相关记载对确定设计特征有着重要的参考意义。理想状态下，对外观设计专利的授权确权，应当是在对整个现有设计检索后的基础上确定对比设计来评判其专利性，但是，由于检索数据

① 《专利法》（2020 年修正）第 64 条第 2 款。

库的限制、无效宣告请求人检索能力的局限等原因，授权确权程序中有关审查文档所确定的设计特征可能不是在穷尽整个现有设计的检索基础上得出的，因此，无论是专利权人举证证明的设计特征，还是通过授权确权有关审查文档记载确定的设计特征，如果第三人提出异议，都应当允许其提供反证予以推翻。人民法院在听取各方当事人质证意见的基础上，对证据进行充分审查，依法确定授权外观设计的设计特征。

本案中，专利权人高仪公司主张跑道状的出水面为涉案授权外观设计的设计特征，健龙公司对此不予认可。对此，法院生效裁判认为，首先，涉案授权外观设计没有简要说明记载其设计特征，高仪公司在二审诉讼中提交了12份淋浴喷头产品的外观设计专利文件，其中7份记载的公告日早于涉案专利的申请日，其所附图片表示的外观设计均未采用跑道状的出水面。在针对涉案授权外观设计的无效宣告请求审查程序中，专利复审委员会作出第17086号决定，认定涉案授权外观设计与最接近的对比设计证据1相比："从整体形状上看，与在先公开的设计相比，本专利喷头及其各面过渡的形状、喷头正面出水区域的设计以及喷头宽度与手柄直径的比例具有较大差别，上述差别均是一般消费者容易关注的设计内容"，即该决定认定喷头出水面形状的设计为涉案授权外观设计的设计特征之一。其次，健龙公司虽然不认可跑道状的出水面为涉案授权外观设计的设计特征，但是在本案一、二审诉讼中其均未提交相应证据证明跑道状的出水面为现有设计。本案再审审查阶段，健龙公司提交200630113512.5号淋浴喷头外观设计专利视图拟证明跑道状的出水面已被现有设计所公开，经审查，该外观设计专利公告日早于涉案授权外观设计申请日，可以作为涉案授权外观设计的现有设计，但是其主视图和使用状态参考图所显示的出水面两端呈矩形而非呈圆弧形，其出水面并非跑道状。因此，对于健龙公司关于跑道状出水面不是涉案授权外观设计的设计特征的再审申请理由，本院不予支持。

二、关于涉案授权外观设计产品正常使用时容易被直接观察到的部位

认定授权外观设计产品正常使用时容易被直接观察到的部位，应当以一般消费者的视角，根据产品用途，综合考虑产品的各种使用状态得出。本案中，首先，涉案授权外观设计是淋浴喷头产品外观设计，淋浴喷头产品由喷头、手柄构成，二者在整个产品结构中所占空间比例相差不大。淋浴喷头产

品可以手持，也可以挂于墙上使用，在其正常使用状态下，对于一般消费者而言，喷头、手柄及其连接处均是容易被直接观察到的部位。其次，第17086号决定认定在先申请的设计证据2与涉案授权外观设计采用了同样的跑道状出水面，但是基于涉案授权外观设计的“喷头与手柄成一体，喷头及其与手柄连接的各面均为弧面且喷头前倾，此与在先申请的设计相比具有较大的差别，上述差别均是一般消费者容易关注的设计内容”，认定二者属于不相同且不相近似的外观设计。可见，淋浴喷头产品容易被直接观察到的部位并不仅限于其喷头头部出水面，在对淋浴喷头产品外观设计的整体视觉效果进行综合判断时，其喷头、手柄及其连接处均应作为容易被直接观察到的部位予以考虑。

三、关于涉案授权外观设计手柄上的推钮是否为功能性设计特征

外观设计的功能性设计特征是指那些在外观设计产品的一般消费者看来，由产品所要实现的特定功能唯一决定而不考虑美学因素的特征。通常情况下，设计人在进行产品外观设计时，会同时考虑功能因素和美学因素。在实现产品功能的前提下，遵循人文规律和法则对产品外观进行改进，即产品必须首先实现其功能，其次还要在视觉上具有美感。具体到一项外观设计的某一特征，大多数情况下均兼具功能性和装饰性，设计者会在能够实现特定功能的多种设计中选择一种其认为最具美感的设计，而仅由特定功能唯一决定的设计只有在少数特殊情况下存在。因此，外观设计的功能性设计特征包括两种：一是实现特定功能的唯一设计；二是实现特定功能的多种设计之一，但是该设计仅由所要实现的特定功能决定而与美学因素的考虑无关。对功能性设计特征的认定，不在于该设计是否因功能或技术条件的限制而不具有可选择性，而在于外观设计产品的一般消费者看来该设计是否仅仅由特定功能所决定，而不需要考虑该设计是否具有美感。一般而言，功能性设计特征对于外观设计的整体视觉效果不具有显著影响；而功能性与装饰性兼具的设计特征对整体视觉效果的影响需要考虑其装饰性的强弱，装饰性越强，对整体视觉效果的影响相对较大，反之则相对较小。

本案中，涉案授权外观设计与被诉侵权产品外观设计的区别之一在于后者缺乏前者在手柄位置上具有的一类跑道状推钮设计。推钮的功能是控制水流开关，是否设置推钮这一部件是由是否需要在淋浴喷头产品上实现控制水

流开关的功能所决定的，但是，只要在淋浴喷头手柄位置设置推钮，该推钮的形状就可以有多种设计。当一般消费者看到淋浴喷头手柄上的推钮时，自然会关注其装饰性，考虑该推钮设计是否美观，而不是仅仅考虑该推钮是否能实现控制水流开关的功能。涉案授权外观设计的设计者选择将手柄位置的推钮设计为类跑道状，其目的也在于与其跑道状的出水面相协调，增加产品整体上的美感。因此，二审判决认定涉案授权外观设计中的推钮为功能性设计特征，适用法律错误，本院予以纠正。

四、关于被诉侵权产品外观设计与涉案授权外观设计是否构成相同或者近似

《侵犯专利权纠纷案件解释》第十一条规定，认定外观设计是否相同或者近似时，应当根据授权外观设计、被诉侵权设计的设计特征，以外观设计的整体视觉效果进行综合判断；对于主要由技术功能决定的设计特征，应当不予考虑。产品正常使用时容易被直接观察到的部位相对于其他部位、授权外观设计区别于现有设计的设计特征相对于授权外观设计的其他设计特征，通常对外观设计的整体视觉效果更具有影响。

本案中，被诉侵权产品外观设计与涉案授权外观设计相比，其出水孔分布在喷头正面跑道状的区域内，虽然出水孔的数量及其在出水面两端的分布与涉案授权外观设计存在些许差别，但是总体上，被诉侵权产品采用了与涉案授权外观设计高度近似的跑道状出水面设计。关于两者的区别设计特征，一审法院归纳了八个方面，对此双方当事人均无异议。对于这些区别设计特征，首先，如前所述，第17086号决定认定涉案外观设计专利的设计特征有三点：一是喷头及其各面过渡的形状，二是喷头出水面形状，三是喷头宽度与手柄直径的比例。除喷头出水面形状这一设计特征之外，喷头及其各面过渡的形状、喷头宽度与手柄直径的比例等设计特征也对产品整体视觉效果产生显著影响。虽然被诉侵权产品外观设计采用了与涉案授权外观设计高度近似的跑道状出水面，但是，在喷头及其各面过渡的形状这一设计特征上，涉案授权外观设计的喷头、手柄及其连接各面均呈圆弧过渡，而被诉侵权产品外观设计的喷头、手柄及其连接各面均为斜面过渡，从而使得二者在整体设计风格上呈现明显差异。另外，对于非设计特征之外的被诉侵权产品外观设计与涉案授权外观设计相比的区别设计特征，只要其足以使两者在整体视觉

效果上产生明显差异，也应予以考虑。其次，淋浴喷头产品的喷头、手柄及其连接处均为其正常使用时容易被直接观察到的部位，在对整体视觉效果进行综合判断时，在上述部位上的设计均应予以重点考查。具体而言，涉案授权外观设计的手柄上设置有一类跑道状推钮，而被诉侵权产品无此设计，因该推钮并非功能性设计特征，推钮的有无这一区别设计特征会对产品的整体视觉效果产生影响；涉案授权外观设计的喷头与手柄连接产生的斜角角度较小，而被诉侵权产品的喷头与手柄连接产生的斜角角度较大，从而使得两者在左视图上呈现明显差异。正是由于被诉侵权产品外观设计未包含涉案授权外观设计的全部设计特征，以及被诉侵权产品外观设计与涉案授权外观设计在手柄、喷头与手柄连接处的设计等区别设计特征，使得两者在整体视觉效果上呈现明显差异，两者既不相同也不近似，被诉侵权产品外观设计未落入涉案外观设计专利权的保护范围。二审判决仅重点考虑了涉案授权外观设计跑道状出水面的设计特征，而对于涉案授权外观设计的其他设计特征，以及淋浴喷头产品正常使用时其他容易被直接观察到的部位上被诉侵权产品外观设计与涉案授权外观设计专利的区别设计特征未予考虑，认定两者构成近似，适用法律错误，本院予以纠正。

综上，健龙公司生产、许诺销售、销售的被诉侵权产品外观设计与高仪公司所有的涉案授权外观设计既不相同也不近似，未落入涉案外观设计专利权保护范围，健龙公司生产、许诺销售、销售被诉侵权产品的行为不构成对高仪公司涉案专利权的侵害。二审判决适用法律错误，本院依法应予纠正。

（生效裁判审判人员：周翔、吴蓉、宋淑华）

【实务问答】

1. 如何确定外观设计专利权保护范围？

《专利法》第 64 条第 2 款规定，外观设计专利权的保护范围以表示在图片或者照片中的该产品的外观设计为准，简要说明可以用于解释图片或者照片所表示的该产品的外观设计。

根据《专利法》第 64 条第 2 款的规定，外观设计专利权的保护范围，需以体现该产品外观设计的图片或者照片为基本依据。此外，与发明或者实用新型专利权说明书的功能相类似，外观设计专利权的简要说明可以用于解释图片或者照片所表示的该产品的外观设计。外观设计简要说明对合理界定外观设计的保护范围，规定外观设计专利的侵权判断标准具有重要意义。另需说明，我国外观设计专利制度保护的是以产品为载体的外观设计，而非脱离产品的外观设计。因此，确定外观设计专利权的保护范围时，应同时考虑产品的类别以及外观设计这两个层面。也就是说，若产品类别相同或者相近，但被诉侵权设计与授权外观设计不相同也不相似，或者被诉侵权设计与授权外观设计相同或者相似，但产品类别不相同也不相近，则被诉侵权设计没有落入外观设计专利权的保护范围。

2. 判断外观设计相同或相似时的要求有哪些?

判断外观设计是否相同/相似主要有3种角度：一般人视角、整体观察与综合判断。

外观设计是以产品为载体，且需通过不同于同类产品且富有美感的外观吸引消费者的注意，以获得市场利益的回报。《专利法》虽将外观设计称为专利，但实质上，外观设计保护的是授权图片所显示的产品的外观，而非发明或实用新型所保护的技术方案，不能简单地套用发明或实用新型侵权判断的一般规则，而是应考虑一般消费者对外观设计的认知，即“一般人视角”。故此，对外观设计专利侵权中设计近似性的判定，应基于一般消费者的知识水平和认知能力，以外观设计的整体视觉效果进行综合判断。《专利权纠纷解释》第10条中的“一般消费者”，就是指对授权外观设计的相关设计状况具有常识性了解，且对不同外观设计之间在形状、图案、色彩上的差别具有分辨力的人，但通常不会注意到形状、图案、色彩的微小变化。所谓“常识性了解”，并非基础性、简单性的了解，而应是通晓相关外观设计状况但不具设计能力的了解。此外，虽然任何产品都有其消费群体，但消费群体并非都是相同的，故需根据产品的实际购买、使用等情况来判断，如孕妇专用品的消费群体较为特定。

《专利权纠纷解释》第11条第1款规定了外观设计相同或相似认定时的“整体观察”要求，即对于外观设计的全部设计特征，都应予考虑。但因外观设计专利保护的是外观，故将功能性特征以及视觉无法直接观察到的非外观特征排除在外。该条第2款、第3款规定了“综合判断”及其要求。通常情况下，主视部分及设计创新部分对外观设计的整体视觉效果具有更大的影响。判断外观设计相同或者近似的根本标准是整体视觉效果。而创新部位的设计特征只是影响整体视觉效果的重要组成部分。而且，对于区别于现有设计的特征，应当在当事人举证、质证的基础上认定。鉴于我国外观设计专利未经过实质审查，外观设计的简要说明对设计要点的描述，可以作为判断创新部分的参考。根据该条第3款，在考察设计特征对外观设计整体视觉效果影响程度的基础上，综合判断不同外观设计的整体视觉效果有无差异或者实质性差异。对一般消费者而言，整体视觉效果无差异的，认定外观设计相同；无实质性差异的，认定外观设计相似。

【适用实例】

广州市百懋冷冻餐饮机械设备有限公司与金华市犇亿电器有限公司侵害外观设计专利权纠纷上诉案

上诉人广州市百懋冷冻餐饮机械设备有限公司（以下简称百懋公司）与被上诉人金华市犇亿电器有限公司（以下简称犇亿公司）侵害外观设计专利权纠纷一案，不服浙江省杭州市中级人民法院一审判决，向浙江省高级人民法院提起上诉。

一审法院认为，涉案专利在有效期限内，法律状态稳定，应受国家法律保护。百懋公司作为专利权独占许可的被许可人享有对侵犯涉案专利权行为之诉权。《专利法》第59条第2款①规定：“外观设计专利权的保护范围以表示在图片或者照片中的该产品的外观设计为准。”最高人民法院在**指导案例85号**“高仪股份公司诉浙江健龙卫浴有限公司侵害外观设计专利权纠纷案”中指出：“授权外观设计的设计特征体现了其不同于现有设计的创新内容，也体现了设计人对现有设计的创造性贡献。如果被诉侵权设计未包含授权外观设计区别于现有设计的全部设计特征，一般可以推定被诉侵权设计与授权外观设计不近似。”判断外观设计是否相同或者近似时，应当按照一般消费者的知识水平和认知能力，遵循全面观察设计特征、综合判断整体效果的基

① 《专利法》(2020年修正) 第64条第2款。

本原则，对所保护的外观设计专利与被控侵权产品进行比对。在比对时，还应当考虑该类产品的设计空间，结合授权外观设计的设计要点来进行比对。本案中，被诉侵权产品与涉案专利的相同点在于：主要由主机和调理杯组成，主机上方垂面左边和正中各设有一圆形旋钮，右边为长方形按钮，周围有指示性文字；主机前部鼓出；调理杯杯体整体呈圆柱体形，接近底部处内收，底部呈圆柱形；杯体前、后、左、右各有一上下较尖的长条形图案；杯盖为圆形，中间有圆形凸起；把手呈“7”形。两者的主要区别在于：(1) 涉案专利主机顶部前方鼓起部分与主机顶部的交线为弧形线条，被诉侵权产品并无此设计；(2) 涉案专利主机侧面上方各有一小斜面，沿直线向下向后延伸，到主机后部水平延伸，而被诉侵权产品并无此设计；(3) 涉案专利主机底部左右两侧的长条形设计中均匀分布格栅状条纹，被诉侵权产品相同部位为光滑的长条形设计；(4) 涉案专利主机前部较宽，向后部呈圆弧状收紧，而被诉侵权产品前部与后部等宽。一审法院认为，根据涉案专利评价报告中对同类产品设计的描述，可知主机顶部前方鼓起部分与主机顶部的交线为弧形线条；主机侧面上方各有一小斜面，沿直线向下向后延伸，到主机后部水平延伸皆是授权外观设计区别于现有设计的特征，是其设计要点所在。在被诉侵权设计缺乏上述设计要点的前提下，又与授权外观设计存在前述第3、4项区别。据此，以本领域一般消费者的知识水平和认知能力，应当认定被诉侵权设计与授权外观设计在整体视觉效果上存在实质性差异，二者不构成近似。被诉侵权产品未落入涉案专利权的保护范围，犇亿公司无须向百懋公司承担侵权责任。鉴于被诉侵权产品未落入涉案专利权的保护范围，关于被诉侵权产品是否具有合法来源，一审法院不再予以评述。综上所述，一审法院判决驳回百懋公司的诉讼请求。

二审法院认为：《专利权纠纷解释》第11条规定，人民法院认定外观设计是否相同或者近似时，应当根据授权外观设计、被诉侵权设计的设计特征，以外观设计的整体视觉效果进行综合判断。产品正常使用时容易被直接观察到的部位相对于其他部位，以及授权外观设计区别于现有设计的设计特征相对于授权外观设计的其他设计特征，通常对外观设计的整体视觉效果更具有影响。被诉侵权设计与授权外观设计在整体视觉效果上无差异的，人民法院应当认定两者相同；在整体视觉效果上无实质性差异的，应当认定两者近似。涉案专利系果汁机（可冲泡茶叶），属于以形状为主体的外观设计，从授权公告文件来看，设计要点在于主视图的外形设计，除了一审法院结合专利权评价报告认定的各项设计特征之外，主机前部鼓出斜面与上方垂直面颜色不同形成弧线形图案亦属其主要设计特征。授权外观设计主视图体现的设计特征对于整体视觉效果影响较大，在侵权比对中应当充分予以考虑。被诉侵权产品为萃茶机，与涉案专利属于相近种类产品。被诉侵权设计与涉案专利相比，均由主机和调理杯组成，两者各组成部分比例、调理杯整体及杯盖和把手形状、主机形状及底座正面旋钮分布和文字设置、主机前部斜面与垂直面之间的弧线形图案等方面基本相同。虽然被诉侵权设计在主机的顶部前方弧形线条、侧后面的斜面、底部两侧格栅状条纹、前后部宽度方面与专利存在区别，但均系细微差别，在产品中所占比例较小，正常使用时不容易被直接观察到，对于整体视觉效果均不产生实质性影响。根据“整体观察，综合判断”的侵权比对原则，被诉侵权设计与授权外观设计整体视觉效果无实质性差异，属于近似设计，已落入涉案专利权的保护范围。一审判决在侵权比对时未充分考虑主视图设计特征及整体视觉效果，认定两者不构成近似，适用法律错误，应予纠正。[（2018）浙民终1069号]

043 指导案例86号

天津天隆种业科技有限公司与江苏徐农种业科技有限公司侵害植物新品种权纠纷案

当事人分别持有植物新品种的父本与母本，不能达成相互授权许可协议且互诉侵权的，可直接判令双方互授许可并免除许可费

（最高人民法院审判委员会讨论通过　2017年3月6日发布）

关键词：民事/侵害植物新品种权/相互授权许可

裁判要点

分别持有植物新品种父本与母本的双方当事人，因不能达成相互授权许可协议，导致植物新品种不能继续生产，损害双方各自利益，也不符合合作育种的目的。为维护社会公共利益，保障国家粮食安全，促进植物新品种转化实施，确保已广为种植的新品种继续生产，在衡量父本与母本对植物新品种生产具有基本相同价值基础上，人民法院可以直接判令双方当事人相互授权许可并相互免除相应的许可费。

相关法条

《中华人民共和国合同法》第五条①

《中华人民共和国植物新品种保护条例》第二条、第六条、第三十九条

基本案情

天津天隆种业科技有限公司（以下简称天隆公司）与江苏徐农种业科技有限公司（以下简称徐农公司）相互以对方为被告，分别向法院提起两起植物新品种侵权诉讼。

北方杂交粳稻工程技术中心（与辽宁省稻作研究所为一套机构两块牌子）、徐州农科所共同培育成功的三系杂交粳稻9优418水稻品种，于2000年11月10日通过国家农作物品种审定。9优418水稻品种来源于母本9201A、父本C418。2003年12月30日，辽宁省稻作研究所向国家农业部②提出C418水稻品种植物新品种权申请，于2007年5月1日获得授权，并许可天隆公司独占实施C418植物新品种权。2003年9月25日，徐州农科所就其选育的徐9201A水稻品种向国家农业部申请植物新品种权保护，于2007年1月1日获得授权。2008年1月3日，徐州农科所许可徐农公司独占实施徐9201A植物新品种权。经审理查明，徐农公司和天隆公司生产9优418使用的配组完全相同，都使用父本C418和母本徐9201A。

2010年11月14日，一审法院根据天隆公司申请，委托农业部合肥测试中心对天隆公司公证保全的被控侵权品种与授权品种C418是否存在亲子关

---

① 《民法典》第6条。

② 现为农业农村部。

系进行DNA鉴定。检验结论：利用国家标准GB/T20396－2006中的48个水稻SSR标记，对9优418和C418的DNA进行标记分析，结果显示，在测试的所有标记中，9优418完全继承了C418的带型，可以认定9优418与C418存在亲子关系。

2010年8月5日，一审法院根据徐农公司申请，委托农业部合肥测试中心对徐农公司公证保全的被控侵权品种与C418和徐9201A是否存在亲子关系进行鉴定。检验结论：利用国家标准GB/T20396－2006中的48个水稻SSR标记，对被控侵权品种与C418和徐9201A的DNA进行标记分析，结果显示：在测试的所有标记中，被控侵权品种完全继承了C418和徐9201A的带型，可以认定被控侵权品种与C418和徐9201A存在亲子关系。

根据天隆公司提交的C418品种权申请请求书，其说明书内容包括：C418是北方杂粳中心国际首创"籼粳架桥"制恢技术，和利用籼粳中间材料构建籼粳有利基因集团培育出形态倾籼且有特异亲和力的粳型恢复系。C418具有较好的特异亲和性，这是通过"籼粳架桥"方法培育出来的恢复系所具有的一种性能，体现在杂种一代更好的协调籼粳两大基因组生态差异和遗传差异，因而较好地解决了通常籼粳杂种存在的结实率偏低，籽粒充实度差，对温度敏感、早衰等障碍。C418具有籼粳综合优良性状，所配制的杂交组合一般都表现较高的结实率和一定的耐寒性。

根据徐农公司和徐州农科所共同致函天津市种子管理站，称其自主选育的中粳不育系徐9201A于1996年通过，在审定之前命名为"9201A"，简称"9A"，审定时命名为"徐9201A"。以徐9201A为母本先后选配出9优138、9优418、9优24等三系杂交粳稻组合。在2000年填报全国农作物品种审定申请书时关于亲本的内容仍延用1995年配组时的品种来源9201A×C418。徐9201A于2003年7月申请农业部新品种权保护，在品种权申请请求书的品种说明中已注明徐9201A配组育成了9优138、9优418、9优24、9优686、9优88等杂交组合。徐9201A与9201A是同一个中粳稻不育系。天隆公司侵权使用9201A就是侵权使用徐9201A。

裁判结果

就天隆公司诉徐农公司一案，江苏省南京市中级人民法院于2011年8月

31日作出（2009）宁民三初字第63号民事判决：一、徐农公司立即停止销售9优418杂交粳稻种子，未经权利人许可不得将植物新品种C418种子重复使用于生产9优418杂交粳稻种子；二、徐农公司于判决生效之日起十五日内赔偿天隆公司经济损失50万元；三、驳回天隆公司的其他诉讼请求。一审案件受理费15294元，由徐农公司负担。

就徐农公司诉天隆公司一案，江苏省南京市中级人民法院于2011年9月8日作出（2010）宁知民初字第069号民事判决：一、天隆公司于判决生效之日起立即停止对徐农公司涉案徐9201A植物新品种权之独占实施权的侵害；二、天隆公司于判决生效之日起10日内赔偿徐农公司经济损失200万元；三、驳回徐农公司的其他诉讼请求。

徐农公司、天隆公司不服一审判决，就上述两案分别提起上诉。江苏省高级人民法院于2013年12月29日合并作出（2011）苏知民终字第0194号、（2012）苏知民终字第0055号民事判决：一、撤销江苏省南京市中级人民法院（2009）宁民三初字第63号、（2010）宁知民初字第069号民事判决。二、天津天隆种业科技有限公司于本判决生效之日起十五日内补偿江苏徐农种业科技有限公司50万元整。三、驳回天津天隆种业科技有限公司、江苏徐农种业科技有限公司的其他诉讼请求。

裁判理由

法院生效裁判认为：在通常情况下，植物新品种权作为一种重要的知识产权应当受到尊重和保护。植物新品种保护条例第六条明确规定："完成育种的单位或者个人对其授权品种，享有排他的独占权。任何单位或者个人未经品种权所有人许可，不得为商业目的生产或者销售该授权品种的繁殖材料，不得为商业目的将该授权品种的繁殖材料重复使用于生产另一品种的繁殖材料"，但需要指出的是，该规定并不适用于本案情形。首先，9优418的合作培育源于上世纪九十年代国内杂交水稻科研大合作，本身系无偿配组。9优418品种性状优良，在江苏、安徽、河南等地广泛种植，受到广大种植农户的普遍欢迎，已成为中粳杂交水稻的当家品种，而双方当事人相互指控对方侵权，本身也足以表明9优418品种具有较高的经济价值和市场前景，涉及到辽宁稻作所与徐州农科所合作双方以及本案双方当事人的重大经济利益。在二审期间，法院做了大量调解工作，希望双方当事人能够相互授权许可，使9优418这一优良品种能够继续获得生产，双方当事人也均同意就涉案品种权相互授权许可，但仅因一审判令天隆公司赔偿徐农公司200万元，徐农公司赔偿天隆公司50万元，就其中的150万元赔偿差额双方当事人不能达成妥协，故调解不成。天隆公司与徐农公司不能达成妥协，致使9优418品种不能继续生产，不能认为仅关涉双方的利益，实际上已经损害了国家粮食安全战略的实施，有损公共利益，且不符合当初辽宁稻作所与徐州农科所合作育种的根本目的，也不符合促进植物新品种转化实施的根本要求。从表面上看，双方当事人的行为系维护各自的知识产权，但实际结果是损害知识产权的运用和科技成果的转化。鉴于该两案已关涉国家粮食生产安全等公共利益，影响9优418这一优良品种的推广，双方当事人在行使涉案植物新品种独占实施许可权时均应当受到限制，即在生产9优418水稻品种时，均应当允许对方使用己方的亲本繁殖材料，这一结果显然有利于辽宁稻作所与徐州农科所合作双方及本案双方当事人的共同利益，也有利于广大种植农户的利益，故一审判令该两案双方当事人相互停止侵权并赔偿对方损失不当，应予纠正。其次，9优418是三系杂交组合，综合双亲优良性状，杂种优势显著，其中母本不育系作用重要，而父本C418的选育也成功解决了三系杂交粳稻配套的重大问题，在9优418配组中父本与母本具有相同的地位及作用。法院判决，9优418水稻品种的合作双方徐州农科所和辽宁省稻作研究所及其本案当事人徐农公司和天隆公司均有权使用对方获得授权的亲本繁殖材料，且应当相互免除许可使用费，但仅限于生产和销售9优418这一水稻品种，不得用于其他商业目的。因徐农公司为推广9优418品种付出了许多商业努力并进行种植技术攻关，而天隆公司是在9优418品种已获得市场广泛认可的情况下进入该生产领域，其明显减少了推广该品种的市场成本，为体现公平合理，法院同时判令天隆公司给予徐农公司50万元的经济补偿。最后，鉴于双方当事人各自生产9优418，事实上存在着一定的市场竞争和利益冲突，法院告诫双方当事人应当遵守我国反不正当竞争法的相关规定，诚实经营，有序竞争，确保质量，尤其应当清晰标注各自的商业标识，防止发生新的争议和纠纷，共同维护好9优418品种的良好声誉。

（生效裁判审判人员：宋健、顾韬、袁滔）

【实务问答】

1. 如何界定植物新品种、植物新品种权及利害关系人?

经过人工培育的或者对发现的野生植物加以开发，具备新颖性、特异性、一致性和稳定性并有适当命名的植物品种，为植物新品种。国务院农业、林业行政部门按照职责分工共同负责植物新品种权申请的受理和审查并对符合《植物新品种保护条例》规定的植物新品种授予植物新品种权，为植物新品种权。即完成育种的单位或者个人对其授权品种，享有排他的独占权。《种子法》第25条规定，国家实行植物新品种保护制度。对国家植物品种保护名录内经过人工选育或者发现的野生植物加以改良，具备新颖性、特异性、一致性、稳定性和适当命名的植物品种，由国务院农业、林业主管部门授权植物新品种权，保护植物新品种权人的合法权益。《植物新品种保护条例》第39条第1款规定:“未经品种权人许可，以商业目的生产或者销售授权品种的繁殖材料的，品种权人或者利害关系人可以请求省级以上人民政府农业、林业行政部门依据各自的职权进行处理，也可以直接向人民法院提起诉讼。”虽然该规定对品种权的利害关系人的诉权进行了规定，但是对“利害关系人”的范围未做界定。最高人民法院《关于审理侵害植物新品种权纠纷案件具体应用法律问题的若干规定》（以下简称《植物新品种权纠纷规定》）第1条第2款对“利害关系人”作了更为明确的规定，即利害关系人，包括植物新品种实施许可合同的被许可人、品种权财产权利的合法继承人等。第3款则就利害关系人提起上述问题进一步作了明确，即独占实施许可合同的被许可人可以单独向人民法院提起诉讼；排他实施许可合同的被许可人可以和品种权人共同起诉，也可以在品种权人不起诉时，自行提起诉讼；普通实施许可合同的被许可人经品种权人明确授权，可以提起诉讼。

2. 如何处理公共利益与知识产权专有权利保护之间的关系?

知识产权专有权利的享有和行使需要尊重社会公共利益。知识产权客体虽然由个人创造，但对社会经济、科技、文化的发展与进步具有重要作用，社会公众对其有合理需求，因此知识产权具有一定的公共属性，知识产权权利人利益与公共利益存在一定的冲突。为了实现私权与公共利益的合理平衡，在审判实践中，裁判者应依法合理平衡权利人利益、他人合法权益和社会公共利益、国家利益，实现保护知识产权与促进技术创新、推动产业发展和谐统一。本指导案例中，9优418这一优良品种的推广受影响，涉及国家粮食生产安全等公共利益，为此，双方当事人在行使涉案植物新品种独占实施许可权时均应当受到限制，即在生产9优418水稻品种时，均应允许对方使用己方的亲本繁殖材料。如此则有利于辽宁稻作所与徐州农科所合作双方及本案双方当事人的共同利益，也有利于广大种植农户的利益。

044 指导案例92号

莱州市金海种业有限公司诉张掖市富凯农业科技有限责任公司侵犯植物新品种权纠纷案

差异位点数在两个以下的，应综合其他因素判定是否为不同品种，如可通过扩大检测位点加测、提交审定样品测定等方法来确定

有章

（最高人民法院审判委员会讨论通过　2017年11月15日发布）

关键词：民事／侵犯植物新品种权／玉米品种鉴定／DNA指纹检测近似品种／举证责任

裁判要点

依据中华人民共和国农业行业标准《玉米品种鉴定DNA指纹方法》NY/T1432－2007检测及判定标准的规定，品种间差异位点数等于1，判定为近似品种；品种间差异位点数大于等于2，判定为不同品种。品种间差异位点数等于1，不足以认定不是同一品种。对差异位点数在两个以下的，应当综合其他因素判定是否为不同品种，如可采取扩大检测位点进行加测，以及提交审定样品进行测定等，举证责任由被诉侵权一方承担。

相关法条

《中华人民共和国植物新品种保护条例》第16条、第17条

基本案情

2003年1月1日，经农业部[1]核准，“金海5号”被授予中华人民共和国植物新品种权，品种号为：CNA20010074.2，品种权人为莱州市金海农作物研究有限公司。2010年1月8日，品种权人授权莱州市金海种业有限公司（以下简称“金海种业公司”）独家生产经营玉米杂交种“金海5号”，并授权金海种业公司对擅自生产销售该品种的侵权行为，可以以自己的名义独立提起诉讼。2011年，张掖市富凯农业科技有限责任公司（以下简称“富凯公司”）在张掖市甘州区沙井镇古城村八社、十一社进行玉米制种。金海种业公司以富凯公司的制种行为侵害其“金海5号”玉米植物新品种权为由向张掖市中级人民法院（以下简称“张掖中院”）提起诉讼。张掖中院受理后，根据金海种业公司的申请，于2011年9月13日对沙井镇古城村八社、十一社种植的被控侵权玉米以活体玉米植株上随机提取玉米果穗，现场封存的方式进行证据保全，并委托北京市农科院玉米种子检测中心对被提取的样品与农业部植物新品种保护办公室植物新品种保藏中心保存的“金海5号”标准样品之间进行对比鉴定。该鉴定中心出具的检测报告结论为“无明显差异”。

张掖中院以构成侵权为由，判令富凯公司承担侵权责任。富凯公司不服，向甘肃省高级人民法院（以下简称“甘肃高院”）提出上诉，甘肃高院审理后以原审判决认定事实不清，裁定发回张掖中院重审。

案件发回重审后，张掖中院复函北京市农科院玉米种子检测中心，要求对“JA2011－098－006”号结论为“无明显差异”的检测报告给予补充鉴定或说明。该中心答复：“待测样品与农业部品种保护的对照样品金海5号比较，在40个点位上，仅有1个差异位点，依据行业标准判定为近似，结论为待测样品与对照样品无明显差异。这一结论应解读为：依据DNA指纹检测标准，将差异至少两个位点作为判定两个样品不同的充分条件，而对差异位点在两个以下的，表明依据该标准判定两个样品不同的条件不充分，因此不能

① 现为农业农村部。

得出待测样品与对照样品不同的结论。”经质证，金海种业公司对该检测报告不持异议。富凯公司认为检验报告载明差异位点数为“1”，说明被告并未侵权，故该检测报告不能作为本案证据予以采信。

裁判结果

张掖市中级人民法院以（2012）张中民初字第28号民事判决，判令：驳回莱州市金海种业有限公司的诉讼请求。莱州市金海种业有限公司不服，提出上诉。甘肃省高级人民法院于2014年9月17日作出（2013）甘民三终字第63号民事判决：一、撤销张掖市中级人民法院（2012）张中民初字第28号民事判决。二、张掖市富凯农业科技有限责任公司立即停止侵犯莱州市金海种业有限公司植物新品种权的行为，并赔偿莱州市金海种业有限公司经济损失50万元。

裁判理由

法院生效判决认为：未经品种权人许可，为商业目的生产或销售授权品种的繁殖材料的，是侵犯植物新品种权的行为。而确定行为人生产、销售的植物新品种的繁殖材料是否是授权品种的繁殖材料，核心在于应用该繁殖材料培育的植物新品种的特征、特性，是否与授权品种的特征、特性相同。本案中，经人民法院委托鉴定，北京市农科院玉米种子检测中心出具的鉴定意见表明待测样品与授权样品“无明显差异”，但在DNA指纹图谱检测对比的40个位点上，有1个位点的差异。依据中华人民共和国农业行业标准《玉米品种鉴定DNA指纹方法NY/T1432－2007检测及判定标准》的规定：品种间差异位点数等于1，判定为近似品种；品种间差异位点数大于等于2，判定为不同品种。依据DNA指纹检测标准，将差异至少两个位点作为标准，来判定两个品种是否不同。品种间差异位点数等于1，不足以认定不是同一品种。DNA检测与DUS（田间观察检测）没有位点的直接对应性。对差异位点数在两个以下的，应当综合其他因素进行判定，如可采取扩大检测位点进行加测以及提交审定样品进行测定等。此时的举证责任应由被诉侵权的一方承担。由于植物新品种授权所依据的方式是DUS检测，而不是实验室的DNA指纹鉴定，因此，张掖市富凯农业科技有限责任公司如果提交相反的证据证明通过DUS检测，被诉侵权繁殖材料的特征、特性与授权品种的特征、特性不相同，则可以推翻前述结论。根据已查明的事实，被上诉人富凯公司经释明后仍未能提供相反的证据，亦不具备DUS检测的条件。因此，依据《最高人民法院关于审理侵犯植物新品种权纠纷案件具体应用法律问题的若干规定》第二条第一款“未经品种权人许可，为商业目的生产或销售授权品种的繁殖材料，或者为商业目的将授权品种的繁殖材料重复使用于生产另一品种的繁殖材料的，人民法院应当认定为侵犯植物新品种权”的规定，应认定富凯公司的行为构成侵犯植物新品种权。

关于侵权责任问题。依据《最高人民法院关于审理侵犯植物新品种权纠纷案件具体应用法律问题的若干规定》第六条之规定，富凯公司应承担停止侵害、赔偿损失的民事责任。由于本案的侵权行为发生在三年前，双方当事人均未能就被侵权人因侵权所受损失或侵权人因侵权所获利润双方予以充分举证，法院查明的侵权品种种植亩数是1000亩，综合考虑侵权行为的时间、性质、情节等因素，酌定赔偿50万元，并判令停止侵权行为。

（生效裁判审判人员：康天翔、窦桂兰、李雪亮）

【实务问答】

1. 授予品种权的植物新品种是否需具备一致性、稳定性?

按照《植物新品种保护条例》的规定，授予品种权的植物新品种应当具备一致性和稳定性。一致性，是指申请品种权的植物新品种经过繁殖，除可以预见的变异外，其相关的特征或者特性一致。稳定性，是指申请品种权的植物新品种经过反复繁殖后或者在特定繁殖周期结束时，其相关的特征或者特性保持不变。一致性、稳定性决定了确定行为生产、销售的植物新品种的繁殖材料是否是授权品种的繁殖材料，核心即在于应用该繁殖材料培育的植物新品种的特征、特性，是否与授权品种的特征、特性相同，在此基础上判定是否为同一品种，进而确定是否构成侵权。

2. 如何判断是否侵犯植物新品种权?

《植物新品种权纠纷规定》第2条规定，未经品种权人许可，生产、繁殖或者销售授权品种的繁殖材料，或者为商业目的将授权品种的繁殖材料重复使用于生产另一品种的繁殖材料的，人民法院应当认定为侵害植物新品种权。被诉侵权物的特征、特性与授权品种的特征、特性相同，或者特征、特性的不同是因非遗传变异所致的，人民法院一般应当认定被诉侵权物属于生产、繁殖或者销售授权品种的繁殖材料。被诉侵权人重复以授权品种的繁殖材料为亲本与其他亲本另行繁殖的，人民法院一般应当认定属于为商业目的将授权品种的繁殖材料重复使用于生产另一品种的繁殖材料。

侵犯品种权的主要情形有两类：一是任何单位或者个人未经品种权所有人许可，为商业目的生产或者销售该授权品种的繁殖材料；二是为商业目的将该授权品种的繁殖材料重复使用于生产另一品种的繁殖材料。就实践来看，大多数植物新品种权案件中法院大多将鉴定结论作为侵权认定的主要依据。品种权审批机关的授权文件比较简单，并不载明品种权的特征、特性，而且特征、特性一般难以用文字准确界定。因而，认定侵犯植物新品种权的行为时，被控侵权的品种的性状特征必须与授予品种权的性状特征相等，被控侵权的植物新品种性状特征多于或者少于该品种权的植物新品种的性状特征，都不构成侵权。所以，《植物新品种权纠纷规定》秉持原规定的思路，暂不涉及品种权保护范围如何确定的问题，而是直接对《植物新品种保护条例》（2014 年修订）第 6 条中“该授权品种的繁殖材料”和“将该授权品种的繁殖材料重复使用于生产另一品种的繁殖材料”的规定进行解释，以方便审判中对侵权行为的认定，通过基本认可目前实践中的普遍做法来达到解决审判实际问题的目的。

此外，需要说明的是，《植物新品种权纠纷规定》第 2 条所谓的“遗传变异因素”，是指通过人工杂交、自然杂交、突变、诱变、转基因等方式使植物的遗传基因发生改变，从而造成植物特征或者特性的变异，这种变异是可以遗传的。而“非遗传变异因素”，是指因土壤、气候、肥料、管理水平或者其他环境因素的影响，导致植物的特征或者特性发生差异，这种差异是不能遗传的。该条“非遗传变异”，是指被控侵权物的繁殖材料虽与授权品种相同，但由于生长过程中外来花粉等非遗传变异因素的介入，导致两者特征、特性的不同。“特征”，是指植物的形态学特征，如花的颜色、果实的现状等；“特性”，是指植物的生物学特性，如抗病性、抗旱性等。因被控侵权物繁殖时采用与授权品种相同的繁殖材料，一般将被控侵权物视为《植物新品种保护条例》（2014 年修订）第 6 条所称的“该授权品种的繁殖材料”，非遗传变异因素导致的特征、特性的不同，并不影响上述判定。

【适用实例】

山东祥丰种业有限责任公司与徐州市新民种业有限公司侵害植物新品种权纠纷案

原告山东祥丰种业有限责任公司（以下简称祥丰公司）诉被告徐州市新民种业有限公司（以下简称新民公司）侵害植物新品种权纠纷一案，由南京市中级人民法院审理并作出裁判。

原告祥丰公司认为被控侵权大豆品种与“齐黄34”大豆种子为相同品种。如果被告否认被控侵权的大豆种子和“齐黄34”系相同品种，举证责任应由被诉侵权的一方承担。原告为此提交了最高人民法院**指导案例92号**莱州市金海种业有限公司诉张掖市富凯农业科技有限责任公司侵犯植物新品种权纠纷案供法院参照。

被告新民公司认为，检测结果显示差异位点数为1，证明被控侵权的大豆种子和“齐黄34”并非相同品种。即使差异位点数为0，也只能得出“疑同品种”的结论，无法得出相同品种的结论。

南京市中级人民法院认为，被告新民公司实施了销售侵害原告享有独占实施许可权“齐黄34”大豆植物新品种权的行为。经公证的民事法律行为、有法律意义的事实和文书，应当作为认定事实的根据，但有相反证据足以推翻上述材料的除外。本案中，原告提交的第619号公证书，明确记载了在徐州中国淮海食品城内的被告新民公司门店内购买侵权种子的过程，并附有相关照片。公证书中部分内容记载虽有差错，但其中的差错记载内容，可通过公证书所附销售凭证及上下文相关表述，特别是实物证据的印证得到结论。且公证机关通过补正的方式对差错进行了更正，并对出现的错误作出合理解释。在无相反证据予以推翻的情况下，该公证书的内容可予以采信。故被告新民公司实施了销售被控侵权大豆种子的行为。

经鉴定，被控侵权大豆种子样品与对照样品“齐黄34”，共比较36个位点，差异位点数为1。根据中华人民共和国农业行业标准《大豆品种鉴定技术规程SSR标记法》第十章记载的判定方法：当样品间差异位点数≥2时，则判定为“不同品种”；当样品间差异位点数=1时，则判定为“近似品种”；当样品间差异位点数=0时，则判定为“疑同品种”。

根据该判定标准，参照最高人民法院**指导案例92号**的裁判要点，被控侵权大豆品种与“齐黄34”大豆种子为近似品种，但不足以认定不是同一品种，应综合其他因素进一步加以判定，如可采取扩大检测位点进行加测以及提交审定样品进行测定等。但是，在差异位点数为1的情况下，如被诉侵权方仍认为两者系不同品种，此时的举证责任应当由被诉侵权的一方即新民公司承担。庭审中，法庭询问被告能否提供鉴定被控侵权大豆种子与“齐黄34”是否为不同品种的鉴定方法及鉴定机构，其称未销售被控侵权的大豆种子，不愿提供。在被告新民公司没有其他证据证明被控侵权的“嘉祥”大豆种子和“齐黄34”系不同品种的情况下，应当认定二者系同一品种。

因此，依据《植物新品种权纠纷规定》第2条第1款“未经品种权人许可，为商业目的生产或销售授权品种的繁殖材料，或者为商业目的将授权品种的繁殖材料重复使用于生产另一品种的繁殖材料的，人民法院应当认定为侵犯植物新品种权”的规定，应当认定新民公司销售“嘉祥大豆”种子行为构成侵害原告享有的“齐黄34”植物新品种独占实施许可权。[（2018）苏01民初1611号]

045 指导案例100号

山东登海先锋种业有限公司诉陕西农丰种业有限责任公司、山西大丰种业有限公司侵害植物新品种权纠纷案

DNA指纹鉴定意见认为被诉侵权繁殖材料与授权品种的特征特性相同或相似，但DUS测试报告证明通过田间种植被控侵权品种具有特异性的，不构成侵害植物新品种权

（最高人民法院审判委员会讨论通过　2018年12月19日发布）

关键词：民事/侵害植物新品种权/特征特性/DNA指纹鉴定/DUS测试报告/特异性

裁判要点

判断被诉侵权繁殖材料的特征特性与授权品种的特征特性相同是认定构成侵害植物新品种权的前提。当DNA指纹鉴定意见为两者相同或相近似时，被诉侵权方提交DUS测试报告证明通过田间种植，被控侵权品种与授权品种对比具有特异性，应当认定不构成侵害植物新品种权。

相关法条

《中华人民共和国植物新品种保护条例》第2条、第6条

基本案情

先锋国际良种公司是“先玉335”植物新品种权的权利人，其授权山东登海先锋种业有限公司（以下简称“登海公司”）作为被许可人对侵害该植物新品种权提起民事诉讼。登海公司于2014年3月16日向陕西省西安市中级人民法院起诉称，2013年山西大丰种业有限公司（以下简称“大丰公司”）生产、陕西农丰种业有限责任公司（以下简称“农丰种业”）销售的外包装为“大丰30”的玉米种子侵害“先玉335”的植物新品种权。北京玉米种子检测中心于2013年6月9日对送检的被控侵权种子依据NY/T1432－2007玉米品种DNA指纹鉴定方法，使用3730XL型遗传分析仪，384孔PCR仪进行检测，结论为，待测样品编号YA2196与对照样品编号BGG253“先玉335”比较位点数40，差异位点数0，结论为相同或极近似。

山西省农业种子总站于2014年4月25日出具的《“大丰30”玉米品种试验审定情况说明》记载：“大丰30”作为大丰公司2011年申请审定的品种，由于北京市农林科学院玉米研究中心所作的DNA指纹鉴定认为“大丰30”与“先玉335”的40个比较位点均无差异，判定结论为两个品种无明显差异，2011年未通过审定。大丰公司提出异议，该站于2011年委托农业部植物新品种测试中心对“大丰30”进行DUS测试，即特异性（Distinctness）、一致性（Uniformity）和稳定性（Stability）测试，结论为“大丰30”具有特异性、一致性、稳定性，与“先玉335”为不同品种。“大丰30”玉米种作为审定推广品种，于2012年2月通过山西省、陕西省农作物品种审定委员会的审定。

大丰公司在一审中提交了农业部[①]植物新品种测试中心2011年12月出具的《农业植物新品种测试报告》原件，测试地点为农业部植物新品种测试（杨凌）分中心测试基地，依据的测试标准为《植物新品种DUS测试指南 玉米》，测试材料为农业部植物新品种测试中心提供，测试时期为一个生长周期。测试报告特异性一栏记载，近似品种名称：鉴2011－001B 先玉335，有差异性状：41＊果穗：穗轴颖片青甙显色强度，申请品种描述：8强到极强，近似品种描述：5中。所附数据结果表记载，鉴2011－001A（大丰30）与鉴2011－001B的测试结果除“41＊果穗”外，差别还在“9雄穗：花药花青甙显色强度”，分别为“6中到强、7强”“24.2＊植株：高度”，分别为“5中”“7高”“27.2＊果穗：长度”分别为“5中”“3短”。结论为，“大丰30”具有特异性、一致性、稳定性。

二审法院审理中，大丰公司提交了于2014年4月28日测试审核的《农业植物新品种DUS测试报告》，加盖有农业部植物新品种测试（杨凌）分中心和农业部植物新品种保护办公室的印鉴。该报告依据的测试标准为《植物新品种特异性、一致性和稳定性测试指南　玉米》。测试时期为两个生长周期“2012年4月－8月、2013年4月－8月”，近似品种为“先玉335”。所记载的差异性状为：“11. 雄穗：花药花青甙显色强度，申请品种为7. 强，近似品种为6. 中到强”“41. 籽粒：形状，申请品种为5. 楔形，近似品种为4. 近楔形”“42. 果穗：穗轴颖片花青甙显色强度，申请品种为9. 极强，近似品种为6. 中到强”。测试结论为“大丰30”具有特异性、一致性、稳定性。

裁判结果

陕西省西安市中级人民法院于2014年9月29日作出（2014）西中民四初字第132号判决，判令驳回登海公司的诉讼请求。登海公司不服，提出上诉。陕西省高级人民法院于2015年3月20日作出（2015）陕民三终字第1号判决，驳回上诉，维持原判。登海公司不服，向最高人民法院申请再审。最高人民法院于2015年12月11日作出（2015）民申字第2633号裁定，驳回登海公司的再审申请。

---

① 现为农业农村部。

裁判理由

最高人民法院审查认为，本案主要涉及以下两个问题：

一、关于判断“大丰30”具有特异性的问题

我国对主要农作物进行品种审定时，要求申请审定品种必须与已审定通过或本级品种审定委员会已受理的其他品种具有明显区别。“大丰30”在2011年的品种审定中，经DNA指纹鉴定，被认定与“先玉335”无差异，视为同一品种而未能通过当年的品种审定。大丰公司对结论提出异议，主张两个品种在性状上有明显的差异，为不同品种，申请进行田间种植测试。根据《主要农作物品种审定办法》的规定，申请者对审定结果有异议的，可以向原审定委员会申请复审。品种审定委员会办公室认为有必要的，可以在复审前安排一个生产周期的品种试验。大丰公司在一审中提交的DUS测试报告正是大丰公司提出异议后，山西省农业种子总站委托农业部植物新品种测试中心完成的测试。该测试报告由农业部植物新品种测试中心按照《主要农作物品种审定办法》的规定，指定相应的DUS测试机构进行田间种植，依据相关测试指南整理测试数据，进行性状描述，编制测试报告。该测试报告真实、合法，与争议的待证事实具有关联性。涉案DUS测试报告记载，“大丰30”与近似品种“先玉335”存在明显且可重现的差异，符合NY/T2232-2012《植物新品种特异性、一致性和稳定性测试指南玉米》关于“当申请品种至少在一个性状与近似品种具有明显且可重现的差异时，即可判定申请品种具备特异性”的规定。因此，可以依据涉案测试报告认定“大丰30”具有特异性。

二、关于是否应当以DNA指纹鉴定意见认定存在侵权行为的问题

DNA指纹鉴定技术作为在室内进行基因型身份鉴定的方法，经济便捷，不受环境影响，测试周期短，有利于及时保护权利人的利益，同时能够提高筛选近似品种提高特异性评价效率，实践中多用来检测品种的真实性、一致性，并基于分子标记技术构建了相关品种的指纹库。DNA指纹鉴定所采取的核心引物（位点）与DUS测试的性状特征之间并不一定具有对应性，而植物新品种权的审批机关对申请品种的特异性、一致性和稳定性进行实质审查所依据的是田间种植DUS测试。在主要农作物品种审定时，也是以申请审定品种的选育报告、比较试验报告等为基础，进行品种试验，针对品种在田间种

植表现出的性状进行测试并作出分析和评价。因此，作为繁殖材料，其特征特性应当依据田间种植进行DUS测试所确定的性状特征为准。因此，DNA鉴定意见为相同或高度近似时，可直接进行田间成对DUS测试比较，通过田间表型确定身份。当被诉侵权一方主张以田间种植DUS测试确定的特异性结论推翻DNA指纹鉴定意见时，应当由其提交证据予以证明。由于大丰公司提交的涉案DUS测试报告证明，通过田间种植，“大丰30”与“先玉335”相比，具有特异性。根据认定侵害植物新品种权行为，以“被控侵权物的特征特性与授权品种的特征特性相同，或者特征特性不同是因为非遗传变异所导致”的判定规则，“大丰30”与“先玉335”的特征特性并不相同，并不存在“大丰30”侵害“先玉335”植物新品种权的行为。大丰公司生产、农丰种业销售的“大丰30”并未侵害“先玉335”的植物新品种权。综上，驳回登海公司的再审申请。

（生效裁判审判人员：周翔、钱小红、罗霞）

【实务问答】

1. 植物新品种权侵权的判断是否适用专利侵权全面覆盖原则？

植物新品种权不属发明创造，其是对人工发现或培育的野生植物加以开发，而具有稳定性和一致性的繁殖材料。不同于专利权，较已知品种而言，其并不要求具有突出的实质性特点。同样，植物新品种权侵权的判断也不适用专利侵权中的全面覆盖原则、等同侵权原则。专利权保护范围以权利要求书的内容为准，说明书及附图用于解释权利要求的内容。专利制度适宜以专利文件对技术方案的公开换取专利权保护，而植物新品种权的保护基础并非品种授权公开的信息而是名录制。当新品种具有稳定性和一致性且并未丧失新颖性，区别于近似品种具有特异性才予授权。若相较授权品种具有其他不同特征特性，即便存在很多相同性状特征，也不属相同繁殖材料。由此可看出，品种权侵权并不适用专利侵权中的全面覆盖原则。

2. 实务中，侵犯植物新品种权行为认定中的鉴定如何进行？

《植物新品种权纠纷规定》第4条规定，对于侵害植物新品种权纠纷案件涉及的专门性问题可以采取田间观察检测、基因指纹图谱检测等方法鉴定。对采取前款规定方法作出的鉴定结论，人民法院应当依法质证，认定其证明力。

侵犯植物新品种权的认定，往往涉及专业性很强的技术问题，很多时候需进行技术鉴定。《植物新品种权纠纷规定》第3条即贯彻了民事诉讼法及证据规定确立的“当事人先协商，协商不成由法院指定”的鉴定机构、鉴定人的确定的原则。在没有司法鉴定资格的鉴定机构和鉴定人的情况下，由具有相应品种检测技术水平的专业机构、专业人员鉴定。该专业机构、专业人员可以由当事人协商确定，也可以在当事人协商不成时由人民法院指定。

关于植物新品种侵权认定的专业鉴定方法，主要有田间观察检测和实验室检测，后者包括基因指纹图谱检测（DNA）、同工酶标记和种籽贮藏蛋白指纹图谱等。一般认为，田间观察检测是最根本的方法，较为可靠；基因指纹图谱检测则具有快捷、方便、成本低的优点。由于田间观察检测需要时间长，一年生植物一个生长周期要一年左右，多年生植物如树木等要3~7年，易使侵权物或繁殖材料失去应有的价值，品种权人的权利无法得到及时充分保护。实践中多采用基因指纹图谱检测。《植物新品种权纠纷规定》第4条第1款即明确上述两种鉴定方法的指引性。此外，需要认识到，不同鉴定方法下的鉴定意见，一般情况下定性应一致，但精确度可能有所不同。如果出现定性上的矛盾，或在一个鉴定意见被采信作为定案依据时，如何认定鉴定证明力的大小，是要解决的焦点问题。根据《民事诉讼法》的规定，鉴定意见属证据的一种，应遵循证据认定的一般规则。因而，《植物新品种权纠纷规定》第4条第2款规定，人民法院对鉴定结论应当依法质证，认定其证明力的大小，以解决实践中对采信鉴定意见作定案依据的问题。

实践中，由于DNA检测准确度高、速度快而被广泛采用。但在已进行DNA鉴定当事人仍存在争议的情况下。由于DUS测试是对植物新品种授予品种权的基础和前提，DUS测试关注植物的外观形态特征和生物学特性，如通过植株的高矮、颜色等特性定义品种，最接近繁殖材料的遗传信息。为此，在DNA鉴定结论为相同或高度近似之时且一方仍有异议的情况下，进行田间成对DUS测试则更具证明力。为此，此时可允许一方当事人的DUS测试申请。但为防止拖延诉讼，需要对再次鉴定设置一定条件，如设定“DNA 指纹检测标准差异位点数不能证明并非同一品种”的条件。

046 指导案例 160 号

蔡新光诉广州市润平商业有限公司侵害植物新品种权纠纷案

授权品种的保护范围不限于申请品种权时所采取的以特定方式获得的繁殖材料

（最高人民法院审判委员会讨论通过 2021 年 7 月 23 日发布）

关键词：民事／侵害植物新品种权／保护范围／繁殖材料／收获材料

裁判要点

1. 授权品种的繁殖材料是植物新品种权的保护范围，是品种权人行使排他独占权的基础。授权品种的保护范围不限于申请品种权时所采取的特定方式获得的繁殖材料，即使不同于植物新品种权授权阶段育种者所普遍使用的繁殖材料，其他植物材料可用于授权品种繁殖材料的，亦应当纳入植物新品种权的保护范围。2. 植物材料被认定为某一授权品种的繁殖材料，必须同时满足以下要件：属于活体，具有繁殖能力，并且繁殖出的新个体与该授权品种的特征特性相同。植物材料仅可以用作收获材料而不能用作繁殖材料的，不属于植物新品种权保护的范围。

相关法条

《中华人民共和国种子法》第 28 条

《中华人民共和国植物新品种保护条例》第 6 条

基本案情

蔡新光于 2009 年 11 月 10 日申请“三红蜜柚”植物新品种权，于 2014 年 1 月 1 日获准授权，品种权号为 CNA20090677.9，保护期限为 20 年。农业农村部植物新品种保护办公室作出的《农业植物新品种DUS测试现场考察报告》载明，品种暂定名称三红蜜柚，植物种类柑橘属，品种类型为无性繁殖，田间考察结果载明，申请品种的白皮层颜色为粉红，近似品种为白，具备特异性。考察结论为该申请品种具备特异性、一致性。所附照片载明，三红蜜柚果面颜色暗红、白皮层颜色粉红、果肉颜色紫，红肉蜜柚果面颜色黄绿、白皮层颜色白、果肉颜色红。以上事实有《植物新品种权证书》、植物新品种权年费缴费收据、《意见陈述书》《品种权申请请求书》《说明书》《著录项目变更申报书》《农业植物新品种DUS测试现场考察报告》等证据予以佐证。

蔡新光于2018年3月23日向广州知识产权法院提起诉讼，主张广州市润平商业有限公司（以下简称润平公司）连续大量销售“三红蜜柚”果实，侵害其获得的品种名称为“三红蜜柚”的植物新品种权。

润平公司辩称其所售被诉侵权蜜柚果实有合法来源，提供了甲方昆山润华商业有限公司广州黄埔分公司（以下简称润华黄埔公司）与乙方江山市森南食品有限公司（以下简称森南公司）签订的合同书，润华黄埔公司与森南公司于2017年7月18日签订2017年度商业合作条款，合同有条款第六条第五款载明，在本合同签订日，双方已合作的有6家门店，包括润平公司。2018年1月8日，森南公司向润华黄埔公司开具发票以及销售货物或者提供应税劳务、服务清单，清单载明货物包括三红蜜柚650公斤。森南公司营业执照副本载明，森南公司为有限责任公司，成立于2013年2月22日，注册资本500万元，经营范围为预包装食品批发、零售；水果、蔬菜销售。森南公司《食品经营许可证》载明，经营项目为预包装食品销售；散装食品销售。该许可证有效期至2021年8月10日。

裁判结果

广州知识产权法院于2019年1月3日作出（2018）粤73民初732号民事判决，驳回蔡新光诉讼请求。宣判后，蔡新光不服，向最高人民法院提起上诉。最高人民法院于2019年12月10日作出（2019）最高法知民终14号民事判决，驳回上诉，维持原判。

裁判理由

最高人民法院认为：本案主要争议问题为润平公司销售被诉侵权蜜柚果实的行为是否构成对蔡新光三红蜜柚植物新品种权的侵害，其中，判断三红蜜柚植物新品种权的保护范围是本案的焦点。

本案中，虽然蔡新光在申请三红蜜柚植物新品种权时提交的是采用以嫁接方式获得的繁殖材料枝条，但并不意味着三红蜜柚植物新品种权的保护范围仅包括以嫁接方式获得的该繁殖材料，以其他方式获得的枝条也属于该品种的繁殖材料。随着科学技术的发展，不同于植物新品种权授权阶段繁殖材料的植物体也可能成为育种者选用的种植材料，即除枝条以外的其他种植材料也可能被育种者们普遍使用，在此情况下，该种植材料作为授权品种的繁殖材料，应当纳入植物新品种权的保护范围。原审判决认为侵权繁殖材料的繁育方式应当与该品种育种时所使用的材料以及繁育方式一一对应，认为将不同于获取品种权最初繁育方式的繁殖材料纳入到植物新品种权的保护范围，与权利人申请新品种权过程中应当享有的权利失衡。该认定将申请植物新品种权时的繁育方式作为授权品种保护的依据，限制了植物新品种权的保护范围，缩小了植物新品种权人的合法权益，应当予以纠正。

我国相关法律、行政法规以及规章对繁殖材料进行了列举，但是对于某一具体品种如何判定植物体的哪些部分为繁殖材料，并未明确规定。判断是否为某一授权品种的繁殖材料，在生物学上必须同时满足以下条件：其属于活体，具有繁殖的能力，并且繁殖出的新个体与该授权品种的特征特性相同。被诉侵权蜜柚果实是否为三红蜜柚品种的繁殖材料，不仅需要判断该果实是否具有繁殖能力，还需要判断该果实繁殖出的新个体是否具有果面颜色暗红、果肉颜色紫、白皮层颜色粉红的形态特征，如果不具有该授权品种的特征特性，则不属于三红蜜柚品种权所保护的繁殖材料。

对于三红蜜柚果实能否作为繁殖材料，经审查，即便专门的科研单位，也难以通过三红蜜柚果实的籽粒繁育出蜜柚种苗。二审庭审中，蔡新光所请的专家辅助人称，柚子单胚，容易变异，该品种通过枝条、芽条、砧木或者分株进行繁殖，三红蜜柚果实有无籽粒以及籽粒是否退化具有不确定性。综合本案品种的具体情况，本案被诉侵权蜜柚果实的籽粒及其汁胞均不具备繁殖授权品种三红蜜柚的能力，不属于三红蜜柚品种的繁殖材料。被诉侵权蜜柚果实是收获材料而非繁殖材料，不属于植物新品种权保护的范围。如果目前在本案中将收获材料纳入植物新品种权的保护范围，有违种子法、植物新品种保护条例以及《最高人民法院关于审理侵犯植物新品种权纠纷案件具体应用法律问题的若干规定》的相关规定。

另外，植物体的不同部分可能有着多种不同的使用用途，可作繁殖目的进行生产，也可用于直接消费或观赏，同一植物材料有可能既是繁殖材料也是收获材料。对于既可作繁殖材料又可作收获材料的植物体，在侵权纠纷中能否认定为是繁殖材料，应当审查销售者销售被诉侵权植物体的真实意图，即其意图是将该材料作为繁殖材料销售还是作为收获材料销售；对于使用者抗辩其属于使用行为而非生产行为，应当审查使用者的实际使用行为，即是将该收获材料直接用于消费还是将其用于繁殖授权品种。

综上所述，蔡新光关于被诉侵权蜜柚果实为三红蜜柚的繁殖材料、润平公司销售行为构成侵权的上诉主张不能成立，应予驳回。

（生效裁判审判人员：周翔、罗霞、焦彦）

【实务问答】

1. 植物新品种权的保护对象是什么？

就植物新品种权保护而言，因我国加入的《国际植物新品种保护公约（UPOV）》系1978年文本，目前法律规定植物新品种权的保护对象只覆盖繁殖材料，收获材料并不在其中。植物新品种权虽属技术类知识产权，但其保护原理不同于“公开换保护”的专利制度，也就是说，不能通过品种权授权公告描述信息实现新品种再现。植物新品种授权需要具有一致性和稳定性。一致性是指当一个品种经过繁殖，除根据其可预见的变异外，其相关特性保持足够一致。稳定性是指当一个品种经过反复繁殖后或者对于特定繁殖周期而言，在每个周期结束时，其相关特性保持不变。可以说，繁殖材料在新个体形成中进行的品种繁衍，遗传信息通过繁殖材料实现代代相传，使特性明显有别于申请书提交时已知的其他品种特性，且繁殖后特征特性保持不变。由此可看出，品种的遗传特性包含在品种的繁殖材料中。故而，承载了品种特征特性的繁殖材料，为品种权人行使独占权的基础。

2. 如何认定是否为繁殖材料？

如前所言，繁殖材料是品种权人独占权的行使基础，这也决定了其保护范围。如何判断是否属于繁殖材料，是植物新品种权保护领域非常重要的问题。现实中，很多植物的果实、籽粒、根、茎、苗、芽等都可能具有繁殖能力，但究竟是否属于繁殖材料，则需将繁殖出的植物的部分或整体与授权品种对照，看是否具有相同的特征特性。可以说，种植材料是否属繁殖材料，需同时满足“活体”“具有繁殖能力”“繁殖出的新个体与该授权品种的特征特性相同”这三个条件，而不能简单地依据植物细胞的全能性认定为繁殖材料。否则，在当下分子育种技术日趋成熟且普遍的环境下，将导致任何活体材料均会被认定为拥有植物新品种权的繁殖材料。

另需说明的是，对植物新品种繁殖材料而非取得该繁殖材料育种方式的保护，是植物新品种保护制度的关键。就本指导案例而言，虽然原告在申请植物新品种权时提交的是采用以嫁接方式获得的繁殖材料，但不代表该授权品种的保护范围仅包括以嫁接方式获得的繁殖材料，其他方式获得的枝条也属其中。可以说，只有出现退化、突变等性状变化或表达不典型等特殊情况，采用压条、扦插、分蘖等无性繁殖方式获得的授权品种的繁殖材料，均属繁殖材料范围，理应受到保护。就没有采用育种者普遍使用的繁育方式而是耗费巨大繁育成本获得的授权品种繁殖材料而言，因大多停留在实验室阶段，难以进行规模化生产，并无将其认定为侵权品种繁殖材料的必要。但是，当这些繁殖材料的植物体可能成为育种者普遍选用的种植材料时，则需将该种植材料作为授权品种的繁殖材料纳入新品种权保护范围。

3. 如何认定生产、销售、使用繁殖材料行为？

因不具有杂交种的生物性保护措施，无性繁殖材料被扩散后，其种植和留种就很难控制，将严重损害品种权人利益。认定某一行为是否侵犯他人享有的植物新品种权，不仅要看涉案繁殖材料是否与该授权品种的特征、特性相同，或者特征、特性的不同是非遗传变异所致的，更要看生产经营（销售）繁殖材料的行为是不是经品种权人的许可而实施的。超出品种权人的许可范围及法律规定而实施的繁殖材料生产经营行为，均属侵犯品种权人植物新品种权的行为。由于植物新品种侵权行为是指生产行为、销售行为，但不包括使用行为，为此，需要进一步理清相关的生产、销售、使用行为的性质，本指导案例对此作了明确。就生产行为而言，有观点认为只有具体扩繁、嫁接等行为才是生产行为。但就权利人而言，举证证明的难度很大。通过本指导案例可知，除法律、行政法规另有规定外，对于未经品种权人许可种植该授权品种繁殖材料的行为，应当认定是侵害该植物新品种权的生产行为。如此，不仅有利于循着销售行为找到源头的生产行为，也有利于权利人及时知晓侵权事实，降低权利人维权难度。就销售行为而言，由于我国目前对植物新品种的保护仅针对繁殖材料而不包括收获材料，对那些既是繁殖材料也是收获材料的植物体，被诉侵权方多以收获材料抗辩。为此，应审查销售者销售该繁殖材料的真实意图，即其究竟是作为繁殖材料还是收获材料销售。就使用行为而言，经品种权人许可销售的繁殖材料，除涉及对该品种的进一步繁殖外，品种权人不应主张权利，因其属使用行为。此外，对于被诉侵权方抗辩其属使用而非生产行为的情况，结合上面论述，应审查其实际上是将该繁殖材料直接用于消费（使用行为）还是将其用于繁殖授权品种（生产行为）。

047 指导案例47号

意大利费列罗公司诉蒙特莎（张家港）食品有限公司、天津经济技术开发区正元行销有限公司不正当竞争纠纷案

对能够区别来源的知名商品特有的包装、装潢，进行足以引起市场混淆、误认的全面模仿，构成不正当竞争

有章

（最高人民法院审判委员会讨论通过　2015年4月15日发布）

关键词：民事/不正当竞争/知名商品/特有包装、装潢

裁判要点

1. 反不正当竞争法所称的知名商品，是指在中国境内具有一定的市场知

名度，为相关公众所知悉的商品。在国际上已知名的商品，我国对其特有的名称、包装、装潢的保护，仍应以其在中国境内为相关公众所知悉为必要。故认定该知名商品，应当结合该商品在中国境内的销售时间、销售区域、销售额和销售对象，进行宣传的持续时间、程度和地域范围，作为知名商品受保护的情况等因素，并适当考虑该商品在国外已知名的情况，进行综合判断。2. 反不正当竞争法所保护的知名商品特有的包装、装潢，是指能够区别商品来源的盛装或者保护商品的容器等包装，以及在商品或者其包装上附加的文字、图案、色彩及其排列组合所构成的装潢。3. 对他人能够区别商品来源的知名商品特有的包装、装潢，进行足以引起市场混淆、误认的全面模仿，属于不正当竞争行为。

相关法条

《中华人民共和国反不正当竞争法》第五条第二项①

基本案情

原告意大利费列罗公司（以下简称费列罗公司）诉称：被告蒙特莎（张家港）食品有限公司（以下简称蒙特莎公司）仿冒原告产品，擅自使用与原告知名商品特有的包装、装潢相同或近似的包装、装潢，使消费者产生混淆。被告蒙特莎公司的上述行为及被告天津经济技术开发区正元行销有限公司（以下简称正元公司）销售仿冒产品的行为已给原告造成重大经济损失。请求判令蒙特莎公司不得生产、销售，正元公司不得销售符合前述费列罗公司巧克力产品特有的任意一项或者几项组合的包装、装潢的产品或者任何与费列罗公司的上述包装、装潢相似的足以引起消费者误认的巧克力产品，并赔礼道歉、消除影响、承担诉讼费用，蒙特莎公司赔偿损失300万元。

被告蒙特莎公司辩称：原告涉案产品在中国境内市场并没有被相关公众所知悉，而蒙特莎公司生产的金莎巧克力产品在中国境内消费者中享有很高的知名度，属于知名商品。原告诉请中要求保护的包装、装潢是国内外同类巧克力产品的通用包装、装潢，不具有独创性和特异性。蒙特莎公司生产的金莎巧克力使用的包装、装潢是其和专业设计人员合作开发的，并非仿冒他

---

① 《反不正当竞争法》（2019年修正）第6条第2项。

人已有的包装、装潢。普通消费者只需施加一般的注意，就不会混淆原、被告各自生产的巧克力产品。原告认为自己产品的包装涵盖了商标、外观设计、著作权等多项知识产权，但未明确指出被控侵权产品的包装、装潢具体侵犯了其何种权利，其起诉要求保护的客体模糊不清。故原告起诉无事实和法律依据，请求驳回原告的诉讼请求。

法院经审理查明：费列罗公司于1946年在意大利成立，1982年其生产的费列罗巧克力投放市场，曾在亚洲多个国家和地区的电视、报刊、杂志发布广告。在我国台湾和香港地区，费列罗巧克力取名“金莎”巧克力，并分别于1990年6月和1993年在我国台湾和香港地区注册“金莎”商标。1984年2月，费列罗巧克力通过中国粮油食品进出口总公司采取寄售方式进入了国内市场，主要在免税店和机场商店等当时政策所允许的场所销售，并延续到1993年前。1986年10月，费列罗公司在中国注册了“FERRERO ROCHER”和图形（椭圆花边图案）以及其组合的系列商标，并在中国境内销售的巧克力商品上使用。费列罗巧克力使用的包装、装潢的主要特征是：1. 每一粒球状巧克力用金色纸质包装；2. 在金色球状包装上配以印有“FERRERO ROCHER”商标的椭圆形金边标签作为装潢；3. 每一粒金球状巧克力均有咖啡色纸质底托作为装潢；4. 若干形状的塑料透明包装，以呈现金球状内包装；5. 塑料透明包装上使用椭圆形金边图案作为装潢，椭圆形内配有产品图案和商标，并由商标处延伸出红金颜色的绶带状图案。费列罗巧克力产品的8粒装、16粒装、24粒装以及30粒装立体包装于1984年在世界知识产权组织申请为立体商标。费列罗公司自1993年开始，以广东、上海、北京地区为核心逐步加大费列罗巧克力在国内的报纸、期刊和室外广告的宣传力度，相继在一些大中城市设立专柜进行销售，并通过赞助一些商业和体育活动，提高其产品的知名度。2000年6月，其“FERRERO ROCHER”商标被国家工商行政管理部门列入全国重点商标保护名录。我国广东、河北等地工商行政管理部门曾多次查处仿冒费列罗巧克力包装、装潢的行为。

蒙特莎公司是1991年12月张家港市乳品一厂与比利时费塔代尔有限公司合资成立的生产、销售各种花色巧克力的中外合资企业。张家港市乳品一厂自1990年开始生产金莎巧克力，并于1990年4月23日申请注册“金莎”

文字商标，1991年4月经国家工商行政管理局商标局①核准注册。2002年，张家港市乳品一厂向蒙特莎公司转让“金莎”商标，于2002年11月25日提出申请，并于2004年4月21日经国家工商管理总局商标局核准转让。由此蒙特莎公司开始生产、销售金莎巧克力。蒙特莎公司生产、销售金莎巧克力产品，其除将“金莎”更换为“金莎 TRESOR DORE”组合商标外，仍延续使用张家港市乳品一厂金莎巧克力产品使用的包装、装潢。被控侵权的金莎 TRESOR DORE 巧克力包装、装潢为：每粒金莎 TRESOR DORE 巧克力呈球状并均由金色锡纸包装；在每粒金球状包装顶部均配以印有“金莎 TRESOR DORE”商标的椭圆形金边标签；每粒金球状巧克力均配有底面平滑无褶皱、侧面带波浪褶皱的呈碗状的咖啡色纸质底托；外包装为透明塑料纸或塑料盒；外包装正中处使用椭圆金边图案，内配产品图案及金莎 TRESOR DORE 商标，并由此延伸出红金色绶带。以上特征与费列罗公司起诉中请求保护的包装、装潢在整体印象和主要部分上相近似。正元公司为蒙特莎公司生产的金莎 TRESOR DORE 巧克力在天津市的经销商。2003年1月，费列罗公司经天津市公证处公证，在天津市河东区正元公司处购买了被控侵权产品。

裁判结果

天津市第二中级人民法院于2005年2月7日作出（2003）二中民三初字第63号民事判决：判令驳回费列罗公司对蒙特莎公司、正元公司的诉讼请求。费列罗公司提起上诉，天津市高级人民法院于2006年1月9日作出（2005）津高民三终字第36号判决：1. 撤销一审判决；2. 蒙特莎公司立即停止使用金莎 TRESOR DORE 系列巧克力侵权包装、装潢；3. 蒙特莎公司赔偿费列罗公司人民币700000元，于本判决生效后十五日内给付；4. 责令正元公司立即停止销售使用侵权包装、装潢的金莎 TRESOR DORE 系列巧克力；5. 驳回费列罗公司其他诉讼请求。蒙特莎公司不服二审判决，向最高人民法院提出再审申请。最高人民法院于2008年3月24日作出（2006）民三提字第3号民事判决：1. 维持天津市高级人民法院（2005）津高民三终字第36号民事判决第一项、第五项；2. 变更天津市高级人民法院（2005）津高民三

① 现为国家知识产权局商标局。

终字第36号民事判决第二项为：蒙特莎公司立即停止在本案金莎TRESOR DORE系列巧克力商品上使用与费列罗系列巧克力商品特有的包装、装潢相近似的包装、装潢的不正当竞争行为；3. 变更天津市高级人民法院（2005）津高民三终字第36号民事判决第三项为：蒙特莎公司自本判决送达后十五日内，赔偿费列罗公司人民币500000元；4. 变更天津市高级人民法院（2005）津高民三终字第36号民事判决第四项为：责令正元公司立即停止销售上述金莎TREDOR DORE系列巧克力商品。

裁判理由

最高人民法院认为：本案主要涉及费列罗巧克力是否为在先知名商品，费列罗巧克力使用的包装、装潢是否为特有的包装、装潢，以及蒙特莎公司生产的金莎TRESOR DORE巧克力使用包装、装潢是否构成不正当竞争行为等争议焦点问题。

一、关于费列罗巧克力是否为在先知名商品

根据中国粮油食品进出口总公司与费列罗公司签订的寄售合同、寄售合同确认书等证据，二审法院认定费列罗巧克力自1984年开始在中国境内销售无误。反不正当竞争法所指的知名商品，是在中国境内具有一定的市场知名度，为相关公众所知悉的商品。在国际已知名的商品，我国法律对其特有名称、包装、装潢的保护，仍应以在中国境内为相关公众所知悉为必要。其所主张的商品或者服务具有知名度，通常系由在中国境内生产、销售或者从事其他经营活动而产生。认定知名商品，应当考虑该商品的销售时间、销售区域、销售额和销售对象，进行宣传的持续时间、程度和地域范围，作为知名商品受保护的情况等因素，进行综合判断；也不排除适当考虑国外已知名的因素。本案二审判决中关于“对商品知名状况的评价应根据其在国内外特定市场的知名度综合判定，不能理解为仅指在中国境内知名的商品”的表述欠当，但根据费列罗巧克力进入中国市场的时间、销售情况以及费列罗公司进行的多种宣传活动，认定其属于在中国境内的相关市场中具有较高知名度的知名商品正确。蒙特莎公司关于费列罗巧克力在中国境内市场知名的时间晚于金莎TRESOR DORE巧克力的主张不能成立。此外，费列罗公司费列罗巧克力的包装、装潢使用在先，蒙特莎公司主张其使用的涉案包装、装潢为自主开发设计缺乏充分证据支持，二审判决认定蒙特莎公司擅自使用费列罗巧克力特有包装、装潢正确。

二、关于费列罗巧克力使用的包装、装潢是否具有特有性

盛装或者保护商品的容器等包装，以及在商品或者其包装上附加的文字、图案、色彩及其排列组合所构成的装潢，在其能够区别商品来源时，即属于反不正当竞争法保护的特有包装、装潢。费列罗公司请求保护的费列罗巧克力使用的包装、装潢系由一系列要素构成。如果仅仅以锡箔纸包裹球状巧克力，采用透明塑料外包装，呈现巧克力内包装等方式进行简单的组合，所形成的包装、装潢因无区别商品来源的显著特征而不具有特有性；而且这种组合中的各个要素也属于食品包装行业中通用的包装、装潢元素，不能被独占使用。但是，锡纸、纸托、塑料盒等包装材质与形状、颜色的排列组合有很大的选择空间；将商标标签附加在包装上，该标签的尺寸、图案、构图方法等亦有很大的设计自由度。在可以自由设计的范围内，将包装、装潢各要素独特排列组合，使其具有区别商品来源的显著特征，可以构成商品特有的包装、装潢。费列罗巧克力所使用的包装、装潢因其构成要素在文字、图形、色彩、形状、大小等方面的排列组合具有独特性，形成了显著的整体形象，且与商品的功能性无关，经过长时间使用和大量宣传，已足以使相关公众将上述包装、装潢的整体形象与费列罗公司的费列罗巧克力商品联系起来，具有识别其商品来源的作用，应当属于反不正当竞争法第五条第二项所保护的特有的包装、装潢。蒙特莎公司关于判定涉案包装、装潢为特有，会使巧克力行业的通用包装、装潢被费列罗公司排他性独占使用，垄断国内球形巧克力市场等理由，不能成立。

三、关于相关公众是否容易对费列罗巧克力与金莎 TRESOR DORE 巧克力引起混淆、误认

对商品包装、装潢的设计，不同经营者之间可以相互学习、借鉴，并在此基础上进行创新设计，形成有明显区别各自商品的包装、装潢。这种做法是市场经营和竞争的必然要求。就本案而言，蒙特莎公司可以充分利用巧克力包装、装潢设计中的通用要素，自由设计与他人在先使用的特有包装、装潢具有明显区别的包装、装潢。但是，对他人具有识别商品来源意义的特有包装、装潢，则不能作足以引起市场混淆、误认的全面模仿，否则就会构成

不正当的市场竞争。我国反不正当竞争法中规定的混淆、误认，是指足以使相关公众对商品的来源产生误认，包括误认为与知名商品的经营者具有许可使用、关联企业关系等特定联系。本案中，由于费列罗巧克力使用的包装、装潢的整体形象具有区别商品来源的显著特征，蒙特莎公司在其巧克力商品上使用的包装、装潢与费列罗巧克力特有包装、装潢，又达到在视觉上非常近似的程度。即使双方商品存在价格、质量、口味、消费层次等方面的差异和厂商名称、商标不同等因素，也未免使相关公众易于误认金莎 TRESOR DORE 巧克力与费列罗巧克力存在某种经济上的联系。据此，再审申请人关于本案相似包装、装潢不会构成消费者混淆、误认的理由不能成立。

综上，蒙特莎公司在其生产的金莎 TRESOR DORE 巧克力商品上，擅自使用与费列罗公司的费列罗巧克力特有的包装、装潢相近似的包装、装潢，足以引起相关公众对商品来源的混淆、误认，构成不正当竞争。

【实务问答】

1. 如何理解知名商品判断中的地域因素？

判断经营者是否实施了与知名商品混淆的不正当竞争行为，确定被混淆商品是否系知名商品是前提。商品是否知名的判断很大程度上受地域性因素的影响，在某地区较为知名，在其他地域范围则不一定知名。实践中，法院在判断知名商品的地域范围方面也有不同观点。本指导案例中，一审法院认为，商品是否知名应当根据其存在的市场的具体情况进行判断，即应当按照在中国境内的相关公众对商品的熟知度进行判断。二审法院则认为，对商品的知名状况的评价应根据其在国内外特定市场的知名度进行综合判定，不能理解为知名商品仅指在中国境内知名的商品。最高人民法院在再审中认为，在国际市场中已具有一定知名度的商品，我国法律对其特有名称、包装、装潢的保护，仍应以在中国境内为相关公众所知悉为必要条件。认定知名商品，应当结合该商品的销售时间、销售区域、销售额和销售对象，进行任何宣传的持续时间、程度和地域范围，作为知名商品受保护的情况等因素，进行综合判断；也不排除适当考虑国外市场知名度的因素。最高人民法院的观点与 2007 年《关于审理不正当竞争民事案件应用法律若干问题的解释》（以下简称《不正当竞争案件解释》）基本一致。该解释对判断知名商品的地域范围作了比较具体的规定：在中国境内具有一定的市场知名度，为相关公众所知悉的商品，应当认定为《反不正当竞争法》规定的“知名商品”。该规定明确了判断商品是否属于知名商品应当以我国境内为判断的地域范围。值得注意的是，《反不正当竞争法》修改后，用“有一定影响的商品”替换了先前的“知名商品”。“有一定影响”如何界定虽未明确规定，但一般认为，在《反不正当竞争法》所涉及的多数情况下，“有一定影响的商品”规则是可以参考原来的“知名商品”相关规则的，包括以下两个部分涉及的相关方面。

2. 受保护知名商品的名称、包装、装潢是否需要具备特有性？

商品的名称、包装和装潢都是商品的外部标志，具有区别不同商品、创造商品形象等方面的功能。名称，是指称呼同一种商品的语言标记，用以区别不同商品种类。包装，是指为识别商品及方便携带、运输而使用在商品上的辅助物、容器等。装潢，是指为识别和美化商品而在商品或其包装上附加的文字、图案、色彩及其排列组合。名称、包装、装潢在区别其他商品，突出自身商品特点方面有非常重要作用，对知名商品而言更是如此。知名商品的名称、包装、装潢背后的巨大经济价值，不仅是企业重点保护的对象，也是不法商家重点侵害的领域。商品的名称、包装、装潢可分为通用类和特有类。特有名称、包装和装潢除了具有商品的通用名称、包装和装潢的基本功能外，还具有经营者所独创的区别同类不同商品的作用，能促使消费者和用户将特定的商品与特定的经营者、将特定的商品质量与信誉联系在一起。特有名称、包装和装潢体现了经营者的创造性劳动，反映了商品所具有的质量和信誉。第三人若未经许可使用它们，则构成不正当竞争行为。而判断商品的名称、包装和装潢是否为特有，应根据是否为相关商品所通用和是否具有显著的区别性特征来判断。所谓“通用”，是指某行业内为交易者普遍采用的名称、包装和装潢。就本指导案例而言，以锡箔纸包裹球状巧克力，采用透明塑料外包装，呈现巧克力内包装等方式进行简单的组合，便属通用包装。所谓“显著区别特征”，往往是指与通用名称、包装和装潢的主要部分不同，整体印象上易于将该商品与其他商品区别开的特征。本指导案例中，最高人民法院即认为，盛装或保护商品的容器等包装，以及在商品或包装上附加的文字、图案、色彩及其排列组合所构成的装潢，在其能够区别商品来源时，即属受保护的特有包装、装潢。

3. 如何理解判断商品是否存在混淆可能性时的时间因素?

构成相关不正当竞争行为的另一个要件为让公众在仿冒商品和知名商品之间产生混淆。但需要注意的是，知名商品的成立时间并不等于商品开始销售的时间。本指导案例中，费列罗公司的商品自 1984 年进入中国市场销售，而且从 1993 年开始费列罗公司逐步加大在国内的宣传力度。2000 年 6 月，"FERRERO ROCHER" 商标被国家工商行政管理部门列入全国重点商标保护名录。其在中国开始销售的时间不能认定为知名商品的时间。此外，费列罗公司商品的知名度与同时期的蒙特莎公司的巧克力商品相比，其商品成为知名商品的时间要晚于蒙特莎公司。蒙特莎公司的金莎巧克力在 1990 年开始生产，并自 1990 年开始获得各种奖项。根据法院的调查金莎巧克力的知名度要高于 FERRERO ROCHER 巧克力。因而，在分析蒙特莎公司的金莎巧克力是否会使公众在费列罗公司的 FERRERO ROCHER 巧克力其自身之间产生混淆的时候，应慎重、全面地考虑两种商品在包装和装潢上的相似性，两种商品成为知名商品的时间顺序，及公众是否真正存在对两种商品产生混淆的可能性。最高人民法院在审理是否构成混淆时认为，费列罗公司生产的巧克力的包装和装潢构成对知名商品所特有的包装和装潢的仿冒，蒙特莎公司在可以设计出与费列罗公司不同的包装和装潢的情况下，使用了与费列罗公司生产的巧克力类似的包装和装潢，即使在价格、口味和消费层次上存在不同和在商品的商标不同的情况下，仍然很有可能让消费者产生混淆。因此，蒙特莎公司的行为构成《反不正当竞争法》意义上的混淆行为。但在本指导案例中，由于双方的商品在国内同为知名商品，且蒙特莎公司的商品早于费列罗公司的商品成为知名商品，所以仅从包装和装潢的相似性出发，最高人民法院无法充分地得出蒙特莎公司的商品能使公众产生混淆的可能性的结论。为此，我们认为，在同为知名商品的情况下，判断是否构成与知名商品之间的混淆，还需要考量相关的时间因素。

【适用实例】

奥飞娱乐股份有限公司与汕头市澄海区新力星玩具厂、义乌新迪玩具有限公司侵害商标权及不正当竞争纠纷案

原告奥飞娱乐股份有限公司向汕头市中级人民法院提出诉讼请求，请求

判令：(1) 两被告［汕头市澄海区新力星玩具厂（以下简称新力星玩具厂）和义务新迪玩具有限公司（以下简称新迪公司）］停止侵犯原告第13266557号“超级飞侠”注册商标专用权（以下简称“超级飞侠”商标）；(2) 两被告停止侵害原告的超级飞侠知名商品特有包装装潢；(3) 两被告销毁侵犯原告商标权及使用与原告知名商品特有包装装潢相近的包装装潢的库存或待销售的侵权商品；(4) 两被告连带赔偿原告经济损失及合理维权费用共计20万元；(5) 两被告承担本案诉讼费用。事实和理由：两被告侵犯原告“超级飞侠”商标同时构成不正当竞争。两被告在阿里巴巴平台销售的“超级小萌侠”(以下简称被控侵权产品) 是由被告新力星玩具厂生产的，两被告未经许可，在被控侵权产品上面使用与“超级飞侠”商标近似的“超级小萌侠”标识，并使用近似的包装装潢，导致消费者产生混淆，侵害了原告的“超级飞侠”商标，同时侵害了“超级飞侠”知名商品特有的包装装潢，构成不正当竞争。

两被告辩称，将原告商标与被告标识进行比较，两者差异较大，既不相同也不相近似，更不会造成相关公众误认混淆；两被告未侵犯原告任何权利，不应承担侵权责任，原告主张的经济损失和合理费用无法律依据。请求法院依法驳回原告的诉讼请求。

法院认为，关于“乐迪”玩具的包装装潢是否具有独立识别作用的问题，可参考最高人民法院**指导案例47号**，该指导案例在裁判要点中阐明，反不正当竞争法所保护的知名商品特有的包装、装潢，是指能够区别商品来源的盛装或者保护商品的容器等包装，以及在商品或者其包装上附加的文字、图案、色彩及其排列组合所构成的装潢。本案中，原告请求保护的“乐迪”玩具的包装盒采用的是通用的立方体结构，本身并不具有显著性、识别性，因此并不构成特有包装。而就装潢而言，“乐迪”玩具包装盒的装潢包含有三种设计元素：一是透明设计，用以向消费者展示盒内的玩具形态；二是附着有“超级飞侠”商标、“变形机器人乐迪”等文字标识，以向消费者告知该款玩具系《超级飞侠》动画片中人物“乐迪”的衍生玩具；三是展示了《超级飞侠》家族的动漫形象，包括在正面、顶面显著位置有“乐迪”的形象，在左侧面和背面有“乐迪”玩具的变形步骤，在右侧面及背面还有《超级飞侠》家族其他成员的形象，以此向消费者告知该款玩具系《超级飞侠》动画片中“乐迪”衍生玩具中的一款可由“机器人模式”变形为“飞机人模式”的玩具。《反不正当竞争法》保护的是能够独立发挥识别作用的装潢。由于透明设计的主要目的在于展示内部的玩具，而且透明设计在玩具等产品的包装设计上亦十分常见，因此并不具有识别作用。而包装盒上的“超级飞侠”商标及“变形机器人乐迪”等标识，由于分属《商标法》及特有名称商业标识性权益的保护范围，亦应排除出特有装潢的范围，以此体现各种商业标识性权益在法律保护上的彼此界限。因此，纳入《反不正当竞争法》评述对象的装潢应为“乐迪”玩具包装盒上的《超级飞侠》家族的动漫形象，而且基于这些动漫形象重点展示了“乐迪”这一形象及其变形过程，以此与其玩具款式取得对应关系，因此应将评述的对象限定在“乐迪”这一动漫形象上。虽然“乐迪”玩具的造型与“乐迪”形象基本相同，在“乐迪”玩具包装盒上展示“乐迪”形象及“乐迪”玩具的变形过程，实际上属于对商品性质的直接展示，但是如上所述，基于“乐迪”这一动漫形象的知名度，及其与“乐迪”玩具在造型上的高度重合性，展示在“乐迪”玩具包装盒上的“乐迪”动漫形象已具有第二含义，可以独立发挥识别商品来源的作用，构成《反不正当竞争法》意义上的特有装潢。［（2018）粤05民初28号］

048 **指导案例29号**

天津中国青年旅行社诉天津国青国际旅行社擅自使用他人企业名称纠纷案

擅自将他人已实际具有商号作用的企业名称简称作为商业活动中互联网竞价排名关键词，使相关公众产生混淆误认的，构成不正当竞争

（最高人民法院审判委员会讨论通过　2014年6月26日发布）

关键词：民事/不正当竞争/擅用他人企业名称

裁判要点

1. 对于企业长期、广泛对外使用，具有一定市场知名度、为相关公众所知悉，已实际具有商号作用的企业名称简称，可以视为企业名称予以保护。2. 擅自将他人已实际具有商号作用的企业名称简称作为商业活动中互联网竞价排名关键词，使相关公众产生混淆误认的，属于不正当竞争行为。

相关法条

1.《中华人民共和国民法通则》第一百二十条①

2.《中华人民共和国反不正当竞争法》第五条②

基本案情

原告天津中国青年旅行社（以下简称天津青旅）诉称：被告天津国青国际旅行社有限公司在其版权所有的网站页面、网站源代码以及搜索引擎中，非法使用原告企业名称全称及简称“天津青旅”，违反了反不正当竞争法的规定，请求判令被告立即停止不正当竞争行为、公开赔礼道歉、赔偿经济损失10万元，并承担诉讼费用。

被告天津国青国际旅行社有限公司（以下简称天津国青旅）辩称：“天津青旅”没有登记注册，并不由原告享有，原告主张的损失没有事实和法律依据，请求驳回原告诉讼请求。

法院经审理查明：天津中国青年旅行社于1986年11月1日成立，是从事国内及出入境旅游业务的国有企业，直属于共青团天津市委员会。共青团天津市委员会出具证明称，“天津青旅”是天津中国青年旅行社的企业简称。2007年，《今晚报》等媒体在报道天津中国青年旅行社承办的活动中已开始以“天津青旅”简称指代天津中国青年旅行社。天津青旅在报价单、旅游合同、与同行业经营者合作文件、发票等资料以及经营场所各门店招牌上等日常经营活动中，使用“天津青旅”作为企业的简称。天津国青国际旅行社有限公司于2010年7月6日成立，是从事国内旅游及入境旅游接待等业务的有限责任公司。

---

①《民法典》第995条。

②《反不正当竞争法》（2019年修正）第6条。

2010年底，天津青旅发现通过Google搜索引擎分别搜索“天津中国青年旅行社”或“天津青旅”，在搜索结果的第一名并标注赞助商链接的位置，分别显示“天津中国青年旅行社网上营业厅 www. lechuyou. com 天津国青网上在线营业厅，是您理想选择，出行提供优质、贴心、舒心的服务”或“天津青旅网上营业厅 www. lechuyou. com 天津国青网上在线营业厅，是您理想选择，出行提供优质、贴心、舒心的服务”，点击链接后进入网页是标称天津国青国际旅行社乐出游网的网站，网页顶端出现“天津国青国际旅行社－青年旅行社青旅/天津国旅”等字样，网页内容为天津国青旅游业务信息及报价，标称网站版权所有：乐出游网－天津国青，并标明了天津国青的联系电话和经营地址。同时，天津青旅通过百度搜索引擎搜索“天津青旅”，在搜索结果的第一名并标注推广链接的位置，显示“欢迎光临天津青旅重合同守信誉单位，汇集国内出境经典旅游线路，100%出团，天津青旅400－611－5253 022. ctsgz. cn”，点击链接后进入网页仍然是上述标称天津国青乐出游网的网站。

裁判结果

天津市第二中级人民法院于2011年10月24日作出（2011）二中民三知初字第135号民事判决：一、被告天津国青国际旅行社有限公司立即停止侵害行为；二、被告于本判决生效之日起三十日内，在其公司网站上发布致歉声明持续15天；三、被告赔偿原告天津中国青年旅行社经济损失30000元；四、驳回原告其他诉讼请求。宣判后，天津国青旅提出上诉。天津市高级人民法院于2012年3月20日作出（2012）津高民三终字第3号民事判决：一、维持天津市第二中级人民法院上述民事判决第二、三、四项；二、变更判决第一项“被告天津国青国际旅行社有限公司立即停止侵害行为”为“被告天津国青国际旅行社有限公司立即停止使用‘天津中国青年旅行社’、‘天津青旅’字样及作为天津国青国际旅行社有限公司网站的搜索链接关键词”；三、驳回被告其他上诉请求。

裁判理由

法院生效裁判认为：根据《最高人民法院关于审理不正当竞争民事案件应用法律若干问题的解释》第六条第一款规定：“企业登记主管机关依法登

记注册的企业名称，以及在中国境内进行商业使用的外国（地区）企业名称，应当认定为反不正当竞争法第五条第（三）项规定的‘企业名称’。因此，对于企业长期、广泛对外使用具有一定的市场知名度、为相关公众所知悉的企业名称中的字号，可以认定为反不正当竞争法第五条第（三）项规定的‘企业名称’。”因此，对于企业长期、广泛对外使用，具有一定市场知名度、为相关公众所知悉，已实际具有商号作用的企业名称简称，也应当视为企业名称予以保护。“天津中国青年旅行社”是原告1986年成立以来一直使用的企业名称，原告享有企业名称专用权。“天津青旅”作为其企业名称简称，于2007年就已被其在经营活动中广泛使用，相关宣传报道和客户也以“天津青旅”指代天津中国青年旅行社，经过多年在经营活动中使用和宣传，已享有一定市场知名度，为相关公众所知悉，已与天津中国青年旅行社之间建立起稳定的关联关系，具有可以识别经营主体的商业标识意义。所以，可以将“天津青旅”视为企业名称与“天津中国青年旅行社”共同加以保护。

《中华人民共和国反不正当竞争法》第五条第（三）项①规定，经营者不得采用擅自使用他人的企业名称，引人误认为是他人的商品等不正当手段从事市场交易，损害竞争对手。因此，经营者擅自将他人的企业名称或简称作为互联网竞价排名关键词，使公众产生混淆误认，利用他人的知名度和商誉，达到宣传推广自己的目的的，属于不正当竞争行为，应当予以禁止。天津国青旅作为从事旅游服务的经营者，未经天津青旅许可，通过在相关搜索引擎中设置与天津青旅企业名称有关的关键词并在网站源代码中使用等手段，使相关公众在搜索“天津中国青年旅行社”和“天津青旅”关键词时，直接显示天津国青旅的网站链接，从而进入天津国青旅的网站联系旅游业务，达到利用网络用户的初始混淆争夺潜在客户的效果，主观上具有使相关公众在网络搜索、查询中产生误认的故意，客观上擅自使用“天津中国青年旅行社”及“天津青旅”，利用了天津青旅的企业信誉，损害了天津青旅的合法权益，其行为属于不正当竞争行为，依法应予制止。天津国青旅作为与天津青旅同业的竞争者，在明知天津青旅企业名称及简称享有较高知名度的

① 《反不正当竞争法》（2019年修正）第6条第3项。

情况下，仍擅自使用，有借他人之名为自己谋取不当利益的意图，主观恶意明显。依照《中华人民共和国民法通则》第一百二十条①规定，天津国青旅应当承担停止侵害、消除影响、赔偿损失的法律责任。至于天津国青旅在网站网页顶端显示的“青年旅行社青旅”字样，并非原告企业名称的保护范围，不构成对原告的不正当竞争行为。

【实务问答】

1. 现行法律对企业名称中的简称有何保护?

《反不正当竞争法》第6条规定，经营者不得实施下列混淆行为，引人误认为是他人商品或者与他人存在特定联系：（1）擅自使用与他人有一定影响的商品名称、包装、装潢等相同或者近似的标识；（2）擅自使用他人有一定影响的企业名称（包括简称、字号等）、社会组织名称（包括简称等）、姓名（包括笔名、艺名、译名等）；（3）擅自使用他人有一定影响的域名主体部分、网站名称、网页等；（4）其他足以引人误认为是他人商品或者与他人存在特定联系的混淆行为。

对于企业长期、广泛对外使用，具有一定市场知名度、为相关公众所知悉，已实际具有商号作用的企业名称简称，应当视为企业名称予以保护。本指导案例即将“天津青旅”视为“天津中国青年旅行社”的企业名称共同加以保护。该案裁判作出时，《反不正当竞争法》尚未进行修改，因此并未明确简称是否可被纳入企业名称一并保护。之后，《反不正当竞争法》进行了修改，修改后的第6条规定了经营者不得实施的混淆行为，明确将简称纳入企业名称一并保护。由此也可以看出，本指导案例具有很强的超前性。当然也可以说，其对《反不正当竞争法》相关内容的修改也起到了积极的推动作用。

2. 如何理解商业混淆行为?

商业混淆行为是指经营者不正当地从事市场交易，使自己的商品或服务与他人的商品或服务相混淆，造成或足以造成购买者误认或误购的不正当竞争行为。法律保护公平有效的竞争，鼓励经营者在市场上以有利的价格、质

---

① 《民法典》第995条。

量、服务或其他条件去争取交易机会，鼓励经营者通过诚实的和创造性的经营去创造自己的品牌形象和企业形象，树立自己的商业信誉和商品声誉。只有这样，竞争才能带来物质和技术的进步，产生最高的社会效益和经济效益。然而在市场竞争中总有一些不法经营者，置商业道德于不顾，不正当地从事市场交易活动，以获取不法经济利益。商业混淆行为在我国乃至世界上都是最常见、最普遍的不正当竞争行为。商业混淆行为不仅损害诚实经营者的利益，侵犯其知识产权或其他权益，而且还直接损害消费者利益，有的甚至危及消费者的健康和生命安全，扰乱公平竞争秩序，它属一种欺骗性商业行为。因而商业混淆行为被我国《商标法》、《产品质量法》和《反不正当竞争法》明令禁止。与其他不正当竞争行为相比，商业混淆行为具有以下法律特征：1. 行为主体是经营者。2. 经营者采用欺骗手段从事市场竞争，冒充特定竞争对手的产品或服务。3. 经营者的主观心理状态既可能是故意，也可能是过失。

【适用实例】

优信互联（北京）信息技术有限公司等与北京五八信息技术有限公司仿冒纠纷案

优信互联公司、优估公司共同向北京市朝阳区人民法院提出诉讼请求：五八公司立即停止使用“优信”及“优信二手车”字样，且不得将“优信”或“优信二手车”作为搜索链接的关键词。事实和理由：优信互联公司的字号是“优信互联”，其中“优信”承担主要区分识别功能，系字号的核心，“优信”在二手车交易服务领域具有极高知名度且为相关公众知悉，应当得到与整体字号同等的保护。“优信”及“优信二手车”成为二手车市场和行业的知名品牌。2016 年 4 月 2 日，五八公司在搜索引擎及该公司网站源代码中将“优信”“优信二手车”设置为关键词；将百度搜索结果标题修改为“优信二手车/优信二手车直卖网－58 同城”；在该公司官网首页上部醒目位置标注“优信二手车”字样。五八公司主观上具有使相关公众在网络搜索、查询的过程中产生误认的故意，客观上擅自使用“优信”及“优信二手车”字样，利用了二原告的企业信誉，损害了二原告的合法权益，其行为属于不正当竞争行为，依法应予制止。五八公司的行为实质上分享了二原告投入广告的宣传效果，理当分担广告费用，按照二原告广告投放金额的8%赔偿二原告损失。

五八公司辩称：一、优信互联公司和优估公司不具有提起本案诉讼的主体资格。两公司企业字号均非“优信”，亦没有“优信”“优信二手车”的商标权，“优信二手车”也不属于知名商品所特有的名称。二、被告经许可使用“优信”商标。被告将“优信”设置为搜索引擎关键词并在网站上使用“优信”字样，目的是运营二手车业务，属于合法行使商标使用权的行为；被告对“优信”或“优信二手车”在网页中使用仅持续了两三天就已下线。三、“优信”“优信二手车”并非该两公司独占性权利，相反其商标性使用侵犯他人合法权利。“优信”字样已被众多企业作为企业字号、商标或网站名称使用。四、即使该两公司对“优信”或“优信二手车”字样享有某种权利，被告网站与“优信二手车”网站区别明显，不会引起相关公众混淆误认。五、被告作为覆盖全领域的生活服务平台，在国内具有极高的知名度，没有攀附借机宣传自己的主观动机及客观必要。两原告提起诉讼是为攀附被告知名度的“恶意炒作”。

法院认为：关于“优信”是否可以认定为《反不正当竞争法》第5条第3项①规定的企业名称的问题。根据《不正当竞争案件解释》第6条之规定，企业登记主管机关依法登记注册的企业名称，应当认定为“企业名称”；具有一定市场知名度、为相关公众所知悉的企业名称中的字号，可以认定为“企业名称”。另，最高人民法院**指导案例29号**天津中国青年旅行社诉天津国青国际旅行社擅自使用他人企业名称纠纷案裁判要点表明，对于企业长期、广泛对外使用，具有一定市场知名度、为相关公众所知悉，已实际具有商号作用的企业名称简称，可以视为企业名称予以保护。因此，《反不正当竞争法》第5条第3项规定的企业名称，包括企业完整名称、有一定知名度的字号及有一定知名度的企业简称。本案中，“优信”仅为优信互联公司字号中的一部分，不是企业完整名称、亦非完整字号，也不是企业简称。优信互联公司请求将“优信”作为企业名称予以保护，于法无据，不予支持。［（2016）京0105民初17233号］

---

① 《反不正当竞争法》（2019年修正）第6条第3项。

049 指导案例161号

广州王老吉大健康产业有限公司诉加多宝（中国）饮料有限公司虚假宣传纠纷案

一方基于曾经的商标使用许可合同关系及自身贡献等，发布广告语符合客观情况，不存在易使公众误解的可能及不正当占用相关商标知名度和良好商誉的过错，不属虚假宣传

有章

（最高人民法院审判委员会讨论通过　2021年7月23日发布）

关键词：民事/反不正当竞争/虚假宣传/广告语/引人误解/不正当占用商誉

裁判要点

人民法院认定广告是否构成反不正当竞争法规定的虚假宣传行为，应结合相关广告语的内容是否有歧义，是否易使相关公众产生误解以及行为人是否有虚假宣传的过错等因素判断。一方当事人基于双方曾经的商标使用许可合同关系以及自身为提升相关商标商誉所做出的贡献等因素，发布涉案广告语，告知消费者基本事实，符合客观情况，不存在易使相关公众误解的可能，也不存在不正当地占用相关商标的知名度和良好商誉的过错，不构成反不正当竞争法规定的虚假宣传行为。

相关法条

《中华人民共和国反不正当竞争法》（2019年修正）第8条第1款（本案适用的是1993年施行的《中华人民共和国反不正当竞争法》第9条第1款）

基本案情

广州医药集团有限公司（以下简称广药集团）是第626155号、3980709号、9095940号“王老吉”系列注册商标的商标权人。上述商标核定使用的商品种类均为第32类：包括无酒精饮料、果汁、植物饮料等。1995年3月28日、9月14日，鸿道集团有限公司（以下简称鸿道集团）与广州羊城药

业股份有限公司王老吉食品饮料分公司分别签订《商标使用许可合同》和《商标使用许可合同补充协议》，取得独家使用第626155号商标生产销售带有“王老吉”三个字的红色纸包装和罐装清凉茶饮料的使用权。1997年6月14日，陈鸿道被国家专利局授予《外观设计专利证书》，获得外观设计名称为“罐帖”的“王老吉”外观设计专利。2000年5月2日，广药集团（许可人）与鸿道集团（被许可人）签订《商标许可协议》，约定许可人授权被许可人使用第626155号“王老吉”注册商标生产销售红色罐装及红色瓶装王老吉凉茶。被许可人未经许可人书面同意，不得将该商标再许可其他第三者使用，但属被许可人投资（包括全资或合资）的企业使用该商标时，不在此限，但需知会许可人；许可人除自身及其下属企业已生产销售的绿色纸包装“王老吉”清凉茶外，许可人不得在第32类商品（饮料类）上使用“王老吉”商标或授权第三者使用“王老吉”商标，双方约定许可的性质为独占许可，许可期限自2000年5月2日至2010年5月2日止。1998年9月，鸿道集团投资成立东莞加多宝食品饮料有限公司，后更名为广东加多宝饮料食品有限公司。加多宝（中国）饮料有限公司（以下简称加多宝中国公司）成立于2004年3月，属于加多宝集团关联企业。

此后，通过鸿道集团及其关联公司长期多渠道的营销、公益活动和广告宣传，培育红罐“王老吉”凉茶品牌，并获得众多荣誉，如罐装“王老吉”凉茶饮料在2003年被广东省佛山市中级人民法院认定为知名商品，“王老吉”罐装凉茶的装潢被认定为知名商品包装装潢；罐装“王老吉”凉茶多次被有关行业协会等评为“最具影响力品牌”；根据中国行业企业信息发布中心的证明，罐装“王老吉”凉茶在2007—2012年度均获得市场销量或销售额的第一名等等。加多宝中国公司成立后开始使用前述“王老吉”商标生产红色罐装凉茶（罐身对称两面从上至下印有“王老吉”商标）。

2012年5月9日，中国国际经济贸易仲裁委员会对广药集团与鸿道集团之间的商标许可合同纠纷作出终局裁决：（一）《“王老吉”商标许可补充协议》和《关于“王老吉”商标使用许可合同的补充协议》无效；（二）鸿道集团停止使用“王老吉”商标。

2012年5月25日，广药集团与广州王老吉大健康产业有限公司（以下简称大健康公司）签订《商标使用许可合同》，许可大健康公司使用第

3980709号“王老吉”商标。大健康公司在2012年6月份左右，开始生产“王老吉”红色罐装凉茶。

2013年3月，大健康公司在重庆市几处超市分别购买到外包装印有“全国销量领先的红罐凉茶改名加多宝”字样广告语的“加多宝”红罐凉茶产品及标有“全国销量领先的红罐凉茶改名加多宝”字样广告语的手提袋。根据重庆市公证处（2013）渝证字第17516号公证书载明，在“www. womai. com”中粮我买网网站上，有“加多宝”红罐凉茶产品销售，在销售页面上，有“全国销量领先的红罐凉茶改名加多宝”字样的广告宣传。根据（2013）渝证字第20363号公证书载明，在央视网广告频道VIP品牌俱乐部中，亦印有“全国销量领先的红罐凉茶改名加多宝”字样的“加多宝”红罐凉茶产品的广告宣传。2012年5月16日，人民网食品频道以“红罐王老吉改名‘加多宝’配方工艺均不变”为题做了报道。2012年5月18日，搜狐新闻以“红罐王老吉改名加多宝”为题做了报道。2012年5月23日，中国食品报电子版以“加多宝就是以前的王老吉”为题做了报道；同日，网易新闻也以“红罐‘王老吉’正式更名‘加多宝’”为题做了报道，并标注信息来源于《北京晚报》。2012年6月1日，《中国青年报》以“加多宝凉茶全国上市红罐王老吉正式改名”为题做了报道。

大健康公司认为，上述广告内容与客观事实不符，使消费者形成错误认识，请求确认加多宝中国公司发布的包含涉案广告词的广告构成反不正当竞争法规定的不正当竞争，系虚假宣传，并判令立即停止发布包含涉案广告语或与之相似的广告词的电视、网络、报纸和杂志等媒体广告等。

裁判结果

重庆市第五中级人民法院于2014年6月26日作出（2013）渝五中法民初字第00345号民事判决：一、确认被告加多宝中国公司发布的包含“全国销量领先的红罐凉茶改名加多宝”广告词的宣传行为构成不正当竞争的虚假宣传行为；二、被告加多宝中国公司立即停止使用并销毁、删除和撤换包含“全国销量领先的红罐凉茶改名加多宝”广告词的产品包装和电视、网络、视频及平面媒体广告；三、被告加多宝中国公司在本判决生效后十日内在《重庆日报》上公开发表声明以消除影响（声明内容须经本院审核）；四、被告加多宝中国公司在本判决生效后十日内赔偿原告大健康公司经济损失及合理开支40万元；五、驳回原告大健康公司的其他诉讼请求。宣判后，加多宝中国公司和大健康公司提出上诉。重庆市高级人民法院于2015年12月15日作出（2014）渝高法民终字第00318号民事判决，驳回上诉，维持原判。加多宝中国公司不服，向最高人民法院申请再审。最高人民法院于2019年5月28日作出（2017）最高法民再151号民事判决：一、撤销重庆市高级人民法院（2014）渝高法民终字第00318号民事判决；二、撤销重庆市第五中级人民法院（2013）渝五中法民初字第00345号民事判决；三、驳回大健康公司的诉讼请求。

裁判理由

最高人民法院认为，加多宝中国公司使用“全国销量领先的红罐凉茶改名加多宝”广告语的行为是否构成虚假宣传，需要结合具体案情，根据日常生活经验，以相关公众的一般注意力，判断涉案广告语是否片面、是否有歧义，是否易使相关公众产生误解。

首先，从涉案广告语的含义看，加多宝中国公司对涉案广告语“全国销量领先的红罐凉茶改名加多宝”的描述和宣传是真实和符合客观事实的。根据查明的事实，鸿道集团自1995年取得“王老吉”商标的许可使用权后独家生产销售“王老吉”红罐凉茶，直到2012年5月9日中国国际经济贸易仲裁委员会对广药集团与鸿道集团之间的商标许可合同作出仲裁裁决，鸿道集团停止使用“王老吉”商标，在长达十七年的时间内加多宝中国公司及其关联公司作为“王老吉”商标的被许可使用人，通过多年的广告宣传和使用，已经使“王老吉”红罐凉茶在凉茶市场具有很高知名度和美誉度。根据中国行业企业信息发布中心的证明，罐装“王老吉”凉茶在2007—2012年度，均获得市场销量或销售额的第一名。而在“王老吉”商标许可使用期间，广药集团并不生产和销售“王老吉”红罐凉茶。因此，涉案广告语前半部分“全国销量领先的红罐凉茶”的描述与统计结论相吻合，不存在虚假情形，且其指向性也非常明确，指向的是加多宝中国公司及其关联公司生产和销售的“王老吉”红罐凉茶。2012年5月9日，“王老吉”商标许可协议被中国国际经济贸易仲裁委员会裁决无效，加多宝中国公司及其关联公司开始生产“加多宝”红罐凉茶，因此在涉案广告语后半部分宣称“改名加多宝”也是客观事实的描述。

其次，从反不正当竞争法规制虚假宣传的目的看，反不正当竞争法是通过制止对商品或者服务的虚假宣传行为，维护公平的市场竞争秩序。一方面，从不正当竞争行为人的角度分析，侵权人通过对产品或服务的虚假宣传，如对产地、性能、用途、生产期限、生产者等不真实或片面的宣传，获取市场竞争优势和市场机会，损害权利人的利益；另一方面，从消费者角度分析，正是由于侵权人对商品或服务的虚假宣传，使消费者发生误认误购，损害权利人的利益。因此，反不正当竞争法上的虚假宣传立足点在于引人误解的虚假宣传，如果对商品或服务的宣传并不会使相关公众产生误解，则不是反不正当竞争法上规制的虚假宣传行为。本案中，在商标使用许可期间，加多宝中国公司及其关联公司通过多年持续、大规模的宣传使用行为，不仅显著提升了王老吉红罐凉茶的知名度，而且向消费者传递王老吉红罐凉茶的实际经营主体为加多宝中国公司及其关联公司。由于加多宝中国公司及其关联公司在商标许可使用期间生产“王老吉”红罐凉茶已经具有很高知名度，相关公众普遍认知的是加多宝中国公司生产的“王老吉”红罐凉茶，而不是大健康公司于2012年6月份左右生产和销售的“王老吉”红罐凉茶。在加多宝中国公司及其关联公司不再生产“王老吉”红罐凉茶后，加多宝中国公司使用涉案广告语实际上是向相关公众行使告知义务，告知相关公众以前的“王老吉”红罐凉茶现在商标已经为加多宝，否则相关公众反而会误认为大健康公司生产的“王老吉”红罐凉茶为原来加多宝中国公司生产的“王老吉”红罐凉茶。因此，加多宝中国公司使用涉案广告语不存在易使相关公众误认误购的可能性，反而没有涉案广告语的使用，相关公众会发生误认误购的可能性。

再次，涉案广告语“全国销量领先的红罐凉茶改名加多宝”是否不正当地完全占用了“王老吉”红罐凉茶的知名度和良好商誉，使“王老吉”红罐凉茶无形中失去了原来拥有的知名度和商誉，并使相关公众误认为“王老吉”商标已经停止使用或不再使用。其一，虽然“王老吉”商标知名度和良好声誉是广药集团作为商标所有人和加多宝中国公司及其关联公司共同宣传使用的结果，但是“王老吉”商标知名度的提升和巨大商誉却主要源于加多宝中国公司及其关联公司在商标许可使用期间大量的宣传使用。加多宝中国公司使用涉案广告语即便占用了“王老吉”商标的一部分商誉，但由于“王老吉”商标商誉主要源于加多宝中国公司及其关联公司的贡献，因此这种占用具有一定合理性。其二，广药集团收回“王老吉”商标后，开始授权许可大健康公司生产“王老吉”红罐凉茶，这种使用行为本身即已获得了王老吉商标商誉和美誉度。其三，2012 年 6 月大健康公司开始生产“王老吉”红罐凉茶，因此消费者看到涉案广告语客观上并不会误认为“王老吉”商标已经停止使用或不再使用，凝结在“王老吉”红罐凉茶上的商誉在大健康公司生产“王老吉”红罐凉茶后，自然为大健康公司所享有。其四，大健康公司是在商标许可合同仲裁裁决无效后才开始生产“王老吉”红罐凉茶，此前其并不生产红罐凉茶，因此涉案广告语并不能使其生产的“王老吉”红罐凉茶无形中失去了原来拥有的知名度和商誉。

本案中，涉案广告语虽然没有完整反映商标许可使用期间以及商标许可合同终止后，加多宝中国公司为何使用、终止使用并变更商标的相关事实，确有不妥，但是加多宝中国公司在商标许可合同终止后，为保有在商标许可期间其对“王老吉”红罐凉茶商誉提升所做出的贡献而享有的权益，将“王老吉”红罐凉茶改名“加多宝”的基本事实向消费者告知，其主观上并无明显不当；在客观上，基于广告语的简短扼要特点，以及“王老吉”商标许可使用情况、加多宝中国公司及其关联公司对提升“王老吉”商标商誉所做出的巨大贡献，消费者对王老吉红罐凉茶实际经营主体的认知，结合消费者的一般注意力、发生误解的事实和被宣传对象的实际情况，加多宝中国公司使用涉案广告语并不产生引人误解的效果，并未损坏公平竞争的市场秩序和消费者的合法权益，不构成虚假宣传行为。即便部分消费者在看到涉案广告语后有可能会产生“王老吉”商标改为“加多宝”商标，原来的“王老吉”商标已经停止使用或不再使用的认知，也属于商标许可使用关系中商标控制人与实际使用人相分离后，尤其是商标许可关系终止后，相关市场可能产生混淆的后果，但该混淆的后果并不必然产生反不正当竞争法上的“引人误解”的效果。

（生效裁判审判人员：王艳芳、钱小红、杜微科）

【实务问答】

1. 如何认定虚假宣传行为？

《反不正当竞争法》第 8 条规定，经营者不得对其商品的性能、功能、质量、销售状况、用户评价、曾获荣誉等作虚假或者引人误解的商业宣传，欺骗、误导消费者。经营者不得通过组织虚假交易等方式，帮助其他经营者进行虚假或者引人误解的商业宣传。

虚假宣传，是指在商业活动中经营者利用广告或其他方法对商品或者服务作出与实际内容不相符的虚假信息，导致客户或消费者误解的行为。从《反不正当竞争法》规制虚假宣传的目的看，其是通过制止对商品或者服务的虚假宣传行为，来维护公平的市场竞争秩序。在虚假宣传行为的认定中，需要坚持保护经营者和消费者权益的目的，准确把握竞争关系与宣传行为。关于竞争关系，应解释为包括直接竞争和间接竞争关系。而宣传行为的不正当性则包括经营者实施了虚假或引人误解的宣传、特定竞争者或消费者的权益受到了损害。这种损害，从不正当竞争行为人的角度看，侵权人通过对产品或者服务的虚假宣传，如对产地、性能、用途、生产期限、生产者等进行不真实或者片面的宣传，获取市场竞争优势和市场机会，损害了其他经营者合法利益；从消费者的角度看，正是由于侵权人对商品或者服务的虚假宣传，易使消费者发生误认误购，损害了其他经营者的合法利益。

司法实践中，最高人民法院在（2007）民三终字第 2 号民事判决也归纳了虚假宣传的三个要件：当事人之间具有竞争关系；有关宣传内容足以造成相关公众误解；对经营者造成了直接损害。（1）竞争关系方面。《最高人民法院公报》2010 年第 8 期案例“北京百度网讯科技有限公司、中国联合网络通信有限公司青岛市分公司、中国联合网络通信有限公司山东省分公司、青岛鹏飞国际航空旅游服务有限公司不正当竞争纠纷案”，将竞争关系的定义从狭义竞争关系转变为广义竞争关系，该案裁判摘要显示：“确定市场主体之间竞争关系的存在，不以二者属同一行业或服务类别为限，如果二者在市场竞争中存在一定联系或者一方的行为不正当地妨碍了另一方的正当经营活动并损害其合法权益，则应肯定二者之间存在竞争关系”。此后，地方法院对竞争关系的理解也逐渐走向包括直接与间接的广义范畴。(2) 宣传内容足以造成相关公众误解，即虚假或者引人误解的商业宣传，欺骗、误导了消费者。该要件包括两方面含义，一是需要存在虚假或者引人误解的商业宣传行为，而商业宣传是否虚假或引人误解一般以日常经验结合法律进行理解、判断。二是足以造成相关公众误解（欺骗、误导消费者）。判断某行为是否构成引人误解的虚假宣传的核心在于从消费者角度看是否会引人误解。经营者为推销商品而向市场提供的宣传性信息，若内容不真实，一般应认定为引人误解的虚假宣传；若内容真实但不准确或不全面，可能导致相关消费者产生错误认识，误认为商品或服务具有本不存在的品质特征或其他特点，使经营者由此得到利益或者竞争优势，此时也应认定该商品经营者违反诚实信用原则，实施了引人误解的虚假宣传。(3) 对经营者造成损害。现实中，很多虚假宣传行为是一种抽象竞争，虚假宣传主体希望通过虚假宣传获得了更多消费者。对经营者而言，消费者的流失虽非直接损失，但造成的损失却是真实存在的。为此，实务界逐渐放弃“直接损害”的标准而转为采用有受到损害的可能即可的标准，也有部分案例不再论证该要件。在本指导案例中，最高人民法院即论述“从反不正当竞争法规制虚假宣传的目的看，其并不以被侵权人的直接损害为要件判断虚假宣传行为是否成立”。

2.《广告法》关于虚假广告是如何规定的?

广告是宣传的主要方式，虚假广告也是虚假宣传行为最主要、最常见的类型。《广告法》对虚假广告也作了相关规定。2021 年修正的《广告法》第 28 条第 1 款即规定，广告以虚假或者引人误解的内容欺骗、误导消费者的，构成虚假广告。关于虚假广告的判断，即判断广告是否构成虚假广告，需要结合以下要点进行：一是主体方面，应限定为提供产品或服务的经营者或专门进行广告活动的广告主、广告代理制作者和广告发布者等宣传主体。二是行为方面，即在客观上对其商品或服务做虚假广告或以其他方式进行了虚假的宣传。三是结果方面，虚假宣传达到了引人误解的程度，对交易决策具有实质影响。四是主观方面，广告经营者在明知或应知情况下对虚假广告负法律责任；广告主则无论其主观上处于何种状态，均应对虚假广告负法律责任。就虚假广告而言，《广告法》（2021年修正）第28条第2款列举了一些常见情形：（1）商品或者服务不存在的；（2）商品的性能、功能、产地、用途、质量、规格、成分、价格、生产者、有效期限、销售状况、曾获荣誉等信息，或者服务的内容、提供者、形式、质量、价格、销售状况、曾获荣誉等信息，以及与商品或者服务有关的允诺等信息与实际情况不符，对购买行为有实质性影响的；（3）使用虚构、伪造或者无法验证的科研成果、统计资料、调查结果、文摘、引用语等信息作证明材料的；（4）虚构使用商品或者接受服务的效果的；（5）以虚假或者引人误解的内容欺骗、误导消费者的其他情形。

3. 如何判断被许可人使用原商誉的宣传是否属虚假宣传？

近年来，随着市场经济的逐步发展，商标、商誉等的市场价值快速增长。而在商标使用许可协议终止后，实际创造了口碑、影响力、市场销售数据等商誉的被许可人能否通过商业宣传将其作出的贡献“移植”，是值得关注的问题。本指导案例则明确了商标许可协议终止后，被许可人使用商标许可期间所形成的商誉进行商业宣传是否构成虚假宣传的判断标准。根据该案的判决，商标被许可人使用之前商誉进行商业宣传，不被认定属虚假宣传的，需要满足以下三个条件：一是被使用的商誉主要由被许可人创造。一般而言，独占许可中，生产、经营及产品包装装潢等的设计、宣传、推广都由独占被许可人负责，相关商誉自然应属被许可人创造。但若为普通许可，商誉一般不会被直接认定由被许可人创造。二是被许可人利用原商誉进行商业宣传需告知消费者相关基本事实，且宣传内容符合客观情况，不存在易使人误解的可能。三是被许可人利用原商誉进行商业宣传，对相关商标知名度和良好商誉未造成损害或存在过错。一般而言，商标注册人在收回注册商标前自己并未生产、销售相关商品并形成相应的知名度、美誉度，被许可人利用原商誉的宣传行为则不应被认为对相关商标知名度和声誉造成损害的行为。

050 指导案例 45 号

北京百度网讯科技有限公司诉青岛奥商网络技术有限公司等不正当竞争纠纷案

在其他网站搜索结果页面强行弹出广告，有违诚信原则和商业道德，可依照《反不正当竞争法》的原则性规定认定为不正当竞争

（最高人民法院审判委员会讨论通过 2015 年 4 月 15 日发布）

关键词：民事/不正当竞争/网络服务/诚信原则

裁判要点

从事互联网服务的经营者，在其他经营者网站的搜索结果页面强行弹出广告的行为，违反诚实信用原则和公认商业道德，妨碍其他经营者正当经营并损害其合法权益，可以依照《中华人民共和国反不正当竞争法》第二条的原则性规定认定为不正当竞争。

相关法条

《中华人民共和国反不正当竞争法》第二条

基本案情

原告北京百度网讯科技有限公司（以下简称百度公司）诉称：其拥有的www. baidu. com 网站（以下简称百度网站）是中文搜索引擎网站。三被告青岛奥商网络技术有限公司（以下简称奥商网络公司）、中国联合网络通信有限公司青岛市分公司（以下简称联通青岛公司）、中国联合网络通信有限公司山东省分公司（以下简称联通山东公司）在山东省青岛地区，利用网通的互联网接入网络服务，在百度公司网站的搜索结果页面强行增加广告的行为，损害了百度公司的商誉和经济效益，违背了诚实信用原则，构成不正当竞争。请求判令：1. 奥商网络公司、联通青岛公司的行为构成对原告的不正

当竞争行为，并停止该不正当竞争行为；第三人承担连带责任；2. 三被告在报上刊登声明以消除影响；3. 三被告共同赔偿原告经济损失480万元和因本案的合理支出10万元。

被告奥商网络公司辩称：其不存在不正当竞争行为，不应赔礼道歉和赔偿480万元。

被告联通青岛公司辩称：原告没有证据证明其实施了被指控行为，没有提交证据证明遭受的实际损失，原告与其不存在竞争关系，应当驳回原告全部诉讼请求。

被告联通山东公司辩称：原告没有证据证明其实施了被指控的不正当竞争或侵权行为，承担连带责任没有法律依据。

第三人青岛鹏飞国际航空旅游服务有限公司（以下简称鹏飞航空公司）述称：本案与第三人无关。

法院经审理查明：百度公司经营范围为互联网信息服务业务，核准经营网址为www.baidu.com的百度网站，主要向网络用户提供互联网信息搜索服务。奥商网络公司经营范围包括网络工程建设、网络技术应用服务、计算机软件设计开发等，其网站为www.og.com.cn。该公司在上述网站“企业概况”中称其拥有4个网站：中国奥商网（www.og.com.cn）、讴歌网络营销伴侣（www.og.net.cn）、青岛电话实名网（www.0532114.org）、半岛人才网（www.job17.com）。该公司在其网站介绍其“网络直通车”业务时称：无需安装任何插件，广告网页强制出现。介绍“搜索通”产品表现形式时，以图文方式列举了下列步骤：第一步在搜索引擎对话框中输入关键词；第二步优先出现网络直通车广告位（5秒钟展现）；第三步同时点击上面广告位直接进入宣传网站新窗口；第四步5秒后原窗口自动展示第一步请求的搜索结果。该网站还以其他形式介绍了上述服务。联通青岛公司的经营范围包括因特网接入服务和信息服务等，青岛信息港（域名为qd.sd.cn）为其所有的网站。“电话实名”系联通青岛公司与奥商公司共同合作的一项语音搜索业务，网址为www.0532114.org的“114电话实名语音搜索”网站表明该网站版权所有人为联通青岛公司，独家注册中心为奥商网络公司。联通山东公司经营范围包括因特网接入服务和信息服务业务。其网站（www.sdcnc.cn）显示，联通青岛公司是其下属分公司。鹏飞航空公司经营范围包括航空机票销售代理等。

2009 年 4 月 14 日，百度公司发现通过山东省青岛市网通接入互联网，登录百度网站（www. baidu. com），在该网站显示对话框中：输入“鹏飞航空”，点击“百度一下”，弹出显示有“打折机票抢先拿就打 114”的页面，迅速点击该页面，打开了显示地址为 http：//air. qd. sd. cn/的页面；输入“青岛人才网”，点击“百度一下”，弹出显示有“找好工作到半岛人才网 www. job17. com”的页面，迅速点击该页面中显示的“马上点击”，打开了显示地址为 http：//www. job17. com/的页面；输入“电话实名”，点击“百度一下”，弹出显示有“查信息打 114，语音搜索更好用”的页面，随后该页面转至相应的“电话实名”搜索结果页面。百度公司委托代理人利用公证处的计算机对登录百度搜索等网站操作过程予以公证，公证书记载了前述内容。经专家论证，所链接的网站（http：//air. qd. sd. cn/）与联通山东公司的下属网站青岛信息港（www. qd. sd. cn）具有相同域（qd. sd. cn），网站 air. qd. sd. cn 是联通山东公司下属网站青岛站点所属。

裁判结果

山东省青岛市中级人民法院于 2009 年 9 月 2 日作出（2009）青民三初字第 110 号民事判决：一、奥商网络公司、联通青岛公司于本判决生效之日起立即停止针对百度公司的不正当竞争行为，即不得利用技术手段，使通过联通青岛公司提供互联网接入服务的网络用户，在登录百度网站进行关键词搜索时，弹出奥商网络公司、联通青岛公司的广告页面；二、奥商网络公司、联通青岛公司于本判决生效之日起十日内赔偿百度公司经济损失 20 万元；三、奥商网络公司、联通青岛公司于本判决生效之日起十日内在各自网站首页位置上刊登声明以消除影响，声明刊登时间应为连续的十五天；四、驳回百度公司的其他诉讼请求。宣判后，联通青岛公司、奥商网络公司提起上诉。山东省高级人民法院于 2010 年 3 月 20 日作出（2010）鲁民三终字第 5 - 2 号民事判决，驳回上诉，维持原判。

裁判理由

法院生效裁判认为：本案百度公司起诉奥商网络公司、联通青岛公司、联通山东公司，要求其停止不正当竞争行为并承担相应的民事责任。据此，判断原告的主张能否成立应按以下步骤进行：一、本案被告是否实施了被指控的行为；二、如果实施了被指控行为，该行为是否构成不正当竞争；三、如果构成不正当竞争，如何承担民事责任。

一、关于被告是否实施了被指控的行为

域名是互联网络上识别和定位计算机的层次结构式的字符标识。根据查明的事实，www. job17. com 系奥商网络公司所属的半岛人才网站，“电话实名语音搜索”系联通青岛公司与奥商网络公司合作经营的业务。域名 qd. sd. cn 属于联通青岛公司所有，并将其作为“青岛信息港”的域名实际使用。air. qd. sd. cn 作为 qd. sd. cn 的子域，是其上级域名 qd. sd. cn 分配与管理的。联通青岛公司作为域名 qd. sd. cn 的持有人否认域名 air. qd. sd. cn 为其所有，但没有提供证据予以证明，应认定在公证保全时该子域名的使用人为联通青岛公司。

在互联网上登录搜索引擎网站进行关键词搜索时，正常出现的应该是搜索引擎网站搜索结果页面，不应弹出与搜索引擎网站无关的其他页面，但是在联通青岛公司所提供的网络接入服务网络区域内，却出现了与搜索结果无关的广告页面强行弹出的现象。这种广告页面的弹出并非接入互联网的公证处计算机本身安装程序所导致，联通青岛公司既没有证据证明在其他网络接入服务商网络区域内会出现同样情况，又没有对在其网络接入服务区域内出现的上述情况给予合理解释，可以认定在联通青岛公司提供互联网接入服务的区域内，对于网络服务对象针对百度网站所发出的搜索请求进行了人为干预，使干预者想要发布的广告页面在正常搜索结果页面出现前强行弹出。

关于上述干预行为的实施主体问题，从查明的事实来看，奥商网络公司在其主页中对其“网络直通车”业务的介绍表明，其中关于广告强行弹出的介绍与公证保全的形式完全一致，且公证保全中所出现的弹出广告页面“半岛人才网”“114 电话语音搜索”均是其正在经营的网站或业务。因此，奥商网络公司是该干预行为的受益者，在其没有提供证据证明存在其他主体为其实施上述广告行为的情况下，可以认定奥商网络公司是上述干预行为的实施主体。

关于联通青岛公司是否被控侵权行为的实施主体问题，奥商网络公司这种干预行为不是通过在客户端计算机安装插件、程序等方式实现，而是在特定网络接入服务区域内均可实现，因此这种行为如果没有网络接入服务商的配合则无法实现。联通青岛公司没有证据证明奥商网络公司是通过非法手段干预其互联网接入服务而实施上述行为。同时，联通青岛公司是域名air. qd. sd. cn的所有人，因持有或使用域名而侵害他人合法权益的责任，由域名持有者承担。联通青岛公司与奥商网络公司合作经营电话实名业务，即联通青岛公司也是上述行为的受益人。因此，可以认定联通青岛公司也是上述干预行为的实施主体。

关于联通山东公司是否实施了干预行为，因联通山东公司、联通青岛公司同属于中国联合网络通信有限公司分支机构，无证据证明两公司具有开办和被开办的关系，也无证据证明联通山东公司参与实施了干预行为，联通青岛公司作为民事主体有承担民事责任的资格，故对联通山东公司的诉讼请求，不予支持。百度公司将鹏飞航空公司作为本案第三人，但是在诉状及庭审过程中并未指出第三人有不正当竞争行为，也未要求第三人承担民事责任，故将鹏飞航空公司作为第三人属于列举当事人不当，不予支持。

二、关于被控侵权行为是否构成不正当竞争

《中华人民共和国反不正当竞争法》（简称《反不正当竞争法》）第二章第五条至第十五条[①]，对不正当竞争行为进行了列举式规定，对于没有在具体条文中列举的行为，只有按照公认的商业道德和普遍认识能够认定违反该法第二条原则性规定时，才可以认定为不正当竞争行为。判断经营者的行为构成不正当竞争，应当考虑以下方面：一是行为实施者是反不正当竞争法意义上的经营者；二是经营者从事商业活动时，没有遵循自愿、平等、公平、诚实信用原则，违反了反不正当竞争法律规定和公认的商业道德；三是经营者的不正当竞争行为损害正当经营者的合法权益。

---

① 《反不正当竞争法》（2019年修正）第二章第6条至第12条。

首先，根据《反不正当竞争法》第二条有关经营者的规定，经营者的确定并不要求原、被告属同一行业或服务类别，只要是从事商品经营或者营利性服务的市场主体，就可成为经营者。联通青岛公司、奥商网络公司与百度公司均属于从事互联网业务的市场主体，属于反不正当竞争法意义上的经营者。虽然联通青岛公司是互联网接入服务经营者，百度公司是搜索服务经营者，服务类别上不完全相同，但是联通青岛公司实施的在百度搜索结果出现之前弹出广告的商业行为，与百度公司的付费搜索模式存在竞争关系。

其次，在市场竞争中存在商业联系的经营者，违反诚信原则和公认商业道德，不正当地妨碍了其他经营者正当经营，并损害其他经营者合法权益的，可以依照《反不正当竞争法》第二条的原则性规定，认定为不正当竞争。尽管在互联网上发布广告、进行商业活动与传统商业模式有较大差异，但是从事互联网业务的经营者仍应当通过诚信经营、公平竞争来获得竞争优势，不能未经他人许可，利用他人的服务行为或市场份额来进行商业运作并从中获利。联通青岛公司与奥商网络公司实施的行为，是利用了百度网站搜索引擎在我国互联网用户中被广泛使用优势，利用技术手段，让使用联通青岛公司提供互联网接入服务的网络用户，在登录百度网站进行关键词搜索时，在正常搜索结果显示前强行弹出奥商公司发布的与搜索的关键词及内容有紧密关系的广告页面。这种行为诱使本可能通过百度公司搜索结果检索相应信息的网络用户点击该广告页面，影响了百度公司向网络用户提供付费搜索服务与推广服务，属于利用百度公司提供的搜索服务来为自己牟利。该行为既没有征得百度公司同意，又违背了使用其互联网接入服务用户的意志，容易导致上网用户误以为弹出的广告页面系百度公司所为，会使上网用户对百度公司提供服务的评价降低，对百度公司的商业信誉产生不利影响，损害了百度公司的合法权益，同时也违背了诚实信用和公认的商业道德，已构成不正当竞争。

三、关于民事责任的承担

由于联通青岛公司与奥商网络公司共同实施了不正当竞争行为，依照

《中华人民共和国民法通则》第一百三十条①的规定应当承担连带责任。依照《中华人民共和国民法通则》第一百三十四条②、《反不正当竞争法》第二十条③的规定，应当承担停止侵权、赔偿损失、消除影响的民事责任。首先，奥商网络公司、联通青岛公司应当立即停止不正当竞争行为，即不得利用技术手段使通过联通青岛公司提供互联网接入服务的网络用户，在登录百度网站进行关键词搜索时，弹出两被告的广告页面。其次，根据原告为本案支出的合理费用、被告不正当竞争行为的情节、持续时间等，酌定两被告共同赔偿经济损失20万元。最后，互联网用户在登录百度进行搜索时，面对弹出的广告页面，通常会认为该行为系百度公司所为。因此两被告的行为给百度公司造成了一定负面影响，应当承担消除影响的民事责任。由于该行为发生在互联网上，且发生在联通青岛公司提供互联网接入服务的区域内，故确定两被告应在其各自网站的首页上刊登消除影响的声明。

【实务问答】

在网络社会中，如何判断网络服务是否构成不正当竞争，是一个不可回避的问题。该指导案例是因干扰搜索引擎服务引起的不正当竞争纠纷案件。在实务中应当如何判断网络服务经营者是否采用不正当手段从事市场交易，进而损害竞争对手？确定网络服务行为主体、网络服务经营者之间是否存在竞争关系、行为是否构成不正当竞争是关键。

1. 如何确定网络服务行为的主体？

将网络侵权行为按照实施主体进行分类，可以分为个人侵权、商业公司侵权、网络公司侵权三种。本指导案例属第三种。因网络公司的IP地址是不可能随时变化的，而且是通过为用户提供网络服务而直接受益、获利，因而，网络行为主体的确定就可根据IP地址、域名拥有者或经营者、网络行为的受益者来认定。本指导案例中，联通青岛公司作为域名qd. sd. cn的持有人，否认子域名air. qd. sd. cn为其所有，但并未提供证据证明，故应认定联通青岛

---

① 《民法典》第1168条。

② 《民法典》第179条。

③ 《反不正当竞争法》（2019年修正）第17条。

公司为 air. qd. sd. cn 的经营者，进而确定为网络服务行为的主体。

2. 如何认定经营者之间的竞争关系？

不正当竞争行为的要件之一是当事人之间存在直接或间接的竞争。如何正确理解“竞争关系”问题，是能否适用《反不正当竞争法》的关键。《反不正当竞争法》是对商标侵权、企业名称侵权、侵犯商业秘密、虚假广告等不正当商业行为的兜底法，是各类侵权行为不能适用专门法时的最后保护屏障，应概括适用。实践中对竞争关系的认定亦应宽泛，特别是对潜在竞争关系的认定甚至更为宽泛，以期更好地保护经营者、消费者和社会大众。可以说，确定市场主体间竞争关系的存在，不以二者属同一行业或服务类别为限。只要二者在市场竞争中存在一定联系或一方行为不正当地妨碍到另一方正当经营活动并损害其合法权益，应认定二者之间存在竞争关系。本指导案例中，联通青岛公司虽与百度公司主营业务服务类别不完全相同，但不妨碍确定联通青岛公司实施的在百度搜索结果出现之前弹出广告的商业行为与百度公司的付费搜索模式之间存在竞争关系。

3. 如何认定不正当竞争行为？

《反不正当竞争法》第二章对于不正当竞争行为进行了列举式规定，一般来讲，在特别规定中做列举保护的，一般不再根据该法第 2 条规定扩张其保护范围。但由于社会发展迅速，新情况、新技术层出不穷，竞争的方式和竞争的领域也在不断地增多与扩大，旧有的传统的不正当竞争手段、方式也在不断地变化与翻新，并以新的形式与面貌出现，现代新的不正当竞争的手段也将随之不断产生。可以说，法律文本规定在不正当竞争行为方面存在一定滞后性。为此，对没有在具体条文中规定但当事人认为构成不正当竞争的行为，法院适用《反不正当竞争法》第 2 条的原则性规定对此进行判断，并界定自由、公平竞争与不正当竞争的关系，最终按商业标准和普遍认识判定是否构成不正当竞争是非常必要的。本指导案例中，百度网站搜索引擎在我国互联网用户中有很高的市场知名度，而联通青岛公司利用技术手段，强行弹出其投放的与搜索的关键词及内容有紧密关系的广告页面，诱使本可能通过百度公司搜索结果检索相应信息的网络用户点击该广告页面，对百度公司按照自己意志向网络用户提供付费搜索服务与推广服务的经营活动造成了影响，无疑会导致百度网站上付费搜索客户流失，属利用百度公司的市场知名度来为自己牟利的行为。该行为破坏了百度公司的商业运作模式，损害其经济利益，亦会导致上网用户误以为弹出的广告页面系百度公司所为，使上网用户对百度公司所提供服务的评价降低，对其商业信誉产生一定不利影响，同时也违背了诚实信用、公平交易的市场行为准则和公认的商业道德。故应适用《反不正当竞争法》第2条原则性规定予以制止。

【适用实例】

北京爱奇艺科技有限公司与杭州飞益信息科技有限公司等不正当竞争纠纷上诉案

上诉人北京爱奇艺科技有限公司（以下简称爱奇艺公司）、杭州飞益信息科技有限公司（以下简称飞益公司）、吕某峰、胡某敏因不正当竞争纠纷一案，不服上海市徐汇区人民法院一审判决，向上海知识产权法院提起上诉。

一审法院认为：关于爱奇艺公司指控飞益公司、吕某峰、胡某敏通过技术手段增加爱奇艺网站视频访问量的行为是否构成不正当竞争的问题。《反不正当竞争法》第2条规定，经营者在生产经营活动中，应当遵循自愿、平等、公平、诚实信用的原则，遵守法律与公认的商业道德。本法所称的不正当竞争，是指经营者违反本法规定，损害其他经营者的合法权益，扰乱社会经济秩序的行为。本法所称的经营者，是指从事商品经营或者营利性服务（以下所称商品包括服务）的法人、其他经济组织和个人。

飞益公司、吕某峰、胡某敏主张，《反不正当竞争法》明确列举了各类不正当竞争行为，通过技术手段增加视频访问量的行为未在禁止之列，故不受该法规制。法院认为，爱奇艺公司指控的涉案行为确实不在《反不正当竞争法》列明的不正当竞争行为中，但是不正当竞争行为的现实情形纷繁多样，《反不正当竞争法》只对修法时显现的具有稳定性的不正当竞争行为作出了明确规定，而对于未显现的以及其他阶段性的非类型化不正当竞争行为，人民法院可以依据该法第2条予以认定。最高人民法院**指导案例45号**的裁判要点指出违反诚实信用原则和公认商业道德，妨碍其他经营者正当经营并损害其合法权益，可以依照《反不正当竞争法》第2条的原则性规定认定为不正当竞争，上述审判原则本案应予参照，故飞益公司、吕某峰、胡某敏上述辩称意见，一审法院不予采纳。《反不正当竞争法》第2条作为原则性条款，受其规制的行为应当符合如下条件：(1) 属于经营者实施的市场竞争行为。(2) 违反市场经济竞争原则而具有不正当性。(3) 损害了其他经营者合法权益。飞益公司、吕某峰、胡某敏在市场竞争中，分工合作，共同实施通过技术手段干扰、破坏爱奇艺公司运营的爱奇艺网站的访问数据，违反公认的商业道德，损害爱奇艺公司以及消费者的合法权益，根据《反不正当竞争法》第2条规定，构成不正当竞争。

关于涉案视频刷量行为是否属于不正当竞争行为及其法律适用的问题，二审法院认为：一方面，我国《反不正当竞争法》采取的是一般条款与列举性规定相结合的立法体例，一般条款中具有指引和约束法官行使裁量权的实质性内涵和要素，一般条款的适用能够确保法律对于新发展和新需求的适应性，确保法律调整的灵活性和及时性，因此，一般条款是认定法律未列举行为的开放性依据，具有概括适用于未列举情形和保持开放性的功能。另一方面，《反不正当竞争法》作为规范市场竞争秩序的法律，更取向于维护竞争自由和市场效率。而现代社会层出不穷的新技术和新商业模式，究竟是促进了自由竞争，提高了市场效率，还是带来了完全相反的结果，可能需要更为周密的分析和利益平衡。因此，对《反不正当竞争法》一般条款的适用，更应当秉持谦抑的司法态度，对竞争行为保持有限干预和司法克制理念，严格把握一般条款的适用条件，以避免不适当干预而阻碍市场的自由竞争。一般情况下，对《反不正当竞争法》一般条款的适用应当秉持以下原则：其一，适用《反不正当竞争法》一般条款调整的行为，不是《反不正当竞争法》列举的不正当竞争行为，而其他专门法也未对该种行为作出特别的规定。其二，以《反不正当竞争法》一般条款认定法律未列举的不正当竞争行为时，必须以《反不正当竞争法》一般条款规定的构成元素作为必要的约束和指引，进行综合衡量和判断，其考量要素包括：(1) 是否因为违反了自愿、平等、公平、诚实信用原则和公认的商业道德而具有不正当性。(2) 是否存在竞争性损害，特别是对于市场竞争机制是否构成损害。

就本案而言，首先，《反不正当竞争法》第2条规定，经营者在生产经营活动中，应当遵循自愿、平等、公平、诚实信用的原则，遵守公认的商业道德。本法所称的不正当竞争，是指经营者违反本法规定，损害其他经营者的合法权益，扰乱社会经济秩序的行为。本法所称的经营者，是指从事商品经营或者营利性服务（以下所称商品包括服务）的法人、其他经济组织和个人。上述法律规定表明，经营者的市场交易行为受《反不正当竞争法》的规制，经营者之间是否构成同业竞争关系，并非判断是否构成不正当竞争行为的法定要件，故涉案视频刷量行为作为一种市场交易行为，是否属于不正当竞争行为，仍应根据《反不正当竞争法》的具体规定进行判断。飞益公司不构成对爱奇艺公司不正当竞争的上诉意见，不予采纳。

其次，如上文所言，关于涉案视频刷量行为应否适用《反不正当竞争法》第2条予以调整的问题，首先应当判断涉案视频刷量行为是否属于《反不正当竞争法》第二章列举的不正当竞争行为，而其他专门法也未对该种行为作出特别的规定。《反不正当竞争法》第9条①规定，经营者不得利用广告或者其他方法，对商品的质量、制作成分、性能、用途、生产者、有效期限、产地等作引人误解的虚假宣传。本案中，虚构视频点击量的行为，实质上造成了相关公众对虚构点击量视频的质量、播放数量、关注度等的虚假认知，起到了吸引消费者的目的，因此，虚构视频点击量仅是经营者进行虚假宣传的一项内容，故应当按照虚假宣传予以处理，因此，虚构视频点击量的行为属于《反不正当竞争法》第9条所规制的"虚假宣传"的不正当竞争行为。

再次，本案中，飞益公司、吕某峰、胡某敏作为通过技术手段增加视频点击量的经营者，知道其通过技术手段增加的视频点击量既未实际播放亦无真实受众，属于虚构的视频点击量，而虚构视频点击量，会造成相关公众对虚构点击量视频的质量、播放数量、关注度等的虚假认知，从而产生引人误解的虚假宣传的后果，但飞益公司、吕某峰、胡某敏仍根据他人虚构视频点击量的要求，实施了通过技术手段增加视频点击量的涉案视频刷

① 《反不正当竞争法》（2019年修正）第8条。

量行为，飞益公司、吕某峰、胡某敏的上述行为属于《侵权责任法》第9条①规定的，帮助他人实施引人误解的虚假宣传的行为，应当与行为人承担连带责任。法院对于飞益公司、吕某峰、胡某敏关于涉案视频刷量行为系视频营销方委托实施，相关责任应由视频营销委托方单独承担的上诉意见，不予采纳。

综上，虚构视频点击量属于《反不正当竞争法》第二章第9条②明确列举的虚假宣传行为，而根据《侵权责任法》第9条的规定，飞益公司、吕某峰、胡某敏的涉案视频刷量行为属于帮助他人实施引人误解的虚假宣传，故根据现有法律法规，完全可以对飞益公司、吕某峰、胡某敏涉案视频刷量行为予以处理，无须引用《反不正当竞争法》第2条另行评判，一审法院对于虚构视频点击量属于不正当竞争行为的认定本身并无不当，但在反不正当竞争法具体条款的适用上略有瑕疵，特此说明。[（2019）沪73民终4号]

051 指导案例78号

北京奇虎科技有限公司诉腾讯科技（深圳）有限公司、深圳市腾讯计算机系统有限公司滥用市场支配地位纠纷案

市场份额只是判断互联网领域市场支配地位的一项较粗糙且可能具有误导性的指标，认定市场支配力须根据案件具体情况确定

（最高人民法院审判委员会讨论通过　2017年3月6日发布）

有章

关键词：民事／滥用市场支配地位／垄断／相关市场

① 《民法典》第1169条。

② 《反不正当竞争法》（2019年修正）第8条。

裁判要点

1. 在反垄断案件的审理中，界定相关市场通常是重要的分析步骤。但是，能否明确界定相关市场取决于案件具体情况。在滥用市场支配地位的案件中，界定相关市场是评估经营者的市场力量及被诉垄断行为对竞争影响的工具，其本身并非目的。如果通过排除或者妨碍竞争的直接证据，能够对经营者的市场地位及被诉垄断行为的市场影响进行评估，则不需要在每一个滥用市场支配地位的案件中，都明确而清楚地界定相关市场。2. 假定垄断者测试（HMT）是普遍适用的界定相关市场的分析思路。在实际运用时，假定垄断者测试可以通过价格上涨（SSNIP）或质量下降（SSNDQ）等方法进行。互联网即时通信服务的免费特征使用户具有较高的价格敏感度，采用价格上涨的测试方法将导致相关市场界定过宽，应当采用质量下降的假定垄断者测试进行定性分析。3. 基于互联网即时通信服务低成本、高覆盖的特点，在界定其相关地域市场时，应当根据多数需求者选择商品的实际区域、法律法规的规定、境外竞争者的现状及进入相关地域市场的及时性等因素，进行综合评估。4. 在互联网领域中，市场份额只是判断市场支配地位的一项比较粗糙且可能具有误导性的指标，其在认定市场支配力方面的地位和作用必须根据案件具体情况确定。

相关法条

《中华人民共和国反垄断法》第十七条、第十八条、第十九条

基本案情

北京奇虎科技有限公司（以下简称奇虎公司）、奇智软件（北京）有限公司于2010年10月29日发布扣扣保镖软件。2010年11月3日，腾讯科技（深圳）有限公司（以下简称腾讯公司）发布《致广大QQ用户的一封信》，在装有360软件的电脑上停止运行QQ软件。11月4日，奇虎公司宣布召回扣扣保镖软件。同日，360安全中心亦宣布，在国家有关部门的强力干预下，目前QQ和360软件已经实现了完全兼容。2010年9月，腾讯QQ即时通信软件与QQ软件管理一起打包安装，安装过程中并未提示用户将同时安装QQ软件管理。2010年9月21日，腾讯公司发出公告称，正在使用的QQ软件管理和QQ医生将自动升级为QQ电脑管家。奇虎公司诉至广东省高级人民法院，

指控腾讯公司滥用其在即时通信软件及服务相关市场的市场支配地位。奇虎公司主张，腾讯公司和深圳市腾讯计算机系统有限公司（以下简称腾讯计算机公司）在即时通信软件及服务相关市场具有市场支配地位，两公司明示禁止其用户使用奇虎公司的360软件，否则停止QQ软件服务；拒绝向安装有360软件的用户提供相关的软件服务，强制用户删除360软件；采取技术手段，阻止安装了360浏览器的用户访问QQ空间，上述行为构成限制交易；腾讯公司和腾讯计算机公司将QQ软件管家与即时通信软件相捆绑，以升级QQ软件管家的名义安装QQ医生，构成捆绑销售。请求判令腾讯公司和腾讯计算机公司立即停止滥用市场支配地位的垄断行为，连带赔偿奇虎公司经济损失1.5亿元。

裁判结果

广东省高级人民法院于2013年3月20日作出（2011）粤高法民三初字第2号民事判决：驳回北京奇虎科技有限公司的诉讼请求。北京奇虎科技有限公司不服，提出上诉。最高人民法院于2014年10月8日作出（2013）民三终字第4号民事判决：驳回上诉、维持原判。

裁判理由

法院生效裁判认为：本案中涉及的争议焦点主要包括，一是如何界定本案中的相关市场，二是被上诉人是否具有市场支配地位，三是被上诉人是否构成反垄断法所禁止的滥用市场支配地位行为等几个方面。

一、如何界定本案中的相关市场

该争议焦点可以进一步细化为一些具体问题，择要概括如下：

首先，并非在任何滥用市场支配地位的案件中均必须明确而清楚地界定相关市场。竞争行为都是在一定的市场范围内发生和展开的，界定相关市场可以明确经营者之间竞争的市场范围及其面对的竞争约束。在滥用市场支配地位的案件中，合理地界定相关市场，对于正确认定经营者的市场地位、分析经营者的行为对市场竞争的影响、判断经营者行为是否违法，以及在违法情况下需承担的法律责任等关键问题，具有重要意义。因此，在反垄断案件的审理中，界定相关市场通常是重要的分析步骤。尽管如此，是否能够明确界定相关市场取决于案件具体情况，尤其是案件证据、相关数据的可获得性、相关领域竞争的复杂性等。在滥用市场支配地位案件的审理中，界定相关市场是评估经营者的市场力量及被诉垄断行为对竞争的影响的工具，其本身并非目的。即使不明确界定相关市场，也可以通过排除或者妨碍竞争的直接证据对被诉经营者的市场地位及被诉垄断行为可能的市场影响进行评估。因此，并非在每一个滥用市场支配地位的案件中均必须明确而清楚地界定相关市场。一审法院实际上已经对本案相关市场进行了界定，只是由于本案相关市场的边界具有模糊性，一审法院仅对其边界的可能性进行了分析而没有对相关市场的边界给出明确结论。有鉴于此，奇虎公司关于一审法院未对本案相关商品市场作出明确界定，属于本案基本事实认定不清的理由不能成立。

其次，关于“假定垄断者测试”方法可否适用于免费商品领域问题。法院生效裁判认为：第一，作为界定相关市场的一种分析思路，假定垄断者测试（HMT）具有普遍的适用性。实践中，假定垄断者测试的分析方法有多种，既可以通过数量不大但有意义且并非短暂的价格上涨（SSNIP）的方法进行，又可以通过数量不大但有意义且并非短暂的质量下降（SSNDQ）的方法进行。同时，作为一种分析思路或者思考方法，假定垄断者测试在实际运用时既可以通过定性分析的方法进行，又可以在条件允许的情况下通过定量分析的方法进行。第二，在实践中，选择何种方法进行假定垄断者测试取决于案件所涉市场竞争领域以及可获得的相关数据的具体情况。如果特定市场领域的商品同质化特征比较明显，价格竞争是较为重要的竞争形式，则采用数量不大但有意义且并非短暂的价格上涨（SSNIP）的方法较为可行。但是如果在产品差异化非常明显且质量、服务、创新、消费者体验等非价格竞争成为重要竞争形式的领域，采用数量不大但有意义且并非短暂的价格上涨（SSNIP）的方法则存在较大困难。特别是，当特定领域商品的市场均衡价格为零时，运用 SSNIP 方法尤为困难。在运用 SSNIP 方法时，通常需要确定适当的基准价格，进行 5% －10% 幅度的价格上涨，然后确定需求者的反应。在基准价格为零的情况下，如果进行 5% －10% 幅度的价格增长，增长后其价格仍为零；如果将价格从零提升到一个较小的正价格，则相当于价格增长幅度的无限增大，意味着商品特性或者经营模式发生较大变化，因而难以进行 SSNIP 测试。第三，关于假定垄断者测试在本案中的可适用性问题。互联网服务提供商在互联网领域的竞争中更加注重质量、服务、创新等方面的竞争而不是价格竞争。在免费的互联网基础即时通信服务已经长期存在并成为通行商业模式的情况下，用户具有极高的价格敏感度，改变免费策略转而收取哪怕是较小数额的费用都可能导致用户的大量流失。同时，将价格由免费转变为收费也意味着商品特性和经营模式的重大变化，即由免费商品转变为收费商品，由间接盈利模式转变为直接盈利模式。在这种情况下，如果采取基于相对价格上涨的假定垄断者测试，很可能将不具有替代关系的商品纳入相关市场中，导致相关市场界定过宽。因此，基于相对价格上涨的假定垄断者测试并不完全适宜在本案中适用。尽管基于相对价格上涨的假定垄断者测试难以在本案中完全适用，但仍可以采取该方法的变通形式，例如基于质量下降的假定垄断者测试。由于质量下降程度较难评估以及相关数据难以获得，因此可以采用质量下降的假定垄断者测试进行定性分析而不是定量分析。

再次，关于本案相关市场是否应确定为互联网应用平台问题。上诉人认为，互联网应用平台与本案的相关市场界定无关；被上诉人则认为，互联网竞争实际上是平台的竞争，本案的相关市场范围远远超出了即时通信服务市场。法院生效裁判针对互联网领域平台竞争的特点，阐述了相关市场界定时应如何考虑平台竞争的特点及处理方式，认为：第一，互联网竞争一定程度地呈现出平台竞争的特征。被诉垄断行为发生时，互联网的平台竞争特征已经比较明显。互联网经营者通过特定的切入点进入互联网领域，在不同类型和需求的消费者之间发挥中介作用，以此创造价值。第二，判断本案相关商品市场是否应确定为互联网应用平台，其关键问题在于，网络平台之间为争夺用户注意力和广告主的相互竞争是否完全跨越了由产品或者服务特点所决定的界限，并给经营者施加了足够强大的竞争约束。这一问题的答案最终取决于实证检验。在缺乏确切的实证数据的情况下，至少注意如下方面：首先，互联网应用平台之间争夺用户注意力和广告主的竞争以其提供的关键核心产品或者服务为基础。其次，互联网应用平台的关键核心产品或者服务在属性、特征、功能、用途等方面上存在较大的不同。虽然广告主可能不关心这些产品或者服务的差异，只关心广告的价格和效果，因而可能将不同的互联网应用平台视为彼此可以替代，但是对于免费端的广大用户而言，其很难将不同平台提供的功能和用途完全不同的产品或者服务视为可以有效地相互替代。一个试图查找某个历史人物生平的用户通常会选择使用搜索引擎而不是即时通信，其几乎不会认为两者可以相互替代。再次，互联网应用平台关键核心产品或者服务的特性、功能、用途等差异决定了其所争夺的主要用户群体和广告主可能存在差异，因而在获取经济利益的模式、目标用户群、所提供的后续市场产品等方面存在较大区别。最后，本案中应该关注的是被上诉人是否利用了其在即时通信领域中可能的市场支配力量排除、限制互联网安全软件领域的竞争，将其在即时通信领域中可能存在的市场支配力量延伸到安全软件领域，这一竞争过程更多地发生在免费的用户端。鉴于上述理由，在本案相关市场界定阶段互联网平台竞争的特性不是主要考虑因素。第三，本案中对互联网企业平台竞争特征的考虑方式。相关市场界定的目的是为了明确经营者所面对的竞争约束，合理认定经营者的市场地位，并正确判断其行为对市场竞争的影响。即使不在相关市场界定阶段主要考虑互联网平台竞争的特性，但为了正确认定经营者的市场地位，仍然可以在识别经营者的市场地位和市场控制力时予以适当考虑。因此，对于本案，不在相关市场界定阶段主要考虑互联网平台竞争的特性并不意味着忽视这一特性，而是为了以更恰当的方式考虑这一特性。

最后，关于即时通信服务相关地域市场界定需要注意的问题。法院生效裁判认为：本案相关地域市场的界定，应从中国大陆地区的即时通信服务市场这一目标地域开始，对本案相关地域市场进行考察。因为基于互联网的即时通信服务可以低成本、低代价到达或者覆盖全球，并无额外的、值得关注的运输成本、价格成本或者技术障碍，所以在界定相关地域市场时，将主要考虑多数需求者选择商品的实际区域、法律法规的规定、境外竞争者的现状及其进入相关地域市场的及时性等因素。由于每一个因素均不是决定性的，因此需要根据上述因素进行综合评估。首先，中国大陆地区境内绝大多数用户均选择使用中国大陆地区范围内的经营者提供的即时通信服务。中国大陆地区境内用户对于国际即时通信产品并无较高的关注度。其次，我国有关互联网的行政法规规章等对经营即时通信服务规定了明确的要求和条件。我国对即时通信等增值电信业务实行行政许可制度，外国经营者通常不能直接进入我国大陆境内经营，需要以中外合资经营企业的方式进入并取得相应的行政许可。再次，位于境外的即时通信服务经营者的实际情况。在本案被诉垄断行为发生前，多数主要国际即时通信经营者例如MSN、雅虎、Skype、谷歌等均已经通过合资的方式进入中国大陆地区市场。因此，在被诉垄断行为发生时，尚未进入我国大陆境内的主要国际即时通信服务经营者已经很少。如果我国大陆境内的即时通信服务质量小幅下降，已没有多少境外即时通信服务经营者可供境内用户选择。最后，境外即时通信服务经营者在较短的时间内（例如一年）及时进入中国大陆地区并发展到足以制约境内经营者的规模存在较大困难。境外即时通信服务经营者首先需要通过合资方式建立企业、满足一系列许可条件并取得相应的行政许可，这在相当程度上延缓了境外经营者的进入时间。综上，本案相关地域市场应为中国大陆地区市场。

综合本案其他证据和实际情况，本案相关市场应界定为中国大陆地区即时通信服务市场，既包括个人电脑端即时通信服务，又包括移动端即时通信服务；既包括综合性即时通信服务，又包括文字、音频以及视频等非综合性即时通信服务。

二、被上诉人是否具有市场支配地位

对于经营者在相关市场中的市场份额在认定其市场支配力方面的地位和作用，法院生效裁判认为：市场份额在认定市场支配力方面的地位和作用必须根据案件具体情况确定。一般而言，市场份额越高，持续的时间越长，就越可能预示着市场支配地位的存在。尽管如此，市场份额只是判断市场支配地位的一项比较粗糙且可能具有误导性的指标。在市场进入比较容易，或者高市场份额源于经营者更高的市场效率或者提供了更优异的产品，或者市场外产品对经营者形成较强的竞争约束等情况下，高的市场份额并不能直接推断出市场支配地位的存在。特别是，互联网环境下的竞争存在高度动态的特征，相关市场的边界远不如传统领域那样清晰，在此情况下，更不能高估市场份额的指示作用，而应更多地关注市场进入、经营者的市场行为、对竞争的影响等有助于判断市场支配地位的具体事实和证据。

结合上述思路，法院生效裁判从市场份额、相关市场的竞争状况、被诉经营者控制商品价格、数量或者其他交易条件的能力、该经营者的财力和技术条件、其他经营者对该经营者在交易上的依赖程度、其他经营者进入相关市场的难易程度等方面，对被上诉人是否具有市场支配地位进行考量和分析。最终认定本案现有证据并不足以支持被上诉人具有市场支配地位的结论。

三、被上诉人是否构成反垄断法所禁止的滥用市场支配地位行为

法院生效裁判打破了传统的分析滥用市场支配地位行为的“三步法”，采用了更为灵活的分析步骤和方法，认为：原则上，如果被诉经营者不具有市场支配地位，则无需对其是否滥用市场支配地位进行分析，可以直接认定其不构成反垄断法所禁止的滥用市场支配地位行为。不过，在相关市场边界较为模糊、被诉经营者是否具有市场支配地位不甚明确时，可以进一步分析被诉垄断行为对竞争的影响效果，以检验关于其是否具有市场支配地位的结论正确与否。此外，即使被诉经营者具有市场支配地位，判断其是否构成滥用市场支配地位，也需要综合评估该行为对消费者和竞争造成的消极效果和可能具有的积极效果，进而对该行为的合法性与否作出判断。本案主要涉及两个方面的问题：

一是关于被上诉人实施的“产品不兼容”行为（用户二选一）是否构成反垄断法禁止的限制交易行为。根据反垄断法第十七条的规定，具有市场支配地位的经营者，没有正当理由，限定交易相对人只能与其进行交易或者只能与其指定的经营者进行交易的，构成滥用市场支配地位。上诉人主张，被上诉人没有正当理由，强制用户停止使用并卸载上诉人的软件，构成反垄断法所禁止的滥用市场支配地位限制交易行为。对此，法院生效裁判认为，虽然被上诉人实施的“产品不兼容”行为对用户造成了不便，但是并未导致排除或者限制竞争的明显效果。这一方面说明被上诉人实施的“产品不兼容”行为不构成反垄断法所禁止的滥用市场支配地位行为，也从另一方面佐证了被上诉人不具有市场支配地位的结论。

二是被上诉人是否构成反垄断法所禁止的搭售行为。根据反垄断法第十七条的规定，具有市场支配地位的经营者，没有正当理由搭售商品，或者在交易时附加其他不合理的交易条件的，构成滥用市场支配地位。上诉人主张，被上诉人将QQ软件管家与即时通信软件捆绑搭售，并且以升级QQ软件管家的名义安装QQ医生，不符合交易惯例、消费习惯或者商品的功能，消费者选择权受到了限制，不具有正当理由；一审判决关于被诉搭售行为产生排除、限制竞争效果的举证责任分配错误。对此，法院生效裁判认为，上诉

人关于被上诉人实施了滥用市场支配地位行为的上诉理由不能成立。

（生效裁判审判人员：王闯、王艳芳、朱理）

【实务问答】

本指导案例详细阐述了互联网领域《反垄断法》意义上相关市场界定标准、市场支配地位认定标准以及滥用市场支配地位行为的分析原则与方法等一系列具有重要意义的法律问题，明确了反垄断法律适用的多个重要裁判标准。在滥用市场支配地位行为的分析思路上，首次采用了“行为—竞争效果评估”的分析范式；在互联网领域相关市场界定方面，不仅运用了国际上通行的经济分析方法，还综合运用了社会学、心理学等多学科的知识作为支撑，并深刻阐述了相关市场界定的作用及价值，澄清了相关市场界定并非必经步骤；在互联网领域经营者的市场支配力认定尤其是双边市场的影响方面，判决对双边市场对经营者市场支配力的影响进行了深入阐述。

1. 反垄断领域界定相关市场是否必要？

竞争行为大多是在一定的市场范围内发生和展开的，因而，界定相关市场可以明确经营者之间竞争的市场范围及其面对的竞争约束。在滥用市场支配地位的案件中，合理地界定相关市场，对于正确认定经营者的市场地位、分析经营者的行为对市场竞争的影响、判断经营者行为是否违法以及在违法情况下需要承担的法律责任等关键问题，具有重要意义。但需要注意，能否明确界定相关市场取决于案件具体情况，尤其是相关领域竞争的复杂性、案件证据及相关数据的可获得性等。且界定相关市场是评估经营者的市场力量及被诉垄断行为对竞争的影响的工具，其本身并非目的。即使不明确界定相关市场，也可通过排除或妨碍竞争的直接证据对被诉经营者的市场地位及被诉垄断行为可能产生的市场影响进行评估。此外，受证据、数据以及竞争复杂性的局限，在某些具体案件中对相关市场作出清晰界定是极为困难的。因而，并非在每一个滥用市场支配地位的案件中均必须明确而清楚地界定相关市场。就本指导案例而言，一审法院对相关商品市场进行了界定，但由于该案相关市场的边界具有模糊性，其仅对其边界的可能性进行了分析而没有对相关市场的边界给出明确结论。

2. 如何利用“假定垄断者测试”方法界定相关市场？

作为界定相关市场的一种分析思路，假定垄断者测试具有普遍的适用性。其基本思路是，在假设其他条件不变的前提下，通过目标商品或者服务某个变量的变化来测试目标商品与其他商品之间的可替代程度。具体方法有多种，既可以通过数量不大但有意义且并非短暂的价格上涨的方法进行，又可以通过数量不大但有意义且并非短暂的质量下降的方法进行。实践中，选择何种方法进行假定垄断者测试则取决于案件所涉市场竞争领域以及可获得的相关数据的具体情况。若特定市场领域的商品同质化特征比较明显，价格竞争是较为重要的竞争形式，则采用数量不大但有意义且并非短暂的价格上涨的方法较为可行。但如果在产品差异化非常明显且质量、服务、创新、消费者体验等非价格竞争成为重要竞争形式的领域，采用数量不大但有意义且并非短暂的价格上涨的方法则存在较大困难。特别是当特定领域商品的市场均衡价格为零时，运用该方法就变得很困难。本指导案例中，被诉垄断行为是腾讯公司滥用在网络即时通信服务市场上的支配地位，损害奇虎公司的利益；涉及的商品是QQ即时通信软件，腾讯公司通过该软件、基于互联网提供免费网络即时通信服务。在免费的互联网基础即时通信服务已经长期存在并成为通行商业模式的情况下，用户具有极高的价格敏感度，改变免费策略转而收取哪怕是较小数额的费用都可能导致用户的大量流失。而基于相对价格上涨的假定垄断者测试并不完全适宜在该案。一审法院未做变通而直接运用基于价格上涨的假定垄断者测试方法并不妥当。需要说明的是，尽管基于相对价格上涨的假定垄断者测试难以在本案中完全适用，但仍可采取该方法的变通形式，如基于质量下降的假定垄断者测试。由于质量下降程度较难评估以及相关数据难以获得，因此可以采用质量下降的假定垄断者测试进行定性分析而不是定量分析。

3. 认定市场支配地位需要考虑哪些因素？

市场支配地位是指经营者在相关市场内具有能够控制商品价格、数量或者其他交易条件，或者能够阻碍、影响其他经营者进入相关市场能力的市场地位。根据《反垄断法》第18条的规定，市场支配地位的认定是综合评估多个因素的结果，包括但不限于如下因素：经营者在相关市场的市场份额以及相关市场的竞争状况、经营者控制销售市场或者原材料采购市场的能力、经营者的财力和技术条件、其他经营者对该经营者在交易上的依赖程度、其他经营者进入相关市场的难易程度等。上述因素需要根据个案情况具体考量，某一个不一定具有决定性作用。此外，《反垄断法》第19条规定了市场支配地位的推定规则，即经营者在相关市场的市场份额达到1/2的，可推定其具有市场支配地位，但该推定可以被推翻。可见，市场支配地位是多因素综合评估的结果。而市场份额在认定市场支配力方面的地位和作用必须根据案件具体情况确定。一般情况下，市场份额越高，持续时间越长，越可能预示市场支配地位存在。但需要注意，市场份额只是判断市场支配地位的一项比较粗糙且可能具有误导性的指标。市场进入较容易，或高市场份额源于经营者更高的市场效率或提供了更优异的产品，或市场外产品对经营者形成较强的竞争约束等情况下，高的市场份额并不能直接推断出市场支配地位的存在。特别是在互联网信息时代，竞争存在高度动态性，相关市场的边界远不如传统领域那样清晰，此时更不能高估市场份额的指示作用，而应更多关注市场进入、经营者的市场行为、对竞争的影响等有助于判断市场支配地位的具体事实和证据。本指导案例，即结合上述思路，从市场份额、相关市场的竞争状况、被诉经营者控制商品价格、数量或者其他交易条件的能力、该经营者的财力和技术条件、其他经营者对该经营者在交易上的依赖程度、其他经营者进入相关市场的难易程度等因素，对腾讯公司是否具有市场支配地位进行了综合的考量、分析与认定。

【适用实例】

武汉市汉阳光明贸易有限责任公司与上海韩泰轮胎销售有限公司纵向垄断协议纠纷案

原告武汉市汉阳光明贸易有限责任公司与被告上海韩泰轮胎销售有限公司纵向垄断协议、滥用市场支配地位纠纷案，由上海知识产权法院审理并作出裁判。

法院认为：关于滥用市场支配地位行为的构成要件，最高人民法院审判委员会讨论通过并于2017年3月6日发布了**指导案例78号**和**指导案例79号**，在**指导案例78号**北京奇虎科技有限公司诉腾讯科技（深圳）有限公司、深圳市腾讯计算机系统有限公司滥用市场支配地位纠纷案和**指导案例79号**吴小秦诉陕西广电网络传媒（集团）股份有限公司捆绑交易纠纷案中，最高人民法院均重点审查了两个问题：被告是否具有市场支配地位；被告的被诉行为是否构成滥用市场支配地位行为。本院将遵循**指导案例78号和79号**两案的指导意见，将被告具有市场支配地位和被诉行为构成滥用市场支配地位行为作为《反垄断法》上滥用市场支配地位行为的构成要件。

关于滥用市场支配地位行为的认定方法，就相关市场、市场支配地位以及滥用行为的认定，前述**指导案例78号**在"裁判要点"中进一步明确："在反垄断案件的审理中，界定相关市场通常是重要的分析步骤。但是，能否明确界定相关市场取决于案件具体情况。在滥用市场支配地位的案件中，界定相关市场是评估经营者的市场力量及被诉垄断行为对竞争影响的工具，其本身并非目的。如果通过排除或者妨碍竞争的直接证据，能够对经营者的市场地位及被诉垄断行为的市场影响进行评估，则不需要在每一个滥用市场支配地位的案件中，都明确而清楚地界定相关市场。"就是否需要依据对被诉行为竞争效果的分析来判断被诉行为的合法性，**指导案例78号**的（2013）民三终字第4号民事判决书还指出："原则上，如果被诉经营者不具有市场支配地位，则无须对其是否滥用市场支配地位进行分析，可以直接认定其不构成《反垄断法》所禁止的滥用市场支配地位行为。不过，在相关市场边界较为模糊、被诉经营者是否具有市场支配地位不甚明确时，可以进一步分析被诉垄断行为对竞争的影响效果，以检验关于其是否具有市场支配地位的结论正确与否。此外，即使被诉经营者具有市场支配地位，判断其是否构成滥用市场支配地位，也需要综合评估该行为对消费者和竞争造成的消极效果和可能具有的积极效果，进而对该行为的合法性与否作出判断。为此，本院认为有必要对被诉垄断行为对竞争的影响及其合法性与否进行分析认定。"

指导案例79号在"裁判要点"中明确：被告作为特定区域内唯一合法经营有线电视传输业务的经营者及电视节目集中播控者，在市场准入、市场份额、经营地位、经营规模等各要素上均具有优势，可以认定该经营者占有市场支配地位；被告利用市场支配地位，将数字电视基本收视维护费和数字电视付费节目费捆绑在一起向消费者收取，侵害了消费者的消费选择权，不利于其他服务提供者进入数字电视服务市场。经营者即使存在两项服务分别收费的例外情形，也不足以否认其构成反垄断法所禁止的搭售。

依据**指导案例78号、79号**两案的前述指引，可以明确以下几点：一是被告是否具有市场支配地位，可以从市场准入、市场份额、经营地位、经营规模等要素进行判断；二是被诉行为是否构成滥用市场支配地位行为，最终仍取决于被诉行为的竞争效果，“需要综合评估该行为对消费者和竞争造成的消极效果和可能具有的积极效果”，在消极效果大大超过积极效果的情形下才可认定构成《反垄断法》所禁止的滥用市场支配地位行为；三是是否损害消费者的选择权，排斥其他经营者进市场，是判断被诉行为是否具有排除、限制竞争效果的重要因素；四是明确清楚界定相关市场并不是反垄断案件审理过程中判断被诉行为合法性的必要前提，在被诉行为竞争效果非常明显的情况下，可以在不明确界定相关市场的基础上认定被诉行为的性质。本院将遵循这些指引，结合本案具体情况，判断被诉行为是否构成滥用市场支配地位行为。

综合起来，从本案被诉行为对市场的影响看，可以初步认定存在三个相关市场，即包含汽车初装轮胎市场与汽车售后轮胎替换市场在内的中国（不含港、澳、台）乘用车轮胎市场，包含批发市场与零售市场在内的中国（不含港、澳、台）乘用车轮胎替换市场，以及中国（不含港、澳、台）乘用车轮胎替换市场中的批发市场。三个相关市场中，中国（不含港、澳、台）乘用车轮胎替换市场是后文分析评价本案被诉行为竞争效果时最为关注的市场。同时，考虑后文将要论述到本案被诉行为明显不具有限制竞争效果，依据**指导案例78号**的指引，在被诉行为竞争效果非常明显的情况下，可以在不明确界定相关市场的基础上认定被诉行为的性质，本院在对上述相关市场作出初步认定后，不做进一步精确细致的界定。

关于被告是否滥用市场支配地位，分以下两个部分分析。

（一）关于被告是否具有市场支配地位

关于被告在相关市场的市场地位，前文也已作专门分析，鉴于，无证据表明被告在相关市场占有具有优势的市场份额，韩泰轮胎在品牌竞争充分的轮胎市场又主要处于竞争最为激烈的中端档次，韩泰轮胎出厂价、“最低指导价”、批发销售价、零售价均逐年下降，被告相对于同时代理销售几个品牌的经销商和同时销售多个品牌的零售商不具有控制力量，以及轮胎行业基本没有原材料、资金、技术的进入壁垒，本院认定被告在相关市场不具有很强的市场地位，更不具有市场支配地位。

（二）关于被告是否具有滥用行为

除限制最低转售价格外，原告在本案中还指控被告实施下列滥用市场支配地位的行为：（1）以高于市场终端零售价格的不公平高价批发销售轮胎商品；（2）没有正当理由，搭售滞销品种轮胎商品；（3）没有正当理由，附加将销售数量目标与销售奖励金相捆绑、要求原告承担没有实际发生的银行承兑利息等不合理交易条件；（4）没有正当理由，限定区域销售；（5）没有正当理由，相同交易条件下对原告实行价格差别待遇；（6）没有正当理由，限定原告只能与其交易；（7）没有正当理由，拒绝原告与其交易。就原告指控被告的上述滥用市场支配地位行为，基于前文对被告市场支配地位以及被诉行为竞争效果的分析，可以认定被告的被诉行为不构成滥用市场支配地位的垄断行为。［（2016）沪73民初866号］

052 **指导案例79号**

吴小秦诉陕西广电网络传媒（集团）股份有限公司捆绑交易纠纷案

经营者利用市场支配地位将数字电视基本收视维护费和付费节目费捆绑收取，构成搭售

（最高人民法院审判委员会讨论通过　2017年3月6日发布）

关键词：民事／捆绑交易／垄断／市场支配地位／搭售

裁判要点

1. 作为特定区域内唯一合法经营有线电视传输业务的经营者及电视节目集中播控者，在市场准入、市场份额、经营地位、经营规模等各要素上均具有优势，可以认定该经营者占有市场支配地位。2. 经营者利用市场支配地

位，将数字电视基本收视维护费和数字电视付费节目费捆绑在一起向消费者收取，侵害了消费者的消费选择权，不利于其他服务提供者进入数字电视服务市场。经营者即使存在两项服务分别收费的例外情形，也不足以否认其构成反垄断法所禁止的搭售。

相关法条

《中华人民共和国反垄断法》第十七条第一款第五项

基本案情

原告吴小秦诉称：2012年5月10日，其前往陕西广电网络传媒（集团）股份有限公司（以下简称广电公司）缴纳数字电视基本收视维护费得知，该项费用由每月25元调至30元，吴小秦遂缴纳了3个月费用90元，其中数字电视基本收视维护费75元、数字电视节目费15元。之后，吴小秦获悉数字电视节目应由用户自由选择，自愿订购。吴小秦认为，广电公司属于公用企业，在数字电视市场内具有支配地位，其收取数字电视节目费的行为剥夺了自己的自主选择权，构成搭售，故诉至法院，请求判令：确认被告2012年5月10日收取其数字电视节目费15元的行为无效，被告返还原告15元。

广电公司辩称：广电公司作为陕西省内唯一电视节目集中播控者，向选择收看基本收视节目之外的消费者收取费用，符合反垄断法的规定；广电公司具备陕西省有线电视市场支配地位，鼓励用户选择有线电视套餐，但并未滥用市场支配地位，强行规定用户在基本收视业务之外必须消费的服务项目，用户有自主选择权；垄断行为的认定属于行政权力，而不是司法权力，原告没有请求认定垄断行为无效的权利；广电公司虽然推出了一系列满足用户进行个性化选择的电视套餐，但从没有进行强制搭售的行为，保证了绝大多数群众收看更多电视节目的选择权利；故请求驳回原告要求确认广电公司增加节目并收取费用无效的请求；愿意积极解决吴小秦的第二项诉讼请求。

法院经审理查明：2012年5月10日，吴小秦前往广电公司缴纳数字电视基本收视维护费时获悉，数字电视基本收视维护费每月最低标准由25元上调至30元。吴小秦缴纳了2012年5月10日至8月9日的数字电视基本收视维护费90元。广电公司向吴小秦出具的收费专用发票载明：数字电视基本收视维护费75元及数字电视节目费15元。之后，吴小秦通过广电公司客户服务中心（服务电话96766）咨询，广电公司节目升级增加了不同的收费节目，有不同的套餐，其中最低套餐基本收视费每年360元，用户每次最少应缴纳3个月费用。广电公司是经陕西省政府批准，陕西境内唯一合法经营有线电视传输业务的经营者和唯一电视节目集中播控者。广电公司承认其在有线电视传输业务中在陕西省占有支配地位。

另查，2004年12月2日国家发展改革委、国家广电总局印发的《有线电视基本收视维护费管理暂行办法》规定：有线电视基本收视维护费实行政府定价，收费标准由价格主管部门制定。2005年7月11日国家广电总局关于印发《推进试点单位有线电视数字化整体转换的若干意见（试行）》的通知规定，各试点单位在推进整体转换过程中，要重视付费频道等新业务的推广，供用户自由选择，自愿订购。陕西省物价局于2006年5月29日出台的《关于全省数字电视基本收视维护费标准的通知》规定：数字电视基本收视维护费收费标准为：以居民用户收看一台电视机使用一个接收终端为计费单位。全省县城以上城市居民用户每主终端每月25元；有线数字电视用户可根据实际情况自愿选择按月、按季或按年度缴纳基本收视维护费。国家发展改革委、国家广电总局于2009年8月25日出台的《关于加强有线电视收费管理等有关问题的通知》指出：有线电视基本收视维护费实行政府定价；有线电视增值业务服务和数字电视付费节目收费，由有线电视运营机构自行确定。

二审中，广电公司提供了四份收费专用发票复印件，证明在5月10日前后，广电公司的营业厅收取过25元的月服务费，因无原件，吴小秦不予质证。庭后广电公司提供了其中三张的原件，双方进行了核对与质证。该票据上均显示一年交费金额为300元，即每月25元。广电公司提供了五张票据的原件，包括一审提供过原件的三张，交易地点均为咸阳市。由此证明广电公司在5月10日前后，提供过每月25元的收费服务。

再审中，广电公司提交了其2016年网站收费套餐截图、关于印发《2016年大众业务实施办法（试行）的通知》、2016年部分客户收费发票。

裁判结果

陕西省西安市中级人民法院于2013年1月5日作出（2012）西民四初字第438号民事判决：1. 确认陕西广电网络传媒（集团）股份有限公司2012

年5月10日收取原告吴小秦数字电视节目费15元的行为无效；2. 陕西广电网络传媒（集团）股份有限公司于本判决生效之日起十日内返还吴小秦15元。陕西广电网络传媒（集团）股份有限公司提起上诉，陕西省高级人民法院于2013年9月12日作出（2013）陕民三终字第38号民事判决：1. 撤销一审判决；2. 驳回吴小秦的诉讼请求。吴小秦不服二审判决，向最高人民法院提出再审申请。最高人民法院于2016年5月31日作出（2016）最高法民再98号民事判决：1. 撤销陕西省高级人民法院（2013）陕民三终字第38号民事判决；2. 维持陕西省西安市中级人民法院（2012）西民四初字第438号民事判决。

裁判理由

法院生效裁判认为：本案争议焦点包括，一是本案诉争行为是否违反了反垄断法第十七条第五项之规定，二是一审法院适用反垄断法是否适当。

一、关于本案诉争行为是否违反了反垄断法第十七条第五项之规定

反垄断法第十七条第五项规定，禁止具有市场支配地位的经营者没有正当理由搭售商品或者在交易时附加其他不合理的交易条件。本案中，广电公司在一审答辩中明确认可其“是经陕西省政府批准，陕西境内唯一合法经营有线电视传输业务的经营者。作为陕西省内唯一电视节目集中播控者，广电公司具备陕西省有线电视市场支配地位，鼓励用户选择更丰富的有线电视套餐，但并未滥用市场支配地位，也未强行规定用户在基本收视业务之外必须消费的服务项目。”二审中，广电公司虽对此不予认可，但并未举出其不具有市场支配地位的相应证据。再审审查过程中，广电公司对一、二审法院认定其具有市场支配地位的事实并未提出异议。鉴于广电公司作为陕西境内唯一合法经营有线电视传输业务的经营者，陕西省内唯一电视节目集中播控者，一、二审法院在查明事实的基础上认定在有线电视传输市场中，广电公司在市场准入、市场份额、经营地位、经营规模等各要素上均具有优势，占有支配地位，并无不当。

关于广电公司在向吴小秦提供服务时是否构成搭售的问题。反垄断法第十七条第五项规定禁止具有市场支配地位的经营者没有正当理由搭售商品。本案中，根据原审法院查明的事实，广电公司在提供服务时其工作人员告知

吴小秦每月最低收费标准已从2012年3月起由25元上调为30元，每次最少缴纳一个季度，并未告知吴小秦可以单独缴纳数字电视基本收视维护费或者数字电视付费节目费。吴小秦通过广电公司客户服务中心（服务电话号码96766）咨询获悉，广电公司节目升级，增加了不同的收费节目，有不同的套餐，其中最低套餐基本收视费为每年360元，每月30元，用户每次最少应缴纳3个月费用。根据前述事实并结合广电公司给吴小秦开具的收费专用发票记载的收费项目——数字电视基本收视维护费75元及数字电视节目费15元的事实，可以认定广电公司实际上是将数字电视基本收视节目和数字电视付费节目捆绑在一起向吴小秦销售，并没有告知吴小秦是否可以单独选购数字电视基本收视服务的服务项目。此外，从广电公司客户服务中心（服务电话号码96766）的答复中亦可佐证广电公司在提供此服务时，是将数字电视基本收视维护费和数字电视付费节目费一起收取并提供。虽然广电公司在二审中提交了其向其他用户单独收取数字电视基本收视维护费的相关票据，但该证据仅能证明广电公司在收取该费用时存在客户服务中心说明的套餐之外的例外情形。再审中，广电公司并未对客户服务中心说明的套餐之外的例外情形作出合理解释，其提交的单独收取相关费用的票据亦发生在本案诉讼之后，不足以证明诉讼时的情形，对此不予采信。因此，存在客户服务中心说明的套餐之外的例外情形并不足以否认广电公司将数字电视基本收视维护费和数字电视付费节目费一起收取的普遍做法。二审法院认定广电公司不仅提供了组合服务，也提供了基本服务，证据不足，应予纠正。因此，现有证据不能证明普通消费者可以仅缴纳电视基本收视维护费或者数字电视付费节目费，即不能证明消费者选择权的存在。二审法院在不能证明是否有选择权的情况下直接认为本案属于未告知消费者有选择权而涉及侵犯消费者知情权的问题，进而在此基础上，认定为广电公司的销售行为未构成反垄断法所规制的没有正当理由的搭售，事实和法律依据不足，应予纠正。

根据本院查明的事实，数字电视基本收视维护费和数字电视付费节目费属于两项单独的服务。在原审诉讼及本院诉讼中，广电公司未证明将两项服务一起提供符合提供数字电视服务的交易习惯；同时，如将数字电视基本收视维护费和数字电视付费节目费分别收取，现亦无证据证明会损害该两种服务的性能和使用价值；广电公司更未对前述行为说明其正当理由，在此情形下，广电公司利用其市场支配地位，将数字电视基本收视维护费和数字电视付费节目费一起收取，客观上影响消费者选择其他服务提供者提供相关数字付费节目，同时也不利于其他服务提供者进入电视服务市场，对市场竞争具有不利的效果。因此一审法院认定其违反了反垄断法第十七条第五项之规定，并无不当。吴小秦部分再审申请理由成立，予以支持。

二、关于一审法院适用反垄断法是否适当

本案诉讼中，广电公司在答辩中认为本案的发生实质上是一个有关吴小秦基于消费者权益保护法所应当享受的权利是否被侵犯的纠纷，而与垄断行为无关，认为一审法院不应当依照反垄断法及相关规定，认为其处于市场支配地位，从而确认其收费行为无效。根据《最高人民法院关于适用〈中华人民共和国民事诉讼法〉的解释》第二百二十六条及第二百二十八条①的规定，人民法院应当根据当事人的诉讼请求、答辩意见以及证据交换的情况，归纳争议焦点，并就归纳的争议焦点征求当事人的意见。在法庭审理时，应当围绕当事人争议的事实、证据和法律适用等焦点问题进行。根据查明的事实，吴小秦在其诉状中明确主张“被告收取原告数字电视节目费，实际上是为原告在提供上述服务范围外增加提供服务内容，对此原告应当具有自主选择权。被告属于公用企业或者其他依法具有独占地位的经营者，在数字电视市场内具有支配地位。被告的上述行为违反了反垄断法第十七条第一款第五项关于‘禁止具有市场支配地位的经营者从事没有正当理由搭售商品，或者在交易时附加其他不合理的交易条件的滥用市场支配地位行为’，侵害了原告的合法权益。原告依照《最高人民法院关于审理因垄断行为引发的民事纠纷案件应用法律若干问题的规定》②，提起民事诉讼，请求人民法院依法确认被告的捆绑交易行为无效，判令其返还原告15元。”在该诉状中，吴小秦并未主张其消费者权益受到损害，因此一审法院根据吴小秦的诉讼请求适用反垄断法进行审理，并无不当。

---

① 《民诉法解释》（2020年修正）第226、228条。

② 以下简称《垄断纠纷司法解释》。

综上，广电公司在陕西省境内有线电视传输服务市场上具有市场支配地位，其将数字电视基本收视服务和数字电视付费节目服务捆绑在一起向吴小秦销售，违反了反垄断法第十七条第一款第五项之规定。吴小秦关于确认广电公司收取其数字电视节目费15元的行为无效和请求判令返还15元的再审请求成立。一审判决认定事实清楚，适用法律正确，应予维持，二审判决认定事实依据不足，适用法律有误，应予纠正。

（生效裁判审判人员：王艳芳、钱小红、杜微科）

【实务问答】

1. 具有市场支配地位的界定方法有哪些?

实践中，对市场支配地位的分析方法主要包括三种，即市场行为标准、市场效果标准、市场结构标准。市场行为标准，是指如果经营者在制定产品的价格或者在作出经营决策时可不考虑其他竞争者的定价行为或者经营决策的相关影响，那么可判断该经营者具有市场支配地位。市场效果标准，是指依据经营者经营效果来判断是否具有市场支配地位。市场结构标准，是指从经营者的市场份额、市场占有率来判断市场地位，是认定经营者市场地位最直接的标准。我国采用了多种考量因素的判定标准。《反垄断法》第17条第2款规定："本法所称市场支配地位，是指经营者在相关市场内具有能够控制商品价格、数量或者其他交易条件，或者能够阻碍、影响其他经营者进入相关市场能力的市场地位。"本指导案例中，吴小秦指控的垄断行为是广电公司利用其在陕西省内有线电视传输服务市场上的支配地位，在提供数字电视基本收视服务的同时，强制搭售其所增加的服务内容。因有线电视传输服务市场实行省级专营，广电公司是经陕西省政府批准，陕西省内唯一合法经营有线电视传输业务的经营者和唯一的电视节目集中播控者，广电公司在有线电视传输服务市场上在市场准入、市场份额、经营地位、经营规模等各要素上均具有优势；同时，有线电视传输服务市场实行省级专营，市场进入本身存在很大的障碍。考虑到有线电视传输服务需要建立大规模的传输网络，投入成本较高，即使不存在专营，市场进入也较为困难，故可认定广电公司在陕西省内的有线电视传输服务市场上占有支配地位。

2. 如何理解滥用市场支配地位的捆绑交易行为和搭售行为？

捆绑交易行为，是指经营者在提供商品或者服务的交易过程中利用自己取得的市场支配地位，违反购买者的意愿搭配销售或者提供购买者不需要的另一种商品或者服务的行为。而附加不合理条件的行为，是指经营者在提供商品或者服务的过程中，违反购买者的意愿，强行附加其他不合理的条件要求购买者接受，购买者因为经营者的市场支配地位而不得不接受上述不合理条件的行为。《反垄断法》第17条第1款规定："禁止具有市场支配地位的经营者从事下列滥用市场支配地位的行为：……（五）没有正当理由搭售商品，或者在交易时附加其他不合理的交易条件……"可看出，构成《反垄断法》禁止的搭售行为，应满足以下条件：经营者在相关市场内具有支配地位；经营者利用在相关市场内的支配地位进行搭售或者在交易时附加其他不合理的交易条件；经营者搭售商品，或者在交易时附加其他不合理的交易条件缺乏正当理由。搭售行为具有"强迫性"及"产品独立性"的特征。其关键在于，是否实质性地抑制了相对方选择的自由。本指导案例中，广电公司在与吴小秦进行市场交易时，未向吴小秦告知其有相关电视节目服务的选择权，而直接要求吴小秦缴纳包含数字电视基本收视维护费和数字电视付费节目费在内的全部费用，实际上是将数字电视基本收视服务和数字电视付费节目提供服务捆绑在一起向吴小秦销售，且以其在陕西省内有线电视传输服务市场上的支配地位迫使吴小秦接受数字电视付费节目提供服务。因此，其行为属《反垄断法》所禁止的搭售或者附加其他不合理交易条件的行为。另需注意，搭售要求捆绑在一起进行交易的商品或服务是在性质上和交易习惯上相互独立，当两种商品或者服务被认为是相互不独立的商品或者服务时，不能被视为是搭售。广电公司向吴小秦提供了基本收视节目服务与增值业务付费节目服务两项服务，收看基本收视节目属基本消费范畴，收看增值业务付费节目则属于基本消费之外的范畴。二者在形式上看均为电视节目，但属于两个各自独立的产品，不是必须一块消费的产品，而是可以分别消费的，即基本收视节目服务与增值业务付费节目服务在性质上和交易习惯上是可分产品。经营者利用市场支配地位，将本应独立的数字电视基本收视维护费和数字电视付费节目费捆绑，影响消费者选择其他服务提供者提供相关数字付费节目，不利于其他服务提供者进入数字电视服务市场，侵害了消费者的选择权。

3. 如何确定滥用市场支配地位案件中的举证责任？

《垄断纠纷司法解释》第8条规定，被诉垄断行为属于《反垄断法》第17条第1款规定的滥用市场支配地位的，原告应当对被告在相关市场内具有支配地位和其滥用市场支配地位承担举证责任。被告以其行为具有正当性为由进行抗辩的，应当承担举证责任。但需要注意，在滥用市场支配地位的行为中，公用企业或者其他依法具有独占地位的经营者滥用市场支配地位的行为具有一定特殊性。公用企业或者其他依法具有独占地位的经营者所在的市场往往是自然垄断或者市场竞争不充分的市场，市场支配地位常常是自身固有或依法确立。基于此类市场主体和市场竞争的特殊性，可适度减轻原告在证明此类市场主体的市场支配地位方面的举证责任。但并非所有的公用企业或者其他依法具有独占地位的经营者都当然在相关市场内具有支配地位。因而在认定该类主体是否在相关市场内具有市场支配地位时，既要适当减轻原告的举证责任，又要坚持认定市场支配地位的市场竞争标准。若通过对市场结构和竞争状况的分析，结合经济学基本经验和常识，明显能够认定该类主体在相关市场内具有支配地位的，则可认定其具有市场支配地位，不再要求原告承担过重的举证责任。当然，公用企业或其他依法具有独占地位的经营者也可提供相反证据推翻这一认定。正是基于这一认识，《垄断纠纷司法解释》第9条规定："被诉垄断行为属于公用企业或者其他依法具有独占地位的经营者滥用市场支配地位的，人民法院可以根据市场结构和竞争状况的具体情况，认定被告在相关市场内具有支配地位，但有相反证据足以推翻的除外。"实践中，证明被告具有市场支配地位时，原告常以被告对外发布的信息作为证据。为促进企业行为的诚信和缓解原告证明的困难，《垄断纠纷司法解释》第10条特别规定："原告可以以被告对外发布的信息作为证明其具有市场支配地位的证据。被告对外发布的信息能够证明其在相关市场内具有支配地位的，人民法院可以据此作出认定，但有相反证据足以推翻的除外。"适用该条时，需要注意被告对外发布的信息所涉及的某类产品市场与具体案件中所界定的相关市场的匹配性和关联性。例如，根据被告对外发布的信息所涉某类产品市场及其市场份额可合理确定被告在案件所涉相关市场中的市场份额超过50%，则可认定被告在相关市场内具有支配地位，若需推翻该认定，被告需提供证据。

【适用实例】

同指导案例78号【适用实例】部分［（2016）沪73民初866号］

六、劳动争议

053 指导案例 18 号

中兴通讯（杭州）有限责任公司诉王鹏劳动合同纠纷案

考核居于末位等次不等同于“不能胜任工作”，用人单位不应据此单方面解除劳动合同

（最高人民法院审判委员会讨论通过 2013 年 11 月 8 日发布）

有章

关键词：民事/劳动合同/单方解除

裁判要点

劳动者在用人单位等级考核中居于末位等次，不等同于“不能胜任工作”，不符合单方解除劳动合同的法定条件，用人单位不能据此单方解除劳动合同。

相关法条

《中华人民共和国劳动合同法》第三十九条、第四十条

基本案情

2005 年 7 月，被告王鹏进入原告中兴通讯（杭州）有限责任公司（以下简称中兴通讯）工作，劳动合同约定王鹏从事销售工作，基本工资每月 3840 元。该公司的《员工绩效管理办法》规定：员工半年、年度绩效考核分别为 S、A、C1、C2 四个等级，分别代表优秀、良好、价值观不符、业绩待改进；S、A、C（C1、C2）等级的比例分别为 20%、70%、10%；不胜任工作原则上考核为 C2。王鹏原在该公司分销科从事销售工作，2009 年 1 月后因分销科

解散等原因，转岗至华东区从事销售工作。2008年下半年、2009年上半年及2010年下半年，王鹏的考核结果均为C2。中兴通讯认为，王鹏不能胜任工作，经转岗后，仍不能胜任工作，故在支付了部分经济补偿金的情况下解除了劳动合同。

2011年7月27日，王鹏提起劳动仲裁。同年10月8日，仲裁委作出裁决：中兴通讯支付王鹏违法解除劳动合同的赔偿金余额36596.28元。中兴通讯认为其不存在违法解除劳动合同的行为，故于同年11月1日诉至法院，请求判令不予支付解除劳动合同赔偿金余额。

裁判结果

浙江省杭州市滨江区人民法院于2011年12月6日作出（2011）杭滨民初字第885号民事判决：原告中兴通讯（杭州）有限责任公司于本判决生效之日起十五日内一次性支付被告王鹏违法解除劳动合同的赔偿金余额36596.28元。宣判后，双方均未上诉，判决已发生法律效力。

裁判理由

法院生效裁判认为：为了保护劳动者的合法权益，构建和发展和谐稳定的劳动关系，《中华人民共和国劳动法》《中华人民共和国劳动合同法》对用人单位单方解除劳动合同的条件进行了明确限定。原告中兴通讯以被告王鹏不胜任工作，经转岗后仍不胜任工作为由，解除劳动合同，对此应负举证责任。根据《员工绩效管理办法》的规定，"C（C1、C2）考核等级的比例为10%"，虽然王鹏曾经考核结果为C2，但是C2等级并不完全等同于"不能胜任工作"，中兴通讯仅凭该限定考核等级比例的考核结果，不能证明劳动者不能胜任工作，不符合据此单方解除劳动合同的法定条件。虽然2009年1月王鹏从分销科转岗，但是转岗前后均从事销售工作，并存在分销科解散导致王鹏转岗这一根本原因，故不能证明王鹏系因不能胜任工作而转岗。因此，中兴通讯主张王鹏不胜任工作，经转岗后仍然不胜任工作的依据不足，存在违法解除劳动合同的情形，应当依法向王鹏支付经济补偿标准二倍的赔偿金。

【实务问答】

1. “末位淘汰制”什么情况下可以成为用人单位管理员工的依据?

“末位淘汰制”在劳动合同领域，是指工作单位根据本单位的总体日标和具体目标，结合各岗位的实际情况，设定一定考核指标，并以此指标体系为标准对员工进行考核，根据考核结果对靠后员工进行淘汰的绩效管理制度。关于“末位淘汰制”，应注意：该制度属用人单位的内部规章内容。制定单位规章制度是用人单位的权利，也是义务。《劳动合同法》对用人单位的规章制度进行了规定。用人单位内部的规章制度要想得到法律的认可，一方面制定程序要合法。直接涉及劳动者切身利益的规章制度或者重大事项时，应经职工代表大会或者全体职工讨论，提出方案和意见，与工会或者职工代表平等协商确定。另一方面要履行告知义务。用人单位应当将直接涉及劳动者切身利益的规章制度和重大事项决定公示，或者告知劳动者。据此可知，用人单位将“末位淘汰制”制定为单位的规章制度，需要履行前述制定程序和公示义务，才可能成为用人单位管理员工的依据。

2. “末位淘汰制”能否作为解除劳动合同的依据?

“末位淘汰制”属用人单位规章制度，但并不意味用人单位对业绩居于末位的劳动者可以单方面解除劳动合同。用人单位单方面解除劳动合同的情形是法定的。《劳动合同法》第39、40条规定了用人单位的单方解除权。其中，用人单位可援引条款主要有“劳动者严重违反用人单位的规章制度的”或“劳动者不能胜任工作，经过培训或者调整工作岗位，仍不能胜任工作的”。对此，我们进行逐项分析。第一，是否符合“劳动者严重违反用人单位的规章制度”的情形。“严重违反用人单位的规章制度”，是指劳动者明知或应知规章制度的存在，却基于故意或重大过失，从事了严重违反规章制度的行为。居于“末位”是一种客观状态，而非主观行为。业绩排名总会有人居于后面，“末位淘汰制”不禁止也不可能禁止劳动者的工作业绩在单位内部居于末位。故用人单位不能以此单方面解除劳动合同。第二，是否属“劳动者不能胜任工作，经过培训或者调整工作岗位，仍不能胜任工作”的情形。如前所述，末位总是客观存在的，每次考核中，总会有人居于末位，考核不合格不能直接等同于不胜任工作。退一步讲，即使考核居于末位的劳动者确实不能胜任工作，用人单位也无权直接解除合同，而应当对劳动者进行培训或调整工作岗位，只有在仍不能胜任工作的情况下，才能提前30日以书面形式通知劳动者本人或者额外支付劳动者一个月工资后解除劳动合同。但值得注意的是，在不得违反法律法规的相关规定的情况下，“末位淘汰制”规定对业绩居于末位的劳动者调整工作岗位或者工资待遇，意味着双方协商约定用人单位对于业绩居于末位的劳动者有权单方面变更合同内容，此方面可得到法律认可。

3. 如何看待“标准线淘汰制”？

由于“末位淘汰制”易引发法律风险，近年来出现了一种变革方式——标准线淘汰制。标准线淘汰制，是指用人单位按照事先制定的淘汰标准，对业绩处于标准线以下的成员进行淘汰的方法。用人单位事先制定“标准线”，以规章制度的形式形成约束力。员工业绩处于标准线下，意味着“不能胜任工作”。此时，用人单位可依法对劳动者进行培训或调整工作岗位，在劳动者仍不能胜任工作的情况下，提前30日以书面形式通知劳动者本人或者额外支付劳动者一个月工资后解除劳动合同。“标准线淘汰制”没有事前设定淘汰名额或淘汰比例，劳动者只要努力工作即可达到标准线，以证明自己胜任了工作。可以说，较“末位淘汰制”而言，“标准线淘汰制”可以说更为科学。

【适用实例】

韩华新能源（启东）有限公司与石某莉劳动争议纠纷案

上诉人韩华新能源（启东）有限公司（以下简称韩华公司）因与被上诉人石某莉劳动争议纠纷一案，不服启东市人民法院一审判决，向南通市中级人民法院提起上诉。

一审法院认为，韩华公司单方解除与石某莉的劳动合同系违法解除。韩华公司提供的《2014年下半年考核办法说明》，未显示发布主体、发布及生效的时间，真实性无法确认；即使是真实的，其上明确载明适用的范围是“2014年非操作工下半年度考核”，并未明确此后公司绩效考核均适用该份文件，韩华公司亦未提供证据证实其将该份文件对全体员工发布并告知全体员工该份文件将作为此后历年绩效考核的依据。相反，石某莉提供的《2015 年年终考核》《2016 年年终考核》《2017 年年终考核》却明确地记载了发布的主体、时间，虽然考核结果也记载为 S、A、B+、B、C，但并未明确各自的定义是优秀、良好、合格、需改进、不合格，而是转换成以分数来体现，分别为 5 分、4 分、3 分、2 分、1 分，此反证了韩华公司主张的《2014 年下半年考核办法说明》即是现行的绩效考核制度、2015～2017 年未再发布绩效考核的不真实性。故韩华公司上述关于石某莉 2016 年上、下半年，年终及 2017 年上、下半年，年终的绩效考核长期处于不合格状态的主张，无事实依据，法院不予采信。

退一步讲，即使 C 代表不合格，但根据《2016 年年终考核》《2017 年年终考核》的规定，“B、C 考核等级的比例≥20%”，C 等级并不完全等同于“不能胜任工作”，韩华公司仅凭该限定考核等级比例的考核结果，不能证明石某莉不能胜任工作，不符合据此单方解除劳动合同的法定条件［参考最高人民法院**指导案例 18 号**中兴通讯（杭州）有限责任公司诉王鹏劳动合同纠纷案］。虽然 2017 年 4 月起石某莉从组件开发部转岗至开发运营与销售支持小组成为普通组员，但从 2017 年 10 月起，其承担了该小组助理经理的工作，并自 2018 年 1 月起增加了召集安排 NPI 会议、收集跟进 TR 计划等新的工作任务，韩华公司虽然提供了三组主题为每日工作汇报、NPI 会议准备、18～19 周 T2 计划的邮件往来打印件，但邮件内容是显示上级领导对石某莉每日工作报告连续多日没有更新、会议准备不充分导致会议无内容讨论以及发送的邮件内容没有达到领导要求的发送格式提出的批评，虽然在一定程度上能够证实石某莉工作存在消极、敷衍，但不能证明其对公司造成了严重的损失。只有劳动者因主观原因严重违反员工忠诚履行劳务给付之义务，用人单位才能行使即时单方解除劳动合同的权利。

综上，一审法院认为，韩华公司主张石某莉不胜任工作，经转岗后仍然不胜任工作的依据不足，其于 2018 年 5 月 10 日解除与石某莉之间劳动合同的行为不符合《劳动合同法》第 40 条规定的情形，属违法解除。

二审法院认为，因为有考核等级的比例等因素影响，考核结果低并不必然等同于不能胜任工作，一审法院参照最高人民法院**指导案例 18 号**（中兴通讯（杭州）有限责任公司诉王鹏劳动合同纠纷案）认定韩华公司违法解除劳动合同并无不当，本院予以确认。石某莉系经过韩华公司批准而休假，其请假之时尚无法预见韩华公司违法解除劳动合同并据此调整休假时长，韩华公司主张扣除年休假工资有违基本的公平原则，不予支持。[（2019）苏06民终1073号]

七、海事海商纠纷

054 指导案例31号

江苏炜伦航运股份有限公司诉米拉达玫瑰公司船舶碰撞损害赔偿纠纷案

在合意违规航行发生事故的情形下，仍应以《1972年国际海上避碰规则》为依据，在综合分析后对事故责任作出认定

（最高人民法院审判委员会讨论通过　2014年6月23日发布）

关键词：民事/船舶碰撞损害赔偿/合意违反航行规则/责任认定

裁判要点

航行过程中，当事船舶协商不以《1972年国际海上避碰规则》确立的规则交会，发生碰撞事故后，双方约定的内容以及当事船舶在发生碰撞事故时违反约定的情形，不应作为人民法院判定双方责任的主要依据，仍应当以前述规则为准据，在综合分析紧迫局面形成原因、当事船舶双方过错程度及处置措施恰当与否的基础上，对事故责任作出认定。

相关法条

《中华人民共和国海商法》第一百六十九条

基本案情

2008年6月3日晚，原告江苏炜伦航运股份有限公司所有的“炜伦06”轮与被告米拉达玫瑰公司所有的“MIRANDA ROSE”轮（以下简称“玫瑰”轮）在各自航次的航程中，在上海港圆圆沙警戒区相遇。当日23时27分，由外高桥集装箱码头开出的另一艘外轮“里约热内卢快航”轮与“玫瑰”轮

联系后开始实施追越。23时32分，“里约热内卢快航”轮引航员呼叫“炜伦06”轮和位于“炜伦06”轮左前方约0.2海里的“正安8”轮，要求两轮与其绿灯交会。“正安8”轮予以拒绝并大角度向右调整航向，快速穿越到警戒区北侧驶离。“炜伦06”轮则在“里约热内卢快航”轮引航员执意要求下，同意绿灯交会。“玫瑰”轮随即与“炜伦06”轮联系，也要求绿灯交会，“炜伦06”轮也回复同意。23时38分，当“炜伦06”轮行至“玫瑰”轮船艏偏左方向，发现“玫瑰”轮显示红灯，立即联系“玫瑰”轮，要求其尽快向左调整航行。“炜伦06”轮随后开始减速，但“玫瑰”轮因“里约热内卢快航”轮追越尚未驶过让清，距离较近，无法向左调整航向。23时41分，“炜伦06”轮与“里约热内卢快航”轮近距离交会，位于“玫瑰”轮左前方、距离仅0.2海里。此时，“炜伦06”轮、“玫瑰”轮均觉察危险，同时大角度向左转向。23时42分“炜伦06”轮右后部与“玫瑰”轮船艏右侧发生碰撞。事故造成原告遭受救助费、清污费、货物减损费、修理费等各项损失共计人民币4504605.75元。

原告遂以“玫瑰”轮违反双方关于“绿灯交会”的约定为由，诉请法院判令“玫瑰”轮承担80%的责任。被告则提出，原告应就涉案碰撞事故承担90%的责任，且原告主张的部分损失不合理。

裁判结果

上海海事法院于2011年9月20日作出（2010）沪海法海初字第24号民事判决：一、被告米拉达玫瑰公司应于本判决生效之日起十日内向原告江苏炜伦航运股份有限公司赔偿损失人民币2252302.79元；二、被告米拉达玫瑰公司应于本判决生效之日起十日内向原告江苏炜伦航运股份有限公司赔偿上述款项的利息损失，按照中国人民银行同期活期存款利率标准，从2008年6月3日起计算至判决生效之日止；三、对原告江苏炜伦航运股份有限公司的其他诉讼请求不予支持。宣判后，当事人双方均未上诉，判决已发生法律效力。

裁判理由

法院生效裁判认为：在两轮达成一致意见前，两轮交叉相遇时，本应“红灯交会”。“玫瑰”轮为了自己进北槽航道出口方便，首先提出“绿灯交会”的提议。该提议违背了《1972年国际海上避碰规则》（以下简称《72避碰规则》）规定的其应承担的让路义务。但是，“炜伦06”轮同意了该违背规则的提议。此时，双方绿灯交会的意向应是指在整个避让过程中，双方都应始终向对方显示本船的绿灯舷侧。在这种特殊情况下，没有了《72避碰规则》意义上的“让路船”和“直航船”。因此，当两轮发生碰撞危险时，两轮应具有同等的避免碰撞的责任，两轮均应按照《72避碰规则》的相关规定，特别谨慎驾驶。但事实上，在达成绿灯交会的一致意向后，双方都认为对方会给自己让路，未能对所处水域的情况进行有效观察并对当时的局面和碰撞危险作出充分估计，直至紧迫危险形成后才采取行动，最终无法避免碰撞。综上，两轮均有瞭望疏忽、未使用安全航速、未能尽到特别谨慎驾驶的义务并尽早采取避免碰撞的行为，都违反了《72避碰规则》中有关瞭望、安全航速和避免碰撞的行动等规定，对碰撞事故的发生责任相当，应各承担50%的责任。

被告系“玫瑰”轮的船舶所有人，根据《最高人民法院关于审理船舶碰撞纠纷案件若干问题的规定》的规定，应就“玫瑰”轮在涉案碰撞事故中对原告造成的损失承担赔偿责任。法院根据双方提供的证据，核定了原告具体损失金额，按照被告应负的责任份额，依法作出如上判决。

【实务问答】

1. 如何理解《国际海上避碰规则公约》的作用，以及如何适用该公约？

《国际海上避碰规则公约》（以下简称《避碰公约》）适用范围广泛，适用于在公海和连接公海可供海船航行的一切水域中的一切船舶。为尊重各国政府对内陆水域的主权，该规则并不妨碍各国有关主管机关为港口、内陆水道等制定特殊规则，但同时还规定特殊规则应当尽可能与该规则相符合，以便于遵守和管理。一方面，《避碰公约》对指导船舶驾驶人员采取正确的航行规则和有效的避让行动，协调船舶间的冲突，预防和避免船舶相遇时碰撞事故的发生，具有积极作用。另一方面，《避碰公约》通过制定航行规则，规定了当事船舶的权利和义务，虽然条款不具体涉及船舶碰撞产生的法律责任，但对于判明碰撞船舶双方的责任，提供了翔实充分的依据。我国于1980年向联合国政府间海事协商组织秘书长交存了认可文件，成为《1972年国际海上避碰规则》的缔约国，但作出如下保留：属于中华人民共和国的非机动船舶不受海上避碰规则的约束。由于实践中《避碰公约》在我国海域的广泛适用并未区分是否具有涉外因素，《避碰公约》所确立的航行规则已经与其他海上碰撞法律法规一起，成为法院查明案件事实、分清当事船舶责任、公正处理海上船舶碰撞纠纷的重要依据。

2. 当事船舶的合意对事故责任认定是否有影响？

实践中，违反《避碰公约》进行航行的情况时有发生。一方船舶自己违反《避碰公约》造成与他船的碰撞事故，应由该肇事船舶承担损害赔偿责任。但若航行中，双方船舶通过无线通讯手段协商，合意违反《避碰公约》，重新达成一致的通行意见后发生碰撞，如何划分碰撞责任？首先，遵守《避碰公约》是保障海上航行安全的前提和必要条件。航行船舶违反《避碰公约》，对合意船舶及附近航行的其他船舶都造成潜在的威胁和隐患，可能造成极其严重的后果，不应给予肯定和鼓励。其次，合意违反《避碰公约》后是否会发生航行事故，存在很大不确定性。是否因一方或双方违约而致事故发生，并不能使合意违反行为合理化，更不能成为减轻责任的理由。因而，为保障海上航行的安全有序，任何协商和约定都不能免除当事船舶遵守航行规则的责任和义务。换言之，是否违反合意约定不能成为判定船舶碰撞事故责任的主要依据。本指导案例中，在当事船舶合意违反《避碰公约》的情况下，法院并未把“玫瑰”轮和“炜伦06”轮是否存在违反合意约定绿灯交会的违约行为作为审理范围，更未将当事船舶违约行为作为划分碰撞责任的依据，有助于引导并规范船舶航行行为。

055 指导案例108号

浙江隆达不锈钢有限公司诉A.P.穆勒-马士基有限公司海上货物运输合同纠纷案

承运人将货物交付收货人之前，托运人享有要求变更运输合同的权利，但双方仍需遵循按照公平原则确定的权利义务

有章

（最高人民法院审判委员会讨论通过　2019年2月25日发布）

关键词：民事/海上货物运输合同/合同变更/改港/退运/抗辩权

裁判要点

在海上货物运输合同中，依据合同法第三百零八条的规定，承运人将货物交付收货人之前，托运人享有要求变更运输合同的权利，但双方当事人仍要遵循合同法第五条规定的公平原则确定各方的权利和义务。托运人行使此项权利时，承运人也可相应行使一定的抗辩权。如果变更海上货物运输合同难以实现或者将严重影响承运人正常营运，承运人可以拒绝托运人改港或者退运的请求，但应当及时通知托运人不能变更的原因。

相关法条

《中华人民共和国合同法》第308条①

《中华人民共和国海商法》第86条

基本案情

2014年6月，浙江隆达不锈钢有限公司（以下简称隆达公司）由中国宁波港出口一批不锈钢无缝产品至斯里兰卡科伦坡港，货物报关价值为366918.97美元。隆达公司通过货代向A.P.穆勒-马士基有限公司（以下简称马士基公司）订舱，涉案货物于同年6月28日装载于4个集装箱内装船出

① 《民法典》第829条。

运，出运时隆达公司要求做电放处理。2014年7月9日，隆达公司通过货代向马士基公司发邮件称，发现货物运错目的地要求改港或者退运。马士基公司于同日回复，因货物距抵达目的港不足2天，无法安排改港，如需退运则需与目的港确认后回复。次日，隆达公司的货代询问货物退运是否可以原船带回，马士基公司于当日回复“原船退回不具有操作性，货物在目的港卸货后，需要由现在的收货人在目的港清关后，再向当地海关申请退运。海关批准后，才可以安排退运事宜”。2014年7月10日，隆达公司又提出“这个货要安排退运，就是因为清关清不了，所以才退回宁波的，有其他办法吗”。此后，马士基公司再未回复邮件。

涉案货物于2014年7月12日左右到达目的港。马士基公司应隆达公司的要求于2015年1月29日向其签发了编号603386880的全套正本提单。根据提单记载，托运人为隆达公司，收货人及通知方均为VENUS STEEL PVT LTD，起运港中国宁波，卸货港科伦坡。2015年5月19日，隆达公司向马士基公司发邮件表示已按马士基公司要求申请退运。马士基公司随后告知隆达公司涉案货物已被拍卖。

裁判结果

宁波海事法院于2016年3月4日作出（2015）甬海法商初字第534号民事判决，认为隆达公司因未采取自行提货等有效措施导致涉案货物被海关拍卖，相应货损风险应由该公司承担，故驳回隆达公司的诉讼请求。一审判决后，隆达公司提出上诉。浙江省高级人民法院于2016年9月29日作出（2016）浙民终222号民事判决：撤销一审判决；马士基公司于判决送达之日起十日内赔偿隆达公司货物损失183459.49美元及利息。二审法院认为依据合同法第三百零八条，隆达公司在马士基公司交付货物前享有请求改港或退运的权利。在隆达公司提出退运要求后，马士基公司既未明确拒绝安排退运，也未通知隆达公司自行处理，对涉案货损应承担相应的赔偿责任，酌定责任比例为50%。马士基公司不服二审判决，向最高人民法院申请再审。最高人民法院于2017年12月29日作出（2017）最高法民再412号民事判决：撤销二审判决；维持一审判决。

裁判理由

最高人民法院认为，合同法①与海商法有关调整海上运输关系、船舶关系的规定属于普通法与特别法的关系。根据海商法第八十九条的规定，船舶在装货港开航前，托运人可以要求解除合同。本案中，隆达公司在涉案货物海上运输途中请求承运人进行退运或者改港，因海商法未就航程中托运人要求变更运输合同的权利进行规定，故本案可适用合同法第三百零八条②关于托运人要求变更运输合同权利的规定。基于特别法优先适用于普通法的法律适用基本原则，合同法第三百零八条规定的是一般运输合同，该条规定在适用于海上货物运输合同的情况下，应该受到海商法基本价值取向及强制性规定的限制。托运人依据合同法第三百零八条主张变更运输合同的权利不得致使海上货物运输合同中各方当事人利益显失公平，也不得使承运人违反对其他托运人承担的安排合理航线等义务，或剥夺承运人关于履行海上货物运输合同变更事项的相应抗辩权。

合同法总则规定的基本原则是合同法立法的准则，是适用于合同法全部领域的准则，也是合同法具体制度及规范的依据。依据合同法第三百零八条的规定，在承运人将货物交付收货人之前，托运人享有要求变更运输合同的权利，但双方当事人仍要遵循合同法第五条③规定的公平原则确定各方的权利和义务。海上货物运输具有运输量大、航程预先拟定、航线相对固定等特殊性，托运人要求改港或者退运的请求有时不仅不易操作，还会妨碍承运人的正常营运或者给其他货物的托运人或收货人带来较大损害。在此情况下，如果要求承运人无条件服从托运人变更运输合同的请求，显失公平。因此，在海上货物运输合同下，托运人并非可以无限制地行使请求变更的权利，承运人也并非在任何情况下都应无条件服从托运人请求变更的指示。为合理平衡海上货物运输合同中各方当事人利益之平衡，在托运人行使要求变更权利的同时，承运人也相应地享有一定的抗辩权利。如果变更运输合同难以实现或者将严重影响承运人正常营运，承运人可以拒绝托运人改港或者退运的要

---

① 《民法典》第三编“合同”。

② 《民法典》第829条。

③ 《民法典》第6条。

求，但应当及时通知托运人不能执行的原因。如果承运人关于不能执行原因等抗辩成立，承运人未按照托运人退运或改港的指示执行则并无不当。

涉案货物采用的是国际班轮运输，载货船舶除运载隆达公司托运的4个集装箱外，还运载了其他货主托运的众多货物。涉案货物于2014年6月28日装船出运，于2014年7月12日左右到达目的港。隆达公司于2014年7月9日才要求马士基公司退运或者改港。马士基公司在航程已过大半，距离到达目的港只有两三天的时间，以航程等原因无法安排改港、原船退回不具有操作性为抗辩事由，符合案件事实情况，该抗辩事由成立，马士基公司未安排退运或者改港并无不当。

马士基公司将涉案货物运至目的港后，因无人提货，将货物卸载至目的港码头符合海商法第八十六条的规定。马士基公司于2014年7月9日通过邮件回复隆达公司距抵达目的港不足2日。隆达公司已了解货物到港的大体时间并明知涉案货物在目的港无人提货，但在长达8个月的时间里未采取措施处理涉案货物致其被海关拍卖。隆达公司虽主张马士基公司未尽到谨慎管货义务，但并未举证证明马士基公司存在管货不当的事实。隆达公司的该项主张缺乏依据。依据海商法第八十六条的规定，马士基公司卸货后所产生的费用和风险应由收货人承担，马士基公司作为承运人无需承担相应的风险。

（生效判决审判人员：王淑梅、余晓汉、黄西武）

【实务问答】

1. 现行法律对托运人变更或解除运输合同的权利是如何规定的？

《民法典》第829条（原《合同法》第308条）规定，在承运人将货物交付收货人之前，托运人可以要求承运人中止运输、返还货物、变更到达地或者将货物交给其他收货人，但是应当赔偿承运人因此受到的损失。

按照《民法典》第829条的规定，在承运人将货物交付收货人之前，托运人享有以下权利：（1）中止运输、返还货物；（2）变更到达地；（3）将货物交给其他收货人。承运人在将货物交付收货人前，一般负有不得拒绝变更后的运输合同的义务。当然，因托运人单方变更或解除合同给承运人造成损失的，托运人应予赔偿，包括承担因变更或解除合同而产生的各种费用等。关于本条，另外需要注意以下几点：（1）若托运人或提单持有人变更或解除的指示不能执行的，承运人应立即通知托运人或者提单持有人。（2）托运人或者提单持有人的这种单方变更或者解除权只能在货物交付收货人前行使，如果货物已交付给收货人，则托运人或提单持有人变更或解除合同的权利即告终止。但是收货人拒绝接受货物或承运人无法同收货人联系的，托运人或提单持有人可恢复行使这种权利。（3）本条的变更或解除权只能由托运人或提单持有人享有。另外需要注意，若托运人提出变更运输合同在客观上不可能或者经济上不合理、运输实践中不可行，承运人及时拒绝的，法院应以诚信原则和公平原则为指导，全面正确适用包括诚信原则、公平原则和本条具体规定在内的有关法律规范，公平合理地确定各方当事人之间权利义务关系；当根据某条具体规定初步推理的结果明显有失公平时，应考虑以诚信、公平等基本法律原则为指导进行法律漏洞填补和利益均衡。本指导案例最终的裁判结果即秉持了上述思路，其再审判决对二审判决适用原《合同法》第308条①持肯定态度，认为在《海商法》未作规定的情形下可以适用原《合同法》的一般法规定，但认为托运人据此要求承运人依指示办理货物退运、改港，需要符合公平原则。再审从公平原则的角度认定马士基公司未根据隆达公司指示办理货物退运、改港，不违反原《合同法》第308条的规定，即对于托运人依据该条规定在交付前提出货物的改港、退运，承运人有权拒绝并说明原因。这也是该案再审裁判与二审裁判的主要不同之处。

2. 托运人行使权利是否合理可行中的三个问题

关于托运人行使权利是否合理可行，进一步延伸出三个问题。（1）承运人回运货物的费用及损失问题。《海商法》第70条规定，托运人的过失导致承运人遭受损失，托运人负有赔偿责任。如果承运人配合办理货物回运，因为客观原因无法回运，承运人有权要求托运人赔偿损失。该法第88条第2款规定，拍卖所得价款，用于清偿保管、拍卖货物的费用和运费以及应当向承运人支付的其他有关费用，不足的金额，承运人有权向托运人追偿。即使无

① 《民法典》第829条。

人提货和拍卖货物所得不足以支付应得费用，承运人也有向托运人追偿损失的法律依据。实践中，若托运人提交了正本提单和有效担保，承运人回运货物的损失可得到可靠保障。反之，若无法就提供提单和回运费用达成一致，则不能回运的责任应由托运人承担。（2）承运人拒绝回运货物的合理性查证问题。货物无法回运的原因，除应当由当事人举证外，法院必要时可依职权借助相关外国法查明途径了解目的港海关有关规定。托运人方面，应主动收集、举证证明收货人所在港口关于货物转运、退运的相关规定。（3）承运人拒绝回运货物后，货物仍处于目的港码头仓库，尚未被当地海关拍卖处理，托运人若依据《民法典》第829条提起诉讼，能否以损失必然发生为由要求承运人赔偿全部货损？就赔偿责任人确定而言，判断货物管理义务的承担者是关键。承运人无管货义务，对货物损失的发生无可归责之过错，不应承担赔偿责任。基于诚信原则而生的通知、披露义务，承运人虽未充分履行，因该义务并非货物损失的直接或主要原因，故此时难以直接判定承运人的赔偿责任。但若承运人怠于履行附随义务导致目的港费用不合理增加，在承运人向托运人主张目的港费用时，托运人可基于承运人违反减损义务而提出抗辩。

056 指导案例110号

交通运输部南海救助局诉阿昌格罗斯投资公司、香港安达欧森有限公司上海代表处海难救助合同纠纷案

当事人约定无论救助是否成功，被救助方均应支付报酬，且以救助船舶每马力小时和人工投入等作为计算报酬的标准时，应认定为雇佣救助合同

（最高人民法院审判委员会讨论通过　2019年8月25日发布）

关键词：民事／海难救助合同／雇佣救助／救助报酬

裁判要点

1.《1989年国际救助公约》和我国海商法规定救助合同“无效果无报酬”，但均允许当事人对救助报酬的确定可以另行约定。若当事人明确约定，无论救助是否成功，被救助方均应支付报酬，且以救助船舶每马力小时和人工投入等作为计算报酬的标准时，则该合同系雇佣救助合同，而非上述国际公约和我国海商法规定的救助合同。2. 在《1989年国际救助公约》和我国海商法对雇佣救助合同没有具体规定的情况下，可以适用我国合同法的相关规定确定当事人的权利义务。

相关法条

《中华人民共和国合同法》第8条①、第107条②

《中华人民共和国海商法》第179条

基本案情

交通运输部南海救助局（以下简称南海救助局）诉称：“加百利”轮在琼州海峡搁浅后，南海救助局受阿昌格罗斯投资公司（以下简称投资公司）委托提供救助、交通、守护等服务，但投资公司一直未付救助费用。请求法院判令投资公司和香港安达欧森有限公司上海代表处（以下简称上海代表处）连带支付救助费用7240998.24元及利息。

法院经审理查明：投资公司所属“加百利”轮系希腊籍油轮，载有卡宾达原油54580吨。2011年8月12日0500时左右在琼州海峡北水道附近搁浅，船舶及船载货物处于危险状态，严重威胁海域环境安全。事故发生后，投资公司立即授权上海代表处就“加百利”轮搁浅事宜向南海救助局发出紧急邮件，请南海救助局根据经验安排两艘拖轮进行救助，并表示同意南海救助局的报价。

8月12日2040时，上海代表处通过电子邮件向南海救助局提交委托书，委托南海救助局派出“南海救116”轮和“南海救101”轮到现场协助“加百利”轮出浅，承诺无论能否成功协助出浅，均同意按每马力小时3.2元的

---

① 《民法典》第465条。

② 《民法典》第577条。

费率付费，计费周期为拖轮自其各自的值班待命点备车开始起算至上海代表处通知任务结束、拖轮回到原值班待命点为止。“南海救116”轮和“南海救101”轮只负责拖带作业，“加百利”轮脱浅作业过程中如发生任何意外南海救助局无需负责。另，请南海救助局派遣一组潜水队员前往“加百利”轮探摸，费用为：陆地调遣费10000元；水上交通费55000元；作业费每8小时40000元，计费周期为潜水员登上交通船开始起算，到作业完毕离开交通船上岸为止。8月13日，投资公司还提出租用“南海救201”轮将其两名代表从海口运送至“加百利”轮。南海救助局向上海代表处发邮件称，“南海救201”轮费率为每马力小时1.5元，根据租用时间计算总费用。

与此同时，为预防危险局面进一步恶化造成海上污染，湛江海事局决定对“加百利”轮采取强制过驳减载脱浅措施。经湛江海事局组织安排，8月18日“加百利”轮利用高潮乘潮成功脱浅，之后安全到达目的港广西钦州港。

南海救助局实际参与的救助情况如下：

南海救助局所属“南海救116”轮总吨为3681，总功率为9000千瓦（12240马力）。“南海救116”轮到达事故现场后，根据投资公司的指示，一直在事故现场对“加百利”轮进行守护，共工作155.58小时。

南海救助局所属“南海救101”轮总吨为4091，总功率为13860千瓦（18850马力）。该轮未到达事故现场即返航。南海救助局主张该轮工作时间共计13.58小时。

南海救助局所属“南海救201”轮总吨为552，总功率为4480千瓦（6093马力）。8月13日，该轮运送2名船东代表登上搁浅船，工作时间为7.83小时。8月16日，该轮运送相关人员及设备至搁浅船，工作时间为7.75小时。8月18日，该轮将相关人员及行李运送上过驳船，工作时间为8.83小时。

潜水队员未实际下水作业，工作时间为8小时。

另查明涉案船舶的获救价值为30531856美元，货物的获救价值为48053870美元，船舶的获救价值占全部获救价值的比例为38.85%。

裁判结果

广州海事法院于2014年3月28日作出（2012）广海法初字第898号民事判决：一、投资公司向南海救助局支付救助报酬6592913.58元及利息；二、驳回南海救助局的其他诉讼请求。投资公司不服一审判决，提起上诉。广东省高级人民法院于2015年6月16日作出（2014）粤高法民四终字第117号民事判决：一、撤销广州海事法院（2012）广海法初字第898号民事判决；二、投资公司向南海救助局支付救助报酬2561346.93元及利息；三、驳回南海救助局的其他诉讼请求。南海救助局不服二审判决，申请再审。最高人民法院于2016年7月7日作出（2016）最高法民再61号民事判决：一、撤销广东省高级人民法院（2014）粤高法民四终字第117号民事判决；二、维持广州海事法院（2012）广海法初字第898号民事判决。

裁判理由

最高人民法院认为，本案系海难救助合同纠纷。中华人民共和国加入了《1989年国际救助公约》（以下简称救助公约），救助公约所确立的宗旨在本案中应予遵循。因投资公司是希腊公司，“加百利”轮为希腊籍油轮，本案具有涉外因素。各方当事人在诉讼中一致选择适用中华人民共和国法律，根据《中华人民共和国涉外民事关系法律适用法》第三条的规定，适用中华人民共和国法律对本案进行审理。我国海商法作为调整海上运输关系、船舶关系的特别法，应优先适用。海商法没有规定的，适用我国合同法等相关法律的规定。

海难救助是一项传统的国际海事法律制度，救助公约和我国海商法对此作了专门规定。救助公约第十二条、海商法第一百七十九条规定了“无效果无报酬”的救助报酬支付原则，救助公约第十三条、海商法第一百八十条及第一百八十三条在该原则基础上进一步规定了报酬的评定标准与具体承担。上述条款是对当事人基于“无效果无报酬”原则确定救助报酬的海难救助合同的具体规定。与此同时，救助公约和我国海商法均允许当事人对救助报酬的确定另行约定。因此，在救助公约和我国海商法规定的“无效果无报酬”救助合同之外，还可以依当事人的约定形成雇佣救助合同。

根据本案查明的事实，投资公司与南海救助局经过充分磋商，明确约定无论救助是否成功，投资公司均应支付报酬，且“加百利”轮脱浅作业过程中如发生任何意外，南海救助局无需负责。依据该约定，南海救助局救助报酬的获得与否和救助是否有实际效果并无直接联系，而救助报酬的计算，是以救助船舶每马力小时，以及人工投入等事先约定的固定费率和费用作为依据，与获救财产的价值并无关联。因此，本案所涉救助合同不属于救助公约和我国海商法所规定的“无效果无报酬”救助合同，而属雇佣救助合同。

关于雇佣救助合同下的报酬支付条件及标准，救助公约和我国海商法并未作具体规定。一、二审法院依据海商法第一百八十条规定的相关因素对当事人在雇佣救助合同中约定的固定费率予以调整，属适用法律错误。本案应依据我国合同法的相关规定，对当事人的权利义务予以规范和确定。南海救助局以其与投资公司订立的合同为依据，要求投资公司全额支付约定的救助报酬并无不当。

综上，二审法院以一审判决确定的救助报酬数额为基数，依照海商法的规定，判令投资公司按照船舶获救价值占全部获救财产价值的比例支付救助报酬，适用法律和处理结果错误，应予纠正。一审判决适用法律错误，但鉴于一审判决对相关费率的调整是以当事人的合同约定为基础，南海救助局对此并未行使相关诉讼权利提出异议，一审判决结果可予维持。

（生效裁判审判人员：贺荣、张勇健、王淑梅、余晓汉、郭载宇）

【实务问答】

1. 海难救助中“无效果无报酬”原则及其例外是什么？

《海商法》第179条规定，救助方对遇险的船舶和其他财产的救助，取得效果的，有权获得救助报酬：救助未取得效果的，除本法第182条或者其他法律另有规定或者合同另有约定外，无权获得救助款项。

海难救助是一项古老的国际海事法律制度。《1989年国际救助公约》和《海商法》第九章“海难救助”明确了“无效果无报酬”的原则，并在该原则基础上规定了报酬的评定标准与具体承担，同时也允许当事人对救助报酬的确定作另行约定。《海商法》第179条即规定：“救助方对遇险的船舶和其他财产的救助，取得效果的，有权获得救助报酬；救助未取得效果的，除本法第一百八十二条或者其他法律另有规定或者合同另有约定外，无权获得救助款项。”而“合同另有约定外”即表明法律已明确“无效果无报酬”原则可通过合同约定予以排除。可以说，救助公约和《海商法》均为雇佣救助的存在提供了空间。在不与强制性法律规范冲突的情形下，雇佣救助合同约定的条款将取代救助公约和《海商法》的相关规定，这也是合同自由原则和海难救助自愿原则的体现。本指导案例中的雇佣救助合同属当事人对救助报酬的另行约定，即属“无效果无报酬”救助的例外情形。关于雇佣救助合同下的报酬支付条件及标准，《1989年国际救助公约》和《海商法》均未作具体规定，应依原《合同法》（现为《民法典》）等相关法律法规，对当事人的权利义务予以规范和确定。在救助公约和《海商法》均对救助报酬支付没有具体规定的情形下，最高人民法院根据原《合同法》确定该案救助报酬支付问题，符合法律适用规则。该案再审判决澄清了理论和实践长期以来对《1989年国际救助公约》和《海商法》相关条款适用条件的模糊认识，具有较强的指引意义。

2. 如何对救助款项进行变更？

在该指导案例的审理过程中，被申请人曾请求依据《海商法》第176条的规定和情势变更原则对救助款项予以调整。该条规定了可变更救助合同的两种情形。一是合同在不正当的或者危险情况的影响下订立，合同条款显失公平的。这一条件比原《合同法》第54条①规定的条件更为严格，在该案中显然不应适用。二是合同支付的救助款项过分高于或过分低于实际提供的救助服务的。然而，支付的救助款项是否过分高于或过分低于实际提供的救助服务，不应仅与救助活动所支付的成本费用进行比较，而应综合考虑《海商法》第180条规定的确定救助报酬所需要考虑的10项因素。从立法本意看，救助公约和《海商法》所规定的救助款项变更，针对的均是“无效果无报酬”合同。而当事人另行订立的雇佣救助合同下的救助报酬，往往低于“无效果无报酬”合同下的救助报酬。因此，即使能够适用《海商法》第176条的规定，也很难得出救助款项明显高于实际提供的救助服务的结论。而情势

① 《民法典》第147、151条。

变更原则实质上即是在法律框架下，由双方当事人来分担由于异常损害所造成的风险，以求公平。引用情势变更原则需要满足以下条件：（1）合同赖以存在的客观情况确实发生变化。（2）情势变更情形为当事人所不能预见。（3）情势变更的发生不可归责于双方当事人，也就是由不可抗力、正常商业风险以外的其他意外事故所引起。（4）情势变更事实发生于合同订立完成后履行完毕前。（5）继续维持合同效力会对一方当事人显失公平。该案中救助方案的调整并非因客观情况发生了重大变化，而是因为湛江海事局为了预防危险局面进一步恶化造成海上污染，决定对“加百利”轮采取强制过驳减载脱浅措施。而南海救助局一直在事故现场对“加百利”轮进行守护。合同继续履行对投资公司并非明显不公。基于此，不应适用情势变更原则。

057 指导案例52号

海南丰海粮油工业有限公司诉中国人民财产保险股份有限公司海南省分公司海上货物运输保险合同纠纷案

在被保险人不存在故意或者过失的情况下，保险人应当承担运输途中由外来原因所致的一切损失

（最高人民法院审判委员会讨论通过　2015年4月15日发布）

关键词：民事/海事/海上货物运输保险合同/一切险/外来原因

裁判要点

海上货物运输保险合同中的“一切险”，除包括平安险和水渍险的各项责任外，还包括被保险货物在运输途中由于外来原因所致的全部或部分损失。在被保险人不存在故意或者过失的情况下，由于相关保险合同中除外责任条款所列明情形之外的其他原因，造成被保险货物损失的，可以认定属于

导致被保险货物损失的“外来原因”，保险人应当承担运输途中由该外来原因所致的一切损失。

相关法条

《中华人民共和国保险法》第三十条

基本案情

1995年11月28日，海南丰海粮油工业有限公司（以下简称丰海公司）在中国人民财产保险股份有限公司海南省分公司（以下简称海南人保）投保了由印度尼西亚籍“哈卡”轮（HAGAAG）所运载的自印度尼西亚杜迈港至中国洋浦港的4999.85吨桶装棕榈油，投保险别为一切险，货价为3574892.75美元，保险金额为3951258美元，保险费为18966美元。投保后，丰海公司依约向海南人保支付了保险费，海南人保向丰海公司发出了起运通知，签发了海洋货物运输保险单，并将海洋货物运输保险条款附于保单之后。根据保险条款规定，一切险的承保范围除包括平安险和水渍险的各项责任外，海南人保还“负责被保险货物在运输途中由于外来原因所致的全部或部分损失”。该条款还规定了5项除外责任。上述投保货物是由丰海公司以CNF价格向新加坡丰益私人有限公司（以下简称丰益公司）购买的。根据买卖合同约定，发货人丰益公司与船东代理梁国际代理有限公司（以下简称梁国际）签订一份租约。该租约约定由“哈卡”轮将丰海公司投保的货物5000吨棕榈油运至中国洋浦港，将另1000吨棕榈油运往香港。

1995年11月29日，“哈卡”轮的期租船人、该批货物的实际承运人印度尼西亚PT. SAMUDERA INDRA公司（以下简称PSI公司）签发了编号为DM/YPU/1490/95的已装船提单。该提单载明船舶为“哈卡”轮，装货港为印度尼西亚杜迈港，卸货港为中国洋浦港，货物唛头为BATCH NO. 80211/95，装货数量为4999.85吨，清洁、运费已付。据查，发货人丰益公司将运费支付给梁国际，梁国际已将运费支付给PSI公司。1995年12月14日，丰海公司向其开证银行付款赎单，取得了上述投保货物的全套（3份）正本提单。1995年11月23日至29日，“哈卡”轮在杜迈港装载31623桶、净重5999.82吨四海牌棕榈油启航后，由于“哈卡”轮船东印度尼西亚PT. PERUSAHAAN PELAYARAN BAHTERA BINTANG SELATAN公司（以下简称BBS公司）与该轮的期租船人PSI公司之间因船舶租金发生纠纷，“哈卡”轮中止了提单约定的航程并对外封锁了该轮的动态情况。

为避免投保货物的损失，丰益公司、丰海公司、海南人保多次派代表参加“哈卡”轮船东与期租船人之间的协商，但由于船东以未收到租金为由不肯透露“哈卡”轮行踪，多方会谈未果。此后，丰益公司、丰海公司通过多种渠道交涉并多方查找“哈卡”轮行踪，海南人保亦通过其驻外机构协助查找“哈卡”轮。直至1996年4月，“哈卡”轮走私至中国汕尾被我海警查获。根据广州市人民检察院穗检刑免字（1996）64号《免予起诉决定书》的认定，1996年1月至3月，“哈卡”轮船长埃里斯·伦巴克根据BBS公司指令，指挥船员将其中11325桶、2100多吨棕榈油转载到属同一船公司的“依瓦那”和“萨拉哈”货船上运走销售，又让船员将船名“哈卡”轮涂改为“伊莉莎2”号（ELIZA Ⅱ）。1996年4月，更改为“伊莉莎2”号的货船载剩余货物20298桶棕榈油走私至中国汕尾，4月16日被我海警查获。上述20298桶棕榈油已被广东省检察机关作为走私货物没收上缴国库。1996年6月6日丰海公司向海南人保递交索赔报告书，8月20日丰海公司再次向海南人保提出书面索赔申请，海南人保明确表示拒赔。丰海公司遂诉至海口海事法院。

丰海公司是海南丰源贸易发展有限公司和新加坡海源国际有限公司于1995年8月14日开办的中外合资经营企业。该公司成立后，就与海南人保建立了业务关系。1995年10月1日至同年11月28日（本案保险单签发前）就发生了4笔进口棕榈油保险业务，其中3笔投保的险别为一切险，另1笔为“一切险附加战争险”。该4笔保险均发生索赔，其中有因为一切险范围内的货物短少、破漏发生的赔付。

裁判结果

海口海事法院于1996年12月25日作出（1996）海商初字第096号民事判决：一、海南人保应赔偿丰海公司保险价值损失3593858.75美元；二、驳回丰海公司的其他诉讼请求。宣判后，海南人保提出上诉。海南省高级人民法院于1997年10月27日作出（1997）琼经终字第44号民事判决：撤销一审判决，驳回丰海公司的诉讼请求。丰海公司向最高人民法院申请再审。最高人民法院于2003年8月11日以（2003）民四监字第35号民事裁定，决定对本案进行提审，并于2004年7月13日作出（2003）民四提字第5号民事判决：一、撤销海南省高级人民法院（1997）琼经终字第44号民事判决；二、维持海口海事法院（1996）海商初字第096号民事判决。

裁判理由

最高人民法院认为：本案为国际海上货物运输保险合同纠纷，被保险人、保险货物的目的港等均在中华人民共和国境内，原审以中华人民共和国法律作为解决本案纠纷的准据法正确，双方当事人亦无异议。

丰海公司与海南人保之间订立的保险合同合法有效，双方的权利义务应受保险单及所附保险条款的约束。本案保险标的已经发生实际全损，对此发货人丰益公司没有过错，亦无证据证明被保险人丰海公司存在故意或过失。保险标的的损失是由于“哈卡”轮船东BBS公司与期租船人之间的租金纠纷，将船载货物运走销售和走私行为造成的。本案争议的焦点在于如何理解涉案保险条款中一切险的责任范围。

二审审理中，海南省高级人民法院认为，根据保险单所附的保险条款和保险行业惯例，一切险的责任范围包括平安险、水渍险和普通附加险（即偷窃提货不着险、淡水雨淋险、短量险、沾污险、渗漏险、碰损破碎险、串味险、受潮受热险、钩损险、包装破损险和锈损险），中国人民银行《关于〈海洋运输货物保险‘一切险’条款解释的请示〉的复函》亦作了相同的明确规定。可见，丰海公司投保货物的损失不属于一切险的责任范围。此外，鉴于海南人保与丰海公司有长期的保险业务关系，在本案纠纷发生前，双方曾多次签订保险合同，并且海南人保还作过一切险范围内的赔付，所以丰海公司对本案保险合同的主要内容、免责条款及一切险的责任范围应该是清楚的，故认定一审判决适用法律错误。

根据涉案“海洋运输货物保险条款”的规定，一切险除了包括平安险、水渍险的各项责任外，还负责被保险货物在运输过程中由于各种外来原因所造成的损失。同时保险条款中还明确列明了五种除外责任，即：①被保险人的故意行为或过失所造成的损失；②属于发货人责任所引起的损失；③在保险责任开始前，被保险货物已存在的品质不良或数量短差所造成的损失；④被保险货物的自然损耗、本质缺陷、特性以及市价跌落、运输迟延所引起的损失；⑤本公司海洋运输货物战争险条款和货物运输罢工险条款规定的责任范围和除外责任。从上述保险条款的规定看，海洋运输货物保险条款中的一切险条款具有如下特点：

1. 一切险并非列明风险，而是非列明风险。在海洋运输货物保险条款中，平安险、水渍险为列明的风险，而一切险则为平安险、水渍险再加上未列明的运输途中由于外来原因造成的保险标的的损失。

2. 保险标的的损失必须是外来原因造成的。被保险人在向保险人要求保险赔偿时，必须证明保险标的的损失是因为运输途中外来原因引起的。外来原因可以是自然原因，亦可以是人为的意外事故。但是一切险承保的风险具有不确定性，要求是不能确定的、意外的、无法列举的承保风险。对于那些预期的、确定的、正常的危险，则不属于外来原因的责任范围。

3. 外来原因应当限于运输途中发生的，排除了运输发生以前和运输结束后发生的事故。只要被保险人证明损失并非因其自身原因，而是由于运输途中的意外事故造成的，保险人就应当承担保险赔偿责任。

根据保险法的规定，保险合同中规定有关于保险人责任免除条款的，保险人在订立合同时应当向投保人明确说明，未明确说明的，该条款仍然不能产生效力。据此，保险条款中列明的除外责任虽然不在保险人赔偿之列，但是应当以签订保险合同时，保险人已将除外责任条款明确告知被保险人为前提。否则，该除外责任条款不能约束被保险人。

关于中国人民银行的复函意见。在保监委成立之前，中国人民银行系保险行业的行政主管机关。1997年5月1日，中国人民银行致中国人民保险公司《关于〈海洋运输货物保险“一切险”条款解释的请示〉的复函》中，认为一切险承保的范围是平安险、水渍险及被保险货物在运输途中由于外来原因所致的全部或部分损失。并且进一步提出：外来原因仅指偷窃、提货不着、淡水雨淋等。1998年11月27日，中国人民银行在对《中保财产保险有限公司关于海洋运输货物保险条款解释》的复函中，再次明确一切险的责任范围包括平安险、水渍险及被保险货物在运输途中由于外来原因所致的全部或部分损失。其中外来原因所致的全部或部分损失是指11种一般附加险。鉴于中国人民银行的上述复函不是法律法规，亦不属于行政规章。根据《中华人民共和国立法法》的规定，国务院各部、委员会、中国人民银行、国家审计署以及具有行政管理职能的直属机构，可以根据法律和国务院的行政法规、决定、命令，在本部门的权限范围内，制定规章；部门规章规定的事项应当属于执行法律或者国务院的行政法规、决定、命令的事项。因此，保险条款亦不在职能部门有权制定的规章范围之内，故中国人民银行对保险条款的解释不能作为约束被保险人的依据。另外，中国人民银行关于一切险的复函属于对保险合同条款的解释。而对于平等主体之间签订的保险合同，依法只有人民法院和仲裁机构才有权作出约束当事人的解释。为此，上述复函不能约束被保险人。要使该复函所做解释成为约束被保险人的合同条款，只能是将其作为保险合同的内容附在保险单中。之所以产生中国人民保险公司向主管机关请示一切险的责任范围，主管机关对此作出答复，恰恰说明对于一切险的理解存在争议。而依据保险法第31条的规定，对于保险合同的条款，保险人与投保人、被保险人或者受益人有争议时，人民法院或者仲裁机关应当作有利于被保险人和受益人的解释。作为行业主管机关作出对本行业有利的解释，不能适用于非本行业的合同当事人。

综上，应认定本案保险事故属一切险的责任范围。二审法院认为丰海公司投保货物的损失不属一切险的责任范围错误，应予纠正。丰海公司的再审申请理由依据充分，应予支持。

【实务问答】

1. 如何确定海洋货物运输保险中“一切险”的承保范围?

1981年，中国人民保险公司（以下简称人保）在参照英国伦敦协会货物保险条款（1963年）的基础上，修订了《中国人民保险公司海洋运输货物保险条款》，该条款第1条“责任范围”将主险分为平安险、水渍险和一切险三种，而一切险承保的是“任何外来原因但不包括除外责任，所造成的一切损失或者损害风险”。1997年5月21日，中国人民银行在《关于〈海洋货物运输保险“一切险”的条款的请示〉的复函》中，将一切险中的外来原因解释为“仅指盗窃、提货不着、淡水雨淋、短量、混杂、沾污、渗漏、碰损、破损、串味、受潮受热、钩损、包装破裂和锈损”。但该复函并非法律法规，不能作为法院审判的有效依据。我们认为，应当依据我国《合同法》[①]、《保险法》和《海商法》的相关规定，采用“一切险减去除外责任”的方式确定人保一切险的承保范围，即承保的是保险单上列明的除外责任以外的一切风险，只要该风险具有意外的性质。海洋运输货物保险条款中的一切险条款具有如下特点：（1）一切险并非列明风险，而是非列明风险。在海洋运输货物保险条款中，平安险、水渍险为列明的风险，而一切险则为平安险、水渍险再加上未列明的运输途中由于外来原因造成的保险标的的损失。（2）保险标的的损失必须是外来原因造成的。被保险人在向保险人要求保险赔偿时，必须证明保险标的的损失是因为运输途中外来原因引起的。外来原因既可以是自然原因，也可以是人为的意外事故。但是一切险承保的风险具有不确定性，要求是不能确定的、意外的、无法列举的承保风险。对于那些预期的、确定的、正常的危险，则不属于外来原因的责任范围。（3）外来原因应当限于运输途中发生的，排除了运输发生以前和运输结束后发生的事故。只要被保险人证明损失并非因其自身原因，而是由于运输途中的意外事故造成的，保险人就应当承担保险赔偿责任。本指导案例最终裁判即是基于上述理解而作出。

2. 如何确定“一切险”索赔中的举证责任？

一般而言，保险索赔中有三项重要的举证责任：（1）证明事故风险属承保风险范围；（2）证明事故风险与索赔损失间存在因果关系；（3）证明造成事故的危险不属保险单列明之除外事项。由于一切险承保的风险范围非常广，以至于被保险人无须证明损失具体是由哪种风险所造成，而只要证明确有意外事故在保险期间即运输期间发生，即属完成了索赔项下的举证责任。而对保险人而言，其只有证明事故属某种除外责任内的原因才可拒赔。如此规定的目的在于，海上保险属特殊的商事保险，需均衡保险人与被保险人之间的利益及社会利益，故应赋予被保险人特殊的救济。而最理想的救济实现方式就是减轻被保险人等索赔方的举证责任，只要求完成力所能及的初步举证后，举证责任即转移至保险人。换句话讲，只要被保险人能证明“应该是”发生了某种意外或某种事故就可以了，而无须去证明“确实是”发生了某件确定的事情。

---

① 《民法典》第三编“合同”。

058 指导案例16号

中海发展股份有限公司货轮公司申请设立海事赔偿责任限制基金案

申请人实体上应否享有海事赔偿责任限制，以及事故所涉债权除限制性债权外是否同时存在其他非限制性债权等问题，不影响法院依法作出准予设立海事赔偿责任限制基金的裁定

有章

（最高人民法院审判委员会讨论通过　2013年1月31日发布）

关键词：海事诉讼/海事赔偿责任限制基金/海事赔偿责任限额计算

裁判要点

1. 对于申请设立海事赔偿责任限制基金的，法院仅就申请人主体资格、事故所涉及的债权性质和申请设立基金的数额进行程序性审查。有关申请人实体上应否享有海事赔偿责任限制，以及事故所涉债权除限制性债权外是否同时存在其他非限制性债权等问题，不影响法院依法作出准予设立海事赔偿责任限制基金的裁定。2.《中华人民共和国海商法》第二百一十条第二款规定的“从事中华人民共和国港口之间的运输的船舶”，应理解为发生海事事故航次正在从事中华人民共和国港口之间运输的船舶。

相关法条

1.《中华人民共和国海事诉讼特别程序法》第一百零六条第二款

2.《中华人民共和国海商法》第二百一十条第二款

基本案情

中海发展股份有限公司货轮公司（以下简称货轮公司）所属的“宁安11”轮，于2008年5月23日从秦皇岛运载电煤前往上海外高桥码头，5月26日在靠泊码头过程中触碰码头的2号卸船机，造成码头和机器受损。货轮公司遂于2009年3月9日向上海海事法院申请设立海事赔偿责任限制基金。货轮公

司申请设立非人身伤亡海事赔偿责任限制基金，数额为2242643计算单位（折合人民币25442784.84元）和自事故发生之日起至基金设立之日止的利息。

上海外高桥发电有限责任公司、上海外高桥第二发电有限责任公司作为第一异议人，中国人民财产保险股份有限公司上海市分公司、中国大地财产保险股份有限公司上海分公司、中国平安财产保险股份有限公司上海分公司、安诚财产保险股份有限公司上海分公司、中国太平洋财产保险股份有限公司上海分公司、中国大地财产保险股份有限公司营业部、永诚财产保险股份有限公司上海分公司等7位异议人作为第二异议人，分别针对货轮公司的上述申请，向上海海事法院提出了书面异议。上海海事法院于2009年5月27日就此项申请和异议召开了听证会。

第一异议人称："宁安11"轮系因船长的错误操作行为导致了事故发生，应对本次事故负全部责任，故申请人无权享受海事赔偿责任限制。"宁安11"轮是一艘可以从事国际远洋运输的船舶，不属于从事中国港口之间货物运输的船舶，不适用交通部①《关于不满300总吨船舶及沿海运输、沿海作业船舶海事赔偿限额的规定》（以下简称《船舶赔偿限额规定》）第四条规定的限额，而应适用《中华人民共和国海商法》（以下简称《海商法》）第二百一十条第一款第（二）项规定的限额。

第二异议人称：事故所涉及的债权性质虽然大部分属于限制性债权，但其中清理残骸费用应当属于非限制性债权，申请人无权就此项费用申请限制赔偿责任。其他异议意见和理由同第一异议人。

上海海事法院经审理查明：申请人系"宁安11"轮登记的船舶所有人。涉案船舶触碰事故所造成的码头和机器损坏，属于与船舶营运直接相关的财产损失。另，"宁安11"轮总吨位为26358吨，营业运输证载明的核定经营范围为"国内沿海及长江中下游各港间普通货物运输"。

裁判结果

上海海事法院于2009年6月10日作出（2009）沪海法限字第1号民事裁定，驳回异议人的异议，准许申请人设立海事赔偿责任限制基金，基金数

① 现为交通运输部。

额为人民币25442784.84元和该款自2008年5月26日起至基金设立之日止的银行利息。宣判后，异议人中国人民财产保险股份有限公司上海市分公司提出上诉。上海市高级人民法院于2009年7月27日作出（2009）沪高民四（海）限字第1号民事裁定，驳回上诉，维持原裁定。

裁判理由

法院生效裁判认为：根据《最高人民法院关于适用〈中华人民共和国海事诉讼特别程序法〉若干问题的解释》① 第八十三条的规定，申请设立海事赔偿责任限制基金，应当对申请人的主体资格、事故所涉及的债权性质和申请设立基金的数额进行审查。

货轮公司是“宁安11”轮的船舶登记所有人，属于《海商法》第二百零四条和《中华人民共和国海事诉讼特别程序法》第一百零一条第一款规定的可以申请设立海事赔偿责任限制基金的主体。异议人提出的申请人所属船舶应当对事故负全责，其无权享受责任限制的意见，因涉及对申请人是否享有赔偿责任限制实体权利的判定，而该问题应在案件的实体审理中解决，故对第一异议人的该异议不作处理。

鉴于涉案船舶触碰事故所造成的码头和机器损坏，属于与船舶营运直接相关的财产损失，依据《海商法》第二百零七条的规定，责任人可以限制赔偿责任。因此，第二异议人提出的清理残骸费用属于非限制性债权，申请人无权享有该项赔偿责任限制的意见，不影响法院准予申请人就所涉限制性债权事项提出的设立海事赔偿责任限制基金申请。

关于“宁安11”轮是否属于《海商法》第二百一十条第二款规定的“从事中华人民共和国港口之间的运输的船舶”，进而应按照何种标准计算赔偿限额的问题。鉴于“宁安11”轮营业运输证载明的核定经营范围为“国内沿海及长江中下游各港间普通货物运输”，涉案事故发生时其所从事的也正是从秦皇岛港至上海港航次的运营。因此，该船舶应认定为“从事中华人民共和国港口之间的运输的船舶”，而不宜以船舶适航证书上记载的船舶可航区域或者船舶有能力航行的区域来确定。为此，异议人提出的“宁安11”轮

① 以下简称《海诉法解释》。

所准予航行的区域为近海，是一艘可以从事国际远洋运输船舶的意见不予采纳。申请人据此申请适用《海商法》第二百一十条第二款和《船舶赔偿限额规定》第四条规定的标准计算涉案限制基金的数额并无不当。异议人有关适用《海商法》第二百一十条第一款第（二）项规定计算涉案基金数额的主张及理由，依据不足，不予采纳。

鉴于事故发生之日国际货币基金组织未公布特别提款权与人民币之间的换算比率，申请人根据次日公布的比率1：11.345计算，异议人并无异议，涉案船舶的总吨位为26358吨，因此，涉案海事赔偿责任限额为〔（26358－500）×167＋167000〕×50%＝2242643特别提款权，折合人民币25442784.84元，基金数额应为人民币25442784.84元和该款自事故发生之日起至基金设立之日止按中国人民银行同期活期存款利率计算的利息。

【实务问答】

1. 海事赔偿责任限制与海事赔偿责任限制基金之间的关系是什么？

海事赔偿责任限制是在发生海事事故后，将有关责任主体的赔偿责任限制在一定范围内的一项法律制度，体现了法律对航运业适当而特殊的保护，也是有关责任主体享有的一项非常重要的实体性抗辩权。《海商法》第213条规定，责任人要求限制赔偿责任的，可以在有管辖权的法院设立责任限制基金。《海事诉讼特别程序法》（以下简称《海诉法》）第101条第1款规定，船舶所有人、承租人、经营人、救助人、保险人在发生海事事故后，依法申请责任限制的，可以向海事法院申请设立海事赔偿责任限制基金。《海商法》第214条规定，责任人设立责任限制基金后，向责任人提出请求的任何人，不得对责任人的任何财产行使任何权利；已设立责任限制基金的责任人的船舶或者其他财产已经被扣押，或者基金设立人已经提交抵押物的，法院应当及时下令释放或者责令退还。

需要注意，责任限制与责任限制基金虽具有密切联系，但两者分属实体法和程序法上的两项制度。责任限制的目的和法律后果在于抗辩和限制责任人实体上的赔偿责任。设立责任限制基金的目的和法律后果，不仅在于提出要求限制赔偿责任的意思表示，更为重要的则在于避免责任人的船舶或者其他财产被保全，同时也起到督促相关债权人及时主张权利的作用。责任人未申请设立海事赔偿责任限制基金，不影响其在诉讼中对《海商法》第207条规定的海事请求提出海事赔偿责任限制的抗辩。换言之，设立责任限制基金并非实现责任限制的必要条件，提出责任限制抗辩不以设立该基金为前提。同时，设立责任限制基金也不是实现责任限制的充分条件，即便设立了基金，经实体审理后责任人也可能无权享受责任限制。反之，责任限制也不是设立责任限制基金的必要条件，责任人是否有权限制责任，并不影响是否准予设立基金。

2. 设立限制基金申请的审查范围包括哪些方面？

一是申请设立基金的主体方面。依据《海诉法》第101条和《海商法》第204条，发生海事事故后，船舶所有人、船舶承租人、船舶经营人、救助人、对海事赔偿请求承担责任的保险人，可以申请设立责任限制基金。最高人民法院《关于审理海事赔偿责任限制相关纠纷案件的若干规定》（以下简称《责任限制解释》）第12条还规定，《海商法》第204条规定的船舶经营人是指登记的船舶经营人，或者接受船舶所有人委托实际使用和控制船舶并应当承担船舶责任的人，但不包括无船承运业务经营者。本指导案例中，申请人系事故船舶的所有人，可申请设立责任限制基金。二是事故所涉债权性质方面。法院审查的应是海事事故所涉及的整体的债权性质，即责任人申请设立基金所针对的海事请求是否属于《海商法》第207条规定的限制性债权，而非审查某一海事请求人特定债权的性质。只要海事事故引发的海事请求中存在限制性债权，哪怕只有一个，也应准予责任人就该事故申请设立责任限制基金。正如前面所言，某一海事请求人以其特定债权属于非限制性债权、责任人无权对此限制赔偿责任为由，对设立基金申请提出异议，并不影响法院是否准予设立。当然，法院审查后发现责任人设立基金所针对的海事请求全部属于《海商法》第208条规定的债权或其他非限制性债权的，则应驳回责任人申请。本指导案例中，异议人提出的事故所涉债权中有部分是非限制性债权的异议，法院未予采纳。三是申请设立基金数额方面。从事国内港口间货物运输船舶的赔偿限额只有从事国际货物运输船舶赔偿限额的一半，这体现了立法对国内航运业给予的特别保护，也是《海商法》第210条第2款和赔偿限额规定的价值取向所在。对需要承担赔偿责任的责任人及因海事事故遭受损失的债权人而言，这个差别具有巨大的利益影响。另外在实践中，在申请人主体资格、事故所涉债权性质两方面的异议一般难以成立的情况下，适用哪个限额标准往往成为申请设立海事赔偿责任限制基金案件中最主要的争议。本指导案例即是如此。依据《海诉法》第108条的规定，海事赔偿责任限制基金的数额，为海事赔偿责任限额和自事故发生之日起至基金设立之日止的利息。以担保方式设立基金的，担保数额为基金数额及在基金设立期间的利息。

3. 有不同责任人的，如何申请设立海事赔偿责任限制基金？

就同一船舶而言，一个责任人设立基金，便对所有责任人的财产产生禁止采取措施的效果，同时也视为对船舶造成的损失提供了赔偿担保。换言之，同一船舶的不同责任人中只要有一人设立基金，其效力便及于其他责任人。如果某一责任人设立基金时声明其设立基金仅保证自己的赔偿责任的履行，而不及于其他责任人，则设立该基金不能对所有责任人的财产产生禁止采取措施的效果，包括不能产生禁止扣押当事船的效果；否则会导致法定的数个责任限制主体中不应承担实体责任的主体设立基金，其他应承担实体责任的主体借此逃脱责任的不良后果。这种结果势必与《海商法》第214条规定的效果乃至整个责任限制制度的本意相去甚远。因而，某一责任人申请设立基金时，应声明其设立基金的效力及于同一船舶的其他责任人。实践中，若某责任人申请设立基金未作上述申明或明确作出仅为其本人的责任设立基金而不担保其他责任人的责任，则法院应告知不一定会产生禁止扣押船舶的效果，以及因海事请求人未获得其他责任人担保而存在以向其他责任人请求为由另行申请扣押船舶的可能。此时，法院也可根据具体情况向海事请求人释明准确确定适格被告（责任人）的重要性。若同一船舶不同责任人分别申请设立基金，可告知他们共同设立一个基金即可，由先受理申请的海事法院管辖。

【适用实例】

珠海中燃石油有限公司与宁波经济技术开发区龙盛航运有限公司申请设立海事赔偿责任限制基金上诉案

上诉人珠海中燃石油有限公司（以下简称中燃公司）因被上诉人宁波经

济技术开发区龙盛航运有限公司（以下简称龙盛公司）申请设立海事赔偿责任限制基金一案，不服广州海事法院（2017）粤72民特34号民事裁定，向广东省高级人民法院提起上诉。

中燃公司提出上诉，请求撤销一审裁定，驳回龙盛公司的申请。事实与理由：一、“北仑海狮”轮系因船东、船长的错误操作行为导致了涉案事故的发生，应对涉案事故负全部责任。因船东、船长的这一操作船舶行为属于“故意或明知可能造成损害而作为或不作为”的情形，故龙盛公司无权享受海事赔偿责任限制，也无权向法院申请设立海事赔偿责任限制基金。二、“北仑海狮”轮是一艘可以从事国际远洋运输的船舶，龙盛公司提交的证据不足以证明其仅从事中国港口之间货物运输的船舶，不应适用原交通部《关于不满300总吨船舶及沿海运输、沿海作业船舶海事赔偿限额的规定》第4条规定的限额，而应适用《海商法》第210条第1款第2项规定的限额。三、据中燃公司聘请的专业机构评估，本次触碰码头事故造成码头的损失超过2亿元，国有资产损失严重。如果龙盛公司可以通过设立海事赔偿责任限制基金限制责任，对中燃公司十分不公平。而且，从事故发生之日起至今，龙盛公司、船舶经营人或船长、船员等，没有任何与本次事故相关的责任人与中燃公司进行直接联系，表达歉意。龙盛公司对造成国有资产重大损失后这种不闻不问的态度，中燃公司无法接受。

二审法院认为，本案系申请设立海事赔偿责任限制基金案。根据《海诉法解释》第83条的规定，利害关系人对申请人设立海事赔偿责任限制基金提出异议的，法院应当对设立基金申请人的主体资格、事故所涉及的债权性质和申请设立基金的数额进行审查。中燃公司在上诉中对设立基金申请人即龙盛公司的主体资格、事故所涉及的债权性质没有异议，本院予以确认。本案二审审查的焦点问题是“北仑海狮”轮应按照何种标准计算赔偿限额问题。

参照最高人民法院**指导案例16号**中海发展股份有限公司货轮公司申请设立海事赔偿责任限制基金案，《海商法》第210条第2款规定的“从事中华人民共和国港口之间的运输的船舶”，应理解为发生海事事故航次正在从事中华人民共和国港口之间运输的船舶，而不宜以船舶适航证书上记载的船舶可航区域或者船舶有能力航行的区域来确定。经查，浙江省港航管理局颁发的船舶营业运输证记载“北仑海狮”轮核定的经营范围为国内沿海及长江中下游各港间普通货船运输；涉案事故发生当时，“北仑海狮”轮从珠海到广州南沙，拟执行从广州南沙港至太仓的国内港口之间的货物运输，故“北仑海狮”轮应认定为从事中华人民共和国港口之间的运输的船舶，并根据我国原交通部《关于不满300总吨船舶及沿海运输、沿海作业船舶海事赔偿限额的规定》第4条关于“从事中华人民共和国港口之间货物运输或者沿海作业的船舶，不满300总吨的，其海事赔偿限额依照本规定第三条规定的赔偿限额的50%计算；300总吨以上的，其海事赔偿限额依照《中华人民共和国海商法》第二百一十条第一款规定的赔偿限额的50%计算”的规定确定赔偿限额。一审法院对此认定无误，应予维持。中燃公司关于“北仑海狮”轮应适用《海商法》第210条第1款第2项规定确定赔偿限额的上诉理由不能成立，予以驳回。中燃公司另提出龙盛公司无权享受责任限制亦无权申请设立海事赔偿责任限制基金的上诉意见，根据前述《海诉法解释》第83条的规定，龙盛公司是否有权享受责任限制属于实体审查问题，不属于申请设立海事赔偿责任限制基金案审查范围，一审法院对中燃公司该异议不予审处并无不当。[（2018）粤民终293号]

059 指导案例112号

阿斯特克有限公司申请设立海事赔偿责任限制基金案

海事赔偿责任限制案件中判断是一次事故还是多次事故的关键是分析这些事故是否因同一原因所致

（最高人民法院审判委员会讨论通过　2019年2月25日发布）

关键词：民事/海事赔偿责任限制基金/事故原则/一次事故/多次事故

裁判要点

海商法第二百一十二条确立海事赔偿责任限制实行“一次事故，一个限额，多次事故，多个限额”的原则。判断一次事故还是多次事故的关键是分析事故之间是否因同一原因所致。如果因同一原因发生多个事故，且原因链没有中断的，应认定为一次事故。如果原因链中断并再次发生事故，则应认定为形成新的独立事故。

相关法条

《中华人民共和国海商法》第212条

基本案情

阿斯特克有限公司向天津海事法院提出申请称，其所属的“艾侬”轮收到养殖损害索赔请求。对于该次事故所造成的非人身伤亡损失，阿斯特克有限公司作为该轮的船舶所有人申请设立海事赔偿责任限制基金，责任限额为422510特别提款权及该款项自2014年6月5日起至基金设立之日止的利息。

众多养殖户作为利害关系人提出异议，认为阿斯特克有限公司应当分别设立限制基金，而不能就整个航次设立一个限制基金。

法院查明：涉案船舶韩国籍“艾侬”轮的所有人为阿斯特克有限公司，船舶总吨位为2030吨。2014年6月5日，“艾侬”轮自秦皇岛开往天津港装货途中，在河北省昌黎县、乐亭县海域驶入养殖区域，造成了相关养殖户的养殖损失。

另查明，“艾侬”轮在本案损害事故发生时使用英版1249号海图，该海图已标明本案损害事故发生的海域设置了养殖区，并划定了养殖区范围。涉案船舶为执行涉案航次所预先设定的航线穿越该养殖区。

再查明，郭金武与刘海忠的养殖区相距约500米左右，涉案船舶航行时间约2分钟；刘海忠与李卫国等人的养殖区相距约9000米左右，涉案船舶航行时间约30分钟。

裁判结果

天津海事法院于2014年11月10日作出（2014）津海法限字第1号民事裁定：一、准许阿斯特克有限公司提出的设立海事赔偿责任限制基金的申请。二、海事赔偿责任限制基金数额为422510特别提款权及利息（利息自

2014年6月5日起至基金设立之日止，按中国人民银行确定的金融机构同期一年期贷款基准利率计算）。三、阿斯特克有限公司应在裁定生效之日起三日内以人民币或法院认可的担保设立海事赔偿责任限制基金（基金的人民币数额按本裁定生效之日的特别提款权对人民币的换算办法计算）。逾期不设立基金的，按自动撤回申请处理。郭金武、刘海忠不服一审裁定，向天津市高级人民法院提起上诉。天津市高级人民法院于2015年1月19日作出（2015）津高民四终字第10号民事裁定：驳回上诉，维持原裁定。郭金武、刘海忠、李卫国、赵来军、齐永平、李建永、齐秀奎不服二审裁定，申请再审。最高人民法院于2015年8月10日作出（2015）民申字第853号民事裁定，提审本案，并于2015年9月29日作出（2015）民提字第151号民事裁定：一、撤销天津市高级人民法院（2015）津高民四终字第10号民事裁定。二、撤销天津海事法院（2014）津海法限字第1号民事裁定。三、驳回阿斯特克有限公司提出的设立海事赔偿责任限制基金的申请。

裁判理由

最高人民法院认为，海商法第二百一十二条确立海事赔偿责任限制实行事故原则，即“一次事故，一个限额，多次事故，多个限额”。判断一次还是多次事故的关键是分析两次事故之间是否因同一原因所致。如果因同一原因发生多个事故，但原因链没有中断，则应认定为一个事故。如果原因链中断，有新的原因介入，则新的原因与新的事故构成新的因果关系，形成新的独立事故。就本案而言，涉案“艾侬”轮所使用的英版海图明确标注了养殖区范围，但船员却将航线设定到养殖区，本身存在重大过错。涉案船舶在预知所经临的海域可能存在大面积养殖区的情形下，应加强瞭望义务，保证航行安全，避免冲撞养殖区造成损失。根据涉案船舶航行轨迹，涉案船舶实际驶入了郭金武经营的养殖区。鉴于损害事故发生于中午时分，并无夜间的视觉障碍，如船员谨慎履行瞭望和驾驶义务，应能注意到海面上悬挂养殖物浮球的存在。在昌黎县海洋局出具证据证明郭金武遭受实际损害的情形下，可以推定船员未履行谨慎瞭望义务，导致第一次侵权行为发生。依据航行轨迹，船舶随后进入刘海忠的养殖区，由于郭金武与刘海忠的养殖区毗邻，相距约500米，基于船舶运动的惯性及船舶驾驶规律，涉案船舶在当时情形下无法采取合理措施避让刘海忠的养殖区，致使第二次侵权行为发生。从原因上分析，两次损害行为均因船舶驶入郭金武养殖区之前，船员疏于瞭望的过失所致，属同一原因，且原因链并未中断，故应将两次侵权行为认定为一次事故。船舶驶离刘海忠的养殖区进入开阔海域，航行约9000米，时长约半小时后进入李卫国等人的养殖区再次造成损害事故。在进入李卫国等人的养殖区之前，船员应有较为充裕的时间调整驾驶疏忽的心理状态，且在预知航行前方还有养殖区存在的情形下，更应加强瞭望义务，避免再次造成损害。涉案船舶显然未尽到谨慎驾驶的义务，致使第二次损害事故的发生。两次事故之间无论从时间关系还是从主观状态均无关联性，第二次事故的发生并非第一次事故自然延续所致，两次事故之间并无因果关系。阿斯特克有限公司主张在整个事故发生过程中船员错误驶入的心理状态没有变化，原因链没有中断的理由不能成立。虽然两次事故的发生均因“同一性质的原因”，即船员疏忽驾驶所致，但并非基于“同一原因”，引起两次事故。依据“一次事故，一次限额”的原则，涉案船舶应分别针对两次事故设立不同的责任限制基金。一、二审法院未能全面考察养殖区的位置、两次事故之间的因果关系及当事人的主观状态，作出涉案船舶仅造成一次事故，允许涉案船舶设立一个基金的认定错误，依法应予纠正。

（生效裁判审判人员：王淑梅、傅晓强、黄西武）

【实务问答】

1. 如何理解海损事故“一次事故，一个限额”原则？

船舶在同一航程中造成一系列损害，需判断是一次事故还是多次事故，并以此解决如何确立责任限额的问题。《1957年海船所有人责任限制国际公约》（以下简称《公约》）在责任限额的确立上，采取的是“一次事故，一个限额”的原则，即让一次海损事故产生的所有限制性海事请求共同分享一个责任限额，从该责任限额中受偿。我国《海商法》第212条对责任限额的适用范围使用了“特定场合发生的事故”的表述，同样确立了事故责任制度的原则。但《公约》和《海商法》就如何确定事故间（一次事故还是多次事故）的界限却没有具体的规定。我们认为，判断损害结果是否属于一次事故的标准在于，发生事故的原因是否因介入了其他原因导致原有因果关系中断。当介入原因出现时，在一定条件下改变了原有的因果联系，使得原侵权行为与损害结果之间出现了另一个独立的原因，此时将发生因果关系的中断。换言之，判断是否属“一次事故”，应从事故发生因果关系角度分析，若造成损害结果的原因行为具有连续性和同一性，各项损害间并未介入其他因素而致原有因果关系中断，应认为属“一次事故”。

就本指导案例而言，判断申请人是否有权就该航次下产生的损害设立一个限制基金，应看涉案事故是否属一次事故。就郭金武与刘海忠遭受的损害而言，两次损害行为均因船舶驶入郭金武养殖区之前，船员疏于瞭望的过失所致，属同一原因，且原因链并未中断，故应将两次侵权行为认定为一次事故。而就李卫国与郭金武、刘海忠的损害而言，在进入李卫国等人的养殖区之前，船舶驶离刘海忠的养殖区进入开阔海域，航行约9000米，时长约半个小时后才进入李卫国等人的养殖区。在此情况下，船员有较为充裕的时间调整驾驶疏忽的心理状态，且在预知航行前方还有养殖区存在的情形下，更应加强瞭望义务，避免再次造成损害。而涉案船舶显然未尽到谨慎驾驶的义务，致使第二次损害事故的发生。两次事故之间无论从时间关系还是从主观状态均无关联性，第二次事故的发生并非第一次事故自然延续所致，事故之间并无因果关系，应为两次事故。

2. 多船碰撞情况下，如何进行分类处理？

多船碰撞情况下，由于各碰撞事故之间因果关系难以厘清，给责任认定及损害分担的确定带来很大难题。多船碰撞事故，在航运实务中并不鲜见。以往司法实践中，也习惯于首先认定属一次事故还是两次或多次事故。若认定为两次或多次事故，一般作两案或多案处理；若认定为一次事故，一般要确定各船的责任比例。如A船黑夜雨中航行首先与锚泊的B船碰撞，此后又与C船碰撞。由于两次碰撞仅间隔不到两分钟，此种情形下很难避免后面碰撞的发生，故认定两碰撞间具有因果关系，进而确定属连环碰撞的一次事故。在此情况下，根据过失程度来确定三船的事故责任比例为50%、30%、20%。但应注意到，本次事故中B船与C船并没有实际接触，也不存在相应的避让关系，二者按比例相互赔偿有失公允也违背常理。

为此，应将多船碰撞案件分类处理：（1）多次碰撞不存在因果关系。此种情形下各次碰撞分别构成独立的船舶碰撞事故，应分别处理，这与普通船舶碰撞案件无异。关键在于如何确定多次碰撞之间是否存在因果关系。此时需要依据一般航海知识和实践经验，判断前次碰撞是否能引起后次碰撞。实践中，需注意“介因”对中断因果关系的影响。“介因”主要是指第三方有意或疏忽的插入行为。如无该行为，前次碰撞通常不会导致后次碰撞的发生。换言之，此时“介因”才是后次碰撞的真正原因，而阻断前次碰撞与后次碰撞发生的因果关系。判断后次碰撞是否存在“介因”而中断与前次碰撞间的因果联系，可考量以下因素：前后碰撞间隔时间；前次碰撞的船舶碰撞后有无异常操作行为；前次被撞船舶是否失去动力或操控；一般船员在同种情况下，能否轻易避免后次事故发生。（2）多次碰撞之间存在因果关系。此种情况在实践中也常按照一次事故论处，但碰撞事实大多彼此独立，不应针对整体简单划分责任比例。最合适的处理方式应为区分不同船舶间的相互赔偿关系，对各船的损失分别处理，以保证损失与责任分担的公平性。（3）多船会遇时各船存在直接避让关系的。此种情况下，碰撞的多船同时处于会遇局面，各船间均存在直接避让关系。此种情况下，任一船舶损失与其他船舶均有关系，不宜对各次碰撞责任独立认定，而需要通盘考量各船在整次碰撞事故中的责任比例，即将所有船的损失视为一个整体，对各船划分责任比例，进而确定赔偿数额。

八、公司、证券、保险、票据等方面的民事纠纷

（一）与公司有关的纠纷

060 指导案例 96 号

宋文军诉西安市大华餐饮有限公司股东资格确认纠纷案

改制为有限公司的国有企业，按照有效的初始章程，支付合理对价回购股权、通过转让给其他股东等方式合理处置的，应予支持

（最高人民法院审判委员会讨论通过　2018 年 6 月 20 日发布）

关键词：民事/股东资格确认/初始章程/股权转让限制/回购

裁判要点

国有企业改制为有限责任公司，其初始章程对股权转让进行限制，明确约定公司回购条款，只要不违反公司法等法律强制性规定，可认定为有效。有限责任公司按照初始章程约定，支付合理对价回购股东股权，且通过转让给其他股东等方式进行合理处置的，人民法院应予支持。

相关法条

《中华人民共和国公司法》第十一条、第二十五条第二款、第三十五条、第七十四条

基本案情

西安市大华餐饮有限责任公司（以下简称大华公司）成立于 1990 年 4 月 5 日。2004 年 5 月，大华公司由国有企业改制为有限责任公司，宋文军系大

华公司员工，出资2万元成为大华公司的自然人股东。大华公司章程第三章“注册资本和股份”第十四条规定“公司股权不向公司以外的任何团体和个人出售、转让。公司改制一年后，经董事会批准后可在公司内部赠予、转让和继承。持股人死亡或退休经董事会批准后方可继承、转让或由企业收购，持股人若辞职、调离或被辞退、解除劳动合同的，人走股留，所持股份由企业收购……”，第十三章“股东认为需要规定的其他事项”下第六十六条规定“本章程由全体股东共同认可，自公司设立之日起生效”。该公司章程经大华公司全体股东签名通过。2006年6月3日，宋文军向公司提出解除劳动合同，并申请退出其所持有的公司的2万元股份。2006年8月28日，经大华公司法定代表人赵来锁同意，宋文军领到退出股金款2万元整。2007年1月8日，大华公司召开2006年度股东大会，大会应到股东107人，实到股东104人，代表股权占公司股份总数的93%，会议审议通过了宋文军、王培青、杭春国三位股东退股的申请并决议“其股金暂由公司收购保管，不得参与红利分配”。后宋文军以大华公司的回购行为违反法律规定，未履行法定程序且公司法规定股东不得抽逃出资等，请求依法确认其具有大华公司的股东资格。

裁判结果

西安市碑林区人民法院于2014年6月10日作出（2014）碑民初字第01339号民事判决，判令：驳回原告宋文军要求确认其具有被告西安市大华餐饮有限责任公司股东资格之诉讼请求。一审宣判后，宋文军提出上诉。西安市中级人民法院于2014年10月10日作出了（2014）西中民四终字第00277号民事判决书，驳回上诉，维持原判。终审宣判后，宋文军仍不服，向陕西省高级人民法院申请再审。陕西省高级人民法院于2015年3月25日作出（2014）陕民二申字第00215号民事裁定，驳回宋文军的再审申请。

裁判理由

法院生效裁判认为：通过听取再审申请人宋文军的再审申请理由及被申请人大华公司的答辩意见，本案的焦点问题如下：1. 大华公司的公司章程中关于“人走股留”的规定，是否违反了《中华人民共和国公司法》（以下简称《公司法》）的禁止性规定，该章程是否有效；2. 大华公司回购宋文军股权是否违反《公司法》的相关规定，大华公司是否构成抽逃出资。

针对第一个焦点问题，首先，大华公司章程第十四条规定，“公司股权不向公司以外的任何团体和个人出售、转让。公司改制一年后，经董事会批准后可以公司内部赠与、转让和继承。持股人死亡或退休经董事会批准后方可继承、转让或由企业收购，持股人若辞职、调离或被辞退、解除劳动合同的，人走股留，所持股份由企业收购。”依照《公司法》第二十五条第二款“股东应当在公司章程上签名、盖章”的规定，有限公司章程系公司设立时全体股东一致同意并对公司及全体股东产生约束力的规则性文件，宋文军在公司章程上签名的行为，应视为其对前述规定的认可和同意，该章程对大华公司及宋文军均产生约束力。其次，基于有限责任公司封闭性和人合性的特点，由公司章程对公司股东转让股权作出某些限制性规定，系公司自治的体现。在本案中，大华公司进行企业改制时，宋文军之所以成为大华公司的股东，其原因在于宋文军与大华公司具有劳动合同关系，如果宋文军与大华公司没有建立劳动关系，宋文军则没有成为大华公司股东的可能性。同理，大华公司章程将是否与公司具有劳动合同关系作为取得股东身份的依据继而作出“人走股留”的规定，符合有限责任公司封闭性和人合性的特点，亦系公司自治原则的体现，不违反公司法的禁止性规定。第三，大华公司章程第十四条关于股权转让的规定，属于对股东转让股权的限制性规定而非禁止性规定，宋文军依法转让股权的权利没有被公司章程所禁止，大华公司章程不存在侵害宋文军股权转让权利的情形。综上，本案一、二审法院均认定大华公司章程不违反《公司法》的禁止性规定，应为有效的结论正确，宋文军的这一再审申请理由不能成立。

针对第二个焦点问题，《公司法》第七十四条所规定的异议股东回购请求权具有法定的行使条件，即只有在“公司连续五年不向股东分配利润，而公司该五年连续盈利，并且符合本法规定的分配利润条件的；公司合并、分立、转让主要财产的；公司章程规定的营业期限届满或者章程规定的其他解散事由出现，股东会会议通过决议修改章程使公司存续的”三种情形下，异议股东有权要求公司回购其股权，对应的是公司是否应当履行回购异议股东股权的法定义务。而本案属于大华公司是否有权基于公司章程的约定及与宋文军的合意而回购宋文军股权，对应的是大华公司是否具有回购宋文军股权的权利，二者性质不同，《公司法》第七十四条不能适用于本案。在本案中，宋文军于2006年6月3日向大华公司提出解除劳动合同申请并于同日手书《退股申请》，提出“本人要求全额退股，年终盈利与亏损与我无关”，该《退股申请》应视为其真实意思表示。大华公司于2006年8月28日退还其全额股金款2万元，并于2007年1月8日召开股东大会审议通过了宋文军等三位股东的退股申请，大华公司基于宋文军的退股申请，依照公司章程的规定回购宋文军的股权，程序并无不当。另外，《公司法》所规定的抽逃出资专指公司股东抽逃其对于公司出资的行为，公司不能构成抽逃出资的主体，宋文军的这一再审申请理由不能成立。综上，裁定驳回再审申请人宋文军的再审申请。

（生效裁判审判人员：吴强、逄东、张洁）

【实务问答】

1. 公司章程有关“人走股留”的内容是否有效？

《公司法》第71条规定，有限责任公司的股东之间可以相互转让其全部或者部分股权。股东向股东以外的人转让股权，应当经其他股东过半数同意。股东应就其股权转让事项书面通知其他股东征求同意，其他股东自接到书面通知之日起满30日未答复的，视为同意转让。其他股东半数以上不同意转让的，不同意的股东应当购买该转让的股权；不购买的，视为同意转让。经股东同意转让的股权，在同等条件下，其他股东有优先购买权。两个以上股东主张行使优先购买权的，协商确定各自的购买比例；协商不成的，按照转让时各自的出资比例行使优先购买权。公司章程对股权转让另有规定的，从其规定。

股权是股东对公司投资及对公司资产及其经营权属享有的权益。出于多方面的原因，某些股东需要将其持有的股权予以部分或全部转让。1993年

《公司法》首次颁布，该法第35条将有限责任公司的股权转让区别为对内转让与对外转让。对内转让适用自由转让原则，对外转让则受到“同意规则”“优先购买规则”的双重限制。2005年《公司法》第三次修正，除完善对外转让规则以外，还补充增加了第4款内容，即允许公司章程对股权转让另作规定。2018年修正的《公司法》亦保留该款内容。这充分体现了股权转让行为是一种商事行为，法律应当尊重当事人的意思自治，即公司章程可以对股东之间的股权转让以及股东向股东以外的人转让股权，作出与该条第1、2、3款的规定不同的规定。一旦公司章程对股权转让作出了不同的规定，就应当依照公司章程的规定执行，而不再按照本条前三款规定的程序进行股权转让。

就“人走股留”条款而言，我们认为是可以由公司在章程中规定的，但需要经过法定决议程序且应注意股东利益保护，如转让价格需公平合理等。具体而言，一方面，公司对股权转让的规定享有自治权，该规定是公司自治的结果，也是全体股东意志的体现。公司章程将是否与公司具有劳动合同关系作为取得股东身份的依据继而作出“人走股留”的规定，符合有限责任公司封闭性和人合性的特点，亦系公司自治原则的体现，不违反公司法的禁止性规定。既然股东会决议已通过“人走股留”相关条款，就应受到其约束。另一方面，“人走股留”条款并未禁止股东转让股权的权利，也不存在损害股东利益的情形。此时，“人走股留”条款应认定有效。简言之，即公司章程对股东转让股权虽不能做禁止性规定，但可做限制性规定。本指导案例裁判结果即体现了该点。

2. 公司能否作为抽逃出资的主体？

股东的出资，是公司设立并从事生产经营活动的物质基础。公司一旦成立，股东的出资就成为公司的财产，即股东的出资形成有限责任公司的全部法人财产，是公司对外承担债务责任的保证。股东按照公司章程的规定出资到位，是维护公司正常生产经营活动以及促进公司发展，保证公司必要的偿债能力，维护债权人利益的必要条件。为降低公司设立门槛，《公司法》已允许股东不必一次性足额缴纳认缴的出资，可按照公司章程规定分期缴纳出资，故而股东更应保证公司的资本。因此，在公司成立之后，股东不得抽逃出资。股东不得抽逃出资，不等于绝对禁止股东从公司撤回投资。若股东想撤回投资，可按《公司法》允许的方式撤资，如转让给其他股东，或与其他股东协商并经股东会按照法律规定或公司章程规定作出决议向股东以外的其他人转让出资等，在不减少公司注册资本的情况下撤回自己的投资。值得注意的是，《公司法》规定的抽逃出资针对的是公司股东抽逃出资的行为，并非针对公司本身，即公司不能构成《公司法》中抽逃出资的主体。

【适用实例】

郝某民、招远市黄金机械总厂有限公司再审审查与审判监督案（再审被申请人答辩引用）

再审申请人郝某民因与被申请人招远市黄金机械总厂有限公司收购股份纠纷一案，不服山东省烟台市中级人民法院一审判决，向山东省高级人民法院申请再审。

郝某民申请再审称，原审判决适用《公司法》第75条第1款第1项的规定判决驳回申请人的诉讼请求，所适用的法律与本案性质明显不符。公司章程第9条“返还股本”明显不是股权价格约定，而是退股的意思，该条款是“股东不得退股”的但书部分，是“不得退股”的除外条款，也就是说在离职、退休的情况下，股东可以选择退股，该条款只是明确了离职人员与退休人员是否可以参加当年分红的权利，而不涉及股权价格。如果“股本”一词理解上存在争议，应参照原《合同法》第125条①的规定予以理解。其他已经离职股东退股的方式不适用于本案，其他离职股东均是通过股东之间协商转让方式退股的，而不是公司收购股份。黄金机械公司在原审庭审中提交的股东会决议无效，任何一个公司涉及股权转让都需要公司原股东召开股东会决议转让股份，办理完转让手续后，再成立新的股东会。

---

① 《民法典》第466条。

招远市黄金机械总厂有限公司提交书面意见称，公司按照章程第9条“退还股本”规定，对已退出公司的股东的股份，按退还每股3000元股本进行处置，不违反公司法的禁止性规定。“股本”就是指其出资额。本案公司改制后，股本总额为62.1万元，共207股，每股3000元。公司章程第9条“退还股本”，就是指退还股东的出资额，即每股3000元，没有其他含义。郝某民在职时为公司董事、高管，其多次参加的董事会会议、经理办公会会议曾明确规定：“股东必须在职上班，共同经营企业，若不在职，必须将股份转让或予以收购，每股3000元。”因此，郝某民对公司章程第9条“退还股本”的意思十分清楚，对二十多年来公司一直按每股3000元退还股本的情况非常了解。公司改制二十多年来，因辞职、调离、退休等各种情形离开公司并退股的40多名原股东，无论是公司内部转让，还是公司收购，都是按每股3000元的价格进行处置的，这40多名原股东均按每股3000元领取退还的股本金，退出了公司。公司股东会按照公司章程规定进行处置，符合公司章程规定，并不违反《公司法》的禁止性规定。最高人民法院**指导案例96号**股东资格确认纠纷案，对公司章程规定“人走股留”予以肯定，对本案的处理具有参考价值。

再审法院认为，申请人主张原审判决适用《公司法》第71、75条的规定处理本案，适用法律错误，而申请人提起本案诉讼依据的是被申请人公司章程的规定。对此经审查认为，在申请人作为被申请人的高管离职的情形下，被申请人并非不同意回购其股权，双方争议的实质问题是按什么价格回购申请人持有的股权，为此双方产生分歧，申请人主张应按股权的评估价格由被申请人回购，而被申请人主张依据其公司章程第9条关于股东离职或者退休时返还股本的规定，是指按照股东出资额处置股本，而且被申请人的其他离职人员也均是采取相同的原则和方式由公司收购股份。首先，一审、二审判决在裁判依据上虽然引用的是《公司法》第71、75条的规定，上述规定明确了股东有权请求公司在法定情形下回购股权，但以何种价格回购股权未明确规定。本案一审、二审判决在判决说理部分均是围绕申请人的诉求是否符合被申请人公司章程的规定来对裁判理由进行阐释，因此，就其双方争议的焦点问题而言，原审判决适用法律并无不当，申请人以《民事诉讼法》

第200条第6项①的规定作为申请再审的事由依法不成立。其次，申请人作为被申请人的公司高管对公司章程第9条的规定，以及公司适用该条规定对其他离职人员股权处置的原则应当是知悉的，申请人离职时被申请人也通知申请人按照公司章程的规定对其股权进行处置，只是因双方就股份回购价格发生分歧才产生本案诉讼，因此，申请人主张被申请人应按股权评估价格收购股权与公司章程的规定不符。申请人主张被申请人关于股权处置的股东会决议无效，但没有提供法律依据对股东会决议无效的事由作出合理解释和说明。总之，在现行法律对公司回购股权的价格没有作出明确规定，案涉公司章程对公司回购股东股份的价格约定不明的情形下，原审判决不支持申请人请求被申请人按照评估价收购股份，既不违反法律规定，也不违反公司章程的规定。［（2019）鲁民申1625号］

061 指导案例67号

汤长龙诉周士海股权转让纠纷案

有限责任公司的股权分期支付出现违约时，不适用分期付款买卖中未付到期价款达到全部欠款1/5即可解除合同的规定

（最高人民法院审判委员会讨论通过　2016年9月19日发布）

关键词：民事／股权转让／分期付款／合同解除

裁判要点

有限责任公司的股权分期支付转让款中发生股权受让人延迟或者拒付等违约情形，股权转让人要求解除双方签订的股权转让合同的，不适用

① 《民事诉讼法》（2021年修正）第207条第6项。

《中华人民共和国合同法》第一百六十七条①关于分期付款买卖中出卖人在买受人未支付到期价款的金额达到合同全部价款的五分之一时即可解除合同的规定。

相关法条

《中华人民共和国合同法》第94条②、第167条

基本案情

原告汤长龙与被告周士海于2013年4月3日签订《股权转让协议》及《股权转让资金分期付款协议》。双方约定：周士海将其持有的青岛变压器集团成都双星电器有限公司6.35%股权转让给汤长龙。股权合计710万元，分四期付清，即2013年4月3日付150万元；2013年8月2日付150万元；2013年12月2日付200万元；2014年4月2日付210万元。此协议双方签字生效，永不反悔。协议签订后，汤长龙于2013年4月3日依约向周士海支付第一期股权转让款150万元。因汤长龙逾期未支付约定的第二期股权转让款，周士海于同年10月11日，以公证方式向汤长龙送达了《关于解除协议的通知》，以汤长龙根本违约为由，提出解除双方签订的《股权转让资金分期付款协议》。次日，汤长龙即向周士海转账支付了第二期150万元股权转让款，并按照约定的时间和数额履行了后续第三、四期股权转让款的支付义务。周士海以其已经解除合同为由，如数退回汤长龙支付的4笔股权转让款。汤长龙遂向人民法院提起诉讼，要求确认周士海发出的解除协议通知无效，并责令其继续履行合同。

另查明，2013年11月7日，青岛变压器集团成都双星电器有限公司的变更（备案）登记中，周士海所持有的6.35%股权已经变更登记至汤长龙名下。

裁判结果

四川省成都市中级人民法院于2014年4月15日作出（2013）成民初字第1815号民事判决：驳回原告汤长龙的诉讼请求。汤长龙不服，提起上诉。

---

① 《民法典》第634条。

② 《民法典》第563条。

四川省高级人民法院于2014年12月19日作出（2014）川民终字第432号民事判决：一、撤销原审判决；二、确认周士海要求解除双方签订的《股权转让资金分期付款协议》行为无效；三、汤长龙于本判决生效后十日内向周士海支付股权转让款710万元。周士海不服四川省高级人民法院的判决，以二审法院适用法律错误为由，向最高人民法院申请再审。最高人民法院于2015年10月26日作出（2015）民申字第2532号民事裁定，驳回周士海的再审申请。

裁判理由

法院生效判决认为：本案争议的焦点问题是周士海是否享有《中华人民共和国合同法》（以下简称《合同法》）第一百六十七条①规定的合同解除权。

一、《合同法》第一百六十七条第一款规定，“分期付款的买受人未支付到期价款的金额达到全部价款的五分之一的，出卖人可以要求买受人支付全部价款或解除合同”。第二款规定，“出卖人解除合同的，可以向买受人要求支付该标的物的使用费。”最高人民法院《关于审理买卖合同纠纷案件适用法律问题的解释》② 第三十八条③规定，“合同法第一百六十七条第一款规定的‘分期付款’，系指买受人将应付的总价款在一定期间内至少分三次向出卖人支付。分期付款买卖合同的约定违反合同法第一百六十七条第一款的规定，损害买受人利益，买受人主张该约定无效的，人民法院应予支持”。依据上述法律和司法解释的规定，分期付款买卖的主要特征为：一是买受人向出卖人支付总价款分三次以上，出卖人交付标的物之后买受人分两次以上向出卖人支付价款；二是多发、常见在经营者和消费者之间，一般是买受人作为消费者为满足生活消费而发生的交易；三是出卖人向买受人授予了一定信用，而作为授信人的出卖人在价款回收上存在一定风险，为保障出卖人剩余价款的回收，出卖人在一定条件下可以行使解除合同的权利。

---

① 《民法典》第634条。

② 以下简称《买卖合同解释》。

③ 相关法条已修正。

本案系有限责任公司股东将股权转让给公司股东之外的其他人。尽管案涉股权的转让形式也是分期付款，但由于本案买卖的标的物是股权，因此具有与以消费为目的的一般买卖不同的特点：一是汤长龙受让股权是为参与公司经营管理并获取经济利益，并非满足生活消费；二是周士海作为有限责任公司的股权出让人，基于其所持股权一直存在于目标公司中的特点，其因分期回收股权转让款而承担的风险，与一般以消费为目的分期付款买卖中出卖人收回价款的风险并不同等；三是双方解除股权转让合同，也不存在向受让人要求支付标的物使用费的情况。综上特点，股权转让分期付款合同，与一般以消费为目的的分期付款买卖合同有较大区别。对案涉《股权转让资金分期付款协议》不宜简单适用《合同法》第一百六十七条①规定的合同解除权。

二、本案中，双方订立《股权转让资金分期付款协议》的合同目的能够实现。汤长龙和周士海订立《股权转让资金分期付款协议》的目的是转让周士海所持青岛变压器集团成都双星电器有限公司6.35%股权给汤长龙。根据汤长龙履行股权转让款的情况，除第2笔股权转让款150万元逾期支付两个月，其余3笔股权转让款均按约支付，周士海认为汤长龙逾期付款构成违约要求解除合同，退回了汤长龙所付710万元，不影响汤长龙按约支付剩余3笔股权转让款的事实的成立，且本案一、二审审理过程中，汤长龙明确表示愿意履行付款义务。因此，周士海签订案涉《股权转让资金分期付款协议》的合同目的能够得以实现。另查明，2013年11月7日，青岛变压器集团成都双星电器有限公司的变更（备案）登记中，周士海所持有的6.35%股权已经变更登记至汤长龙名下。

三、从诚实信用的角度，《合同法》第六十条②规定，“当事人应当按照约定全面履行自己的义务。当事人应当遵循诚实信用原则，根据合同的性质、目的和交易习惯履行通知、协助、保密等义务”。鉴于双方在股权转让合同上明确约定“此协议一式两份，双方签字生效，永不反悔”，因此周士

① 《民法典》第634条。
② 《民法典》第509条。

海即使依据《合同法》第一百六十七条①的规定，也应当首先选择要求汤长龙支付全部价款，而不是解除合同。

四、从维护交易安全的角度，一项有限责任公司的股权交易，关涉诸多方面，如其他股东对受让人汤长龙的接受和信任（过半数同意股权转让），记载到股东名册和在工商部门登记股权，社会成本和影响已经倾注其中。本案中，汤长龙受让股权后已实际参与公司经营管理、股权也已过户登记到其名下，如果不是汤长龙有根本违约行为，动辄撤销合同可能对公司经营管理的稳定产生不利影响。

综上所述，本案中，汤长龙主张的周士海依据《合同法》第一百六十七条之规定要求解除合同依据不足的理由，于法有据，应当予以支持。

（生效裁判审判人员：梁红亚、王玥、李莉）

【实务问答】

1. 分期付款买卖合同如何解除？

《民法典》第634条规定，分期付款的买受人未支付到期价款的数额达到全部价款的1/5，经催告后在合理期限内仍未支付到期价款的，出卖人可以请求买受人支付全部价款或者解除合同。出卖人解除合同的，可以向买受人请求支付该标的物的使用费。

分期付款买卖，是指由出卖人先向买受人交付标的物，买受人将应付的总价款，在一定期限内分次向出卖人支付的买卖合同。关于这种合同的解除，需注意以下几个方面：首先，合同当事人可以在合同订立前或者订立后，协商设立合同解除的条件。而根据本条的规定，对期限利益丧失特别约定的限制同样适用于合同的协议解除，合同有关约定不得低于法律规定的对保护买受人有利的标准。其次，达到法定的条件时，合同一方当事人有权单方解除合同。《民法典》“合同编”通则规定的条件中，违约行为“致使不能实现合同目的”，是一个核心和关键。但这一规定只是一般性的原则表述，至于

① 《民法典》第634条。

如何才会严重影响订立合同所期望的经济利益，不同种类的合同以及具体的各案都应当有不同的适用。按照本条的规定，在分期付款买卖合同中，买受人未支付到期价款的金额已经达到全部价款的1/5，且经催告后在合理期限内仍未支付到期价款即是法律规定的具体适用“致使不能实现合同目的”的标准。也就是说，只有达到了这样的条件，分期付款买卖的出卖人才有权行使合同的单方解除权。合同解除后，当事人双方应当将从对方取得的财产返还给对方，有过错的一方并应当赔偿对方因此而受到的损失。且根据《民法典》第634条第2款，出卖人解除合同的，可以向买受人请求支付该标的物的使用费。也就是说，一般情况下，出卖人因买受人的原因解除合同时，出卖人向买受人请求支付或者抵扣的金额，不得超过相当于该标的物的使用费的金额。如标的物有毁损，出卖人还可请求相应的损害赔偿。

2. 分期付款形式的股权转让与分期付款买卖有何不同？

就立法目的而言，分期付款买卖规则一般是针对生活消费，重在保护消费者。而在非消费买卖场合，应考虑合同双方交易地位是否平等、合同是否存在格式条款、格式合同是否是行业普遍交易习惯等因素，确定买受人是否处于弱势地位。买卖合同制度本质上还是对商品、货物买卖的规制，分期付款买卖制度不宜随意扩张适用到其他财产权转让。对于买卖之外的其他交易形式，不能认为有偿转让就是买卖，有些财产权转让并不是买卖，不能简单套用买卖合同。如证券交易就需适用《证券法》。《民法典》第595条是关于买卖合同概念的规定，这一规定中的标的物应理解为有体物，其他财产权纠纷可以通过适用其他类型合同的有关规定来解决。本指导案例中，尽管案涉股权的转让形式也是分期付款，但由于标的物为股权，与以消费为目的的一般买卖合同的不同，主要体现在以下几点：（1）受让股权是为参与公司经营管理并获取经济利益，并非为满足生活消费；（2）股权出让人基于其所持股权一直存在于目标公司中的特点，其因分期回收股权转让款而承担的风险，与一般以消费为目的的分期付款买卖合同中出卖人收回价款的风险并不同等；（3）双方解除股权转让合同，也不存在向受让人要求支付标的物使用费的情况。因而，该指导案例涉及的以分期付款形式的股权转让合同的解除，不适用分期付款买卖合同中的合同解除权。

【适用实例】

刘某生与胡某军股东出资纠纷案（上诉及答辩理由均引用）

上诉人刘某生因与被上诉人胡某军股东出资纠纷一案，不服泗阳县人民法院一审判决，向江苏省宿迁市人民法院提起上诉。

刘某生上诉请求：撤销一审判决，发回重审或依法改判。一审判决适用法律错误。原《合同法》第167条①第1款的规定，是关于分期付款的买受人不按期付款的规定。本案中，案涉调解协议约定的是退还股金，并非属于买卖合同。最高人民法院**指导案例67号**的裁判要旨明确：有限责任公司的股权分期支付转让款中发生股权受让人延迟或者拒付等违约情形，股权转让人要求解除双方签订的股权转让合同的，不适用原《合同法》第167条关于分期付款买卖合同中出卖人在买受人未支付到期价款的金额达到合同全部价款的1/5时即可解除合同的规定。

胡某军二审辩称：一审判决参照适用原《合同法》关于买卖合同的相关规定，是正确的。从刘某生多次未能按照案涉调解协议的约定履行给付义务，甚至在法院生效判决作出后依然不履行义务的事实看，胡某军有足够的理由相信刘某生不可能自觉履行剩下3期的付款义务。同时，最高人民法院**指导案例67号**，说明一方不履行义务，对方可以要求履行剩下的全部义务，而不是解除合同。原审认定事实清楚，适用法律正确，应予维持。

一审法院认为，关于股权转让款，双方在调解协议中明确了刘某生的6期还款义务，对于前3期已到期的债务，刘某生未能按约履行，经胡某军诉讼及法院强制执行后，亦只履行了两期，刘某生以其行为表明其已经不主动履行还款义务，胡某军主张的3期股权转让款，虽未到期，但前3期转让款合计200,000元，占全部400,000元转让款的50%。原《合同法》第167条

---

① 《民法典》第634条。

第1款规定，分期付款的买受人未支付到期价款的金额达到全部价款的1/5的，出卖人可以要求买受人支付全部价款或者解除合同。参照此规定，胡某军有权要求刘某生支付全部转让款。关于利息损失，胡某军主张以200,000元为本金，自起诉之日起计算至还清之日止，按月利率2%计算。双方在调解协议中约定违约金100,000元，相对于逾期付款的金额和时间，应认定过分高于损失，故将违约金调整为按月利率2%计算的利息，总额超过100,000元后，按年利率6%计算。

二审法院认为，关于一审法院参照适用原《合同法》第167条①第1款之规定作出判决是否正确的问题。原《合同法》第167条规定，分期付款的买受人未支付到期价款的金额达到全部价款的1/5的，出卖人可以要求买受人支付全部价款或者解除合同。出卖人解除合同的，可以向买受人要求支付该标的物的使用费。《买卖合同解释》第38条规定，《合同法》第167条第1款规定的“分期付款”，系指买受人将应付的总价款在一定期间内至少分3次向出卖人支付。分期付款买卖合同的约定违反《合同法》第167条第1款的规定，损害买受人利益，买受人主张该约定无效的，人民法院应予支持。依据上述法律和司法解释的规定，分期付款买卖一般多发、常见在经营者和消费者之间，一般是买受人作为消费者为满足生活消费而发生的交易；出卖人向买受人授予一定信用，而作为授信人的出卖人在价款回收上存在一定风险，为保障出卖人剩余价款的回收，出卖人在一定条件下可以请求买受人支付到期以及未到期的全部价款或者解除合同。本案中，胡某军与刘某生在泗阳县里仁乡人民调解委员会的主持下，双方达成退股调解协议，刘某生分期退还胡某军对通旺公司投入的40万元股金，胡某军退出通旺公司，尽管涉案股金返还也是分期付款，但由于本案买卖的标的物是股权，因此具有与以消费为目的的一般买卖不同的特点：一是刘某生受让股权是为控制公司并获取经济利益，并非满足生活消费；二是胡某军作为通旺公司股权出让人，基于其投资一直存在于目标公司中的特点，其因分期回收股权转让款而承担的风

① 《民法典》第634条。

险，与一般以消费为目的分期付款买卖中的出卖人收回价款的风险并不等同。综上，股权转让分期付款合同与一般以消费为目的的分期付款买卖合同有较大区别。对案涉股权转让调解协议不应简单适用《合同法》第167条加速到期付款的规定。此外，案涉股权转让调解协议第4条约定“协议经双方签字后生效，双方必须严格遵守，不准违约，否则由违约方支付守约方违约金拾万元整。造成的损失依法赔偿”，因此，在刘某生不能按约支付各期股权转让款的时候，胡某军可按约定要求刘某生按比例支付违约金，但要求刘某生提前支付剩余两期退股金没有约定或法定依据，不予支持。[（2019）苏13民终4899号]

062 指导案例10号

李建军诉上海佳动力环保科技有限公司公司决议撤销纠纷案

在未违反规定的前提下，公司解聘经理的事由不属于公司决议撤销之诉的司法审查范围

（最高人民法院审判委员会讨论通过　2012年9月18日发布）

关键词：民事/公司决议撤销/司法审查范围

裁判要点

人民法院在审理公司决议撤销纠纷案件中应当审查：会议召集程序、表决方式是否违反法律、行政法规或者公司章程，以及决议内容是否违反公司章程。在未违反上述规定的前提下，解聘总经理职务的决议所依据的事实是否属实，理由是否成立，不属于司法审查范围。

相关法条

《中华人民共和国公司法》第二十二条第二款

基本案情

原告李建军诉称：被告上海佳动力环保科技有限公司（简称佳动力公司）免除其总经理职务的决议所依据的事实和理由不成立，且董事会的召集程序、表决方式及决议内容均违反了公司法的规定，请求法院依法撤销该董事会决议。

被告佳动力公司辩称：董事会的召集程序、表决方式及决议内容均符合法律和章程的规定，故董事会决议有效。

法院经审理查明：原告李建军系被告佳动力公司的股东，并担任总经理。佳动力公司股权结构为：葛永乐持股40%，李建军持股46%，王泰胜持股14%。三位股东共同组成董事会，由葛永乐担任董事长，另两人为董事。公司章程规定：董事会行使包括聘任或者解聘公司经理等职权；董事会须由三分之二以上的董事出席方才有效；董事会对所议事项作出的决定应由占全体股东三分之二以上的董事表决通过方才有效。2009年7月18日，佳动力公司董事长葛永乐召集并主持董事会，三位董事均出席，会议形成了“鉴于总经理李建军不经董事会同意私自动用公司资金在二级市场炒股，造成巨大损失，现免去其总经理职务，即日生效”等内容的决议。该决议由葛永乐、王泰胜及监事签名，李建军未在该决议上签名。

裁判结果

上海市黄浦区人民法院于2010年2月5日作出（2009）黄民二（商）初字第4569号民事判决：撤销被告佳动力公司于2009年7月18日形成的董事会决议。宣判后，佳动力公司提出上诉。上海市第二中级人民法院于2010年6月4日作出（2010）沪二中民四（商）终字第436号民事判决：一、撤销上海市黄浦区人民法院（2009）黄民二（商）初字第4569号民事判决；二、驳回李建军的诉讼请求。

裁判理由

法院生效裁判认为：根据《中华人民共和国公司法》第二十二条第二款的规定，董事会决议可撤销的事由包括：一、召集程序违反法律、行政法规或公司章程；二、表决方式违反法律、行政法规或公司章程；三、决议内容违反公司章程。从召集程序看，佳动力公司于2009年7月18日召开的董事会由董事长葛永乐召集，三位董事均出席董事会，该次董事会的召集程序未违反法律、行政法规或公司章程的规定。从表决方式看，根据佳动力公司章程规定，对所议事项作出的决定应由占全体股东三分之二以上的董事表决通过方才有效，上述董事会决议由三位股东（兼董事）中的两名表决通过，故在表决方式上未违反法律、行政法规或公司章程的规定。从决议内容看，佳动力公司章程规定董事会有权解聘公司经理，董事会决议内容中"总经理李建军不经董事会同意私自动用公司资金在二级市场炒股，造成巨大损失"的陈述，仅是董事会解聘李建军总经理职务的原因，而解聘李建军总经理职务的决议内容本身并不违反公司章程。

董事会决议解聘李建军总经理职务的原因如果不存在，并不导致董事会决议撤销。首先，公司法尊重公司自治，公司内部法律关系原则上由公司自治机制调整，司法机关原则上不介入公司内部事务；其次，佳动力公司的章程中未对董事会解聘公司经理的职权作出限制，并未规定董事会解聘公司经理必须要有一定原因，该章程内容未违反公司法的强制性规定，应认定有效，因此佳动力公司董事会可以行使公司章程赋予的权力作出解聘公司经理的决定。故法院应当尊重公司自治，无需审查佳动力公司董事会解聘公司经理的原因是否存在，即无需审查决议所依据的事实是否属实，理由是否成立。综上，原告李建军请求撤销董事会决议的诉讼请求不成立，依法予以驳回。

【实务问答】

1. 营利法人的决议如何撤销？

《民法典》第85条规定，营利法人的权力机构、执行机构作出决议的会议召集程序、表决方式违反法律、行政法规、法人章程，或者决议内容违反法人章程的，营利法人的出资人可以请求人民法院撤销该决议。但是，营利法人依据该决议与善意相对人形成的民事法律关系不受影响。

《公司法》第22条第2款规定了公司决议的撤销，即“股东会或者股东大会、董事会的会议召集程序、表决方式违反法律、行政法规或者公司章程，或者决议内容违反公司章程的，股东可以自决议作出之日起六十日内，请求人民法院撤销”，本指导案例即涉及该规定内容。实际上，《民法典》第85条对包括公司在内的所有营利法人决议的撤销做了规定。营利法人权力机构与执行机构是法人的意思决定和执行机关，其行使权力的方式是通过召开会议并作出决议来实现。决议一旦依法作出并生效，则变为营利法人的意志，对营利法人及其成员具有约束力。可以说，权力机构、执行机构决议对法人成员关系重大，若决议存在瑕疵，可能损害成员的合法权益，营利法人的出资人有权对其提起撤销之诉。出资人请求撤销营利法人决议的情况包括两种：一是程序瑕疵，即决议程序（会议召集程序或会议表决方式）违反法律、行政法规或公司章程；二是内容瑕疵，即决议内容违反公司章程。需要注意，该条针对营利法人决议内容不当的撤销只限定在违反公司章程之内。若决议内容违反的是法律、行政法规的强制性规定，则需要依据《民法典》第143、153条的规定认定其是否无效。另外关于撤销权行使期间，就公司而言，根据《公司法》第22条第2款的规定，撤销之诉需由股东自决议作出之日起60日内提起；对公司之外的其他营利法人，法律有规定的依照其规定，没有规定的，解释上应确定为在合理期间内行使，避免时间过长影响法律关系的稳定。

2. 一般情况下，司法机关能否介入公司内部事务？

意思自治是民法的基本原则之一，《公司法》亦尊重公司自治。可以说，司法机关一般不介入公司内部事务，公司内部法律关系原则上由公司自治机制（如章程）调整。就本指导案例而言，基于尊重公司自治的原则与理念，法院无须审查佳动力公司董事会解聘公司经理的原因是否存在，即无须审查决议所依据的事实是否属实，理由是否成立。换言之，董事会决议解聘李建军总经理职务的原因即使不存在，也并不必然导致董事会决议撤销。且案涉公司章程亦未对董事会解聘公司经理的职权作出限制，即并未规定董事会解聘公司经理必须要有一定原因。该章程并未违反公司法的强制性规定，属有效章程内容，董事会有权按照章程规定的权力解聘经理。

【适用实例】

福建闽东电力股份有限公司与宁德市精信小额贷款股份有限公司公司决议撤销纠纷案（被告答辩引用）

原告福建闽东电力股份有限公司向福建省宁德市蕉城区人民法院提出诉讼，请求判令撤销被告2016年第2次临时股东大会《关于晋江富永雨具有限公司以资产代偿其股东额度外担保借款的议案》的决议。

被告宁德市精信小额贷款股份有限公司辩称，被告于2016年11月14日以通信表决方式召开了2016年第2次临时股东大会，通过了《关于晋江富永雨具有限公司以资产代偿其股东额度外担保借款的议案》的决议，根本不存在《公司法》第22条第2款所规定的“会议召集程序、表决方式违反法律、行政法规或者公司章程，或者决议内容违反公司章程”的可予撤销情形，原告诉请无理，应予以驳回。另外，涉讼临时股东大会决定的内容不存在违反《公司章程》的情形。(1)《公司章程》第16条规定了股东大会的16项职权，本案所涉决议内容属于股东大会职权范围，有明确议题和具体决议事项，不存在违反公司章程的情形；(2)最高人民法院**指导案例10号**李建军诉上海佳动力环保科技有限公司公司决议撤销纠纷案所确定的裁判精神应在本案中予以参照，即“人民法院在审理公司决议撤销纠纷案件中应当审查以下事项：会议召集程序、表决方式是否违反法律、行政法规或者公司章程，以及决议内容是否违反公司章程。在未违反上述规定的前提下，解聘总经理职务的决议所依据的事实是否属实，理由是否成立，不属于司法审查的范围。”因此，本案中涉讼临时股东大会决议内容只要不存在违反公司章程的情况，其内容是否存在对原告不利的情形，不属于司法审理范围。有关公司内部法律关系应由公司自治机制调整，司法机关不宜介入公司内容事务，从而以最大限度赋予公司内部自治的权利，保障《公司法》尊重公司自治的核心精神得到实际运用。

法院认为，在公司决议撤销纠纷案件中，对决议内容的审查主要是看决议的内容是否符合公司章程的规定，而不是审查其内容是否合法。如果决议的内容违反了法律或行政法规的强制性规定，其结果是决议无效，而不是可撤销。对照公司章程，涉讼临时股东大会通过的决议内容不存在违反公司章程的情形，至于决议内容是否存在对原告不利的情形，不属于司法审理范围。《公司法》第22条第2款规定："股东会或者股东大会、董事会的会议召集程序、表决方式违反法律、行政法规或者公司章程，或者决议内容违反公司章程的，股东可以自决议作出之日起六十日内，请求人民法院撤销。"本案被告于2016年11月14日召开第2次临时股东大会《关于晋江富永雨具有限公司以资产代偿其股东额度外担保借款的议案》的决议，会议召集程序、表决方式未违反法律、行政法规或者公司章程，决议内容也未违反公司章程规定。因此，原告主张撤销该决议，无事实和法律依据，不予支持。［（2017）闽0902民初2022号］

063 指导案例15号

徐工集团工程机械股份有限公司诉成都川交工贸有限责任公司等买卖合同纠纷案

关联公司人员、业务、财务等交叉混同导致丧失独立人格的，构成人格混同，对外承担连带责任

有章

（最高人民法院审判委员会讨论通过　2013年1月31日发布）

关键词：民事／关联公司／人格混同／连带责任

裁判要点

1. 关联公司的人员、业务、财务等方面交叉或混同，导致各自财产无法区分，丧失独立人格的，构成人格混同。2. 关联公司人格混同，严重损害债权人利益的，关联公司相互之间对外部债务承担连带责任。

相关法条

《中华人民共和国民法通则》第四条①

《中华人民共和国公司法》第三条第一款、第二十条第三款

基本案情

原告徐工集团工程机械股份有限公司（以下简称徐工机械公司）诉称：成都川交工贸有限责任公司（以下简称川交工贸公司）拖欠其货款未付，而成都川交工程机械有限责任公司（以下简称川交机械公司）、四川瑞路建设工程有限公司（以下简称瑞路公司）与川交工贸公司人格混同，三个公司实际控制人王永礼以及川交工贸公司股东等人的个人资产与公司资产混同，均应承担连带清偿责任。请求判令：川交工贸公司支付所欠货款10916405.71元及利息；川交机械公司、瑞路公司及王永礼等个人对上述债务承担连带清偿责任。

被告川交工贸公司、川交机械公司、瑞路公司辩称：三个公司虽有关联，但并不混同，川交机械公司、瑞路公司不应对川交工贸公司的债务承担清偿责任。

王永礼等人辩称：王永礼等人的个人财产与川交工贸公司的财产并不混同，不应为川交工贸公司的债务承担清偿责任。

法院经审理查明：川交机械公司成立于1999年，股东为四川省公路桥梁工程总公司二公司、王永礼、倪刚、杨洪刚等。2001年，股东变更为王永礼、李智、倪刚。2008年，股东再次变更为王永礼、倪刚。瑞路公司成立于2004年，股东为王永礼、李智、倪刚。2007年，股东变更为王永礼、倪刚。川交工贸公司成立于2005年，股东为吴帆、张家蓉、凌欣、过胜利、汤维明、武竞、郭印，何万庆2007年入股。2008年，股东变更为张家蓉（占90%股份）、吴帆（占10%股份），其中张家蓉系王永礼之妻。在公司人员方面，三个公司经理均为王永礼，财务负责人均为凌欣，出纳会计均为卢鑫，工商手续经办人均为张梦；三个公司的管理人员存在交叉任职的情形，如过胜利兼任川交工贸公司副总经理和川交机械公司销售部经理的职务，且免去

① 《民法典》第4、5、6、7条。

过胜利川交工贸公司副总经理职务的决定系由川交机械公司作出；吴帆既是川交工贸公司的法定代表人，又是川交机械公司的综合部行政经理。在公司业务方面，三个公司在工商行政管理部门登记的经营范围均涉及工程机械且部分重合，其中川交工贸公司的经营范围被川交机械公司的经营范围完全覆盖；川交机械公司系徐工机械公司在四川地区（攀枝花除外）的唯一经销商，但三个公司均从事相关业务，且相互之间存在共用统一格式的《销售部业务手册》、《二级经销协议》、结算账户的情形；三个公司在对外宣传中区分不明，2008 年 12 月 4 日重庆市公证处出具的《公证书》记载：通过因特网查询，川交工贸公司、瑞路公司在相关网站上共同招聘员工，所留电话号码、传真号码等联系方式相同；川交工贸公司、瑞路公司的招聘信息，包括大量关于川交机械公司的发展历程、主营业务、企业精神的宣传内容；部分川交工贸公司的招聘信息中，公司简介全部为对瑞路公司的介绍。在公司财务方面，三个公司共用结算账户，凌欣、卢鑫、汤维明、过胜利的银行卡中曾发生高达亿元的往来，资金的来源包括三个公司的款项，对外支付的依据仅为王永礼的签字；在川交工贸公司向其客户开具的收据中，有的加盖其财务专用章，有的则加盖瑞路公司财务专用章；在与徐工机械公司均签订合同、均有业务往来的情况下，三个公司于 2005 年 8 月共同向徐工机械公司出具《说明》，称因川交机械公司业务扩张而注册了另两个公司，要求所有债权债务、销售量均计算在川交工贸公司名下，并表示今后尽量以川交工贸公司名义进行业务往来；2006 年 12 月，川交工贸公司、瑞路公司共同向徐工机械公司出具《申请》，以统一核算为由要求将 2006 年度的业绩、账务均计算至川交工贸公司名下。

另查明，2009 年 5 月 26 日，卢鑫在徐州市公安局经侦支队对其进行询问时陈述：川交工贸公司目前已经垮了，但未注销。又查明徐工机械公司未得到清偿的货款实为 10511710.71 元。

裁判结果

江苏省徐州市中级人民法院于 2011 年 4 月 10 日作出（2009）徐民二初字第 0065 号民事判决：一、川交工贸公司于判决生效后 10 日内向徐工机械公司支付货款10511710.71元及逾期付款利息；二、川交机械公司、瑞路公司对川交工贸公司的上述债务承担连带清偿责任；三、驳回徐工机械公司对王永礼、吴帆、张家蓉、凌欣、过胜利、汤维明、郭印、何万庆、卢鑫的诉讼请求。宣判后，川交机械公司、瑞路公司提起上诉，认为一审判决认定三个公司人格混同，属认定事实不清；认定川交机械公司、瑞路公司对川交工贸公司的债务承担连带责任，缺乏法律依据。徐工机械公司答辩请求维持一审判决。江苏省高级人民法院于2011年10月19日作出（2011）苏商终字第0107号民事判决：驳回上诉，维持原判。

裁判理由

法院生效裁判认为：针对上诉范围，二审争议焦点为川交机械公司、瑞路公司与川交工贸公司是否人格混同，应否对川交工贸公司的债务承担连带清偿责任。

川交工贸公司与川交机械公司、瑞路公司人格混同。一是三个公司人员混同。三个公司的经理、财务负责人、出纳会计、工商手续经办人均相同，其他管理人员亦存在交叉任职的情形，川交工贸公司的人事任免存在由川交机械公司决定的情形。二是三个公司业务混同。三个公司实际经营中均涉及工程机械相关业务，经销过程中存在共用销售手册、经销协议的情形；对外进行宣传时信息混同。三是三个公司财务混同。三个公司使用共同账户，以王永礼的签字作为具体用款依据，对其中的资金及支配无法证明已作区分；三个公司与徐工机械公司之间的债权债务、业绩、账务及返利均计算在川交工贸公司名下。因此，三个公司之间表征人格的因素（人员、业务、财务等）高度混同，导致各自财产无法区分，已丧失独立人格，构成人格混同。

川交机械公司、瑞路公司应当对川交工贸公司的债务承担连带清偿责任。公司人格独立是其作为法人独立承担责任的前提。《中华人民共和国公司法》（以下简称《公司法》）第三条第一款规定：“公司是企业法人，有独立的法人财产，享有法人财产权。公司以其全部财产对公司的债务承担责任。”公司的独立财产是公司独立承担责任的物质保证，公司的独立人格也突出地表现在财产的独立上。当关联公司的财产无法区分，丧失独立人格时，就丧失了独立承担责任的基础。《公司法》第二十条第三款规定："公司股东滥用公司法人独立地位和股东有限责任，逃避债务，严重损害公司债权人利益的，应当对公司债务承担连带责任。"本案中，三个公司虽在工商登记部门登记为彼此独立的企业法人，但实际上相互之间界线模糊、人格混同，其中川交工贸公司承担所有关联公司的债务却无力清偿，又使其他关联公司逃避巨额债务，严重损害了债权人的利益。上述行为违背了法人制度设立的宗旨，违背了诚实信用原则，其行为本质和危害结果与《公司法》第二十条第三款规定的情形相当，故参照《公司法》第二十条第三款的规定，川交机械公司、瑞路公司对川交工贸公司的债务应当承担连带清偿责任。

【实务问答】

1. 法人人格独立与人格混同分别指什么？

独立人格、独立责任是法人制度的核心，针对以公司为代表的营利法人而言尤为如此。为降低投资风险，鼓励投资人出资兴办实业，法律明确了出资人有限责任和法人独立责任两大制度，并赋予出资人和法人各自不同的人格。营利法人在经营活动中，与债权人独立地发生债权、债务关系，承担由此产生的民事责任。可以说，对债权人而言，营利法人的独立财产是其债权实现的一般担保。但现实中，许多出资人并不遵循法律规定的分权制衡的治理结构，而是通过各种途径控制着所出资的营利法人，为获得高额利润或逃避债务，常常擅自挪用公司的财产或将公司财产与个人财产混同、账目混同、业务混同，有时通过壳企业从事违法活动，以有限责任为掩护逃避责任。可以说，此时该法人人格独立已被滥用，其已失去独立地位。基于权利义务相一致原则，切实保护债权人利益、维护正常的交易秩序，法人人格否认制度应运而生。即当符合法定条件，认定出资人滥用法人独立地位和有限责任时，通过"揭开法人的面纱"，将出资人和法人视为一体，追究二者共同的法律责任。《公司法》第20条及《民法典》第83条均就此进行了规定，只不过一个针对的是公司下的股东，一个针对的是更加广泛的营利法人的出资人。而人格混同的认定，需结合具体情形判断，本指导案例中关于人格混同的认定具有普遍性，可供参考，即关联公司的人员、业务、财务等方面交叉或混同，导致各自财产无法区分，丧失独立人格的，构成人格混同。

2. 现行法律对营利法人人格混同下的连带责任有何规定?

《民法典》第83条第2款规定，营利法人的出资人不得滥用法人独立地位和出资人有限责任损害法人债权人的利益；滥用法人独立地位和出资人有限责任，逃避债务，严重损害法人债权人的利益的，应当对法人债务承担连带责任。

营利法人的出资人，滥用法人独立地位和有限责任逃避债务，严重损害债权人利益的，应当对法人债务承担连带责任。从现实情况来看，出资人利用法人独立地位侵占公司财产，逃避债务，损害债权人利益的情况比较严重，且方式和手段呈现出越来越复杂、隐蔽和多元化的特点。在总结审判经验的基础上，《民法典》第83条将法人人格否认作为营利法人的一般规则进行规定，有利于防止出资人滥用法人人格、有限责任获取非法利益，以保护债权人利益、维护正常交易秩序。但该内容在适用中应注意把握以下几点：（1）法人有限责任是基础。出资人有限责任和法人独立责任是营利法人制度的核心内容，不应任意扩大法人人格否认制度的适用范围，否则将有悖于法人制度的设立初衷。（2）法人人格否认制度，在我国主要适用于出资人滥用法人独立地位和出资人有限责任逃避债务的情形，一方面要求出资人有逃避债务的主观恶意和具体行为，另一方面要求有严重损害营利法人债权人利益的后果。（3）因出资人滥用有限责任和法人独立地位的表现形式多样，难以列举，所以何为“滥用”、何为“严重”亦需进一步探索。

【适用实例】

海南鹿业发展公司与海南联合资产管理有限公司借款纠纷再审案

再审申请人海南鹿业发展公司（以下简称鹿业发展公司）因与被申请人海南联合资产管理有限公司（以下简称联合资产公司）、一审被告海南省鹿场以及一审第三人海南省农牧业发展总公司（以下简称农牧业总公司）、海南盈金房地产投资有限公司（以下简称盈金房地产公司）借款合同纠纷一案，不服海南省高级人民法院民事判决，向最高人民法院申请再审。

鹿业发展公司申请再审称，原审认定鹿业发展公司与海南省鹿场人格混同是错误的。(1) 两公司不存在人员混同。两公司存在一人同时或前后兼任两公司法定代表人的情况是当时国有企业的普遍现象，“一套人马两块牌子”的说法不具有事实证明效力。(2) 两公司不存在财产混同。两公司初始登记的营业场所均在灵山是历史特殊原因造成的。“鹿场土地”是习惯称呼，并非对土地权属的认定。且相关税费仅是挂在海南省鹿场名下，并未实际缴纳，实际是由盈金房地产公司补缴的。(3) 两公司不存在业务混同。海南省鹿场主要从事鹿的养殖、鹿产品加工，而鹿业发展公司从未开展此方面的业务，以海南省鹿场名义缴纳鹿业发展公司名下土地的城镇土地使用税以及对外签订部分租赁协议，均是历史原因造成的，与两公司的业务无关。(4) 两公司不存在财务混同。两公司有各自独立的账册，管理、经营上均独立进行，并且有各自独立的财产，海南省鹿场案涉贷款也是用其自有资产抵押担保的，原债权人中国工商银行琼山市支行对海南省鹿场的情况是明知的，因此不存在因财产混同而损害债权人利益的情形。此外，原审适用法律也有错误。《公司法》第20条第2款的规定适用于股东与公司之间的法律关系，但鹿业发展公司与海南省鹿场不存在这种法律关系，原审参照该条判决鹿业发展公司对海南省鹿场的债务承担连带清偿责任是不当的。

联合资产公司提交意见称，原审认定鹿业发展公司与海南省鹿场存在人格混同是正确的。本案证据足以证明鹿业发展公司与海南省鹿场在业务、人员、财产、财务上存在高度混同的事实。原审适用法律正确。原审参照《公司法》第20条第3款的规定判决鹿业发展公司承担连带清偿责任并无不当，亦符合最高人民法院发布的指导案例的裁判要点。综上，请求驳回鹿业发展公司的再审申请。

最高人民法院认为，本案再审审查的焦点问题是：鹿业发展公司与海南省鹿场之间是否存在人格混同，鹿业发展公司是否应对案涉借款承担连带清偿责任。

根据《〈最高人民法院关于案例指导工作的规定〉实施细则》（以下简称《〈案例指导规定〉实施细则》）第9条的规定，各级人民法院正在审理的案件，在基本案情和法律适用方面，与最高人民法院发布的指导案例相类似的，应当参照相关指导案例的裁判要点作出裁判。最高人民法院**指导案例15号**徐工集团工程机械股份有限公司诉成都川交工贸有限责任公司等买卖合同纠纷案的裁判要点为，关联公司的人员、业务、财务等方面交叉或混同，导致各自财产无法区分，丧失独立人格的，构成人格混同；关联公司人格混同，严重损害债权人利益的，关联公司相互之间对外部债务承担连带责任。本案与该指导案例的基本案情相类似，其裁判要点应作为本案审理的参照。

第一，根据现有证据，本案可以认定鹿业发展公司和海南省鹿场人格混同。首先，鹿业发展公司与海南省鹿场存在财产混同。原审查明，鹿业发展公司是案涉灵山143亩土地所登记的国有土地使用权人，但长期以来实际是海南省鹿场在使用该土地。海南省鹿场在1997年以自己的名义将该土地抵押给中国农业银行琼山市支行，自2002年以来又以自己的名义与数家公司签订了该土地的租赁协议，还于2016年以自己的名义为鹿业发展公司补缴了该土地的相关税款。由此可见，两公司对该土地共同享有权益，二者财产明显混同。其次，鹿业发展公司和海南省鹿场存在财务混同。海南省鹿场为鹿业发展公司补缴灵山土地的相关税款，《海南省社会保险费通用缴款书》和两公司向海南省工商行政管理局出具的《证明》可证明两公司为共同的员工共同缴纳一份社保，可见二者在财务上是混同的。最后，鹿业发展公司和海南省鹿场存在人员混同。鹿业发展公司和海南省鹿场存在一人同时或者前后兼任两公司法定代表人的情况，农牧业总公司、鹿业发展公司和海南省鹿场亦曾在不同时期不同场合均出具《证明》称该两公司是“一套人马，两块牌子”，足以证明两公司在人员上是混同的。综上，鹿业发展公司和海南省鹿场在财产、财务、人员等方面均有混同，足以认定二者人格混同。

第二，鹿业发展公司和海南省鹿场的人格混同，损害了债权人联合资产公司的合法利益。本案中，农牧业总公司向海南金城国有资产管理公司发出的《关于省鹿场土地合同开发有关遗留问题的请示》载明：“省鹿场原背负的金融机构及其他债务本金近3000万元，都需要盈金公司从合作盘活该资产中予以解决……鹿场其他债务的偿还也将难以兑现。”由此可见，除了鹿业发展公司名下的143亩土地，海南省鹿场已无其他资金来源可供偿还案涉借款。在此情形下，只有认定鹿业发展公司与海南省鹿场人格混同，才能保障债权人联合资产公司的利益得以实现。因此，虽然鹿业发展公司与海南省鹿场表面上是彼此独立的公司，但两公司之间已实际构成了人格混同，其行为违背了法人制度设立的宗旨，违反了诚实信用原则，损害了债权人利益。因此，本案与最高人民法院**指导案例15号**的基本案情相类似，原审判令鹿业发展公司对案涉借款承担连带清偿责任，并无不当。［（2018）最高法民申4702号］

064 指导案例8号

林方清诉常熟市凯莱实业有限公司、戴小明公司解散纠纷案

公司虽处于盈利状态但已陷入僵局，可认定经营管理发生严重困难

（最高人民法院审判委员会讨论通过 2012年4月9日发布）

关键词：民事/公司解散/经营管理/严重困难/公司僵局

裁判要点

公司法第一百八十三条①将“公司经营管理发生严重困难”作为股东提起解散公司之诉的条件之一。判断“公司经营管理是否发生严重困难”，应从公司组织机构的运行状态进行综合分析。公司虽处于盈利状态，但其股东会机制长期失灵，内部管理有严重障碍，已陷入僵局状态，可以认定为公司经营管理发生严重困难。对于符合公司法及相关司法解释规定的其他条件

① 《公司法》（2018年修正）第182条。

的，人民法院可以依法判决公司解散。

相关法条

《中华人民共和国公司法》第一百八十三条①

基本案情

原告林方清诉称：常熟市凯莱实业有限公司（简称凯莱公司）经营管理发生严重困难，陷入公司僵局且无法通过其他方法解决，其权益遭受重大损害，请求解散凯莱公司。

被告凯莱公司及戴小明辩称：凯莱公司及其下属分公司运营状态良好，不符合公司解散的条件，戴小明与林方清的矛盾有其他解决途径，不应通过司法程序强制解散公司。

法院经审理查明：凯莱公司成立于2002年1月，林方清与戴小明系该公司股东，各占50%的股份，戴小明任公司法定代表人及执行董事，林方清任公司总经理兼公司监事。凯莱公司章程明确规定：股东会的决议须经代表二分之一以上表决权的股东通过，但对公司增加或减少注册资本、合并、解散、变更公司形式、修改公司章程作出决议时，必须经代表三分之二以上表决权的股东通过。股东会会议由股东按照出资比例行使表决权。2006年起，林方清与戴小明两人之间的矛盾逐渐显现。同年5月9日，林方清提议并通知召开股东会，由于戴小明认为林方清没有召集会议的权利，会议未能召开。同年6月6日、8月8日、9月16日、10月10日、10月17日，林方清委托律师向凯莱公司和戴小明发函称，因股东权益受到严重侵害，林方清作为享有公司股东会二分之一表决权的股东，已按公司章程规定的程序表决并通过了解散凯莱公司的决议，要求戴小明提供凯莱公司的财务账册等资料，并对凯莱公司进行清算。同年6月17日、9月7日、10月13日，戴小明回函称，林方清作出的股东会决议没有合法依据，戴小明不同意解散公司，并要求林方清交出公司财务资料。同年11月15日、25日，林方清再次向凯莱公司和戴小明发函，要求凯莱公司和戴小明提供公司财务账册等供其查阅、分配公

---

① 《公司法》（2018年修正）第182条。

司收入、解散公司。

江苏常熟服装城管理委员会（简称服装城管委会）证明凯莱公司目前经营尚正常，且愿意组织林方清和戴小明进行调解。

另查明，凯莱公司章程载明监事行使下列权利：（1）检查公司财务；（2）对执行董事、经理执行公司职务时违反法律、法规或者公司章程的行为进行监督；（3）当董事和经理的行为损害公司的利益时，要求董事和经理予以纠正；（4）提议召开临时股东会。从2006年6月1日至今，凯莱公司未召开过股东会。服装城管委会调解委员会于2009年12月15日、16日两次组织双方进行调解，但均未成功。

裁判结果

江苏省苏州市中级人民法院于2009年12月8日以（2006）苏中民二初字第0277号民事判决，驳回林方清的诉讼请求。宣判后，林方清提起上诉。江苏省高级人民法院于2010年10月19日以（2010）苏商终字第0043号民事判决，撤销一审判决，依法改判解散凯莱公司。

裁判理由

法院生效裁判认为：首先，凯莱公司的经营管理已发生严重困难。根据公司法第一百八十三条①和《最高人民法院关于适用〈中华人民共和国公司法〉若干问题的规定（二）》②（简称《公司法解释（二）》）第一条的规定，判断公司的经营管理是否出现严重困难，应当从公司的股东会、董事会或执行董事及监事会或监事的运行现状进行综合分析。“公司经营管理发生严重困难”的侧重点在于公司管理方面存有严重内部障碍，如股东会机制失灵、无法就公司的经营管理进行决策等，不应片面理解为公司资金缺乏、严重亏损等经营性困难。本案中，凯莱公司仅有戴小明与林方清两名股东，两人各占50%的股份，凯莱公司章程规定“股东会的决议须经代表二分之一以上表决权的股东通过”，且各方当事人一致认可该“二分之一以上”不包括本数。

① 《公司法》（2018年修正）第182条。

② 最高人民法院《关于适用〈中华人民共和国公司法〉若干问题的规定（二）》（以下简称《公司法解释（二）》）。

因此，只要两名股东的意见存有分歧、互不配合，就无法形成有效表决，显然影响公司的运营。凯莱公司已持续4年未召开股东会，无法形成有效股东会决议，也就无法通过股东会决议的方式管理公司，股东会机制已经失灵。执行董事戴小明作为互有矛盾的两名股东之一，其管理公司的行为，已无法贯彻股东会的决议。林方清作为公司监事不能正常行使监事职权，无法发挥监督作用。由于凯莱公司的内部机制已无法正常运行、无法对公司的经营作出决策，即使尚未处于亏损状况，也不能改变该公司的经营管理已发生严重困难的事实。

其次，由于凯莱公司的内部运营机制早已失灵，林方清的股东权、监事权长期处于无法行使的状态，其投资凯莱公司的目的无法实现，利益受到重大损失，且凯莱公司的僵局通过其他途径长期无法解决。《公司法解释(二)》第五条明确规定了“当事人不能协商一致使公司存续的，人民法院应当及时判决”。本案中，林方清在提起公司解散诉讼之前，已通过其他途径试图化解与戴小明之间的矛盾，服装城管委会也曾组织双方当事人调解，但双方仍不能达成一致意见。两审法院也基于慎用司法手段强制解散公司的考虑，积极进行调解，但均未成功。

此外，林方清持有凯莱公司50%的股份，也符合公司法关于提起公司解散诉讼的股东须持有公司10%以上股份的条件。

综上所述，凯莱公司已符合公司法及《公司法解释（二)》所规定的股东提起解散公司之诉的条件。二审法院从充分保护股东合法权益，合理规范公司治理结构，促进市场经济健康有序发展的角度出发，依法作出了上述判决。

【实务问答】

1. 如何判断公司经营管理是否发生严重困难?

股东提起解散公司诉讼，除必须满足《民事诉讼法》规定的起诉条件外，尚需要求其据以起诉的理由必须属《公司法解释（二)》第1条第1款列举的4种情形，即公司持续两年以上无法召开股东会或者股东大会，公司经营管理发生严重困难的；股东表决时无法达到法定或者公司章程规定的比例，持续两年以上不能作出有效的股东会或者股东大会决议，公司经营管理发生严重困难的；公司董事长期冲突，且无法通过股东会或者股东大会解决，公司经营管理发生严重困难的；经营管理发生其他严重困难，公司继续存续会使股东利益受到重大损失的情形。以上 4 种情形主要体现的是股东僵局和董事僵局所造成的公司经营管理上的严重困难，即公司处于事实上的瘫痪状态，体现公司自治的公司治理结构完全失灵，不能正常进行经营活动，如任其继续存续下去，将会造成公司实质利益者即股东利益的损失。此时，应赋予股东提起解散公司诉讼、保护其合法权益的救济渠道。

另外，按照本条第 2 款，如果股东在提起解散公司诉讼时，其起诉理由仅仅表述为知情权、利润分配请求权受到损害，或者公司经营严重亏损、财产不足以偿还全部债务，或者公司被吊销企业法人营业执照后未进行清算等的，因不属于《公司法》第 182 条（修正前为第 183 条）所规定的解散公司诉讼案件提起的事由，在受理环节应将之拒之门外，即不能按解散公司诉讼案件予以受理，有关权利人应通过提起知情权或利润分配请求权等股东权益诉讼，或提出破产清算、强制清算申请等其他途径寻求司法救济。若股东提起的事由按照《公司法》笼统表述为“公司经营管理出现严重困难，继续存续会使股东利益受到重大损失”，只要符合《民事诉讼法》案件受理条件和下面所述两个条件的，即应予受理。至于其所述的事实和理由是否足以证明“公司经营管理出现严重困难，继续存续会使股东利益受到重大损失”，是否可以据此判决解散公司等，则属实体审理的范畴，不影响公司解散诉讼案件的受理。应当意识到，本条列举的 4 项事由，一方面是解散公司诉讼案件受理时形式审查的法律依据，另一方面是判决是否解散公司时实体审查的法律依据。

2. 法人解散的事由有哪些？

《民法典》第 69 条规定，有下列情形之一的，法人解散：（1）法人章程规定的存续期间届满或者法人章程规定的其他解散事由出现；（2）法人的权力机构决议解散；（3）因法人合并或者分立需要解散；（4）法人依法被吊销营业执照、登记证书，被责令关闭或者被撤销；（5）法律规定的其他情形。

公司是法人的一种，公司解散当然属于法人解散的情形。法人解散，是指已成立的法人基于一定的合法事实使法人消灭的法律行为。法人解散与法人破产是法人终止的两种主要情形，法人清算、注销登记是解散或破产过程中一般需要完成的程序。但因合并或分立进行的解散无须清算程序，设立时未经登记的破产也无须注销登记程序。法人解散的原因通常可以分为自愿解散和强制解散。自愿解散，是指法人基于自身意愿而解散，如法人的权力机构决议解散、章程规定的存续期间届满、因合并或者分立需要解散等。强制解散又称非自愿解散，是指法人非因自身意愿，被政府有关部门决定或法院裁判而解散。强制解散又可分为行政解散和司法解散。另外，本条第5项是一项兜底规定，即法律规定的其他情形。例如，公司经营管理发生严重困难，继续存续会使股东遭受重大损失，通过其他途径不能解决，此时持公司股东表决权10%以上的股东，可请求法院解散公司。

【适用实例】

广西南宁红白蓝投资有限责任公司与刘某宁等解散公司纠纷案

再审申请人广西南宁红白蓝投资有限责任公司（以下简称红白蓝公司）因与被申请人刘某宁等15人以及一审第三人钟某、钟某2解散公司纠纷一案，不服广西壮族自治区高级人民法院判决，向最高人民法院申请再审。

红白蓝公司申请再审称：红白蓝公司并不存在符合法律或公司章程规定的解散条件，且解散公司不符合公司利益，不符合股东和公司员工利益。二审判决解散红白蓝公司适用法律错误，故申请再审。

最高人民法院认为，本案再审审查的焦点问题是，红白蓝公司是否符合法定解散条件。

《公司法》第182条规定："公司经营管理发生严重困难，继续存续会使股东利益受到重大损失，通过其他途径不能解决的，持有公司全部股东表决权百分之十以上的股东，可以请求人民法院解散公司。"《公司法解释（二）》第1条规定："单独或者合计持有公司全部股东表决权百分之十以上的股东，以下列事由之一提起解散公司诉讼，并符合公司法第一百八十二条规定的，人民法院应予受理：（一）公司持续两年以上无法召开股东会或者股东大会，公司经营管理发生严重困难的；（二）股东表决时无法达到法定或者公司章程规定的比例，持续两年以上不能做出有效的股东会或者股东大会决议，公司经营管理发生严重困难的；（三）公司董事长期冲突，且无法通过股东会或者股东大会解决，公司经营管理发生严重困难的；（四）经营管理发生其他严重困难，公司继续存续会使股东利益受到重大损失的情形。”可见，判断公司是否符合法定解散条件，主要看是否符合“经营管理发生严重困难”、“继续存续会使股东利益受到重大损失”和“通过其他途径不能解决”这三个要件。

就本案而言，首先，本案证据可以证实红白蓝公司经营管理发生严重困难。根据《〈案例指导规定〉实施细则》第9条的规定，各级人民法院正在审理的案件，在基本案情和法律适用方面，与最高人民法院发布的指导案例相类似的，应当参照相关指导案例的裁判要点作出裁判。最高人民法院**指导案例8号**“林方清诉常熟市凯莱实业有限公司、戴小明公司解散纠纷案”的裁判要点为，判断“公司经营管理是否发生严重困难”，应从公司组织机构的运行状态进行综合分析，公司虽处于盈利状态，但其股东会机制长期失灵，内部管理有严重障碍，已陷入僵局状态，可以认定为公司经营管理发生严重困难。本案与该指导案例基本案情相类似，其裁判要点应作为本案参照。而且，“公司经营管理发生严重困难”的侧重点在于公司管理方面存有严重内部障碍，如股东会机制失灵、无法就公司的经营管理进行决策等。本案中，红白蓝公司自2011年以来没有正式召开过股东会，也就无法以通过股东会决议的方式管理公司，股东会机制已经失灵。由于本案股东已明显形成刘某宁等15人和钟某、钟某2为对立的两派，前者持有红白蓝公司64.63%的股份，后者分别持有33.84%、1.53%的股份，在现有公司章程规定的表决机制下，只要这两派意见分歧，就不可能形成有效的股东会决议。可见，红白蓝公司的内部机制确已无法正常运行、无法对公司的经营作出有效决策，即使尚未处于亏损状况，也不能改变该公司经营管理已发生严重困难的事实。其次，本案证据可以证实红白蓝公司继续存续会使股东利益受到重大损失，且通过其他途径不能解决。由于红白蓝公司的内部运营机制早已失灵，刘某宁等15人的股东权长期处于无法行使的状态，其投资红白蓝公司的目的无法实现，可以认定其利益受到重大损失。最后，《公司法解释（二）》第5条明确规定，当事人不能协商一致使公司存续的，人民法院应当及时判决。本案中，二审法院也基于慎用司法手段强制解散公司的考虑，要求双方协商处理本案纠纷，但因双方当事人原因调解无法有效进行，说明本案纠纷通过其他方式也不能解决。鉴于红白蓝公司已符合法定解散条件，持有该公司64.63%股份的股东刘某宁等15人提起解散公司诉讼，二审法院据此判决支持解散公司，并无不当。［（2017）最高法民申4394号］

065 指导案例9号

上海存亮贸易有限公司诉蒋志东、王卫明等买卖合同纠纷案（已废止）

有章

裁判要点

有限责任公司的股东、股份有限公司的董事和控股股东，应当依法在公司被吊销营业执照后履行清算义务，不能以其不是实际控制人或者未实际参加公司经营管理为由，免除清算义务。

（二）与破产有关的纠纷

066 指导案例 73 号

通州建总集团有限公司诉安徽天宇化工有限公司别除权纠纷案

依照《企业破产法》规定建设工程施工合同视为解除的，承包人行使优先受偿权的期限自合同解除之日起计算

（最高人民法院审判委员会讨论通过　2016 年 12 月 28 日发布）

关键词：民事／别除权／优先受偿权／行使期限／起算点

裁判要点

符合《中华人民共和国破产法》第十八条规定的情形，建设工程施工合同视为解除的，承包人行使优先受偿权的期限应自合同解除之日起计算。

相关法条

《中华人民共和国合同法》第 286 条①

《中华人民共和国破产法》第 18 条

基本案情

2006 年 3 月，安徽天宇化工有限公司（以下简称安徽天宇公司）与通州建总集团有限公司（以下简称通州建总公司）签订了一份《建设工程施工合同》，安徽天宇公司将其厂区一期工程生产厂区的土建、安装工程发包给通州建总公司承建，合同约定，开工日期：暂定 2006 年 4 月 28 日（以实际开工报告为准），竣工日期：2007 年 3 月 1 日，合同工期总日历天数 300 天。发

① 《民法典》第 807 条。

包方不按合同约定支付工程款，双方未达成延期付款协议，承包人可停止施工，由发包人承担违约责任。后双方又签订一份《合同补充协议》，对支付工程款又做了新的约定，并约定厂区工期为113天，生活区工期为266天。2006年5月23日，监理公司下达开工令，通州建总公司遂组织施工，2007年安徽天宇公司厂区的厂房等主体工程完工。后因安徽天宇公司未按合同约定支付工程款，致使工程停工，该工程至今未竣工。2011年7月30日，双方在仲裁期间达成和解协议，约定如处置安徽天宇公司土地及建筑物偿债时，通州建总公司的工程款可优先受偿。后安徽天宇公司因不能清偿到期债务，江苏宏远建设集团有限公司向安徽省滁州市中级人民法院申请安徽天宇公司破产还债。安徽省滁州市中级人民法院于2011年8月26日作出（2011）滁民二破字第00001号民事裁定，裁定受理破产申请。2011年10月10日，通州建总公司向安徽天宇公司破产管理人申报债权并主张对该工程享有优先受偿权。2013年7月19日，安徽省滁州市中级人民法院作出（2011）滁民二破字第00001－2号民事裁定，宣告安徽天宇公司破产。通州建总公司于2013年8月27日提起诉讼，请求确认其债权享有优先受偿权。

裁判结果

安徽省滁州市中级人民法院于2014年2月28日作出（2013）滁民一初字第00122号民事判决：确认原告通州建总集团有限公司对申报的债权就其施工的被告安徽天宇化工有限公司生产厂区土建、安装工程享有优先受偿权。宣判后，安徽天宇化工有限公司提出上诉。安徽省高级人民法院于2014年7月14日作出（2014）皖民一终字第00054号民事判决，驳回上诉，维持原判。

裁判理由

法院生效裁判认为：本案双方当事人签订的建设工程施工合同虽约定了工程竣工时间，但涉案工程因安徽天宇公司未能按合同约定支付工程款导致停工。现没有证据证明在工程停工后至法院受理破产申请前，双方签订的建设施工合同已经解除或终止履行，也没有证据证明在法院受理破产申请后，破产管理人决定继续履行合同。根据《中华人民共和国破产法》第十八条“人民法院受理破产申请后，管理人对破产申请受理前成立而债务人和对方当事人均未履行完毕的合同有权决定解除或继续履行，并通知对方当事人。管理人自破产申请受理之日起二个月未通知对方当事人，或者自收到对方当事人催告之日起三十日内未答复的，视为解除合同”之规定，涉案建设工程施工合同在法院受理破产申请后已实际解除，本案建设工程无法正常竣工。按照最高人民法院全国民事审判工作会议纪要精神，因发包人的原因，合同解除或终止履行时已经超出合同约定的竣工日期的，承包人行使优先受偿权的期限自合同解除之日起计算，安徽天宇公司要求按合同约定的竣工日期起算优先受偿权行使时间的主张，缺乏依据，不予采信。2011年8月26日，法院裁定受理对安徽天宇公司的破产申请，2011年10月10日通州建总公司向安徽天宇公司的破产管理人申报债权并主张工程款优先受偿权，因此，通州建总公司主张优先受偿权的时间是2011年10月10日。安徽天宇公司认为通州建总公司行使优先受偿权的时间超过了破产管理之日六个月，与事实不符，不予支持。

（生效裁判审判人员：洪平、胡小恒、台旺）

【实务问答】

1. 如何理解《企业破产法》规定的“别除权”？

《企业破产法》第109条规定，对破产人的特定财产享有担保权的权利人，对该特定财产享有优先受偿的权利。

别除权，是指在破产程序中，对于破产人的特定财产享有担保物权的权利人，可以不依照破产程序对该特定财产优先受偿。按照《企业破产法》的规定，破产宣告时债务人所拥有的所有财产都属于破产财产，当然包括已经作为担保物的特定财产。但《企业破产法》又通过第109条规定，对债务人的特定财产享有抵押等担保物权的权利人，对该特定财产享有优先受偿的权利。这里的“权利人”，并不仅限于有担保物权的破产债权人，也包括其他对债务人特定财产享有担保物权的权利人，如对破产人的特定财产享有抵押权、质权、留置权的权利人。但需要注意，作为别除权的基础性权利，无论是抵押权还是质权、留置权，其标的物必须为特定物，非特定物不能成为别除权的标的物，如浮动抵押中的标的物的数量和价值处于不断变化的状态，即是非特定的，浮动抵押的权利人就不应为别除权人。同时，别除权的行使也以该特定物为限，如果该特定物损毁或者灭失，别除权即不存在。

2. 现行法律对建设工程价款优先受偿权是如何规定的?

《民法典》第807条规定，发包人未按照约定支付价款的，承包人可以催告发包人在合理期限内支付价款。发包人逾期不支付的，除根据建设工程的性质不宜折价、拍卖外，承包人可以与发包人协议将该工程折价，也可以请求人民法院将该工程依法拍卖。建设工程的价款就该工程折价或者拍卖的价款优先受偿。

《民法典》第807条是关于发包人未依约支付工程价款的责任之规定，该条实质上确立了承包人对建设工程价款的优先受偿权。需要注意，只有发包人在承包人催告后的合理期限内仍没有支付价款的，承包人才能将该工程折价或拍卖以优先受偿。若发包人在承包人催告后的合理期限内支付了全部价款，承包人只能要求发包人承担支付约定的违约金或支付逾期利息、赔偿其他损失等违约责任，而不能将该工程折价或拍卖以优先受偿。此外，按照建设工程的性质不宜折价、拍卖的，承包人不能将该工程折价或拍卖，如发包方无所有权的工程、国防设施、国家重点工程、公共设施工程。此外，承包人按照本条规定行使优先受偿权，还需要注意以下几点：①按照合同约定已经达到付款的条件。②承包人对工程依法折价或者拍卖的，应当遵循一定的程序。发包人对工程折价的，应当与发包人达成协议，参照市场价格确定一定的价款把该工程的所有权由发包人转移给承包人，从而使承包人的价款债权得以实现。承包人因与发包人达不成折价协议而采取拍卖方式的，应当申请人民法院依法将该工程予以拍卖。承包人不得委托拍卖公司或者自行将工程予以拍卖。③工程折价或者拍卖后所得价款如果超出发包人应付价款数额的，该超过的部分应当归发包人所有；如果折价或者拍卖所得价款还不足以清偿承包人价款债权额的，承包人可以请求发包人支付不足部分。另需要注意，根据最新司法解释的规定，建设工程价款优先受偿权行使期限已修改为最长不超过18个月。

【适用实例】

湖南株洲嘉宇建设工程有限责任公司与株洲松西子建设发展有限公司管理人建设工程价款优先受偿权纠纷案

原告湖南株洲嘉宇建设工程有限责任公司（以下简称嘉宇公司）向湖南省株洲市渌口区人民法院提出诉讼请求：1. 依法确认原告与被告就剩余工程价款的支付达成的从株洲松西子建设发展有限公司破产财产中支付741万元给原告的口头协议合法有效；2. 依法判令原告的上述债权对破产财产享有优先受偿权。

法院认为，本案系建设工程价款优先受偿权纠纷，原告认为将法院2019年2月18日作出的裁定确认债权之日作为本案建设工程价款优先受偿权的起算点，并适用2021年1月1日起实施的最高人民法院《建设工程合同解释一》的相关规定，主张优先受偿的期限为18个月内；被告认为在债权人会议之后，原告不能享有优先受偿的权利，即便享有，主张的期限应为2019年1月28日至2019年7月27日，该期限为除斥期间，到期即实体权利归于消灭，所以行使优先受偿权是有法定期限的。本案系本院尚在审理中的（2017）湘0221破1号株洲松西子建设发展有限公司作为债务人申请破产清算一案的衍生诉讼案件。原告方的优先受偿权如果是依据2002年最高人民法院《关于建设工程价款优先受偿权问题的批复》（现已废止），那么从竣工之日起算显然早已超过6个月的法定时限，但是具体到本案中，为了充分保障承包人的合法权益，应适用最新的施工合同司法解释规定的最长不超过18个月的合理期限。因为在本案中，嘉宇公司与株洲松西子建设发展有限公司（以下简称松建公司）签订的《建设工程承包合同》虽然明确约定了工程竣工时间，但是涉案工程因发包人松建公司的原因导致停工，现没有证据证明在工程停工后至法院受理受偿申请前，双方签订的建设施工合同已经解除或终止履行，也没有证据证明在法院受理破产申请后，管理人决定继续履行合同。根据《企业破产法》第18条“人民法院受理破产申请后，管理人对破产申请受理前成立而债务人和对方当事人均未履行完毕的合同有权决定解除或者继续履行，并通知对方当事人。管理人自破产申请受理之日起2个月内未通知对方当事人，或者自收到对方当事人催告之日起30日内未答复的，视为解除合同"之规定，涉案建设工程施工合同在法院受理破产申请后已实际解除，本案建设工程无法正常竣工。参照最高人民法院**指导案例73号**通州建总集团有限公司诉安徽天宇化工有限公司别除权纠纷案，该案例旨在明确符合《企业破产法》第18条规定的情形，建设工程施工合同视为解除的，承包人行使优先受偿权的期限应自合同解除之日起计算。故本案将法院受理破产申请日即2017年8月31日满2个月后即2017年10月31日视为原告与松建公司签订的《建设工程施工承包合同书》解除之日。本案中计算建设工程优先价款的起算日期为2017年10月31日。

而原告行使优先受偿权的具体时间和方式的确定，不能仅按照嘉宇公司提交书面申请的时间（2020年8月28日）进行认定，而应根据其书面申请的内容并结合本院对双方当事人的询问笔录内容予以综合认定，因原告通过与松建公司清算组进行协商的方式，在得到其债权可以全额受偿的承诺的前提下才接受审计造价的结果进而放弃提起诉讼，且被告方亦认可嘉宇公司确实曾因为审计报告中未出现停工损失和架管损耗等内容而对此报告持有异议，并在2018年下半年曾与清算组相关领导进行协商并达成让嘉宇公司的债权全额受偿的一致意见进而放弃提起诉讼的权利，被告亦对此事实进行了追认，故应视为双方对嘉宇公司就建设工程价款优先受偿的问题已进行过协商并达成一致意见，从2017年10月31日起算至2018年下半年，即使是计算至2018年的12月，亦符合最新的施工合同司法解释最长不超过18个月的合理期限。故本院认为，原告方在合理期限内行使了建设工程价款优先受偿权，且原告方要求的建设工程价款不含逾期支付建设工程价款的利息、违约金、损害赔偿金等，应予支持。[（2021）湘0221民初140号]

067 指导案例163号

江苏省纺织工业（集团）进出口有限公司及其五家子公司实质合并破产重整案

关联企业间出现人格高度混同、区分各关联企业财产成本过高、严重损害债权人公平清偿利益等情况的，法院可依申请适用关联企业实质合并破产方式审理

（最高人民法院审判委员会讨论通过　2021年9月18日发布）

关键词：民事/破产重整/实质合并破产/关联企业/债转股/预表决

裁判要点

1. 当事人申请对关联企业合并破产的，人民法院应当对合并破产的必要性、正当性进行审查。关联企业成员的破产应当以适用单个破产程序为原则，在关联企业成员之间出现法人人格高度混同、区分各关联企业成员财产成本过高、严重损害债权人公平清偿利益的情况下，可以依申请例外适用关联企业实质合并破产方式进行审理。

2. 采用实质合并破产方式的，各关联企业成员之间的债权债务归于消灭，各成员的财产作为合并后统一的破产财产，由各成员的债权人作为一个整体在同一程序中按照法定清偿顺位公平受偿。合并重整后，各关联企业原则上应当合并为一个企业，但债权人会议表决各关联企业继续存续，人民法院审查认为确有需要的，可以准许。

3. 合并重整中，重整计划草案的制定应当综合考虑进入合并的关联企业的资产及经营优势、合并后债权人的清偿比例、出资人权益调整等因素，保障各方合法权益；同时，可以灵活设计“现金+债转股”等清偿方案、通过“预表决”方式事先征求债权人意见并以此为基础完善重整方案，推动重整的顺利进行。

相关法条

《中华人民共和国企业破产法》第1条、第2条

基本案情

申请人：江苏省纺织工业（集团）进出口有限公司、江苏省纺织工业（集团）轻纺进出口有限公司、江苏省纺织工业（集团）针织进出口有限公司、江苏省纺织工业（集团）机电进出口有限公司、无锡新苏纺国际贸易有限公司、江苏省纺织工业（集团）服装进出口有限公司共同的管理人。

被申请人：江苏省纺织工业（集团）进出口有限公司、江苏省纺织工业（集团）轻纺进出口有限公司、江苏省纺织工业（集团）针织进出口有限公司、江苏省纺织工业（集团）机电进出口有限公司、无锡新苏纺国际贸易有限公司、江苏省纺织工业（集团）服装进出口有限公司。

2017年1月24日，南京市中级人民法院（以下简称南京中院）根据镇江福源纺织科技有限公司的申请，裁定受理江苏省纺织工业（集团）进出口有限公司（以下简称省纺织进出口公司）破产重整案，并于同日指定江苏东恒律师事务所担任管理人。2017年6月14日，南京中院裁定受理省纺织进出口公司对江苏省纺织工业（集团）轻纺进出口有限公司（以下简称省轻纺公司）、江苏省纺织工业（集团）针织进出口有限公司（以下简称省针织公司）、江苏省纺织工业（集团）机电进出口有限公司（以下简称省机电公司）、无锡新苏纺国际贸易有限公司（以下简称无锡新苏纺公司）的重整申请及省轻纺公司对江苏省纺织工业（集团）服装进出口有限公司（以下简称省服装公司）的重整申请（其中，省纺织进出口公司对无锡新苏纺公司的重整申请经请示江苏省高级人民法院，指定由南京中院管辖）。同日，南京中院指定江苏东恒律师事务所担任管理人，在程序上对六家公司进行协调审理。2017年8月11日，管理人以省纺织进出口公司、省轻纺公司、省针织公司、省机电公司、无锡新苏纺公司、省服装公司等六家公司人格高度混同为由，向南京中院申请对上述六家公司进行实质合并重整。

法院经审理查明：

一、案涉六家公司股权情况

省纺织进出口公司注册资本5500万元，其中江苏省纺织（集团）总公

司（以下简称省纺织集团）出资占60.71%，公司工会出资占39.29%。省轻纺公司、省针织公司、省机电公司、无锡新苏纺公司、省服装公司（以下简称五家子公司）注册资本分别为1000万元、500万元、637万元、1000万元、1000万元，省纺织进出口公司在五家子公司均出资占51%，五家子公司的其余股份均由职工持有。

二、案涉六家公司经营管理情况

1. 除无锡新苏纺公司外，其余案涉公司均登记在同一地址，法定代表人存在互相交叉任职的情况，且五家子公司的法定代表人均为省纺织进出口公司的高管人员，财务人员及行政人员亦存在共用情形，其中五家子公司与省纺织进出口公司共用财务人员进行会计核算，付款及报销最终审批人员相同。

2. 省纺织进出口公司和五家子公司间存在业务交叉混同情形，五家子公司的业务由省纺织进出口公司具体安排，且省纺织进出口公司与五家子公司之间存在大量关联债务及担保。

为防止随意对关联企业进行合并，损害公司的独立人格，损害部分债权人等利益相关者的合法权益，在收到合并重整申请后，南京中院对申请人提出的申请事项和事实理由进行了审查，同时组织债权人代表、债务人代表、职工代表、管理人、审计机构等进行全面的听证，听取各方关于公司是否存在混同事实的陈述，同时对管理人清理的债权债务情况、审计报告，以及各方提交的证据进行全面的审核，并听取了各方对于合并破产重整的意见。

裁判结果

依照企业破产法第一条、第二条规定，南京中院于2017年9月29日作出（2017）苏01破1、6、7、8、9、10号民事裁定：省轻纺公司、省针织公司、省机电公司、无锡新苏纺公司、省服装公司与省纺织进出口公司合并重整。

依照企业破产法第八十六条第二款之规定，南京中院于2017年12月8日作出（2017）苏01破1、6、7、8、9、10号之二民事裁定：一、批准省纺织进出口公司、省轻纺公司、省针织公司、省机电公司、无锡新苏纺公司、省服装公司合并重整计划；二、终止省纺织进出口公司、省轻纺公司、省针织公司、省机电公司、无锡新苏纺公司、省服装公司合并重整程序。

裁判理由

法院生效裁判认为：公司人格独立是公司制度的基石，关联企业成员的破产亦应以适用单个破产程序为原则。但当关联企业成员之间存在法人人格高度混同、区分各关联企业成员财产成本过高、严重损害债权人公平清偿利益时，可以适用关联企业实质合并破产方式进行审理，从而保障全体债权人能够公平受偿。

本案中，案涉六家公司存在人格高度混同情形，主要表现在：人员任职高度交叉，未形成完整独立的组织架构；共用财务及审批人员，缺乏独立的财务核算体系；业务高度交叉混同，形成高度混同的经营体，客观上导致六家公司收益难以正当区分；六家公司之间存在大量关联债务及担保，导致各公司的资产不能完全相互独立，债权债务清理极为困难。在此情形下，法院认为，及时对各关联企业进行实质性的合并，符合破产法关于公平清理债权债务、公平保护债权人、债务人合法权益的原则要求。企业破产法的立法宗旨在于规范破产程序，公平清理债权债务，公平保护全体债权人和债务人的合法权益，从而维护社会主义市场经济秩序。在关联企业存在人格高度混同及不当利益输送的情形下，不仅严重影响各关联企业的债权人公平受偿，同时也严重影响了社会主义市场经济的公平竞争原则，从根本上违反了企业破产法的实质精神。在此情形下，对人格高度混同的关联企业进行合并重整，纠正关联企业之间不当利益输送、相互控制等违法违规行为，保障各关联企业的债权人公平实现债权，符合法律规定。具体到债权人而言，在分别重整的情形下，各关联企业中的利益实质输入企业的普通债权人将获得额外清偿，而利益实质输出企业的普通债权人将可能遭受损失。因此，在关联企业法人人格高度混同的情况下，单独重整将可能导致普通债权人公平受偿的权利受到损害。进行合并后的整体重整，部分账面资产占优势的关联企业债权人的债权清偿率，虽然可能较分别重整有所降低，使其利益表面上受损，但此种差异的根源在于各关联企业之间先前的不当关联关系，合并重整进行债务清偿正是企业破产法公平清理债权债务的体现。

依照企业破产法第一条、第二条规定，南京中院于2017年9月29日作出（2017）苏01破1、6、7、8、9、10号民事裁定：省轻纺公司、省针织公司、省机电公司、无锡新苏纺公司、省服装公司与省纺织进出口公司合并重整。

合并重整程序启动后，管理人对单个企业的债权进行合并处理，同一债权人对六家公司同时存在债权债务的，经合并进行抵销后对债权余额予以确认，六家关联企业相互之间的债权债务在合并中作抵销处理，并将合并后的全体债权人合为一个整体进行分组。根据破产法规定，债权人分为有财产担保债权组、职工债权组、税款债权组、普通债权组，本案因全体职工的劳动关系继续保留，不涉及职工债权清偿问题，且税款已按期缴纳，故仅将债权人分为有财产担保债权组和普通债权组。同时设出资人组对出资人权益调整方案进行表决。

鉴于省纺织进出口公司作为省内具有较高影响力的纺织外贸企业，具有优质的经营资质及资源，同时五家子公司系外贸企业的重要平台，故重整计划以省纺织进出口公司等六家公司作为整体，引入投资人，综合考虑进入合并的公司的资产及经营优势、合并后债权人的清偿、出资人权益的调整等，予以综合设计编制。其中重点内容包括：

一、引入优质资产进行重组，盘活企业经营。进入重整程序前，案涉六家公司已陷入严重的经营危机，重整能否成功的关键在于是否能够真正盘活企业经营。基于此，本案引入苏豪控股、省纺织集团等公司作为重整投资方，以所持上市公司股权等优质资产对省纺织进出口公司进行增资近12亿元。通过优质资产的及时注入对企业进行重组，形成新的经济增长因子，盘活关联企业的整体资源，提高债务清偿能力，恢复企业的经营能力，为重塑企业核心竞争力和顺利推进重整方案执行奠定了坚实基础。同时，作为外贸企业，员工的保留是企业能够获得重生的重要保障。重整计划制定中，根据外贸企业特点，保留全部职工，并通过职工股权注入的方式，形成企业经营的合力和保障，从而保障重整成功后的企业能够真正获得重生。

二、调整出资人权益，以“现金+债转股”的方式统一清偿债务，并引入“预表决”机制。案涉六家公司均系外贸公司，自有资产较少，在债务清偿方式上，通过先行对部分企业资产进行处置，提供偿债资金来源。在清偿方式上，对有财产担保、无财产担保债权人进行统一的区分。对有财产担保的债权人，根据重整程序中已处置的担保财产价值及未处置的担保财产的评估价值，确定有财产担保的债权人优先受偿的金额，对有财产担保债权人进行全额现金清偿。对无财产担保的普通债权人，采用部分现金清偿、部分以股权置换债权（债转股）的方式清偿的复合型清偿方式，保障企业的造血、重生能力，最大化保障债权人的利益。其中，将增资入股股东的部分股权与债权人的债权进行置换（债转股部分），具体而言，即重整投资方省纺织集团以所持（将其所持的）省纺织进出口公司的部分股份，交由管理人按比例置换债权人所持有的债权的方式进行清偿，省纺织集团免除省纺织进出口公司及五家子公司对其负有的因置换而产生的债务。清偿完毕后，债权人放弃对省纺织进出口公司及五家子公司的全部剩余债权。由于采用了“现金+债转股”的复合型清偿方式，债权人是否愿意以此种方式进行受偿，是能否重整成功的关键。因此，本案引入了“预表决”机制，在重整计划草案的制定中，由管理人就债转股的必要性、可行性及清偿的具体方法进行了预先的说明，并由债权人对此预先书面发表意见，在此基础上制定完善重整计划草案，并提交债权人会议审议表决。从效果看，通过“债转股”方式清偿债务，在重整计划制定过程中进行预表决，较好地保障了债权人的知情权和选择权，自主发表意见，从而使“债转股”清偿方式得以顺利进行。

2017年11月22日，案涉六家公司合并重整后召开第一次债权人会议。管理人向债权人会议提交了合并重整计划草案，各关联企业继续存续。经表决，有财产担保债权组100%同意，普通债权组亦93.6%表决通过计划草案，出资人组会议也100%表决通过出资人权益调整方案。法院经审查认为，合并重整计划制定、表决程序合法，内容符合法律规定，公平对待债权人，对出资人权益调整公平、公正，经营方案具有可行性。依照《中华人民共和国企业破产法》第八十六条第二款之规定，南京中院于2017年12月8日作出(2017)苏01破1、6、7、8、9、10号之二民事裁定：一、批准省纺织进出口公司、省轻纺公司、省针织公司、省机电公司、无锡新苏纺公司、省服装公司合并重整计划；二、终止省纺织进出口公司、省轻纺公司、省针织公司、省机电公司、无锡新苏纺公司、省服装公司合并重整程序。

（生效裁判审判人员：姚志坚、荣艳、蒋伟）

【实务问答】

1. 什么是关联企业实质合并？

由于实质合并破产规则在我国立法中属相对空白状态，目前法律规范并未对实质合并破产进行明确规定。关于实质合并破产，有破产法学者将其定义为“将两个及两个以上集团企业的资产负债合并后视为单一企业，在同一财产分配与债务清偿基础上进行破产程序，各企业人格在破产程序中不再独立”。在最高人民法院《关于适用实体合并规则审理关联企业破产清算案件的若干规定》（征求意见稿）中，曾将“实体合并”界定为“关联企业破产时，关联企业成员之间的财产和债务合并计算，相互间的债权债务消灭，债权人共同受偿的破产处理程序”。综上所述，关于关联企业实质合并破产的概念，可认定为：关联企业的控制企业或从属企业之一破产而引起的某几个或者全部关联企业的合并破产，是将多个关联企业视为一个法人实体，合并清理各关联企业的资产和负债，按照债权人所占债权额进行清偿，使关联企业之间的债权债务关系因合并而消除。虽然法律并未对此问题作出明确规定，但值得一提的是，2018 年 3 月 4 日最高人民法院印发的《全国法院破产审判工作会议纪要》第六部分“关联企业破产”，共八个条文，以专章的形式规定了关联企业合并破产的适用原则、审查程序、管辖、法律后果、权利救济等内容。该纪要首次提到关联企业破产的适用标准，并确立了关联企业实质合并破产的审慎适用原则。人民法院在审理企业破产案件时，应当尊重企业法人人格的独立性，以对关联企业成员的破产原因进行单独判断并适用单个破产程序为基本原则。

另外，关于《企业破产法》意义上的关联企业含义的确定，应注意以下几个方面：一是关联企业由多个具备关联关系的单体企业组成；二是各企业均具备独立的法律人格；三是关联关系可能表现为控制关系、从属关系或能够对彼此重大事项施加重要影响的关系；四是关联关系形成的原因可能是股权投资、资本渗透、协议控制等，但手段并非特定，只要能满足事实上产生前述控制或从属关系及具有重大影响即可。但需注意，由于实质合并破产规则的特殊效力，实际适用时，还需考量关联企业的范围问题，即是否所有认定为具有关联关系的企业都应纳入破产程序中进行实质合并处理。

2. 实务中，什么情形下可适用关联企业实质合并？

《全国法院破产审判工作会议纪要》在宏观方面提出了关联企业实质合并破产的标准，即“当关联企业成员之间存在法人人格高度混同、区分各关联企业成员财产的成本过高、严重损害债权人公平清偿利益时，可例外适用关联企业实质合并破产方式进行审理”。

相较于单一企业破产，关联企业实质合并破产涉及的利害关系人较多，法律关系错综复杂，需要“一揽子”解决众多债权人利益的平衡、职工安置、社会稳定等一系列问题，加之实质合并破产系对各关联企业法人人格整体性、终极性的否认，关联企业合并破产制度若被不加限制地滥用，则会动摇公司法的有限责任制度。因此，对关联企业合并破产制度的适用应具有审慎性、有限性与例外性。而判断是否适用合并破产的核心便是“关联企业确实存在人格高度混同，不合并无法公平保障全体债权人及其他利益相关者的合法权利”。

另外，从实质合并破产清算的角度看，实质合并有助于增加破产财产的数量，能够在更大程度上实现企业资产的价值，在总体上往往会给债权人带来更大的利益回报。从实质合并破产重整的角度看，实质合并有助于增强重整的时效性，在人格高度混同的情况下，各关联企业成员的经营活动往往突破单个企业的范围，进而形成整体上的经营实体，提升债权人的整体清偿利益。总体而言，实质合并后进行的债权人清偿，大于各个企业分别破产后进行的债权人清偿，债权人的整体利益因实质合并而增加。当然，合并破产制度在一定程度上会损害个别债权人的清偿利益，故其应作为一种终极的救济手段，即仅在关联企业之间人格高度混同，且无其他救济方法的情况下适用。故《全国法院破产审判工作会议纪要》第32条规定，只有“法人人格高度混同、区分各关联企业成员财产的成本过高、严重损害债权人公平清偿利益时”，可适用实质合并规则；这也体现了审慎适用合并破产的原则。

就本指导案例而言，管理人经过对六家公司的资产负债进行全面的清理后发现，省轻纺公司等五家子公司与省纺织进出口公司之间存在人格高度混同情形。据此，管理人向南京中院提出对省纺织进出口公司及其五家子公司进行实质合并重整，南京中院经审查发现：六家公司在人员上存在高度交叉、混同情形，未形成完整独立的组织架构；六家公司共用财务及审批人员，缺乏独立的财务核算体系；六家公司业务高度交叉混同，形成高度混同的经营体，客观上导致六家公司收益难以正当区分；六家公司之间存在大量关联债务及担保，且由于业务混同，导致各公司的资产不能完全相互独立，债权债务清理极为困难。在此情形下，南京中院经审查后，对省轻纺公司等五家子公司与省纺织进出口公司裁定进行合并重整。

3. 如何启动关联企业的实质合并重整？

关联企业实质合并重整的启动，主要涉及启动方式、申请主体等问题。在启动方式方面，实践中主要有两类：一是分别进入程序，整体裁定。即各关联企业均先后或者同时进行破产重整程序，经过清理后在条件具备的情况下对关联企业进行合并重整。二是个别进行程序，整体裁定。即关联企业中的一家企业（一般为核心控制企业）进入破产重整程序后，将其关联的子公司或者其他公司一并纳入重整程序进行合并重整。本指导案例采取了第一种方式，即在各关联企业均进入重整程序后，经管理人清理后认为存在人格高度混同情形应予以实质合并的，经其申请并由法院裁定进入合并重整程序。在申请主体方面，按照《企业破产法》的规定，债权人、债务人、出资人均可以申请债务人进入重整程序。但对于关联企业实质合并重整的申请主体，现行法律法规则未作出明确规定。由于破产管理人是由法院指定并独立开展破产事务管理工作的机构或人员，依法履行接管债务人财产、印章、账簿、文书等资料，调查债务人财产状况，制作财产报告等职责，其更加容易发现关联债务人的混同因素、控制与从属程度、资产和利益的输送行为等，且管理人基于其特殊身份和职责，具有中立性和专业性，所做的判断也更为客观。因此，在重整程序中，就提出对关联企业合并重整的主体而言，除前述主体之外，还应包括管理人。本指导案例即是由管理人在对六家企业进行清理后向法院提出实质合并申请的。

068 指导案例164号

江苏苏醇酒业有限公司及关联公司实质合并破产重整案

破产企业面临生产许可证等核心优质资产灭失、机器设备闲置贬损等风险，投资人希望通过试生产全面了解企业经营实力的，管理人可向法院申请由投资人先行投入部分资金试生产

有章

（最高人民法院审判委员会讨论通过 2021年9月18日发布）

关键词：民事／破产重整／实质合并破产／投资人试生产／利益衡平／监督

裁判要点

在破产重整过程中，破产企业面临生产许可证等核心优质资产灭失、机器设备闲置贬损等风险，投资人亦希望通过试生产全面了解企业经营实力的，管理人可以向人民法院申请由投资人先行投入部分资金进行试生产。破产企业核心资产的存续直接影响到破产重整目的的实现，管理人的申请有利于恢复破产企业持续经营能力，有利于保障各方当事人的利益，该试生产申请符合破产保护理念，人民法院经审查，可以准许。同时，投资人试生产在获得准许后，应接受人民法院、管理人及债权人的监督，以公平保护各方的合法权益。

相关法条

《中华人民共和国企业破产法》第1条、第2条、第26条、第86条

基本案情

江苏苏醇酒业有限公司（以下简称苏醇公司）是江苏省睢宁县唯一一家拥有酒精生产许可证的企业，对于地方经济发展具有重要影响。2013年以来，由于企业盲目扩张，经营管理混乱，造成资金链断裂，并引发多起诉讼。徐州得隆生物科技有限公司、徐州瑞康食品科技有限公司系苏醇公司关联企业，三家公司均是从事农产品深加工的生物科技公司。截至破产重整受理

前，三家公司资产总额1.25亿元，负债总额4.57亿元，资产负债率达365.57%。2017年12月29日，三家公司以引进投资人、重振企业为由，分别向江苏省睢宁县人民法院（以下简称睢宁法院）申请破产重整。睢宁法院经审查认为，三家公司基础和发展前景较好，酒精生产资质属于稀缺资源，具有重整价值，遂于2018年1月12日分别裁定受理三家公司的破产重整申请。因三家公司在经营、财务、人员、管理等方面出现高度混同，且区分各关联企业成员财产的成本过高，遂依照《全国法院破产审判工作会议纪要》第32条规定，依据管理人的申请，于2018年6月25日裁定三家公司实质合并破产重整。

重整期间，投资人徐州常青生物科技有限公司在对苏醇公司的现状进场调查后提出：苏醇公司已经停产停业多年，其核心资产酒精生产许可证已经脱审，面临灭失风险，还存在职工流失、机器设备闲置贬损以及消防、环保等安全隐患等影响重整的情况。同时，企业原管理层早已陷于瘫痪状态，无能力继续进行相关工作，公司账面无可用资金供管理人化解危机。在此情况下，管理人提出由重整投资人先行投入部分资金恢复企业部分产能的方案。

裁判结果

2018年6月25日，江苏省睢宁县人民法院作出（2018）苏0324破1号民事裁定书，裁定江苏苏醇酒业有限公司、徐州得隆生物科技有限公司、徐州瑞康食品科技有限公司实质合并破产重整。2019年7月5日，江苏省睢宁县人民法院作出（2018）苏0324破1号之四决定书，准许投资人徐州常青生物科技有限公司进行试生产。2019年11月30日、12月1日，江苏苏醇酒业有限公司第二次债权人会议召开，各代表债权组均表决通过了江苏苏醇酒业有限公司破产管理人提交的重整计划草案。江苏苏醇酒业有限公司破产管理人向江苏省睢宁县人民法院提请批准江苏苏醇酒业有限公司重整计划草案。江苏省睢宁县人民法院依照企业破产法第八十六条之规定，于2019年12月2日作出（2018）苏0324破1号之一裁定：一、批准江苏苏醇酒业有限公司重整计划；二、终止江苏苏醇酒业有限公司重整程序。同时，依法预留两个月监督期。

裁判理由

法院生效裁判认为，破产管理人所提出的债务人面临的相关问题真实存在，如企业赖以生存的酒精生产许可证灭失，则该企业的核心资产将不复存在，重整亦将失去意义。因债务人目前没有足够的资金供管理人使用，由投资人先行投入资金进行试生产可以解决重整过程中企业所面临的困境，亦能使企业资产保值、增值，充分保障债务人及债权人的利益，维护社会稳定，更有利于重整后企业的发展。破产管理人的申请，符合破产保护理念，亦不违反法律法规的相关规定，应予以准许。

关于是否允许投资人试生产的问题，法院在作出决定前，主要考虑了以下因素：

一、试生产的必要性

首先，破产企业面临着严峻的形势：一是苏醇公司面临停产停业后酒精生产许可证脱审、生产资格将被取消风险，且该资质灭失后难以再行获得，重整也将失去意义；二是该企业还面临环保、消防验收、机器设备长时间闲置受损等外部压力；三是原企业内部技术人员流失严重，职工因企业停产生活困难，极易产生群体事件；四是企业管理层陷于瘫痪状态，无能力继续进行相关工作，公司账面无可用资金供管理人化解危机。

其次，投资人参与重整程序最大的风险在于投出的资金及资产的安全性，投资人希望通过试生产全面了解企业实际状况及生产活力与动能，为重整后恢复经营提供保障。

再次，苏醇公司作为当地生物科技领域的原龙头企业，对区域产业链的优化、转型及发展起到举足轻重的作用，在经济高质量发展的需求下，当地党委、政府亟需企业恢复产能，带动上下游产业发展，解决就业问题，维护社会稳定。

综上，如不准许投资人进行试生产，则会给企业造成不可挽回的巨大损失，一旦失去酒精生产许可证，该企业的核心资产就不复存在，即便最后重整成功，企业也失去了核心竞争力。因此，允许投资人试生产是必要而迫切的。

二、试生产的利益衡平

成熟的破产重整制度应具有以下良性效果：通过重整拯救处于困境但又有存在价值的企业，使其恢复盈利能力，继续经营，使企业职工就业生存权得到保障，债权人的债权得到合理的清偿，投资人的收益得到实现，各方的利益得到公平保护，从而实现社会安定、经济的稳定和发展。因此，在进行利益衡平时，一些核心的价值理念是公司重整时必须充分考虑的，这些理念就是公平与效率，灵活性与可预见性。允许企业试生产可以均衡各方利益，一是在投资人试生产前，债务人现有资产已经审计、评估后予以确认，根据管理人与投资人达成的投资协议，重整企业的偿债资金数额、来源也已确定，投资人进场试生产与重整企业清偿债务之间并不产生冲突；二是投资人投入部分资金进行试生产，有利于投资人充分了解企业情况及运营能力，为重整后企业发展打下基础；三是试生产能够恢复重整企业部分产能，使企业优质资产保值、增值；四是可以保障债权人的债权不受贬损，提高受偿比例；五是重整企业恢复一定规模的生产亦能解决破产企业因停产而面临的环保、消防安全、职工稳定等迫切问题，对企业重整有利无害。

三、试生产的法律及理论依据

首先，虽然企业破产法及相关司法解释对于投资人能否在接管企业前，提前进场进行试生产，没有具体法律规定，但为了实现破产法的拯救功能，在特定情况下，准许投资人进场试生产，通过市场化、法治化途径挽救困境企业，是符合我国破产审判需要的。

其次，虽然投资人试生产可以解决投资人接管企业前，企业面临的上述问题，但为了避免投资人不合理的生产方式，损害破产重整中其他权利主体的利益，其试生产仍应以取得法院或债权人的批准或同意为宜，并接受法院、管理人以及债权人的监督。

再次，由于我国现行破产法律规定尚不完善，在破产审判工作中，人民法院应强化服务大局意识，自觉增强工作的预见性和创造性，用创新思维解决破产重整过程中遇到的新困难、新问题，探索为企业破产重整提供长效保障机制。

综上，为了维护各方主体的利益，确保重整后的企业能够迅速复工复产，实现企业重整的社会价值和经济价值，睢宁法院在获得各方利益主体同意的前提下，遂允许投资人提前进场试生产。

四、试生产的社会价值

一是法院批准企业在重整期间进行试生产，通过破产程序与企业试生产同步进行，可以保证重整与复工复产无缝衔接、平稳过渡，全力保障尚具潜质企业涅槃重生。二是在疫情防控背景下，试生产为企业复工生产排忧解难，使消毒防疫物资迅速驰援一线，体现了人民法院的司法担当，为辖区民营企业，特别是中小微企业的发展营造了优质高效的营商环境，用精准的司法服务为企业复工复产提供了高质量的司法保障。三是该企业系区域生物科技领域的潜质企业，对经济产业结构优化、转型、升级具有显著推动作用，适应经济高质量发展的大局要求。

（生效裁判审判人员：叶利成、张志瑶、张园园）

【实务问答】

如何理解企业破产重整中的试生产及投资人提前进场的必要性？

不可否认，投资人投资处于破产重整中的企业大多所看重的是企业的优质资源，但在正式接手企业前，相关企业多由企业自行管理或管理人管控。但实践中，多数重整企业并无足够资金或能力维系企业生产，因而允许投资人提前进场不失为挽救企业及其核心资产的可行之举。虽然法律并未明确企业破产重整中的试生产，但在企业重整过程中允许投资人提前进场试生产不仅可使企业重整与试生产同步进行，达到了通过试生产保留企业优质资产的目的，也使投资人在债权人会议通过重整计划后，无缝衔接地接收重整企业，为企业恢复正常生产做好了充足准备，这也是本指导案例涉及破产案件处理的创新尝试。本案例中，在投资人进场试生产前，重整企业现有资产已经审计并被确认，根据投资人与管理人签订的投资协议，重整企业偿债资金数额、来源已确定，投资人进场试生产与重整企业清偿债务并不冲突。且试生产规模被严格限制，只需企业生产线能够达到基本运转水平即可，管理人对此进行监督。这样既使破产企业的核心资产得以延续，有利于保障债权人利益最大化，也可以防止投资人利用重整中的企业生产盈利。简言之，若投资人提前进场试生产能够保障债权人利益最大化，则应允许投资人提前进场试生产。

当然，允许投资人提前进场试生产，应充分考量其提前进场的必要性。重整投资人参与重整程序最大的风险在于投出的资金及资产的安全性，即能否在向管理人支付投资对价后取得目标公司的股权、资产，债务人企业的先进技术、特殊的资质是投资人所看重的。就本指导案例而言，苏醇酒业最重要的优质资产就是其所具有的酒精生产资质，该资质一旦灭失将难以再次取得，这也是重整企业对投资人最大的吸引力，即如该资质灭失，将无法再行取得，投资人投资重整企业也将失去商业价值。苏醇酒业在申请重整时已停产停业，面临很多不利情况，企业管理层也处于瘫痪状态，无能力继续开展相关工作，企业账面亦无可用资金。此时若如不采取相应措施，则会给企业造成巨大损失。因一旦失去酒精生产许可证，该企业的核心资产不复存在，即便最后重整成功，其核心竞争力也将大打折扣甚至降至没有。此外需注意的是，为保障投资人的合法权益，债务人或管理人在与投资人签订投资协议过程中负有一定义务，如重要事项的告知、保密义务，协作配合等义务。

069 指导案例 165 号

重庆金江印染有限公司、重庆川江针纺有限公司破产管理人申请实质合并破产清算案

关联企业间的关系严重损害债权人利益时，管理人可申请对已进入破产程序的关联企业进行实质合并破产清算。法院依申请举行听证后依法作出裁定

（最高人民法院审判委员会讨论通过　2021 年 9 月 18 日发布）

关键词：民事/破产清算/实质合并破产/关联企业/听证

裁判要点

1. 人民法院审理关联企业破产清算案件，应当尊重关联企业法人人格的独立性，对各企业法人是否具备破产原因进行单独审查并适用单个破产程序为原则。当关联企业之间存在法人人格高度混同、区分各关联企业财产的成本过高、严重损害债权人公平清偿利益时，破产管理人可以申请对已进入破产程序的关联企业进行实质合并破产清算。

2. 人民法院收到实质合并破产清算申请后，应当及时组织申请人、被申请人、债权人代表等利害关系人进行听证，并综合考虑关联企业之间资产的混同程度及其持续时间、各企业之间的利益关系、债权人整体清偿利益、增加企业重整的可能性等因素，依法作出裁定。

相关法条

《中华人民共和国企业破产法》第1条、第2条

基本案情

2015年7月16日，重庆市江津区人民法院裁定受理重庆金江印染有限公司（以下简称金江公司）破产清算申请，并于2015年9月14日依法指定重庆丽达律师事务所担任金江公司管理人。2016年6月1日，重庆市江津区人民法院裁定受理重庆川江针纺有限公司（以下简称川江公司）破产清算申请，于2016年6月12日依法指定重庆丽达律师事务所担任川江公司管理人。

金江公司与川江公司存在以下关联关系：1. 实际控制人均为冯秀乾。川江公司的控股股东为冯秀乾，金江公司的控股股东为川江公司，冯秀乾同时也是金江公司的股东，且两公司的法定代表人均为冯秀乾。冯秀乾实际上是两公司的实际控制人。2. 生产经营场所混同。金江公司生产经营场地主要在江津区广兴镇工业园区，川江公司自2012年转为贸易公司后，没有生产厂房，经营中所需的库房也是与金江公司共用，其购买的原材料均直接进入金江公司的库房。3. 人员混同。川江公司与金江公司的管理人员存在交叉，且公司发展后期所有职工的劳动关系均在金江公司，但部分职工处理的仍是川江公司的事务，在人员工作安排及管理上两公司并未完全独立。4. 主营业务混同。金江公司的主营业务收入主要来源于印染加工及成品布销售、针纺加工及产品销售，川江公司的主营业务收入来源于针纺毛线和布的原材料及成品销售。金江公司的原材料大部分是通过川江公司购买而来，所加工的产品也主要通过川江公司转售第三方，川江公司从中赚取一定的差价。5. 资产及负债混同。两公司对经营性财产如流动资金的安排使用上混同度较高，且均与冯秀乾的个人账户往来较频繁，无法严格区分。在营业成本的分担和经营利润的分配等方面也无明确约定，往往根据实际利润及税务处理需求进行调整。两公司对外借款也存在相互担保的情况。

2016年4月21日、11月14日重庆市江津区人民法院分别宣告金江公司、川江公司破产。两案审理过程中，金江公司、川江公司管理人以两公司法人人格高度混同，且严重损害债权人利益为由，书面申请对两公司进行实质合并破产清算。2016年11月9日，重庆市江津区人民法院召开听证会，对管理人的申请进行听证。金江公司、川江公司共同委托代理人、金江公司债权人会议主席、债权人委员会成员、川江公司债权人会议主席等参加了听证会。

另查明，2016年8月5日川江公司第一次债权人会议、2016年11月18日金江公司第二次债权人会议均表决通过了管理人提交的金江公司、川江公司进行实质合并破产清算的报告。

裁判结果

重庆市江津区人民法院于2016年11月18日作出（2015）津法民破字第00001号之四民事裁定：对金江公司、川江公司进行实质合并破产清算。重庆市江津区人民法院于2016年11月21日作出（2015）津法民破字第00001号之五民事裁定：认可《金江公司、川江公司合并清算破产财产分配方案》。重庆市江津区人民法院于2017年1月10日作出（2015）津法民破字第00001号之六民事裁定：终结金江公司、川江公司破产程序。

裁判理由

法院生效裁判认为，公司作为企业法人，依法享有独立的法人人格及独立的法人财产。人民法院在审理企业破产案件时，应当尊重企业法人人格的独立性。根据企业破产法第二条规定，企业法人破产应当具备资不抵债，不足以清偿全部债务或者明显缺乏清偿能力等破产原因。因此，申请关联企业破产清算一般应单独审查是否具备破产原因后，决定是否分别受理。但受理企业破产后，发现关联企业法人人格高度混同、关联企业间债权债务难以分离、严重损害债权人公平清偿利益时，可以对关联企业进行实质合并破产清算。本案中，因金江公司不能清偿到期债务、并且资产不足以清偿全部债务，法院于2015年7月16日裁定受理金江公司破产清算申请。因川江公司不能清偿到期债务且明显缺乏清偿能力，法院于2016年6月1日裁定受理川江公司破产清算申请。在审理过程中，发现金江公司与川江公司自1994年、2002

年成立以来，两公司的人员、经营业务、资产均由冯秀乾个人实际控制，在经营管理、主营业务、资产及负债方面存在高度混同，金江公司与川江公司已经丧失法人财产独立性和法人意志独立性，并显著、广泛、持续到2016年破产清算期间，两公司法人人格高度混同。另外，金江公司与川江公司在管理成本、债权债务等方面无法完全区分，真实性亦无法确认。同时，川江公司将85,252,480.23元经营负债转入金江公司、将21,266,615.90元对外集资负债结算给金江公司等行为，已经损害了金江公司及其债权人的利益。根据金江公司和川江公司管理人实质合并破产清算申请，法院组织申请人、被申请人、债权人委员会成员等利害关系人进行听证，查明两公司法人人格高度混同、相互经营中两公司债权债务无从分离且分别清算将严重损害债权人公平清偿利益，故管理人申请金江公司、川江公司合并破产清算符合实质合并的条件。

（生效裁判审判人员：陈唤忠、程松、张迁）

【实务问答】

1. 判断关联企业之间法人人格高度混同需考量的因素有哪些？

就关联企业之间法人人格高度混同的判断而言，考量因素主要有以下几个方面：一是资产混同。关联企业实质合并破产的关键就是否认关联企业法人人格的独立性，只有各关联企业成员之间的资产混同严重到无法有效区分，财产权属不清，区分和分离各关联企业的资产难度极大，成本极高的情况下，才能适用实质合并破产。二是财务运作混同。各关联企业之间未建立独立的会计核算体系，其财务会计凭证、财务账目、财务管理模式存在严重混同，难以区分，致使不能客观反映各企业的债权债务关系。三是人事关系混同。从公司法治理结构的角度来看，公司应当保持相对独立和规范的股东会、董事会及监事会的架构，并依法行使各自的职权。而在关联企业人格高度混同的情形之下，往往不顾及公司的治理结构，各关联企业的董事、监事、高级管理人员在关联企业成员之间交叉任职的情况比较普遍。四是受同一实际控制人控制。关联企业成员对人事任免、经营管理等重大决策事项不履行或无法履行必要程序的，未能召开或形成有效的股东会、董事决议或相关记录文件等。五是经营场所混同。各关联企业成员之间共同使用经营场地、生产商设备、办公设备的情况，使交易相对人对关联企业成员各自的真实身份产生混淆。六是各关联企业成员之间交叉持股、相互进行资金拆借、相互提供担保。但需注意，以上任何一个要素都并非孤立的，也没有哪个是决定性或不可或缺的。换言之，无论是资产混同还是其他要素的混同，混同的程度终究是一个难以量化的指标。

2. 关联企业资产混同及其常见情形有哪些？

资产混同，通常指企业各自财产与负债难以区分。涉关联企业时，不仅表现为集团公司与下属各成员企业间财产负债难以分清，也可表现为各成员企业间的财产边界不明确、不清晰，进而无法准确界定用于清偿债务的破产财产范围。而关联企业实质合并破产的关键在于，其以否认法人人格独立为前提。由此可知，成员企业相互间的财产区分度，无疑属实质合并破产审查的重点。实践中，只有在关联企业资产混同到无法有效区分时，才适用实质合并破产机制。只要其资产可有效区分，即使在资产外的其他方面高度混同，仍不应适用实质合并破产规则。

当然，关联企业的资产混同在实践中的表现多种多样，法院在基于此方面考量是否适用实质合并破产规则时还需进一步具体化衡量，其具体表现情形主要包括以下几种：一是财产权属界限不清。包括经营性财产如固定资产、现金资产等很难区分，所获利润难以明确归属某一或部分企业。二是成员企业资本显著不足。成员企业注册资本一般多来自控制企业借款，注册完成后常常被抽回，以致各成员无充足资本独立承担责任。三是随意转移资产或调拨资金。没有资金（资产）调配的相关必要手续或被忽视，明显有违财务规范。四是存在众多交叉融资及相应担保关系，融资与使用不当分离。交叉担保融资包括集团公司借款由各成员企业担保或成员企业借款由其他成员企业或集团公司担保等。融资与使用不当分离如部分成员企业对外融资资金却由控制企业或另外成员企业使用，成员企业间存在互相投资参股等。五是相关费用随意摊派。控制企业对关联企业内部的间接费用、管理费用等的支出，随意确定项目及数额等。六是个别资产负债的分离难度大。部分关联成员企业间的资产和负债相互渗透，使分离资产和负债非常困难或成本过高。

需注意的是，上述情形虽然不一定在同一案件中同时出现，但大部分关联企业的资产混同一般会满足两种以上的情形。因而，在考量以上情形所致的资产混同程度时，还需结合各情形间的相互影响以及时间持续的长短进行综合判断。

（三）保险纠纷

070 指导案例74号

中国平安财产保险股份有限公司江苏分公司诉江苏镇江安装集团有限公司保险人代位求偿权纠纷案

因第三者的违约行为给保险标的造成损害，保险人有权向第三者行使代位求偿权

（最高人民法院审判委员会讨论通过　2016年12月28日发布）

关键词：民事/保险代位求偿权/财产保险合同/第三者对保险标的的损害/违约行为

裁判要点

因第三者的违约行为给被保险人的保险标的造成损害的，可以认定为属于《中华人民共和国保险法》第六十条第一款①规定的“第三者对保险标的的损害”的情形。保险人由此依法向第三者行使代位求偿权的，人民法院应予支持。

相关法条

《中华人民共和国保险法》第60条第1款

① 《保险法》（2014年修正）第61条第1款。

基本案情

2008年10月28日，被保险人华东联合制罐有限公司（以下简称华东制罐公司）、华东联合制罐第二有限公司（以下简称华东制罐第二公司）与被告江苏镇江安装集团有限公司（以下简称镇江安装公司）签订《建设工程施工合同》，约定由镇江安装公司负责被保险人整厂机器设备迁建安装等工作。《建设工程施工合同》第二部分“通用条款”第38条约定：“承包人按专用条款的约定分包所承包的部分工程，并与分包单位签订分包合同，未经发包人同意，承包人不得将承包工程的任何部分分包”；“工程分包不能解除承包人任何责任与义务。承包人应在分包场地派驻相应管理人员，保证本合同的履行。分包单位的任何违约行为或疏忽导致工程损害或给发包人造成其他损失，承包人承担连带责任”。《建设工程施工合同》第三部分“专用条款”第14条第（1）项约定“承包人不得将本工程进行分包施工”。“通用条款”第40条约定：“工程开工前，发包人为建设工程和施工场地内的自有人员及第三人人员生命财产办理保险，支付保险费用”；“运至施工场地内用于工程的材料和待安装设备，由发包人办理保险，并支付保险费用”；“发包人可以将有关保险事项委托承包人办理，费用由发包人承担”；“承包人必须为从事危险作业的职工办理意外伤害保险，并为施工场地内自有人员生命财产和施工机械设备办理保险，支付保险费用”。

2008年11月16日，镇江安装公司与镇江亚民大件起重有限公司（以下简称亚民运输公司）公司签订《工程分包合同》，将前述合同中的设备吊装、运输分包给亚民运输公司。2008年11月20日，就上述整厂迁建设备安装工程，华东制罐公司、华东制罐第二公司向中国平安财产保险股份有限公司江苏分公司（以下简称平安财险公司）投保了安装工程一切险。投保单中记载被保险人为华东制罐公司及华东制罐第二公司，并明确记载承包人镇江安装公司不是被保险人。投保单“物质损失投保项目和投保金额”栏载明“安装项目投保金额为177465335.56元”。附加险中，还投保有“内陆运输扩展条款A”，约定每次事故财产损失赔偿限额为200万元。投保期限从2008年11月20日起至2009年7月31日止。投保单附有被安装机器设备的清单，其中包括：SEQUA彩印机2台，合计原值为29894340.88元。投保单所附保险条款中，对“内陆运输扩展条款A”作如下说明：经双方同意，鉴于被保险人已按约定交付了附加的保险费，保险公司负责赔偿被保险人的保险财产在中华人民共和国境内供货地点到保险单中列明的工地，除水运和空运以外的内陆运输途中因自然灾害或意外事故引起的损失，但被保险财产在运输时必须有合格的包装及装载。

2008年12月19日10时30分许，亚民运输公司驾驶员姜玉才驾驶苏L06069、苏L003挂重型半挂车，从旧厂区承运彩印机至新厂区的途中，在转弯时车上钢丝绳断裂，造成彩印机侧翻滑落地面损坏。平安财险公司接险后，对受损标的确定了清单。经镇江市公安局交通巡逻警察支队现场查勘，认定姜玉才负事故全部责任。后华东制罐公司、华东制罐第二公司、平安财险公司、镇江安装公司及亚民运输公司共同委托泛华保险公估有限公司（以下简称泛华公估公司）对出险事故损失进行公估，并均同意认可泛华公估公司的最终理算结果。2010年3月9日，泛华公估公司出具了公估报告，结论：出险原因系设备运输途中翻落（意外事故）；保单责任成立；定损金额总损1518431.32元、净损1498431.32元；理算金额1498431.32元。泛华公估公司收取了平安财险公司支付的47900元公估费用。

2009年12月2日，华东制罐公司及华东制罐第二公司向镇江安装公司发出《索赔函》，称“该事故导致的全部损失应由贵司与亚民运输公司共同承担。我方已经向投保的中国平安财产保险股份有限公司镇江中心支公司报险。一旦损失金额确定，投保公司核实并先行赔付后，对赔付限额内的权益，将由我方让渡给投保公司行使。对赔付不足部分，我方将另行向贵司与亚民运输公司主张”。

2010年5月12日，华东制罐公司、华东制罐第二公司向平安财险公司出具赔款收据及权益转让书，载明：已收到平安财险公司赔付的1498431.32元。同意将上述赔款部分保险标的的一切权益转让给平安财险公司，同意平安财险公司以平安财险公司的名义向责任方追偿。后平安财险公司诉至法院，请求判令镇江安装公司支付赔偿款和公估费。

裁判结果

江苏省镇江市京口区人民法院于2011年2月16日作出（2010）京商初字第1822号民事判决：一、江苏镇江安装集团有限公司于判决生效后10日内给付中国平安财产保险股份有限公司江苏分公司1498431.32元；二、驳回中国平安财产保险股份有限公司江苏分公司关于给付47900元公估费的诉讼请求。一审宣判后，江苏镇江安装集团有限公司向江苏省镇江市中级人民法院提起上诉。江苏省镇江市中级人民法院于2011年4月12日作出（2011）镇商终字第0133号民事判决：一、撤销镇江市京口区人民法院（2010）京商初字第1822号民事判决；二、驳回中国平安财产保险股份有限公司江苏分公司对江苏镇江安装集团有限公司的诉讼请求。二审宣判后，中国平安财产保险股份有限公司江苏分公司向江苏省高级人民法院申请再审。江苏省高级人民法院于2014年5月30日作出（2012）苏商再提字第0035号民事判决：一、撤销江苏省镇江市中级人民法院（2011）镇商终字第0133号民事判决；二、维持镇江市京口区人民法院（2010）京商初字第1822号民事判决。

裁判理由

法院生效裁判认为，本案的焦点问题是：1. 保险代位求偿权的适用范围是否限于侵权损害赔偿请求权；2. 镇江安装公司能否以华东制罐公司、华东制罐第二公司已购买相关财产损失险为由，拒绝保险人对其行使保险代位求偿权。

关于第一个争议焦点。《中华人民共和国保险法》（以下简称《保险法》）第六十条第一款①规定："因第三者对保险标的的损害而造成保险事故的，保险人自向被保险人赔偿保险金之日起，在赔偿金额范围内代位行使被保险人对第三者请求赔偿的权利。"该款使用的是"因第三者对保险标的的损害而造成保险事故"的表述，并未限制规定为"因第三者对保险标的的侵权损害而造成保险事故"。将保险代位求偿权的权利范围理解为限于侵权损害赔偿请求权，没有法律依据。从立法目的看，规定保险代位求偿权制度，在于避免财产保险的被保险人因保险事故的发生，分别从保险人及第三者获得赔偿，取得超出实际损失的不当利益，并因此增加道德风险。将《保险法》第六十条第一款中的"损害"理解为仅指"侵权损害"，不符合保险代位求偿权制度设立的目的。故保险人行使代位求偿权，应以被保险人对第三

---

① 《保险法》（2014年修正）第61条第1款。

者享有损害赔偿请求权为前提，这里的赔偿请求权既可因第三者对保险标的实施的侵权行为而产生，亦可基于第三者的违约行为等产生，不应仅限于侵权赔偿请求权。本案平安财险公司是基于镇江安装公司的违约行为而非侵权行为行使代位求偿权，镇江安装公司对保险事故的发生是否有过错，对案件的处理并无影响。并且，《建设工程施工合同》约定“承包人不得将本工程进行分包施工”。因此，镇江安装公司关于其对保险事故的发生没有过错因而不应承担责任的答辩意见，不能成立。平安财险公司向镇江安装公司主张权利，主体适格，并无不当。

关于第二个争议焦点。镇江安装公司提出，在发包人与其签订的建设工程施工合同通用条款第40条中约定，待安装设备由发包人办理保险，并支付保险费用。从该约定可以看出，就工厂搬迁及设备的拆解安装事项，发包人与镇江安装公司共同商定办理保险，虽然保险费用由发包人承担，但该约定在双方的合同条款中体现，即该费用系双方承担，或者说，镇江安装公司在总承包费用中已经就保险费用作出了让步。由发包人向平安财险公司投保的业务，承包人也应当是被保险人。关于镇江安装公司的上述抗辩意见，《保险法》第十二条第二款、第六款分别规定：“财产保险的被保险人在保险事故发生时，对保险标的应当具有保险利益”；“保险利益是指投保人或者被保险人对保险标的具有的法律上承认的利益”。据此，不同主体对于同一保险标的可以具有不同的保险利益，可就同一保险标的投保与其保险利益相对应的保险险种，成立不同的保险合同，并在各自的保险利益范围内获得保险保障，从而实现利用保险制度分散各自风险的目的。因发包人和承包人对保险标的具有不同的保险利益，只有分别投保与其保险利益相对应的财产保险类别，才能获得相应的保险保障，二者不能相互替代。发包人华东制罐公司和华东制罐第二公司作为保险标的的所有权人，其投保的安装工程一切险是基于对保险标的享有的所有权保险利益而投保的险种，旨在分散保险标的的损坏或灭失风险，性质上属于财产损失保险；附加险中投保的“内陆运输扩展条款A”约定“保险公司负责赔偿被保险人的保险财产在中华人民共和国境内供货地点到保险单中列明的工地，除水运和空运以外的内陆运输途中因自然灾害或意外事故引起的损失”，该项附加险在性质上亦属财产损失保险。镇江安装公司并非案涉保险标的的所有权人，不享有所有权保险利益，其作为承包人对案涉保险标的享有责任保险利益，欲将施工过程中可能产生的损害赔偿责任转由保险人承担，应当投保相关责任保险，而不能借由发包人投保的财产损失保险免除自己应负的赔偿责任。其次，发包人不认可承包人的被保险人地位，案涉《安装工程一切险投保单》中记载的被保险人为华东制罐公司及华东制罐第二公司，并明确记载承包人镇江安装公司不是被保险人。因此，镇江安装公司关于“由发包人向平安财险公司投保的业务，承包人也应当是被保险人”的答辩意见，不能成立。《建设工程施工合同》明确约定“运至施工场地内用于工程的材料和待安装设备，由发包人办理保险，并支付保险费用”及“工程分包不能解除承包人任何责任与义务，分包单位的任何违约行为或疏忽导致工程损害或给发包人造成其他损失，承包人承担连带责任”。由此可见，发包人从未作出在保险赔偿范围内免除承包人赔偿责任的意思表示，双方并未约定在保险赔偿范围内免除承包人的赔偿责任。再次，在保险事故发生后，被保险人积极向承包人索赔并向平安财险公司出具了权益转让书。根据以上情况，镇江安装公司以其对保险标的也具有保险利益，且保险标的所有权人华东制罐公司和华东制罐第二公司已投保财产损失保险为由，主张免除其依建设工程施工合同应对两制罐公司承担的违约损害赔偿责任，并进而拒绝平安财险公司行使代位求偿权，没有法律依据，不予支持。

综上理由作出如上判决。

（生效裁判审判人员：刘振、曹霞、马倩）

【实务问答】

1. 保险代位求偿权的适用范围是什么？

《保险法》第 60 条第 1 款规定的“第三者对保险标的的损害”如何界定？保险代位求偿权的基础是否仅限于因侵权行为所产生的损害赔偿请求权？理论界和实务界对此长期存在不同观点：一种观点认为，保险人所享有的代位求偿权应仅限于侵权行为所致的损害赔偿请求权。另一种观点则认为，被保险人向第三者行使请求权的基础并不限于因侵权行为而产生的损害赔偿请求权，因第三者的违约产生的请求权、不当得利返还请求权、所有物返还请求权、占有物返还请求权、共同损害行为产生的请求权等，均可适用代位求偿权。实际上，保险人可以代为行使的被保险人对第三者请求权的范围并不限于因侵权行为而产生的损害赔偿请求权，基于第三者的违约行为产生的违约损害赔偿请求权、不当得利行为产生的不当得利返还请求权、侵占行为产生的所有权返还请求权、非法占有产生的占有物返还请求权等均可适用。理由在于：一是将《保险法》第60条第1款中的“损害”限缩解释为“侵权损害”，不符合保险代位求偿权制度设立的宗旨和立法目的。保险代位求偿权制度很重要的一个目的即在于避免财产保险的被保险人因保险事故的发生，同时从保险人和第三者处获得赔偿，取得超出实际损失的不当利益。如果将“损害”限定为“侵权损害”，将与保险代位求偿权制度设立的宗旨和目的不符。二是将保险代位求偿权的权利范围限于侵权损害赔偿请求权并无法律依据。《保险法》第60条第1款使用的是“因第三者对保险标的的损害而造成保险事故”的表述，并未限制规定为“因第三者对保险标的的侵权损害而造成保险事故”。这里的“第三者对保险标的的损害”应是使被保险人享有向第三者请求赔偿的法律事实，而基于该法律事实产生的法律关系究竟为合同法律关系还是侵权法律关系抑或是其他法律关系，不宜限定。此外，比较法上，其他国家的保险法大多也未规定保险代位求偿权基础仅限于因第三者的侵权行为产生的损害赔偿请求权。本指导案例首次对“保险代位求偿权的基础是否仅限于侵权损害赔偿请求权”进行了详细分析和推理，明确了以被保险人对第三者享有损害赔偿请求权为前提，赔偿请求权既可因第三者对保险标的实施的侵权行为而产生，亦可基于第三者的违约行为等产生，不仅限于侵权赔偿请求权。而之后的最高人民法院《关于适用〈中华人民共和国保险法〉若干问题的解释（四）》（以下简称《保险法解释四》）第7条对上述理解亦进行了明确，即：“保险人依照保险法第六十条的规定，主张代位行使被保险人因第三者侵权或者违约等享有的请求赔偿的权利的，人民法院应予支持。”

2. 对同一标的具有不同保险利益的主体能否不分别投保而相互替代？

对于同一保险标的，不同被保险人存在不同保险利益，但任何被保险人只能在各自的保险利益范围内获得赔偿。理论上看，由于不同主体对于同一保险标的具有不同保险利益，保险公司在设计保险产品时，应考虑不同性质的保险利益，进而确定不同险种。但从现实生活来看，保险市场上没有将保险标的所承载全部保险利益都囊括进去的产品，且不同性质的保险利益之间可能在保险中相容也可能相冲突。因此，保险人设计的具体险种、险别，都是针对某一种或数种性质的保险利益。这就需要审慎研究具体险种、险别的保险责任、责任免除等条款，以确定其包含哪些不同性质的保险利益。如需要运输的货物保险中，由于运输过程风险大，承运人责任保险利益即被排除在所有权保险利益的被保险人之外，只能投保与责任利益匹配的“承运人责任保险”。本指导案例亦认为，因发包人和承包人对保险标的具有不同的保险利益，只有分别投保与其保险利益相对应的财产保险类别，才能获得相应的保险保障，二者不能相互替代。

【适用实例】

中银保险有限公司佛山中心支公司与曾某行、陈某宜保险人代位求偿权纠纷案

原告中银保险有限公司佛山中心支公司与被告曾某行、陈某宜、佛山市顺德区弘建贸易有限公司（以下简称弘建公司）保险人代位求偿权纠纷一案，由广东省佛山市顺德区人民法院进行审理并作出裁判。

法院认为，本案系保险人代位求偿权纠纷，依据《保险法》第60条第1款“因第三者对保险标的的损害而造成保险事故的，保险人自向被保险人赔偿保险金之日起，在赔偿金额范围内代位行使被保险人对第三者请求赔偿的权利”的规定，参照最高人民法院**指导案例74号**中“因第三者的违约行为给被保险人的保险标的造成损害的，可以认定为属于《保险法》第60条第1款规定的‘第三者对保险标的的损害’的情形。保险人由此依法向第三者行使代位求偿权的，人民法院应予支持”的裁判要点，保险人行使代位求偿权的前提是被保险人对第三者享有损害赔偿请求权，而赔偿请求权包括了基于第三者违约行为而产生的情形。本案中，被保险人系中国银行，且被告曾某行未按时还款构成了保险事故。由于被告曾某行违反相关借款合同的约定需要向中国银行清偿相关贷款，被告陈某宜、弘建公司则因违反相关保证合同约定需要向中国银行承担保证责任，被告曾某行、陈某宜因违反相关抵押合同约定需要向中国银行承担抵押担保责任，即被保险人对本案3被告均享有损害赔偿请求权，该损害赔偿请求权包括了被保险人中国银行对三被告所享有的权利。原告于2014年12月16日依据保险单约定向中国银行赔偿保险金798,049.44元，因此，原告自当日起享有在798,049.44元范围内对3被告的损害赔偿请求权。原告主张的利息实质上系占用资金损失，应从原告取得代位权之日起算，原告主张自2014年12月17日起按中国人民银行同期同类贷款基准利率计算利息，理据充分，本院予以支持。综上，原告有权要求被告曾某行向原告偿还798,049.44元及利息，被告陈某宜、弘建公司对被告曾某行的上述还款义务承担连带清偿责任，同时原告有权在保险金赔偿范围内对案涉抵押物享有优先受偿权。此外，由于案涉保证保险合同条款约定实现抵押权后，所得价款扣除实现抵押权的费用后，应首先用于抵偿被保险人在取得保险赔偿金后的损失，剩余部分用于抵偿保险人的赔偿金，因此，抵押物处置所得价款应在被保险人中国银行在（2015）佛顺法执字第7074号案中的债务清偿完毕后有剩余价款，原告方能就该剩余价款享有优先受偿权。［（2017）粤0606民初21732号］

（四）信用证纠纷

071 指导案例111号

中国建设银行股份有限公司广州荔湾支行诉广东蓝粤能源发展有限公司等信用证开证纠纷案

提单持有人能否因受领提单的交付而取得物权及取得何种类型物权，取决于合同约定

（最高人民法院审判委员会讨论通过　2019年2月25日发布）

关键词：民事/信用证开证/提单/真实意思表示/权利质押/优先受偿权

裁判要点

1. 提单持有人是否因受领提单的交付而取得物权以及取得何种类型的物权，取决于合同的约定。开证行根据其与开证申请人之间的合同约定持有提单时，人民法院应结合信用证交易的特点，对案涉合同进行合理解释，确定开证行持有提单的真实意思表示。2. 开证行对信用证项下单据中的提单以及提单项下的货物享有质权的，开证行行使提单质权的方式与行使提单项下货物动产质权的方式相同，即对提单项下货物折价、变卖、拍卖后所得价款享有优先受偿权。

相关法条

《中华人民共和国海商法》第71条

《中华人民共和国物权法》第224条①

《中华人民共和国合同法》第80条第1款②

基本案情

中国建设银行股份有限公司广州荔湾支行（以下简称建行广州荔湾支行）与广东蓝粤能源发展有限公司（以下简称蓝粤能源公司）于2011年12月签订了《贸易融资额度合同》及《关于开立信用证的特别约定》等相关附件，约定该行向蓝粤能源公司提供不超过5.5亿元的贸易融资额度，包括开立等值额度的远期信用证。惠来粤东电力燃料有限公司（以下简称粤东电力）等担保人签订了保证合同等。2012年11月，蓝粤能源公司向建行广州荔湾支行申请开立8592万元的远期信用证。为开立信用证，蓝粤能源公司向建行广州荔湾支行出具了《信托收据》，并签订了《保证金质押合同》。《信托收据》确认自收据出具之日起，建行广州荔湾支行即取得上述信用证项下所涉单据和货物的所有权，建行广州荔湾支行为委托人和受益人，蓝粤能源公司为信托货物的受托人。信用证开立后，蓝粤能源公司进口了164998吨煤炭。建行广州荔湾支行承兑了信用证，并向蓝粤能源公司放款84867952.27元，用于蓝粤能源公司偿还建行首尔分行的信用证垫款。建行广州荔湾支行

① 《民法典》第441条。

② 《民法典》第546条第1款。

履行开证和付款义务后，取得了包括本案所涉提单在内的全套单据。蓝粤能源公司因经营状况恶化而未能付款赎单，故建行广州荔湾支行在本案审理过程中仍持有提单及相关单据。提单项下的煤炭因其他纠纷被广西防城港市港口区人民法院查封。建行广州荔湾支行提起诉讼，请求判令蓝粤能源公司向建行广州荔湾支行清偿信用证垫款本金84867952.27元及利息；确认建行广州荔湾支行对信用证项下164998吨煤炭享有所有权，并对处置该财产所得款项优先清偿上述信用证项下债务；粤东电力等担保人承担担保责任。

裁判结果

广东省广州市中级人民法院于2014年4月21日作出（2013）穗中法金民初字第158号民事判决，支持建行广州荔湾支行关于蓝粤能源公司还本付息以及担保人承担相应担保责任的诉请，但以信托收据及提单交付不能对抗第三人为由，驳回建行广州荔湾支行关于请求确认煤炭所有权以及优先受偿权的诉请。建行广州荔湾支行不服一审判决，提起上诉。广东省高级人民法院于2014年9月19日作出（2014）粤高法民二终字第45号民事判决，驳回上诉，维持原判。建行广州荔湾支行不服二审判决，向最高人民法院申请再审。最高人民法院于2015年10月19日作出（2015）民提字第126号民事判决，支持建行广州荔湾支行对案涉信用证项下提单对应货物处置所得价款享有优先受偿权，驳回其对案涉提单项下货物享有所有权的诉讼请求。

裁判理由

最高人民法院认为，提单具有债权凭证和所有权凭证的双重属性，但并不意味着谁持有提单谁就当然对提单项下货物享有所有权。对于提单持有人而言，其能否取得物权以及取得何种类型的物权，取决于当事人之间的合同约定。建行广州荔湾支行履行了开证及付款义务并取得信用证项下的提单，但是由于当事人之间没有移转货物所有权的意思表示，故不能认为建行广州荔湾支行取得提单即取得提单项下货物的所有权。虽然《信托收据》约定建行广州荔湾支行取得货物的所有权，并委托蓝粤能源公司处置提单项下的货物，但根据物权法定原则，该约定因构成让与担保而不能发生物权效力。然而，让与担保的约定虽不能发生物权效力，但该约定仍具有合同效力，且

《关于开立信用证的特别约定》约定蓝粤能源公司违约时，建行广州荔湾支行有权处分信用证项下单据及货物，因此根据合同整体解释以及信用证交易的特点，表明当事人真实意思表示是通过提单的流转而设立提单质押。本案符合权利质押设立所须具备的书面质押合同和物权公示两项要件，建行广州荔湾支行作为提单持有人，享有提单权利质权。建行广州荔湾支行的提单权利质权如果与其他债权人对提单项下货物所可能享有的留置权、动产质权等权利产生冲突的，可在执行分配程序中依法予以解决。

（生效裁判审判人员：刘贵祥、刘敏、高晓力）

【实务问答】

1. 提单的概念与特征是什么？

《海商法》第 71 条规定，提单，是指用以证明海上货物运输合同和货物已经由承运人接收或者装船，以及承运人保证据以交付货物的单证。提单中载明的向记名人交付货物，或者按照指示人的指示交付货物，或者向提单持有人交付货物的条款，构成承运人据以交付货物的保证。

一般认为，提单是海上货物运输合同的证明、货物的收据和据以交付货物的凭证。提单具有以下法律特征：（1）提单是海上运输合同的证明。当然，这只是就承运人与托运人之间的关系而言的。一般情况下，货物的托运人是货物买卖合同的卖方，卖方在收到船方签发的提单后，会将其转让给买方，买方又有可能将其再背书转让给其他受让人。可以说，提单在承运人与提单的受让人间就仅是运输合同的证明，而且是运输合同本身。（2）提单是承运人出具的接收货物的收据。提单的正面记载了许多收据性的文字，如货物的标志、货物的包装、数量或重量及货物的表面状况等。如运输合同在开航前解除或于中途终止，托运人可依提单的记载领回货物。提单的证明作用在托运人手中和托运人以外的第三方持有人手中的效力是不同的。如上所述，提单在托运人手中时只是初步证据，但在托运人将提单背书转让给第三人的情况下，对于提单受让人来说，提单就成了终结性的证据。（3）提单是承运人据以交付货物的凭证。按照商业惯例，提单的转让一般表明货物所有权的转移，如承运人向非提单持有人交付货物，则需要承担因此而产生的赔偿责任。根据《海商法》第79条的规定，不可转让的记名提单，只有提单上所记载的人享有交付货物的债权请求权及物权请求权。但可转让的指示提单和无记名提单流转给他人持有时，提单持有人是否当然就享有提单项下货物享有所有权，应区别情况作具体分析。换言之，提单本身与提单项下的货物的所有权或他物权不可画绝对等号。它们之间的关系类似于占有与动产物权之间的对应关系，占有某特定的动产，不一定是享有该动产的所有权，究竟享有什么权利，必须基于特定的法律关系才能确定。本指导案例裁判结果亦表明，提单虽具有债权凭证和所有权凭证的双重属性，但并不意味着谁持有提单谁就当然对提单项下货物享有所有权。对提单持有人而言，能否取得物权以及取得何种类型的物权，取决于当事人间的合同约定。开证行根据其与开证申请人之间的合同约定持有提单时，人民法院应结合信用证交易的特点，对案涉合同进行合理解释，确定开证行持有提单的真实意思表示。

2. 如何设立以提单等有价证券出质的质权？

《民法典》第441条规定，以汇票、本票、支票、债券、存款单、仓单、提单出质的，质权自权利凭证交付质权人时设立；没有权利凭证的，质权自办理出质登记时设立。法律另有规定的，依照其规定。

《民法典》第441条对包括提单等在内的有价证券出质的质权设立做了规定。设立质权，当事人应当采用书面形式订立质押合同。以汇票、本票、支票、债券、存款单、仓单、提单出质的，双方当事人应当订立书面质押合同。合同内容一般包括被担保债权的种类和数额，债务人履行债务的期限，出质权利的名称、数额，担保的范围等。一般而言，有权利凭证的有价证券出质，质权自权利凭证交付质权人时设立；无权利凭证的，则自办理出质登记时设立。汇票、本票、支票、提单、仓单及部分实物债券有权利凭证，但部分债券如记账式国库券和在证券交易所上市交易的公司债券等都已经实现无纸化，这些债券没有权利凭证，若要出质，就必须到法律、法规规定的有关登记部门办理出质登记，质权自登记时设立，如记账式国库券需要到中央国债登记结算有限责任公司办理出质登记，在证券交易所上市交易的公司债券则需要到证券登记结算机构办理出质登记。另需注意的是，国务院在2020年出台了《关于实施动产和权利担保统一登记的决定》，就统一登记的动产和权利担保类型做了明确规定（包括生产设备、原材料、半成品、产品抵押；应收账款质押；存款单、仓单、提单质押；融资租赁；保理；所有权保留；其他可登记的动产和权利担保，但机动车、船舶、航空器抵押及债券、基金份额、股份、知识产权中的财产权质押除外），并明确由当事人通过中国人民银行征信中心动产融资统一登记公示系统自主办理。

【适用实例】

董某春、玉环市玉环街道环城村股份经济合作社、玉环市玉环街道环城村村民委员会等合同纠纷再审审查与审判监督案

再审申请人董某春因与被申请人玉环市玉环街道环城村股份经济合作社（以下简称环城经合社）、被申请人玉环市玉环街道环城村村民委员会（以下简称环城村委会）、原审第三人董某吉等5人合同纠纷一案，不服台州市中级人民法院民事判决，向浙江省高级人民法院申请再审。

董某春申请再审称：一、《部分村级用地委托土地局拍卖的净返还款分拆承包合同》《补充协议》《协议书》《合作协议书》中案涉地基，均系环城村无权处分的财产，应认定无效。二、协议双方约定原审第三人董某林、董某相、叶某钗三人代董某春挂牌竞拍13间案涉地基，在董某春出资建成后代持有关不动产，事实上13间地基的不动产也登记在了原审第三人名下。该约定属让与担保性质，按照我国法律规定和司法实践，让与担保约定应为无效。同时，一审援引最高人民法院《关于审理民间借贷案件适用法律若干问题的规定》（2015年）第24条第1款①规定，与本案情形并不相符。这一司法解释仅针对签订房屋买卖合同，并不直接转移财产权利的情况，而本案明确约定案涉不动产登记在原审第三人名下，从实际操作到登记，均是原审第三人直接将本属于董某春的不动产权转变为原审第三人的不动产权。

浙江省高级人民法院经审查，针对董某春的申请再审理由，具体分析如下：

第一，关于环城经合社、环城村委会的处分行为是否系无权处分的问题。从本案事实看，净返还款分拆承包合同协议明确要求有关地基须统一委

① 《民间借贷规定》（2020年第二次修正）第24条。

托村委会报土地局对该宗地进行整体公开拍卖，拍卖的返还款扣除相应政策费用后全额返还给竞得人。后续的土地使用权拍卖也确系环城村委托国土部门向原投标中标的环城村地基买受方进行定向挂牌出让，故董某春申请再审称，环城村委会或环城经合社签订案涉协议属无权处分，缺乏依据。况董某春实际上是通过出让手续、签订国有土地使用权出让合同而获得土地使用权的。在本案一审诉讼前，环城村已经就案涉地块取得相应的审批手续将村级留用地实际转化为国家土地使用权并依法进行挂牌出让，原审因此确认案涉相关协议效力，并无不当。

第二，关于案涉合作协议书中有关条款的效力问题。董某春诉请确认合作协议书中第3、5、6、7条无效。合作协议书第3条系关于地基款项金额及利息的约定，第5条是对合作协议书第3条和第4条款项的结算以及相应利息的约定，第7条是对房产销售款清偿方式的约定，上述3条款的内容并不违反法律、法规的强制性规定，应确认有效。至于协议第6条，该条约定："17间房屋建造费用由乙方自行承担，乙方对外出售房屋所得款，其中70%用于归还乙方欠甲方的欠款，30%给予乙方付其工程款及其他费用，若70%的比例未达到付清乙方欠甲方的欠款，则相应提高至付清所欠甲方的欠款的比例，在2018年12月31日前乙方未付清所欠甲方欠款，甲方有权将登记在甲方社员名下的房产对外出售来结清剩余欠款，乙方在付清甲方的欠款后甲方无条件负责将甲方登记在社员名下的13间产权全部过户到乙方名下，过户的费用由乙方负责，若违约应赔偿给乙方造成经济损失。"该条款约定的是在董某春无力付清欠款时，环城经合社有权就其出资建设的房产出售以进行清偿，并未约定在案涉债务届期无法偿还时，有关房产归环城村经合社所有，且有关不动产实际也未登记在债权人环城经合社的名下，故不属于让与担保的规定。退一步讲，即使环城经合社要求社员代持不动产有为其债权提供担保的意图，一审判决认为参照《民间借贷规定（2015）》第24条第1款及第2款①规定精神，可以确认当事人之间以签订买卖合同方式为民间借贷合同作担保，并不当然无效，并无不当。此外，即便本案情形构成让与担保，根据最高人民法院**指导案例111号**中国建设银行股份有限公司广州荔湾支行

---

① 《民间借贷规定》（2020年第二次修正）第24条第1、2款。

诉广东蓝粤能源发展有限公司等信用证开证纠纷案中的裁判理由，有关让与担保的约定因违反物权法定原则而不能发生物权效力，但有关约定仍具有合同效力，故董某春主张案涉合作协议书的有关条款构成让与担保而无效，缺乏法律依据，不应予以支持。［（2019）浙民申2945号］

（五）保函纠纷

072 指导案例109号

安徽省外经建设（集团）有限公司诉东方置业房地产有限公司保函欺诈纠纷案

即使受益人在独立保函项下有欺诈性索款情形，也不能推定担保行在独立反担保函项下构成欺诈性索款

（最高人民法院审判委员会讨论通过　2019年2月25日发布）

关键词：民事/保函欺诈/基础交易审查/有限及必要原则/独立反担保函

裁判要点

1. 认定构成独立保函欺诈需对基础交易进行审查时，应坚持有限及必要原则，审查范围应限于受益人是否明知基础合同的相对人并不存在基础合同项下的违约事实，以及是否存在受益人明知自己没有付款请求权的事实。2. 受益人在基础合同项下的违约情形，并不影响其按照独立保函的规定提交单据并进行索款的权利。3. 认定独立反担保函项下是否存在欺诈时，即使独立保函存在欺诈情形，独立保函项下已经善意付款的，人民法院亦不得裁定止付独立反担保函项下款项。

相关法条

《中华人民共和国涉外民事关系法律适用法》第8条、第44条

基本案情

2010年1月16日，东方置业房地产有限公司（以下简称东方置业公司）作为开发方，与作为承包方的安徽省外经建设（集团）有限公司（以下简称外经集团公司）、作为施工方的安徽外经建设中美洲有限公司（以下简称外经中美洲公司）在哥斯达黎加共和国圣何塞市签订了《哥斯达黎加湖畔华府项目施工合同》（以下简称《施工合同》），约定承包方为三栋各十四层综合商住楼施工。外经集团公司于2010年5月26日向中国建设银行股份有限公司安徽省分行（以下简称建行安徽省分行）提出申请，并以哥斯达黎加银行作为转开行，向作为受益人的东方置业公司开立履约保函，保证事项为哥斯达黎加湖畔华府项目。2010年5月28日，哥斯达黎加银行开立编号为G051225的履约保函，担保人为建行安徽省分行，委托人为外经集团公司，受益人为东方置业公司，担保金额为2008000美元，有效期至2011年10月12日，后延期至2012年2月12日。保函说明：无条件的、不可撤销的、必须的、见索即付的保函。执行此保函需要受益人给哥斯达黎加银行中央办公室外贸部提交一式两份的证明文件，指明执行此保函的理由，另外由受益人出具公证过的声明指出通知外经中美洲公司因为违约而产生此请求的日期，并附上保函证明原件和已经出具过的修改件。建行安徽省分行同时向哥斯达黎加银行开具编号为34147020000289的反担保函，承诺自收到哥斯达黎加银行通知后二十日内支付保函项下的款项。反担保函是“无条件的、不可撤销的、随时要求支付的”，并约定“遵守国际商会出版的458号《见索即付保函统一规则》”。

《施工合同》履行过程中，2012年1月23日，建筑师Jose Brenes和Mauricio Mora出具《项目工程检验报告》。该报告认定了施工项目存在“施工不良”“品质低劣”且需要修改或修理的情形。2012年2月7日，外经中美洲公司以东方置业公司为被申请人向哥斯达黎加建筑师和工程师联合协会争议解决中心提交仲裁请求，认为东方置业公司拖欠应支付之已完成施工量的工程款及相应利息，请求解除合同并裁决东方置业公司赔偿损失。2月8

日，东方置业公司向哥斯达黎加银行提交索赔声明、违约通知书、违约声明、《项目工程检验报告》等保函兑付文件，要求执行保函。2 月 10 日，哥斯达黎加银行向建行安徽省分行发出电文，称东方置业公司提出索赔，要求支付 G051225 号银行保函项下 2008000 美元的款项，哥斯达黎加银行进而要求建行安徽省分行须于 2012 年 2 月 16 日前支付上述款项。2 月 12 日，应外经中美洲公司申请，哥斯达黎加共和国行政诉讼法院第二法庭下达临时保护措施禁令，裁定哥斯达黎加银行暂停执行 G051225 号履约保函。

2 月 23 日，外经集团公司向合肥市中级人民法院提起保函欺诈纠纷诉讼，同时申请中止支付 G051225 号保函、34147020000289 号保函项下款项。一审法院于 2 月 27 日作出（2012）合民四初字第 00005－1 号裁定，裁定中止支付 G051225 号保函及 34147020000289 号保函项下款项，并于 2 月 28 日向建行安徽省分行送达了上述裁定。2 月 29 日，建行安徽省分行向哥斯达黎加银行发送电文告知了一审法院已作出的裁定事由，并于当日向哥斯达黎加银行寄送了上述裁定书的复印件，哥斯达黎加银行于 3 月 5 日收到上述裁定书复印件。

3 月 6 日，哥斯达黎加共和国行政诉讼法院第二法庭判决外经中美洲公司申请预防性措施败诉，解除了临时保护措施禁令。3 月 20 日，应哥斯达黎加银行的要求，建行安徽省分行延长了 34147020000289 号保函的有效期。3 月 21 日，哥斯达黎加银行向东方置业公司支付了 G051225 号保函项下款项。

2013 年 7 月 9 日，哥斯达黎加建筑师和工程师联合协会做出仲裁裁决，该仲裁裁决认定东方置业公司在履行合同过程中严重违约，并裁决终止《施工合同》，东方置业公司向外经中美洲公司支付 1 号至 18 号工程进度款共计 800058.45 美元及利息；第 19 号工程因未获得开发商验收，相关工程款请求未予支持；因 G051225 号保函项下款项已经支付，不支持外经中美洲公司退还保函的请求。

裁判结果

安徽省合肥市中级人民法院于 2014 年 4 月 9 日作出（2012）合民四初字第 00005 号民事判决：一、东方置业公司针对 G051225 号履约保函的索赔行为构成欺诈；二、建行安徽省分行终止向哥斯达黎加银行支付编号为

34147020000289的银行保函项下2008000美元的款项；三、驳回外经集团公司的其他诉讼请求。东方置业公司不服一审判决，提起上诉。安徽省高级人民法院于2015年3月19日作出（2014）皖民二终字第00389号民事判决：驳回上诉，维持原判。东方置业公司不服二审判决，向最高人民法院申请再审。最高人民法院于2017年12月14日作出（2017）最高法民再134号民事判决：一、撤销安徽省高级人民法院（2014）皖民二终字第00389号、安徽省合肥市中级人民法院（2012）合民四初字第00005号民事判决；二、驳回外经集团公司的诉讼请求。

裁判理由

最高人民法院认为：第一，关于本案涉及的独立保函欺诈案件的识别依据、管辖权以及法律适用问题。本案争议的当事方东方置业公司及哥斯达黎加银行的经常居所地位于我国领域外，本案系涉外商事纠纷。根据《中华人民共和国涉外民事关系法律适用法》第八条“涉外民事关系的定性，适用法院地法”的规定，外经集团公司作为外经中美洲公司在国内的母公司，是涉案保函的开立申请人，其申请建行安徽省分行向哥斯达黎加银行开立见索即付的反担保保函，由哥斯达黎加银行向受益人东方置业公司转开履约保函。根据保函文本内容，哥斯达黎加银行与建行安徽省分行的付款义务均独立于基础交易关系及保函申请法律关系，因此，上述保函可以确定为见索即付独立保函，上述反担保保函可以确定为见索即付独立反担保保函。外经集团公司以保函欺诈为由向一审法院提起诉讼，本案性质为保函欺诈纠纷。被请求止付的独立反担保保函由建行安徽省分行开具，该分行所在地应当认定为外经集团公司主张的侵权结果发生地。一审法院作为侵权行为地法院对本案具有管辖权。因涉案保函载明适用《见索即付保函统一规则》，应当认定上述规则的内容构成争议保函的组成部分。根据《中华人民共和国涉外民事关系法律适用法》第四十四条“侵权责任，适用侵权行为地法律”的规定，《见索即付保函统一规则》未予涉及的保函欺诈之认定标准应适用中华人民共和国法律。我国没有加入《联合国独立保证与备用信用证公约》，本案当事人亦未约定适用上述公约或将公约有关内容作为国际交易规则订入保函，依据意思自治原则，《联合国独立保证与备用信用证公约》不应适用。

第二，关于东方置业公司作为受益人是否具有基础合同项下的初步证据证明其索赔请求具有事实依据的问题。

人民法院在审理独立保函及与独立保函相关的反担保案件时，对基础交易的审查，应当坚持有限原则和必要原则，审查的范围应当限于受益人是否明知基础合同的相对人并不存在基础合同项下的违约事实或者不存在其他导致独立保函付款的事实。否则，对基础合同的审查将会动摇独立保函“见索即付”的制度价值。

根据《最高人民法院关于贯彻执行〈中华人民共和国民法通则〉若干问题的意见（试行）》① 第六十八条的规定，欺诈主要表现为虚构事实与隐瞒真相。根据再审查明的事实，哥斯达黎加银行开立编号为G051225的履约保函，该履约保函明确规定了实现保函需要提交的文件为：说明执行保函理由的证明文件、通知外经中美洲公司执行保函请求的日期、保函证明原件和已经出具过的修改件。外经集团公司主张东方置业公司的行为构成独立保函项下的欺诈，应当提交证据证明东方置业公司在实现独立保函时具有下列行为之一：1. 为索赔提交内容虚假或者伪造的单据；2. 索赔请求完全没有事实基础和可信依据。本案中，保函担保的是“施工期间材料使用的质量和耐性，赔偿或补偿造成的损失，和/或承包方未履行义务的赔付”，意即，保函担保的是施工质量和其他违约行为。因此，受益人只需提交能够证明存在施工质量问题的初步证据，即可满足保函实现所要求的“说明执行保函理由的证明文件”。本案基础合同履行过程中，东方置业公司的项目监理人员Jose Brenes和Mauricio Mora于2012年1月23日出具《项目工程检验报告》。该报告认定了施工项目存在“施工不良”、“品质低劣”且需要修改或修理的情形，该《项目工程检验报告》构成证明存在施工质量问题的初步证据。

本案当事方在《施工合同》中以及在保函项下并未明确约定实现保函时应向哥斯达黎加银行提交《项目工程检验报告》，因此，东方置业公司有权自主选择向哥斯达黎加银行提交“证明执行保函理由”之证明文件的类型，其是否向哥斯达黎加银行提交该报告不影响其保函项下权利的实现。另外，《施工合同》以及保函亦未规定上述报告须由AIA国际建筑师事务所或者具

---

① 该司法解释已失效。

有美国建筑师协会国际会员身份的人员出具，因此，Jose Brenes 和 Mauricio Mora 是否具有美国建筑师协会国际会员身份并不影响其作为发包方的项目监理人员出具《项目工程检验报告》。外经集团公司对 Jose Brenes 和 Mauricio Mora 均为发包方的项目监理人员身份是明知的，在其出具《项目工程检验报告》并领取工程款项时对 Jose Brenes 和 Mauricio Mora 的监理身份是认可的，其以自身认可的足以证明 Jose Brenes 和 Mauricio Mora 监理身份的证据反证 Jose Brenes 和 Mauricio Mora 出具的《项目工程检验报告》虚假，逻辑上无法自洽。因外经集团公司未能提供其他证据证明东方置业公司实现案涉保函完全没有事实基础或者提交虚假或伪造的文件，东方置业公司据此向哥斯达黎加银行申请实现保函权利具有事实依据。

综上，《项目工程检验报告》构成证明外经集团公司基础合同项下违约行为的初步证据，外经集团公司提供的证据不足以证明上述报告存在虚假或者伪造，亦不足以证明东方置业公司明知基础合同的相对人并不存在基础合同项下的违约事实或者不存在其他导致独立保函付款的事实而要求实现保函。东方置业公司基于外经集团公司基础合同项下的违约行为，依据合同的规定，提出实现独立保函项下的权利不构成保函欺诈。

第三，关于独立保函受益人基础合同项下的违约情形，是否必然构成独立保函项下的欺诈索款问题。

外经集团公司认为，根据《最高人民法院关于审理独立保函纠纷案件若干问题的规定》（以下简称独立保函司法解释）第十二条第三项、第四项、第五项，应当认定东方置业公司构成独立保函欺诈。根据独立保函司法解释第二十五条的规定，经庭审释明，外经集团公司仍坚持认为本案处理不应违反独立保函司法解释的规定精神。结合外经集团公司的主张，最高人民法院对上述涉及独立保函司法解释的相关问题作出进一步阐释。

独立保函独立于委托人和受益人之间的基础交易，出具独立保函的银行只负责审查受益人提交的单据是否符合保函条款的规定并有权自行决定是否付款，担保行的付款义务不受委托人与受益人之间基础交易项下抗辩权的影响。东方置业公司作为受益人，在提交证明存在工程质量问题的初步证据时，即使未启动任何诸如诉讼或者仲裁等争议解决程序并经上述程序确认相对方违约，都不影响其保函权利的实现。即使基础合同存在正在进行的诉讼或者仲裁程序，只要相关争议解决程序尚未做出基础交易债务人没有付款或者赔偿责任的最终认定，亦不影响受益人保函权利的实现。进而言之，即使生效判决或者仲裁裁决认定受益人构成基础合同项下的违约，该违约事实的存在亦不必然成为构成保函“欺诈”的充分必要条件。

本案中，保函担保的事项是施工质量和其他违约行为，而受益人未支付工程款项的违约事实与工程质量出现问题不存在逻辑上的因果关系，东方置业公司作为受益人，其自身在基础合同履行中存在的违约情形，并不必然构成独立保函项下的欺诈索款。独立保函司法解释第十二条第三项的规定内容，将独立保函欺诈认定的条件限定为“法院判决或仲裁裁决认定基础交易债务人没有付款或赔偿责任”，因此，除非保函另有约定，对基础合同的审查应当限定在保函担保范围内的履约事项，在将受益人自身在基础合同中是否存在违约行为纳入保函欺诈的审查范围时应当十分审慎。虽然哥斯达黎加建筑师和工程师联合协会做出仲裁裁决，认定东方置业公司在履行合同过程中违约，但上述仲裁程序于2012年2月7日由外经集团公司发动，东方置业公司并未提出反请求，2013年7月9日做出的仲裁裁决仅针对外经集团公司的请求事项认定东方置业公司违约，但并未认定外经集团公司因对方违约行为的存在而免除付款或者赔偿责任。因此，不能依据上述仲裁裁决的内容认定东方置业公司构成独立保函司法解释第十二条第三项规定的保函欺诈。

另外，双方对工程质量发生争议的事实以及哥斯达黎加建筑师和工程师联合协会争议解决中心作出的《仲裁裁决书》中涉及工程质量问题部分的表述能够佐证，外经中美洲公司在《施工合同》项下的义务尚未完全履行，本案并不存在东方置业公司确认基础交易债务已经完全履行或者付款到期事件并未发生的情形。现有证据亦不能证明东方置业公司明知其没有付款请求权仍滥用权利。东方置业公司作为受益人，其自身在基础合同履行中存在的违约情形，虽经仲裁裁决确认但并未因此免除外经集团公司的付款或者赔偿责任。综上，即使按照外经集团公司的主张适用独立保函司法解释，本案情形亦不构成保函欺诈。

第四，关于本案涉及的与独立保函有关的独立反担保函问题。

基于独立保函的特点，担保人于债务人之外构成对受益人的直接支付责任，独立保函与主债务之间没有抗辩权上的从属性，即使债务人在某一争议解决程序中行使抗辩权，并不当然使独立担保人获得该抗辩利益。另外，即使存在受益人在独立保函项下的欺诈性索款情形，亦不能推定担保行在独立反担保函项下构成欺诈性索款。只有担保行明知受益人系欺诈性索款且违反诚实信用原则付款，并向反担保行主张独立反担保函项下款项时，才能认定担保行构成独立反担保函项下的欺诈性索款。

外经集团公司以保函欺诈为由提起本案诉讼，其应当举证证明哥斯达黎加银行明知东方置业公司存在独立保函欺诈情形，仍然违反诚信原则予以付款，并进而以受益人身份在见索即付独立反担保函项下提出索款请求并构成反担保函项下的欺诈性索款。现外经集团公司不仅不能证明哥斯达黎加银行向东方置业公司支付独立保函项下款项存在欺诈，亦没有举证证明哥斯达黎加银行在独立反担保函项下存在欺诈性索款情形，其主张止付独立反担保函项下款项没有事实依据。

（生效裁判审判人员：陈纪忠、杨弘磊、杨兴业）

【实务问答】

1. 独立保函的概念、特点、性质是什么?

《最高人民法院关于审理独立保函纠纷案件若干问题的规定》（以下简称《独立保函司法解释》）第 1 条规定，本规定所称的独立保函，是指银行或非银行金融机构作为开立人，以书面形式向受益人出具的，同意在受益人请求付款并提交符合保函要求的单据时，向其支付特定款项或在保函最高金额内付款的承诺。前款所称的单据，是指独立保函载明的受益人应提交的付款请求书、违约声明、第三方签发的文件、法院判决、仲裁裁决、汇票、发票等表明发生付款到期事件的书面文件。独立保函可以依保函申请人的申请而开立，也可以依另一金融机构的指示而开立。开立人依指示开立独立保函的，可以要求指示人向其开立用以保障追偿权的独立保函。

独立保函是指以银行或非银行金融机构作为开立人，以书面形式向受益人出具的，同意在受益人请求付款并提交符合保函要求的单据时，向其支付特定款项或在保函最高金额内付款的承诺。其具有如下特点：（1）书面性。书面形式具有警示当事人承担特定义务及放弃特定权利的后果、提供协议成立的清楚证据的功能。《独立保函司法解释》明确了其的要式性，必须以书面形式出具。（2）开立人付款义务的单务性、独立性和单据性。独立保函是开立人同意在一定条件下向受益人承担付款责任的单方允诺，受益人对开立人没有对待给付义务，即所谓的单务性。开立人付款义务是附条件的，所附条件是受益人请求付款并提交符合保函要求的单据，即相符交单。开立人付款义务的单据性决定了独立保函的独立性。独立保函独立于基础交易法律关系和其他法律关系，开立人仅处理单据，不受基础交易法律关系和独立保函申请法律关系有效性、修改、转让、履行等方面的影响。（3）开立人抗辩权的单一性。开立人既不享有先诉抗辩权，也不享有基础交易债务人的抗辩权。除法定情形外，开立人只能以受益人提交单据与独立保函文本的规定不符为由提出抗辩，而不能依据独立保函文本以外的基础交易关系或独立保函申请关系进行抗辩。（4）付款金额的确定性。开立人付款金额通过独立保函文本和单据加以确定，无须参考基础交易的情况。

关于独立保函的性质，有观点认为其为独立担保，也有观点认为应为非典型担保，《独立保函司法解释》则采纳了后一种观点。一方面，从属性是保证的基本特性。而独立保函的性质是付款承诺，开立人的义务在于依条件付款，而非在债务人不履行债务时代为承担履行责任。开立人付款义务独立性和单据性的特点，使独立保函在效力、履行、付款金额、有效期、转让等方面均排除了对基础交易的从属性，与信用证性质相同。另一方面，保证分为连带责任保证和一般保证，且二者都以主债务人不履行债务为前提。而独立保函的受益人只需提交形式化单据，无须证明债务人未履行到期债务。因而，有关保证的规定亦无法适用于独立保函。综上，宜将独立保函定性为一类特殊的信用证，且不同于商业跟单信用证。

2. 什么是独立保函欺诈？

《独立保函司法解释》第12条规定，具有下列情形之一的，人民法院应当认定构成独立保函欺诈：（1）受益人与保函申请人或其他人串通，虚构基础交易的；（2）受益人提交的第三方单据系伪造或内容虚假的；（3）法院判决或仲裁裁决认定基础交易债务人没有付款或赔偿责任的；（4）受益人确认基础交易债务已得到完全履行或者确认独立保函载明的付款到期事件并未发生的；（5）受益人明知其没有付款请求权仍滥用该权利的其他情形。

独立保函的独立性原则在简化受益人获得付款环节的同时，也为受益人提供了欺诈索付的机会。依是否相符交单付款固然是独立保函交易各方当事人自愿接受的风险分配安排，但受益人欺诈的风险并不是当事人预期承担的风险。如何确定独立性原则的例外，平衡独立保函交易各方当事人利益，是《独立保函司法解释》面临的一个难题。一方面要切实尊重独立保函作为现金保证替代品的信用流通功能，维护当事人先付款、后争议的合同安排；另一方面又要防范和抑制受益人欺诈和滥用权利的情形。《独立保函司法解释》以诚实信用和权利不得滥用原则为理论基础，在参考国际条约、国外立法以及司法实践案例经验的基础上，在第12条审慎确定了受益人欺诈构成独立性原则的例外情形。该条将欺诈类型分为无真实交易、单据欺诈和明显滥用付款请求权3类情形。其中，第3、4、5项为受益人明显滥用付款请求权的情形，即受益人明知其没有付款请求权，却故意隐瞒事实，仍出具并提交表面与保函条款相符的单据如付款请求书和违约声明，诱使开立人错误付款，故该种滥用付款请求权的行为亦构成欺诈。第3、4项分别规定，以法院判决、仲裁裁决、受益人自身确认基础交易债务已得到完全履行或者确认独立保函载明的付款到期事件并未发生，如受益人信函、受益人与债务人之间达成的和解协议等证明受益人没有付款请求权的证据来加以认定。考虑到独立保函欺诈在实践中的复杂多样性，第5项对受益人明显滥用付款请求权的其他情形采用了概括性规定的兜底条款。在转开独立保函的情形下，存在独立保函和保障追偿权的独立保函即反担保函两份独立保函，此时需符合双重权利滥用才构成两份独立保函独立性原则的例外情形。因而，止付申请人除需要证明受益人欺诈外，还须证明开立人付款非善意，即开立人明知受益人欺诈仍向受益人付款并转而依据反担保函向指示人请求付款。为此，《独立保函司法解释》第14条和第20条对转开独立保函的欺诈止付标准做了相应规定。

【适用实例】

中国电建集团北京勘测设计研究院有限公司等与丽江五郎河水电开发有限公司信用证欺诈纠纷案

上诉人中国电建集团北京勘测设计研究院有限公司（以下简称电建公

司）因与被上诉人丽江五郎河水电开发有限公司（以下简称五郎河公司）、原审第三人中国农业银行股份有限公司北京朝阳支行（以下简称农行朝阳支行）信用证欺诈纠纷一案，不服北京市朝阳区人民法院一审民事判决，向北京市第三中级人民法院提起上诉。

一审法院认为，《独立保函司法解释》第12条规定了应当认定构成独立保函欺诈的五类情形。鉴于电建公司在诉讼中明确主张保函欺诈的依据为上述第3项、第5项，但第3项所涉及的诉讼案件尚未审理完毕，故一审法院主要结合基础交易的相关证据，审查认定五郎河公司作为受益人，是否存在明知其没有付款请求权仍滥用该权利的情形。

根据双方各自提交的现有证据，独立保函独立于委托人和受益人之间的基础交易，担保行的付款义务不受委托人与受益人之间基础交易项下抗辩权的影响，五郎河公司作为受益人，其自身在基础合同履行中是否存在不当或者违反诚实信用的行为，也并不必然构成独立保函项下的欺诈，对基础合同项下履约情况的认定也不影响保函权利的实现。因此，电建公司以现有证据主张五郎河公司滥用受益人权利，恶意向农行朝阳支行提出保函索赔申请，构成保函欺诈，法律依据不足，应予驳回。电建公司所提案件中止审理申请，依据不足，一审法院不予采信。综上，一审法院判决驳回中国电建集团北京勘测设计研究院有限公司的全部诉讼请求。

二审法院认为，本案二审争议焦点之一在于五郎河公司是否构成独立保函欺诈。

本案审理过程中，双方当事人均提交了最高人民法院发布的**指导案例109号**。该案是在独立保函欺诈纠纷领域中最具有指导意义的审判案例，其裁判要点确立了对独立保函欺诈审查的尺度原则及审查范围，这些都是人民法院审理与独立保函欺诈纠纷相关案件的基础性问题，而本案系独立保函欺诈纠纷，故应当参照该指导案例的裁判要点进行裁判。109号指导案例的裁判要点1载明：认定构成独立保函欺诈需对基础交易进行审查时，应坚持有限及必要原则，审查范围应限于受益人是否明知基础合同的相对人并不存在基础合同项下的违约事实，以及是否存在受益人明知自己没有付款请求权的事实。参照上述裁判要点，本案应当坚持有限及必要原则对电建公司在本案中主张的欺诈情形进行审查，审查范围应限于五郎河公司是否明知电建公司并不存在基础合同项下的违约事实，以及是否存在五郎河公司明知自己没有付款请求权的事实。

《独立保函司法解释》第12条规定："具有下列情形之一的，人民法院应当认定构成独立保函欺诈：（一）受益人与保函申请人或其他人串通，虚构基础交易的；（二）受益人提交的第三方单据系伪造或内容虚假的；（三）法院判决或仲裁裁决认定基础交易债务人没有付款或赔偿责任的；（四）受益人确认基础交易债务已得到完全履行或者确认独立保函载明的付款到期事件并未发生的；（五）受益人明知其没有付款请求权仍滥用该权利的其他情形。"本案中，电建公司系根据第5项主张五郎河公司构成独立保函欺诈。本院对此认为：该司法解释第12条将欺诈类型化为无真实交易、单据欺诈和明显滥用付款请求权三类情形并做并列排序。其中第5项明显滥用付款请求权，作为独立保函欺诈情形的兜底条款，在审查时应当在尺度上与司法解释的其他4项内容衔接一致，即达到前4项规定的严重程度时，才应当认定欺诈。从前4项规定的内容来看都具有相对客观的认定标准，无论是虚假交易、伪造单据、已生效法律文书都相对不容易产生争议，结合独立保函欺诈较高的证明标准，本院认为"受益人明知其没有付款请求权仍滥用该权利的其他情形"应当达到在索赔请求完全没有事实基础和可信依据的程度，即按照一般人标准审查索赔完全无任何合理因素的程度。

具体到本案，五郎河公司在声明中提出了未在约定工期内完工的违约主张，电建公司的回应意见包括原有工期不再适用，工期应当相应顺延等主张；五郎河公司提出了电建公司擅自全面停工、拒不恢复造成五郎河公司重大损失的违约主张，电建公司则认为合同无法继续履行的原因在于五郎河公司未能提供准确无误的地质情况报告，不得不进行设计方案的重大变更并等待审批；五郎河公司在声明中还提出了电建公司在固定总价合同中增加合同费用的违约主张，电建公司提出了在地质条件发生变化时，优化设计、重大设计变更方案情况下有权要求工程价款调整的抗辩。根据双方上述意见，应当认为双方对于工期违约、停工责任、费用增加等事项确有争议，但这些争议的具体解决需要对基础合同进行进一步的细致审理方能在查清事实的基础上分清责任。上述争议不足以让本院在审查独立保函欺诈时，即对基础关系进行初步审查时就能够坚信并完全认定五郎河公司《声明》所主张的内容中全部为虚假或者存在明显不合理部分，因此不能让本院完全排除对五郎河公司主张中存在有权可能性的合理怀疑，故本院不能认定五郎河公司构成独立保函欺诈。需要说明的是，基于审查的有限性及必要性原则，本院不对双方在基础合同中的任何违约进行实质性判断，双方可在其他法院审理的基础合同纠纷中继续解决相关争议。

另外，关于五郎河公司在基础合同中是否有违约行为对独立保函的索款是否有影响的问题。《独立保函司法解释》第14条第2款规定："止付申请人以受益人在基础交易中违约为由请求止付的，人民法院不予支持。"本院据此认为：独立保函独立于委托人和受益人之间的基础交易，出具独立保函的银行只负责审查受益人提交的单据是否符合保函条款的规定并有权自行决定是否付款，其付款义务不受委托人与受益人之间基础交易项下抗辩权的影响。此外，正如**指导案例109号**确立的裁判要点第2点所载明的："受益人在基础合同项下的违约情形，并不影响其按照独立保函的规定提交单据并进行索款的权利。"根据上述司法解释并参照指导案例的裁判要点，具体到本案，无论五郎河公司在基础合同中有无违约，基于独立保函的独立性，都不影响五郎河公司进行索款的权利，因此五郎河公司有无违约行为都不影响本案的裁判结果。需要说明的是，基于审查的有限性及必要性原则，五郎河公司有无违约行为同样不属于本案的审理范围，双方应当在基础合同的纠纷中另行解决相关争议。

此外，关于本案是否应为了等待基础合同纠纷的审理结果进而中止审理的问题。独立保函具有独立性和单据性特征，从而保证付款的快捷性和确定性。独立保函机制的特点在于扭转了传统的违约证明及诉讼风险分配方式，通过金融信用的介入，使权利人在基础交易违约争议期间能够先从开立人处获得付款，债权人和债务人嗣后再解决违约争议，也被称为"先付款，后争议"机制。独立保函的独立性原则和单据性原则是保障这一机制运行的基石。只要单据特征相符，无充分证据证明受益人构成欺诈，受益人就有权从开立人处获得保函中载明的金额。如果要求受益人等待基础合同争议最终审理完毕才能获偿，那么就与传统的保证责任"先争议，后付款"机制无异，独立保函制度就会因此丧失制度价值。故本院认为本案无须等待基础合同纠纷的处理结果，不应当中止审理，一审法院对此处理正确，本院予以确认。[（2019）京03民终10555号]

九、侵权责任纠纷

073 指导案例 140 号

李秋月等诉广州市花都区梯面镇红山村村民委员会违反安全保障义务责任纠纷案

公共场所经营管理者的安全保障义务应限于合理限度范围内，与其管理和控制能力相适应

有章

（最高人民法院审判委员会讨论通过　2020 年 10 月 9 日发布）

关键词：民事／安全保障义务／公共场所／损害赔偿

裁判要点

公共场所经营管理者的安全保障义务，应限于合理限度范围内，与其管理和控制能力相适应。完全民事行为能力人因私自攀爬景区内果树采摘果实而不慎跌落致其自身损害，主张经营管理者承担赔偿责任的，人民法院不予支持。

相关法条

《中华人民共和国侵权责任法》第 37 条第 1 款①

基本案情

红山村景区为国家 AAA 级旅游景区，不设门票。广东省广州市花都区梯面镇红山村村民委员会（以下简称红山村村民委员会）系景区内情人堤河道旁杨梅树的所有人，其未向村民或游客提供免费采摘杨梅的活动。2017 年 5 月 19 日下午，吴某私自上树采摘杨梅不慎从树上跌落受伤。随后，有村民将

① 《民法典》第 1198 条第 1 款。

吴某送红山村医务室，但当时医务室没有人员。有村民拨打120电话，但120救护车迟迟未到。后红山村村民李某1自行开车送吴某到广州市花都区梯面镇医院治疗。吴某于当天转至广州市中西医结合医院治疗，后因抢救无效于当天死亡。

红山村曾于2014年1月26日召开会议表决通过《红山村村规民约》，该村规民约第二条规定：每位村民要自觉维护村集体的各项财产利益，每个村民要督促自己的子女自觉维护村内的各项公共设施和绿化树木，如有村民故意破坏或损坏公共设施，要负责赔偿一切费用。

吴某系红山村村民，于1957年出生。李记坤系吴某的配偶，李秋月、李月如、李天托系吴某的子女。李秋月、李月如、李天托、李记坤向法院起诉，主张红山村村民委员会未尽到安全保障义务，在本案事故发生后，被告未采取及时和必要的救助措施，应对吴某的死亡承担责任。请求判令被告承担70%的人身损害赔偿责任631346.31元。

裁判结果

广东省广州市花都区人民法院于2017年12月22日作出（2017）粤0114民初6921号民事判决：一、被告广州市花都区梯面镇红山村村民委员会向原告李秋月、李月如、李天托、李记坤赔偿45096.17元，于本判决发生法律效力之日起10日内付清；二、驳回原告李秋月、李月如、李天托、李记坤的其他诉讼请求。宣判后，李秋月、李月如、李天托、李记坤与广州市花都区梯面镇红山村村民委员会均提出上诉。广东省广州市中级人民法院于2018年4月16日作出（2018）粤01民终4942号民事判决：驳回上诉，维持原判。二审判决生效后，广东省广州市中级人民法院于2019年11月14日作出（2019）粤01民监4号民事裁定，再审本案。广东省广州市中级人民法院于2020年1月20日作出（2019）粤01民再273号民事判决：一、撤销本院（2018）粤01民终4942号民事判决及广东省广州市花都区人民法院（2017）粤0114民初6921号民事判决；二、驳回李秋月、李月如、李天托、李记坤的诉讼请求。

裁判理由

法院生效裁判认为：本案的争议焦点是红山村村民委员会是否应对吴某

的损害后果承担赔偿责任。

首先，红山村村民委员会没有违反安全保障义务。红山村村民委员会作为红山村景区的管理人，虽负有保障游客免遭损害的安全保障义务，但安全保障义务内容的确定应限于景区管理人的管理和控制能力的合理范围之内。红山村景区属于开放式景区，未向村民或游客提供采摘杨梅的活动，杨梅树本身并无安全隐患，若要求红山村村民委员会对景区内的所有树木加以围蔽、设置警示标志或采取其他防护措施，显然超过善良管理人的注意标准。从爱护公物、文明出行的角度而言，村民或游客均不应私自爬树采摘杨梅。吴某作为具有完全民事行为能力的成年人，应当充分预见攀爬杨梅树采摘杨梅的危险性，并自觉规避此类危险行为。故李秋月、李月如、李天托、李记坤主张红山村村民委员会未尽安全保障义务，缺乏事实依据。

其次，吴某的坠亡系其私自爬树采摘杨梅所致，与红山村村民委员会不具有法律上的因果关系。《红山村村规民约》规定：村民要自觉维护村集体的各项财产利益，包括公共设施和绿化树木等。该村规民约是红山村村民的行为准则和道德规范，形成红山村的公序良俗。吴某作为红山村村民，私自爬树采摘杨梅，违反了村规民约和公序良俗，导致了损害后果的发生，该损害后果与红山村村民委员会不具有法律上的因果关系。

最后，红山村村民委员会对吴某私自爬树坠亡的后果不存在过错。吴某坠亡系其自身过失行为所致，红山村村民委员会难以预见和防止吴某私自爬树可能产生的后果。吴某跌落受伤后，红山村村民委员会主任李某2及时拨打120电话求救，在救护车到达前，另有村民驾车将吴某送往医院救治。因此，红山村村民委员会对吴某损害后果的发生不存在过错。

综上所述，吴某因私自爬树采摘杨梅不慎坠亡，后果令人痛惜。虽然红山村为事件的发生地，杨梅树为红山村村民委员会集体所有，但吴某的私自采摘行为有违村规民约，与公序良俗相悖，且红山村村民委员会并未违反安全保障义务，不应承担赔偿责任。

（生效裁判审判人员：龚连娣、张一扬、兰永军）

【实务问答】

1.《民法典》关于安全保障义务的规定有何变化？

《民法典》第1198条规定，宾馆、商场、银行、车站、机场、体育场馆、娱乐场所等经营场所、公共场所的经营者、管理者或者群众性活动的组织者，未尽到安全保障义务，造成他人损害的，应当承担侵权责任。因第三人的行为造成他人损害的，由第三人承担侵权责任；经营者、管理者或者组织者未尽到安全保障义务的，承担相应的补充责任。经营者、管理者或者组织者承担补充责任后，可以向第三人追偿。

相较原《侵权责任法》第37条，《民法典》第1198条有两处变化。一是在列举中增加了机场、体育场馆这两类典型的公共场所，另外将安全保障义务主体表述由原来的“公共场所的管理人”调整为“经营场所、公共场所的经营者、管理者”。二是增加规定了安全保障义务主体在承担相应的补充责任后有权向实施了直接侵权行为的第三人追偿。需要注意，根据该条，无论是安全保障义务主体的直接责任还是补充责任，都以其未尽到安全保障义务为前提条件。若安全保障义务主体尽到了安全保障义务，就可以免除责任。因而，本条规定的违反安全保障义务的侵权责任是一种过错责任。

2. 如何判断是否尽到安全保障义务？

安全保障义务人范围较广，涉及多个行业、多类主体，且不同义务人对不同保护对象所负有的安全保障义务是不同的，法律无法明确具体内容。实践中可参考安全保障义务人所在行业的普遍情况、所在地区的具体条件、所组织活动的规模等各种因素，从侵权行为的性质和力度、义务人的保安能力以及发生侵权行为前后所采取的防范、制止侵权行为的状况等方面综合判断。就本指导案例而言，安全保障义务内容的确定应限于景区管理人管理和控制能力的范围之内。红山村景区属于开放式景区，未向村民或游客提供采摘杨梅的活动，杨梅树本身并无安全隐患，若要求红山村村民委员会对景区内的所有树木加以围蔽、设置警示标志或采取其他防护措施，显然超过善良管理人的注意标准。因而，红山村村民委员会并未违反安全保障义务。

判断相关主体是否履行了安全保障义务，有以下四个判断标准可供参考：（1）法定标准。法律、法规对于安全保障的内容有直接规定的，应以法律、法规的规定内容作为判断的标准和依据。（2）行业标准。在法律、法规没有明确规定的情况下，安全保障义务应当达到同行业所应当达到的通常注意义务。（3）合同标准。合同约定标准也是判断安全保障义务人是否尽到相应义务的一种依据。（4）善良管理人标准。在法律没有规定明确的标准的情况下，是否履行了安全保障义务可按照善良管理人的标准认定。另外关于安全保障义务主体有无追偿权的问题，《民法典》第1198条第2款基于“第三人距离损害更近，属终局责任人”的角度，明确了安全保障义务主体承担相应的补充责任后，可向第三人追偿。

074 指导案例19号

赵春明等诉烟台市福山区汽车运输公司、卫德平等机动车交通事故责任纠纷案

机动车所有者将号牌出借他人套牌使用，发生交通事故后，出借方与肇事方应承担连带责任

（最高人民法院审判委员会讨论通过 2013年11月8日发布）

关键词：民事/机动车交通事故/责任/套牌/连带责任

裁判要点

机动车所有人或者管理人将机动车号牌出借他人套牌使用，或者明知他人套牌使用其机动车号牌不予制止，套牌机动车发生交通事故造成他人损害的，机动车所有人或者管理人应当与套牌机动车所有人或者管理人承担连带责任。

相关法条

《中华人民共和国侵权责任法》第八条①

① 《民法典》第1168条。

《中华人民共和国道路交通安全法》第十六条

基本案情

2008年11月25日5时30分许，被告林则东驾驶套牌的鲁F41703货车在同三高速公路某段行驶时，与同向行驶的被告周亚平驾驶的客车相撞，两车冲下路基，客车翻滚致车内乘客冯永菊当场死亡。经交警部门认定，货车司机林则东负主要责任，客车司机周亚平负次要责任，冯永菊不负事故责任。原告赵春明、赵某某、冯某某、侯某某分别系死者冯永菊的丈夫、儿子、父亲和母亲。

鲁F41703号牌在车辆管理部门登记的货车并非肇事货车，该号牌登记货车的所有人系被告烟台市福山区汽车运输公司（以下简称福山公司），实际所有人系被告卫德平，该货车在被告永安财产保险股份有限公司烟台中心支公司（以下简称永安保险公司）投保机动车第三者责任强制保险。

套牌使用鲁F41703号牌的货车（肇事货车）实际所有人为被告卫广辉，林则东系卫广辉雇佣的司机。据车辆管理部门登记信息反映，鲁F41703号牌登记货车自2004年4月26日至2008年7月2日，先后15次被以损坏或灭失为由申请补领号牌和行驶证。2007年8月23日卫广辉申请补领行驶证的申请表上有福山公司的签章。事发后，福山公司曾派人到交警部门处理相关事宜。审理中，卫广辉表示，卫德平对套牌事宜知情并收取套牌费，事发后卫广辉还向卫德平借用鲁F41703号牌登记货车的保单去处理事故，保单仍在卫广辉处。

发生事故的客车的登记所有人系被告朱荣明，但该车辆几经转手，现实际所有人系周亚平，朱荣明对该客车既不支配也未从该车运营中获益。被告上海腾飞建设工程有限公司（以下简称腾飞公司）系周亚平的雇主，但事发时周亚平并非履行职务。该客车在中国人民财产保险股份有限公司上海市分公司（以下简称人保公司）投保了机动车第三者责任强制保险。

裁判结果

上海市宝山区人民法院于2010年5月18日作出（2009）宝民一（民）初字第1128号民事判决：一、被告卫广辉、林则东赔偿四原告丧葬费、精神损害抚慰金、死亡赔偿金、交通费、误工费、住宿费、被扶养人生活费和律师费共计396863元；二、被告周亚平赔偿四原告丧葬费、精神损害抚慰金、死亡赔偿金、交通费、误工费、住宿费、被扶养人生活费和律师费共计170084元；三、被告福山公司、卫德平对上述判决主文第一项的赔偿义务承担连带责任；被告卫广辉、林则东、周亚平对上述判决主文第一、二项的赔偿义务互负连带责任；四、驳回四原告的其余诉讼请求。宣判后，卫德平提起上诉。上海市第二中级人民法院于2010年8月5日作出（2010）沪二中民一（民）终字第1353号民事判决：驳回上诉，维持原判。

裁判理由

法院生效裁判认为：根据本案交通事故责任认定，肇事货车司机林则东负事故主要责任，而卫广辉是肇事货车的实际所有人，也是林则东的雇主，故卫广辉和林则东应就本案事故损失连带承担主要赔偿责任。永安保险公司承保的鲁F41703货车并非实际肇事货车，其也不知道鲁F41703机动车号牌被肇事货车套牌，故永安保险公司对本案事故不承担赔偿责任。根据交通事故责任认定，本案客车司机周亚平对事故负次要责任，周亚平也是该客车的实际所有人，故周亚平应对本案事故损失承担次要赔偿责任。朱荣明虽系该客车的登记所有人，但该客车已几经转手，朱荣明既不支配该车，也未从该车运营中获益，故其对本案事故不承担责任。周亚平虽受雇于腾飞公司，但本案事发时周亚平并非在为腾飞公司履行职务，故腾飞公司对本案亦不承担责任。至于承保该客车的人保公司，因死者冯永菊系车内人员，依法不适用机动车交通事故责任强制保险，故人保公司对本案不承担责任。另，卫广辉和林则东一方、周亚平一方虽各自应承担的责任比例有所不同，但车祸的发生系两方的共同侵权行为所致，故卫广辉、林则东对于周亚平的应负责任份额、周亚平对于卫广辉、林则东的应负责任份额，均应互负连带责任。

鲁F41703货车的登记所有人福山公司和实际所有人卫德平，明知卫广辉等人套用自己的机动车号牌而不予阻止，且提供方便，纵容套牌货车在公路上行驶，福山公司与卫德平的行为已属于出借机动车号牌给他人使用的情形，该行为违反了《中华人民共和国道路交通安全法》等有关机动车管理的法律规定。将机动车号牌出借他人套牌使用，将会纵容不符合安全技术标准的机动车通过套牌在道路上行驶，增加道路交通的危险性，危及公共安全。套牌机动车发生交通事故造成损害，号牌出借人同样存在过错，对于肇事的套牌车一方应负的赔偿责任，号牌出借人应当承担连带责任。故福山公司和卫德平应对卫广辉与林则东一方的赔偿责任份额承担连带责任。

【实务问答】

1. 现行法律对套牌机动车中的连带责任是如何规定的？

对于此种情形，可适用《民法典》第1168条的规定。

《民法典》第1168条与原《侵权责任法》第8条的规定是一样的，即“二人以上共同实施侵权行为，造成他人损害的，应当承担连带责任”。该条是关于共同侵权负连带责任的规定，也是套牌机动车连带责任的请求权基础。所谓共同侵权，是指数人共同不法侵害他人权益造成损害的行为。其构成要件如下：（1）侵权主体的复数性，即要有两个以上的主体实施侵权行为，既可以是自然人，也可以是法人。（2）共同实施侵权行为。所谓“共同”包括共同故意实施、共同过失实施、数个行为相结合而实施。（3）侵权行为与损害后果间具有因果关系。（4）受害人遭受损害，且损害具有不可分割性。需要注意，套牌机动车中的连带责任需为被套牌机动车所有人或管理人同意套牌，若套牌者擅自套牌的，则由其承担责任。另需说明的是，共同侵权与连带责任的适用范围并不完全等同，两者也并非一一对应。除共同侵权行为外，连带责任在侵权范畴还适用其他多种情形，如《民法典》第七编“侵权责任”第五章规定的“拼装或已达报废标准的机动车的转让人和受让人承担连带责任”、第八章规定的“高度危险物的所有人与管理人承担连带责任”等。

2. 主动出借号牌与放任他人使用号牌，是否均需要承担连带责任？

机动车实行登记管理制度，发放机动车号牌是对机动车管理的重要手段。在机动车号牌申请和定期检验时，只有经检验符合国家安全技术标准的机动车才可核发号牌准许上路。机动车套牌行驶，增加了道路交通的危险性，严重违反《道路交通安全法》。对于这类违法行为，一方面需要行政机关加大执法力度，另一方面也需要强化交通事故民事赔偿责任，增加机动车号牌出借人的违法风险和成本。本指导案例即属后者。《道路交通安全法》规定，任何单位或者个人不得有使用其他机动车的登记证书、号牌、行驶证、检验合格标志、保险标志等行为。这一规定一方面明令禁止套用他人机动车号牌的行为，另一方面也包含了号牌车辆持有人对号牌的妥善管理义务，即不得出借或放任他人使用自己车辆的号牌。而不得出借或放任，意味着套牌行为又可分为两大类：一是出借号牌给他人使用；二是知道或应当知道他人套牌使用自己的号牌而不予制止。上述两种情形中，行为人对损害的发生都是存在过错的。也就是说，取得号牌的车主若将号牌借给他人，或知道（应该知道）他人机动车使用自己号牌而不予制止，对由此产生的肇事损失，其需承担连带责任。

【适用实例】

中国平安财产保险股份有限公司深圳分公司与唐某兴交通事故责任纠纷案

上诉人中国平安财产保险股份有限公司深圳分公司（以下简称平安保险公司）因与被上诉人唐某兴、原审被告郭某、刘某平、深圳市大鹏海滨汽车运输有限公司（以下简称海滨公司）机动车交通事故责任纠纷一案，不服广东省深圳市龙岗区人民法院一审民事判决，向广东省深圳市中级人民法院提起上诉。

平安保险公司上诉请求撤销原判，查清事实后发回重审或者改判。事实和理由：一审法院在认定本次交通事故的责任比例划分时，存在法律适用错误的情形。本案中，交通事故发生的时间为2015年2月26日，根据深圳市公安局交通警察支队龙岗大队出具的《道路交通事故认定书》明确得知，一审被告郭某承担此次事故的主要责任，刘某平承担次要责任。而一审法院在认定事故责任时，认为一审被告郭某、刘某平应互负连带责任，理由是最高人民法院2013年11月8日发布的**指导案例19号**确立了这种裁判准则，根据法律适用的规定，2011年5月1日起施行的《道路交通安全法》、2010年7月1日起施行的原《侵权责任法》、2012年12月21日施行的最高人民法院《关于审理道路交通事故损害赔偿案件适用法律若干问题的解释》（以下简称《道损解释》）的效力显然高于指导案例，而一审法院在认定时参照的是**指导**

案例19号。且该**指导案例19号**中阐述的是2008年发生的交通事故，该交通事故所认定的事实也与本案交通事故无任何相似之处，无论在法律适用上还是指导案例参照上，一审法院均存在适用法律错误的情形，严重损害了上诉人的合法权益。

唐某兴辩称：《道路交通安全法》第76条是指机动车侵权，并非共同侵权，因此《道路交通安全法》《道损解释》与最高人民法院《关于发布第五批指导性案例的通知》的通知并不冲突。一审法院根据指导案例确定侵权性质，后根据原《侵权责任法》第8条①进行判决，因此一审判决适用法律无误。保险公司提到的**指导案例19号**中永安保险公司不承担责任是因为其承包的货车并非实际肇事货车，并且也不知晓涉案的肇事车辆为套牌，因此才不承担赔偿责任。如果不是套牌，其就应当承担赔偿责任。保险公司认为其不是侵权人，因此不需要赔偿全部损失，一审法院判决超出原告诉求，但保险公司作为肇事车辆的保险公司理应承担本案肇事车辆应承担的损失。一审判决也指出了保险公司应当承担赔偿损失，按照误工与住宿期进行赔偿，被上诉人主张的63天并不过分。

一审法院认为，本次交通事故经交警部门依法认定，被告郭某承担主要责任，被告刘某平承担次要责任，唐某及余某无责任，法院对此认定予以认可。对于损害赔偿责任的分担比例，被告郭某应当承担70%的损害赔偿责任，被告刘某平应当承担30%的损害赔偿责任，被告大鹏海滨运输公司作为被告刘某平驾驶的肇事车辆车主，需对被告刘某平所承担责任部分负连带责任。对被告郭某与被告刘某平之间是否互为连带责任，参照最高人民法院**指导案例19号**，被告郭某、刘某平虽各自应承担的责任比例有所不同，但车祸的发生系两方共同侵权行为所致，故被告郭某、刘某平应互负连带责任。由于本案肇事车辆在被告平安保险公司投保了交强险、第三者商业保险，承保单位即被告平安保险公司在交强险范围内先行承担赔付责任，对超过交强险承保范围的，由第三者商业保险承担。如上述保险还不足赔付的，依照《道路交通安全法》《侵权责任法》的相关规定由被告郭某、刘某平承担连带责任。

---

① 《民法典》第1168条。

二审法院认为，本案为机动车交通事故责任纠纷，上诉主要争议焦点为两侵权人郭某和刘某平是否应承担连带责任，以及住宿费和误工费的认定是否合适。

在《侵权责任法》颁布施行前，最高人民法院《关于审理人身损害赔偿案件适用法律若干问题的解释》（法释〔2003〕20号）（以下简称《人损解释》）第3条第1款[①]规定："二人以上共同故意或者共同过失致人损害，或者虽无共同故意、共同过失，但其侵害行为直接结合发生同一损害后果的，构成共同侵权，应当依照民法通则第一百三十条规定承担连带责任。"，该条将共同侵权分为共同故意侵权、共同过失侵权和虽无共同故意和共同过失，但侵害行为直接结合发生同一损害后果的共同侵权，本案两驾驶员无意思联络，但各自的行为直接共同导致了受害人受损的后果，按该条规定可构成共同侵权，各侵权人承担连带责任。但该解释与2010年7月1日施行的《侵权责任法》的规定相冲突，应适用新法认定多个侵权人的责任，上述解释不适用本案。

最高人民法院**指导案例19号**的案情，是货车与客车相撞，致客车乘客死亡，货车负主要责任，客车负次要责任，货车是套牌车。上海市宝山区人民法院判决套牌货车司机和所有人与客车所有人按责任大小承担责任，货车的真实车牌所有人和管理人对套牌货车的司机和所有人的责任承担连带责任，并判决客车所有人与套牌货车的司机和所有人互负连带责任。上海市第二中级人民法院在二审中判决中维持原判。该判决虽然认定两车之间互负连带责任，但该指导案例的裁判要点是"机动车所有人或者管理人将机动车号牌出借他人套牌使用，或者明知他人套牌使用其机动车号牌不予制止，套牌机动车发生交通事故造成他人损害的，机动车所有人或者管理人应当与套牌机动车所有人或者管理人承担连带责任"，其裁判要点与本案没有关联，不适用于本案。

认定客车与货车互负连带责任，不属**该指导案例**裁判要点的范围，因此对本案的参考效力仅相当于一份普通的其他地区中级人民法院判决的效力，其参考效力的程度取决于判决的理由是否具有说服力，而非判决结果当然具

① 相关法条已修正。

有参考效力。该案中，上海市第二中级人民法院认为“（货车和客车）虽各自应承担的责任比例有所不同，但车祸的发生系两方的共同侵权行为所致，故……均应互负连带责任”，上述判决指出连带责任的基础是客车与货车共同侵权，但并未分析构成共同侵权有哪些要素、哪些关键事实是让法院认定构成共同侵权的原因。而本案，根据之前的分析，由于摩托车司机和轿车司机之间并无意思联络，并不构成共同侵权，故该指导案例关于两车互负连带责任对本案并无参考价值。综上，上诉人关于不应承担连带责任的上诉理由成立，应予请求，其他上诉请求不成立，应予驳回。［（2016）粤03民终9642号］

075 指导案例24号

荣宝英诉王阳、永诚财产保险股份有限公司江阴支公司机动车交通事故责任纠纷案

交通事故的受害人没有过错，其体质状况不属于可以减轻侵权人责任的法定情形

（最高人民法院审判委员会讨论通过　2014年1月26日发布）

关键词：民事/交通事故/过错责任

裁判要点

交通事故的受害人没有过错，其体质状况对损害后果的影响不属于可以减轻侵权人责任的法定情形。

相关法条

《中华人民共和国侵权责任法》第二十六条①

① 《民法典》第1173条。

《中华人民共和国道路交通安全法》第七十六条第一款第（二）项

基本案情

原告荣宝英诉称：被告王阳驾驶轿车与其发生刮擦，致其受伤。该事故经江苏省无锡市公安局交通巡逻警察支队滨湖大队（简称滨湖交警大队）认定：王阳负事故的全部责任，荣宝英无责。原告要求下述两被告赔偿医疗费用30006元、住院伙食补助费414元、营养费1620元、残疾赔偿金27658.05元、护理费6000元、交通费800元、精神损害抚慰金10500元，并承担本案诉讼费用及鉴定费用。

被告永诚财产保险股份有限公司江阴支公司（简称永诚保险公司）辩称：对于事故经过及责任认定没有异议，其愿意在交强险限额范围内予以赔偿；对于医疗费用30006元、住院伙食补助费414元没有异议；因鉴定意见结论中载明“损伤参与度评定为75%，其个人体质的因素占25%”，故确定残疾赔偿金应当乘以损伤参与度系数0.75，认可20743.54元；对于营养费认可1350元，护理费认可3300元，交通费认可400元，鉴定费用不予承担。

被告王阳辩称：对于事故经过及责任认定没有异议，原告的损失应当由永诚保险公司在交强险限额范围内优先予以赔偿；鉴定费用请求法院依法判决，其余各项费用同意保险公司意见；其已向原告赔偿20000元。

法院经审理查明：2012年2月10日14时45分许，王阳驾驶号牌为苏MT1888的轿车，沿江苏省无锡市滨湖区蠡湖大道由北往南行驶至蠡湖大道大通路口人行横道线时，碰擦行人荣宝英致其受伤。2月11日，滨湖交警大队作出《道路交通事故认定书》，认定王阳负事故的全部责任，荣宝英无责。事故发生当天，荣宝英即被送往医院治疗，发生医疗费用30006元，王阳垫付20000元。荣宝英治疗恢复期间，以每月2200元聘请一名家政服务人员。号牌苏MT1888轿车在永诚保险公司投保了机动车交通事故责任强制保险，保险期间为2011年8月17日0时起至2012年8月16日24时止。原、被告一致确认荣宝英的医疗费用为30006元、住院伙食补助费为414元、精神损害抚慰金为10500元。

荣宝英申请并经无锡市中西医结合医院司法鉴定所鉴定，结论为：1. 荣宝英左桡骨远端骨折的伤残等级评定为十级；左下肢损伤的伤残等级评定为九级。损伤参与度评定为75%，其个人体质的因素占25%。2. 荣宝英的误工期评定为150日，护理期评定为60日，营养期评定为90日。一审法院据此确认残疾赔偿金27658.05元扣减25%为20743.54元。

裁判结果

江苏省无锡市滨湖区人民法院于2013年2月8日作出（2012）锡滨民初字第1138号判决：一、被告永诚保险公司于本判决生效后十日内赔偿荣宝英医疗费用、住院伙食补助费、营养费、残疾赔偿金、护理费、交通费、精神损害抚慰金共计45343.54元。二、被告王阳于本判决生效后十日内赔偿荣宝英医疗费用、住院伙食补助费、营养费、鉴定费共计4040元。三、驳回原告荣宝英的其他诉讼请求。宣判后，荣宝英向江苏省无锡市中级人民法院提出上诉。无锡市中级人民法院经审理于2013年6月21日以原审适用法律错误为由作出（2013）锡民终字第497号民事判决：一、撤销无锡市滨湖区人民法院（2012）锡滨民初字第1138号民事判决；二、被告永诚保险公司于本判决生效后十日内赔偿荣宝英52258.05元。三、被告王阳于本判决生效后十日内赔偿荣宝英4040元。四、驳回原告荣宝英的其他诉讼请求。

裁判理由

法院生效裁判认为：《中华人民共和国侵权责任法》第二十六条①规定："被侵权人对损害的发生也有过错的，可以减轻侵权人的责任。"《中华人民共和国道路交通安全法》第七十六条第一款第（二）项规定，机动车与非机动车驾驶人、行人之间发生交通事故，非机动车驾驶人、行人没有过错的，由机动车一方承担赔偿责任；有证据证明非机动车驾驶人、行人有过错的，根据过错程度适当减轻机动车一方的赔偿责任。因此，交通事故中在计算残疾赔偿金是否应当扣减时应当根据受害人对损失的发生或扩大是否存在过错进行分析。本案中，虽然原告荣宝英的个人体质状况对损害后果的发生具有一定的影响，但这不是侵权责任法等法律规定的过错，荣宝英不应因个人体质状况对交通事故导致的伤残存在一定影响而自负相应责任，原审判决以伤残等级鉴定结论中将荣宝英个人体质状况"损伤参与度评定为75%"为由，

① 《民法典》第1173条。

在计算残疾赔偿金时作相应扣减属适用法律错误，应予纠正。

从交通事故受害人发生损伤及造成损害后果的因果关系看，本起交通事故的引发系肇事者王阳驾驶机动车穿越人行横道线时，未尽到安全注意义务碰擦行人荣宝英所致；本起交通事故造成的损害后果系受害人荣宝英被机动车碰撞、跌倒发生骨折所致，事故责任认定荣宝英对本起事故不负责任，其对事故的发生及损害后果的造成均无过错。虽然荣宝英年事已高，但其年老骨质疏松仅是事故造成后果的客观因素，并无法律上的因果关系。因此，受害人荣宝英对于损害的发生或者扩大没有过错，不存在减轻或者免除加害人赔偿责任的法定情形。同时，机动车应当遵守文明行车、礼让行人的一般交通规则和社会公德。本案所涉事故发生在人行横道线上，正常行走的荣宝英对将被机动车碰撞这一事件无法预见，而王阳驾驶机动车在路经人行横道线时未依法减速慢行、避让行人，导致事故发生。因此，依法应当由机动车一方承担事故引发的全部赔偿责任。

根据我国道路交通安全法的相关规定，机动车发生交通事故造成人身伤亡、财产损失的，由保险公司在机动车第三者责任强制保险责任限额范围内予以赔偿。而我国交强险立法并未规定在确定交强险责任时应依据受害人体质状况对损害后果的影响作相应扣减，保险公司的免责事由也仅限于受害人故意造成交通事故的情形，即便是投保机动车无责，保险公司也应在交强险无责限额内予以赔偿。因此，对于受害人符合法律规定的赔偿项目和标准的损失，均属交强险的赔偿范围，参照“损伤参与度”确定损害赔偿责任和交强险责任均没有法律依据。

【实务问答】

1. 受害者特殊体质是否适用侵权责任过失相抵的原则？

过失相抵，是指当受害人对于损害的发生或者损害结果的扩大具有过错时，依法减轻或者免除赔偿义务人的损害赔偿责任，从而公平合理地分配损害的一种制度，原《侵权责任法》第26条（《民法典》第1173条）对此做了规定。现代侵权法上，有关过失相抵原则，一般认为其源于公平观念和责任自负原则，是法律的衡平观念和诚实信用原则的产物。但需要注意的是，在侵权责任领域，受害人特殊体质并不属于原《侵权责任法》第26条及《民法典》第1173条规定的过错，不应基于此而减轻侵权人的责任。英美侵权法中，特殊体质受害人损害赔偿被称为“蛋壳脑袋理论”，即一个对他人犯有过失的人，不应计较受害人的个人特质，尽管受害人的这种个人特质增加了他遭受损害的可能性和程度，但是侵权人也不能以此作为减少应承担的损害赔偿金的理由。

特殊体质不属于侵权责任中的“过错”因素，具有特殊体质的受害人遭受侵害的，侵权人原则上应对受害人所遭受的全部损害承担赔偿责任，原因有以下几点：（1）侵权责任中的“过错”。“过错”分为故意和过失。“过错”是行为人实施侵权行为时的一种应受谴责的心理状态。正是由于这种应受谴责的心理状态，法律要对行为人所实施的行为作否定性评价，让其承担侵权责任。（2）受害人特殊体质不属于侵权责任中的“过错”。侵权领域的特殊体质指身体机能弱于常人的情况，包括身体型特殊体质和精神型特殊体质，也包括先天遗传或后天衰老、患病型特殊体质。体质是其身体的一种客观情况，与主观心理状态无关，不能将受害人体质虚弱认定为一种应受谴责的主观心理状态。（3）既然特殊体质不属于侵权领域中的过错，那么具有特殊体质的受害人遭受侵害的，赔偿义务人原则上应对受害人所遭受的全部损害承担赔偿责任。

2. 特殊体质的“损伤参与度”能否作为减轻保险公司赔付责任的事由？

人身损害案件尤其是机动车交通事故导致人身损害的案件中，鉴定意见书中经常会出现受害人特殊体质“损伤参与度”的表述。所谓“损伤参与度”，就是指损伤对后果的形成所起作用的份额。也就是说，当特殊体质受害人的生命权、健康权受到伤害时，由于受害人特殊体质的介入，可能会导致损害后果进一步扩大。对于这部分扩大的损害，是由侵权人全部承担还是由受害人根据其特殊体质的损害参与度进行分担，这也是研究特殊体质受害人损害赔偿问题的价值所在，是统一法院裁判标准的理论基础。而保险公司的赔付是否依据“损伤参与度”来进行则是由此引申出来的问题。在本指导案例中，保险公司即主张应按照伤残鉴定确定的“损伤参与度”将保险金相应扣减。

我们要意识到，在分配交通事故责任的时候，保险公司主张依“损伤参与度”扣减保险赔偿金，并不符合交强险（商业保险）设置目的与赔付规则。《道路交通安全法》第76条规定：“机动车发生交通事故造成人身伤亡、财产损失的，由保险公司在机动车第三者责任强制保险责任限额范围内予以赔偿……”《机动车交通事故责任强制保险条例》第21条规定：“被保险机动车发生道路交通事故造成本车人员、被保险人以外的受害人人身伤亡、财产损失的，由保险公司依法在机动车交通事故责任强制保险责任限额范围内予以赔偿。道路交通事故的损失是由受害人故意造成的，保险公司不予赔偿。”该条例第23条对各责任限额分别进行了明确。可以看出，相关立法并没有对因受害人体质状况对损伤存在参与度而应作相应扣减进行规定，交强险免责事由也仅限于受害人故意的情形。故，以“损伤参与度”为由扣减交强险赔付不存在相应法律依据。

就机动车第三者商业险而言，据前面第（1）部分所论，疾病等特殊体质非属过错，也不应因此而减轻侵权人的民事赔偿责任。只要受害人损害后果是由交通事故引发和造成的，保险公司便应当完整地承担保险赔偿责任。保险公司以鉴定部门鉴定意见显示的受害人特殊体质事故损害后果的“损伤参与度”比例为由主张调减，不符合机动车第三者商业险的设立目的。机动车第三者商业险是投保人缴纳保险费而由保险公司代替责任者赔偿的保险合同，基于保险制度的基本功能及公平对价之考量，保险公司赔付责任不应因存在特殊体质的“损伤参与度”而减轻。

【适用实例】

中国人民财产保险股份有限公司茂名市分公司与龙某、李某华机动车交通事故责任纠纷案

上诉人中国人民财产保险股份有限公司茂名市分公司（以下简称人民保险茂名公司）因与被上诉人龙某及原审被告李某华机动车交通事故责任纠纷一案，不服广东省茂名市茂南区人民法院一审民事判决，向广东省茂名市茂南区人民法院提起上诉。

人民保险茂名公司上诉请求撤销一审判决，依法改判人民保险茂名公司赔偿龙某61164.12元。事实和理由：一审判决引用最高人民法院发布的**指导**

案例24号作为判决的参考依据不当。根据第109号《司法鉴定意见书》中关于龙某“由于颈椎退行性变，造成颈椎稳定性差，抵抗能力下降，小的外力作用也能造成较为严重的损伤”的内容，可见龙某自身疾病对伤残等级具有一定影响力，不同于最高人民法院发布的**指导案例24号**中个人体质状况对伤残等级具有一定影响力。因此，一审判决适用该指导案例不当。综上，第109号《司法鉴定意见书》载明龙某的八级伤残是由于本次交通事故致其颈部在原有病变基础上再次损伤形成，龙某的自身疾病与本次交通事故造成的损伤共同导致其八级伤残。因此，计算龙某的残疾赔偿金时需要界定龙某自身疾病的损失参与度，龙某的残疾赔偿金为35700元。人民保险茂名公司认为重新鉴定的费用3376元也应由龙某负担，该公司仅需赔偿龙某61164.12元。恳请二审法院查明事实，支持人民保险茂名公司的上诉请求。

前审经过龙某辩称，一审判决认定事实清楚，适用法律正确。本案中，龙某对本次交通事故的发生没有责任，参照最高人民法院发布的**指导案例24号**裁判要点中关于受害人没有过错的情形下，其个人体质状况对损害后果的影响不属于可以减轻侵权人责任的法定情形的论述，龙某因本次交通事故造成的损失应由人民保险茂名公司全额赔偿。

二审法院认为依照《民诉法解释》第323条①“第二审人民法院应当围绕当事人的上诉请求进行审理。当事人没有提出请求的，不予审理，但一审判决违反法律禁止性规定，或者损害国家利益、社会公共利益、他人合法权益的除外”的规定并结合人民保险茂名公司的上诉请求，本案二审的争议焦点为：是否应参照第109号《司法鉴定意见书》评定的损伤参与度扣减人民保险茂名公司的保险赔付责任。

保险公司主张龙某自身疾病对损害后果的发生存在一定程度影响，且影响因素“自身疾病”与最高人民法院**指导案例24号**荣宝英诉王阳、永诚财产保险股份有限公司江阴支公司机动车交通事故责任纠纷案中因个人体质状况对损害后果的发生存在一定程度影响的中的影响因素“个人体质”不同。本院认为，上述指导案例24号认定受害人不应因为特殊体质在伤残中存有参与度而负担相应责任的理由之一是受害人的个人体质状况即使对损害后果的

① 《民诉法解释》（2022年修正）第321条。

发生存在一定程度的影响，但个人体质状况不属于可以减轻侵权人责任的法定情形，受害人对此并无过错，故侵权人应当承担全部损害赔偿责任，另外，基于交强险和商业三者险的设置目的、赔付规则，本案不应参照“损伤参与度”对保险赔付责任予以扣减。本案中，若龙某的自身疾病经法院认定不属于可以减轻侵权人责任的法定情形亦不是其自身过错，则应当基于上述**指导案例 24 号**阐明的理由，认定人民保险茂名公司应在保险责任限额内对龙某因本次交通事故造成的全部损失予以赔偿。

关于应否参照损伤参与度扣减人民保险茂名公司保险赔偿责任的问题，《机动车交通事故责任强制保险条例》第 21 条“被保险机动车发生道路交通事故造成本车人员、被保险人以外的受害人人身伤亡、财产损失的，由保险公司依法在机动车交通事故责任强制保险责任限额范围内予以赔偿。道路交通事故的损失是由受害人故意造成的，保险公司不予赔偿”规定了交强险的赔付责任。依照上述规定，损伤参与度不属于交强险不予赔偿的法定事由，龙某因本次交通事故造成的人身伤亡损失均属于交强险赔付范围，并依照《道路交通安全法》第 76 条的规定先由交强险予以赔偿。商业三者险是投保人缴纳保险费而由保险公司替代责任者进行赔偿的一种保险合同。本案中，投保人李某华基于上述第一点关于龙某的自身疾病不属于法定减轻侵权人赔偿责任的情形也不属于龙某的自身过错的认定，应依照《道路交通安全法》第 76 条的规定，对龙某因本次交通事故造成的损失中交强险赔偿不足部分承担全部赔偿责任，则人民保险茂名公司在商业三者险责任限额中的理赔责任也不应因此而减轻。

基于以上论述，人民保险茂名公司关于应参照损失参与度扣减其对龙某因本次交通事故造成的损失的保险赔付责任的主张没有事实和法律依据，本院不予支持；一审判决参照最高人民法院**指导案例 24 号**荣宝英诉王阳、永诚财产保险股份有限公司江阴支公司机动车交通事故责任纠纷案认定人民保险茂名公司在保险责任限额内对龙某的全部损失承担赔偿正确，应予维持。［（2019）粤 09 民终 514 号］

076 指导案例128号

李劲诉华润置地（重庆）有限公司环境污染责任纠纷案

光污染损害应依据国家标准、地方标准、行业标准，是否干扰他人正常生活、工作、学习，以及是否超出公众可容忍度等因素综合认定

（最高人民法院审判委员会讨论通过 2019年12月26日发布）

关键词：民事/环境污染责任/光污染/损害认定/可容忍度

裁判要点

由于光污染对人身的伤害具有潜在性、隐蔽性和个体差异性等特点，人民法院认定光污染损害，应当依据国家标准、地方标准、行业标准，是否干扰他人正常生活、工作和学习，以及是否超出公众可容忍度等进行综合认定。对于公众可容忍度，可以根据周边居民的反应情况、现场的实际感受及专家意见等判断。

相关法条

1.《中华人民共和国侵权责任法》第65条①、第66条②

2.《中华人民共和国环境保护法》第42条第1款

基本案情

原告李劲购买位于重庆市九龙坡区谢家湾正街×小区×幢×-×-×的住宅一套，并从2005年入住至今。被告华润置地（重庆）有限公司开发建设的万象城购物中心与原告住宅相隔一条双向六车道的公路，双向六车道中间为轻轨线路。万象城购物中心与原告住宅之间无其他遮挡物。在正对原告

① 《民法典》第1229条。

② 《民法典》第1230条。

住宅的万象城购物中心外墙上安装有一块LED显示屏用于播放广告等，该LED显示屏广告位从2014年建成后开始投入运营，每天播放宣传资料及视频广告等，其产生强光直射入原告住宅房间，给原告的正常生活造成影响。

2014年5月，原告小区的业主向市政府公开信箱投诉反映：从5月3日开始，谢家湾华润二十四城的万象城的巨型LED屏幕开始工作，LED巨屏的强光直射进其房间，造成严重的光污染，并且宣传片的音量巨大，影响了其日常生活，希望有关部门让万象城减小音量并且调低LED屏幕亮度。2014年9月，黄杨路×小区居民向市政府公开信箱投诉反映：万象城有块巨型LED屏幕通宵播放资料广告，产生太强光线，导致夜间无法睡眠，无法正常休息。万象城大屏夜间光污染严重影响周边小区高层住户，请相关部门解决，禁止夜间播放，或者禁止通宵播放，只能在晚上八点前播放，并调低亮度。2018年2月，原告小区的住户向市政府公开信箱投诉反映：万象城户外广告大屏就是住户的噩梦，该广告屏每天播放视频广告，光线极强还频繁闪动，住在对面的业主家里夜间如同白昼，严重影响老人和小孩的休息，希望相关部门尽快对其进行整改。

本案审理过程中，人民法院组织原、被告双方于2018年8月11日晚到现场进行了查看，正对原告住宅的一块LED显示屏正在播放广告视频，产生的光线较强，可直射入原告住宅居室，当晚该LED显示屏播放广告视频至20时58分关闭。被告公司员工称该LED显示屏面积为160㎡。

就案涉光污染问题是否能进行环境监测的问题，人民法院向重庆市九龙坡区生态环境监测站进行了咨询，该站负责人表示，国家与重庆市均无光污染环境监测方面的规范及技术指标，所以监测站无法对光污染问题开展环境监测。重庆法院参与环境资源审判专家库专家、重庆市永川区生态环境监测站副站长也表示从环保方面光污染没有具体的标准，但从民事法律关系的角度，可以综合其余证据判断是否造成光污染。从本案原告提交的证据看，万象城电子显示屏对原告的损害客观存在，主要体现为影响原告的正常休息。就LED显示屏产生的光辐射相关问题，法院向重庆大学建筑城规学院教授、中国照明学会副理事长以及重庆大学建筑城规学院高级工程师、中国照明学会理事等专家作了咨询，专家表示，LED的光辐射一是对人有视觉影响，其中失能眩光和不舒适眩光对人的眼睛有影响；另一方面是生物影响：人到晚上随着光照强度下降，渐渐入睡，是褪黑素和皮质醇两种激素发生作用的结果——褪黑素晚上上升、白天下降，皮质醇相反。如果光辐射太强，使人生物钟紊乱，长期就会有影响。另外LED的白光中有蓝光成分，蓝光对人的视网膜有损害，而且不可修复。但户外蓝光危害很难检测，时间、强度的标准是多少，有待标准出台确定。关于光照亮度对人的影响，有研究结论认为一般在400cd/㎡以下对人的影响会小一点，但动态广告屏很难适用。对于亮度的规范，不同部门编制的规范对亮度的限值不同，但LED显示屏与直射的照明灯光还是有区别，以LED显示屏的相关国家标准来认定比较合适。

裁判结果

重庆市江津区人民法院于2018年12月28日作出（2018）渝0116民初6093号判决：一、被告华润置地（重庆）有限公司从本判决生效之日起，立即停止其在运行重庆市九龙坡区谢家湾正街万象城购物中心正对原告李劲位于重庆市九龙坡区谢家湾正街×小区×幢住宅外墙上的一块LED显示屏时对原告李劲的光污染侵害：1. 前述LED显示屏在5月1日至9月30日期间开启时间应在8：30之后，关闭时间应在22：00之前；在10月1日至4月30日期间开启时间应在8：30之后，关闭时间应在21：50之前。2. 前述LED显示屏在每日19：00后的亮度值不得高于600cd/㎡。二、驳回原告李劲的其余诉讼请求。一审宣判后，双方当事人均未提出上诉，判决已发生法律效力。

裁判理由

法院生效裁判认为：保护环境是我国的基本国策，一切单位和个人都有保护环境的义务。《中华人民共和国民法总则》第九条①规定："民事主体从事民事活动，应当有利于节约资源、保护生态环境。"《中华人民共和国物权法》第九十条②规定："不动产权利人不得违反国家规定弃置固体废物，排放大气污染物、水污染物、噪声、光、电磁波辐射等有害物质。"《中华人民共和国环境保护法》第四十二条第一款规定："排放污染物的企业事业单位和其他生产经营者，应当采取措施，防治在生产建设或者其他活动中产生的废

① 《民法典》第9条。
② 《民法典》第294条。

气、废水、废渣、医疗废物、粉尘、恶臭气体、放射性物质以及噪声、振动、光辐射、电磁辐射等对环境的污染和危害。”本案系环境污染责任纠纷，根据《中华人民共和国侵权责任法》第六十五条①规定：“因污染环境造成损害的，污染者应当承担侵权责任。”环境污染侵权责任属特殊侵权责任，其构成要件包括以下三个方面：一是污染者有污染环境的行为；二是被侵权人有损害事实；三是污染者污染环境的行为与被侵权人的损害之间有因果关系。

一、关于被告是否有污染环境的行为

被告华润置地（重庆）有限公司作为万象城购物中心的建设方和经营管理方，其在正对原告住宅的购物中心外墙上设置LED显示屏播放广告、宣传资料等，产生的强光直射进入原告的住宅居室。根据原告提供的照片、视频资料等证据，以及组织双方当事人到现场查看的情况，可以认定被告使用LED显屏播放广告、宣传资料等所产生的强光已超出了一般公众普遍可容忍的范围，就大众的认知规律和切身感受而言，该强光会严重影响相邻人群的正常工作和学习，干扰周围居民正常生活和休息，已构成由强光引起的光污染。被告使用LED显示屏播放广告、宣传资料等造成光污染的行为已构成污染环境的行为。

二、关于被侵权人的损害事实

环境污染的损害事实主要包含了污染环境的行为致使当事人的财产、人身受到损害以及环境受到损害的事实。环境污染侵权的损害后果不同于一般侵权的损害后果，不仅包括症状明显并可计量的损害结果，还包括那些症状不明显或者暂时无症状且暂时无法用计量方法反映的损害结果。本案系光污染纠纷，光污染对人身的伤害具有潜在性和隐蔽性等特点，被侵权人往往在开始受害时显露不出明显的受损害症状，其所遭受的损害往往暂时无法用精确的计量方法来反映。但随着时间的推移，损害会逐渐显露。参考本案专家意见，光污染对人的影响除了能够感知的对视觉的影响外，太强的光辐射会造成人生物钟紊乱，短时间看不出影响，但长期会带来影响。本案中，被告使用LED显示屏播放广告、宣传资料等所产生的强光，已超出了一般人可容忍的程度，影响了相邻居住的原告等居民的正常生活和休息。根据日常生活

① 《民法典》第1229条。

经验法则，被告运行LED显示屏产生的光污染势必会给原告等人的身心健康造成损害，这也为公众普遍认可。综上，被告运行LED显示屏产生的光污染已致使原告居住的环境权益受损，并导致原告的身心健康受到损害。

三、被告是否应承担污染环境的侵权责任

《中华人民共和国侵权责任法》第六十六条[①]规定："因污染环境发生纠纷，污染者应当就法律规定的不承担责任或者减轻责任的情形及其行为与损害之间不存在因果关系承担举证责任。"本案中，原告已举证证明被告有污染环境的行为及原告的损害事实。被告需对其在本案中存在法律规定的不承担责任或者减轻责任的情形，或被告污染行为与损害之间不存在因果关系承担举证责任。但被告并未提交证据对前述情形予以证实，对此被告应承担举证不能的不利后果，应承担污染环境的侵权责任。根据《最高人民法院关于审理环境侵权责任纠纷案件适用法律若干问题的解释》[②]第十三条规定："人民法院应当根据被侵权人的诉讼请求以及具体案情，合理判定污染者承担停止侵害、排除妨碍、消除危险、恢复原状、赔礼道歉、赔偿损失等民事责任。"环境侵权的损害不同于一般的人身损害和财产损害，对侵权行为人承担的侵权责任有其独特的要求。由于环境侵权是通过环境这一媒介侵害到一定地区不特定的多数人的人身、财产权益，而且一旦出现可用计量方法反映的损害，其后果往往已无法弥补和消除。因此在环境侵权中，侵权行为人实施了污染环境的行为，即使还未出现可计量的损害后果，即应承担相应的侵权责任。本案中，从市民的投诉反映看，被告作为万象城购物中心的经营管理者，其在生产经营过程中，理应认识到使用LED显示屏播放广告、宣传资料等发出的强光会对居住在对面以及周围住宅小区的原告等人造成影响，并负有采取必要措施以减少对原告等人影响的义务。但被告仍然一直使用LED显示屏播放广告、宣传资料等，其产生的强光明显超出了一般人可容忍的程度，构成光污染，严重干扰了周边人群的正常生活，对原告等人的环境权益造成损害，进而损害了原告等人的身心健康。因此即使原告尚未出现明显症状，其生活受到光污染侵扰、环境权益受到损害也是客观存在的事实，故被

① 《民法典》第1230条。

② 以下简称《环境侵权解释》。

告应承担停止侵害、排除妨碍等民事责任。

（生效裁判审判人员：姜玲、罗静、张志贵）

【实务问答】

1. 光污染的概念是什么？

光污染，又称光辐射污染，泛指影响自然环境，对人类正常生活、工作、休息和娱乐带来不利影响，损害人们观察物体的能力，引起人体不舒适感和损害人体健康的各种光的污染。从波长10纳米至1毫米的光辐射，即紫外辐射、可见光和红外辐射，在不同的条件下都可能成为光辐射污染。《城市夜景照明设计规范》（JGJ/T163—2008）规定光污染是指干扰光或过量的光辐射（含可见光、紫外和红外光辐射）对人、生态环境和天文观测等造成的负面影响的总称；《LED显示屏干扰光评价要求》（GB/T36101—2018）适用于LED显示屏对居民和机动车驾驶人员的夜间干扰光的评价，规定干扰光是指LED显示屏的亮度、色度、画面切换速度等引起的人的不舒适感觉或视觉功能下降的光。

2. 如何认定光污染损害？

光辐射污染是继废气、废水、废渣和噪声等污染之后的一种新的环境污染源，对人体健康有不良影响。近年来，随着城市景观建设规模的扩大和建设水平的提高，许多建筑物采用玻璃幕墙、景观灯光带虽然增加了城市的美感，但也带来了光污染问题。光污染主要包括白亮污染、人工白昼污染和彩光污染。在日照光线强烈的季节里，建筑物的钢化玻璃、釉面砖墙、铝合金板、磨光花岗岩、大理石和高级涂料等装饰，炫目逼人，这就是白亮污染。白亮污染会伤害眼睛的角膜和虹膜，引起视力下降，增加白内障的发病率。光污染作为一种新类型环境污染，对于此类不可量物是否污染环境，应当依据国家标准、地方、行业标准，结合是否干扰他人正常生活、学习和工作，以及是否超出社会公众一般的容忍限度进行综合认定。尽管目前没有法律对光污染进行明确界定，但在相邻相关系的处理中，法院可依据习惯与经验法则，综合其他证据综合认定是否构成光污染。就公众的认知规律与实际感受而言，本指导案例中的强光，无疑会严重影响到周围居民正常的工作、学习，严重干扰正常生活、休息，属强光引起的光污染。因而，案例中被告使用LED显示屏播放广告与宣传资料所造成的光污染已构成对环境的污染环境。

077 指导案例127号

吕金奎等79人诉山海关船舶重工有限责任公司海上污染损害责任纠纷案

排放未纳入环境标准但能够造成环境损害的物质亦属于环境污染责任中的“污染物”

（最高人民法院审判委员会讨论通过　2019年12月26日发布）

关键词：民事/海上污染损害责任/污染物排放标准

裁判要点

根据海洋环境保护法等有关规定，海洋环境污染中的“污染物”不限于国家或者地方环境标准明确列举的物质。污染者向海水水域排放未纳入国家或者地方环境标准的含有铁物质等成分的污水，造成渔业生产者养殖物损害的，污染者应当承担环境侵权责任。

相关法条

1.《中华人民共和国侵权责任法》第65条①、第66条②

2.《中华人民共和国海洋环境保护法》（2017年修正）第94条第1项（本案适用的是2013年修正的《中华人民共和国海洋环境保护法》第95条第1项）

① 《民法典》第1229条。
② 《民法典》第1230条。

基本案情

2010年8月2日上午，秦皇岛山海关老龙头东海域海水出现异常。当日11时30分，秦皇岛市环境保护局接到举报，安排环境监察、监测人员，协同秦皇岛市山海关区渤海乡副书记、纪委书记等相关人员到达现场，对海岸情况进行巡查。根据现场巡查情况，海水呈红褐色、浑浊。秦皇岛市环境保护局的工作人员同时对海水进行取样监测，并于8月3日作出《监测报告》对海水水质进行分析，分析结果显示海水pH值8.28、悬浮物24mg/L、石油类0.082mg/L、化学需氧量2.4mg/L、亚硝酸盐氮0.032mg/L、氨氮0.018mg/L、硝酸盐氮0.223mg/L、无机氮0.273mg/L、活性磷酸盐0.006mg/L、铁13.1mg/L。

大连海事大学海事司法鉴定中心（以下简称司法鉴定中心）接受法院委托，就涉案海域污染状况以及污染造成的养殖损失等问题进行鉴定。《鉴定意见》的主要内容：（一）关于海域污染鉴定。1、鉴定人采取卫星遥感技术，选取NOAA卫星2010年8月2日北京时间5时44分和9时51分两幅图像，其中5时44分图像显示山海关船舶重工有限责任公司（以下简称山船重工公司）附近海域存在一片污染海水异常区，面积约5平方千米；9时51分图像显示距山船重工公司以南约4千米海域存在污染海水异常区，面积约10平方千米。2、对污染源进行分析，通过排除赤潮、大面积的海洋溢油等污染事故，确定卫星图像上污染海水异常区应由大型企业污水排放或泄漏引起。根据山船重工公司系山海关老龙头附近临海唯一大型企业，修造船舶会产生大量污水，船坞刨锈污水中铁含量很高，一旦泄漏将严重污染附近海域，推测出污染海水源地系山船重工公司，泄漏时间约在2010年8月2日北京时间00时至04时之间。3、对养殖区受污染海水进行分析，确定了王丽荣等21人的养殖区地理坐标，并将上述当事人的养殖区地理坐标和污染水域的地理坐标一起显示在电子海图上，得出污染水域覆盖了全部养殖区的结论。（二）关于养殖损失分析。鉴定人对水质环境进行评价，得出涉案海域水质中悬浮物、铁及石油类含量较高，已远远超过《渔业水质标准》和《海水水质标准》，污染最严重的因子为铁，对渔业和养殖水域危害程度较大。同时，确定吕金国等人存在养殖损失。

山船重工公司对《鉴定意见》养殖损失部分发表质证意见，主要内容为认定海水存在铁含量超标的污染无任何事实根据和鉴定依据。1、鉴定人评价养殖区水质环境的唯一依据是秦皇岛市环境保护局出具的《监测报告》，而该报告在格式和内容上均不符合《海洋监测规范》的要求，分析铁含量所采用的标准是针对地面水、地下水及工业废水的规定，《监测报告》对污染事实无任何证明力；2、《鉴定意见》采用的《渔业水质标准》和《海水水质标准》中，不存在对海水中铁含量的规定和限制，故铁含量不是判断海洋渔业水质标准的指标。即使铁含量是指标之一，其达到多少才能构成污染损害，亦无相关标准。

又查明，《鉴定意见》鉴定人之一在法院审理期间提交《分析报告》，主要内容：（一）介绍分析方法。（二）对涉案海域污水污染事故进行分析。1、对山海关老龙头海域卫星图像分析和解译。2、污染海水漂移扩散分析。3、污染源分析。因卫星图像上污染海水异常区灰度值比周围海水稍低，故排除海洋赤潮可能；因山海关老龙头海域无油井平台，且8月2日前后未发生大型船舶碰撞、触礁搁浅事故，故排除海洋溢油可能。据此，推测污染海水区应由大型企业污水排放或泄漏引起，山船重工公司为山海关老龙头附近临海唯一大型企业，修造船舶会产生大量污水，船坞刨锈污水中铁含量较高，向外泄漏将造成附近海域严重污染。4、养殖区受污染海水分析。将养殖区地理坐标和污染水域地理坐标一起显示在电子海图上，得出污染水域覆盖全部养殖区的结论。

吕金奎等79人诉至法院，以山船重工公司排放的大量红色污水造成扇贝大量死亡，使其受到重大经济损失为由，请求判令山船重工公司赔偿。

裁判结果

天津海事法院于2013年12月9日作出（2011）津海法事初字第115号民事判决：一、驳回原告吕金奎等50人的诉讼请求；二、驳回原告吕金国等29人的诉讼请求。宣判后，吕金奎等79人提出上诉。天津市高级人民法院于2014年11月11日作出（2014）津高民四终字第22号民事判决：一、撤销天津海事法院（2011）津海法事初字第115号民事判决；二、山海关船舶重工有限责任公司于本判决送达之日起十五日内赔偿王丽荣等21人养殖损失共计1377696元；三、驳回吕金奎等79人的其他诉讼请求。

裁判理由

法院生效裁判认为，《中华人民共和国侵权责任法》第六十六条①规定，因污染环境发生纠纷，污染者应当就法律规定的不承担责任或者减轻责任的情形及其行为与损害之间不存在因果关系承担举证责任。吕金奎等79人应当就山船重工公司实施了污染行为、该行为使自己受到了损害之事实承担举证责任，并提交污染行为和损害之间可能存在因果关系的初步证据；山船重工公司应当就法律规定的不承担责任或者减轻责任的情形及行为与损害之间不存在因果关系承担举证责任。

关于山船重工公司是否实施污染行为。吕金奎等79人为证明污染事实发生，提交了《鉴定意见》《分析报告》《监测报告》以及秦皇岛市环境保护局出具的函件等予以证明。关于上述证据对涉案污染事实的证明力，原审法院依据吕金奎等79人的申请委托司法鉴定中心进行鉴定，该司法鉴定中心业务范围包含海事类司法鉴定，三位鉴定人均具有相应的鉴定资质，对鉴定单位和鉴定人的资质予以确认。而且，《分析报告》能够与秦皇岛市山海关区在《询问笔录》中的陈述以及秦皇岛市环境保护局出具的函件相互佐证，上述证据可以证实秦皇岛山海关老龙头海域在2010年8月2日发生污染的事实。《中华人民共和国海洋环境保护法》第九十五条第一项②规定："海洋环境污染损害，是指直接或者间接地把物质或者能量引入海洋环境，产生损害海洋生物资源、危害人体健康、妨害渔业和海上其他合法活动、损害海水使用素质和减损环境质量等有害影响。"《鉴定意见》根据污染海水异常区灰度值比周围海水稍低的现象，排除海洋赤潮的可能；通过山海关老龙头海域无油井平台以及2010年8月2日未发生大型船舶碰撞、触礁搁浅等事实，排除海洋溢油的可能；进而，根据《监测报告》中海水呈红褐色、浑浊，铁含量为13.1mg/L的监测结果，得出涉案污染事故系严重污水排放或泄漏导致的推论。同时，根据山船重工公司为山海关老龙头附近临海唯一大型企业以及公司的主营业务为船舶修造的事实，得出污染系山船重工公司在修造大型船舶过程中泄漏含铁量较高的刨锈污水导致的结论。山船重工公司虽不认可

① 《民法典》第1230条。
② 《海洋环境保护法》（2017年修正）第94条第1项。

《鉴定意见》的上述结论，但未能提出足以反驳的相反证据和理由，故对《鉴定意见》中关于污染源分析部分的证明力予以确认，并据此认定山船重工公司实施了向海水中泄漏含铁量较高污水的污染行为。

关于吕金奎等79人是否受到损害。《鉴定意见》中海域污染鉴定部分在确定了王丽荣等21人养殖区域的基础上，进一步通过将养殖区地理坐标与污染海水区地理坐标一起显示在电子海图上的方式，得出污染海水区全部覆盖养殖区的结论。据此，认定王丽荣等21人从事养殖且养殖区域受到了污染。

关于污染行为和损害之间的因果关系。王丽荣等21人在完成上述证明责任的基础上，还应提交证明污染行为和损害之间可能存在因果关系的初步证据。《鉴定意见》对山海关老龙头海域水质进行分析，其依据秦皇岛市环境保护局出具的《监测报告》将该海域水质评价为悬浮物、铁物质及石油含量较高，污染最严重的因子为铁，对渔业和养殖水域危害程度较大。至此，王丽荣等21人已完成海上污染损害赔偿纠纷案件的证明责任。山船重工公司主张其非侵权行为人，应就法律规定的不承担责任或者减轻责任的情形及行为与损害之间不存在因果关系承担举证责任。山船重工公司主张因《鉴定意见》采用的评价标准中不存在对海水中铁含量的规定和限制，故铁不是评价海水水质的标准；且即使铁含量是标准之一，其达到多少才能构成污染损害亦无相关指标。对此，人民法院认为：第一，《中华人民共和国海洋环境保护法》① 明确规定，只要行为人将物质或者能量引入海洋造成损害，即视为污染；《中华人民共和国侵权责任法》第六十五条②亦未将环境污染责任限定为排污超过国家标准或者地方标准。故，无论国家或地方标准中是否规定了某类物质的排放控制要求，或排污是否符合国家或地方规定的标准，只要能够确定污染行为造成环境损害，行为人就须承担赔偿责任。第二，我国现行有效评价海水水质的《渔业水质标准》和《海水水质标准》实施后长期未进行修订，其中列举的项目已不足以涵盖当今可能造成污染的全部物质。据此，《渔业水质标准》和《海水水质标准》并非判断某类物质是否造成污染损害的唯一依据。第三，秦皇岛市环境保护局亦在《秦皇岛市环保局复核意

① 《海洋环境保护法》(2017年修正)。

② 《民法典》第1229条。

见》中表示，因国家对海水中铁物质含量未明确规定污染物排放标准，故是否影响海水养殖需相关部门专家进一步论证。本案中，出具《鉴定意见》的鉴定人具备海洋污染鉴定的专业知识，其通过对相关背景资料进行分析判断，作出涉案海域水质中铁物质对渔业和养殖水域危害程度较大的评价，具有科学性，应当作为认定涉案海域被铁物质污染的依据。

（生效裁判审判人员：耿小宁、唐娜、李善川）

【实务问答】

1. 排污行为符合排放控制要求是否意味着无须承担侵权责任？

按照《海洋环境保护法》第 94 条的规定，海洋环境污染损害，是指直接或者间接地把物质或者能量引入海洋环境，产生损害海洋生物资源、危害人体健康、妨害渔业和海上其他合法活动、损害海水使用素质和减损环境质量等有害影响。同时，根据该法，只要行为人将物质或能量引入海洋造成损害，即视为污染。《民法典》第 1229 条也未将排污类的环境污染责任限定在超过国家标准或地方标准范围内。《环境侵权解释》第 1 条第 2 款亦明确规定："侵权人以排污符合国家或者地方污染物排放标准为由主张不承担责任的，人民法院不予支持。"因此，无论国家标准还是地方标准中是否明确了某类物质的排放控制要求，或排污行为是否符合国家或地方规定的标准，只要能确定污染行为造成环境损害，行为人就应当承担赔偿责任。

2. 环境侵权责任有何特点？

环境侵权责任为无过错责任。因污染环境、破坏生态造成他人损害，不论侵权人有无过错，侵权人应当承担侵权责任。准确把握环境侵权责任的概念，需要注意以下几点：（1）环境侵权责任是特殊侵权责任，突出特点是适用无过错责任原则。即无论侵权人主观上有无过错，只要实施污染行为造成损害，都应当承担赔偿责任。（2）环境侵权责任保护的环境属于广义概念，生态环境也在其中，即污染环境、破坏生态都属于环境侵权责任所保护的范围。《民法典》第 1229 条对此进行了明确。（3）行为人的行为可以是作为，也可以是不作为。在污染环境的行为中，不作为的形式也更为常见。（4）环境侵权责任保护的被侵权人范围。环境损害，并不仅指自然人、法人或者其他组织的人身损害和财产损害，还包括更广泛的损害，即社会公共利益损害。这也是环境民事公益诉讼案件的依据所在。

078 指导案例129号

江苏省人民政府诉安徽海德化工科技有限公司生态环境损害赔偿案

环境污染责任纠纷中可根据责任人的主观过错、经营情况等因素，在责任人提供有效担保后判令其分期支付赔偿费用

（最高人民法院审判委员会讨论通过　2019年12月26日发布）

关键词：民事/生态环境损害赔偿诉讼/分期支付

裁判要点

企业事业单位和其他生产经营者将生产经营过程中产生的危险废物交由不具备危险废物处置资质的企业或者个人进行处置，造成环境污染的，应当承担生态环境损害责任。人民法院可以综合考虑企业事业单位和其他生产经营者的主观过错、经营状况等因素，在责任人提供有效担保后判决其分期支付赔偿费用。

相关法条

1.《中华人民共和国侵权责任法》第65条①

2.《中华人民共和国环境保护法》第64条

基本案情

2014年4月28日，安徽海德化工科技有限公司（以下简称海德公司）营销部经理杨峰将该公司在生产过程中产生的29.1吨废碱液，交给无危险废

①《民法典》第1229条。

物处置资质的李宏生等人处置。李宏生等人将上述废碱液交给无危险废物处置资质的孙志才处置。2014 年 4 月 30 日，孙志才等人将废碱液倾倒进长江，造成了严重环境污染。2014 年 5 月 7 日，杨峰将海德公司的 20 吨废碱液交给李宏生等人处置，李宏生等人将上述废碱液交给孙志才处置。孙志才等人于 2014 年 5 月 7 日及同年 6 月 17 日，分两次将废碱液倾倒进长江，造成江苏省靖江市城区 5 月 9 日至 11 日集中式饮用水源中断取水 40 多个小时。2014 年 5 月 8 日至 9 日，杨峰将 53.34 吨废碱液交给李宏生等人处置，李宏生等人将上述废碱液交给丁卫东处置。丁卫东等人于 2014 年 5 月 14 日将该废碱液倾倒进新通扬运河，导致江苏省兴化市城区集中式饮用水源中断取水超过 14 小时。上述污染事件发生后，靖江市环境保护局和靖江市人民检察院联合委托江苏省环境科学学会对污染损害进行评估。江苏省环境科学学会经调查、评估，于 2015 年 6 月作出了《评估报告》。江苏省人民政府向江苏省泰州市中级人民法院提起诉讼，请求判令海德公司赔偿生态环境修复费用 3637.90 万元，生态环境服务功能损失费用 1818.95 万元，承担评估费用 26 万元及诉讼费等。

裁判结果

江苏省泰州市中级人民法院于 2018 年 8 月 16 日作出（2017）苏 12 民初 51 号民事判决：一、被告安徽海德化工科技有限公司赔偿环境修复费用 3637.90 万元；二、被告安徽海德化工科技有限公司赔偿生态环境服务功能损失费用 1818.95 万元；三、被告安徽海德化工科技有限公司赔偿评估费用 26 万元。宣判后，安徽海德化工科技有限公司提出上诉，江苏省高级人民法院于 2018 年 12 月 4 日作出（2018）苏民终 1316 号民事判决：一、维持江苏省泰州市中级人民法院（2017）苏 12 民初 51 号民事判决。安徽海德化工科技有限公司应于本判决生效之日起六十日内将赔偿款项 5482.85 万元支付至泰州市环境公益诉讼资金账户。二、安徽海德化工科技有限公司在向江苏省泰州市中级人民法院提供有效担保后，可于本判决生效之日起六十日内支付上述款项的 20%（1096.57 万元），并于 2019 年 12 月 4 日、2020 年 12 月 4 日、2021 年 12 月 4 日、2022 年 12 月 4 日前各支付上述款项的 20%（每期 1096.57 万元）。如有一期未按时履行，江苏省人民政府可以就全部未赔偿款项申请法院强制执行。如安徽海德化工科技有限公司未按本判决指定的期限履行给付义务，应当依照《中华人民共和国民事诉讼法》第二百五十三条①之规定，加倍支付迟延履行期间的债务利息。

裁判理由

法院生效裁判认为，海德公司作为化工企业，对其在生产经营过程中产生的危险废物废碱液，负有防止污染环境的义务。海德公司放任该公司营销部负责人杨峰将废碱液交给不具备危险废物处置资质的个人进行处置，导致废碱液被倾倒进长江和新通扬运河，严重污染环境。《中华人民共和国环境保护法》第六十四条规定，因污染环境和破坏生态造成损害的，应当依照《中华人民共和国侵权责任法》的有关规定承担侵权责任。《中华人民共和国侵权责任法》第六十五条②规定，因污染环境造成损害的，污染者应当承担侵权责任。《中华人民共和国侵权责任法》第十五条③将恢复原状、赔偿损失确定为承担责任的方式。环境修复费用、生态环境服务功能损失、评估费等均为恢复原状、赔偿损失等法律责任的具体表现形式。依照《中华人民共和国侵权责任法》第十五条第一款第六项④、第六十五条⑤，《最高人民法院关于审理环境侵权责任纠纷案件适用法律若干问题的解释》第一条第一款、第十三条之规定，判决海德公司承担侵权赔偿责任并无不当。

海德公司以企业负担过重、资金紧张，如短期内全部支付赔偿将导致企业破产为由，申请分期支付赔偿费用。为保障保护生态环境与经济发展的有效衔接，江苏省人民政府在庭后表示，在海德公司能够提供证据证明其符合国家经济结构调整方向、能够实现绿色生产转型，在有效提供担保的情况下，同意海德公司依照《中华人民共和国民事诉讼法》第二百三十一条⑥之规定，分五期支付赔偿款。

（生效裁判审判人员：陈迎、赵黎、吴晓玲）

---

① 《民事诉讼法》（2021 年修正）第 260 条。
② 《民法典》第 1229 条。
③ 《民法典》第 179 条。
④ 《民法典》第 179 条第 1 款第 82 页。
⑤ 《民法典》第 1229 条。
⑥ 《民事诉讼法》（2021 年修正）第 238 条。

【实务问答】

1. 能否以水体有自净能力作为污染物未造成损害及无须修复的理由？

本指导案例是中共中央办公厅、国务院办公厅印发的《生态环境损害赔偿制度改革方案》探索确立生态环境损害赔偿制度后，人民法院最早受理的省级人民政府起诉企业的生态环境损害赔偿案件之一。长江作为中华民族的母亲河，本应受到较好保护，但长江流域仍存在严重的污染问题。沿江化工企业的违规排放，已成为威胁流域生态系统安全的重大隐患。加强长江经济带生态环境司法保障，重点便是做好水污染防治案件的审理，充分运用司法手段修复受损生态换环境，进而助力长江经济带高质量发展。本指导案例表明，不能仅以水体具备自净能力为由主张污染物尚未对水体造成损害以及无须再行修复。水的环境容量是有限的，污染物的排放必然会损害水体、水生物、河床甚至河岸土壤等生态环境，根据损害担责原则，污染者应赔偿环境修复费用和生态环境服务功能损失。此外，旨在加强长江流域生态环境保护与修复、保障生态安全的《长江保护法》已于2021年3月1日开始施行，值得关注。另外，本案还是《人民陪审员法》施行后，由7人制合议庭审理的案件，4位人民陪审员在案件审理中依法对事实认定及法律适用问题充分发表了意见，这无疑有利于强化生态环境保护的公众参与与社会监督，进而提升生态环境损害赔偿案件裁判结果的公信力。

2. 如何理解执行担保？

《民事诉讼法》第238条规定，在执行中，被执行人向人民法院提供担保，并经申请执行人同意的，人民法院可以决定暂缓执行及暂缓执行的期限。被执行人逾期仍不履行的，人民法院有权执行被执行人的担保财产或者担保人的财产。

执行担保，是指经权利人同意，执行义务人或第三人为实现法律文书所确定的权利而向法院提供保证，并由法院决定暂缓执行。实践中，暂时缺乏履行能力的情形非常多见，如企业之间出现的比较普遍的“三角债”状况。有时企业可能只是暂时缺少履行能力或其履行能力的恢复需要以其债务人履行债务为前提。此外，有些企业或者个人也需要一定的时间周转资金，所以规定被执行人提供担保之后可以暂缓执行，符合实际情况，也不影响申请执行人的合法利益。本指导案例中，海德公司以企业负担较重、资金紧张，如短期内全部支付赔偿将导致企业破产为由，申请分期支付赔偿费用。为实现生态环境保护与经济社会发展的有效衔接与平衡，江苏省人民政府在该案庭审后表示，若海德公司能提供证据证明其符合国家经济结构调整方向、能实现绿色生产转型，在有效提供担保的情况下，同意海德公司依照《民事诉讼法》第238条之规定，分5期支付赔偿款。另外需要注意的是，对于执行担保，即使申请执行人也同意，法院仍应对该申请进行审查。因为相对于申请执行人来说，法院具有更高的专业素养，对于申请执行人是否属于借此逃避自身义务也能够作出更为准确的判断。另外，执行程序中，法院处于主导地位，是否准许执行担保最终应由法院决定。法院审查执行担保的内容，主要包括：是否违反国家法律、政策和社会公共利益的要求；作为担保物的财产的实际价值应等于或大于被执行人标的的价值；担保人是否具有代偿能力等。

079 指导案例132号

中国生物多样性保护与绿色发展基金会诉秦皇岛方圆包装玻璃有限公司大气污染责任民事公益诉讼案

环境民事公益诉讼期间污染者主动改进环保设施有效降低环境风险的，可适当减轻赔偿责任

（最高人民法院审判委员会讨论通过　2019年12月26日发布）

关键词：民事／环境民事公益诉讼／大气污染责任／降低环境风险／减轻赔偿责任

裁判要点

在环境民事公益诉讼期间，污染者主动改进环保设施，有效降低环境风险的，人民法院可以综合考虑超标排污行为的违法性、过错程度、治理污染设施的运行成本以及防污采取的有效措施等因素，适当减轻污染者的赔偿责任。

相关法条

《中华人民共和国环境保护法》第1条、第4条、第5条

基本案情

被告秦皇岛方圆包装玻璃有限公司（以下简称方圆公司）系主要从事各种玻璃包装瓶生产加工的企业，现拥有玻璃窑炉四座。在生产过程中，因超标排污被秦皇岛市海港区环境保护局（以下简称海港区环保局）多次作出行政处罚。2015年2月12日，方圆公司与无锡格润环保科技有限公司签订《玻璃窑炉脱硝脱硫除尘总承包合同》，对方圆公司的四座窑炉进行脱硝脱硫除尘改造，合同总金额3617万元。

2016年中国生物多样性保护与绿色发展基金会（以下简称中国绿发会）对方圆公司提起环境公益诉讼后，方圆公司加快了脱硝脱硫除尘改造提升进程。2016年6月15日，方圆公司通过了海港区环保局的环保验收。2016年7月22日，中国绿发会组织相关专家对方圆公司脱硝脱硫除尘设备运行状况进行了考查，并提出相关建议。2016年6月17日、2017年6月17日，环保部门为方圆公司颁发《河北省排放污染物许可证》。2016年12月2日，方圆公司再次投入1965万元，为四座窑炉增设脱硝脱硫除尘备用设备一套。

方圆公司于2015年3月18日缴纳行政罚款8万元。中国绿发会2016年提起公益诉讼后，方圆公司自2016年4月13日起至2016年11月23日止，分24次缴纳行政罚款共计1281万元。

2017年7月25日，中国绿发会向法院提交《关于诉讼请求及证据说明》，确认方圆公司非法排放大气污染物而对环境造成的损害期间从行政处罚认定发生损害时起至环保部门验收合格为止。法院委托环境保护部环境规划院环境风险与损害鉴定评估研究中心对方圆公司因排放大气污染物对环境

造成的损害数额及采取替代修复措施修复被污染的大气环境所需费用进行鉴定，起止日期为2015年10月28日（行政处罚认定损害发生日）至2016年6月15日（环保达标日）。

2017年11月，鉴定机构作出《方圆公司大气污染物超标排放环境损害鉴定意见》，按照虚拟成本法计算方圆公司在鉴定时间段内向大气超标排放颗粒物总量约为2.06t，二氧化硫超标排放总量约为33.45t，氮氧化物超标排放总量约为75.33t，方圆公司所在秦皇岛地区为空气功能区Ⅱ类。按照规定，环境空气Ⅱ类区生态损害数额为虚拟治理成本的3－5倍，鉴定报告中取3倍计算对大气环境造成损害数额分别约为0.74万元、27.10万元和127.12万元，共计154.96万元。

另查明，2015年3月，河北广播网、燕赵都市网的网页显示，因被上诉人方圆公司未安装除尘脱硝脱硫设施超标排放大气污染物被按日连续处罚200多万。对于该网页显示内容的真实性，被上诉人方圆公司予以认可，故对其在2015年10月28日之前存在超标排污的事实予以确认。

裁判结果

河北省秦皇岛市中级人民法院于2018年4月10日作出（2016）冀03民初40号民事判决：一、秦皇岛方圆包装玻璃有限公司赔偿因超标排放大气污染物造成的损失154.96万元，上述费用分3期支付至秦皇岛市专项资金账户（每期51.65万元，第一期于判决生效之日起7日内支付，第二、三期分别于判决生效后第二、第三年的12月31日前支付），用于秦皇岛地区的环境修复。二、秦皇岛方圆包装玻璃有限公司于判决生效后30日内在全国性媒体上刊登因污染大气环境行为的致歉声明（内容须经一审法院审核后发布）。如秦皇岛方圆包装玻璃有限公司未履行上述义务，河北省秦皇岛市中级人民法院将本判决书内容在全国性的媒体公布，相关费用由秦皇岛方圆包装玻璃有限公司承担。三、秦皇岛方圆包装玻璃有限公司于判决生效后15日内支付中国生物多样性保护与绿色发展基金会因本案支出的合理费用3万元。四、驳回中国生物多样性保护与绿色发展基金会的其他诉讼请求。案件受理费80元，由秦皇岛方圆包装玻璃有限公司负担，鉴定费用15万元由秦皇岛方圆包装玻璃有限公司负担（已支付）。宣判后，中国生物多样性保护与绿色发展基金会提出上诉。河北省高级人民法院于2018年11月5日作出（2018）冀民终758号民事判决：驳回上诉，维持原判。

裁判理由

法院生效判决认为，《最高人民法院关于审理环境民事公益诉讼案件适用法律若干问题的解释》① 第二十三条规定，生态环境修复费用难以确定的，人民法院可以结合污染环境、破坏生态的范围和程度、防止污染设备的运行成本、污染企业因侵权行为所得的利益以及过错程度等因素予以合理确定。本案中，方圆公司于2015年2月与无锡市格瑞环保科技有限公司签订《玻璃窑炉脱硝脱硫除尘总承包合同》，对其四座窑炉配备的环保设施进行升级改造，合同总金额3617万元，体现了企业防污整改的守法意识。方圆公司在环保设施升级改造过程中出现超标排污行为，虽然行为具有违法性，但在超标排污受到行政处罚后，方圆公司积极缴纳行政罚款共计1280余万元，其超标排污行为受到行政制裁。在提起本案公益诉讼后，方圆公司加快了环保设施的升级改造，并在环保设施验收合格后，再次投资1965万元建造一套备用排污设备，是秦皇岛地区首家实现大气污染治理环保设备开二备一的企业。

《中华人民共和国环境保护法》第一条、第四条规定了保护环境、防止污染，促进经济可持续发展的立法目的，体现了保护与发展并重原则。环境公益诉讼在强调环境损害救济的同时，亦应兼顾预防原则。本案诉讼过程中，方圆公司加快环保设施的整改进度，积极承担行政责任，并在其安装的环保设施验收合格后，出资近2000万元再行配备一套环保设施，以确保生产过程中环保设施的稳定运行，大大降低了再次造成环境污染的风险与可能性。方圆公司自愿投入巨资进行污染防治，是在中国绿发会一审提出“环境损害赔偿与环境修复费用”的诉讼请求之外实施的维护公益行为，实现了《中华人民共和国环境保护法》第五条规定的“保护优先，预防为主”的立法意图，以及环境民事公益诉讼风险预防功能，具有良好的社会导向作用。人民法院综合考虑方圆公司在企业生产过程中超标排污行

① 以下简称《环境公益诉讼解释》。

为的违法性、过错程度、治理污染的运行成本以及防污采取的积极措施等因素，对于方圆公司在一审鉴定环境损害时间段之前的超标排污造成的损害予以折抵，维持一审法院依据鉴定意见判决环境损害赔偿及修复费用的数额。

（生效裁判审判人员：窦淑霞、李学境、邢会丽）

【实务问答】

1. 环境公益诉讼的原则是什么？

“保护优先、预防为主”是《环境保护法》的立法意图，对环境公益诉讼而言，在强调环境损害救济的同时，也应兼顾预防为主原则。预防为主原则是对传统环境保护法律规范的重大发展，是积极的防治措施，最大限度地体现了法律的公平与效率的结合，有助于实现经济效益、社会效益和环境效益的统一。《环境保护法》中很多规定体现了预防为主的原则。从外部管理制度看，规定了环境监测、环境资源承载能力监测预警、环境影响评价、总量控制、“三同时”等制度；从企业生产内部管理看，应优先使用清洁能源，采用资源利用率高、污染物排放量少的工艺、设备以及废弃物综合利用技术和污染物无害化处理技术，减少污染物的产生。本指导案例中，方圆公司加快环保设施整改进度，积极承担行政责任，并在环保设备验收合格后，追加安装另外一套2000万元的环保设备，确保生产过程中环保设施的稳定，大大降低了再次造成环境污染的风险与可能性，是该地区首家实现大气污染治理环保设备开二备一的企业，实现了《环境保护法》“保护优先，预防为主”的立法意图，以及环境民事公益诉讼风险预防的功能，具有良好的社会导向作用。在此基础上，法院可综合考虑企业生产过程中超标排污行为的违法性、过错程度、治理污染的运行成本以及在防污染方面采取的积极措施等因素，对之前的超标排污损害进行折抵。

2. 如何理解作为《民法典》基本原则的绿色原则？

《民法典》第9条规定，民事主体从事民事活动，应当有利于节约资源、保护生态环境。

《民法典》第9条（总则编“基本规定”一章）明确规定了绿色原则。

可以说，《民法典》将绿色原则与平等原则、自愿原则、诚信原则等一起作为民法典的基本原则确定下来。绿色原则是贯彻《宪法》关于环境保护的要求，同时也是落实党中央关于建设生态文明、实现可持续发展理念的要求。绿色原则属倡导性原则，这一原则的确立具有鲜明的时代特征，将全面开启环境资源保护的民法通道，有利于构建生态文明时代人与自然和谐相处的新型关系。绿色原则作为民法典基本原则之一，其重要作用表现在：(1) 指导民事立法，在制定相关民事法律规范的活动中发挥导向作用。(2) 规范民事行为，确立民事主体在从事民事活动时的基本遵循。(3) 提供司法裁判标准，法院在办理相关案件时，应将节约资源、保护生态环境作为一项重要考量因素。绿色原则作为《民法典》的一项基本原则，贯穿于整部《民法典》之中，也直接体现在《民法典》各编的制度和规则中。“绿色原则”的本质是在《民法典》中为个人经济利益与生态公共利益的协调建立沟通机制，所以这一理念也必须贯彻到具体制度中，而不能仅仅停留在倡导或宣示层面。概言之，主要体现在三大方面：一是将节约资源、保护生态环境的理念融入物权编的有关规范中。如第 294 条规定不动产权利人不得违反国家规定弃置固体废物，排放大气污染物、水污染物、土壤污染物、噪声、光辐射、电磁辐射等有害物质；第 326 条规定了用益物权人行使权利，应当遵守合理开发利用资源、保护生态环境的规定；第 286 条规定了业主相关行为应当符合节约资源、保护生态环境的要求；等等。二是将“绿色原则”体现到合同编有关规范中。如合同履行环节，规定当事人应当避免浪费资源、污染环境和破坏生态；合同终止环节规定当事人应当根据交易习惯履行旧物回收等义务；典型合同分编中规定用电人应当安全、节约和计划用电；规定标的物有效使用年限届满后应予回收的，出卖人负有回收的义务等。三是规定环境污染和生态破坏责任。侵权责任编新增生态破坏责任，这是“绿色发展理念”在《民法典》中最直接、最集中的体现。另外，《民法典》规定了违反国家规定故意污染环境、破坏生态的惩罚性赔偿制度，责任形式上增加了生态环境损害的修复和赔偿规则，值得关注。

080 指导案例 133 号

山东省烟台市人民检察院诉王振殿、马群凯环境民事公益诉讼案

污染者以水域有自净功能、水质得到恢复为由主张免除或者减轻生态环境修复责任的，不应获得支持

（最高人民法院审判委员会讨论通过　2019 年 12 月 26 日发布）

关键词：民事／环境民事公益诉讼／水污染／生态环境修复责任自净功能

裁判要点

污染者违反国家规定向水域排污造成生态环境损害，以被污染水域有自净功能、水质得到恢复为由主张免除或者减轻生态环境修复责任的，人民法院不予支持。

相关法条

1.《中华人民共和国侵权责任法》第 4 条第 1 款①、第 8 条②、第 65 条③、第 66 条④

2.《中华人民共和国环境保护法》第 64 条

基本案情

2014 年 2 月至 4 月期间，王振殿、马群凯在未办理任何注册、安检、环评等手续的情况下，在莱州市柞村镇消水庄村沙场大院北侧车间从事盐酸清洗长石颗粒项目，王振殿提供场地、人员和部分资金，马群凯出资建设反应池、传授技术、提供设备、购进原料、出售成品。在作业过程中产生约 60 吨

---

①《民法典》第 187 条。

②《民法典》第 1168 条。

③《民法典》第 1129 条。

④《民法典》第 1130 条。

的废酸液，该废酸液被王振殿先储存于厂院北墙外的废水池内。废酸液储存于废水池期间存在明显的渗漏迹象，渗漏的废酸液对废水池周边土壤和地下水造成污染。废酸液又被通过厂院东墙和西墙外的排水沟排入村北的消水河，对消水河内水体造成污染。2014 年 4 月底，王振殿、马群凯盐酸清洗长石颗粒作业被莱州市公安局查获关停后，盐酸清洗长石颗粒剩余的 20 余吨废酸液被王振殿填埋在反应池内。该废酸液经莱州市环境监测站监测和莱州市环境保护局认定，监测 PH 值小于 2，根据国家危险废物名录及危险废物鉴定标准和鉴别方法，属于废物类别为“HW34 废酸中代码为 900－300－34”的危险废物。2016 年 6 月 1 日，被告人马群凯因犯污染环境罪，被判处有期徒刑一年六个月，缓刑二年，并处罚金人民币二万元（所判罚金已缴纳）；被告人王振殿犯污染环境罪，被判处有期徒刑一年二个月，缓刑二年，并处罚金人民币二万元（所判罚金已缴纳）。

莱州市公安局办理王振殿污染环境刑事一案中，莱州市公安局食药环侦大队《现场勘验检查工作记录》中记载“中心现场位于消水沙场院内北侧一废弃车间内。车间内西侧南北方向排列有两个长 20m、宽 6m、平均深 1.5m 的反应池，反应池底部为斜坡。车间北侧见一夹道，夹道内见三个长 15m、宽 2.6m、深 2m 的水泥池。”现车间内西侧的北池废酸液被沙土填埋，受污染沙土总重为 223 吨。

2015 年 11 月 27 日，莱州市公安局食品药品与环境犯罪侦查大队委托山东省环境保护科学研究设计院环境风险与污染损害鉴定评估中心对莱州市王振殿、马群凯污染环境案造成的环境损害程度及数额进行鉴定评估。该机构于 2016 年 2 月作出莱州市王振殿、马群凯污染环境案环境损害检验报告，认定：本次评估可量化的环境损害为应急处置费用和生态环境损害费用，应急处置费用为酸洗池内受污染沙土的处置费用 5.6 万元，生态环境损害费用为偷排酸洗废水造成的生态损害修复费用 72 万元，合计为 77.6 万元。

2016 年 4 月 6 日，莱州市人民检察院向莱州市环境保护局发出莱检民（行）行政违监〔2016〕37068300001 号检察建议，“建议对消水河流域的其他企业、小车间等的排污情况进行全面摸排，看是否还存在向消水河流域排放污染物的行为”。莱州市环境保护局于同年 5 月 3 日回复称，“我局在收到莱州市人民检察院检察建议书后，立即组织执法人员对消水河流域的企业、小车间的排污情况进行全面排查，经严格执法，未发现有向消水河流域排放废酸等危险废物的环境违法行为”。

2017年2月8日，山东省烟台市中级人民法院会同公益诉讼人及王振殿、马群凯、烟台市环保局、莱州市环保局、消水庄村委对王振殿、马群凯实施侵权行为造成的污染区域包括酸洗池内的沙土和周边居民区的部分居民家中水井地下水进行了现场勘验并取样监测，取证现场拍摄照片22张。环保部门向人民法院提交了2017年2月13日水质监测达标报告（8个监测点位水质监测结果均为达标）及其委托山东恒诚检测科技有限公司出具的2017年2月14日酸洗池固体废物检测报告（酸洗反应南池-40㎝PH值=9.02，-70㎝PH值=9.18，北池-40㎝PH值=2.85，-70㎝PH值=2.52）。公益诉讼人向人民法院提交的2017年3月3日由莱州市环境保护局委托山东恒诚检测科技有限公司对王振殿酸洗池废池的检测报告，载明：反应池南池-1.2m PH值=9.7，北池-1.2m PH值<2。公益诉讼人认为，《危险废物鉴别标准浸出毒性鉴别GB5085.3-2007》和《土壤环境监测技术规范》（HJ/t166-2004）规定，PH值≥12.5或者≤2.0时为具有腐蚀性的危险废物。国家危险废物名录（2016版）HW34废酸一项900-300-34类为“使用酸进行清洗产生的废酸液”；HW49其他废物一项900-041-49类为“含有或沾染毒性、感染性危险废物的废弃包装物、容器、过滤吸附介质”。涉案酸洗池内受污染沙土属于危险废物，酸洗池内的受污染沙土总量都应该按照危险废物进行处置。

公益诉讼人提交的山东省地质环境监测总站水工环高级工程师刘炜金就地下水污染演变过程所做的咨询报告专家意见，载明：一、地下水环境的污染发展过程。1. 污染因子通过地表入渗进入饱和带（潜水含水层地下水水位以上至地表的地层），通过渗漏达到地下水水位进入含水层。2. 进入含水层，初始在水头压力作用下向四周扩散形成一个沿地下水流向展布的似圆状污染区。3. 当污染物持续入渗，在地下水水动力的作用下，污染因子随着地下水径流，向下游扩散，一般沿地下水流向以初始形成的污染区为起点呈扇形或椭圆形向下流拓展扩大。4. 随着地下水径流形成的污染区不断拓展，污染面积不断扩大，污染因子的浓度不断增大，造成对地下水环境的污染，在污染源没有切断的情况下，污染区将沿着地下水径流方向不断拓展。二、污染区域的演变过程、地下水污染的演变过程，主要受污染的持续性，包气带的渗漏性，含水层的渗透性，土壤及含水层岩土的吸附性，地下水径流条件等因素密切相关。1. 长期污染演变过程。在污染因子进入地表通过饱和带向下渗漏的过程中，部分被饱和带岩土吸附，污染包气带的岩土层；初始进入含水层的污染因子浓度较低，当经过一段时间渗漏途经吸附达到饱和后，进入含水层的污染因子浓度将逐渐接近或达到污水的浓度。进入含水层向下游拓展过程中，通过地下水的稀释和含水层的吸附，开始会逐渐降低。达到饱和后，随着污染因子的不断注入，达到一定浓度的污染区将不断向下游拓展，污染区域面积将不断扩大。2. 短期污染演变过程。短期污染是指污水进入地下水环境经过一定时期，消除污染源，已进入地下水环境的污染因子和污染区域的变化过程。①污染因子的演变过程。在消除污染源阻断污染因子进入地下水环境的情况下，随着上游地下水径流和污染区地下水径流扩大区域的地下水的稀释，及含水层岩土的吸附作用，污染水域的地下水浓度将逐渐降低，水质逐渐好转。②污染区域的变化。在消除污染源，污水阻止进入含水层后，地下水污染区域将随着时间的推移，在地下水径流水动力的作用下，整个污染区将逐渐向下游移动扩大，随着污染区扩大、岩土吸附作用的加强，含水层中地下水水质将逐渐好转，在经过一定时间后，污染因子将吸附于岩土层和稀释于地下水中，改善污染区地下水环境，最终使原污染区达到有关水质要求标准。

裁判结果

山东省烟台市中级人民法院于2017年5月31日作出（2017）鲁06民初8号民事判决：一、被告王振殿、马群凯在本判决生效之日起三十日内在烟台市环境保护局的监督下按照危险废物的处置要求将酸洗池内受污染沙土223吨进行处置，消除危险；如不能自行处置，则由环境保护主管部门委托第三方进行处置，被告王振殿、马群凯赔偿酸洗危险废物处置费用5.6万元，支付至烟台市环境公益诉讼基金帐户。二、被告王振殿、马群凯在本判决生效之日起九十日内对莱州市柞村镇消水庄村沙场大院北侧车间周边地下水、土壤和消水河内水体的污染治理制定修复方案并进行修复，逾期不履行修复义务或者修复未达到保护生态环境社会公共利益标准的，赔偿因其偷排酸洗废水造成的生态损害修复费用72万元，支付至烟台市环境公益诉讼基金帐户。该案宣判后，双方均未提出上诉，判决已发生法律效力。

裁判理由

法院生效裁判认为：

一、关于王振殿、马群凯侵权行为认定问题

（一）关于涉案危险废物数量及处置费用的认定问题

审理中，山东恒诚检测科技有限公司出具的检测报告指出涉案酸洗反应南池-40㎝、-70㎝及-1.2m深度的ph值均在正常值范围内；北池-1.2m ph值<2属于危险废物。涉案酸洗池的北池内原为王振殿、马群凯使用盐酸进行长石颗粒清洗产生的废酸液，后其用沙土进行了填埋，根据国家危险废物名录（2016版）HW34废酸900-300-34和HW49其他废物一项900-041-49类规定，现整个池中填埋的沙土吸附池中的废酸液，成为含有或沾染腐蚀性毒性的危险废物。山东省环境保护科学研究设计院环境风险与污染损害鉴定评估中心出具的环境损害检验报告中将酸洗池北池内受污染沙土总量223吨作为危险废物量，参照《环境污染损害数额计算推荐方法》中给出的“土地资源参照单位修复治理成本”清洗法的单位治理成本250-800元/吨，本案取值250元/吨予以计算处置费用5.6万元，具有事实和法律依据，并无不当，予以采信。（具体计算方法为：20m×6m×平均深度1.3m×密度1.3t/m3=203t沙土+20t废酸=223t×250元/t=5.6万元）

（二）关于涉案土壤、地表水及地下水污染生态损害修复费用的认定问题

莱州市环境监测站监测报告显示，废水池内残留废水的PH值<2，属于强酸性废水。王振殿、马群凯通过废水池、排水沟排放的酸洗废水系危险废物亦为有毒物质污染环境，致部分居民家中水井颜色变黄，味道呛人，无法饮用。监测发现部分居民家中井水的PH值低于背景值，氯化物、总硬度远高于背景值，且明显超标。储存于废水池期间渗漏的废水渗透至周边土壤和地下水，排入沟内的废水流入消水河。涉案污染区域周边没有其他类似污染源，可以确定受污染地下水系黄色、具有刺鼻气味，且氯化物浓度较高的污染物，即王振殿、马群凯实施的环境污染行为造成。

2017年2月13日水质监测报告显示，在原水质监测范围内的部分监测点位，水质监测结果达标。根据地质环境监测专家出具的意见，可知在消除污染源阻断污染因子进入地下水环境的情况下，随着上游地下水径流和污染区地下水径流扩大区域的地下水稀释及含水层岩土的吸附作用，污染水域的地下水浓度将逐渐降低，水质逐渐好转。地下水污染区域将随着时间的推移，在地下水径流水动力的作用下，整个污染区将逐渐向下游移动扩大。经过一定时间，原污染区可能达到有关水质要求标准，但这并不意味着地区生态环境好转或已修复。王振殿、马群凯仍应当承担其污染区域的环境生态损害修复责任。在被告不能自行修复的情况下，根据《环境污染损害数额计算推荐方法》和《突发环境事件应急处置阶段环境损害评估推荐方法》的规定，采用虚拟治理成本法估算王振殿、马群凯偷排废水造成的生态损害修复费用。虚拟治理成本是指工业企业或污水处理厂治理等量的排放到环境中的污染物应该花费的成本，即污染物排放量与单位污染物虚拟治理成本的乘积。单位污染物虚拟治理成本是指突发环境事件发生地的工业企业或污水处理厂单位污染物治理平均成本。在量化生态环境损害时，可以根据受污染影响区域的环境功能敏感程度分别乘以1.5－10的倍数作为环境损害数额的上下限值。本案受污染区域的土壤、Ⅲ类地下水及消水河Ⅴ类地表水生态损害修复费用，山东省环境保护科学研究设计院环境风险与污染损害鉴定评估中心出具的环境损害检验报告中取虚拟治理成本的6倍，按照已生效的莱州市人民法院（2016）鲁0683刑初136号刑事判决书认定的偷排酸洗废水60吨的数额计算，造成的生态损害修复费用为72万元，即单位虚拟治理成本2000元/t×60t×6倍＝72万元具有事实和法律依据，并无不当。

二、关于侵权责任问题

《中华人民共和国侵权责任法》第六十五条规定，“因污染环境造成损害的，污染者应当承担侵权责任。”第六十六条规定，“因污染环境发生纠纷，污染者应当就法律规定的不承担责任或者减轻责任的情形及其行为与损害之间不存在因果关系承担举证责任。”山东省莱州市人民法院作出的（2016）鲁0683刑初136号刑事判决书认定王振殿、马群凯实施的环境污染行为与所造成的环境污染损害后果之间存在因果关系，王振殿、马群凯对此没有异议，并且已经发生法律效力。根据《中华人民共和国环境保护法》第六十四条、《中华人民共和国侵权责任法》第八条、第六十五条、第六十六条①、《最高人民法院关于审理环境侵权责任纠纷案件适用法律若干问题的解释》第十四条之规定，王振殿、马群凯应当对其污染环境造成社会公共利益受到损害的行为承担侵权责任。

（生效裁判审判人员：曲振涛、鲁晓辉、孙波）

【实务问答】

1. 现行法律对环境污染、生态破坏侵权中的减责或免责有何规定？

目前，我国已建立了较为完备的环境法律体系，很多单行法对行为人不承担责任或减轻责任也做了规定，主要包括过失、受害人故意、第三人责任、不可抗力等。关于环境污染、生态破坏侵权责任中的免除或减轻责任，需要从以下几个方面掌握。(1) 行为人能够证明损害是因不可抗力造成的，不承担责任，但法律另有规定的除外。如2007年国务院《关于核事故损害赔偿责任问题的批复》第6条规定，民用核设施的经营人在发生核事故的情况下造成他人损害的，只有能够证明损害是因战争、武装冲突、敌对行动或者暴乱所引起，或者是因受害人故意造成的，才免除其责任。因不可抗拒的自然灾害造成他人损害的，不能免除核设施经营人的责任。(2) 行为人能够证明损害是因受害人故意造成的，不承担责任；能够证明受害人对损害的发生也有过失的，可以减轻责任。(3) 因环境污染、生态破坏发生纠纷，行为人应当就其行为与损害之间不存在因果关系承担举证责任。行为人若能提供充分有效证据证明其行为与损害之间不存在因果关系，则可阻挡侵权责任。(4) 因第三人的过错产生环境污染、生态破坏造成损害的，受害人可以向行为人请求赔偿，也可以向第三人请求赔偿。行为人赔偿后，有权向第三人追偿。

2. 生态系统具有自净能力是否属于减免侵权责任的理由？

在之前的**指导案例129号**中已论及，不能以水体具有自净能力作为污染物未造成损害及无须修复的理由。不应否认的是，生态环境具有脆弱性，即

① 《民法典》第1168、1229、1230条。

便案件审理之时环境已得到自愈，也并不意味着其已安全得到恢复，正如本**指导案例133号**所言，地下水污染区域将随着时间的推移，在地下水径流水动力的作用下，整个污染区将逐渐向下游移动扩大。经过一定时间，原污染区可能达到有关水质要求标准，但这并不意味着地区生态环境已好转或修复。行为人以被污染水域有自净能力、水质已得到恢复为由主张减免责的，不应予以支持。包括河水、空气等在内的环境要素大都具有流动性，污染物排放点或附近的水质、空气质量有可能好转，但这极有可能是污染物迁移的结果，污染物必将会向下游或周围转移并逐步扩散，污染物依然存在于生态环境系统中，生态环境依然需要修复。即使随着时间的推移，经生态系统的自然净化，污染物总量有可能减少甚至基本消失，但在生态环境自净期间，环境的整体质量已经下降，生态环境的承载能力受到不利影响。在自净过程中，污染物会对其他生态要素造成损害，也存在服务功能的损失，污染者并不能因此而主张减免责任。

081 指导案例130号

重庆市人民政府、重庆两江志愿服务发展中心诉重庆藏金阁物业管理有限公司、重庆首旭环保科技有限公司生态环境损害赔偿、环境民事公益诉讼案

向水域排污，生态环境修复费用难以计算的，可采用虚拟治理成本法计算生态环境损害量化数额

（最高人民法院审判委员会讨论通过　2019年12月26日发布）

关键词：民事/生态环境损害赔偿诉讼/环境民事公益诉讼/委托排污/共同侵权/生态环境修复费用/虚拟治理成本法

裁判要点

1. 取得排污许可证的企业，负有确保其排污处理设备正常运行且排放物

达到国家和地方排放标准的法定义务，委托其他单位处理的，应当对受托单位履行监管义务；明知受托单位违法排污不予制止甚或提供便利的，应当对环境污染损害承担连带责任。2. 污染者向水域排污造成生态环境损害，生态环境修复费用难以计算的，可以根据环境保护部门关于生态环境损害鉴定评估有关规定，采用虚拟治理成本法对损害后果进行量化，根据违法排污的污染物种类、排污量及污染源排他性等因素计算生态环境损害量化数额。

相关法条

《中华人民共和国侵权责任法》第8条①

基本案情

重庆藏金阁电镀工业园（又称藏金阁电镀工业中心）位于重庆市江北区港城工业园区内，是该工业园区内唯一的电镀工业园，园区内有若干电镀企业入驻。重庆藏金阁物业管理有限公司（以下简称藏金阁公司）为园区入驻企业提供物业管理服务，并负责处理企业产生的废水。藏金阁公司领取了排放污染物许可证，并拥有废水处理的设施设备。2013年12月5日，藏金阁公司与重庆首旭环保科技有限公司（以下简称首旭公司）签订为期4年的《电镀废水处理委托运行承包管理运行协议》（以下简称《委托运行协议》），首旭公司承接藏金阁电镀工业中心废水处理项目，该电镀工业中心的废水由藏金阁公司交给首旭公司使用藏金阁公司所有的废水处理设备进行处理。2016年4月21日，重庆市环境监察总队执法人员在对藏金阁公司的废水处理站进行现场检查时，发现废水处理站中两个总铬反应器和一个综合反应器设施均未运行，生产废水未经处理便排入外环境。2016年4月22日至26日期间，经执法人员采样监测分析发现外排废水重金属超标，违法排放废水总铬浓度为55.5mg/L，总锌浓度为2.85x102mg/L，总铜浓度为27.2mg/L，总镍浓度为41mg/L，分别超过《电镀污染物排放标准》（GB21900－2008）的规定标准54.5倍、189倍、53.4倍、81倍，对生态环境造成严重影响和损害。2016年5月4日，执法人员再次进行现场检查，发现藏金阁废水处理站1号综合废水调节池的含重金属废水通过池壁上的120mm口径管网未经正常处理直接

① 《民法典》第1168条。

排放至外环境并流入港城园区市政管网再进入长江。经监测，1号池内渗漏的废水中六价铬浓度为6.10mg/L，总铬浓度为10.9mg/L，分别超过国家标准29.5倍、9.9倍。从2014年9月1日至2016年5月5日违法排放废水量共计145624吨。还查明，2014年8月，藏金阁公司将原废酸收集池改造为1号综合废水调节池，传送废水也由地下管网改为高空管网作业。该池池壁上原有110mm和120mm口径管网各一根，改造时只封闭了110mm口径管网，而未封闭120mm口径管网，该未封闭管网系埋于地下的暗管。首旭公司自2014年9月起，在明知池中有一根120mm管网可以连通外环境的情况下，仍然一直利用该管网将未经处理的含重金属废水直接排放至外环境。

受重庆市人民政府委托，重庆市环境科学研究院对藏金阁公司和首旭公司违法排放超标废水造成生态环境损害进行鉴定评估，并于2017年4月出具《鉴定评估报告书》。该评估报告载明：本事件污染行为明确，污染物迁移路径合理，污染源与违法排放至外环境的废水中污染物具有同源性，且污染源具有排他性。污染行为发生持续时间为2014年9月1日至2016年5月5日，违法排放废水共计145624吨，其主要污染因子为六价铬、总铬、总锌、总镍等，对长江水体造成严重损害。《鉴定评估报告书》采用《生态环境损害鉴定评估技术指南总纲》《环境损害鉴定评估推荐方法（第Ⅱ版）》推荐的虚拟治理成本法对生态环境损害进行量化，按22元/吨的实际治理费用作为单位虚拟治理成本，再乘以违法排放废水数量，计算出虚拟治理成本为320.3728万元。违法排放废水点为长江干流主城区段水域，适用功能类别属Ⅲ类水体，根据虚拟治理成本法的“污染修复费用的确定原则”Ⅲ类水体的倍数范围为虚拟治理成本的4.5-6倍，本次评估选取最低倍数4.5倍，最终评估出二被告违法排放废水造成的生态环境污染损害量化数额为1441.6776万元（即320.3728万元×4.5=1441.6776万元）。重庆市环境科学研究院是环境保护部《关于印发〈环境损害鉴定评估推荐机构名录（第一批）〉的通知》中确认的鉴定评估机构。

2016年6月30日，重庆市环境监察总队以藏金阁公司从2014年9月1日至2016年5月5日通过1号综合调节池内的120mm口径管网将含重金属废水未经废水处理站总排口便直接排入港城园区市政废水管网进入长江为由，作出行政处罚决定，对藏金阁公司罚款580.72万元。藏金阁公司不服申请行政复议，重庆市环境保护局作出维持行政处罚决定的复议决定。后藏金阁公司诉至重庆市渝北区人民法院，要求撤销行政处罚决定和行政复议决定。重庆市渝北区人民法院于2017年2月28日作出（2016）渝0112行初324号行政判决，驳回藏金阁公司的诉讼请求。判决后，藏金阁公司未提起上诉，该判决发生法律效力。

2016年11月28日，重庆市渝北区人民检察院向重庆市渝北区人民法院提起公诉，指控首旭公司、程龙（首旭公司法定代表人）等构成污染环境罪，应依法追究刑事责任。重庆市渝北区人民法院于2016年12月29日作出（2016）渝0112刑初1615号刑事判决，判决首旭公司、程龙等人构成污染环境罪。判决后，未提起抗诉和上诉，该判决发生法律效力。

裁判结果

重庆市第一中级人民法院于2017年12月22日作出（2017）渝01民初773号民事判决：一、被告重庆藏金阁物业管理有限公司和被告重庆首旭环保科技有限公司连带赔偿生态环境修复费用1441.6776万元，于本判决生效后十日内交付至重庆市财政局专用账户，由原告重庆市人民政府及其指定的部门和原告重庆两江志愿服务发展中心结合本区域生态环境损害情况用于开展替代修复；二、被告重庆藏金阁物业管理有限公司和被告重庆首旭环保科技有限公司于本判决生效后十日内，在省级或以上媒体向社会公开赔礼道歉；三、被告重庆藏金阁物业管理有限公司和被告重庆首旭环保科技有限公司在本判决生效后十日内给付原告重庆市人民政府鉴定费5万元，律师费19.8万元；四、被告重庆藏金阁物业管理有限公司和被告重庆首旭环保科技有限公司在本判决生效后十日内给付原告重庆两江志愿服务发展中心律师费8万元；五、驳回原告重庆市人民政府和原告重庆两江志愿服务发展中心其他诉讼请求。判决后，各方当事人在法定期限内均未提出上诉，判决发生法律效力。

裁判理由

法院生效裁判认为，重庆市人民政府依据《生态环境损害赔偿制度改革试点方案》规定，有权提起生态环境损害赔偿诉讼，重庆两江志愿服务发展中心具备合法的环境公益诉讼主体资格，二原告基于不同的规定而享有各自的诉权，均应依法予以保护。鉴于两案原告基于同一污染事实与相同被告提起诉讼，诉讼请求基本相同，故将两案合并审理。

本案的争议焦点为：

一、关于《鉴定评估报告书》认定的污染物种类、污染源排他性、违法排放废水计量以及损害量化数额是否准确

首先，关于《鉴定评估报告书》认定的污染物种类、污染源排他性和违法排放废水计量是否准确的问题。污染物种类、污染源排他性及违法排放废水计量均已被（2016）渝0112行初324号行政判决直接或者间接确认，本案中二被告并未提供相反证据来推翻原判决，故对《鉴定评估报告书》依据的上述环境污染事实予以确认。具体而言，一是关于污染物种类的问题。除了生效刑事判决所认定的总铬和六价铬之外，二被告违法排放的废水中还含有重金属物质如总锌、总镍等，该事实得到了江北区环境监测站、重庆市环境监测中心出具的环境监测报告以及（2016）渝0112行初324号生效行政判决的确认，也得到了首旭公司法定代表人程龙在调查询问中的确认。二是关于污染源排他性的问题。二被告辩称，江北区环境监测站出具的江环（监）字〔2016〕第JD009号分析报告单确定的取样点W4、W6位置高于藏金阁废水处理站，因而该两处检出污染物超标不可能由二被告的行为所致。由于被污染水域具有流动性的特征和自净功能，水质得到一定程度的恢复，鉴定机构在鉴定时客观上已无法再在废水处理站周围提取到违法排放废水行为持续时所流出的废水样本，故只能依据环境行政执法部门在查处二被告违法行为时通过取样所固定的违法排放废水样本进行鉴定。在对藏金阁废水处理情况进行环保执法的过程中，先后在多个取样点进行过数次监测取样，除江环（监）字〔2016〕第JD009号分析报告单以外，江北区环境监测站与重庆市环境监测中心还出具了数份监测报告，重庆市环境监察总队的行政处罚决定和重庆市环境保护局的复议决定是在对上述监测报告进行综合评定的基础上作出的，并非单独依据其中一份分析报告书或者监测报告作出。环保部门在整个行政执法包括取样等前期执法过程中，其行为的合法性和合理性已经得到了生效行政判决的确认。同时，上述监测分析结果显示废水中的污染物系电镀行业排放的重金属废水，在案证据证实涉案区域唯有藏金阁一家电镀工业园，而且环境监测结果与藏金阁废水处理站违法排放废水种类一致，以上

事实证明上述取水点排出的废水来源仅可能来自于藏金阁废水处理站，故可以认定污染物来源具有排他性。三是关于违法排污计量的问题。根据生效刑事判决和行政判决的确认，并结合行政执法过程中的调查询问笔录，可以认定铬调节池的废水进入1号综合废水调节池，利用1号池安装的120mm口径管网将含重金属的废水直接排入外环境并进入市政管网这一基本事实。经庭审查明，《鉴定评估报告书》综合证据，采用用水总量减去消耗量、污泥含水量、在线排水量、节假日排水量的方式计算出违法排放废水量，其所依据的证据和事实或者已得到被告方认可或生效判决确认，或者相关行政行为已通过行政诉讼程序的合法性审查，其所采用的计量方法具有科学性和合理性。综上，藏金阁公司和首旭公司提出的污染物种类、违法排放废水量和污染源排他性认定有误的异议不能成立。

其次，关于《鉴定评估报告书》认定的损害量化数额是否准确的问题。原告方委托重庆市环境科学研究院就本案的生态环境损害进行鉴定评估并出具了《鉴定评估报告书》，该报告确定二被告违法排污造成的生态环境损害量化数额为1441.6776万元。经查，重庆市环境科学研究院是环境保护部《关于印发〈环境损害鉴定评估推荐机构名录（第一批）〉的通知》中确立的鉴定评估机构，委托其进行本案的生态环境损害鉴定评估符合司法解释之规定，其具备相应鉴定资格。根据环境保护部组织制定的《生态环境损害鉴定评估技术指南总纲》《环境损害鉴定评估推荐方法（第Ⅱ版）》，鉴定评估可以采用虚拟治理成本法对事件造成的生态环境损害进行量化，量化结果可以作为生态环境损害赔偿的依据。鉴于本案违法排污行为持续时间长、违法排放数量大，且长江水体处于流动状态，难以直接计算生态环境修复费用，故《鉴定评估报告书》采用虚拟治理成本法对损害结果进行量化并无不当。《鉴定评估报告书》将22元/吨确定为单位实际治理费用，系根据重庆市环境监察总队现场核查藏金阁公司财务凭证，并结合对藏金阁公司法定代表人孙启良的调查询问笔录而确定。《鉴定评估报告书》根据《环境损害鉴定评估推荐方法（第Ⅱ版）》，Ⅲ类地表水污染修复费用的确定原则为虚拟治理成本的4.5－6倍，结合本案污染事实，取最小倍数即4.5倍计算得出损害量化数额为320.3728万元×4.5＝1441.6776万元，亦无不当。

综上所述，《鉴定评估报告书》的鉴定机构和鉴定评估人资质合格，鉴定评估委托程序合法，鉴定评估项目负责人亦应法庭要求出庭接受质询，鉴定评估所依据的事实有生效法律文书支撑，采用的计算方法和结论科学有据，故对《鉴定评估报告书》及所依据的相关证据予以采信。

二、关于藏金阁公司与首旭公司是否构成共同侵权

首旭公司是明知1号废水调节池池壁上存在120mm口径管网并故意利用其违法排污的直接实施主体，其理应对损害后果承担赔偿责任，对此应无疑义。本争议焦点的核心问题在于如何评价藏金阁公司的行为，其与首旭公司是否构成共同侵权。法院认为，藏金阁公司与首旭公司构成共同侵权，应当承担连带责任。

第一，我国实行排污许可制，该制度是国家对排污者进行有效管理的手段，取得排污许可证的企业即是排污单位，负有依法排污的义务，否则将承担相应法律责任。藏金阁公司持有排污许可证，必须确保按照许可证的规定和要求排放。藏金阁公司以委托运行协议的形式将废水处理交由专门从事环境治理业务（含工业废水运营）的首旭公司作业，该行为并不为法律所禁止。但是，无论是自行排放还是委托他人排放，藏金阁公司都必须确保其废水处理站正常运行，并确保排放物达到国家和地方排放标准，这是取得排污许可证企业的法定责任，该责任不能通过民事约定来解除。申言之，藏金阁公司作为排污主体，具有监督首旭公司合法排污的法定责任，依照《委托运行协议》其也具有监督首旭公司日常排污情况的义务，本案违法排污行为持续了1年8个月的时间，藏金阁公司显然未尽监管义务。

第二，无论是作为排污设备产权人和排污主体的法定责任，还是按照双方协议约定，藏金阁公司均应确保废水处理设施设备正常、完好。2014年8月藏金阁公司将废酸池改造为1号废水调节池并将地下管网改为高空管网作业时，未按照正常处理方式对池中的120mm口径暗管进行封闭，藏金阁公司亦未举证证明不封闭暗管的合理合法性，而首旭公司正是通过该暗管实施违法排放，也就是说，藏金阁公司明知为首旭公司提供的废水处理设备留有可以实施违法排放的管网，据此可以认定其具有违法故意，且客观上为违法排放行为的完成提供了条件。

第三，待处理的废水是由藏金阁公司提供给首旭公司的，那么藏金阁公司知道需处理的废水数量，同时藏金阁公司作为排污主体，负责向环保部门

缴纳排污费，其也知道合法排放的废水数量，加之作为物业管理部门，其对于园区企业产生的实际用水量亦是清楚的，而这几个数据结合起来，即可确知违法排放行为的存在，因此可以认定藏金阁公司知道首旭公司在实施违法排污行为，但其却放任首旭公司违法排放废水，同时还继续将废水交由首旭公司处理，可以视为其与首旭公司形成了默契，具有共同侵权的故意，并共同造成了污染后果。

第四，环境侵权案件具有侵害方式的复合性、侵害过程的复杂性、侵害后果的隐蔽性和长期性，其证明难度尤其是对于排污企业违法排污主观故意的证明难度较高，且本案又涉及到对环境公益的侵害，故应充分考虑到此类案件的特殊性，通过准确把握举证证明责任和归责原则来避免责任逃避和公益受损。综上，根据本案事实和证据，藏金阁公司与首旭公司构成环境污染共同侵权的证据已达到高度盖然性的民事证明标准，应当认定藏金阁公司和首旭公司对于违法排污存在主观上的共同故意和客观上的共同行为，二被告构成共同侵权，应承担连带责任。

（生效裁判审判人员：裘晓音、贾科、张力）

【实务问答】

1. 如何认定委托排污中共同侵权行为的成立？

共同侵权，是指数人共同不法侵害他人权益造成损害的行为。共同侵权行为应满足以下要件：一是侵权主体的复数性。二是共同实施侵权行为。既可以是共同故意实施的行为，也可以是共同过失实施的行为，还可以是数个行为相结合而实施造成他人的损害。需要强调的是，上述三种形态均可属所谓“共同实施”，而不能将所谓的“共同实施”理解为只有共同故意的情形。另外需要注意，鉴于委托排污型环境侵权中委托人侵权故意的隐蔽性，对委托人和受托人共同侵权主观故意的认定可以采用推定的方式，依据排污主体的法定责任、行为的违法性、主观上的默契及客观上的相互配合等因素进行综合判断。三是侵权行为与损害后果之间具有因果关系。四是受害人有损害，且损害具有不可分割性。就本指导案例而言，取得排污许可证的企业，负有确保其排污处理设备正常运行且排放物达到国家和地方排放标准的法定义务，即使委托其他单位处理，亦不能免除该法定义务。作为委托排污中的委托方，其对受委托方直接排污而致环境污染的发生至少是存在过失的，符合共同侵权特征，应承担连带责任。

2. 生态环境损害赔偿范围包括哪些？

《民法典》第1235条规定，违反国家规定造成生态环境损害的，国家规定的机关或者法律规定的组织有权请求侵权人赔偿下列损失和费用：（1）生态环境受到损害至修复完成期间服务功能丧失导致的损失；（2）生态环境功能永久性损害造成的损失；（3）生态环境损害调查、鉴定评估等费用；（4）清除污染、修复生态环境费用；（5）防止损害的发生和扩大所支出的合理费用。

关于生态环境损害赔偿范围，《民法典》第1235条明确了5个方面的内容，具体包括：（1）生态环境受到损害至修复完成期间服务功能丧失导致的损失，也被称为期间损失，即生态环境损害发生至生态环境恢复到基线状态期间，生态环境因其物理、化学或生物特性改变而导致向公众或其他生态系统提供服务的丧失或减少，即受损生态环境从损害发生到其恢复至基线状态期间提供生态系统服务的损失量。（2）生态环境功能永久性损害造成的损失，是指受损生态环境及其功能难以恢复，其向公众或其他生态系统提供服务能力的完全丧失。永久性损害并非绝对不可恢复，而是“难以恢复”。对于这部分的损害，在环境诉讼中，一般通过司法鉴定、评估或者参考专家意见等方式确定具体的损害数额。（3）生态环境损害调查、鉴定评估等费用。需要注意的是，对行政机关而言，本项规定的调查是在生态环境损害发生后，行政机关专门开展的调查工作，与行政机关一般行政执法行为要有所区分。人民检察院、社会组织开展的调查工作应当具有一定的形式，比如，二人以上持相应的身份证明开展调查工作，制作调查报告，以及所产生费用应当有相应的票据等。（4）清除污染、修复生态环境费用。本项仅指生态修复阶段的费用，具体包含两个部分，一是清除污染的费用，二是修复生态环境的费用。（5）防止损害的发生和扩大所支出的合理费用。该费用属应急处置费用中的防范性措施费用，是指为了防止、遏制环境损害发生、扩大，所采取的或者将要采取的必要、合理措施产生的费用。除本条规定的损失与费用外，国家规定的机关或者法律规定的组织为行使环境公益侵权责任请求权所支出之合理的律师费以及其他合理费用，也可要求侵权人承担。

此外，《环境公益诉讼解释》第23条就生态环境修复费用难以确定的情形时的量化方式亦做了较为明确的规定："生态环境修复费用难以确定或者确定具体数额所需鉴定费用明显过高的，人民法院可以结合污染环境、破坏生态的范围和程度，生态环境的稀缺性，生态环境恢复的难易程度，防治污染设备的运行成本，被告因侵害行为所获得的利益以及过错程度等因素，并可以参考负有环境资源保护监督管理职责的部门的意见、专家意见等，予以合理确定。"本指导案例中，法院即在环保部门有关评估内容基础上，根据违法排污种类、排污量及污染源排他性等因素对生态环境损害进行了量化确定。

程　序　类

一、一般综合类

082 指导案例7号

牡丹江市宏阁建筑安装有限责任公司诉牡丹江市华隆房地产开发有限责任公司、张继增建设工程施工合同纠纷案

纠纷已解决且当事人申请撤诉的民事抗诉案件，法院应作出终结审查或终结再审诉讼的裁定

（最高人民法院审判委员会讨论通过 2012年4月9日发布）

关键词：民事/诉讼抗诉/申请撤诉/终结审查

裁判要点

人民法院接到民事抗诉书后，经审查发现案件纠纷已经解决，当事人申请撤诉，且不损害国家利益、社会公共利益或第三人利益的，应当依法作出对抗诉案终结审查的裁定；如果已裁定再审，应当依法作出终结再审诉讼的裁定。

相关法条

《中华人民共和国民事诉讼法》第一百四十条第一款第（十一）项[①]

基本案情

2009年6月15日，黑龙江省牡丹江市华隆房地产开发有限责任公司（简称华隆公司）因与牡丹江市宏阁建筑安装有限责任公司（简称宏阁公司）、张继增建设工程施工合同纠纷一案，不服黑龙江省高级人民法院同年2

① 《民事诉讼法》（2021年修正）第157条第1款第11项。

月11日作出的（2008）黑民一终字第173号民事判决，向最高人民法院申请再审。最高人民法院于同年12月8日作出（2009）民申字第1164号民事裁定，按照审判监督程序提审本案。在最高人民法院民事审判第一庭提审期间，华隆公司鉴于当事人之间已达成和解且已履行完毕，提交了撤回再审申请书。最高人民法院经审查，于2010年12月15日以（2010）民提字第63号民事裁定准许其撤回再审申请。

申诉人华隆公司在向法院申请再审的同时，也向检察院申请抗诉。2010年11月12日，最高人民检察院受理后决定对本案按照审判监督程序提出抗诉。2011年3月9日，最高人民法院立案一庭收到最高人民检察院高检民抗［2010］58号民事抗诉书后进行立案登记，同月11日移送审判监督庭审理。最高人民法院审判监督庭经审查发现，华隆公司曾向本院申请再审，其纠纷已解决，且申请检察院抗诉的理由与申请再审的理由基本相同，遂与最高人民检察院沟通并建议其撤回抗诉，最高人民检察院不同意撤回抗诉。再与华隆公司联系，华隆公司称当事人之间已就抗诉案达成和解且已履行完毕，纠纷已经解决，并于同年4月13日再次向最高人民法院提交了撤诉申请书。

裁判结果

最高人民法院于2011年7月6日以（2011）民抗字第29号民事裁定书，裁定本案终结审查。

裁判理由

最高人民法院认为：对于人民检察院抗诉再审的案件，或者人民法院依据当事人申请或依据职权裁定再审的案件，如果再审期间当事人达成和解并履行完毕，或者撤回申诉，且不损害国家利益、社会公共利益的，为了尊重和保障当事人在法定范围内对本人合法权利的自由处分权，实现诉讼法律效果与社会效果的统一，促进社会和谐，人民法院应当根据《最高人民法院关于适用〈中华人民共和国民事诉讼法〉审判监督程序若干问题的解释》① 第三十四条的规定，裁定终结再审诉讼。

本案中，申诉人华隆公司不服原审法院民事判决，在向最高人民法院申

① 以下简称《审监程序解释》。

请再审的同时，也向检察机关申请抗诉。在本院提审期间，当事人达成和解，华隆公司向本院申请撤诉。由于当事人有权在法律规定的范围内自由处分自己的民事权益和诉讼权利，其撤诉申请意思表示真实，已裁定准许其撤回再审申请，本案当事人之间的纠纷已得到解决，且本案并不涉及国家利益、社会公共利益或第三人利益，故检察机关抗诉的基础已不存在，本案已无按抗诉程序裁定进入再审的必要，应当依法裁定本案终结审查。

【实务问答】

1. 如何理解《民事诉讼法》第 218 条“接受抗诉的人民法院应当自收到抗诉书之日起三十日内作出再审的裁定”中的“三十日”？

《民事诉讼法》第 218 条规定：“人民检察院提出抗诉的案件，接受抗诉的人民法院应当自收到抗诉书之日起三十日内作出再审的裁定……”关于该条中的“三十日内作出再审的裁定”，一种观点认为，该规定作了相对较短的期日限制，是为了防止有的接受抗诉的人民法院拖延不作出进入再审的裁定；另一种观点认为，该规定除了有督促人民法院尽快裁定再审的意思以外，还包含接受抗诉的人民法院还要审查抗诉是否符合形式要件的立法本意，抗诉符合形式要件的，应在该期日内作出再审的裁定。从实践来看，第二种观点是当前司法实践中的主流观点。需要注意的是，本条的 30 日期间，并非法院对检察院抗诉的审查期间，因为只要检察院抗诉法院就应当再审，无须审查其抗诉是否有《民事诉讼法》第 207 条规定情形。这也是检察院抗诉与当事人申请再审的重要区别之一。

2. 当事人已和解或撤诉但检察院不撤回抗诉时，法院应如何处理？

检察机关提出抗诉之前或之后，法院裁定再审之前，当事人和解或者撤诉的，检察机关应终止审查或撤回抗诉。但检察机关不撤回抗诉时，法院如何处理？《审监程序解释》第 23 条对抗诉再审后出现相关情形时可以裁定终结再审诉讼作出了规定：“申请再审人在再审期间撤回再审申请的，是否准许由人民法院裁定。裁定准许的，应终结再审程序。申请再审人经传票传唤，无正当理由拒不到庭的，或者未经法庭许可中途退庭的，可以裁定按自动撤回再审申请处理。人民检察院抗诉再审的案件，申请抗诉的当事人有前款规定的情形，且不损害国家利益、社会公共利益或第三人利益的，人民法院应当裁定终结再审程序；人民检察院撤回抗诉的，应当准予。终结再审程序的，恢复原判决的执行。”我们认为，当事人有权在法律规定的范围内处分自己的民事权益和诉讼权利。申请抗诉的当事人在法院审查期间请求撤诉，其撤诉申请意思表示真实，且不损害国家利益、社会公共利益或第三人利益的，应当依法准许。理由在于，当事人是否起诉或者终结诉讼，何时或以何种内容、范围对何人起诉，原则上由当事人自由决定。就同一纠纷，当事人已经处分了自己的权利，且检察机关提出抗诉的目的是启动再审程序，而申请抗诉的当事人已明确表示放弃继续通过再审程序主张权利，故已无裁定进入再审的必要，法院可依照《民事诉讼法》第157条第1款第11项规定，裁定终结审查。

083 指导案例56号

韩凤彬诉内蒙古九郡药业有限责任公司等产品责任纠纷管辖权异议案

一审期间未提出而在二审或者再审发回重审时提出管辖权异议的，不予审查

（最高人民法院审判委员会讨论通过　2015年11月19日发布）

关键词：民事诉讼/管辖异议/再审期间

裁判要点

当事人在一审提交答辩状期间未提出管辖异议，在二审或者再审发回重审时提出管辖异议的，人民法院不予审查。

相关法条

《中华人民共和国民事诉讼法》第127条①

① 《民事诉讼法》（2021年修正）第130条。

基本案情

原告韩凤彬诉被告内蒙古九郡药业有限责任公司（以下简称九郡药业）、上海云洲商厦有限公司（以下简称云洲商厦）、上海广播电视台（以下简称上海电视台）、大连鸿雁大药房有限公司（以下简称鸿雁大药房）产品质量损害赔偿纠纷一案，辽宁省大连市中级人民法院于2008年9月3日作出(2007)大民权初字第4号民事判决。九郡药业、云洲商厦、上海电视台不服，向辽宁省高级人民法院提起上诉。该院于2010年5月24日作出（2008)辽民一终字第400号民事判决。该判决发生法律效力后，再审申请人九郡药业、云洲商厦向最高人民法院申请再审。

最高人民法院于同年12月22日作出（2010）民申字第1019号民事裁定，提审本案，并于2011年8月3日作出（2011）民提字第117号民事裁定，撤销一、二审民事判决，发回辽宁省大连市中级人民法院重审。在重审中，九郡药业和云洲商厦提出管辖异议。

裁判结果

辽宁省大连市中级人民法院于2012年2月29日作出（2011）大审民再初字第7号民事裁定，认为该院重审此案系接受最高人民法院指令，被告之一鸿雁大药房住所地在辽宁省大连市中山区，遂裁定驳回九郡药业和云洲商厦对管辖权提出的异议。九郡药业、云洲商厦提起上诉，辽宁省高级人民法院于2012年5月7日作出（2012）辽立一民再终字第1号民事裁定，认为原告韩凤彬在向大连市中级人民法院提起诉讼时，即将住所地在大连市的鸿雁大药房列为被告之一，且在原审过程中提交了在鸿雁大药房购药的相关证据并经庭审质证，鸿雁大药房属适格被告，大连市中级人民法院对该案有管辖权，遂裁定驳回上诉，维持原裁定。九郡药业、云洲商厦后分别向最高人民法院申请再审。最高人民法院于2013年3月27日作出（2013）民再申字第27号民事裁定，驳回九郡药业和云洲商厦的再审申请。

裁判理由

法院生效裁判认为：对于当事人提出管辖权异议的期间，《中华人民共和国民事诉讼法》（以下简称《民事诉讼法》）第一百二十七条①明确规定：当事人对管辖权有异议的，应当在提交答辩状期间提出。当事人未提出管辖异议，并应诉答辩的，视为受诉人民法院有管辖权。由此可知，当事人在一审提交答辩状期间未提出管辖异议，在案件二审或者再审时才提出管辖权异议的，根据管辖恒定原则，案件管辖权已经确定，人民法院对此不予审查。本案中，九郡药业和云洲商厦是案件被通过审判监督程序裁定发回一审法院重审，在一审法院的重审中才就管辖权提出异议的。最初一审时原告韩凤彬的起诉状送达给九郡药业和云洲商厦，九郡药业和云洲商厦在答辩期内并没有对管辖权提出异议，说明其已接受了一审法院的管辖，管辖权已确定。而且案件经过一审、二审和再审，所经过的程序仍具有程序上的效力，不可逆转。本案是经审判监督程序发回一审法院重审的案件，虽然按照第一审程序审理，但是发回重审的案件并非一个初审案件，案件管辖权早已确定。就管辖而言，因民事诉讼程序的启动始于当事人的起诉，确定案件的管辖权，应以起诉时为标准，起诉时对案件有管辖权的法院，不因确定管辖的事实在诉讼过程中发生变化而影响其管辖权。当案件诉至人民法院，经人民法院立案受理，诉状送达给被告，被告在答辩期内未提出管辖异议，表明案件已确定了管辖法院，此后不因当事人住所地、经常居住地的变更或行政区域的变更而改变案件的管辖法院。在管辖权已确定的前提下，当事人无权再就管辖权提出异议。如果在重审中当事人仍可就管辖权提出异议，无疑会使已稳定的诉讼程序处于不确定的状态，破坏了诉讼程序的安定、有序，拖延诉讼，不仅降低诉讼效率，浪费司法资源，而且不利于纠纷的解决。因此，基于管辖恒定原则、诉讼程序的确定性以及公正和效率的要求，不能支持重审案件当事人再就管辖权提出的异议。据此，九郡药业和云洲商厦就本案管辖权提出异议，没有法律依据，原审裁定驳回其管辖异议并无不当。

综上，九郡药业和云洲商厦的再审申请不符合《民事诉讼法》第二百条第（六）项②规定的应当再审情形，故依照该法第二百零四条第一款③的规

---

① 《民事诉讼法》（2021年修正）第130条。

② 《民事诉讼法》（2021年修正）第207条第6项。

③ 《民事诉讼法》（2021年修正）第211条第1款。

定，裁定驳回九郡药业和云洲商厦的再审申请。

（生效裁判审判人员：张志弘、宁晟、贾亚奇）

【实务问答】

1. 如何理解管辖恒定原则?

管辖恒定原则，是指案件管辖权的确定以起诉时为标准，起诉时对案件享有管辖权的法院，不因确定管辖的事实在诉讼过程中发生变化而影响其管辖权，包括级别管辖恒定和地域管辖恒定。民事诉讼中，确定管辖的因素可能会出现变化，如诉讼标的额提高、受诉法院辖区变更等。基于诉讼经济和程序安定的需要，受诉法院不能将已正当受理的案件移送给由于确定管辖权的因素发生变化而在理论上拥有管辖权的法院，而应继续审理此案直至对案件作出判决。但需要注意，管辖恒定以受诉法院具有管辖权为前提，否则不适用管辖恒定。

《民事诉讼法》虽未明确规定管辖恒定原则，但在相关司法解释中体现了管辖恒定原则。《民诉法解释》第37条规定："案件受理后，受诉人民法院的管辖权不受当事人住所地、经常居住地变更的影响。"第38条规定："有管辖权的人民法院受理案件后，不得以行政区域变更为由，将案件移送给变更后有管辖权的人民法院。判决后的上诉案件和依审判监督程序提审的案件，由原审人民法院的上级人民法院进行审判；上级人民法院指令再审、发回重审的案件，由原审人民法院再审或者重审。"上述规定侧重于地域管辖恒定。一是地域管辖确定后，不因诉讼过程中确定管辖的因素的变动而变动；二是地域管辖恒定的效力，及于案件整个诉讼程序，包括一审程序以及其后可能进行的二审程序和审判监督程序。最高人民法院1996年5月在《关于案件级别管辖几个问题的批复》（已失效）中规定："当事人在诉讼中增加诉讼请求从而加大诉讼标的金额，致使诉讼标的金额超过受诉人民法院级别管辖权限的，一般不再变动。但是当事人故意规避有关级别管辖等规定的除外。"《民诉法解释》第39条第1款规定："人民法院对管辖异议审查后确定有管辖权的，不因当事人提起反诉、增加或者变更诉讼请求等改变管辖，但违反级别管辖、专属管辖规定的除外。"上述两个条款的规定主要体现了级别管辖的恒定。同时，第39条第2款亦明确规定："人民法院发回重审或者按第一审程序再审的案件，当事人提出管辖异议的，人民法院不予审查。"这一规定则表明案件管辖权的确定应以起诉时为标准，不因诉讼过程中发生变化而受影响。在管辖权确定后，当事人无权再就管辖权提出异议。若允许当事人在重审中仍可就管辖权提出异议，无疑会使已稳定的诉讼程序处于不确定的状态，破坏诉讼程序的安定、有序、效率。本指导案例的处理即秉持了上述理念，体现了上述规定的要求。

2. 管辖权异议需要注意哪些方面？

《民事诉讼法》第130条规定，人民法院受理案件后，当事人对管辖权有异议的，应当在提交答辩状期间提出。人民法院对当事人提出的异议，应当审查。异议成立的，裁定将案件移送有管辖权的人民法院；异议不成立的，裁定驳回。当事人未提出管辖异议，并应诉答辩的，视为受诉人民法院有管辖权，但违反级别管辖和专属管辖规定的除外。

管辖权异议，是指当事人向受诉法院提出对所受理案件无管辖权的主张。允许被告提出管辖权异议有利于保障双方当事人平等行使诉讼权利，同时确保法院管辖权行使的正当性。针对管辖权异议的处理，本条第1款做了规定，但具体理解中还需注意把握以下几个方面：主体方面，有权提出管辖权异议的主体应是本案的当事人，通常情况为被告。第三人，包括有独立请求权第三人和无独立请求权第三人，均无权提出。对象方面，针对的是法院的一审管辖权。因第二审管辖由第一审管辖所决定，故当事人无法对二审管辖提出异议。提交管辖权异议时间方面，此时间为提交答辩状期间，即收到起诉状后的15日内，如此规定意在保证诉讼效率。法院对异议进行处理时，应对当事人提出的管辖权异议进行审查。异议成立的，裁定将案件移送有管辖权的法院；不成立的，裁定驳回。当事人对驳回裁定不服的，可在接到裁定书10日之内，向上一级法院提起上诉。此外，若当事人未提出管辖异议，并应诉答辩的，视为受诉人民法院有管辖权。但需要注意，由于《民事诉讼法》对级别管辖和专属管辖有着严格规定，专属管辖具有强制性和排他性，即使当事人未提管辖异议并应诉答辩，但若不符合级别管辖和专属管辖的规定，受诉法院也不享有管辖权。本条第2款对此进行了明确。

【适用实例】

中国深圳对外贸易（集团）有限公司与张家界佳旺商贸有限公司债权债务概括转移合同纠纷案（被上诉人答辩引用）

上诉人中国深圳对外贸易（集团）有限公司（以下简称深圳外贸公司）因与被上诉人张家界佳旺商贸有限公司（以下简称张家界佳旺公司）债权债务概括转移合同纠纷管辖异议一案，不服湖南省张家界市武陵源区人民法院一审民事裁定，向湖南省张家界市中级人民法院提起上诉。

深圳外贸公司上诉称，(1) 请求撤销（2021）湘0811民初54号民事裁定；(2) 将本案移送广东省深圳市罗湖区人民法院审理。事实和理由：张家界佳旺公司存在滥用诉讼权益而刻意选定某地管辖的可能性，请求人民法院审查。张家界佳旺公司于起诉前夕迁移至张家界市，上诉人有理由认为张家界佳旺公司具有刻意选定管辖法院的可能性。另外，张家界佳旺公司通过迁移公司住所地从而选定某地管辖已被另案裁定确认，另案已被移送至广东省深圳市福田区人民法院管辖。（2020）湘08民辖终18号民事裁定认为"本案侵权结果发生地不因被上诉人住所地改变而改变"，并将该案移送至广东省深圳市福田区人民法院处理。本案事实同该案情形一致，本案的合同履行地不因原告住所地改变而改变。综上，请求二审法院支持上诉人的上诉请求。

被上诉人张家界佳旺公司辩称，本案诉讼与深圳进出口集团破产案件及（2007）深中法民二初字第138号民事案件，均不构成重复诉讼。本案答辩人诉请被答辩人承担责任的依据为债权债务概括转移合同关系；而上述第138号案件诉求依据的关系为借款合同关系；深圳进出口集团破产案件中诉请所依据的为担保合同关系。本案诉讼和前诉的诉求所依据的民事法律关系不同，当事人不同，诉讼标的也不同，本案不构成重复诉讼。答辩人迁移公司的行为，属于答辩人自主经营选择权，不存在任何违法之处。最高人民法院**指导案例56号**认为"就管辖而言，因民事诉讼程序的启动始于当事人的起诉，确定案件的管辖权，应以起诉时为标准"，根据该裁判规则，案件管辖权的判断应以起诉时的事实为标准。本案争议标的为给付货币，答辩人为接收货币一方，起诉时住所地为张家界市，一审法院具有管辖权。上诉人主张答辩人"刻意制造管辖连接点的行为，依法不应支持"没有依据，没有证据证明本案诉讼"必然导致司法不公"。综上，请求驳回被答辩人的上诉请求。

二审法院认为，管辖权异议是案件进入实体审理前要解决的程序问题，在管辖权异议审查阶段，人民法院不宜对案件实体问题进行审查和认定，应当依据当事人诉争的法律关系性质确定管辖。就管辖而言，因民事诉讼程序的启动始于当事人的起诉，确定案件的管辖权，应以起诉时为标准，起诉时对案件有管辖权的法院，不因确定管辖的事实在诉讼过程中发生变化而影响其管辖权。《民事诉讼法》第24条规定："因合同纠纷提起的诉讼，由被告住所地或者合同履行地人民法院管辖。"《民诉法解释》第18条第2款规定："合同对履行地点没有约定或者约定不明确，争议标的为给付货币的，接收货币一方所在地为合同履行地；交付不动产的，不动产所在地为合同履行地；其他标的，履行义务一方所在地为合同履行地。即时结清的合同，交易行为地为合同履行地。"人民法院在依合同履行地确定案件管辖时，应根据当事人的诉讼请求并结合合同履行义务情况来确定合同履行地。本案中，张家界佳旺公司依据涉案的《借款合同》及《债权转让协议》等提起本案诉讼，以深圳外贸公司吸收合并了原债务人深圳泰亨公司及原担保人深圳进出口集团为由，请求深圳外贸公司立即偿还或连带偿还借款本金470万元及利息，张家界佳旺公司系接收货币一方，其住所地即张家界市武陵源区为合同履行地，一审法院作为合同履行地法院对本案具有管辖权。综上，原审裁定认定事实清楚，适用法律正确，应予维持。［（2021）湘08民辖终7号］

084 指导案例25号

华泰财产保险有限公司北京分公司诉李志贵、天安财产保险股份有限公司河北省分公司张家口支公司保险人代位求偿权纠纷案

保险合同关系不应作为确定保险人代位求偿权案件管辖法院的根据

（最高人民法院审判委员会讨论通过　2014年1月26日发布）

关键词：民事诉讼／保险人代位求偿／管辖

裁判要点

因第三者对保险标的的损害造成保险事故，保险人向被保险人赔偿保险金后，代位行使被保险人对第三者请求赔偿的权利而提起诉讼的，应当根据保险人所代位的被保险人与第三者之间的法律关系，而不应当根据保险合同法律关系确定管辖法院。第三者侵害被保险人合法权益的，由侵权行为地或者被告住所地法院管辖。

相关法条

《中华人民共和国民事诉讼法》第二十八条①

《中华人民共和国保险法》第六十条第一款

基本案情

2011年6月1日，华泰财产保险有限公司北京分公司（简称华泰保险公司）与北京亚大锦都餐饮管理有限公司（简称亚大锦都餐饮公司）签订机动车辆保险合同，被保险车辆的车牌号为京A82368，保险期间自2011年6月5日0时起至2012年6月4日24时止。2011年11月18日，陈某某驾驶被保险车辆行驶至北京市朝阳区机场高速公路上时，与李志贵驾驶的车牌号为冀GA9120的车辆发生交通事故，造成被保险车辆受损。经交管部门认定，李志贵负事故全部责任。事故发生后，华泰保险公司依照保险合同的约定，向被保险人亚大锦都餐饮公司赔偿保险金83878元，并依法取得代位求偿权。基于肇事车辆系在天安财产保险股份有限公司河北省分公司张家口支公司（简称天安保险公司）投保了机动车交通事故责任强制保险，华泰保险公司于2012年10月诉至北京市东城区人民法院，请求判令被告肇事司机李志贵和天安保险公司赔偿83878元，并承担诉讼费用。

被告李志贵的住所地为河北省张家口市怀来县沙城镇，被告天安保险公司的住所地为张家口市怀来县沙城镇燕京路东108号，保险事故发生地为北京市朝阳区机场高速公路上，被保险车辆行驶证记载所有人的住址为北京市东城区工体北路新中西街8号。

① 《民事诉讼法》（2021年修正）第29条。

裁判结果

北京市东城区人民法院于2012年12月17日作出（2012）东民初字第13663号民事裁定：对华泰保险公司的起诉不予受理。宣判后，当事人未上诉，裁定已发生法律效力。

裁判理由

法院生效裁判认为：根据《中华人民共和国保险法》第六十条的规定，保险人的代位求偿权是指保险人依法享有的，代位行使被保险人向造成保险标的损害负有赔偿责任的第三者请求赔偿的权利。保险人代位求偿权源于法律的直接规定，属于保险人的法定权利，并非基于保险合同而产生的约定权利。因第三者对保险标的的损害造成保险事故，保险人向被保险人赔偿保险金后，代位行使被保险人对第三者请求赔偿的权利而提起诉讼的，应根据保险人所代位的被保险人与第三者之间的法律关系确定管辖法院。第三者侵害被保险人合法权益，因侵权行为提起的诉讼，依据《中华人民共和国民事诉讼法》第二十八条①的规定，由侵权行为地或者被告住所地法院管辖，而不适用财产保险合同纠纷管辖的规定，不应以保险标的物所在地作为管辖依据。本案中，第三者实施了道路交通侵权行为，造成保险事故，被保险人对第三者有侵权损害赔偿请求权；保险人行使代位权起诉第三者的，应当由侵权行为地或者被告住所地法院管辖。现二被告的住所地及侵权行为地均不在北京市东城区，故北京市东城区人民法院对该起诉没有管辖权，应裁定不予受理。

【实务问答】

1. 现行法律对保险人的代位求偿权有何规定？

《保险法》第60条规定，因第三者对保险标的的损害而造成保险事故的，保险人自向被保险人赔偿保险金之日起，在赔偿金额范围内代位行使被保险人对第三者请求赔偿的权利。前款规定的保险事故发生后，被保险人已经从第三者取得损害赔偿的，保险人赔偿保险金时，可以相应扣减被保险人

① 《民事诉讼法》（2021年修正）第29条。

从第三者已取得的赔偿金额。保险人依照本条第1款规定行使代位请求赔偿的权利，不影响被保险人就未取得赔偿的部分向第三者请求赔偿的权利。

保险人的代位求偿权，是指保险人在赔偿被保险人的损失之后，取代被保险人的地位，取得被保险人对此项损失所持的各项权利。代位求偿权产生的前提是，被保险标的的损失必须是因为第三人的责任造成的，并且必须是发生在保险人向被保险人支付了赔偿之后。代位权实质上是一种权利转让，当被保险人因受损而取得保险人赔偿后，将其原应享有的向侵权人或违约方索赔的权益转让给保险人，保险人取得该权益后，就可把自己置于被保险人的地位，向应当承担责任的第三者追偿。需要注意的是，就目前而言，代位权适用于财产保险，人身保险不能适用代位权的规定，即人身保险中被保险人因保险事故所产生对第三人的请求赔偿权，不因保险人对被保险人或受益人支付保险金而转移于保险人。这是因为生命和人格之价值，不能以金钱衡量。因而，人身保险被保险人或受益人在受领保险金额后，并不影响对第三人的请求赔偿权的行使或放弃。

2. 保险人代位求偿权案件的管辖法院如何确定?

由上面的论述可知，保险人的代位求偿权源于法律的直接规定，属于保险人的法定权利，其并非基于保险人与被保险人之间的保险合同而产生。因而，在第三者对保险标的造成损害形成保险事故后，保险人向被保险人赔偿保险金后，对保险人代位行使被保险人对第三者请求赔偿的权利而提起的代位求偿权诉讼，应按照被保险人与第三者之间的法律关系来确定管辖法院，即按照《民事诉讼法》第29条“因侵权行为提起的诉讼，由侵权行为地或者被告住所地人民法院管辖”之规定，确定管辖法院。本指导案例中，第三者为实施了道路交通事故侵权的行为人，保险人行使代位权起诉第三者，应由侵权行为地或被告住所地法院管辖。而作为受理法院的北京市东城区人民法院并非侵权行为地及二被告住所地法院，对该案并无管辖权。此外，最高人民法院《保险法解释四》第12条亦对此问题进行了明确，即保险人以造成保险事故的第三者为被告提起代位求偿权之诉的，以被保险人与第三者之间的法律关系确定管辖法院。

085 指导案例68号

上海欧宝生物科技有限公司诉辽宁特莱维置业发展有限公司企业借贷纠纷案

人民法院应依法制裁虚构事实、恶意串通、规避法律或国家政策以谋取非法利益进行的虚假民事诉讼

（最高人民法院审判委员会讨论通过　2016年9月19日发布）

关键词：民事诉讼/企业借贷/虚假诉讼

裁判要点

人民法院审理民事案件中发现存在虚假诉讼可能时，应当依职权调取相关证据，详细询问当事人，全面严格审查诉讼请求与相关证据之间是否存在矛盾，以及当事人诉讼中言行是否违背常理。经综合审查判断，当事人存在虚构事实、恶意串通、规避法律或国家政策以谋取非法利益，进行虚假民事诉讼情形的，应当依法予以制裁。

相关法条

《中华人民共和国民事诉讼法》第112条①

基本案情

上海欧宝生物科技有限公司（以下简称欧宝公司）诉称：欧宝公司借款给辽宁特莱维置业发展有限公司（以下简称特莱维公司）8650万元，用于开发辽宁省东港市特莱维国际花园房地产项目。借期届满时，特莱维公司拒不偿还。故请求法院判令特莱维公司返还借款本金8650万元及利息。

特莱维公司辩称：对欧宝公司起诉的事实予以认可，借款全部投入到特莱维国际花园房地产项目，房屋滞销，暂时无力偿还借款本息。

---

① 《民事诉讼法》（2021年修正）第115条。

一审申诉人谢涛述称：特莱维公司与欧宝公司，通过虚构债务的方式，恶意侵害其合法权益，请求法院查明事实，依法制裁。

法院经审理查明：2007年7月至2009年3月，欧宝公司与特莱维公司先后签订9份《借款合同》，约定特莱维公司向欧宝公司共借款8650万元，约定利息为同年贷款利率的4倍。约定借款用途为：只限用于特莱维国际花园房地产项目。借款合同签订后，欧宝公司先后共汇款10笔，计8650万元，而特莱维公司却在收到汇款的当日或数日后立即将其中的6笔转出，共计转出7050万余元。其中5笔转往上海翰皇实业发展有限公司（以下简称翰皇公司），共计6400万余元。此外，欧宝公司在提起一审诉讼要求特莱维公司还款期间，仍向特莱维公司转款3笔，计360万元。

欧宝公司法定代表人为宗惠光，该公司股东曲叶丽持有73.75%的股权，姜雯琪持有2%的股权，宗惠光持有2%的股权。特莱维公司原法定代表人为王作新，翰皇公司持有该公司90%股权，王阳持有10%的股权，2010年8月16日法定代表人变更为姜雯琪。工商档案记载，该公司在变更登记时，领取执照人签字处由刘静君签字，而刘静君又是本案原一审诉讼期间欧宝公司的委托代理人，身份系欧宝公司的员工。翰皇公司2002年3月26日成立，法定代表人为王作新，前身为上海特莱维化妆品有限公司，王作新持有该公司67%的股权，曲叶丽持有33%的股权，同年10月28日，曲叶丽将其持有的股权转让给王阳。2004年10月10日该公司更名为翰皇公司，公司登记等手续委托宗惠光办理，2011年7月5日该公司注销。王作新与曲叶丽系夫妻关系。

本案原一审诉讼期间，欧宝公司于2010年6月22日向辽宁省高级人民法院（以下简称辽宁高院）提出财产保全申请，要求查封、扣押、冻结特莱维公司5850万元的财产，王阳以其所有的位于辽宁省沈阳市和平区澳门路、建筑面积均为236.4平方米的两处房产为欧宝公司担保。王作鹏以其所有的位于沈阳市皇姑区宁山中路的建筑面积为671.76平方米的房产为欧宝公司担保，沈阳沙琪化妆品有限公司（以下简称沙琪公司，股东为王振义和修桂芳）以其所有的位于沈阳市东陵区白塔镇小羊安村建筑面积分别为212平方米、946平方米的两处厂房及使用面积为4000平方米的一块土地为欧宝公司担保。

欧宝公司与特莱维公司的《开立单位银行结算账户申请书》记载地址均为东港市新兴路1号，委托经办人均为崔秀芳。再审期间谢涛向辽宁高院提供上海市第一中级人民法院（2008）沪一中民三（商）终字第426号民事判决书一份，该案系张娥珍、贾世克诉翰皇公司、欧宝公司特许经营合同纠纷案，判决所列翰皇公司的法定代表人为王作新，欧宝公司和翰皇公司的委托代理人均系翰皇公司员工宗惠光。

二审审理中另查明：

（一）关于欧宝公司和特莱维公司之间关系的事实

工商档案表明，沈阳特莱维化妆品连锁有限责任公司（以下简称沈阳特莱维）成立于2000年3月15日，该公司由欧宝公司控股（持股96.67%），设立时的经办人为宗惠光。公司登记的处所系向沈阳丹菲专业护肤中心承租而来，该中心负责人为王振义。2005年12月23日，特莱维公司原法定代表人王作新代表欧宝公司与案外人张娥珍签订连锁加盟（特许）合同。2007年2月28日，霍静代表特莱维公司与世安建设集团有限公司（以下简称世安公司）签订关于特莱维国际花园项目施工的《补充协议》。2010年5月，魏亚丽经特莱维公司授权办理银行账户的开户，2011年9月又代表欧宝公司办理银行账户开户。两账户所留联系人均为魏亚丽，联系电话均为同一号码，与欧宝公司2010年6月10日提交辽宁高院的民事起诉状中所留特莱维公司联系电话相同。

2010年9月3日，欧宝公司向辽宁高院出具《回复函》称：同意提供位于上海市青浦区苏虹公路332号的面积12026.91平方米、价值2亿元的房产作为保全担保。欧宝公司庭审中承认，前述房产属于上海特莱维护肤品股份有限公司（以下简称上海特莱维）所有。上海特莱维成立于2002年12月9日，法定代表人为王作新，股东有王作新、翰皇公司的股东王阳、邹艳，欧宝公司的股东宗惠光、姜雯琪、王奇等人。王阳同时任上海特莱维董事，宗惠光任副董事长兼副总经理，王奇任副总经理，霍静任董事。

2011年4月20日，欧宝公司向辽宁高院申请执行（2010）辽民二初字第15号民事判决，该院当日立案执行。同年7月12日，欧宝公司向辽宁高院提交书面申请称："为尽快回笼资金，减少我公司损失，经与被执行人商定，我公司允许被执行人销售该项目的剩余房产，但必须由我公司指派财务人员收款，所销售的房款须存入我公司指定账户。”2011年9月6日，辽宁高院向东港市房地产管理处发出《协助执行通知书》，以相关查封房产已经给付申请执行人抵债为由，要求该处将前述房产直接过户登记到案外买受人名下。

欧宝公司申请执行后，除谢涛外，特莱维公司的其他债权人世安公司、江西临川建筑安装工程总公司、东港市前阳建筑安装工程总公司也先后以提交执行异议等形式，向辽宁高院反映欧宝公司与特莱维公司虚构债权进行虚假诉讼。

翰皇公司的清算组成员由王作新、王阳、姜雯琪担任，王作新为负责人；清算组在成立之日起10日内通知了所有债权人，并于2011年5月14日在《上海商报》上刊登了注销公告。2012年6月25日，王作新将翰皇公司所持特莱维公司股权中的1600万元转让于王阳，200万元转让于邹艳，并于2012年7月9日办理了工商变更登记。

沙琪公司的股东王振义和修桂芳分别是王作新的父亲和母亲；欧宝公司的股东王阁系王作新的哥哥王作鹏之女；王作新与王阳系兄妹关系。

（二）关于欧宝公司与案涉公司之间资金往来的事实

欧宝公司尾号为8115的账户（以下简称欧宝公司8115账户），2006年1月4日至2011年9月29日的交易明细显示，自2006年3月8日起，欧宝公司开始与特莱维公司互有资金往来。其中，2006年3月8日欧宝公司该账户汇给特莱维公司尾号为4891账户（以下简称特莱维公司4891账户）300万元，备注用途为借款，2006年6月12日转给特莱维公司801万元。2007年8月16日至23日从特莱维公司账户转入欧宝公司8115账户近70笔款项，备注用途多为货款。该账户自2006年1月4日至2011年9月29日与沙琪公司、沈阳特莱维、翰皇公司、上海特莱维均有大笔资金往来，用途多为货款或借款。

欧宝公司在中国建设银行东港支行开立的账户（尾号0357）2010年8月31日至2011年11月9日的交易明细显示：该账户2010年9月15日、9月17日由欧宝公司以现金形式分别存入168万元、100万元；2010年9月30日支付东港市安邦房地产开发有限公司工程款100万元；2010年9月30日自特莱维公司账户（尾号0549）转入100万元，2011年8月22日、8月30日、9

月9日自特莱维公司账户分别转入欧宝公司该账户71.6985万元、51.4841万元、62.3495万元，2011年11月4日特莱维公司尾号为5555账户（以下简称特莱维公司5555账户）以法院扣款的名义转入该账户84.556787万元；2011年9月27日以“往来款”名义转入欧宝公司8115账户193.5万元，2011年11月9日转入欧宝公司尾号4548账户（以下简称欧宝公司4548账户）157.995万元。

欧宝公司设立在中国工商银行上海青浦支行的账户（尾号5617）显示，2012年7月12日该账户以“借款”名义转入特莱维公司50万元。

欧宝公司在中国建设银行沈阳马路湾支行的4548账户2013年10月7日至2015年2月7日期间的交易明细显示，自2014年1月20日起，特莱维公司以“还款”名义转入该账户的资金，大部分又以“还款”名义转入王作鹏个人账户和上海特莱维的账户。

翰皇公司建设银行上海分行尾号为4917账户（以下简称翰皇公司4917账户）2006年1月5日至2009年1月14日的交易明细显示，特莱维公司4891账户2008年7月7日转入翰皇公司该账户605万元，同日翰皇公司又从该账户将同等数额的款项转入特莱维公司5555账户，但自翰皇公司打入特莱维公司账户的该笔款项计入了特莱维公司的借款数额，自特莱维公司打入翰皇公司的款项未计入该公司的还款数额。该账户同时间段还分别和欧宝公司、沙琪公司以“借款”“往来款”的名义进行资金转入和转出。

特莱维公司5555账户2006年6月7日至2015年9月21日的交易明细显示，2009年7月2日自该账户以“转账支取”的名义汇入欧宝公司的账户（尾号0801）600万元；自2011年11月4日起至2014年12月31日止，该账户转入欧宝公司资金达30多笔，最多的为2012年12月20日汇入欧宝公司4548账户的一笔达1800万元。此外，该账户还有多笔大额资金在2009年11月13日至2010年7月19日期间以“借款”的名义转入沙琪公司账户。

沙琪公司在中国光大银行沈阳和平支行的账户（尾号6312）2009年11月13日至2011年6月27日的交易明细显示，特莱维公司转入沙琪公司的资金，有的以“往来款”或者“借款”的名义转回特莱维公司的其他账户。例如，2009年11月13日自特莱维公司5555账户以“借款”的名义转入沙琪公司3800万元，2009年12月4日又以“往来款”的名义转回特莱维公司另外设立的尾号为8361账户（以下简称特莱维公司8361账户）3800万元；2010年2月3日自特莱维公司8361账户以“往来款”的名义转入沙琪公司账户的4827万元，同月10日又以“借款”的名义转入特莱维公司5555账户500万元，以“汇兑”名义转入特莱维公司4891账户1930万元，2010年3月31日沙琪公司又以“往来款”的名义转入特莱维公司8361账户1000万元，同年4月12日以系统内划款的名义转回特莱维公司8361账户1806万元。特莱维公司转入沙琪公司账户的资金有部分流入了沈阳特莱维的账户。例如，2010年5月6日以“借款”的名义转入沈阳特莱维1000万元，同年7月29日以“转款”的名义转入沈阳特莱维2272万元。此外，欧宝公司也以“往来款”的名义转入该账户部分资金。

欧宝公司和特莱维公司均承认，欧宝公司4548账户和在中国建设银行东港支行的账户（尾号0357）由王作新控制。

裁判结果

辽宁高院2011年3月21日作出（2010）辽民二初字第15号民事判决：特莱维公司于判决生效后10日内偿还欧宝公司借款本金8650万元及借款实际发生之日起至判决确定给付之日止的中国人民银行同期贷款利息。该判决发生法律效力后，因案外人谢涛提出申诉，辽宁高院于2012年1月4日作出（2012）辽立二民监字第8号民事裁定再审本案。辽宁高院经再审于2015年5月20日作出（2012）辽审二民再字第13号民事判决，驳回欧宝公司的诉讼请求。欧宝公司提起上诉，最高人民法院第二巡回法庭经审理于2015年10月27日作出（2015）民二终字第324号民事判决，认定本案属于虚假民事诉讼，驳回上诉，维持原判。同时作出罚款决定，对参与虚假诉讼的欧宝公司和特莱维公司各罚款50万元。

裁判理由

法院生效裁判认为：人民法院保护合法的借贷关系，同时对于恶意串通进行虚假诉讼意图损害他人合法权益的行为，应当依法制裁。本案争议的焦点问题有两个，一是欧宝公司与特莱维公司之间是否存在关联关系；二是欧宝公司和特莱维公司就争议的8650万元是否存在真实的借款关系。

一、欧宝公司与特莱维公司是否存在关联关系的问题

《中华人民共和国公司法》第二百一十七条①规定，关联关系，是指公司控股股东、实际控制人、董事、监事、高级管理人员与其直接或间接控制的企业之间的关系，以及可能导致公司利益转移的其他关系。可见，公司法所称的关联公司，既包括公司股东的相互交叉，也包括公司共同由第三人直接或者间接控制，或者股东之间、公司的实际控制人之间存在直系血亲、姻亲、共同投资等可能导致利益转移的其他关系。

本案中，曲叶丽为欧宝公司的控股股东，王作新是特莱维公司的原法定代表人，也是案涉合同签订时特莱维公司的控股股东翰皇公司的控股股东和法定代表人，王作新与曲叶丽系夫妻关系，说明欧宝公司与特莱维公司由夫妻二人控制。欧宝公司称两人已经离婚，却未提供民政部门的离婚登记或者人民法院的生效法律文书。虽然辽宁高院受理本案诉讼后，特莱维公司的法定代表人由王作新变更为姜雯琪，但王作新仍是特莱维公司的实际控制人。同时，欧宝公司股东兼法定代表人宗惠光、王奇等人，与特莱维公司的实际控制人王作新、法定代表人姜雯琪、目前的控股股东王阳共同投资设立了上海特莱维，说明欧宝公司的股东与特莱维公司的控股股东、实际控制人存在其他的共同利益关系。另外，沈阳特莱维是欧宝公司控股的公司，沙琪公司的股东是王作新的父亲和母亲。可见，欧宝公司与特莱维公司之间、前述两公司与沙琪公司、上海特莱维、沈阳特莱维之间均存在关联关系。

欧宝公司与特莱维公司及其他关联公司之间还存在人员混同的问题。首先，高管人员之间存在混同。姜雯琪既是欧宝公司的股东和董事，又是特莱维公司的法定代表人，同时还参与翰皇公司的清算。宗惠光既是欧宝公司的法定代表人，又是翰皇公司的工作人员，虽然欧宝公司称宗惠光自2008年5月即从翰皇公司辞职，但从上海市第一中级人民法院（2008）沪一中民三（商）终字第426号民事判决载明的事实看，该案2008年8月至12月审理期间，宗惠光仍以翰皇公司工作人员的身份参与诉讼。王奇既是欧宝公司的监事，又是上海特莱维的董事，还以该公司工作人员的身份代理相关行政诉讼。王阳既是特莱维公司的监事，又是上海特莱维的董事。王作新是特莱维

① 《公司法》（2018年修正）第216条。

公司原法定代表人、实际控制人，还曾先后代表欧宝公司、翰皇公司与案外第三人签订连锁加盟（特许）合同。其次，普通员工也存在混同。霍静是欧宝公司的工作人员，在本案中作为欧宝公司原一审诉讼的代理人，2007 年 2 月 23 日代表特莱维公司与世安公司签订建设施工合同，又同时兼任上海特莱维的董事。崔秀芳是特莱维公司的会计，2010 年 1 月 7 日代特莱维公司开立银行账户，2010 年 8 月 20 日本案诉讼之后又代欧宝公司开立银行账户。欧宝公司当庭自述魏亚丽系特莱维公司的工作人员，2010 年 5 月魏亚丽经特莱维公司授权办理银行账户开户，2011 年 9 月诉讼之后又经欧宝公司授权办理该公司在中国建设银行沈阳马路湾支行的开户，且该银行账户的联系人为魏亚丽。刘静君是欧宝公司的工作人员，在本案原一审和执行程序中作为欧宝公司的代理人，2009 年 3 月 17 日又代特莱维公司办理企业登记等相关事项。刘洋以特莱维公司员工名义代理本案诉讼，又受王作新的指派代理上海特莱维的相关诉讼。

上述事实充分说明，欧宝公司、特莱维公司以及其他关联公司的人员之间并未严格区分，上述人员实际上服从王作新一人的指挥，根据不同的工作任务，随时转换为不同关联公司的工作人员。欧宝公司在上诉状中称，在 2007 年借款之初就派相关人员进驻特莱维公司，监督该公司对投资款的使用并协助工作，但早在欧宝公司所称的向特莱维公司转入首笔借款之前 5 个月，霍静即参与该公司的合同签订业务。而且从这些所谓的“派驻人员”在特莱维公司所起的作用看，上述人员参与了该公司的合同签订、财务管理到诉讼代理的全面工作，而不仅是监督工作，欧宝公司的辩解，不足为信。辽宁高院关于欧宝公司和特莱维公司系由王作新、曲叶丽夫妇控制之关联公司的认定，依据充分。

二、欧宝公司和特莱维公司就争议的 8650 万元是否存在真实借款关系的问题

根据《最高人民法院关于适用〈中华人民共和国民事诉讼法〉的解释》第九十条规定，当事人对自己提出的诉讼请求所依据的事实或者反驳对方诉讼请求所依据的事实，应当提供证据加以证明；当事人未能提供证据或者证据不足以证明其事实主张的，由负有举证证明责任的当事人承担不利的后

果。第一百零八条规定："对负有举证证明责任的当事人提供的证据，人民法院经审查并结合相关事实，确信待证事实的存在具有高度可能性的，应当认定该事实存在。对一方当事人为反驳负有举证责任的当事人所主张的事实而提供的证据，人民法院经审查并结合相关事实，认为待证事实真伪不明的，应当认定该事实不存在。"在当事人之间存在关联关系的情况下，为防止恶意串通提起虚假诉讼，损害他人合法权益，人民法院对其是否存在真实的借款法律关系，必须严格审查。

欧宝公司提起诉讼，要求特莱维公司偿还借款8650万元及利息，虽然提供了借款合同及转款凭证，但其自述及提交的证据和其他在案证据之间存在无法消除的矛盾，当事人在诉讼前后的诸多言行违背常理，主要表现为以下7个方面：

第一，从借款合意形成过程来看，借款合同存在虚假的可能。欧宝公司和特莱维公司对借款法律关系的要约与承诺的细节事实陈述不清，尤其是作为债权人欧宝公司的法定代表人、自称是合同经办人的宗惠光，对所有借款合同的签订时间、地点、每一合同的己方及对方经办人等细节，语焉不详。案涉借款每一笔均为大额借款，当事人对所有合同的签订细节、甚至大致情形均陈述不清，于理不合。

第二，从借款的时间上看，当事人提交的证据前后矛盾。欧宝公司的自述及其提交的借款合同表明，欧宝公司自2007年7月开始与特莱维公司发生借款关系。向本院提起上诉后，其提交的自行委托形成的审计报告又载明，自2006年12月份开始向特莱维公司借款，但从特莱维公司和欧宝公司的银行账户交易明细看，在2006年12月之前，仅欧宝公司8115账户就发生过两笔高达1100万元的转款，其中，2006年3月8日以"借款"名义转入特莱维公司账户300万元，同年6月12日转入801万元。

第三，从借款的数额上看，当事人的主张前后矛盾。欧宝公司起诉后，先主张自2007年7月起累计借款金额为5850万元，后在诉讼中又变更为8650万元，上诉时又称借款总额1.085亿元，主张的借款数额多次变化，但只能提供8650万元的借款合同。而谢涛当庭提交的银行转账凭证证明，在欧宝公司所称的1.085亿元借款之外，另有4400多万元的款项以"借款"名义打入特莱维公司账户。对此，欧宝公司自认，这些多出的款项是受王作新的请求帮忙转款，并非真实借款。该自认说明，欧宝公司在相关银行凭证上填写的款项用途极其随意。从本院调取的银行账户交易明细所载金额看，欧宝公司以借款名义转入特莱维公司账户的金额远远超出欧宝公司先后主张的上述金额。此外，还有其他多笔以“借款”名义转入特莱维公司账户的巨额资金，没有列入欧宝公司所主张的借款数额范围。

第四，从资金往来情况看，欧宝公司存在单向统计账户流出资金而不统计流入资金的问题。无论是案涉借款合同载明的借款期间，还是在此之前，甚至诉讼开始以后，欧宝公司和特莱维公司账户之间的资金往来，既有欧宝公司转入特莱维公司账户款项的情况，又有特莱维公司转入欧宝公司账户款项的情况，但欧宝公司只计算己方账户转出的借方金额，而对特莱维公司转入的贷方金额只字不提。

第五，从所有关联公司之间的转款情况看，存在双方或多方账户循环转款问题。如上所述，将欧宝公司、特莱维公司、翰皇公司、沙琪公司等公司之间的账户对照检查，存在特莱维公司将己方款项转入翰皇公司账户过桥欧宝公司账户后，又转回特莱维公司账户，造成虚增借款的现象。特莱维公司与其他关联公司之间的资金往来也存在此种情况。

第六，从借款的用途看，与合同约定相悖。借款合同第二条约定，借款限用于特莱维国际花园房地产项目，但是案涉款项转入特莱维公司账户后，该公司随即将大部分款项以“借款”“还款”等名义分别转给翰皇公司和沙琪公司，最终又流向欧宝公司和欧宝公司控股的沈阳特莱维。至于欧宝公司辩称，特莱维公司将款项打入翰皇公司是偿还对翰皇公司借款的辩解，由于其提供的翰皇公司和特莱维公司之间的借款数额与两公司银行账户交易的实际数额互相矛盾，且从流向上看大部分又流回了欧宝公司或者其控股的公司，其辩解不足为凭。

第七，从欧宝公司和特莱维公司及其关联公司在诉讼和执行中的行为来看，与日常经验相悖。欧宝公司提起诉讼后，仍与特莱维公司互相转款；特莱维公司不断向欧宝公司账户转入巨额款项，但在诉讼和执行程序中却未就还款金额对欧宝公司的请求提出任何抗辩；欧宝公司向辽宁高院申请财产保全，特莱维公司的股东王阳却以其所有的房产为本应是利益对立方的欧宝公司提供担保；欧宝公司在原一审诉讼中另外提供担保的上海市青浦区房产的所有权，竟然属于王作新任法定代表人的上海特莱维；欧宝公司和特莱维公司当庭自认，欧宝公司开立在中国建设银行东港支行、中国建设银行沈阳马路湾支行的银行账户都由王作新控制。

对上述矛盾和违反常理之处，欧宝公司与特莱维公司均未作出合理解释。由此可见，欧宝公司没有提供足够的证据证明其就案涉争议款项与特莱维公司之间存在真实的借贷关系。且从调取的欧宝公司、特莱维公司及其关联公司账户的交易明细发现，欧宝公司、特莱维公司以及其他关联公司之间、同一公司的不同账户之间随意转款，款项用途随意填写。结合在案其他证据，法院确信，欧宝公司诉请之债权系截取其与特莱维公司之间的往来款项虚构而成，其以虚构债权为基础请求特莱维公司返还8650万元借款及利息的请求不应支持。据此，辽宁高院再审判决驳回其诉讼请求并无不当。

至于欧宝公司与特莱维公司提起本案诉讼是否存在恶意串通损害他人合法权益的问题。首先，无论欧宝公司，还是特莱维公司，对特莱维公司与一审申诉人谢涛及其他债权人的债权债务关系是明知的。从案涉判决执行的过程看，欧宝公司申请执行之后，对查封的房产不同意法院拍卖，而是继续允许该公司销售，特莱维公司每销售一套，欧宝公司即申请法院解封一套。在接受法院当庭询问时，欧宝公司对特莱维公司销售了多少查封房产，偿还了多少债务陈述不清，表明其提起本案诉讼并非为实现债权，而是通过司法程序进行保护性查封以阻止其他债权人对特莱维公司财产的受偿。虚构债权，恶意串通，损害他人合法权益的目的明显。其次，从欧宝公司与特莱维公司人员混同、银行账户同为王作新控制的事实可知，两公司同属一人，均已失去公司法人所具有的独立人格。《中华人民共和国民事诉讼法》第一百一十二条①规定："当事人之间恶意串通，企图通过诉讼、调解等方式侵害他人合法权益的，人民法院应当驳回其请求，并根据情节轻重予以罚款、拘留；构

① 《民事诉讼法》（2021年修正）第115条。

成犯罪的，依法追究刑事责任。”一审申诉人谢涛认为欧宝公司与特莱维公司之间恶意串通提起虚假诉讼损害其合法权益的意见，以及对有关当事人和相关责任人进行制裁的请求，于法有据，应予支持。

（生效裁判审判人员：胡云腾、范向阳、汪国献）

【实务问答】

1. 当事人恶意诉讼（调解）的规制基础是什么？

《民事诉讼法》第115条规定，当事人之间恶意串通，企图通过诉讼、调解等方式侵害他人合法权益的，人民法院应当驳回其请求，并根据情节轻重予以罚款、拘留；构成犯罪的，依法追究刑事责任。

该条是《民事诉讼法》2012年修正时增加的一条内容，2017年再次修正时予以保留。本条所谓“恶意串通”，是指当事人之间在诉讼、调解等过程中，为了达到逃避依法应当承担的债务，侵犯国家、集体、他人的合法权益或者获取非法利益等目的而合谋实施的违法行为。其具有以下特点：(1) 当事人之间出于故意，且这种故意为各当事人之间的合意，这种合意在于通过损害国家、集体、他人的合法权益等来获取自己的非法利益。(2) 恶意串通的目的是获取非法利益。恶意串通一般都损害了国家、集体或者他人利益，属情节恶劣的违法行为，干扰了诉讼、调解等合法的活动，必须给予制止和打击。因而，本条不仅规定了应驳回其请求，同时还规定了根据情节轻重予以罚款、拘留；构成犯罪的，依法追究刑事责任。此外，本条所谓“诉讼”，主要是指民事诉讼活动，包括诉讼活动中的调解等情形。本条所谓“调解”，是指诉讼以外的法定调解活动。

2. 对恶意诉讼（调解）等侵害他人合法权益的行为如何处理？

根据《民事诉讼法》第115条的规定，一方面，法院应驳回其请求，并根据情节轻重予以罚款、拘留。对此，需要把握三点：一是驳回其请求是法院的一项法定义务。即人民法院经过审理发现有本条规定的行为，应当驳回。根据《民事诉讼法》有关裁定的规定，驳回其请求宜采用裁定的形式进行。二是罚款、拘留由法院根据情节轻重决定。罚款、拘留应当用决定书。对决定不服的，可以向上一级人民法院申请复议一次，复议期间不停止执行。三是构成犯罪的，依法追究刑事责任。此处需要注意两点：一是是否构成犯罪要符合《刑法》的规定。二是追究刑事责任要依法进行，即要依据我国《刑法》《刑事诉讼法》的规定追究“恶意串通，企图通过诉讼、调解等方式侵害他人合法权益”当事人的刑事责任。

值得说明的是，本指导案例被称为“虚假诉讼第一案”。为更好地规制虚假诉讼，最高人民法院出台了《关于防范和制裁虚假诉讼的指导意见》（以下简称《指导意见》）。《指导意见》确定了要件式的虚假诉讼认定标准。据此意见，虚假诉讼需要具备以谋取非法利益为目的、恶意串通、虚构事实、借用合法的民事程序等要件。但在目前的民事诉讼中，妥当的当事人权利与责任平衡机制、审慎诉讼的前置性约束机制等强惩戒行为的正当性基础仍处于薄弱状态。故此，在《民事诉讼法》第115条“营造”的法官“根据情节轻重予以罚款、拘留”的裁量空间中，要对办案质量终身负责的法官往往更倾向于以选择性惩戒的灵活态度面对虚假诉讼。可以说，虚假诉讼问题是民事诉讼制度症候群与转型期社会诚信机制不健全的现实状况相互作用的产物。在审慎诉讼约束机制缺失、诉辩机制疲弱、答辩的权义复合性规范性质未获落实、案外人参加诉讼难度大、证据收集制度实效性仍有待提高等诉讼症候得到系统性疗治之前，虚假诉讼问题的彻底解决还有待时日。为此，在更充分地保障当事人、利害关系人权利的同时，应进一步强化当事人在诉讼中的自我责任，虚假诉讼规制方式才有望走出当下实践困扰。

【适用实例】

徐某等诉大连万腾汉资航运有限公司船舶抵押合同纠纷案

原告徐某向大连海事法院提出诉讼请求：请求判令大连万腾汉资航运有限公司（以下简称万腾汉资）清偿贷款本金3000万元、利息501,369元，以及至2017年11月3日的逾期利息3,562,500元；判令徐某有权从“凌港9”号轮拍卖价款中优先受偿上述债权本金及利息、逾期利息。

被告万腾汉资辩称：我公司当时想向银行续贷，续贷前提是要先把原来的借款还上，才能再借款，原先在大连银行有2000多万元借款，于是我公司先从外面借钱把银行的借款还上了，但是银行的续贷下不来了，而从外面借的钱又比较贵，我公司就用船做了抵押，向徐某借款，用徐某的钱把外面借的钱先还上了，外面借的钱大概也是3000万元，徐某的钱一汇到我公司的账户上就把外面的钱给还上了。后来因为航运市场一直不好，银行续贷的钱一直没有下来，所以徐某的钱就还不上了。

第三人黑龙江农垦大荒能源有限公司（以下简称大荒能源）诉称：本案担保物权依附的主合同效力严重存疑，徐某与王某丽存在虚构债权债务的重大嫌疑。大荒能源申请执行的“凌港9”号轮已经成功拍卖，徐某申请债权登记，其与王某丽恶意串通、虚构捏造事实，制造虚假诉讼，意图侵犯大荒能源的利益。案涉《借款合同》《抵押合同》均不排除是万腾汉资为对抗大荒能源的债权而伪造的合同。

大连海事法院认为：依据最高人民法院**指导案例68号**，人民法院审理民事案件中发现存在虚假诉讼可能时，应当依职权调取相关证据，详细询问当事人，全面严格审查诉讼请求与相关证据之间是否存在矛盾，以及当事人诉讼中言行是否违背常理。经综合审查判断，当事人存在虚构事实、恶意串通、规避法律或国家政策以谋取非法利益，进行虚假民事诉讼情形的，应当依法予以制裁。

本案中，涉及争议的焦点问题是徐某与王某丽是否虚构债权、虚构抵押担保。在徐某向本院提起诉讼之后，本院发现诸多疑点问题，为防止徐某与王某丽恶意串通提起虚假诉讼，损害万腾汉资的债权人及抵押权人大荒能源的合法权益，本院对徐某与王某丽之间是否存在真实的借款法律关系，进行了调查取证。

首先，从调取的徐某、王某丽银行开户记录来看，徐某和王某丽在上海银行同一天设立资金账户，都没有亲自到银行办理，都是委托代理人代为办理开户，而王某丽的委托代理人卢某正是汇款给徐某的人，且徐某的委托代理人王某、王某丽的委托代理人卢某与叶某彬的2276账户在开户之前和之后资金往来频繁；从徐某的银行销户记录来看，徐某去上海银行以挂失的方式申请销户，说明徐某本人不持有银行卡，而徐某重置银行卡密码，说明徐某此前不知道银行卡密码。以上开、销户情况能够说明徐某的银行卡是由王某代持，王某丽的银行卡是由卢某代持，徐某的4820账户和王某丽的3186账户由卢某、王某、叶某彬三人控制操纵。

其次，从调取的徐某、王某丽的银行流水来看，徐某的4820账户和王某丽的3186账户从开户时起，只有徐某起诉的3000万元转账流水，除手续费外再无其他资金往来，说明这两个银行账户是徐某、王某丽专门为制造借款记录而设立的银行账户。通过对照分析卢某、徐某、王某丽、叶某彬的四个银行账户流水，从资金的走向上看，徐某的4820账户、王某丽的3186账户在开户当天下午，1000万元在上述4个账户内循环转款3次，由卢某转给徐某（王某代持）、徐某（王某代持）转给王某丽（卢某代持）、王某丽（卢某代持）转给叶某彬、叶某彬又转回给卢某，每次20分钟左右形成一个循环转款的闭合，卢某、王某、叶某彬三人操纵该四个银行账户内资金流转的行为十分明显。

因此，卢某、王某、叶某彬三人只是将卡内资金给徐某、王某丽制造银行流水使用，但为了1000万元的资金安全，并不将银行卡交给徐某和王某丽持有，徐某、王某丽对各自银行卡及卡内资金没有实际控制权。徐某不是真实的借款人，徐某与王某丽没有真实的借款关系，也不存在徐某、王某丽辩称的过桥资金。万腾汉资在被黑龙江省农垦中级人民法院判令承担连带清偿责任后，为了达到其能在法院执行过程中分得船舶拍卖款项的目的，通过卢某、王某、叶某彬三人制造徐某借款给王某丽3000万元的假象，向本院提供虚假的《借款合同》《抵押合同》，虚构债权、虚构抵押担保，庭审时多次作出虚假陈述，企图蒙蔽法院、阻止大荒能源受偿船舶拍卖款项，恶意串通损害债权人合法利益，已构成虚假诉讼。《民事诉讼法》第112条①规定："当事人之间恶意串通，企图通过诉讼、调解等方式侵害他人合法权益的，人民法院应当驳回其请求，并根据情节轻重予以罚款、拘留；构成犯罪的，依法追究刑事责任。"因此，本院对徐某以虚构债权为基础的全部诉讼请求，均不予支持。大荒能源认为徐某与王某丽之间恶意串通提起虚假诉讼损害其合法权益的意见，以及对有关当事人和相关责任人进行制裁的请求，于法有据，应予支持。法院将同时对徐某与王某丽的虚假诉讼行为进行处罚。[（2017）辽72民初918号]

① 《民事诉讼法》（2021年修正）第115条。

二、公益诉讼

086 指导案例 75 号

中国生物多样性保护与绿色发展基金会诉宁夏瑞泰科技股份有限公司环境污染公益诉讼案

社会组织是否有权提起环境公益诉讼，应重点从其宗旨和业务范围、实际行动及其所维护的环境公益与其宗旨和业务的关联性等方面进行审查

（最高人民法院审判委员会讨论通过　2016 年 12 月 28 日发布）

关键词：民事／环境污染公益诉讼／专门从事环境保护公益活动的社会组织

裁判要点

1. 社会组织的章程虽未载明维护环境公共利益，但工作内容属于保护环境要素及生态系统的，应认定符合《最高人民法院关于审理环境民事公益诉讼案件适用法律若干问题的解释》（以下简称《解释》）第四条关于“社会组织章程确定的宗旨和主要业务范围是维护社会公共利益”的规定。2.《解释》第四条规定的“环境保护公益活动”，既包括直接改善生态环境的行为，也包括与环境保护相关的有利于完善环境治理体系、提高环境治理能力、促进全社会形成环境保护广泛共识的活动。3. 社会组织起诉的事项与其宗旨和业务范围具有对应关系，或者与其所保护的环境要素及生态系统具有一定联系的，应认定符合《解释》第四条关于“与其宗旨和业务范围具有关联性”的规定。

相关法条

《中华人民共和国环境保护法》第58条

基本案情

2015年8月13日，中国环境保护与绿色发展基金会（以下简称绿发会）向宁夏回族自治区中卫市中级人民法院提起诉讼称：宁夏瑞泰科技股份有限公司（以下简称瑞泰公司）在生产过程中违规将超标废水直接排入蒸发池，造成腾格里沙漠严重污染，截至起诉时仍然没有整改完毕。请求判令瑞泰公司：（一）停止非法污染环境行为；（二）对造成环境污染的危险予以消除；（三）恢复生态环境或者成立沙漠环境修复专项基金并委托具有资质的第三方进行修复；（四）针对第二项和第三项诉讼请求，由法院组织原告、技术专家、法律专家、人大代表、政协委员共同验收；（五）赔偿环境修复前生态功能损失；（六）在全国性媒体上公开赔礼道歉等。

绿发会向法院提交了基金会法人登记证书，显示绿发会是在中华人民共和国民政部登记的基金会法人。绿发会提交的2010至2014年度检查证明材料，显示其在提起本案公益诉讼前五年年检合格。绿发会亦提交了五年内未因从事业务活动违反法律、法规的规定而受到行政、刑事处罚的无违法记录声明。此外，绿发会章程规定，其宗旨为"广泛动员全社会关心和支持生物多样性保护和绿色发展事业，保护国家战略资源，促进生态文明建设和人与自然和谐，构建人类美好家园"。在案件的一审、二审及再审期间，绿发会向法院提交了其自1985年成立至今，一直实际从事包括举办环境保护研讨会、组织生态考察、开展环境保护宣传教育、提起环境民事公益诉讼等活动的相关证据材料。

裁判结果

宁夏回族自治区中卫市中级人民法院于2015年8月19日作出（2015）卫民公立字第6号民事裁定，以绿发会不能认定为《中华人民共和国环境保护法》（以下简称《环境保护法》）第五十八条规定的"专门从事环境保护公益活动"的社会组织为由，裁定对绿发会的起诉不予受理。绿发会不服，向宁夏回族自治区高级人民法院提起上诉。该院于2015年11月6日作出

(2015)宁民公立终字第6号民事裁定，驳回上诉，维持原裁定。绿发会又向最高人民法院申请再审。最高人民法院于2016年1月22日作出（2015）民申字第3377号民事裁定，裁定提审本案；并于2016年1月28日作出(2016)最高法民再47号民事裁定，裁定本案由宁夏回族自治区中卫市中级人民法院立案受理。

裁判理由

法院生效裁判认为：本案系社会组织提起的环境污染公益诉讼。本案的争议焦点是绿发会应否认定为专门从事环境保护公益活动的社会组织。

《中华人民共和国民事诉讼法》第五十五条①规定了环境民事公益诉讼制度，明确法律规定的机关和有关组织可以提起环境公益诉讼。《环境保护法》第五十八条规定："对污染环境、破坏生态，损害社会公共利益的行为，符合下列条件的社会组织可以向人民法院提起诉讼：（一）依法在设区的市级以上人民政府民政部门登记；（二）专门从事环境保护公益活动连续五年以上且无违法记录。符合前款规定的社会组织向人民法院提起诉讼，人民法院应当依法受理。"《解释》第四条进一步明确了对于社会组织"专门从事环境保护公益活动"的判断标准，即"社会组织章程确定的宗旨和主要业务范围是维护社会公共利益，且从事环境保护公益活动的，可以认定为《环境保护法》第五十八条规定的'专门从事环境保护公益活动'。社会组织提起的诉讼所涉及的社会公共利益，应与其宗旨和业务范围具有关联性"。有关本案绿发会是否可以作为"专门从事环境保护公益活动"的社会组织提起本案诉讼，应重点从其宗旨和业务范围是否包含维护环境公共利益，是否实际从事环境保护公益活动，以及所维护的环境公共利益是否与其宗旨和业务范围具有关联性等三个方面进行审查。

一、关于绿发会章程规定的宗旨和业务范围是否包含维护环境公共利益的问题。社会公众所享有的在健康、舒适、优美环境中生存和发展的共同利益，表现形式多样。对于社会组织宗旨和业务范围是否包含维护环境公共利益，应根据其内涵而非简单依据文字表述作出判断。社会

① 《民事诉讼法》(2021年修正）第58条。

组织章程即使未写明维护环境公共利益，但若其工作内容属于保护各种影响人类生存和发展的天然的和经过人工改造的自然因素的范畴，包括对大气、水、海洋、土地、矿藏、森林、草原、湿地、野生生物、自然遗迹、人文遗迹、自然保护区、风景名胜区、城市和乡村等环境要素及其生态系统的保护，均可以认定为宗旨和业务范围包含维护环境公共利益。

我国1992年签署的联合国《生物多样性公约》指出，生物多样性是指陆地、海洋和其他水生生态系统及其所构成的生态综合体，包括物种内部、物种之间和生态系统的多样性。《环境保护法》第三十条规定，“开发利用自然资源，应当合理开发，保护生物多样性，保障生态安全，依法制定有关生态保护和恢复治理方案并予以实施。引进外来物种以及研究、开发和利用生物技术，应当采取措施，防止对生物多样性的破坏。”可见，生物多样性保护是环境保护的重要内容，亦属维护环境公共利益的重要组成部分。

绿发会章程中明确规定，其宗旨为“广泛动员全社会关心和支持生物多样性保护和绿色发展事业，保护国家战略资源，促进生态文明建设和人与自然和谐，构建人类美好家园”，符合联合国《生物多样性公约》和《环境保护法》保护生物多样性的要求。同时，“促进生态文明建设”“人与自然和谐”“构建人类美好家园”等内容契合绿色发展理念，亦与环境保护密切相关，属于维护环境公共利益的范畴。故应认定绿发会的宗旨和业务范围包含维护环境公共利益内容。

二、关于绿发会是否实际从事环境保护公益活动的问题。环境保护公益活动，不仅包括植树造林、濒危物种保护、节能减排、环境修复等直接改善生态环境的行为，还包括与环境保护有关的宣传教育、研究培训、学术交流、法律援助、公益诉讼等有利于完善环境治理体系，提高环境治理能力，促进全社会形成环境保护广泛共识的活动。绿发会在本案一审、二审及再审期间提交的历史沿革、公益活动照片、环境公益诉讼立案受理通知书等相关证据材料，虽未经质证，但在立案审查阶段，足以显示绿发会自1985年成立以来长期实际从事包括举办环境保护研讨会、组织生态考察、开展环境保护宣传教育、提起环境民事公益诉讼等环境保护活动，符合《环境保护法》和《解释》的规定。同时，上述证据亦证明绿发会从事环境保护公益活动的时间已满五年，符合《环境保护法》第五十八条关于社会组织从事环境保护公益活动应五年以上的规定。

三、关于本案所涉及的社会公共利益与绿发会宗旨和业务范围是否具有关联性的问题。依据《解释》第四条的规定，社会组织提起的公益诉讼涉及的环境公共利益，应与社会组织的宗旨和业务范围具有一定关联。此项规定旨在促使社会组织所起诉的环境公共利益保护事项与其宗旨和业务范围具有对应或者关联关系，以保证社会组织具有相应的诉讼能力。因此，即使社会组织起诉事项与其宗旨和业务范围不具有对应关系，但若与其所保护的环境要素或者生态系统具有一定的联系，亦应基于关联性标准确认其主体资格。本案环境公益诉讼系针对腾格里沙漠污染提起。沙漠生物群落及其环境相互作用所形成的复杂而脆弱的沙漠生态系统，更加需要人类的珍惜利用和悉心呵护。绿发会起诉认为瑞泰公司将超标废水排入蒸发池，严重破坏了腾格里沙漠本已脆弱的生态系统，所涉及的环境公共利益之维护属于绿发会宗旨和业务范围。

此外，绿发会提交的基金会法人登记证书显示，绿发会是在中华人民共和国民政部登记的基金会法人。绿发会提交的2010至2014年度检查证明材料，显示其在提起本案公益诉讼前五年年检合格。绿发会还按照《解释》第五条的规定提交了其五年内未因从事业务活动违反法律、法规的规定而受到行政、刑事处罚的无违法记录声明。据此，绿发会亦符合《环境保护法》第五十八条，《解释》第二条、第三条、第五条对提起环境公益诉讼社会组织的其他要求，具备提起环境民事公益诉讼的主体资格。

（生效裁判审判人员：刘小飞、吴凯敏、叶阳）

【实务问答】

1. 提起环境公益诉讼的主体类型有哪些？

《民法典》第1234条规定，违反国家规定造成生态环境损害，生态环境能够修复的，国家规定的机关或者法律规定的组织有权请求侵权人在合理期限内承担修复责任。侵权人在期限内未修复的，国家规定的机关或者法律规定的组织可以自行或者委托他人进行修复，所需费用由侵权人负担。

《民法典》第1234条与第1235条作为《民法典》侵权责任编新增条款，共同确立了环境公益侵权责任的基本规则。关于提起诉讼的权利主体，《民法典》作为民事实体法律规范，概括规定了各类主体的环境公益侵权请求权，将环境公益侵权请求权主体明确为“国家规定的机关”和“法律规定的组织”两大类型。“国家规定的机关”主要包括以下两类：一是现有程序法、单行法所规定的环境公益侵权请求权主体，既包括《民事诉讼法》第58条所说的“法律规定的机关”，也包括人民检察院。二是基于《生态环境损害赔偿制度改革方案》这样的国家政策性文件规定，可以探索行使环境公益侵权请求权的各类主体。而“法律规定的组织”是指符合《民事诉讼法》第58条第1款以及《环境保护法》第58条规定的社会组织。

2. 社会组织提起环境民事公益诉讼的条件有哪些？

《环境保护法》第58条规定，对污染环境、破坏生态，损害社会公共利益的行为，符合下列条件的社会组织可以向人民法院提起诉讼：（1）依法在设区的市级以上人民政府民政部门登记；（2）专门从事环境保护公益活动连续五年以上且无违法记录。符合前款规定的社会组织向人民法院提起诉讼，人民法院应当依法受理。提起诉讼的社会组织不得通过诉讼牟取经济利益。

《民事诉讼法》第58条明确规定有关组织有权提起环境民事公益诉讼，《环境保护法》修订时也将能够提起环境民事公益诉讼的社会组织的范围和条件作为重点予以规范。最终通过的《环境保护法》将提起环境民事公益诉讼的原告资格扩大到在设区的市级以上人民政府民政部门登记的社会公益性组织。总体而言，对社会组织原告资格的规定呈现如下倾向：在范围上逐步扩大，在条件上逐步放宽，在要求上逐步明晰。（1）关于社会组织的类型。根据我国《社会团体登记管理条例》《民办非企业单位登记管理暂行条例》

《基金会管理条例》的规定，目前在民政部门登记的社会组织包括社会团体、民办非企业单位以及基金会三种类型，三类组织均有资格提起环境民事公益诉讼。但境外基金会代表机构，目前不宜作为环境民事公益诉讼的原告提起诉讼。(2) 关于“设区的市级以上人民政府民政部门”的范围。需要注意，“市级以上”不同于“市以上”，只要在行政区划的等级上与设区的市相当，即符合该条的要求。(3) 关于“专门从事环境保护公益活动连续5年以上”的界定。之所以如此限定，是因为实践中环保社会组织的诉讼能力、技术力量等参差不齐，而长期专门从事环保公益活动的社会组织，一般具备了一定的人员、资金基础，并获得了相当的专业技能和丰富的实践经验，有更强的能力维护环境公共利益，也能够更好地保障环境民事公益诉讼顺利进行，提高诉讼的效率和质量。实践中，应同时从以下方面判断社会组织是否满足该项条件：一方面，该社会组织的宗旨和业务范围应包括维护环境公共利益的事项。另一方面，社会组织在起诉前5年内应实际从事了环境保护公益活动。(4) 关于“无违法记录”的认定。环境民事公益诉讼的目的在于维护社会公共利益，若允许有历史污点的社会组织提起公益诉讼，公众可能对诉讼的进程及结果产生怀疑，因此有必要排除该类社会组织的原告资格。(5) 关于相关性的要求。首先，社会组织提起的环境民事公益诉讼所涉及的环境公共利益，应与其宗旨与业务范围具有一定的关联性。其次，虽然有观点认为社会组织提起环境民事公益诉讼还应与其服务地域相符，但不应限制过死。社会组织是为保护环境公共利益而提起的诉讼，公共利益应该是不分地域的，且环境污染或破坏生态行为往往是跨区域的，造成的影响也较为广泛，限制过死不利于社会组织跨区域提起环境民事公益诉讼。本指导案例中，对绿发会资格的认定中便体现了上述要求。

3. 如何区分环境民事公益诉讼与私益诉讼？

首先，环境民事公益诉讼与私益诉讼最大的区别在于前者是为保护环境公共利益而提起的，“主观为公益”。虽然私益诉讼也可能涉及公共利益事项，但实质仍然是“主观为私益”。因此社会组织在提起环境民事公益诉讼时，应向法院提交被告的行为已经或者即将产生损害环境公共利益后果的证据材料。其次，公益诉讼与私益诉讼在诉讼目的、诉讼请求上存在区别，因此同一污染环境、破坏生态的行为既损害社会公共利益，又损害自然人、法人和非法人组织民事权益的，法律规定的机关和有关组织提起环境民事公益诉讼，不影响受害人另行提起私益诉讼。再次，因两者在认定污染环境、破坏生态行为是否成立方面具有共通性，在因果关系的认定上也可能存在重合，为避免两个诉讼在事实认定上出现矛盾，充分发挥公益诉讼对私益诉讼的示范效应，法院可根据私益诉讼原告的申请依法中止审理私益诉讼，待环境民事公益诉讼判决作出后，私益诉讼的原告可直接主张适用在先判决对其有利的认定。最后，被告在环境民事公益诉讼和私益诉讼中均被判决承担赔偿责任而其财产又不足以全部支付的，应先承担私益诉讼所确定的民事责任。

【适用实例】

江苏大吉发电有限公司与北京市朝阳区自然之友环境研究所大气污染责任纠纷公益诉讼上诉案

上诉人江苏大吉发电有限公司（以下简称大吉公司）因与被上诉人北京市朝阳区自然之友环境研究所（以下简称自然之友）大气污染责任纠纷公益诉讼案，不服江苏省盐城市中级人民法院一审民事判决，向江苏省高级人民法院提起上诉。

大吉公司上诉请求驳回自然之友的起诉或诉讼请求。理由如下：首先，本案所涉为大气污染，与自然之友业务范围不具有关联性，自然之友起诉不符合主体资格条件。其次，大吉公司为停产技改投入2284.5万元及新厂搬迁投入的费用已经涵盖其责任范围，环境污染风险得到有效控制，环境污染的修复工作已取得成效。法院在判决时应考虑在大气污染损害赔偿中扣除技改投入和搬迁费用。

自然之友二审答辩称：参照最高人民法院2016年12月28日发布的**指导案例75号**中国生物多样性保护与绿色发展基金会诉宁夏瑞泰科技股份有限公司环境污染公益诉讼案，虽然本案起诉事项与自然之友的业务范围不具有对应关系，但与自然之友所保护的环境要素或者生态系统具有一定的联系，自然之友实际从事的活动也已充分证明其是本案的适格原告。

江苏省高级人民法院二审认为，关于自然之友是否具备提起本案民事公益诉讼的主体资格问题有指导案例可供参照。最高人民法院**指导案例75号**就《环境保护法》第58条以及《环境公益诉讼解释》第4条规定的环境公益诉讼原告主体资格相关法律适用问题，确立、细化了裁判规则和裁判标准。经过相似性识别和对比，可以确定**指导案例75号**属于本案的类案，关于自然之友提起民事公益诉讼的原告主体资格问题，应当参照作出裁判。**指导案例75号**的裁判要点为：(1）社会组织的章程虽未载明维护环境公共利益，但工作内容属于保护环境要素及生态系统的，应认定符合最高人民法院《环境公益诉讼解释》第4条关于“社会组织章程确定的宗旨和主要业务范围是维护社会公共利益”的规定；(2)《环境公益诉讼解释》第4条中的“环境保护公益活动”，既包括直接改善生态环境的行为，也包括与环境相关的有利于完善环境治理体系、提高环境能力、促进全社会形成环境保护广泛共识的活动；(3）社会组织起诉的事项与其宗旨和业务范围具有对应关系，或者与其保护的环境要求及生态系统具有一定联系的，应认定符合《环境公益诉讼解释》第4条关于“与其宗旨和业务范围具有关联性”的规定。自然之友的章程明确规定其宗旨为“倡导生态文明、开展环境研究，促进可持续发展”，契合绿色发展理念，与环境保护密切相关，属于维护环境公共利益的范畴。自然之友登记的业务范围所涉及的固体废弃物处理技术、对生态环境的影响等研究，直接关系到对大气、土壤、水体等环境要素的保护，业务范围所涉及的固体废弃物研究相关科普活动、环境教育活动的推广，均系有利于完善环境治理体系，提高环境治理能力，促进全社会形成环境保护广泛共识的活动。本案环境公益诉讼虽针对大气污染提起，无论从自然之友的宗旨和业务范围所保护的环境要素和生态系统考虑，还是基于各环境主要要素之间的联系与生态系统的整体性考虑，两者都具有一定的联系，应当认定自然之友具有本案诉讼主体资格。

大吉公司超标排放行为造成大气污染，损害公共利益，应当承担生态环境修复责任。国家在颁布垃圾焚烧发电排放新标准的同时给予了企业一定的技术改造期限，正是出于既要维护公共环境利益，又要保障企业正常生产经营的考虑。大吉公司期待通过搬迁达到降低企业成本的目的无可厚非，但是在经济利益与公共环境利益发生冲突时，应当优先保障公共环境利益。

《公司法》第5条规定："公司从事经营活动，必须遵守法律、行政法规，遵守社会公德、商业道德，诚实守信，接受政府和社会公众的监督，承担社会责任。"大吉公司作为以处置生活垃圾、保障公共环境安全为经营范围与目的、担负重要社会责任的企业，更加应当把公共环境利益放在优先位置。法院注意到大吉公司搬迁后的新项目排污符合国家标准并稳定运行，希望大吉公司在今后的生产经营中履行好社会责任，在妥善处置生活垃圾的同时为公众提供更加清洁的生活环境，不辜负社会公众对治污企业的期许。综上，一审判决认定事实清楚，适用法律正确，审判程序合法。[（2020）苏民终158号]

087 指导案例131号

中华环保联合会诉德州晶华集团振华有限公司大气污染责任民事公益诉讼案

对多次超标排污经环境保护行政部门行政处罚后仍不改正的单位和经营者，可依法提起环境公益诉讼

（最高人民法院审判委员会讨论通过　2019年12月26日发布）

关键词：民事/环境民事公益诉讼/大气污染责任/损害社会公共利益/重大风险

裁判要点

企业事业单位和其他生产经营者多次超过污染物排放标准或者重点污染物排放总量控制指标排放污染物，环境保护行政管理部门作出行政处罚后仍未改正，原告依据《最高人民法院关于审理环境民事公益诉讼案件适用法律若干问题的解释》第一条规定的"具有损害社会公共利益重大风险的污染环境、破坏生态的行为"对其提起环境民事公益诉讼的，人民法院应予受理。

相关法条

1.《中华人民共和国民事诉讼法》第55条①

2.《中华人民共和国环境保护法》第58条

基本案情

被告德州晶华集团振华有限公司（以下简称振华公司）成立于2000年，经营范围包括电力生产、平板玻璃、玻璃空心砖、玻璃深加工、玻璃制品制造等。2002年12月，该公司600T/D优质超厚玻璃项目通过环境影响评价的审批，2003年11月，通过“三同时”验收。2007年11月，该公司高档优质汽车原片项目通过环境影响评价的审批，2009年2月，通过“三同时”验收。

根据德州市环境保护监测中心站的监测，2012年3月、5月、8月、12月，2013年1月、5月、8月，振华公司废气排放均能达标。2013年11月、2014年1月、5月、6月、11月，2015年2月排放二氧化硫、氮氧化物及烟粉尘存在超标排放情况。德州市环境保护局分别于2013年12月、2014年9月、2014年11月、2015年2月对振华公司进行行政处罚，处罚数额均为10万元。2014年12月，山东省环境保护厅对其进行行政处罚。处罚数额10万元。2015年3月23日，德州市环境保护局责令振华公司立即停产整治，2015年4月1日之前全部停产，停止超标排放废气污染物。原告中华环保联合会起诉之后，2015年3月27日，振华公司生产线全部放水停产，并于德城区天衢工业园以北养马村新选厂址，原厂区准备搬迁。

本案审理阶段，为证明被告振华公司超标排放造成的损失，2015年12月，原告中华环保联合会与环境保护部环境规划院②订立技术咨询合同，委托其对振华公司排放大气污染物致使公私财产遭受损失的数额，包括污染行为直接造成的财产损坏、减少的实际价值，以及为防止污染扩大、消除污染而采取必要合理措施所产生的费用进行鉴定。2016年5月，环境保护部环境规划院环境风险与损害鉴定评估研究中心根据已经双方质证的人民法院调取的证据作出评估意见，鉴定结果为：振华公司位于德州市德城区市区内，周

① 《民事诉讼法》(2021年修正) 第58条。

② 现为生态环境部环境规划院。

围多为居民小区，原有浮法玻璃生产线三条，1#浮法玻璃生产线已于2011年10月全面停产，2#生产线600t/d优质超厚玻璃生产线和3#生产线400t/d高档优质汽车玻璃原片生产线仍在生产。1、污染物性质，主要为烟粉尘、二氧化硫和氮氧化物。根据《德州晶华集团振华有限公司关于落实整改工作的情况汇报》有关资料显示：截止到2015年3月17日，振华公司浮法二线未安装或未运行脱硫和脱硝治理设施；浮法三线除尘、脱硫设施已于2014年9月投入运行；2、污染物超标排放时段的确认，二氧化硫超标排放时段为2014年6月10日-2014年8月17日，共计68天，氮氧化物超标排放时段为2013年11月5日-2014年6月23日、2014年10月22日-2015年1月27日，共计327天，烟粉尘超标排放时段为2013年11月5日-2014年6月23日，共计230天；3、污染物排放量，在鉴定时段内，由于企业未安装脱硫设施造成二氧化硫全部直接排放进入大气的超标排放量为255吨，由于企业未安装脱硝设施造成氮氧化物全部直接排放进入大气的排放量为589吨，由于企业未安装除尘设施或除尘设施处理能力不够造成烟粉尘部分直接排放进入大气的排放量为19吨；4、单位污染物处理成本，根据数据库资料，二氧化硫单位治理成本为0.56万元/吨，氮氧化物单位治理成本为0.68万元/吨，烟粉尘单位治理成本为0.33万元/吨；5、虚拟治理成本，根据《环境空气质量标准》《环境损害鉴定评估推荐方法（第Ⅱ版)》《突发环境事件应急处置阶段环境损害评估技术规范》，本案项目处环境功能二类区，生态环境损害数额为虚拟治理成本的3-5倍，本报告取参数5，二氧化硫虚拟治理成本共计713万元，氮氧化物虚拟治理成本2002万元，烟粉尘虚拟治理成本31万元。鉴定结论：被告企业在鉴定期间超标向空气排放二氧化硫共计255吨、氮氧化物共计589吨、烟粉尘共计19吨，单位治理成本分别按0.56万元/吨、0.68万元/吨、0.33万元/吨计算，虚拟治理成本分别为713万元、2002万元、31万元，共计2746万元。

裁判结果

德州市中级人民法院于2016年7月20日作出（2015）德中环公民初字第1号民事判决：一、被告德州晶华集团振华有限公司于本判决生效之日起30日内赔偿因超标排放污染物造成的损失2198.36万元，支付至德州市专项基金账户，用于德州市大气环境质量修复；二、被告德州晶华集团振华有限公司在省级以上媒体向社会公开赔礼道歉；三、被告德州晶华集团振华有限公司于本判决生效之日起10日内支付原告中华环保联合会所支出的评估费10万元；四、驳回原告中华环保联合会其他诉讼请求。

裁判理由

法院生效裁判认为，根据《最高人民法院关于审理环境民事公益诉讼案件适用法律若干问题的解释》第一条规定，法律规定的机关和有关组织依据民事诉讼法第五十五条①、环境保护法第五十八条等法律的规定，对已经损害社会公共利益或者具有损害社会公共利益重大风险的污染环境、破坏生态的行为提起诉讼，符合民事诉讼法第一百一十九条第二项、第三项、第四项②规定的，人民法院应予受理；第十八条③规定，对污染环境、破坏生态，已经损害社会公共利益或者具有损害社会公共利益重大风险的行为，原告可以请求被告承担停止侵害、排除妨碍、消除危险、恢复原状、赔偿损失、赔礼道歉等民事责任。法院认为，企业事业单位和其他生产经营者超过污染物排放标准或者重点污染物排放总量控制指标排放污染物的行为可以视为是具有损害社会公共利益重大风险的行为。被告振华公司超量排放的二氧化硫、氮氧化物、烟粉尘会影响大气的服务价值功能。其中，二氧化硫、氮氧化物是酸雨的前导物，超量排放可至酸雨从而造成财产及人身损害，烟粉尘的超量排放将影响大气能见度及清洁度，亦会造成财产及人身损害。被告振华公司自2013年11月起，多次超标向大气排放二氧化硫、氮氧化物、烟粉尘等污染物，经环境保护行政管理部门多次行政处罚仍未改正，其行为属于司法解释规定的“具有损害社会公共利益重大风险的行为”，故被告振华公司是本案的适格被告。

（生效裁判审判人员：刘立兵、张小雪、高晓敏）

① 《民事诉讼法》（2021年修正）第58条。

② 《民事诉讼法》（2021年修正）第122条第2项、第3项、第4项。

③ 《民事诉讼法》（2021年修正）第19条。

【实务问答】

1. 损害尚未出现但行为严重危及公共利益时，能否提起环境民事公益诉讼?

针对污染环境、破坏生态的行为，直接请求保护个人的人身、财产权益的，不属公益诉讼范围，而属普通民事诉讼即私益诉讼。社会公共利益的核心在于公共性，涉及不特定多数人的利益。根据通常的理解，所谓公共利益应该是指国家利益和社会不特定多数人的利益。需要注意，环境民事公益诉讼不仅可以针对已经发生的损害社会公共利益的行为，也可以针对具有损害社会公共利益重大风险的行为。由于环境污染和生态破坏具有不可逆性，事后的补救往往耗资巨大甚至不可挽救，故基于预防原则，在被告行为可能严重危及环境和生态安全、造成环境和生态难以恢复时，应允许提起诉讼以阻止该行为。从《民法典》侵权责任编规定的“消除危险”责任承担方式来看，若危险确实存在，对他人人身、财产和社会公共利益造成现实威胁，但还未发生实际损害的，可以提起诉讼要求其消除潜在的危险。

2. 如何判断是否具有损害社会公共利益的重大风险?

最高人民法院原《环境公益诉讼解释》第 1 条在起草过程中，最初采用的是“即将污染环境、破坏生态”。后有专家提出，如何界定“即将”存在很大困难，且立法的本意应是针对可能发生也可能不发生实际损害后果的行为，因而建议采用“重大风险”的概念。从语义上来讲，风险是可能发生的危险，在环境侵权领域，风险所表达的语境比危险更为准确。如《环境保护法》第 63 条第 1 项规定的“建设项目未依法进行环境影响评价，被责令停止建设，拒不执行的”，即在建设项目未经环境影响评价擅自开工建设的情形下，对于生态环境而言，面临的就是风险而不是现实的危险，因为未经环境影响评价而进行的工程施工，可能会发生实际损害的后果，也可能根本不发生实际损害的后果。

具有损害社会公共利益重大风险的污染环境、破坏生态的行为，由于尚未发生实际损害的后果，实践中应从严把握。从《环境保护法》立法精神出发，第 63 条规定的可以处以行政拘留的 4 种情形，可视为具有损害社会公共利益重大风险的污染环境、破坏生态的行为，包括：“建设项目未依法进行环境影响评价，被责令停止建设，拒不执行的”“违反法律规定，未取得排污许可证排放污染物，被责令停止排污，拒不执行的”“通过暗管、渗井、渗坑、灌注或者篡改、伪造检测数据，或者不正常运行防治污染设施等逃避监管的方式违法排放污染物的”“生产、使用国家明令禁止生产、使用的农药，被责令改正，拒不改正的”。除此之外，企事业单位和其他生产经营者超过污染物排放标准或超过重点污染物排放总量控制指标排放污染物的行为也可视为是具有损害社会公共利益的重大风险的行为。本指导案例即属此类。此外，实践中还存在生产经营者在生产过程中并没有违法排污污染环境的行为，但产品在被社会公众消费的过程中却因产品质量的瑕疵或缺陷，对环境造成危害，如炼油企业在将原油生产加工成成品油的过程中，并未造成环境损害，但其生产出的成品汽油由于未按照规定标准完成脱硫等工艺项目，导致汽油在使用过程中产生的废弃硫化物超标，最终造成空气严重污染。对此，也可以“重大风险”为由提起环境民事公益诉讼。

088 指导案例 134 号

重庆市绿色志愿者联合会诉恩施自治州建始磺厂坪矿业有限责任公司水污染责任民事公益诉讼案

判令污染者停止侵害并责令重新进行环境影响评价的，在环评文件审批及配套设施验收合格前，不得恢复生产

（最高人民法院审判委员会讨论通过　2019 年 12 月 26 日发布）

关键词：民事／环境民事公益诉讼／停止侵害／恢复生产／附条件／环境影响评价

裁判要点

环境民事公益诉讼中，人民法院判令污染者停止侵害的，可以责令其重新进行环境影响评价，在环境影响评价文件经审查批准及配套建设的环境保护设施经验收合格之前，污染者不得恢复生产。

相关法条

1.《中华人民共和国环境影响评价法》第24条第1款

2.《中华人民共和国水污染防治法》第17条第3款①

基本案情

原告重庆市绿色志愿者联合会（以下简称重庆绿联会）对被告恩施自治州建始磺厂坪矿业有限责任公司（以下简称建始磺厂坪矿业公司）提起环境民事公益诉讼，诉请判令被告停止侵害，承担生态环境修复责任。重庆市人民检察院第二分院支持起诉。

法院经审理查明，千丈岩水库位于重庆市巫山县、奉节县和湖北省建始县交界地带。水库设计库容405万立方米，2008年开始建设，2013年12月6日被重庆市人民政府确认为集中式饮用水源保护区，供应周边5万余人的生活饮用和生产用水。湖北省建始县毗邻重庆市巫山县，被告建始磺厂坪矿业公司选矿厂位于建始县业州镇郭家淌国有高岩子林场，距离巫山县千丈岩水库直线距离约2.6公里，该地区属喀斯特地貌的山区，地下裂缝纵横，暗河较多。建始磺厂坪矿业公司硫铁矿选矿项目于2009年编制可行性研究报告，2010年4月23日取得恩施土家族苗族自治州发展和改革委员会批复。2010年7月开展环境影响评价工作，2011年5月16日取得恩施土家族苗族自治州环境保护局环境影响评价批复。2012年开工建设，2014年6月基本完成，但水污染防治设施等未建成。建始磺厂坪矿业公司选矿厂硫铁矿生产中因有废水和尾矿排放，属于排放污染物的建设项目。其项目建设可行性报告中明确指出尾矿库库区为自然成库的岩溶洼地，库区岩溶表现为岩溶裂隙和溶洞。同时，尾矿库工程安全预评价报告载明："建议评价报告做下列修改和补充：1.对库区渗漏分单元进行评价，提出对策措施；2.对尾矿库运行后可能存在

① 《水污染防治法》（2017年修正）第19条第3款。

的排洪排水问题进行补充评价”。但建始磺厂坪矿业公司实际并未履行修改和补充措施。

2014 年 8 月 10 日，建始磺厂坪矿业公司选矿厂使用硫铁矿原矿约 500 吨、乙基钠黄药、2 号油进行违法生产，产生的废水、尾矿未经处理就排入临近有溶洞漏斗发育的自然洼地。2014 年 8 月 12 日，巫山县红椿乡村民反映千丈岩水库饮用水源取水口水质出现异常，巫山县启动重大突发环境事件应急预案。应急监测结果表明，被污染水体无重金属毒性，但具有有机物毒性，COD（化学需氧量）、Fe（铁）分别超标 0.25 倍、30.3 倍，悬浮物高达 260mg/L。重庆市相关部门将污染水体封存在水库内，对受污染水体实施药物净化等应急措施。

千丈岩水库水污染事件发生后，环境保护部明确该起事件已构成重大突发环境事件。环境保护部环境规划院环境风险与损害鉴定评估研究中心作出《重庆市巫山县红椿乡千丈岩水库突发环境事件环境损害评估报告》。该报告对本次环境污染的污染物质、突发环境事件造成的直接经济损失、本次污染对水库生态环境影响的评价等进行评估。并判断该次事件对水库的水生生态环境没有造成长期的不良影响，无需后续的生态环境修复，无需进行进一步的中长期损害评估。湖北省环保厅于 2014 年 9 月 4 日作出行政处罚决定，认定磺厂坪矿业公司硫铁矿选矿项目水污染防治设施未建成，擅自投入生产，非法将生产产生的废水和尾矿排放、倾倒至厂房下方的洼地内，造成废水和废渣经洼地底部裂隙渗漏，导致千丈岩水库水体污染。责令停止生产直至验收合格，限期采取治理措施消除污染，并处罚款 1000000 元。行政处罚决定作出后，建始磺厂坪矿业公司仅缴纳了罚款 1000000 元，但并未采取有效消除污染的治理措施。

2015 年 4 月 26 日，法院依原告申请，委托北京师范大学对千丈岩环境污染事件的生态修复及其费用予以鉴定，北京师范大学鉴定认为：1、建始磺厂坪矿业公司系此次千丈岩水库生态环境损害的唯一污染源，责任主体清楚，环境损害因果关系清晰。2、对《重庆市巫山县红椿乡千丈岩水库突发环境事件环境损害评估报告》评价的对水库生态环境没有造成长期的不良影响，无需后续生态环境修复，无需进行中长期损害评估的结论予以认可。3、本次污染土壤的生态环境损害评估认定：经过 9 个月后，事发区域土壤中的乙基钠黄药已得到降解，不会对当地生态环境再次带来损害，但洼地土壤中的Fe污染物未发生自然降解，超出当地生态基线，短期内不能自然恢复，将对千丈岩水库及周边生态环境带来潜在污染风险，需采取人工干预方式进行生态修复。根据《突发环境事件应急处置阶段环境损害评估推荐方法》〔环办（2014）118号〕，采用虚拟治理成本法计算洼地土壤生态修复费用约需991000元。4、建议后续进一步制定详细的生态修复方案，开展事故区域生态环境损害的修复，并做好后期监管工作，确保千丈岩水库的饮水安全和周边生态环境安全。在案件审理过程中，重庆绿联会申请通知鉴定人出庭，就生态修复接受质询并提出意见。鉴定人王金生教授认为，土壤元素本身不是控制性指标，就饮用水安全而言，洼地土壤中的Fe高于饮用水安全标准；被告建始磺厂坪矿业公司选矿厂所处位置地下暗河众多，地区降水量大，污染饮用水的风险较高。

裁判结果

重庆市万州区人民法院于2016年1月14日作出（2014）万法环公初字第00001号民事判决：一、恩施自治州建始磺厂坪矿业有限责任公司立即停止对巫山县千丈岩水库饮用水源的侵害，重新进行环境影响评价，未经批复和环境保护设施未经验收，不得生产；二、恩施自治州建始磺厂坪矿业有限责任公司在判决生效后180日内，对位于恩施自治州建始县业州镇郭家淌国有高岩子林场选矿厂洼地土壤制定修复方案进行生态修复，逾期不履行修复义务或修复不合格，由恩施自治州建始磺厂坪矿业有限责任公司承担修复费用991000元支付至指定的账号；三、恩施自治州建始磺厂坪矿业有限责任公司对其污染生态环境，损害公共利益的行为在国家级媒体上赔礼道歉；四、恩施自治州建始磺厂坪矿业有限责任公司支付重庆市绿色志愿者联合会为本案诉讼而产生的合理费用及律师费共计150000元；五、驳回重庆市绿色志愿者联合会的其它诉讼请求。一审宣判后，恩施自治州建始磺厂坪矿业有限责任公司不服，提起上诉。重庆市第二中级人民法院于2016年9月13日作出（2016）渝02民终77号民事判决：驳回上诉，维持原判。

裁判理由

法院生效裁判认为，本案的焦点问题之一为是否需判令停止侵害并重新作出环境影响评价。

环境侵权行为对环境的污染、生态资源的破坏往往具有不可逆性，被污染的环境、被破坏的生态资源很多时候难以恢复，单纯事后的经济赔偿不足以弥补对生态环境所造成的损失，故对于环境侵权行为应注重防患于未然，才能真正实现环境保护的目的。本案建始磺厂坪矿业公司只是暂时停止了生产行为，其“三同时”工作严重滞后、环保设施未建成等违法情形并未实际消除，随时可能恢复违法生产。由于建始磺厂坪矿业公司先前的污染行为，导致相关区域土壤中部分生态指标超过生态基线，因当地降水量大，又地处喀斯特地貌山区，裂隙和溶洞较多，暗河纵横，而其中的暗河水源正是千丈岩水库的聚水来源，污染风险明显存在。考虑到建始磺厂坪矿业公司的违法情形尚未消除、项目所处区域地质地理条件复杂特殊，在不能确保恢复生产不会再次造成环境污染的前提下，应当禁止其恢复生产，才能有效避免当地生态环境再次遭受污染破坏，亦可避免在今后发现建始磺厂坪矿业公司重新恢复违法生产后需另行诉讼的风险，减轻当事人诉累、节约司法资源。故建始磺厂坪矿业公司虽在起诉之前已停止生产，仍应判令其对千丈岩水库饮用水源停止侵害。

此外，千丈岩水库开始建设于2008年，而建始磺厂坪矿业公司项目的环境影响评价工作开展于2010年7月，并于2011年5月16日才取得当地环境行政主管部门的批复。《中华人民共和国环境影响评价法》第二十三条规定：“建设项目可能造成跨行政区域的不良环境影响，有关环境保护行政主管部门对该项目的环境影响评价结论有争议的，其环境影响评价文件由共同的上一级环境保护行政主管部门审批”。考虑到该项目的性质、与水库之间的相对位置及当地特殊的地质地理条件，本应在当时项目的环境影响评价中着重考虑对千丈岩水库的影响，但由于两者分处不同省级行政区域，导致当时的环境影响评价并未涉及千丈岩水库，可见该次环境影响评价是不全面且有着明显不足的。由于新增加了千丈岩水库这一需要重点考量的环境保护目标，导致原有的环境影响评价依据发生变化，在已发生重大突发环境事件的现实情况下，涉案项目在防治污染、防止生态破坏的措施方面显然也需要作出重大变动。根据《中华人民共和国环境影响评价法》第二十四条第一款“建设项目的环境影响评价文件经批准后，建设项目的性质、规模、地点、采用的生产工艺或者防治污染、防止生态破坏的措施发生重大变动的，建设单位应当重新报批建设项目的环境影响评价文件”及《中华人民共和国水污染防治法》第十七条第三款①“建设项目的水污染防治设施，应当与主体工程同时设计、同时施工、同时投入使用。水污染防治设施应当经过环境保护主管部门验收，验收不合格的，该建设项目不得投入生产或者使用”的规定，鉴于千丈岩水库的重要性、作为一级饮用水水源保护区的环境敏感性及涉案项目对水库潜在的巨大污染风险，在应当作为重点环境保护目标纳入建设项目环境影响评价而未能纳入且客观上已经造成重大突发环境事件的情况下，考虑到原有的环境影响评价依据已经发生变化，出于对重点环境保护目标的保护及公共利益的维护，建始磺厂坪矿业公司应在考虑对千丈岩水库环境影响的基础上重新对项目进行环境影响评价并履行法定审批手续，未经批复和环境保护设施未经验收，不得生产。

（生效裁判审判人员：王剑波、杨超、沈平）

【实务问答】

1. 如何理解环境影响评价的重新报批？

《环境影响评价法》第24条规定，建设项目的环境影响评价文件经批准后，建设项目的性质、规模、地点、采用的生产工艺或者防治污染、防止生态破坏的措施发生重大变动的，建设单位应当重新报批建设项目的环境影响评价文件。建设项目的环境影响评价文件自批准之日起超过5年，方决定该项目开工建设的，其环境影响评价文件应当报原审批部门重新审核；原审批部门应当自收到建设项目环境影响评价文件之日起10日内，将审核意见书面通知建设单位。

为避免审批漏洞，保障行政审批的效力，在有关行政审批的规定中，通常要求对审批批准后发生重大情形变动的事项进行重新审批或审核，以便确

① 《水污染防治法》（2017年修正）第19条第3款。

认是否满足原行政审批中批准的必备要件，建设项目环境影响评价方面亦如此。内容方面，在环境影响评价文件批准后，其性质、规模、地点、采用的生产工艺或者环境保护措施发生重大变动的，其环境影响可能也会发生相应的变化。时间方面，在环境影响评价文件批准后，若建设项目建设时间有重大的变迁，建设项目所在地的周围环境或者原审批中依据的法律、法规、标准等可能也出现变化。为此，针对此类情形，需要重新报批或重新审核。《环境影响评价法》第24条依据建设项目内容、建设时间发生重大变动的情形分别做了规定。

该条第1款规定了建设项目内容发生重大变动的几个情形，包括建设项目的性质、规模、地点、采用的生产工艺或者防治污染、防止生态破坏的措施。只要其中的一项发生重大变动，建设单位就应当重新报批建设项目的环境影响评价文件。如此规定在于任何一项发生重大变动，都可能造成建设项目环境影响的相应变化。本指导案例涉及情形即属第1款规定的类型。

该条第2款规定了建设项目建设时间发生重大变更的时限，具体规定为环境影响评价文件自批准之日起超过5年。这是法律设定的关于建设时间发生重大变更的时限，凡超过这一时限才决定项目开工建设的，其环境影响评价文件应当报原审批部门重新审核。同前款有显著区别的是，这里只是对原有的环境影响评价文件进行重新审核。重新审核涉及两个方面：建设项目所在地环境状况是否变化及变化程度；审批中适用的法律、法规、政策、标准等是否变动及其变动程度。若有任一方面的变动使原环境影响评价文件不再完全满足获得批准的必备条件，原审批部门应当不予核准同意。

2. 不能确保恢复生产后不会再次造成污染的，能否恢复生产？

环境侵权行为对环境的污染、生态资源的破坏往往具有不可逆性，被污染的环境、被破坏的生态资源很多时候难以恢复，单纯事后的经济赔偿不足以弥补对生态环境造成的损害，故对于环境侵权行为应注重防患于未然，才能真正实现环境保护的目的。环境民事公益诉讼中涉及的民事责任承担方式主要有如下几类：一是预防性责任承担方式，包括停止侵害、排除妨碍、消除危险；二是恢复性责任承担方式，即恢复原状；三是赔偿性责任承担方式，即赔偿损失。此外，人格恢复性责任承担方式即赔礼道歉，长远来看，亦应被纳入。因污染环境、破坏生态行为，可能导致损害发生后到恢复原状前生态环境服务功能的损害，该损害的一个内容就是社会公众享有美好生态环境精神利益的损失，从这个角度而言，应将赔礼道歉纳入环境公益诉讼的责任承担方式，履行的形式应当以在有相应影响力的公开媒体上进行书面道歉为主。本指导案例涉及的禁止恢复生产，从类型上看，本质上属一种预防性责任的承担方式，既包括了停止继续侵害的含义，也包括了消除危险的目的。

089 指导案例 135 号

江苏省徐州市人民检察院诉苏州其安工艺品有限公司等环境民事公益诉讼案

侵权人拒不提供其处置污染物情况等环境信息，导致无法查明污染物去向的，法院可推定污染环境事实成立

有章

（最高人民法院审判委员会讨论通过　2019 年 12 月 26 日发布）

关键词：民事／环境民事公益诉讼／环境信息／不利推定

裁判要点

在环境民事公益诉讼中，原告有证据证明被告产生危险废物并实施了污染物处置行为，被告拒不提供其处置污染物情况等环境信息，导致无法查明污染物去向的，人民法院可以推定原告主张的环境污染事实成立。

相关法条

《中华人民共和国固体废物污染环境防治法》第55条[①]、第57条[②]、第59条[③]

基本案情

2015年5、6月份，苏州其安工艺品有限公司（以下简称其安公司）将其工业生产活动中产生的83桶硫酸废液，以每桶1300－3600元不等的价格，交由黄克峰处置。黄克峰将上述硫酸废液运至苏州市区其租用的场院内，后以每桶2000元的价格委托何传义处置，何传义又以每桶1000元的价格委托王克义处置。王克义到物流园马路边等处随机联系外地牌号货车车主或司机，分多次将上述83桶硫酸废液直接从黄克峰存放处运出，要求他们带出苏州后随意处置，共支出运费43000元。其中，魏以东将15桶硫酸废液从苏州运至沛县经济开发区后，在农地里倾倒3桶，余下12桶被丢弃在某工地上。除以上15桶之外，其余68桶硫酸废液王克义无法说明去向。2015年12月，沛县环保部门巡查时发现12桶硫酸废液。经鉴定，确定该硫酸废液是危险废物。2016年10月，其安公司将12桶硫酸废液合法处置，支付费用116740.08元。

2017年8月2日，江苏省沛县人民检察院对其安公司、江晓鸣、黄克峰、何传义、王克义、魏以东等向徐州铁路运输法院提起公诉，该案经江苏省徐州市中级人民法院二审后，终审判决认定其安公司、江晓鸣、黄克峰、何传义、王克义、魏以东等构成污染环境罪。

江苏省徐州市人民检察院在履行职责中发现以上破坏生态环境的行为后，依法公告了准备提起本案诉讼的相关情况，公告期内未有法律规定的机关和有关组织提起诉讼。2018年5月，江苏省徐州市人民检察院向江苏省徐州市中级人民法院提起本案诉讼，请求判令其安公司、黄克峰、何传义、王克义、魏以东连带赔偿倾倒3桶硫酸废液和非法处置68桶硫酸废液造成的生态环境修复费用，并支付其为本案支付的专家辅助人咨询费、公告费，要求五被告共同在省级媒体上公开赔礼道歉。

---

① 《固体废物污染环境防治法》（2020年修正）第79条。

② 《固体废物污染环境防治法》（2020年修正）第80条。

③ 《固体废物污染环境防治法》（2020年修正）第82条。

裁判结果

江苏省徐州市中级人民法院于2018年9月28日作出（2018）苏03民初256号民事判决：一、苏州其安工艺品有限公司、黄克峰、何传义、王克义、魏以东于判决生效后三十日内，连带赔偿因倾倒3桶硫酸废液所产生的生态环境修复费用204415元，支付至徐州市环境保护公益金专项资金账户；二、苏州其安工艺品有限公司、黄克峰、何传义、王克义于判决生效后三十日内，连带赔偿因非法处置68桶硫酸废液所产生的生态环境修复费用4630852元，支付至徐州市环境保护公益金专项资金账户；三、苏州其安工艺品有限公司、黄克峰、何传义、王克义、魏以东于判决生效后三十日内连带支付江苏省徐州市人民检察院为本案支付的合理费用3800元；四、苏州其安工艺品有限公司、黄克峰、何传义、王克义、魏以东于判决生效后三十日内共同在省级媒体上就非法处置硫酸废液行为公开赔礼道歉。一审宣判后，各当事人均未上诉，判决已发生法律效力。

裁判理由

法院生效裁判认为：

一、关于在沛县经济开发区倾倒3桶硫酸废液造成的生态环境损害，五被告应否承担连带赔偿责任及赔偿数额如何确定问题

《中华人民共和国固体废物污染环境防治法》（以下简称固体废物法）第五十五条①规定："产生危险废物的单位，必须按照国家有关规定处置危险废物，不得擅自倾倒、堆放"。第五十七条②规定："从事收集、贮存、处置危险废物经营活动的单位，必须向县级以上人民政府环境保护行政主管部门申请领取经营许可证……禁止无经营许可证或者不按照经营许可证规定从事危险废物收集、贮存、利用、处置的经营活动"。本案中，其安公司明知黄克峰无危险废物经营许可证，仍将危险废物硫酸废液交由其处置；黄克峰、何传义、王克义、魏以东明知自己无危险废物经营许可证，仍接收其安公司的硫酸废液并非法处置。其安公司与黄克峰、何传义、王克义、魏以东分别实施违法行为，层层获取非法利益，最终导致危险废物被非法处置，对此造成

① 《固体废物污染环境防治法》（2020年修正）第79条。

② 《固体废物污染环境防治法》（2020年修正）第80条。

的生态环境损害，应当承担赔偿责任。五被告的行为均系生态环境遭受损害的必要条件，构成共同侵权，应当在各自参与非法处置危险废物的数量范围内承担连带责任。

本案中，倾倒3桶硫酸废液污染土壤的事实客观存在，但污染发生至今长达三年有余，且倾倒地已进行工业建设，目前已无法将受损的土壤完全恢复。根据《环境损害鉴定评估推荐方法（第Ⅱ版）》和原环境保护部《关于虚拟治理成本法适用情形与计算方法的说明》（以下简称《虚拟治理成本法说明》），对倾倒3桶硫酸废液所产生的生态环境修复费用，可以适用“虚拟治理成本法”予以确定，其计算公式为：污染物排放量×污染物单位治理成本×受损害环境敏感系数。公益诉讼起诉人委托的技术专家提出的倾倒3桶硫酸废液所致生态环境修复费用为204415元（4.28×6822.92×7）的意见，理据充分，应予采纳。该项生态环境损害系其安公司、黄克峰、何传义、王克义、魏以东五被告的共同违法行为所致，五被告应连带承担204415元的赔偿责任。

二、关于五被告应否就其余68桶硫酸废液承担生态环境损害赔偿责任，赔偿数额如何确定问题

根据固体废物法等法律法规，我国实行危险废物转移联单制度，申报登记危险废物的流向、处置情况等，是危险废物产生单位的法定义务；如实记载危险废物的来源、去向、处置情况等，是危险废物经营单位的法定义务；产生、收集、贮存、运输、利用、处置危险废物的单位和个人，均应设置危险废物识别标志，均有采取措施防止危险废物污染环境的法定义务。本案中，其安公司对硫酸废液未履行申报登记义务，未依法申请领取危险废物转移联单，黄克峰、何传义、王克义三被告非法从事危险废物经营活动，没有记录硫酸废液的流向及处置情况等，其安公司、黄克峰、何传义、王克义四被告逃避国家监管，非法转移危险废物，不能说明68桶硫酸废液的处置情况，没有采取措施防止硫酸废液污染环境，且68桶硫酸废液均没有设置危险废物识别标志，而容器上又留有出水口，即使运出苏州后被整体丢弃，也存在液体流出污染环境甚至危害人身财产安全的极大风险。因此，根据《最高人民法院关于审理环境民事公益诉讼案件适用法律若干问题的解释》第十三条“原告请求被告提供其排放的主要污染物名称、排放方式、排放浓度和总

量、超标排放情况以及防治污染设施的建设和运行情况等环境信息，法律、法规、规章规定被告应当持有或者有证据证明被告持有而拒不提供，如果原告主张相关事实不利于被告的，人民法院可以推定该主张成立”之规定，本案应当推定其余68桶硫酸废液被非法处置并污染了环境的事实成立。

关于该项损害的赔偿数额。根据《虚拟治理成本法说明》，该项损害的具体情况不明确，其产生的生态环境修复费用，也可以适用“虚拟治理成本法”予以确定。如前所述，68桶硫酸废液的重量仍应以每桶1.426吨计算，共计96.96吨；单位治理成本仍应确定为6822.92元。关于受损害环境敏感系数。本案非法处置68桶硫酸废液实际损害的环境介质及环境功能区类别不明，可能损害的环境介质包括土壤、地表水或地下水中的一种或多种。而不同的环境介质、不同的环境功能区类别，其所对应的环境功能区敏感系数不同，存在2－11等多种可能。公益诉讼起诉人主张适用的系数7，处于环境敏感系数的中位，对应Ⅱ类地表水、Ⅱ类土壤、Ⅲ类地下水，而且本案中已经查明的3桶硫酸废液实际污染的环境介质即为Ⅱ类土壤。同时，四被告也未能举证证明68桶硫酸废液实际污染了敏感系数更低的环境介质。因此，公益诉讼起诉人的主张具有合理性，同时体现了对逃避国家监管、非法转移处置危险废物违法行为的适度惩罚，应予采纳。综上，公益诉讼起诉人主张非法处置68桶硫酸废液产生的生态环境修复费用为4630852元（96.96×6822.92×7），应予支持。同时，如果今后查明68桶硫酸废液实际污染了敏感系数更高的环境介质，以上修复费用尚不足以弥补生态环境损害的，法律规定的机关和有关组织仍可以就新发现的事实向被告另行主张。该项生态环境损害系其安公司、黄克峰、何传义、王克义四被告的共同违法行为所致，四被告应连带承担4630852元的赔偿责任。

综上所述，生态文明建设是关系中华民族永续发展的根本大计，生态环境没有替代品，保护生态环境人人有责。产生、收集、贮存、运输、利用、处置危险废物的单位和个人，必须严格履行法律义务，切实采取措施防止危险废物对环境的污染。被告其安公司、黄克峰、何传义、王克义、魏以东没有履行法律义务，逃避国家监管，非法转移处置危险废物，任由危险废物污染环境，对此造成的生态环境损害，应当依法承担侵权责任。

（生效裁判审判人员：马荣、李娟、张演亮、陈虎、费艳、韩正娟、吴德恩）

【实务问答】

1. 无法查明污染物去向时，相关污染事实如何推定？

《环境公益诉讼解释》第13条规定，原告请求被告提供其排放的主要污染物名称、排放方式、排放浓度和总量、超标排放情况以及防治污染设施的建设和运行情况等环境信息，法律、法规、规章规定被告应当持有或者有证据证明被告持有而拒不提供，如果原告主张相关事实不利于被告的，人民法院可以推定该主张成立。

环境侵权案件中，因双方存在严重的信息不对等，诸如污染物名称、排放方式、排放浓度和总量、超标排放情况以及防治污染设施的建设和运行情况等对案件审理至关重要的环境信息，均掌握在被告手中，如果没有被告的配合，原告往往无从获知。修订后的《环境保护法》规定公民享有获取环境信息、参与环境保护和监督环境保护3项具体的环境权利，同时明确了重点排污单位应承担的环境信息公开义务，这为环境侵权行为的受害人行使知情权提供了实体法依据。《企业事业单位环境信息公开办法》亦对重点排污单位应当公开环境信息作出更为具体的规定，如对污染物排放情况、公开的方式、公开的时限等都有较为明确的规定。这些规定都为原告要求被告提供相应环境信息提供了法律依据。《环境公益诉讼解释》第13条即在此基础上对被告拒不提供对其不利证据应承担不利后果的相关规定，明确了环境侵权诉讼中被告拒不提供重要环境信息的法律责任，即被告拒不提供相关环境信息的，原告主张相关事实不利于被告的，法院可以推定该主张成立。但需要注意，法院推定原告主张成立，只是推定与被告持有的环境信息相关事实成立，不应扩大到原告主张的所有事实。本指导案例中，被告作为重点排污单位，逃避监管，非法处置有害污染物，没有采取防止措施，未在容器上设置危险物识别标志且留有出水口，存在污染环境等的极大风险，不能说明具体处置情况。为此，应推定其余68桶硫酸废液被非法处置并污染了环境的事实成立。

2. 如何确定重点排污单位及需要公开的环境信息内容？

就作为重点排污单位的企事业单位而言，公开环境信息是其法定义务。

关于“重点排污单位”的界定，《企业事业单位环境信息公开办法》做了原则性规定，即由设区的市级人民政府环境保护主管部门根据本行政区域的环境容量、重点污染物排放总量控制指标的要求及排污单位排放污染物的种类、数量和浓度等因素，确定本行政区域内重点排污单位名录。同时，明确规定排污量大、关注度高的3种情况应当列入重点排污单位名录，须强制公开环境信息，并设置了兜底项，由设区的市级环境保护主管部门根据区域实际情况确定。公开内容方面，因为并非所有环境信息均会影响到案件审理，所以本条也只对与诉讼紧密相关的环境信息做了相应规定，即“主要污染物名称、排放方式、排放浓度和总量、超标排放情况以及防治污染设施的建设和运行情况等环境信息”。列入排污单位名录的具体标准规定在该办法第8条：“（一）被设区的市级以上人民政府环保主管部门确定为重点监控企业的，属于排污量大；（二）具有试验、分析、检测等功能的化学、医药、生物类省级重点以上实验室、二级以上医院、污染物集中处置单位等污染物排放行为引起社会广泛关注的或者可能对环境敏感区造成较大影响的；（三）三年内发生较大以上突发环境事件或者因环境污染问题造成重大社会影响的；（四）其他有必要列入的情形。”

090 指导案例136号

吉林省白山市人民检察院诉白山市江源区卫生和计划生育局、白山市江源区中医院环境公益诉讼案

审理检察院提起的环境行政公益诉讼案件时，对检察院就同一污染环境行为提起的环境民事公益诉讼可一并审理

（最高人民法院审判委员会讨论通过　2019年12月26日发布）

关键词：行政／环境行政公益诉讼／环境民事公益诉讼／分别立案／一并审理

裁判要点

人民法院在审理人民检察院提起的环境行政公益诉讼案件时，对人民检察院就同一污染环境行为提起的环境民事公益诉讼，可以参照行政诉讼法及其司法解释规定，采取分别立案、一并审理、分别判决的方式处理。

相关法条

《中华人民共和国行政诉讼法》第61条

基本案情

白山市江源区中医院新建综合楼时，未建设符合环保要求的污水处理设施即投入使用。吉林省白山市人民检察院发现该线索后，进行了调查。调查发现白山市江源区中医院通过渗井、渗坑排放医疗污水。经对其排放的医疗污水及渗井周边土壤取样检验，化学需氧量、五日生化需氧量、悬浮物、总余氯等均超过国家标准。还发现白山市江源区卫生和计划生育局在白山市江源区中医院未提交环评合格报告的情况下，对其《医疗机构职业许可证》校验为合格，且对其违法排放医疗污水的行为未及时制止，存在违法行为。检察机关在履行了提起公益诉讼的前置程序后，诉至法院，请求：1. 确认被告白山市江源区卫生和计划生育局于2015年5月18日为第三人白山市江源区中医院校验《医疗机构执业许可证》的行为违法；2. 判令白山市江源区卫生和计划生育局履行法定监管职责，责令白山市江源区卫生和计划生育局限期对白山市江源区中医院的医疗污水净化处理设施进行整改；3. 判令白山市江源区中医院立即停止违法排放医疗污水。

裁判结果

白山市中级人民法院于2016年7月15日以（2016）吉06行初4号行政判决，确认被告白山市江源区卫生和计划生育局于2015年5月18日对第三人白山市江源区中医院《医疗机构执业许可证》校验合格的行政行为违法；责令被告白山市江源区卫生和计划生育局履行监管职责，监督第三人白山市江源区中医院在三个月内完成医疗污水处理设施的整改。同日，白山市中级人民法院作出（2016）吉06民初19号民事判决，判令被告白山市江源区中医院立即停止违法排放医疗污水。一审宣判后，各方均未上诉，判决已经发生法律效力。

裁判理由

法院生效裁判认为，根据国务院《医疗机构管理条例》第五条及第四十条的规定，白山市江源区卫生和计划生育局对辖区内医疗机构具有监督管理的法定职责。《吉林省医疗机构审批管理办法（试行）》第四十四条规定，医疗机构申请校验时应提交校验申请、执业登记项目变更情况、接受整改情况、环评合格报告等材料。白山市江源区卫生和计划生育局在白山市江源区中医院未提交环评合格报告的情况下，对其《医疗机构职业许可证》校验为合格，违反上述规定，该校验行为违法。白山市江源区中医院违法排放医疗污水，导致周边地下水及土壤存在重大污染风险。白山市江源区卫生和计划生育局作为卫生行政主管部门，未及时制止，其怠于履行监管职责的行为违法。白山市江源区中医院通过渗井、渗坑违法排放医疗污水，且污水处理设施建设完工及环评验收需要一定的时间，故白山市江源区卫生和计划生育局应当继续履行监管职责，督促白山市江源区中医院污水处理工程及时完工，达到环评要求并投入使用，符合《吉林省医疗机构审批管理办法（试行）》第四十四条规定的校验医疗机构执业许可证的条件。

《中华人民共和国侵权责任法》第六十五条①、第六十六条②规定，因污染环境造成损害的，污染者应当承担侵权责任。因污染环境发生纠纷，污染者应当就法律规定的不承担责任或者减轻责任的情形及其行为与损害之间不存在因果关系承担举证责任。本案中，根据公益诉讼人的举证和查明的相关事实，可以确定白山市江源区中医院未安装符合环保要求的污水处理设备，通过渗井、渗坑实施了排放医疗污水的行为。从检测机构的检测结果及检测意见可知，其排放的医疗污水，对附近地下水及周边土壤存在重大环境污染风险。白山市江源区中医院虽辩称其未建设符合环保要求的排污设备系因政府对公办医院投入建设资金不足所致，但该理由不能否定其客观上实施了排污行为，产生了周边地下水及土壤存在重大环境污染风险的损害结果，以及

① 《民法典》第1229条。
② 《民法典》第1230条。

排污行为与损害结果存在因果关系的基本事实。且环境污染具有不可逆的特点，故作出立即停止违法排放医疗污水的判决。

（生效裁判审判人员：张文宽、王辉、历彦飞）

【实务问答】

1. 附带诉讼的程序目的和基本原则是什么？

行政附带民事公益诉讼，源于违法行政行为与民事侵权行为复合理论，是指基于共同的事实原因或法律原因，行政机关违法行使职权侵权与自然人、法人和其他组织侵权相结合造成同一社会公共利益受损的情形。行政附带民事公益诉讼具有附带诉讼的基本特点，即其必须满足附带诉讼的诉讼效率原则和裁判确定原则。司法实践中，常常会出现同一争诉中存在相互关联的两种不同性质的法律关系，当事人提出了分属于两种不同诉讼序列但具有一定关联性的诉讼请求。这些诉求在性质上存在差异，无法在同一诉讼中合并审理。但考虑到诉讼成本和效益，为避免诉讼资源浪费，同时也为避免对存在关联性的争议作出相互矛盾的判决，确保判决的确定性，可将两案交由同一审判组织一并审理。但需要注意，“一并审理”不同于“合并审理”。前者是指由同一审判组织在同一诉讼程序中分别处理行政诉讼请求和民事诉讼请求；后者则是指诉的合并，即由同一审判组织在同一诉讼程序中同时处理合并后的诉讼请求。行政附带民事公益诉讼同样出于上述考虑，需要符合两个基本原则：一是诉讼效率原则，即将相关联的诉讼请求一并处理能够节省诉讼成本、提高诉讼效率。若不能实现上述目的，则无须一并审理。二是判决确定原则。将两个相互关联但性质迥异的案件分开审理，很可能会出现两个判决存在相互矛盾，尤其是事实认定方面的矛盾，由于认识能力局限，前后事实认定可能会存在偏差。因此，将存在一定关联性的两个案件交由同一审判组织一并审理，以确保裁判者对案件各方面情况形成的心证尽可能全面与一致。

2. 提起行政附带民事公益诉讼需要满足哪些条件？

基于行政附带民事公益诉讼的特殊性，提起此类诉讼应具备以下条件：（1）公益诉讼人特定，一般为人民检察院。（2）行政机关和违法行为人是共同被诉主体。一般情况下行政机关是行政公益诉讼被告，违法行为人是民事公益诉讼的被告，同时也是行政公益诉讼的第三人。（3）有具体的诉讼请求和事实根据。（4）符合《行政诉讼法》第61条规定的受案范围和公益诉讼案件的受案范围。《行政诉讼法》将行政公益诉讼的受案范围界定为生态环境和资源保护、食品药品安全、国有财产保护、国有土地使用权出让领域。就本指导案例而言，其属于因行政机关不依法履行法定职责，以致地下水及土壤存在重大污染隐患，应属生态环境和资源保护领域，符合行政公益诉讼的受案范围。《民事诉讼法》将民事公益诉讼的受案范围界定在破坏生态环境和资源保护、食品药品安全领域，本指导案例亦属破坏生态环境和资源保护案件，也符合民事公益诉讼受案范围。（5）履行了法定的前置程序。行政公益诉讼前置程序是指检察机关向违法行政机关发出督促其纠正违法行为或依法履行职责的检察建议，其仍不依法履行职责致使国家和社会公共利益持续处于受侵害状态的，人民检察院才能够提起行政公益诉讼。民事公益诉讼前置程序是指没有适格主体或者适格主体不提起诉讼，致使国家和社会公共利益持续处于受侵害状态的，人民检察院才能提起民事公益诉讼。检察机关只有全部履行了行政公益诉讼和民事公益诉讼的前置程序后，才能提起行政公益附带民事公益诉讼。（6）行政公益诉讼与民事公益诉讼须有关联性。关联性一般包括行为关联、结果关联、诉请关联。行为关联，指同一行为既违反了行政法规，又构成了民事侵权，即可认定具有关联性。结果关联，指不同的行为造成了同一损害结果，也可认定为具有关联性。诉请关联，指行政诉讼的请求与民事诉讼的请求相互支撑、紧密相联，以求达到共同的诉讼目的。一般而言，只要满足上述三个关联中的一个，即可认为具有关联性。

091 指导案例 172 号

秦家学滥伐林木刑事附带民事公益诉讼案

确定生态环境修复义务时，可参考专家意见及相关主管部门等出具的专业意见，明确履行修复义务的具体要求。被告人自愿交纳保证金作履行义务担保的，可以作为从轻量刑情节

（最高人民法院审判委员会讨论通过　2021 年 12 月 1 日发布）

关键词：刑事/滥伐林木罪/生态修复/补植复绿/专家意见/保证金

裁判要点

1. 人民法院确定被告人森林生态环境修复义务时，可以参考专家意见及林业规划设计单位、自然保护区主管部门等出具的专业意见，明确履行修复义务的树种、树龄、地点、数量、存活率及完成时间等具体要求。

2. 被告人自愿交纳保证金作为履行生态环境修复义务担保的，人民法院可以将该情形作为从轻量刑情节。

相关法条

《中华人民共和国民法典》第 179 条（本案适用的是自 2010 年 7 月 1 日起实施的《中华人民共和国侵权责任法》第 15 条）

《中华人民共和国森林法》第 56 条、第 57 条、第 76 条（本案适用的是 2009 年 8 月 27 日修正的《中华人民共和国森林法》第 32 条、第 39 条）

基本案情

湖南省保靖县人民检察院指控被告人秦家学犯滥伐林木罪向保靖县人民法院提起公诉，在诉讼过程中，保靖县人民检察院以社会公共利益受到损害为由，又向保靖县人民法院提起附带民事公益诉讼。

保靖县人民检察院认为，应当以滥伐林木罪追究被告人秦家学刑事责任。同时，被告人行为严重破坏了生态环境，致使社会公共利益遭受到损害，

根据侵权责任法的相关规定，应当补植复绿，向公众赔礼道歉。被告人秦家学对公诉机关的指控无异议。但辩称，其是林木的实际经营者和所有权人，且积极交纳补植复绿的保证金，请求从轻判处。

保靖县人民法院经审理查明，湖南省保靖县以1958年成立的保靖县国营白云山林场为核心，于1998年成立白云山县级自然保护区。后该保护区于2005年评定为白云山省级自然保护区，并完成了公益林区划界定；又于2013年评定为湖南白云山国家级自然保护区。其间，被告人秦家学于1998年承包了位于该县毛沟镇卧当村白云山自然保护区核心区内“土地坳”（地名）的山林，次年起开始有计划地植造杉木林，该林地位于公益林范围内，属于公益林地。2016年9月至2017年1月，秦家学在没有办理《林木采伐许可证》情况下，违反森林法，擅自采伐其承包该林地上的杉木林并销售，所采伐区域位于该保护区核心区域内面积为117.5亩，核心区外面积为15.46亩。经鉴定，秦家学共砍伐林木1010株，林木蓄积为153.3675立方米。后保靖县林业勘测规划设计队出具补植补造作业设计说明证明，该受损公益林补植复绿的人工苗等费用为人民币66025元。

人民法院审理期间，保靖县林业勘测规划设计队及保靖县林业局、白云山国家级自然保护区又对该受损公益林补植复绿提出了具体建议和专业要求。秦家学预交补植复绿保证金66025元，保证履行补植复绿义务。

裁判结果

湖南省保靖县人民法院于2018年8月3日作出（2018）湘3125刑初5号刑事附带民事判决，认定被告人秦家学犯滥伐林木罪，判处有期徒刑三年，缓刑四年，并处罚金人民币1万元，并于判决生效后两年内在湖南白云山国家级自然保护区内“土地坳”栽植一年生杉树苗5050株，存活率达到90%以上。宣判后，没有上诉、抗诉，一审判决已发生法律效力。被告人依照判决，在原砍伐林地等处栽植一年生杉树苗5050株，且存活率达到100%。

裁判理由

法院生效裁判认为：被告人秦家学违反森林法规定，未经林业主管部门许可，无证滥伐白云山国家级自然保护区核心区内的公益林，数量巨大，构成滥伐林木罪。辩护人提出的被告人系初犯、认罪，积极交纳补植补绿的保证金66025元到法院的执行账户，有悔罪表现，应当从轻判处的辩护意见，予以采信。白云山国家级自然保护区位于中国十七个生物多样性关键地区之一的武陵山区及酉水流域，是云贵高原、四川盆地至雪峰山区、湘中丘陵之间动植物资源自然流动通道的重要节点，是长江流域洞庭湖支流沅江的重要水源涵养区，其森林资源具有保持水土、维护生物多样性等多方面重要作用。被告人所承包、栽植并管理的树木，已经成为白云山国家级自然保护区森林资源的不可分割的有机组成部分。被告人无证滥伐该树木且数量巨大，其行为严重破坏了白云山国家级自然保护区生态环境，危及生物多样性保护，使社会公共利益遭受到严重损害，性质上属于一种侵权行为。附带民事公益诉讼不是传统意义上的民事诉讼，公益诉讼起诉人也不是一般意义上的受害人。公益诉讼起诉人要求被告人承担恢复原状法律责任的诉讼请求，于法有据，予以支持。根据保靖县林业勘测规划设计队出具的"土地坳"补植补造作业设计说明以及白云山自然保护区管理局、保靖县林业局等部门专家提供的专业资料和建议，参照森林法第三十九条第二款规定，对公益诉讼起诉人提出的被告人应补种树木的诉讼请求，应认为有科学、合理的根据和法律依据，予以支持。辩护人提出被告人作为林地承包者的经营权利也应当依法保护的意见，有其合理之处，在具体确定被告人法律责任时予以考虑。遂作出上述判决。

（生效裁判审判人员：龙鸥玲、徐岩松、向福生、彭菲、彭举忠、彭大江、贾长金）

【实务问答】

如何理解刑事附带民事公益诉讼？

司法实践中，部分主体在从事违法活动时不仅触犯《刑法》，同时还会损害社会公共利益。而刑事附带民事公益诉讼，是指具有程序性诉讼实施权的检察院在针对特定领域损害公共利益的犯罪行为提起刑事公诉时，可以附带向审理刑事案件的法院提起民事诉讼，请求判令致使公共利益受到损害的有责主体承担民事责任的诉讼制度。最高人民法院、最高人民检察院《关于检察公益诉讼案件适用法律若干问题的解释》就检察院提起公益诉讼的制度做了较为完善的规定。依照该解释，检察公益诉讼主要针对的是破坏生态环境与资源保护、食品药品安全领域侵害众多消费者合法权益保护等违法行为，包括民事公益诉讼、行政公益诉讼。该解释第20条明确规定了刑事附带民事公益诉讼。据此，作为公诉机关的检察院在针对其涉嫌犯罪行为提起刑事公诉之时，亦可以公益诉讼起诉人身份提起民事公益诉讼。如此规定，在于刑事案件与民事公益诉讼案件的主体一致，基本事实相同，是基于节约资源、提高效率，较好确定各类责任方面的考量的。

需要注意，关于刑事附带民事公益诉讼，实践中应注意以下几点：一是若已有符合法律规定的主体提起民事公益诉讼，则不应再受理刑事附带民事公益诉讼。二是刑事附带民事公益诉讼案件由审理刑事案件的法院管辖，且由同一个审判组织审理。检察公益诉讼案件由中级人民法院管辖的一般情形，但在特殊情形下，当审理刑事案件的法院是基层人民法院时，附带民事公益诉讼也应由该基层人民法院管辖。三是一般情形下，刑事案件已依法认定的事实和证据可作为附带民事公益诉讼的免证事实和证据。刑事案件未予认定的，若达到民事诉讼有关证据标准的，应依法确认。

092 指导案例173号

北京市朝阳区自然之友环境研究所诉中国水电顾问集团新平开发有限公司、中国电建集团昆明勘测设计研究院有限公司生态环境保护民事公益诉讼案

环境民事公益诉讼中，综合被告行为是否符合《环境民事公益诉讼解释》第1条“损害社会公共利益重大风险”的情形，可判令其承担相应的预防性责任

（最高人民法院审判委员会讨论通过　2021年12月1日发布）

关键词：民事/生态环境保护民事公益诉讼/损害社会公共利益/重大风险/濒危野生动植物

裁判要点

人民法院审理环境民事公益诉讼案件，应当贯彻保护优先、预防为主原则。原告提供证据证明项目建设将对濒危野生动植物栖息地及生态系统造成毁灭性、不可逆转的损害后果，人民法院应当从被保护对象的独有价值、损害结果发生的可能性、损害后果的严重性及不可逆性等方面，综合判断被告的行为是否具有《最高人民法院关于审理环境民事公益诉讼案件适用法律若干问题的解释》第一条规定的“损害社会公共利益重大风险”。

相关法条

《中华人民共和国环境保护法》（2014 年 4 月 24 日修订）第 5 条

基本案情

戛洒江一级水电站工程由中国水电顾问集团新平开发有限公司（以下简称新平公司）开发建设，中国电建集团昆明勘测设计研究院有限公司（以下简称昆明设计院）是该工程总承包方及受托编制《云南省红河（元江）干流戛洒江一级水电站环境影响报告书》（以下简称《环境影响报告书》）的技术单位。戛洒江一级水电站坝址位于云南省新平县境内，下游距新平县水塘镇约 6.5 千米，电站采用堤坝式开发，坝型为混凝土面板堆石坝，最大坝高 175.5 米，水库正常蓄水位 675 米，淹没区域涉及红河上游的戛洒江、石羊江及支流绿汁江、小江河。水库淹没影响和建设征地涉及新平县和双柏县 8 个乡（镇）。戛洒江一级水电站项目建设自 2011 年至 2014 年分别取得了国家发展改革委、原国土资源部、生态环境部等多个相关主管部门关于用地、环评、建设等批复和同意。2017 年 7 月 21 日，生态环境部办公厅向新平公司发出《关于责成开展云南省红河（元江）干流戛洒江一级水电站环境影响后评价的函》（以下简称《责成后评价函》），责成新平公司就该项目建设开展环境影响后评价，采取改进措施，并报生态环境部备案。后评价工作完成前，不得蓄水发电。2017 年 8 月至今，新平公司主动停止对戛洒江一级水电站建设项目的施工。按工程进度，戛洒江一级水电站建设项目现已完成“三通一平”工程并修建了导流洞。

绿孔雀为典型热带、亚热带林栖鸟类，主要在河谷地带的常绿阔叶林、落叶阔叶林及针阔混合林中活动，杂食类，为稀有种类，属国家一级保护动物，在中国濒危动物红皮书中列为“濒危”物种。就绿孔雀相关问题，昆明市中级人民法院发函云南省林业和草原局，2019 年 4 月 4 日云南省林业和草原局进行了函复。此后，昆明市中级人民法院又向该局调取了其编制的《元江中上游绿孔雀种群现状调查报告》，该报告载明戛洒江一级水电站建成后，蓄水水库将淹没海拔 680 米以下河谷地区，将对绿孔雀目前利用的沙浴地、河滩求偶场等适宜栖息地产生较大影响。同时，由于戛洒江一级水电站的建设，淹没区公路将改造重修，也会破坏绿孔雀等野生动物适宜栖息地。对暂停建设的戛洒江一级水电站，应评估停建影响，保护和恢复绿孔雀栖息地措施等。2018 年 6 月 29 日，云南省人民政府下发《云南省人民政府关于发布云南省生态保护红线的通知》，对外发布《云南省生态保护红线》。根据《云南省生态保护红线》附件 1《云南省生态保护红线分布图》所示，戛洒江一级水电站淹没区大部分被划入红河（元江）干热河谷及山原水土保持生态保护红线范围，在该区域内，绿孔雀为其中一种重点保护物种。

陈氏苏铁为国家一级保护植物。2015 年后被列入《云南省生物物种红色名录（2017 版）》，为极危物种。原告北京市朝阳区自然之友环境研究所（以下简称自然之友研究所）提交了其在绿汁江、石羊江河谷等戛洒江一级水电站淹没区拍摄到的陈氏苏铁照片。证人刘某（中国科学院助理研究员）出庭作证，陈氏苏铁仅在我国红河流域分布。按照世界自然保护联盟的评价标准，陈氏苏铁应为濒危。

自然之友研究所向昆明市中级人民法院起诉，请求人民法院判令新平公司及昆明设计院共同消除戛洒江一级水电站建设对绿孔雀、陈氏苏铁等珍稀濒危野生动植物以及热带季雨林和热带雨林侵害危险，立即停止水电站建设，不得截留蓄水，不得对该水电站淹没区内植被进行砍伐。

裁判结果

云南省昆明市中级人民法院于 2020 年 3 月 16 日作出（2017）云 01 民初 2299 号民事判决：一、新平公司立即停止基于现有环境影响评价下的戛洒江一级水电站建设项目，不得截流蓄水，不得对该水电站淹没区内植被进行砍伐。对戛洒江一级水电站的后续处理，待新平公司按生态环境部要求完成环境影响后评价，采取改进措施并报生态环境部备案后，由相关行政主管部门视具体情况依法作出决定；二、由新平公司于本判决生效后三十日内向自然之友研究所支付因诉讼发生的合理费用8万元；三、驳回自然之友研究所的其他诉讼请求。宣判后，自然之友研究所以戛洒江一级水电站应当永久性停建为由，新平公司以水电站已经停建且划入生态红线，应当驳回自然之友研究所诉讼请求为由，分别提起上诉。云南省高级人民法院于2020年12月22日作出（2020）云民终824号民事判决：驳回上诉，维持原判。

裁判理由

法院生效裁判认为：本案符合《最高人民法院关于审理环境民事公益诉讼案件适用法律若干问题的解释》第一条“对已经损害社会公共利益或者具有损害社会公共利益重大风险的污染环境、破坏生态的行为提起诉讼”规定中“具有损害社会公共利益重大风险”的法定情形，属于预防性环境公益诉讼。预防性环境公益诉讼突破了“无损害即无救济”的诉讼救济理念，是环境保护法“保护优先，预防为主”原则在环境司法中的具体落实与体现。预防性环境公益诉讼的核心要素是具有重大风险，重大风险是指对“环境”可能造成重大损害危险的一系列行为。本案中，自然之友研究所已举证证明戛洒江一级水电站如果继续建设，则案涉工程淹没区势必导致国家一级保护动物绿孔雀的栖息地及国家一级保护植物陈氏苏铁的生境被淹没，生物生境面临重大风险的可能性毋庸置疑。此外，从损害后果的严重性来看，戛洒江一级水电站下游淹没区动植物种类丰富，生物多样性价值及遗传资源价值可观，该区域不仅是绿孔雀及陈氏苏铁等珍稀物种赖以生存的栖息地，也是各类生物与大面积原始雨林、热带雨林片段共同构成的一个完整生态系统，若水电站继续建设所产生的损害将是可以直观估计预测且不可逆转的。而针对该现实上的重大风险，新平公司并未就其不存在的主张加以有效证实，而仅以《环境影响报告书》加以反驳，缺乏足够证明力。因此，结合生态环境部责成新平公司对项目开展后评价工作的情况及戛洒江一级水电站未对绿孔雀采取任何保护措施等事实，可以认定戛洒江一级水电站继续建设将对绿孔雀栖息地、陈氏苏铁生境以及整个生态系统生物多样性和生物安全构成重大风险。

根据环境影响评价法第二十七条“在项目建设、运行过程中产生不符合经审批的环境影响评价文件的情形的，建设单位应当组织环境影响后评价，采取改进措施，并报原环境影响评价文件审批部门和建设项目审批部门备案；原环境影响评价文件审批部门也可以责成建设单位进行环境影响后评价，采取改进措施”的规定，2017 年 7 月 21 日，生态环境部办公厅针对本案建设项目，向新平公司发出《责成后评价函》，责成新平公司就该项目建设开展环境影响后评价，采取改进措施，并报生态环境部备案，后评价完成前不得蓄水发电符合上述法律规定。目前，案涉电站已经处于停建状态，新平公司业已向其上级主管单位申请停建案涉项目并获批复同意，绿孔雀生态栖息地存在的重大风险已经得到了有效的控制。在新平公司对案涉项目申请停建但未向相关行政部门备案并通过审批的情况下，鉴于生态环境部已经责成新平公司开展环境影响后评价，且对于尚不明确的事实状态的重大风险程度，案涉水电站是否继续建设等一系列问题，也需经环境主管部门审批备案决定后，才能确定案涉项目今后能否继续建设或是永久性停建，因此，案涉项目应在新平公司作出环境影响后评价后由行政主管机关视具体情况依法作出决定。

（生效裁判审判人员：向凯、苏静巍、田奇慧）

【实务问答】

1. 如何理解环境保护的预防为主原则及预防性环境公益诉讼？

预防为主原则是环境保护中的重要原则，其是指对开发和利用环境行为所产生的环境质量下降或者环境破坏等应当事前采取预测、分析和防范措施，切实防止环境利用行为导致环境污染或生态破坏现象的发生。预防为主原则是对传统环境保护法律规范的重大发展，是积极的防治措施，最大限度地体现了法律的公平与效率的结合，有助于实现经济效益、社会效益和环境效益的统一。《环境保护法》规定了许多制度来体现预防为主的原则。从外部管理制度来看，其规定了环境监测、环境资源承载能力监测预警、环境影响评价、总量控制、“三同时”等制度；从企业生产的内部管理来看，其规定了企业应当优先使用清洁能源，采用资源利用率高、污染物排放量少的工艺、设备以及废弃物综合利用技术和污染物无害化处理技术，减少污染物的产生。预防性环境公益诉讼则是环境资源审判落实预防为主原则的重要体现，突破了“有损害才有救济”的传统理念，将生态环境保护的阶段提升至事中甚至事前，有助于加大生态环境保护力度，避免生态环境遭受损害或者防止损害的进一步扩大。

一般而言，侵权责任赔偿主要限于损害赔偿，即有损害才有赔偿。但实际上，侵权责任的承担方式并不仅适用于对财产权的保护方式，还广泛适用于对人身权的保护；责任方式不仅适用于对权利的保护，还可以适用于对利益的保护。其功能主要在于对受害人进行救济和对损害的预防。原《侵权责任法》第15条就侵权责任的承担方式（现被整合至《民法典》第179条“民事责任的承担方式”中）规定：“承担侵权责任的方式主要有：（1）停止侵害；（2）排除妨碍；（3）消除危险；（4）返还财产；（5）恢复原状；（6）赔偿损失；（7）赔礼道歉；（8）消除影响、恢复名誉。以上承担侵权责任的方式，可以单独适用，也可以合并适用”。所谓停止侵害，是指侵权人实施的侵害他人财产或人身的行为仍在继续进行中，受害人有权依法请求法院责令侵权人停止其侵害行为；所谓排除妨碍，是指侵权人实施的行为使他人无法行使或者不能正常行使人身、财产权益的，受害人可以要求行为人排除妨碍权益实施的障碍；所谓消除危险，是指行为人的行为或者其管领下的物件对他人的人身和财产安全造成威胁，或存在侵害他人人身或财产的可能，应当采取有效措施，将具有危险因素予以消除的民事责任方式。现代侵权法发展的重要特征就是预防功能在不断加强。等到损害结果实际出现以后再救济，当然不如在损害结果发生前就采取措施或赋予责任形式。通过预防性的责任形式的运用，就可以起到“防患于未然”的效果，从而在整体上避免社会资源的浪费。因此，基于发挥侵权法预防功能的需要，停止侵害、消除危险、排除妨碍也纳入到了侵权责任承担方式体系中。

《环境保护法》第64条明确了“因污染环境和破坏生态造成损害的，应当依照原《侵权责任法》的有关规定承担侵权责任”，即对具有损害社会公共利益重大风险，可能污染环境、破坏生态的行为，为防止生态环境损害的发生和扩大，可请求侵权人承担停止侵害、排除妨碍、消除危险等侵权责任。

在环境公益诉讼中，唯有允许各种责任形式综合运用，才能最有效地保护环境公共利益。

就该指导案例而言，作为公益诉讼起诉人的自然之友已经举证证明案涉水电站若继续建设，势必导致国家Ⅰ级重点保护动物绿孔雀和国家Ⅰ级重点保护植物陈氏苏铁生存的环境被淹没，该区域的生物多样性和遗传资源将遭受巨大且不可逆转的损害。为此，为切实贯彻落实习近平总书记“共抓大保护、不搞大开发”重要指示精神，坚持环境保护法预防为主的原则，法院在该案依法判定新平公司停止基于现有环境影响评价下的水电站建设项目，责令完善相关手续，为长江流域生物多样性保护提供有力司法保障。

2. 如何判断是否属于具有“损害社会公共利益重大风险”行为？

最高人民法院《关于审理环境民事公益诉讼案件适用法律若干问题的解释》第1条明确了对损害社会公共利益或者具有损害社会公共利益重大风险的污染环境、破坏生态的行为可提起环境民事公益诉讼。针对已发生的损害社会公共利益的行为提起环境民事公益诉讼，这个不难理解，也是公益诉讼制度的题中应有之义。但针对尚未发生实际损害后果的行为即针对具有“损害社会公共利益重大风险”的行为提起环境民事公益诉讼，则需要解决“损害社会公共利益重大风险”的判断问题。

由于具有“损害社会公共利益重大风险”的污染环境、破坏生态的行为，由于尚未发生实际损害的后果，故实践中应从严把握。基于《环境保护法》的立法精神，其第63条规定的可处以行政拘留的4类情形（建设项目未依法进行环境影响评价，被责令停止建设，拒不执行的；违反法律规定，未取得排污许可证排放污染物，被责令停止排污，拒不执行的；通过暗管、渗井、渗坑、灌注或者篡改、伪造检测数据，或者不正常运行防治污染设施等逃避监管的方式违法排放污染物的；生产、使用国家明令禁止生产、使用的农药，被责令改正，拒不改正的），应视为具有损害社会公共利益重大风险的污染环境、破坏生态的行为。此外，超过污染物排放标准或重点污染物排放总量控制指标进行排放污染物的行为也应视为具有损害社会公共利益重大风险的行为。另需要注意，生产过程中并不存在违法排污污染环境、破坏生态行为但生产的产品在被消费过程中因产品质量有瑕疵或缺陷，对环境、生态造成危害的，也应认为属于具有损害社会公共利益重大风险的行为范畴。

093 指导案例174号

中国生物多样性保护与绿色发展基金会诉雅砻江流域水电开发有限公司生态环境保护民事公益诉讼案

项目建设可能破坏濒危野生植物生存环境，损害生态环境公共利益的，可判决采取预防性措施，将对濒危野生植物生存的影响纳入环境影响评价

（最高人民法院审判委员会讨论通过　2021年12月1日发布）

关键词：民事/生态环境保护民事公益诉讼/潜在风险/预防性措施濒危野生植物

裁判要点

人民法院审理环境民事公益诉讼案件，应当贯彻绿色发展理念和风险预防原则，根据现有证据和科学技术认为项目建成后可能对案涉地濒危野生植物生存环境造成破坏，存在影响其生存的潜在风险，从而损害生态环境公共利益的，可以判决被告采取预防性措施，将对濒危野生植物生存的影响纳入建设项目的环境影响评价，促进环境保护和经济发展的协调。

相关法条

《中华人民共和国环境保护法》（2014年4月24日修订）第5条

基本案情

雅砻江上的牙根梯级水电站由雅砻江流域水电开发有限公司（以下简称雅砻江公司）负责建设和管理，现处于项目预可研阶段，水电站及其辅助工程（公路等）尚未开工建设。

2013年9月2日发布的中国生物多样性红色名录中五小叶槭被评定为“极危”。2016年2月9日，五小叶槭列入《四川省重点保护植物名录》。

2018年8月10日，世界自然保护联盟在其红色名录中将五小叶槭评估为“极度濒危”。当时我国《国家重点保护野生植物名录》中无五小叶槭。2016年9月26日，四川省质量技术监督局发布《五小叶槭播种育苗技术规程》。案涉五小叶槭种群位于四川省雅江县麻郎措乡沃洛希村，当地林业部门已在就近的通乡公路堡坎上设立保护牌。

2006年6月，中国水电顾问集团成都勘测设计研究院（以下简称成勘院）完成《四川省雅砻江中游（两河口至卡拉河段）水电规划报告》，报告中将牙根梯级水电站列入规划，该规划报告于2006年8月通过了水电水利规划设计总院会同四川省发展改革委组织的审查。2008年12月，四川省人民政府以川府函〔2008〕368号文批复同意该规划。2010年3月，成勘院根据牙根梯级水库淹没区最新情况将原规划的牙根梯级调整为牙根一级（正常蓄水位2602m）、牙根二级（正常蓄水位2560m）两级开发，形成《四川省雅砻江两河口至牙根河段水电开发方案研究报告》，该报告于2010年8月经水电水利规划设计总院会同四川省发展改革委审查通过。

2013年1月6日、4月13日国家发展改革委办公厅批复：同意牙根二级水电站、牙根一级水电站开展前期工作。由雅砻江公司负责建设和管理，按照项目核准的有关规定，组织开展水电站的各项前期工作。待有关前期工作落实、具备核准条件后，再分别将牙根梯级水电站项目申请报告上报我委。对项目建设的意见，以我委对项目申请报告的核准意见为准。未经核准不得开工建设。

中国生物多样性保护与绿色发展基金会（以下简称绿发会）认为，雅江县麻郎措乡沃洛希村附近的五小叶槭种群是当今世界上残存最大的五小叶槭种群，是唯一还有自然繁衍能力的种群。牙根梯级水电站即将修建，根据五小叶槭雅江种群的分布区海拔高度和水电站水位高度对比数值，牙根梯级水电站以及配套的公路建设将直接威胁到五小叶槭的生存，对社会公共利益构成直接威胁，绿发会遂提起本案预防性公益诉讼。

裁判结果

四川省甘孜藏族自治州中级人民法院于2020年12月17日作出（2015）甘民初字第45号民事判决：一、被告雅砻江公司应当将五小叶槭的生存作为牙根梯级水电站项目可研阶段环境评价工作的重要内容，环境影响报告书经环境保护行政主管部门审批通过后，才能继续开展下一步的工作；二、原告绿发会为本案诉讼产生的必要费用4万元、合理的律师费1万元，合计5万元，上述款项在本院其他环境民事公益诉讼案件中判决被告承担的生态环境修复费用、生态环境受到损害至恢复原状期间服务功能损失费用等费用（环境公益诉讼资金）中支付（待本院有其他环境公益诉讼资金后执行）；三、驳回原告绿发会的其他诉讼请求。一审宣判后当事人未上诉，判决已发生法律效力。

裁判理由

法院生效裁判认为：我国是联合国《生物多样性公约》缔约国，应该遵守其约定。《生物多样性公约》中规定，我们在注意到生物多样性遭受严重减少或损失的威胁时，不应以缺乏充分的科学定论为理由，而推迟采取旨在避免或尽量减轻此种威胁的措施；各国有责任保护它自己的生物多样性并以可持久的方式使用它自己的生物资源；每一缔约国应尽可能并酌情采取适当程序，要求就其可能对生物多样性产生严重不利影响的拟议项目进行环境影响评估，以期避免或尽量减轻这种影响。因此，我国有保护生物多样性的义务。同时，《生物多样性公约》规定，认识到经济和社会发展以及根除贫困是发展中国家第一和压倒一切的优先事务。按照《中华人民共和国节约能源法》第四条“节约资源是我国的基本国策。国家实施节约与开发并举、把节约放在首位的能源发展战略”的规定和《中华人民共和国可再生能源法》第二条第一款“本法所称可再生能源，是指风能、太阳能、水能、生物质能、地热能、海洋能等非化石能源”的规定，可再生能源是我国重要的能源资源，在满足能源要求，改善能源结构，减少环境污染，促进经济发展等方面具有重要作用。而水能资源是最具规模开发效益、技术最成熟的可再生能源。因此开发建设水电站，将水能资源优势转化为经济优势，在国家有关部门的监管下，利用丰富的水能资源，合理开发水电符合我国国情。但是，我国水能资源蕴藏丰富的地区，往往也是自然环境良好、生态功能重要、生物物种丰富和地质条件脆弱的地区。根据《中华人民共和国环境保护法》《最高人民法院关于审理环境民事公益诉讼案件适用法律若干问题的解释》的相关规定，环境保护是我国的基本国策，并且环境保护应当坚持保护优先、预防为主的原则。预防原则要求在环境资源利用行为实施之前和实施之中，采取政治、法律、经济和行政等手段，防止环境利用行为导致环境污染或者生态破坏现象发生。它包括两层含义：一是运用已有的知识和经验，对开发和利用环境行为带来的可能的环境危害采取措施以避免危害的发生；二是在科学技术水平不确定的条件下，基于现实的科学知识评价风险，即对开发和利用环境的行为可能带来的尚未明确或者无法具体确定的环境危害进行事前预测、分析和评价，以促使开发决策避免可能造成的环境危害及其风险出现。因此，环境保护与经济发展的关系并不是完全对立的，而是相辅相成的，正确处理好保护与发展的关系，将生态优先的原则贯穿到水电规划开发的全过程，二者可以相互促进，达到经济和环境的协调发展。利用环境资源的行为如果造成环境污染、生态资源破坏，往往具有不可逆性，被污染的环境、被破坏的生态资源很多时候难以恢复，单纯事后的经济补偿不足以弥补对生态环境造成的损失，故对环境污染、生态破坏行为应注重防范于未然，才能真正实现环境保护的目的。

具体到本案中，鉴于五小叶槭在生物多样性红色名录中的等级及案涉牙根梯级水电站建成后可能存在对案涉地五小叶槭原生存环境造成破坏、影响其生存的潜在风险，可能损害社会公共利益。根据我国水电项目核准流程的规定，水电项目分为项目规划、项目预可研、项目可研、项目核准四个阶段，考虑到案涉牙根梯级水电站现处在项目预可研阶段，因此责令被告在项目可研阶段，加强对案涉五小叶槭的环境影响评价并履行法定审批手续后才能进行下一步的工作，尽可能避免出现危及野生五小叶槭生存的风险是必要和合理的。故绿发会作为符合条件的社会组织在牙根梯级水电站建设可能存在损害环境公共利益重大风险的情况下，提出"依法判令被告立即采取适当措施，确保不因雅砻江水电梯级开发计划的实施而破坏珍贵濒危野生植物五小叶槭的生存"的诉讼请求，于法有据，人民法院予以支持。

鉴于案涉水电站尚未开工建设，故绿发会提出"依法判令被告在采取的措施不足以消除对五小叶槭的生存威胁之前，暂停牙根梯级水电站及其辅助设施（含配套道路）的一切建设工程"的诉讼请求，无事实基础，人民法院不予支持。

（生效裁判审判人员：张梨、王彤、吴杰、姜莉、魏康清、薛斌、龚先彬）

【实务问答】

如何理解环境民事公益诉讼中的预防性责任承担方式?

虽然事后补救型的恢复性责任承担方式仍是环境侵权案件的主要方式，但涉及预防性责任承担方式的案件无疑将越来越值得重视。该指导案例作为全国首例针对珍稀野生植物的预防性公益诉讼案件，法院在该案中较好把握生态环境保护与经济发展的关系，将生态优先原则贯穿到水电规划开发的全过程，较好地采用预防性责任承担方式进行判决，在进行项目可行性研究时充分尊重五小叶槭的生存环境，依法判令被告“将五小叶槭的生存作为牙根梯级水电站项目可研阶段环境评价工作的重要内容，环境影响报告书经环境保护行政主管部门审批通过后，才能继续开展下一步的工作，并支付原告必要费用等”，避免了环境安全与效益价值的冲突。

就环境民事公益诉讼中的预防性责任承担方式而言，最高人民法院《关于审理环境民事公益诉讼案件适用法律若干问题的解释》第 19 条对此作出规定:“原告为防止生态环境损害的发生和扩大，请求被告停止侵害、排除妨碍、消除危险的，人民法院可以依法予以支持。原告为停止侵害、排除妨碍、消除危险采取合理预防、处置措施而发生的费用，请求被告承担的，人民法院可以依法予以支持。”从司法实践看，法院在环境侵权纠纷案件审理中的重赔偿损失轻排除危害的现象仍较为严重。为此，该条第 1 款明确了在环境民事公益诉讼中涉及的民事责任中预防性责任方式是首要的民事责任承担方式，以期强化对环境与生态损害的预防功能，更好维护环境与生态保护。该条第 2 款则进一步明确了因防止损害发生、扩大发生的合理费用属于预防性责任的内容，可由被告承担。上述费用包括但不限于应急处置费用。就应急处置费用而言，《环境损害鉴定评估推荐方法（第Ⅱ版)》明确应急处置费用是指突发环境事件应急处置期间，为减轻或消除对公共健康、公私财产和生态环境造成的危害，各级政府与相关单位针对可能或已经发生的突发环境事件而采取的行动和措施所发生的费用。而前述解释第 19 条第 2 款中规定的费用仅指原告采取预防、处置措施而产生的费用。

需要注意，前述解释第 19 条第 2 款除包括突发事故型环境侵权的类型，还包括因预防非突发状态下绝对违法型环境侵权和相对违法型环境侵权而产生的费用，及污染事故发生后的清理、处置污染物费用。绝对违法型环境侵权主要是指《环境保护法》第63条规定的行为和可能犯破坏环境资源保护罪的污染环境、破坏生态行为，具有显著的刑事、行政和民事违法性，如通过暗管、渗井、渗坑、灌注或者篡改、伪造监测数据等，相对违法型环境侵权主要指超标排放的行为。

094 指导案例175号

江苏省泰州市人民检察院诉王小朋等59人生态破坏民事公益诉讼案

明知捕捞非法的收购者仍与非法捕捞者建立固定买卖关系，共同损害生态资源的，应与捕捞者对共同实施侵权行为造成的生态资源损失承担连带赔偿责任

（最高人民法院审判委员会讨论通过　2021年12月1日发布）

关键词：民事/生态破坏民事公益诉讼/非法捕捞/共同侵权/生态资源损害赔偿

裁判要点

1. 当收购者明知其所收购的鱼苗系非法捕捞所得，仍与非法捕捞者建立固定买卖关系，形成完整利益链条，共同损害生态资源的，收购者应当与捕捞者对共同实施侵权行为造成的生态资源损失承担连带赔偿责任。

2. 侵权人使用禁用网具非法捕捞，在造成其捕捞的特定鱼类资源损失的同时，也破坏了相应区域其他水生生物资源，严重损害生物多样性的，应当承担包括特定鱼类资源损失和其他水生生物资源损失在内的生态资源损失赔偿责任。当生态资源损失难以确定时，人民法院应当结合生态破坏的范围和

程度、资源的稀缺性、恢复所需费用等因素，充分考量非法行为的方式破坏性、时间敏感性、地点特殊性等特点，并参考专家意见，综合作出判断。

相关法条

《中华人民共和国民法典》第1168条（本案适用的是自2010年7月1日起实施的《中华人民共和国侵权责任法》第8条）

《中华人民共和国环境保护法》（2014年4月24日修订）第64条

基本案情

长江鳗鱼苗是具有重要经济价值且禁止捕捞的水生动物苗种。2018年上半年，董瑞山等38人单独或共同在长江干流水域使用禁用渔具非法捕捞长江鳗鱼苗并出售谋利。王小朋等13人明知长江鳗鱼苗系非法捕捞所得，单独收购或者通过签订合伙协议、共同出资等方式建立收购鳗鱼苗的合伙组织，共同出资收购并统一对外出售，向高锦初等7人以及董瑞山等38人非法贩卖或捕捞人员收购鳗鱼苗116999条。秦利兵在明知王小朋等人向其出售的鳗鱼苗系在长江中非法捕捞所得的情况下，仍多次向王小朋等人收购鳗鱼苗40263条。

王小朋等人非法捕捞水产品罪、掩饰、隐瞒犯罪所得罪已经另案刑事生效判决予以认定。2019年7月15日，公益诉讼起诉人江苏省泰州市人民检察院以王小朋等59人实施非法捕捞、贩卖、收购长江鳗鱼苗行为，破坏长江生态资源，损害社会公共利益为由提起民事公益诉讼。

裁判结果

江苏省南京市中级人民法院于2019年10月24日作出（2019）苏01民初2005号民事判决：一、王小朋等13名非法收购者对其非法买卖鳗鱼苗所造成的生态资源损失连带赔偿人民币8589168元；二、其他收购者、捕捞者根据其参与非法买卖或捕捞的鳗鱼苗数量，承担相应赔偿责任或与直接收购者承担连带赔偿责任。王小朋等11名被告提出上诉，江苏省高级人民法院于2019年12月31日作出（2019）苏民终1734号民事判决：驳回上诉，维持原判。

裁判理由

法院生效裁判认为：

一、非法捕捞造成生态资源严重破坏，当销售是非法捕捞的唯一目的，且收购者与非法捕捞者形成了固定的买卖关系时，收购行为诱发了非法捕捞，共同损害了生态资源，收购者应当与捕捞者对共同实施的生态破坏行为造成的生态资源损失承担连带赔偿责任。

鳗鱼苗于2014年被世界自然保护联盟列为濒危物种，也属于江苏省重点保护鱼类。鳗鱼苗特征明显，无法直接食用，针对这一特定物种，没有大规模的收购，捕捞行为毫无价值。收购是非法捕捞鳗鱼苗实现获利的唯一渠道，缺乏收购行为，非法捕捞难以实现经济价值，也就不可能持续反复地实施，巨大的市场需求系引发非法捕捞和层层收购行为的主要原因。案涉收购鳗鱼苗行为具有日常性、经常性，在收购行为中形成高度组织化，每一个捕捞者和收购者对于自身在利益链条中所处的位置、作用以及通过非法捕捞、出售收购、加价出售、养殖出售不同方式获取利益的目的均有明确的认知。捕捞者使用网目极小的张网方式捕捞鳗鱼苗，收购者对于鳗鱼苗的体态特征充分了解，意味着其明知捕捞体态如此细小的鳗鱼苗必然使用有别于对自然生态中其他鱼类的捕捞方式，非法捕捞者于长江水生生物资源繁衍生殖的重要时段，尤其是禁渔期内，在长江干流水域采用“绝户网”大规模、多次非法捕捞长江鳗鱼苗，必将造成长江生态资源损失和生物多样性破坏，收购者与捕捞者存在放任长江鳗鱼资源及其他生态资源损害结果出现的故意。非法捕捞与收购已经形成了固定买卖关系和完整利益链条。这一链条中，相邻环节均从非法捕捞行为中获得利益，具有高度协同性，行为与长江生态资源损害结果之间具有法律上的因果关系，共同导致生态资源损害。预防非法捕捞行为，应从源头上彻底切断利益链条，让非法收购、贩卖鳗鱼苗的共同侵权者付出经济代价，与非法捕捞者在各自所涉的生态资源损失范围内对长江生态资源损害后果承担连带赔偿责任。

二、生态资源损失在无法准确统计时，应结合生态破坏的范围和程度、资源的稀缺性等因素，充分考量非法行为的方式破坏性、时间敏感性和地点特殊性，并参考专家意见，酌情作出判断。

综合考虑非法捕捞鳗鱼苗方式系采用网目极小的张网进行捕捞，加之捕捞时间的敏感性、捕捞频率的高强度性、捕捞地点的特殊性，不仅对鳗鱼种群的稳定造成严重威胁，还必然会造成对其他渔业生物的损害，进而破坏了长江生物资源的多样性，给长江生态资源带来极大的损害。依照《最高人民法院关于审理环境民事公益诉讼案件适用法律若干问题的解释》第二十三条的规定，综合考量非法捕捞鳗鱼苗对生态资源造成的实际损害，酌定以鳗鱼资源损失价值的2.5倍确定生态资源损失。主要依据有两点：

一是案涉非法捕捞鳗鱼苗方式的破坏性。捕捞者系采用网目极小的张网捕捞鳗鱼苗，所使用张网的网目尺寸违反了《农业部关于长江干流实施捕捞准用渔具和过渡渔具最小网目尺寸制度的通告》中不小于3毫米的规定，属于禁用网具。捕捞时必将对包括其他小型鱼类在内的水生物种造成误捕，严重破坏相应区域水生生物资源。案涉鳗鱼苗数量达116999条，捕捞次数多、捕捞网具多、捕捞区域大，必将对长江生态资源产生较大危害。

二是案涉非法捕捞鳗鱼苗的时间敏感性和地点特殊性。案涉的捕捞、收购行为主要发生于长江禁渔期，该时期系包括鳗鱼资源在内的长江水生生物资源繁衍生殖的重要时段。捕捞地点位于长江干流水域，系日本鳗鲡洄游通道，在洄游通道中对幼苗进行捕捞，使其脱离自然水体后被贩卖，不仅妨碍鳗鲡种群繁衍，且同时误捕其他渔获物，会导致其他水生生物减少，导致其他鱼类饵料不足，进而造成长江水域食物链相邻环节的破坏，进一步造成生物多样性损害。

考虑到生态资源的保护与被告生存发展权利之间的平衡，在确定生态损害赔偿责任款项时可以考虑被告退缴违法所得的情况，以及在被告确无履行能力的情况下，可以考虑采用劳务代偿的方式，如参加保护长江生态环境等公益性质的活动或者配合参与长江沿岸河道管理、加固、垃圾清理等方面的工作，折抵一定赔偿数额。

（生效裁判审判人员：刘建功、赵黎、臧静）

【实务问答】

长期收购者是否应与非法捕捞者承担连带赔偿责任？

按照《民法典》第1168条的规定，二人以上共同实施侵权行为，造成他人损害的，应当承担连带责任。就该指导案例言，判断长期收购者是否应与非法捕捞者就相应生态资源损害承担连带责任，需判断二者在相应范围内是否构成共同侵权。共同实施侵权行为中的“共同”主要包括三种情况：一是共同故意实施的行为；二是共同过失实施的行为；三是数个行为相结合而实施的行为造成他人的损害。该案中，长期存在购销关系，形成了相对稳定的购销渠道，二者已形成了固定买卖关系和完整利益链条。这一链条中，相邻环节均从非法捕捞行为中获得利益，具有高度协同性，行为与长江生态资源损害结果之间具有法律上的因果关系，共同导致生态资源损害。在此过程中，双方对自己及对方的身份是明知的，收购者的长期收购行为对非法捕捞者形成了心理支撑与稳定的销售渠道，推动了捕捞者长期损害生态资源的活动，属损害生态资源的原因之一。若缺乏长期收购者的收购行为，将对非法捕捞形成障碍，导致非法捕捞行为无法持续进行。因此，就损害生态资源后果而言，正是由于长期收购者与非法捕捞者的行为结合在一起共同发挥作用才能导致或者加强该结果的发生。据此，可认定长期收购者应与捕捞者对共同实施的生态破坏行为造成的生态资源损失承担连带赔偿责任。

此外，从裁判效果看，该指导案例对被告人适用共同承担连带赔偿责任也是非常必要的。若要从根本上预防非法捕捞行为，就需从源头上彻底切断非法利益的链条，让非法收购、贩卖鳗鱼苗的共同侵权者付出经济代价。将违法收购和贩卖者纳入连带赔偿责任范围既是必要的，也是公平的。通过该指导案例可以看出，在生态环境损害赔偿案件中，共同连带赔偿责任具有重要意义。

095 指导案例 176 号

湖南省益阳市人民检察院诉夏顺安等 15 人生态破坏民事公益诉讼案

破坏生态违法犯罪行为不仅需追究刑事责任，还需依法承担相应民事责任。非法采砂所致的生态环境损害，应根据水环境质量、河床结构等全面评估、合理认定

（最高人民法院审判委员会讨论通过 2021 年 12 月 1 日发布）

关键词：民事/生态破坏民事公益诉讼/生态环境修复/损害担责/全面赔偿/非法采砂

裁判要点

人民法院审理环境民事公益诉讼案件，应当贯彻损害担责、全面赔偿原则，对于破坏生态违法犯罪行为不仅要依法追究刑事责任，还要依法追究生态环境损害民事责任。认定非法采砂行为所导致的生态环境损害范围和损失时，应当根据水环境质量、河床结构、水源涵养、水生生物资源等方面的受损情况进行全面评估、合理认定。

相关法条

《中华人民共和国环境保护法》（2014年4月24日修订）第64条

基本案情

2016年6月至11月，夏顺安等人为牟取非法利益，分别驾驶九江采158号、湘沅江采1168号、江苏籍999号等采砂船至洞庭湖下塞湖区域非规划区非法采砂，非法获利2243.333万元。夏顺安等人的非法采砂行为构成非法采矿罪，被相关刑事生效判决予以认定。2019年7月，湖南省益阳市人民检察院提起民事公益诉讼，请求判令夏顺安等人对其非法采砂行为所造成的生态环境损害承担连带赔偿责任，并赔礼道歉。经湖南省环境保护科学研究院生态环境损害司法鉴定中心鉴定，夏顺安等15人非法采砂行为对非法采砂区域的生态环境造成的影响分为水环境质量受损、河床结构受损、水源涵养受损和水生生物资源受损，所造成生态环境影响的空间范围共计约9.9万平方米，其中造成的水生生物资源损失为2.653万元，修复水生生物资源受损和河床结构与水源涵养受损所需的费用分别为7.969万元和865.61万元，合计873.579万元。

裁判结果

湖南省益阳市中级人民法院于2020年6月8日作出（2019）湘09民初94号民事判决：一、夏顺安等15人私自开采国家矿产资源，其非法采砂行为严重破坏了采砂区域的生态环境，判决被告夏顺安对非法采砂造成的采砂水域河床原始结构、水源涵养量修复费用865.61万元、水生生物资源修复费用7.969万元，共计873.579万元生态环境修复费用承担赔偿责任；二、其他14名被告依据其具体侵权行为分别在824万元至3.8万元不等范围内承担连带责任；三、夏顺安等15人就非法采矿行为在国家级媒体公开赔礼道歉。被告王德贵提出上诉，湖南省高级人民法院于2020年12月29日作出（2020）湘民终1862号民事判决：驳回上诉，维持原判。

裁判理由

法院生效裁判认为：根据我国相关矿产资源法律法规的规定，开采矿产资源必须依法申请许可证，取得采矿权。夏顺安等15人在下塞湖区域挖取的砂石系国家矿产资源。根据沅江市砂石资源开采管理领导小组办公室证明、益阳市水务局《情况说明》、湘阴县河道砂石综合执法局证明、岳阳市河道砂石服务中心证明，并结合另案生效判决认定的事实及各被告当庭陈述，可证明被告未依法获得许可，私自开采国家矿产资源，应认定为非法采砂。

非法采砂行为不仅造成国家资源损失，还对生态环境造成损害，致使国家利益和社会公共利益遭受损失。矿产资源兼具经济属性和生态属性，不能仅重视矿产资源的经济价值保护，而忽视矿产资源生态价值救济。非法采砂违法犯罪行为不仅需要依法承担刑事责任，还要依法承担生态环境损害赔偿民事责任。应当按照谁污染谁治理、谁破坏谁担责的原则，依法追究非法采砂行为人的刑事、民事法律责任。

本案中，夏顺安等15人的非法采砂生态破坏行为，导致了洞庭湖生态系统的损害，具体包括丰富的鱼类、虾蟹类和螺蚌等软体动物生物资源的损失，并严重威胁洞庭湖河床的稳定性及防洪安全，破坏水生生物资源繁衍生存环境。为确保生态环境损害数额认定的科学性、全面性和合理性，人民法院委托具备资格的机构进行司法鉴定，通过对生态环境损害鉴定意见的司法审查，合理确定生态破坏行为所导致生态环境损害的赔偿数额。本案中，人民法院指导鉴定专家按照全面赔偿原则，对非法采砂行为所导致的采砂区域河床、水源涵养、生物栖息地、鱼虾生物资源、水环境质量等遭受的破坏进行全方位的鉴定，根据抽取砂土总量、膨胀系数、水中松散沙土的密度、含水比例，以及洞庭湖平均鱼类资源产量等指标量化了各类损失程度。被告虽主张公共利益受损与其无关联，但本案各被告当庭陈述均认可实施了采砂行为，根据另案生效判决认定的事实及审理查明的事实，各被告实施的采砂行为非法，且鉴定意见书明确了采砂行为造成生态环境受损，故认定被告的采砂行为破坏了生态环境资源。各被告未提交反驳证据推翻案涉鉴定意见，经审查，对鉴定意见载明的各项损失及修复费用予以确认。

根据《中华人民共和国环境保护法》第六十四条规定，因污染环境和破坏生态造成损害的，应当依照《中华人民共和国侵权责任法》的有关规定承担侵权责任。《中华人民共和国侵权责任法》第八条[①]规定，二人以上共同实施侵权行为，造成他人损害的，应当承担连带责任。《最高人民法院关于审理环境民事公益诉讼案件适用法律若干问题的解释》第二十条第二款规定，人民法院可以在判决被告修复生态环境的同时，确定被告不履行修复义务时应承担的生态环境修复费用；也可以直接判决被告承担生态环境修复费用。根据审理查明的事实并依据上述法律规定，夏顺安等15人在各自参与非法采砂数量范围内构成共同侵权，应在各自参与非法采砂数量范围内承担连带赔偿生态环境修复费用的民事责任。

（生效裁判审判人员：伍胜、闫伟、曾志燕）

【实务问答】

如何理解民事、行政、刑事责任的竞合及民事责任优先原则？

《民法典》第187条规定，民事主体因同一行为应当承担民事责任、行政责任和刑事责任的，承担行政责任或者刑事责任不影响承担民事责任；民事主体的财产不足以支付的，优先用于承担民事责任。

法律责任竞合，是指行为人的同一行为符合两个或两个以上不同性质的法律责任的构成要件，依法应当承担多种不同性质的法律责任制度。民事责任、行政责任、刑事责任虽是不同性质的法律责任，却可能因同一法律行为而产生。由于民事、行政、刑事责任属于不同性质的责任，立法目的及规范方式、程度均有不同，民事责任、行政责任、刑事责任一般情况下是可并存的，不应用其中一类代替另外一类。例如缺陷产品致害行为，既可能依《侵

① 《民法典》第1168条。

权责任法》（《民法典》）承担民事责任，还可能依《产品质量法》承担行政责任，构成犯罪的，甚至还需要依照刑法承担刑事责任。又如，本指导案例涉及的非法采砂行为，其不仅需要依法承担刑事责任，还要依法承担生态环境损害赔偿民事责任。《民法典》第187条前半部分即对此进行了明确。

需要注意，《民法典》第187条后半部分另规定了民事责任优先原则。一般情况下，民事、行政及刑事责任三者独立存在，并行不悖。但在某些情况下，责任主体的财产无法同时满足承担三类责任或其中两类责任时，此时将产生哪种责任优先适用的问题。而民事责任优先原则即是为了解决这一问题而确立的，如某企业的排放污水行为构成犯罪被判处罚金，同时在民事诉讼中另需赔偿因排污而受损的人的医疗费、农作物损失费。而该企业财产不足以同时支付对受害人的民事赔偿及刑事罚金时，此时民事赔偿责任应优先于罚金承担。关于民事责任优先原则的理解，还需注意以下几点：（1）民事责任的功能在于填补受到损害的民事主体的损失，与公法上的刑事责任和行政责任相比，受害人的损失填补在伦理上具有优先性。（2）刑事责任、行政责任的功能在于惩罚，并通过惩罚实现预防犯罪、维护行政管理秩序的目的。而民事责任的功能在于填补损失，通过填补损失实现民事主体之间权利义务的平衡。相较于民事责任的损失填补，刑事责任、行政责任具有其他选择性且其财产罚在急迫性上显然要弱于民事责任。（3）现代法治理念强调私权利的保护，强调公权力的根源源于私权利，在两者发生冲突时，私权利优先，是这一现代法治理念的体现。此外，关于民事责任优先的实现程序，当责任主体的责任财产不足以全部支付时，需在执行程序中作出制度安排。首先，在执行顺序上的，应坚持民事责任在先原则。其次，在民事责任的认定后于行政责任、刑事责任场合，如果民事责任因债务人无资产陷于执行不能时，应从之前已经执行的财产罚中予以扣除，用于赔偿债务人。

三、第三人撤销之诉

096 指导案例 148 号

高光诉三亚天通国际酒店有限公司、海南博超房地产开发有限公司等第三人撤销之诉案

针对已生效的公司对外诉讼裁判文书，股东不具有提起第三人撤销之诉的主体资格

（最高人民法院审判委员会讨论通过 2021 年 2 月 19 日发布）

关键词：民事／第三人撤销之诉／公司法人／股东／原告主体资格

裁判要点

公司股东对公司法人与他人之间的民事诉讼生效裁判不具有直接的利益关系，不符合民事诉讼法第五十六条规定的第三人条件，其以股东身份提起第三人撤销之诉的，人民法院不予受理。

相关法条

《中华人民共和国民事诉讼法》第 56 条①

基本案情

2005 年 11 月 3 日，高光和邹某某作为公司股东（发起人）发起成立海南博超房地产开发有限公司（以下简称博超公司），高光、邹某某出资比例各占 50%，邹某某任该公司执行董事、法定代表人。

2011 年 6 月 16 日，博超公司、三亚南海岸旅游服务有限公司（以下简称南海岸公司）、三亚天通国际酒店有限公司（以下简称天通公司）、北京天

① 《民事诉讼法》（2021 年修正）第 59 条。

时房地产开发有限公司（以下简称天时公司）四方共同签署了《协议书》，对位于海南省三亚市三亚湾海坡开发区的碧海华云酒店（现为天通国际酒店）的现状、投资额及酒店产权确认、酒店产权过户手续的办理、工程结算及结算资料的移交、违约责任等方面均作明确约定。2012年8月1日，天通公司以博超公司和南海岸公司为被告、天时公司为第三人向海南省高级人民法院提起合资、合作开发房地产合同纠纷之诉，提出碧海华云酒店（现为天通国际酒店）房屋所有权（含房屋占用范围内的土地使用权）归天通公司所有以及博超公司向天通公司支付违约金720万元等诉讼请求。海南省高级人民法院作出（2012）琼民一初字第3号民事判决，支持了天通公司的诉讼请求，判决作出后，各方当事人均未提出上诉。

2012年8月28日，高光以博超公司经营管理发生严重困难，继续存续将会使股东利益遭受重大损失为由起诉请求解散公司。2013年9月12日，海南省海口市中级人民法院作出（2013）海中法民二初字第5号民事判决，判决解散博超公司。博超公司不服该判决，提出上诉。2013年12月19日，海南省高级人民法院就该案作出（2013）琼民二终字第35号民事判决，判决驳回上诉，维持原判。2014年9月18日，海口市中级人民法院指定海南天皓律师事务所担任博超公司管理人，负责博超公司的清算。

2015年4月20日，博超公司管理人以天通公司、天时公司、南海岸公司为被告，向海南省高级人民法院起诉：请求确认博超公司于2011年6月16日签订的《协议书》无效，将位于海南省三亚市三亚湾路海坡度假区15370.84平方米的土地使用权及29851.55平方米的地上建筑物返还过户登记至博超公司管理人名下。海南省高级人民法院裁定驳回了博超公司管理人的起诉。诉讼过程中，天时公司、天通公司收到该案诉讼文书后与博超公司管理人联系并向其提供了（2012）琼民一初字第3号民事判决的复印件。高光遂据此向海南省高级人民法院就（2012）琼民一初字第3号民事判决提起本案第三人撤销之诉。

裁判结果

海南省高级人民法院于2016年8月23日作出（2015）琼民一初字第43号民事裁定书，驳回原告高光的起诉。高光不服，提起上诉。最高人民法院于2017年6月22日作出（2017）最高法民终63号民事裁定书，驳回上诉，维持原裁定。

裁判理由

最高人民法院认为：本案系高光针对已生效的海南省高级人民法院(2012)琼民一初字第3号民事判决而提起的第三人撤销之诉。第三人撤销之诉制度的设置功能，主要是为了保护受错误生效裁判损害的未参加原诉的第三人的合法权益。由于第三人本人以外的原因未能参加原诉，导致人民法院作出了错误裁判，在这种情形下，法律赋予本应参加原诉的第三人有权通过另诉的方式撤销原生效裁判。因此，提起第三人撤销之诉的主体必须符合本应作为第三人参加原诉的身份条件。本案中，高光不符合以第三人身份参加该案诉讼的条件。

1. 高光对（2012）琼民一初字第3号民事判决案件的诉讼标的没有独立请求权，不属于该案有独立请求权的第三人。有独立请求权的第三人，是指对当事人之间争议的诉讼标的，有权以独立的实体权利人的资格提出诉讼请求的主体。在（2012）琼民一初字第3号民事判决案件中，天通公司基于其与博超公司订立的《协议书》提出各项诉讼请求，海南省高级人民法院基于《协议书》的约定进行审理并作出判决。高光只是博超公司的股东之一，并不是《协议书》的合同当事人一方，其无权基于该协议约定提出诉讼请求。

2. 高光不属于（2012）琼民一初字第3号民事判决案件无独立请求权的第三人。无独立请求权的第三人，是指虽然对当事人双方的诉讼标的没有独立请求权，但案件处理结果同他有法律上的利害关系的主体。第三人同案件处理结果存在的法律上的利害关系，可能是直接的，也可能是间接的。本案中，（2012）琼民一初字第3号民事判决只确认了博超公司应承担的法律义务，未判决高光承担民事责任，故高光与（2012）琼民一初字第3号民事判决的处理结果并不存在直接的利害关系。关于是否存在间接利害关系的问题。通常来说，股东和公司之间系天然的利益共同体。公司股东对公司财产享有资产收益权，公司的对外交易活动、民事诉讼的胜败结果一般都会影响到公司的资产情况，从而间接影响到股东的收益权利。从这个角度看，股东与公司进行的民事诉讼的处理结果具有法律上的间接利害关系。但是，由于公司利益和股东利益具有一致性，公司对外活动应推定为股东整体意志的体现，公司在诉讼活动中的主张也应认定为代表股东的整体利益。因此，虽然公司诉讼的处理结果会间接影响到股东的利益，但股东的利益和意见已经在诉讼过程中由公司所代表和表达，则不应再追加股东作为第三人参加诉讼。本案中，虽然高光是博超公司的股东，但博超公司与南海岸公司、天时公司、天通公司的诉讼活动中，股东的意见已为博超公司所代表，则作为股东的高光不应再以无独立请求权的第三人身份参加该案诉讼。至于不同股东之间的分歧所导致的利益冲突，应由股东与股东之间、股东与公司之间依法另行处理。

（生效裁判审判人员：王毓莹、曹刚、钱小红）

【实务问答】

1. 现行法律对第三人撤销之诉有何规定？

民事审判程序具有相对性，即其一般在当事人双方之间进行，存在当事人恶意诉讼损害第三人利益的可能，也存在当事人并无恶意但影响第三人利益的情况。为此，审判过程中赋予第三人参加诉讼和行使诉权及对抗损害其利益的生效判决的权利，以实现对第三人诉讼权利和实体权利的有效保护。在民事诉讼领域，可考虑的途径有三条：一是第三人提起新的诉讼。二是第三人依照审判监督程序提起再审。三是设立第三人撤销之诉，允许未参加诉讼而又与该诉讼结果有利害关系的第三人为维护自己的合法权益，向法院提起的要求撤销他人之间判决的诉讼程序。《民事诉讼法》2012 年修正时即在原有第三人制度的基础上，通过第 56 条规定了第三人撤销之诉，2017 年民事诉讼法修正时被保留。该条第 3 款规定，第三人因不能归责于本人的事由未参加诉讼，针对诉讼双方当事人之间生效的判决对其产生的不利效果，可以向法院主张将生效判决对其不利部分予以撤销的请求。提起第三人撤销之诉的条件包括：（1）管辖上，应向有管辖权的法院提起。有管辖权的法院应该为作出原审判决的法院。（2）主体上，应同时具备以下两个要件：一是非原审的诉讼当事人，即原审原告和被告之外的与案件有法律上的利害关系的人，包括该条第 1 款和第 2 款规定的有独立请求权的第三人和无独立请求权的第三人；二是因为不能归责于本人的事由未能参加原案件的审理活动，并且不曾有他人代理诉讼活动。所谓“不能归责于本人的事由”，即未能参加原案件的诉讼活动不是因为自身故意或者过失原因，而是由于不可归责于己的正当理由。(3)客体上，应针对已发生法律效力的判决。(4)诉由上，第三人有证据证明发生法律效力的判决、裁定、调解书部分或全部内容错误(主要是指实体性内容错误)，且损害了其民事权益。(5)时间上，第三人撤销之诉应自其知道或应当知道其民事权益受到损害之日起6个月内提起。

此外，关于第三人撤销之诉的效力，包括程序上和实体上两方面。程序方面，受诉法院经审查，认为不符合法律规定的条件，则驳回；认为符合法律规定的，予以受理并启动第三人撤销之诉程序。实体方面，一般认为，第三人撤销之诉并不具有中止执行的效力，只有在原判决执行确有可能导致第三人继续受到损害，且第三人提供担保的情形下可裁定中止原判决的执行。经法院审理，认为第三人的诉讼请求成立，应改变或撤销原判决、裁定、调解书。若第三人提出的诉讼请求只涉及原判决的部分，即对判决涉及第三人利益的部分予以撤销或改判，判决其他部分仍对原审诉讼当事人具有拘束力。

2. 主体为“民事诉讼上的第三人”是否系第三人撤销之诉的条件?

民事诉讼中的第三人，即《民事诉讼法》第59条规定的第三人，是指对当事人争议的诉讼标的具有独立的请求权，或者虽无独立的请求权，但同案件处理结果有法律上的利害关系，从而参加到他人已开始的诉讼中去的人。简言之，即有独立请求权的第三人和无独立请求权的第三人。《民事诉讼法》第59条第3款规定的第三人撤销之诉中的第三人，即限定在有独立请求权的第三人和无独立请求权的第三人范围内。换言之，提起第三人撤销之诉的主体必须符合本应作为第三人参加原诉的身份条件。

首先是有独立请求权的第三人。其是指认为自己对原告、被告争议的诉讼标的有独立的请求权，因而参加到已开始的诉讼中来的人。有独立请求权的第三人参加他人诉讼的依据，是对原告、被告争议的诉讼标的主张独立的请求权，这个实体请求权可以是全部请求权，也可以是部分请求权。有独立请求权的第三人参加诉讼，既不同意原告的诉讼请求，也不同意被告的诉讼请求，因为不论原告胜诉还是被告胜诉，都将损害他的民事权利，他以独立的实体权利人的资格，向法院提起了一个新的诉讼。其地位实际上是原告，本诉的原告、被告则是他的被告。

其次是无独立请求权的第三人。其是指对他人之间争议的诉讼标的虽然没有独立的请求权，但案件的最后处理结果与其有法律上的利害关系，因而参加到诉讼中的人。无独立请求权的第三人参加诉讼是为了维护自己的合法权益，避免法院判决对自己造成不利。需要注意的是，无独立请求权的第三人不是完全独立的诉讼当事人，不具有与当事人相同的诉讼地位，其没有权利向原告和被告提出独立的诉讼请求，而是辅助一方当事人对抗另一方当事人。因此，无独立请求权的第三人在诉讼中，无权承认、放弃或者变更诉讼请求，也无权请求和解和申请执行。但是，无独立请求权的第三人同诉讼结果有法律上的利害关系，诉讼可能涉及他的实体权利，因而有权参加诉讼。法院如判决他承担民事责任，他即有当事人的诉讼权利义务。无独立请求权的第三人参加诉讼，须满足以下条件：（1）与案件处理结果有法律上的利害关系。利害关系，是指无独立请求权的第三人的实体权利义务将受原告和被告之间诉讼结果的影响。（2）诉讼正在进行。时间是从被告应诉起，到诉讼审理终结止，与有独立请求权的第三人相同。（3）申请参加诉讼或由法院通知其参加诉讼。

本指导案例中，高光既不符合以有独立请求权第三人身份参加该案诉讼的条件，也不符合以无独立请求权第三人身份参加该案诉讼的条件，即不属第三人撤销之诉的主体范围，其申请应予驳回。

097 指导案例 149 号

长沙广大建筑装饰有限公司诉中国工商银行股份有限公司广州粤秀支行、林传武、长沙广大建筑装饰有限公司广州分公司等第三人撤销之诉案

分支机构以自己名义从事民事活动并独立参加民事诉讼，法院判其对外承担民事责任，公司法人不具有对该生效裁判提起第三人撤销之诉的资格

（最高人民法院审判委员会讨论通过　2021 年 2 月 19 日发布）

关键词：民事／第三人撤销之诉／公司法人／分支机构／原告主体资格

裁判要点

公司法人的分支机构以自己的名义从事民事活动，并独立参加民事诉讼，人民法院判决分支机构对外承担民事责任，公司法人对该生效裁判提起第三人撤销之诉的，其不符合民事诉讼法第五十六条规定的第三人条件，人民法院不予受理。

相关法条

《中华人民共和国民事诉讼法》第56条①

《中华人民共和国民法总则》第74条第2款②

基本案情

2011年7月12日，林传武与中国工商银行股份有限公司广州粤秀支行（以下简称工商银行粤秀支行）签订《个人借款/担保合同》。长沙广大建筑装饰有限公司广州分公司（以下简称长沙广大广州分公司）出具《担保函》，为林传武在工商银行粤秀支行的贷款提供连带责任保证。后因林传武欠付款项，工商银行粤秀支行向法院起诉林传武、长沙广大广州分公司等，请求林传武偿还欠款本息，长沙广大广州分公司承担连带清偿责任。此案经广东省广州市天河区人民法院一审、广州市中级人民法院二审，判令林传武清偿欠付本金及利息等，其中一项为判令长沙广大广州分公司对林传武的债务承担连带清偿责任。

2017年，长沙广大建筑装饰有限公司（以下简称长沙广大公司）向广州市中级人民法院提起第三人撤销之诉，以生效判决没有将长沙广大公司列为共同被告参与诉讼，并错误认定《担保函》性质，导致长沙广大公司无法主张权利，请求撤销广州市中级人民法院作出的（2016）粤01民终第15617号民事判决。

裁判结果

广州市中级人民法院于2017年12月4日作出（2017）粤01民撤10号民事裁定：驳回原告长沙广大建筑装饰有限公司的起诉。宣判后，长沙广大

① 《民事诉讼法》（2021年修正）第59条。

② 《民法典》第74条第2款。

建筑装饰有限公司提起上诉。广东省高级人民法院于2018年6月22日作出（2018）粤民终1151号民事裁定：驳回上诉，维持原裁定。

裁判理由

法院生效裁判认为：民事诉讼法第五十六条规定："对当事人双方的诉讼标的，第三人认为有独立请求权的，有权提起诉讼。对当事人双方的诉讼标的，第三人虽然没有独立请求权，但案件处理结果同他有法律上的利害关系的，可以申请参加诉讼，或者由人民法院通知他参加诉讼。人民法院判决承担民事责任的第三人，有当事人的诉讼权利义务。前两款规定的第三人，因不能归责于本人的事由未参加诉讼，但有证据证明发生法律效力的判决、裁定、调解书的部分或者全部内容错误，损害其民事权益的，可以自知道或者应当知道其民事权益受到损害之日起六个月内，向作出该判决、裁定、调解书的人民法院提起诉讼。……"依据上述法律规定，提起第三人撤销之诉的"第三人"是指有独立请求权的第三人，或者案件处理结果同他有法律上的利害关系的无独立请求权第三人，但不包括当事人双方。在已经生效的（2016）粤01民终15617号案件中，被告长沙广大广州分公司系长沙广大公司的分支机构，不是法人，但其依法设立并领取工商营业执照，具有一定的运营资金和在核准的经营范围内经营业务的行为能力。根据民法总则第七十四条第二款"分支机构以自己的名义从事民事活动，产生的民事责任由法人承担；也可以先以该分支机构管理的财产承担，不足以承担的，由法人承担。"的规定，长沙广大公司在（2016）粤01民终15617号案件中，属于承担民事责任的当事人，其诉讼地位不是民事诉讼法第五十六条规定的第三人。因此，长沙广大公司以第三人的主体身份提出本案诉讼不符合第三人撤销之诉的法定适用条件。

（生效裁判审判人员：江萍、苏大清、王晓琴）

【实务问答】

1. 提起第三人撤销之诉的主体范围是否包括双方当事人？

如第148号指导案例【实务问答】第1点所言，第三人撤销之诉的提起主体并不包括原审的诉讼当事人，即原审原告和被告不能提起第三人撤销之诉。这一结论无论从第三人撤销之诉中“第三人”的文义解释上而言还是从该制度设立的法理上而言，均不难理解。即如前一案例及本指导案例所言，提起第三人撤销之诉的“第三人”范围是明确的，包括有独立请求权的第三人和与案件处理结果有法律上的利害关系的无独立请求权第三人，并不包括双方当事人。

2. 被遗漏的必须共同参加诉讼的当事人能否提起第三人撤销之诉？

《民事诉讼法》第 55 条规定了共同诉讼制度，1992 年最高人民法院《关于适用〈中华人民共和国民事诉讼法〉若干问题的意见》（以下简称《92 年意见》，已失效）按照诉讼标的又划分为必要的共同诉讼和普通的共同诉讼。《民事诉讼法》第 135 条又进一步规定：“必须共同进行诉讼的当事人没有参加诉讼的，人民法院应当通知其参加诉讼。”这里明确了必须共同参加诉讼的当事人的概念。《民事诉讼法》规定第三人撤销之诉制度后，《中华人民共和国民事诉讼法释义》一书曾明确提出，第三人提起撤销之诉的撤销事由包括原诉遗漏了必要共同诉讼当事人损害其利益的情形。在《民诉法解释》起草过程中，对原诉遗漏的必要共同诉讼当事人是否可以提起第三人撤销之诉的问题有不同的意见。经研究，司法解释规定的可以提起第三人撤销之诉的第三人，并不包括必要共同诉讼当事人。理由包括：（1）必要共同诉讼当事人的诉讼地位，只能是当事人，而不可能是第三人，即使其未参加原诉讼，符合广义的案外人的概念，但也不符合《民事诉讼法》第 59 条前两款规定的第三人范围。（2）《民事诉讼法》第 207 条第 8 项规定，应当参加诉讼的当事人因不能归责于本人或者其诉讼代理人的事由未参加诉讼的，可以作为当事人申请再审的事由。换言之，应参加诉讼的当事人因不能归责于其本人或者其诉讼代理人的事由未参加诉讼的，可通过再审方式进行救济。而此处所说的应当参加诉讼的当事人，是指《民事诉讼法》第 135 条规定的必须参加诉讼的当事人，其意与必要共同诉讼当事人相同。

另外需要指出的是，《民事诉讼法》及其司法解释中规定的各种共同诉讼人，并非都是指必要共同诉讼当事人。其第 135 条规定的必须参加诉讼的当事人，才是真正的必要共同诉讼当事人，即只有所有共同诉讼人都参加诉讼，作为共同原告或共同被告，才是符合法定的诉讼条件的诉讼。除了诉讼标的同一的要件外，共同诉讼人之间具有不可替代或者分割的法律关系，实践中经常作为必要共同诉讼人对待的连带责任人，因其各别独立地承担全部责任，并不属于必要共同诉讼人。如果原告同时起诉了连带责任人的，也为共同诉讼，但一般称为类似的必要共同诉讼。从实践中看，典型的必要共同诉讼有：遗产分割前各继承人为一方的诉讼，第三人撤销合同诉讼，第三人主张合同无效的诉讼，第三人主张婚姻无效的诉讼等。这些诉讼中的当事人都是必须要参加诉讼的。至于遗漏的必要共同诉讼当事人的权利保护，《民诉法解释》规定了申请再审的途径。从这一角度而言，其也没有借助第三人撤销之诉“保障权利”的必要了。

098 指导案例 150 号

中国民生银行股份有限公司温州分行诉浙江山口建筑工程有限公司、青田依利高鞋业有限公司第三人撤销之诉案

抵押权的实现因建设工程价款优先受偿权的有无及范围大小受影响的，抵押权人对确认建设工程价款优先受偿权的生效裁判具有提起第三人撤销之诉的资格

有章

（最高人民法院审判委员会讨论通过　2021 年 2 月 19 日发布）

关键词：民事/第三人撤销之诉/建设工程价款优先受偿权/抵押权/原告主体资格

裁判要点

建设工程价款优先受偿权与抵押权指向同一标的物，抵押权的实现因建设工程价款优先受偿权的有无以及范围大小受到影响的，应当认定抵押权的实现同建设工程价款优先受偿权案件的处理结果有法律上的利害关系，抵押权人对确认建设工程价款优先受偿权的生效裁判具有提起第三人撤销之诉的

原告主体资格。

相关法条

《中华人民共和国民事诉讼法》第56条①

基本案情

中国民生银行股份有限公司温州分行（以下简称温州民生银行）因与青田依利高鞋业有限公司（以下简称青田依利高鞋业公司）、浙江依利高鞋业有限公司等金融借款合同纠纷一案诉至浙江省温州市中级人民法院（以下简称温州中院），温州中院判令：一、浙江依利高鞋业有限公司于判决生效之日起十日内偿还温州民生银行借款本金5690万元及期内利息、期内利息复利、逾期利息；二、如浙江依利高鞋业有限公司未在上述第一项确定的期限内履行还款义务，温州民生银行有权以拍卖、变卖被告青田依利高鞋业公司提供抵押的坐落于青田县船寮镇赤岩工业区房产及工业用地的所得价款优先受偿……。上述判决生效后，因该案各被告未在判决确定的期限内履行义务，温州民生银行向温州中院申请强制执行。

在执行过程中，温州民生银行于2017年2月28日获悉，浙江省青田县人民法院向温州中院发出编号为（2016）浙1121执2877号的《参与执行分配函》，以（2016）浙1121民初1800号民事判决为依据，要求温州中院将该判决确认的浙江山口建筑工程有限公司（以下简称山口建筑公司）对青田依利高鞋业公司享有的559.3万元建设工程款债权优先于抵押权和其他债权受偿，对坐落于青田县船寮镇赤岩工业区建设工程项目折价或拍卖所得价款优先受偿。

温州民生银行认为案涉建设工程于2011年10月21日竣工验收合格，但山口建筑公司直至2016年4月20日才向法院主张优先受偿权，显然已超过了六个月的期限，故请求撤销（2016）浙1121民初1800号民事判决，并确认山口建筑公司就案涉建设工程项目折价、拍卖或变卖所得价款不享有优先受偿权。

裁判结果

浙江省云和县人民法院于2017年12月25日作出（2017）浙1125民撤1

① 《民事诉讼法》（2021年修正）第59条。

号民事判决：一、撤销浙江省青田县人民法院（2016）浙1121民初1800号民事判决书第一项；二、驳回原告中国民生银行股份有限公司温州分行的其他诉讼请求。一审宣判后，浙江山口建筑工程有限公司不服，向浙江省丽水市中级人民法院提起上诉。丽水市中级人民法院于2018年4月25日作出（2018）浙11民终446号民事判决书，判决驳回上诉，维持原判。浙江山口建筑工程有限公司不服，向浙江省高级人民法院申请再审。浙江省高级人民法院于2018年12月14日作出（2018）浙民申3524号民事裁定书，驳回浙江山口建筑工程有限公司的再审申请。

裁判理由

法院生效裁判认为：第三人撤销之诉的审理对象是原案生效裁判，为保障生效裁判的权威性和稳定性，第三人撤销之诉的立案审查相比一般民事案件更加严格。正如山口建筑公司所称，《最高人民法院关于适用〈中华人民共和国民事诉讼法〉的解释》第二百九十二条①规定，第三人提起撤销之诉的，应当提供存在发生法律效力的判决、裁定、调解书的全部或者部分内容错误情形的证据材料，即在受理阶段需对原生效裁判内容是否存在错误从证据材料角度进行一定限度的实质审查。但前述司法解释规定本质上仍是对第三人撤销之诉起诉条件的规定，起诉条件与最终实体判决的证据要求存在区别，前述司法解释规定并不意味着第三人在起诉时就要完成全部的举证义务，第三人在提起撤销之诉时应对原案判决可能存在错误并损害其民事权益的情形提供初步证据材料加以证明。温州民生银行提起撤销之诉时已经提供证据材料证明自己是同一标的物上的抵押权人，山口建筑公司依据原案生效判决第一项要求参与抵押物折价或者拍卖所得价款的分配将直接影响温州民生银行债权的优先受偿，而且山口建筑公司自案涉工程竣工验收至提起原案诉讼远远超过六个月期限，山口建筑公司主张在六个月内行使建设工程价款优先权时并未采取起诉、仲裁等具备公示效果的方式。因此，从起诉条件审查角度看，温州民生银行已经提供初步证据证明原案生效判决第一项内容可能存在错误并将损害其抵押权的实现。其提起诉讼要求撤销原案生效判决主文第一项符合法律规定的起诉条件。

（生效裁判审判人员：刘国华、谢静华、沈伟）

---

① 《民诉法解释》（2022年修正）第290条。

【实务问答】

1. 提起第三人撤销之诉的实体要件有哪些?

实践中，就第三人撤销之诉中的第三人所要符合的条件尤其是无独立请求权的第三人所要符合的条件而言，很难通过列举的方式进行明确。在确定提起第三人撤销之诉的主体资格时，除了要按照《民事诉讼法》第59条前两款规定判断外，还要结合该条第3款规定的实体要件来判断，即生效判决、裁定、调解书的内容是否损害到其民事权益。若没有，则不能提起第三人撤销之诉；若损害了其民事权益，再判断是否符合该条规定的第三人条件，符合的则属第三人撤销之诉的适格原告。实体要件方面，主要包括以下三个方面：

（1）撤销的对象是已发生法律效力的判决、裁定和调解书。即对正在审理过程中的案件或未生效的判决、裁定和调解书，不能提起第三人撤销之诉。

（2）有证据证明发生法律效力的裁判、裁定、调解书部分或全部内容错误。发生法律效力的判决、裁定、调解书内容错误，是指判决、裁定、调解书中的裁决事项有错误，主要包括事实认定和法律适用错误导致的实体处理错误，且应仅限于实体处理内容而不包括程序内容。此外，提起第三人撤销之诉时应提交证明生效判决、裁定、调解书内容错误的证据材料。第三人撤销之诉虽然被称为独立的诉讼，但其不同于普通的民事诉讼，其基本内容为撤销已经生效的裁判内容。因此，《民事诉讼法》第59条明确规定第三人要有证据证明生效裁判内容错误。其在提出诉讼请求外，还需要同时提交证明其主张事实的证据。但需要特别注意的是，起诉时提交的证据材料，不等同于经审理以后查证属实足以证明生效裁判内容错误的证据。提起第三人撤销之诉的第三人，法律虽然要求其起诉时提供相应的证据材料，但也并不要求在立案时即对这些证据材料查证属实。

（3）生效的判决、裁定、调解书的错误内容损害了第三人的民事权益。以生效的判决、裁定、调解书内容错误造成了第三人民事权益的损害，作为第三人提起撤销之诉的实体要件，这就要求生效的判决、裁定、调解书的内容与第三人民事权益损害之间要有因果关系。这一要件，指向的便是第三人与生效裁判内容应当有法律上的利害关系。而此处所谓的“民事权益”，包括生命权、健康权、姓名权、名誉权、荣誉权、肖像权、隐私权、婚姻自主权、监护权、所有权、用益物权、担保物权、著作权、专利权、商标专用权、发现权、股权、继承权等人身、财产权益。对于普通债权，一般不适用第三人撤销之诉，但法律明确规定给予特别保护的债权，可适用第三人撤销之诉：一是法律规定的享有法定优先权的债权，如建设工程价款优先权和船舶优先权；二是法律明确规定享有法定撤销权的债权，如债权人的撤销权和破产债权撤销权。

2. 允许抵押权人对确认建设工程价款优先受偿权的生效裁判等提起第三人撤销之诉的理由是什么?

房屋等不动产的抵押权人对该建设工程承包人与发包人之间有关建设工程价款优先受偿权的案件，具有提起第三人撤销之诉的主体资格。工程承包人的优先受偿权优于抵押权和其他债权，而建设工程价款优先受偿权的行使有时间和范围的限制，不能任由建设工程施工合同当事人自由约定。建筑工程竣工验收办理房屋产权登记并设立抵押后，抵押权人对其享有优先权且优先于普通金钱债权。若建设工程承包人与发包人之间发生有关建设工程价款优先受偿权的诉讼，而抵押物价值又不足以同时覆盖二者，由于建设工程价款优先受偿权优于抵押权，建设工程价款优先受偿权的错误确认判决将导致不享有优先受偿权的建设工程价款（普通金钱债权）优先于抵押权获得清偿，无疑将损害抵押权人合法利益。因而可知，建筑物抵押权人对建设工程承包人与发包人之间确认建设工程价款优先受偿权等诉讼，具有法律上的利害关系，在满足上面第1部分所述其他条件的基础上，其具备提起第三人撤销之诉的主体资格。就本指导案例而言，温州民生银行提起撤销之诉时已经提供证据材料证明自己是同一标的物上的抵押权人，山口建筑公司参与分配将直接影响温州民生银行债权的优先受偿。从起诉条件审查角度看，温州民生银行已经提供初步证据证明原案生效判决第一项内容可能存在错误并将损害其抵押权的实现。因而，其提起诉讼要求撤销原案生效判决主文第一项符合法律规定的起诉条件。

099 指导案例151号

台州德力奥汽车部件制造有限公司诉浙江建环机械有限公司管理人浙江安天律师事务所、中国光大银行股份有限公司台州温岭支行第三人撤销之诉案

破产管理人对付款银行在法院受理出票人破产申请前6个月内划扣票款的行为请求撤销并获法院支持的，汇票保证人对此具有提起第三人撤销之诉的资格

（最高人民法院审判委员会讨论通过 2021年2月19日发布）

关键词：民事/第三人撤销之诉/破产程序/个别清偿行为/原告主体资格

裁判要点

在银行承兑汇票的出票人进入破产程序后，对付款银行于法院受理破产申请前六个月内从出票人还款账户划扣票款的行为，破产管理人提起请求撤销个别清偿行为之诉，法院判决予以支持的，汇票的保证人与该生效判决具有法律上的利害关系，具有提起第三人撤销之诉的原告主体资格。

相关法条

《中华人民共和国民事诉讼法》第56条①

基本案情

2014年3月21日，中国光大银行股份有限公司台州温岭支行（以下简称光大银行温岭支行）分别与浙江建环机械有限公司（以下简称建环公司）、台州德力奥汽车部件制造有限公司（以下简称德力奥公司）等签订《综合授信协议》《最高额保证合同》，约定光大银行温岭支行在2014年4月1日至

① 《民事诉讼法》（2021年修正）第59条。

2015年3月31日期间向建环公司提供最高额520万元的授信额度，德力奥公司等为该授信协议项下最高本金余额520万元提供连带责任保证。2014年4月2日，光大银行温岭支行与建环公司签订《银行承兑协议》，建环公司提供50%保证金（260万元），光大银行温岭支行向建环公司出具承兑汇票520万元，汇票到期日为2014年10月2日。2014年10月2日，陈某1将260万元汇至陈某2兴业银行的账户，然后陈某2将260万元汇至其在光大银行温岭支行的账户，再由陈某2将260万元汇至建环公司在光大银行温岭支行的还款账户。2014年10月8日，光大银行温岭支行在建环公司的上述账户内扣划2563430.83元，并陆续支付持票人承兑汇票票款共37笔，合计520万元。

2015年1月4日，浙江省玉环县人民法院受理建环公司的破产重整申请，并指定浙江安天律师事务所担任管理人（以下简称建环公司管理人）。因重整不成，浙江省玉环县人民法院裁定终结建环公司的重整程序并宣告其破产清算。2016年10月13日，建环公司管理人提起请求撤销个别清偿行为之诉，浙江省玉环县人民法院于2017年1月10日作出（2016）浙1021民初7201号民事判决，判令光大银行温岭支行返还建环公司管理人2563430.83元及利息损失。光大银行温岭支行不服提起上诉，浙江省台州市中级人民法院于2017年7月10日作出（2016）浙10民终360号二审判决：驳回上诉，维持原判。

2018年1月，光大银行温岭支行因保证合同纠纷一案将德力奥公司等诉至温岭市人民法院。原、被告均不服一审判决，上诉至台州市中级人民法院，二审判决德力奥公司等连带偿还光大银行温岭支行垫付款本金及利息等。

德力奥公司遂向台州市中级人民法院起诉撤销浙江省玉环县人民法院（2016）浙1021民初7201号民事判决第一项及台州市中级人民法院（2016）浙10民终360号民事判决。

裁判结果

台州市中级人民法院于2019年3月15日作出（2018）浙10民撤2号民事判决：驳回原告台州德力奥汽车部件制造有限公司的诉讼请求。台州德力奥汽车部件制造有限公司不服，上诉至浙江省高级人民法院。浙江省高级人民法院于2019年7月15日作出（2019）浙民终330号民事判决：一、撤销台州市中级人民法院（2018）浙10民撤2号民事判决；二、撤销台州市中级人民法院（2016）浙10民终360号民事判决和浙江省玉环县人民法院（2016）浙1021民初7201号民事判决第一项“限被告中国光大银行股份有限公司台州温岭支行于判决生效后一个月内返还原告浙江建环机械有限公司管理人浙江安天律师事务所人民币2563430.83元，并从2016年10月13日起按中国人民银行规定的同期同类贷款基准利率赔偿利息损失”；三、改判浙江省玉环县人民法院（2016）浙1021民初7201号民事判决第二项“驳回原告浙江建环机械有限公司管理人浙江安天律师事务所的其余诉讼请求”为“驳回原告浙江建环机械有限公司管理人浙江安天律师事务所的全部诉讼请求”；四、驳回台州德力奥汽车部件制造有限公司的其他诉讼请求。浙江建环机械有限公司管理人浙江安天律师事务所不服，向最高人民法院申请再审。最高人民法院于2020年5月27日作出（2020）最高法民申2033号民事裁定：驳回浙江建环机械有限公司管理人浙江安天律师事务所的再审申请。

裁判理由

最高人民法院认为：关于德力奥公司是否有权提起第三人撤销之诉的问题。若案涉汇票到期前建环公司未能依约将票款足额存入其在光大银行温岭支行的账户，基于票据无因性以及光大银行温岭支行作为银行承兑汇票的第一责任人，光大银行温岭支行须先行向持票人兑付票据金额，然后再向出票人（本案即建环公司）追偿，德力奥公司依约亦需承担连带偿付责任。由于案涉汇票到期前，建环公司依约将票款足额存入了其在光大银行温岭支行的账户，光大银行温岭支行向持票人兑付了票款，故不存在建环公司欠付光大银行温岭支行票款的问题，德力奥公司亦就无须承担连带偿付责任。但是，由于建环公司破产管理人针对建环公司在汇票到期前向其在光大银行温岭支行账户的汇款行为提起请求撤销个别清偿行为之诉，若建环公司破产管理人的诉求得到支持，德力奥公司作为建环公司申请光大银行温岭支行开具银行承兑汇票的保证人即要承担连带还款责任，故原案的处理结果与德力奥公司有法律上的利害关系，应当认定德力奥公司属于民事诉讼法第五十六条规定的无独立请求权第三人。

（生效裁判审判人员：贾清林、杨春、王成慧）

【实务问答】

1. 银行承兑汇票保证人能否提起第三人撤销之诉？

如指导案例150号“案例注解”所言，实践中，一般债权人不能提起第三人撤销之诉，除非债权人享有的债权是法律明确给予特殊保护的债权。而就本指导案例而言，德力奥公司作为银行承兑汇票保证人，属一般债权人，但在银行承兑汇票出票人进入破产程序后，银行承兑汇票保证人对出票人在法院受理破产申请前6个月内将票款足额存入银行指定账户的行为是否因被认定为对个别债权人进行清偿而被撤销，具有法律上的利害关系，属《民事诉讼法》第59条规定的无独立请求权第三人提起第三人撤销之诉的条件。因为一旦出票人的上述行为被认定为属于《企业破产法》第32条规定的对个别债权人进行清偿而被撤销，那么在出票人进入破产程序无法全额清偿承兑汇票项下对银行的债务时，保证人需要向银行承担还款义务。显然，保证人对上述行为的处理具有法律上的利害关系，应属无独立请求权第三人。因而，其有权提起第三人撤销之诉。

2. 承兑汇票到期前，出票人依约付款行为是否为个别清偿？

在银行承兑汇票法律关系中，承兑银行仅在出票人未能按约在到期日前将款项汇入指定账户，致其基于银行承兑在汇票到期日对持票人产生垫付责任后，才对出票人确定享有债权。在本指导案例中，光大银行温岭支行仅在建环公司未能按约在到期日前将款项汇入指定账户，导致其基于银行承兑在2014年10月2日汇票到期日对持票人产生垫付责任后，才确定对建环公司享有债权；且其债权的金额也取决于建环公司实际存入款项与约定需存入款项间的差额。在此之前，光大银行温岭支行并未产生垫付责任，其仅以银行承兑汇票形式对建环公司予以授信，并不对建环公司享有债权。而《企业破产法》第32条规定的对个别债权人进行清偿，是指在清偿行为发生时债权人已确定享有的特定债权。因而，建环公司2014年10月2日向其在光大银行温岭支行指定账户存入260万元的行为并不属对个别债权人进行清偿。建环公司根据银行承兑协议履行自身合同项下义务是双务合同中的正常履约行为。若将其行为认定为对个别债权人进行清偿，意味着签订银行承兑协议后，出票人的任何支付行为均可能因时间上符合法院受理破产申请前6个月内的情形而被认定为对个别债权人进行清偿情形进而被撤销，将导致银行拒绝以银行承兑汇票形式对企业予以授信、支持企业经营，有违《企业破产法》的立法目的。

100 指导案例152号

鞍山市中小企业信用担保中心诉汪薇、鲁金英第三人撤销之诉案

申请强制执行后，被执行人与他人通过诉讼中的调解放弃取回财产权利并大量减少债权，严重影响债权实现的，债权人对调解书可提起第三人撤销之诉

（最高人民法院审判委员会讨论通过 2021年2月19日发布）

关键词：民事／第三人撤销之诉／撤销权／原告主体资格

裁判要点

债权人申请强制执行后，被执行人与他人在另外的民事诉讼中达成调解协议，放弃其取回财产的权利，并大量减少债权，严重影响债权人债权实现，符合合同法第七十四条规定的债权人行使撤销权条件的，债权人对民事调解书具有提起第三人撤销之诉的原告主体资格。

相关法条

《中华人民共和国民事诉讼法》第56条①

《中华人民共和国合同法》第74条②

① 《民事诉讼法》（2021年修正）第59条。

② 《民法典》第538、539、540条。

基本案情

2008年12月，鞍山市中小企业信用担保中心（以下简称担保中心）与台安县农村信用合作社黄沙坨信用社（以下简称黄沙坨信用社）签订保证合同，为汪薇经营的鞍山金桥生猪良种繁育养殖厂（以下简称养殖厂）在该信用社的贷款提供连带责任担保。汪薇向担保中心出具一份个人连带责任保证书，为借款人的债务提供反担保。后因养殖厂及汪薇没有偿还贷款，担保中心于2010年4月向黄沙坨信用社支付代偿款2973197.54元。2012年担保中心以养殖厂、汪薇等为被告起诉至铁东区人民法院，要求养殖厂及汪薇等偿还代偿款。辽宁省鞍山市铁东区人民法院于2013年6月作出判决：（一）汪薇于该判决书生效之日起十五日内给付担保中心代偿银行欠款2973197.54元及银行利息；（二）张某某以其已办理的抵押房产对前款判项中的本金及利息承担抵押担保责任；（三）驳回担保中心的其他诉讼请求。该判决已经发生法律效力。

2010年12月汪薇将养殖厂转让给鲁金英，转让费450万元，约定合同签订后立即给付163万余元，余款于2011年12月1日全部给付。如鲁金英不能到期付款，养殖厂的所有资产仍归汪薇，首付款作违约金归汪薇所有。合同签订后，鲁金英支付了约定的首付款。汪薇将养殖厂交付鲁金英，但鲁金英未按约定支付剩余转让款。2014年1月，铁东区人民法院基于担保中心的申请，从鲁金英处执行其欠汪薇资产转让款30万元，将该款交给了担保中心。

汪薇于2013年11月起诉鲁金英，请求判令养殖厂的全部资产归其所有；鲁金英承担违约责任。辽宁省鞍山市中级人民法院经审理认为，汪薇与鲁金英签订的《资产转让合同书》合法有效，鲁金英未按合同约定期限支付余款构成违约。据此作出（2013）鞍民三初字第66号民事判决：（1）鲁金英将养殖厂的资产归还汪薇所有；（2）鲁金英赔偿汪薇实际损失及违约金1632573元。其中应扣除鲁金英代汪薇偿还的30万元，实际履行中由汪薇给付鲁金英30万元。鲁金英向辽宁省高级人民法院提起上诉。该案二审期间，汪薇和鲁金英自愿达成调解协议。辽宁省高级人民法院于2014年8月作出（2014）辽民二终字第00183号民事调解书予以确认。调解协议主要内容为养殖厂归鲁金英所有，双方同意将原转让款450万元变更为3132573元，鲁金英已给付汪薇1632573元，再给付150万元，不包括鲁金英已给付担保中心的30万元等。

鲁金英依据调解书向担保中心、执行法院申请回转已被执行的30万元，担保中心知悉汪薇和鲁金英买卖合同纠纷诉讼及调解书内容，随即提起本案第三人撤销之诉。

裁判结果

辽宁省高级人民法院于2017年5月23日作出（2016）辽民撤8号民事判决：一、撤销辽宁省高级人民法院（2014）辽民二终字第00183号民事调解书和鞍山市中级人民法院（2013）鞍民三初字第66号民事判决书；二、被告鲁金英于判决生效之日起十日内，将金桥生猪良种繁育养殖厂的资产归还被告汪薇所有；三、被告鲁金英已给付被告汪薇的首付款1632573元作为实际损失及违约金赔偿汪薇，但应从中扣除代替汪薇偿还担保中心的30万元，即实际履行中由汪薇给付鲁金英30万元。鲁金英不服，提起上诉。最高人民法院于2018年5月30日作出（2017）最高法民终626号民事判决：一、维持辽宁省高级人民法院（2016）辽民撤8号民事判决第一项；二、撤销辽宁省高级人民法院（2016）辽民撤8号民事判决第二项、第三项；三、驳回鞍山市中小企业信用担保中心的其他诉讼请求。

裁判理由

最高人民法院判决认为，本案中，虽然担保中心与汪薇之间基于贷款代偿形成的债权债务关系，与汪薇和鲁金英之间因转让养殖厂形成的买卖合同关系属两个不同法律关系，但是，汪薇系为创办养殖厂与担保中心形成案涉债权债务关系，与黄沙坨信用社签订借款合同的主体亦为养殖厂，故汪薇和鲁金英转让的养殖厂与担保中心对汪薇债权的形成存在关联关系。在汪薇与鲁金英因养殖厂转让发生纠纷提起诉讼时，担保中心对汪薇的债权已经生效民事判决确认并已进入执行程序。在该案诉讼及判决执行过程中，铁东区人民法院已裁定冻结了汪薇对养殖厂（投资人鲁金英）的到期债权。鲁金英亦已向铁东区人民法院确认其欠付汪薇转让款及数额，同意通过法院向担保中心履行，并已实际给付了30万元。铁东区人民法院也对养殖厂的相关财产予以查封冻结，并向养殖厂送达了协助执行通知书。故汪薇与鲁金英因养殖厂资产转让合同权利义务的变化与上述对汪薇财产的执行存在直接牵连关系，并可能影响担保中心的利益。合同法第七十四条①规定："债务人以明显不合理的低价转让财产，对债权人造成损害，并且受让人知道该情形的，债权人也可以请求人民法院撤销债务人的行为。"因本案汪薇和鲁金英系在诉讼中达成以3132573元交易价转让养殖厂的协议，该协议经人民法院作出（2014）辽民二终字第00183号民事调解书予以确认并已发生法律效力。在此情形下，担保中心认为汪薇与鲁金英该资产转让行为符合合同法第七十四条规定的情形，却无法依据合同法第七十四条规定另行提起诉讼行使撤销权。故本案担保中心与汪薇之间虽然属于债权债务关系，但基于担保中心对汪薇债权形成与汪薇转让的养殖厂之间的关联关系，法院对汪薇因养殖厂转让形成的到期债权在诉讼和执行程序中采取的保全和执行措施使得汪薇与鲁金英买卖合同纠纷案件处理结果对担保中心利益产生的影响，以及担保中心主张受损害的民事权益因（2014）辽民二终字第00183号民事调解书而存在根据合同法第七十四条提起撤销权诉讼障碍等本案基本事实，可以认定汪薇和鲁金英买卖合同纠纷案件处理结果与担保中心具有法律上的利害关系，担保中心有权提起本案第三人撤销之诉。

（生效裁判审判人员：董华、万挺、武建华）

【实务问答】

1. 现行法律对债权人撤销权有何规定？

《民法典》第538条规定，债务人以放弃其债权、放弃债权担保、无偿转让财产等方式无偿处分财产权益，或者恶意延长其到期债权的履行期限，影响债权人的债权实现的，债权人可以请求人民法院撤销债务人的行为。、第539条规定，债务人以明显不合理的低价转让财产、以明显不合理的高价受让他人财产或者为他人的债务提供担保，影响债权人的债权实现，债务人的相对人知道或者应当知道该情形的，债权人可以请求人民法院撤销债务人的行为。

债权人撤销权，是指当债务人无偿处分或以不合理的对价交易导致其财

① 《民法典》第538、539条。

产权益减少或责任财产负担不当加重，对债权人的债权实现有影响时，债权人可以请求人民法院撤销债务人所实施行为的一项民事权利。《民法典》第538、539条分别就债务人无偿处分、有偿（明显不合理低价卖出、明显不合理高价买入）处分下债权人的撤销权作了规定。需要注意，债权人撤销权本质上是一项实体权利，规定在实体法中，而第三人撤销之诉严格说来属程序性权利，规定在程序法中。另外需要注意的是，无偿处分下的债权人撤销权，不要求受让人善意，只要处分行为影响了债权人实现其债权，债权人即有权申请撤销。有偿处分下的债权人撤销权，增加了相对人为恶意的条件，即债务人处分行为的相对人知道或应当知道债务人的行为影响债权人的债权实现。此外，如何认定“影响债权人的债权实现”需要结合债权情况、债务人责任财产状况等在个案中具体判断，不可僵化理解。且不管债务人的行为是影响债权人的到期债权实现还是影响债权人的未到期债权将来实现的，债权人均可以行使撤销权。

2. 无法行使债权人撤销权的债权人，可否提起第三人撤销之诉？

《民事诉讼法》设立第三人撤销之诉制度，目的是保护受错误生效裁判损害，特别是受虚假诉讼损害的第三人的权益，使因不能归责于本人原因未参加诉讼的第三人，可以向人民法院提起诉讼、请求救济。特定情形下的债权人是否属于《民事诉讼法》第59条规定的第三人范围，决定其是否具有提起本案诉讼的主体资格。该条第2款规定，对当事人双方诉讼标的没有独立请求权，但案件处理结果同他有法律上的利害关系的，属于无独立请求权的第三人。可见，有法律上的利害关系是无独立请求权第三人的基本要素。本指导案例中，担保中心向法院提起诉讼，请求保护的民事权利系债权。因为债权具有相对性，所以在一般情况下，作为普通债权人的第三人不具有基于其债权提起第三人撤销之诉的事由。但根据原《合同法》第74条（《民法典》第538、539条）的规定，因债务人放弃其到期债权或者无偿转让财产，对债权人造成损害的，债权人可以请求人民法院撤销债务人的行为。债务人以明显不合理的低价转让财产，对债权人造成损害，并且受让人知道该情形的，债权人也可以请求人民法院撤销债务人的行为。由是，若生效法律文书所确认的债务人的相关财产处分行为符合原《合同法》第74条（《民法典》

第538、539条）所规定的债权人撤销权条件，则依法享有撤销权的债权人就与该生效裁判案件的处理结果具有法律上的利害关系，也就具备了以无独立请求权第三人的身份提起第三人撤销之诉的原告主体资格。本指导案例中，法院对汪薇因养殖场转让形成的到期债权在诉讼和执行程序中采取的保全和执行措施使汪薇与鲁金英买卖合同纠纷案件处理结果对担保中心利益产生影响，且担保中心主张受损害的民事权益因（2014）辽民二终字第00183号民事调解书而存在根据原《合同法》第74条提起撤销权诉讼存在障碍的事实，可认定汪薇和鲁金英买卖合同纠纷案件处理结果与担保中心具有法律上的利害关系，担保中心有权提起第三人撤销之诉。

101 指导案例153号

永安市燕诚房地产开发有限公司诉郑耀南、远东（厦门）房地产发展有限公司等第三人撤销之诉案

债权人对确认债务人处分财产行为的生效裁判提起第三人撤销之诉，提起诉讼期间自出现影响债权人债权实现情形时开始计算

有章

（最高人民法院审判委员会讨论通过　2021年2月19日发布）

关键词：民事／第三人撤销之诉／财产处分行为

裁判要点

债权人对确认债务人处分财产行为的生效裁判提起第三人撤销之诉的，在出现债务人进入破产程序、无财产可供执行等影响债权人债权实现的情形时，应当认定债权人知道或者应当知道该生效裁判损害其民事权益，提起诉讼的六个月期间开始起算。

相关法条

《中华人民共和国民事诉讼法》第56条①

基本案情

2003年5月，福建省高级人民法院受理郑耀南诉远东（厦门）房地产发展有限公司（以下简称远东厦门公司）借款纠纷一案。2003年6月2日，该院作出（2003）闽民初字第2号民事调解书，确认远东厦门公司共结欠郑耀南借款本息共计人民币123129527.72元，之后的利息郑耀南自愿放弃；如果远东厦门公司未按还款计划返还任何一期欠款，郑耀南有权要求提前清偿所有未返还欠款。远东厦门公司由在香港注册的远东房地产发展有限公司（以下简称香港远东公司）独资设立，法定代表人为张琼月。雷远思为永安市燕诚房地产开发有限公司（以下简称燕诚公司）法定代表人。张琼月与雷远思同为香港远东公司股东、董事，各持香港远东公司50%股份。雷远思曾向福建省人民检察院申诉，该院于2003年8月19日向福建省高级人民法院发出《检察建议书》，建议对（2003）闽民初字第2号案件依法再审。福建省高级人民法院向福建省公安厅出具《犯罪线索移送函》，认为郑耀南与张琼月涉嫌恶意串通侵占远东厦门公司资产，进而损害香港远东公司的合法权益。

2015年4月8日，郑耀南与高某珍签订《债权转让协议书》并进行了公证，约定把（2003）闽民初字第2号民事调解书项下的全部债权转让给高某珍；截止协议签订之日，债权转让的对价已支付完毕；协议签署后，高某珍可以自己名义直接向远东厦门公司主张上述全部债权权益，享有合法的债权人权益。2015年4月10日，远东厦门公司声明知悉债权转让事宜。

2015年12月21日，福建省厦门市中级人民法院裁定受理案外人对远东厦门公司的破产清算申请，并指定福建英合律师事务所为破产管理人。破产管理人于2016年3月15日向燕诚公司发出《远东厦门公司破产一案告知函》，告知远东厦门公司债权人查阅债权申报材料事宜，其中破产管理人目前接受的债权申报信息统计如下：1. ……5. 燕诚公司申报14158920元；6. 高某珍申报312294743.65元；合计725856487.91元。如债权人在查阅债

① 《民事诉讼法》（2021年修正）第59条。

权申报材料后，对他人申报的债权有异议，请于3月18日前向破产管理人书面提出。

燕诚公司以（2003）闽民初字第2号案件是当事人恶意串通转移资产的虚假诉讼、影响其作为破产债权人的利益为由，向福建省高级人民法院提交诉状请求撤销（2003）闽民初字第2号民事调解书。

裁判结果

福建省高级人民法院于2017年7月31日作出（2016）闽民撤6号民事裁定书，驳回永安市燕诚房地产开发有限公司的起诉。永安市燕诚房地产开发有限公司不服一审裁定，向最高人民法院提起上诉。最高人民法院于2018年9月21日作出（2017）最高法民终885号民事裁定：一、撤销福建省高级人民法院（2016）闽民撤6号民事裁定；二、指令福建省高级人民法院审理。

裁判理由

最高人民法院认为：根据民事诉讼法第五十六条第三款①的规定，第三人可以自知道或者应当知道其民事权益受到损害之日起六个月内，向人民法院提起诉讼。该六个月起诉期间的起算点，为当事人知道或者应当知道其民事权益受到损害之日。本案中，在远东厦门公司有足够资产清偿所有债务的前提下，（2003）闽民初字第2号民事调解书对燕诚公司债权的实现没有影响；在远东厦门公司正常生产经营的情况下，亦难以确定（2003）闽民初字第2号民事调解书会对燕城公司的债权造成损害。但是，在远东厦门公司因不能足额清偿所欠全部债务而进入破产程序，燕诚公司、郑耀南债权的受让人高某珍均系其破产债权人，且高某珍依据（2003）闽民初字第2号民事调解书申报债权的情况下，燕诚公司破产债权的实现程度会因高某珍破产债权所依据的（2003）闽民初字第2号民事调解书而受到损害，故应认定燕诚公司在获知远东厦门公司进入破产程序的信息后才会知道或者应当知道其民事权益受到损害。燕诚公司于2016年3月15日签收破产管理人制作的有关债权人申报材料，其于2016年9月12日向福建省高级人民法院提交诉状请求撤销（2003）闽民初字第2号民事调解书，未超过六个月的起诉期间。虽然

---

① 《民事诉讼法》（2021年修正）第59条第3款。

燕诚公司时任总经理雷远思于2003年7月就（2003）闽民初字第2号案件提出过申诉，但其系以香港远东公司股东、董事以及远东厦门公司董事、总经理的身份为保护远东厦门公司的利益而非燕诚公司的债权提出的申诉，且此时燕诚公司是否因（2003）闽民初字第2号民事调解书而遭受损害并不确定，也就不存在其是否知道或者应当知道，进而依照民事诉讼法第五十六条第三款的规定起算六个月起诉期间的问题。

（生效裁判审判人员：王旭光、周伦军、马东旭）

【实务问答】

1. 生效裁判确认的债务人处分财产行为符合第三人行使撤销权的条件，债权人能否提起第三人撤销之诉？

根据《民事诉讼法》相关规定，对当事人双方诉讼标的没有独立请求权，但案件处理结果同他有法律上的利害关系的，属于无独立请求权的第三人。可见，有法律上的利害关系是无独立请求权第三人的基本要素。实践中，很多债权人向法院提起诉讼，请求保护的民事权利系债权。根据债权的相对性，一般情况下，作为普通债权人的第三人本不具有基于其债权提起第三人撤销之诉的资格。但根据《民法典》第538条（债务人以放弃其债权、放弃债权担保、无偿转让财产等方式无偿处分财产权益，或者恶意延长其到期债权的履行期限，影响债权人的债权实现的，债权人可以请求人民法院撤销债务人的行为）和第539条（债务人以明显不合理的低价转让财产、以明显不合理的高价受让他人财产或者为他人的债务提供担保，影响债权人的债权实现，债务人的相对人知道或者应当知道该情形的，债权人可以请求人民法院撤销债务人的行为）规定内容可知，若生效裁判所确认的债务人的相关财产处分行为符合上述情形的，则依法享有撤销权的债权人就与该生效裁判案件的处理结果具有法律上的利害关系，从而具备了以无独立请求权第三人的身份提起第三人撤销之诉的原告主体资格。该观点也得到最高人民法院公报案例（永安市燕诚房地产开发有限公司与郑耀南、远东（厦门）房地产发展有限公司及第三人高俪珍第三人撤销之诉案）的印证。但需要注意的是，若针对的并非生效裁判确认的债务人处分财产行为而只是一般的财产处分行为，根据《民法典》第538、539条的规定，债权人提起的应为债权人撤销权诉讼而非第三人撤销之诉。

2. 如何判断债权人提起第三人撤销之诉是否超出6个月期间？

第三人提起撤销之诉，应自知道或者应当知道其民事权益受到损害之日起6个月内向作出生效裁判的人民法院提出。且该期间为不变期间，不适用延长、中止、中断的规定。提起第三人撤销之诉的期间应当自第三人知道或者应当知道其民事权益受到侵害之日起计算。所谓“知道或者应当知道”，是以第三人知悉生效判决、裁定、调解书损害其民事权益事实为标准，应根据生效判决、裁定、调解书是否送达第三人，执行时是否涉及第三人，以及第三人与案件当事人之间的信息往来等具体情形判断。第三人撤销之诉期间的起算点，可能晚于法院判决、裁定、调解书生效时间，但不能早于生效时间。超过6个月期间，第三人提起撤销之诉的，人民法院不予受理。对于是否超过6个月期间，提起撤销之诉时，第三人应当提供相应的证据材料，没有证据材料的，应作出说明。就本指导案例而言，其不仅明确了债权人提起撤销之诉的期间起算问题，同时也通过对债权人提起第三人撤销之诉6个月期间的起算，起到了限定债权人提起第三人撤销之诉适用的作用，即只“在出现债务人进入破产程序、无财产可供执行等影响债权人债权实现的情形时”，债权人才有了提起第三人撤销之诉的资格。换言之，在此类情形未出现前，债权人债权的实现可以说并未受到显著影响，因而也就不能认定其知道或应当知道生效裁判损害了其民事权益。

四、执行异议之诉

102 指导案例54号

中国农业发展银行安徽省分行诉张大标、安徽长江融资担保集团有限公司执行异议之诉纠纷案

为出质的金钱开立保证金账户且由质权人占有控制的，账户资金余额浮动不影响金钱质权的设立

（最高人民法院审判委员会讨论通过　2015年11月19日发布）

关键词：民事／执行异议之诉／金钱质押／特定化／移交占有

裁判要点

当事人依约为出质的金钱开立保证金专门账户，且质权人取得对该专门账户的占有控制权，符合金钱特定化和移交占有的要求，即使该账户内资金余额发生浮动，也不影响该金钱质权的设立。

相关法条

《中华人民共和国物权法》第212条①

基本案情

原告中国农业发展银行安徽省分行（以下简称农发行安徽分行）诉称：其与第三人安徽长江融资担保集团有限公司（以下简称长江担保公司）按照签订的《信贷担保业务合作协议》，就信贷担保业务按约进行了合作。长江担保公司在农发行安徽分行处开设的担保保证金专户内的资金实际是长江担保公司向其提供的质押担保，请求判令其对该账户内的资金享有质权。

① 《民法典》第427条。

被告张大标辩称：农发行安徽分行与第三人长江担保公司之间的《贷款担保业务合作协议》没有质押的意思表示；案涉账户资金本身是浮动的，不符合金钱特定化要求，农发行安徽分行对案涉保证金账户内的资金不享有质权。

第三人长江担保公司认可农发行安徽分行对账户资金享有质权的意见。

法院经审理查明：2009 年 4 月 7 日，农发行安徽分行与长江担保公司签订一份《贷款担保业务合作协议》。其中第三条“担保方式及担保责任”约定：甲方（长江担保公司）向乙方（农发行安徽分行）提供的保证担保为连带责任保证；保证担保的范围包括主债权及利息、违约金和实现债权的费用等。第四条“担保保证金（担保存款）”约定：甲方在乙方开立担保保证金专户，担保保证金专户行为农发行安徽分行营业部，账号尾号为 9511；甲方需将具体担保业务约定的保证金在保证合同签订前存入担保保证金专户，甲方需缴存的保证金不低于贷款额度的 10%；未经乙方同意，甲方不得动用担保保证金专户内的资金。第六条“贷款的催收、展期及担保责任的承担”约定：借款人逾期未能足额还款的，甲方在接到乙方书面通知后五日内按照第三条约定向乙方承担担保责任，并将相应款项划入乙方指定账户。第八条“违约责任”约定：甲方在乙方开立的担保专户的余额无论因何原因而小于约定的额度时，甲方应在接到乙方通知后三个工作日内补足，补足前乙方可以中止本协议项下业务。甲方违反本协议第六条的约定，没有按时履行保证责任的，乙方有权从甲方在其开立的担保基金专户或其他任一账户中扣划相应的款项。2009 年 10 月 30 日、2010 年 10 月 30 日，农发行安徽分行与长江担保公司还分别签订与上述合作协议内容相似的两份《信贷担保业务合作协议》。

上述协议签订后，农发行安徽分行与长江担保公司就贷款担保业务进行合作，长江担保公司在农发行安徽分行处开立担保保证金账户，账号尾号为 9511。长江担保公司按照协议约定缴存规定比例的担保保证金，并据此为相应额度的贷款提供了连带保证责任担保。自 2009 年 4 月 3 日至 2012 年 12 月 31 日，该账户共发生了 107 笔业务，其中贷方业务为长江担保公司缴存的保证金；借方业务主要涉及两大类，一类是贷款归还后长江担保公司申请农发行安徽分行退还的保证金，部分退至债务人的账户；另一类是贷款逾期后农发行安徽分行从该账户内扣划的保证金。

2011年12月19日，安徽省合肥市中级人民法院在审理张大标诉安徽省六本食品有限责任公司、长江担保公司等民间借贷纠纷一案过程中，根据张大标的申请，对长江担保公司上述保证金账户内的资金1495.7852万元进行保全。该案判决生效后，合肥市中级人民法院将上述保证金账户内的资金1338.313257万元划至该院账户。农发行安徽分行作为案外人提出执行异议，2012年11月2日被合肥市中级人民法院裁定驳回异议。随后，农发行安徽分行因与被告张大标、第三人长江担保公司发生执行异议纠纷，提起本案诉讼。

裁判结果

安徽省合肥市中级人民法院于2013年3月28日作出（2012）合民一初字第00505号民事判决：驳回农发行安徽分行的诉讼请求。宣判后，农发行安徽分行提出上诉。安徽省高级人民法院于2013年11月19日作出（2013）皖民二终字第00261号民事判决：一、撤销安徽省合肥市中级人民法院（2012）合民一初字第00505号民事判决；二、农发行安徽分行对长江担保公司账户（账号尾号9511）内的13383132.57元资金享有质权。

裁判理由

法院生效裁判认为：本案二审的争议焦点为农发行安徽分行对案涉账户内的资金是否享有质权。对此应当从农发行安徽分行与长江担保公司之间是否存在质押关系以及质权是否设立两个方面进行审查。

一、农发行安徽分行与长江担保公司是否存在质押关系

《中华人民共和国物权法》（以下简称《物权法》）第二百一十条①规定："设立质权，当事人应当采取书面形式订立质权合同。质权合同一般包括下列条款：（一）被担保债权的种类和数额；（二）债务人履行债务的期限；（三）质押财产的名称、数量、质量、状况；（四）担保的范围；（五）质押财产交付的时间。"本案中，农发行安徽分行与长江担保公司之间虽没有单独订立带有"质押"字样的合同，但依据该协议第四条、第六条、第八条约

① 《民法典》第427条。

定的条款内容，农发行安徽分行与长江担保公司之间协商一致，对以下事项达成合意：长江担保公司为担保业务所缴存的保证金设立担保保证金专户，长江担保公司按照贷款额度的一定比例缴存保证金；农发行安徽分行作为开户行对长江担保公司存入该账户的保证金取得控制权，未经同意，长江担保公司不能自由使用该账户内的资金；长江担保公司未履行保证责任，农发行安徽分行有权从该账户中扣划相应的款项。该合意明确约定了所担保债权的种类和数量、债务履行期限、质物数量和移交时间、担保范围、质权行使条件，具备《物权法》第二百一十条①规定的质押合同的一般条款，故应认定农发行安徽分行与长江担保公司之间订立了书面质押合同。

二、案涉质权是否设立

《物权法》第二百一十二条②规定："质权自出质人交付质押财产时设立。"《最高人民法院关于适用〈中华人民共和国担保法〉若干问题的解释》③ 第八十五条④规定，债务人或者第三人将其金钱以特户、封金、保证金等形式特定化后，移交债权人占有作为债权的担保，债务人不履行债务时，债权人可以以该金钱优先受偿。依照上述法律和司法解释规定，金钱作为一种特殊的动产，可以用于质押。金钱质押作为特殊的动产质押，不同于不动产抵押和权利质押，还应当符合金钱特定化和移交债权人占有两个要件，以使金钱既不与出质人其他财产相混同，又能独立于质权人的财产。

本案中，首先金钱以保证金形式特定化。长江担保公司于2009年4月3日在农发行安徽分行开户，且与《贷款担保业务合作协议》约定的账号一致，即双方当事人已经按照协议约定为出质金钱开立了担保保证金专户。保证金专户开立后，账户内转入的资金为长江担保公司根据每次担保贷款额度的一定比例向该账户缴存保证金；账户内转出的资金为农发行安徽分行对保证金的退还和扣划，该账户未作日常结算使用，故符合《最高人民法院关于适用〈中华人民共和国担保法〉若干问题的解释》第八十五条规定的金钱以

---

① 《民法典》第427条。

② 《民法典》第429条。

③ 以下简称《民法典担保制度解释》。

④ 《民法典担保制度解释》第70条。

特户等形式特定化的要求。其次，特定化金钱已移交债权人占有。占有是指对物进行控制和管理的事实状态。案涉保证金账户开立在农发行安徽分行，长江担保公司作为担保保证金专户内资金的所有权人，本应享有自由支取的权利，但《贷款担保业务合作协议》约定未经农发行安徽分行同意，长江担保公司不得动用担保保证金专户内的资金。同时，《贷款担保业务合作协议》约定在担保的贷款到期未获清偿时，农发行安徽分行有权直接扣划担保保证金专户内的资金，农发行安徽分行作为债权人取得了案涉保证金账户的控制权，实际控制和管理该账户，此种控制权移交符合出质金钱移交债权人占有的要求。据此，应当认定双方当事人已就案涉保证金账户内的资金设立质权。

关于账户资金浮动是否影响金钱特定化的问题。保证金以专门账户形式特定化并不等于固定化。案涉账户在使用过程中，随着担保业务的开展，保证金账户的资金余额是浮动的。担保公司开展新的贷款担保业务时，需要按照约定存入一定比例的保证金，必然导致账户资金的增加；在担保公司担保的贷款到期未获清偿时，扣划保证金账户内的资金，必然导致账户资金的减少。虽然账户内资金根据业务发生情况处于浮动状态，但均与保证金业务相对应，除缴存的保证金外，支出的款项均用于保证金的退还和扣划，未用于非保证金业务的日常结算。即农发行安徽分行可以控制该账户，长江担保公司对该账户内的资金使用受到限制，故该账户资金浮动仍符合金钱作为质权的特定化和移交占有的要求，不影响该金钱质权的设立。

（生效裁判审判人员：霍楠、徐旭红、卢玉河）

【实务问答】

1. 如何理解固定账户质押、浮动账户质押?

账户质押可以分为固定账户质押和浮动账户质押。固定账户质押是指出质人以其账户出质后，由作为质权人的开户行监管该账户，账户内的资金被“冻结”，出质人不能自由使用账户内的款项，当债务人到期不履行债务时，开户行就账户内的资金优先受偿的担保方式。浮动账户质押则是指出质人以其账户出质后，在发生约定事由前，质权人允许出质人在一定额度内使用账户内的款项，即账户内款项并不完全“冻结”，账户资金处于浮动状态，会因质押人提款或者存款而减少或者增加，当债务人到期不履行债务时，质权人就账户中的资金优先受偿的担保方式。

2. 如何理解空账户质押、实账户质押？

实账户与空账户，是以浮动账户下质押账户内有无资金作为标准分类的。空账户质押，是指设立账户质权时，账户资金可能还是零，或者账户质押后，因账户资金浮动而变为零。实账户质押，是指账户资金处于一定幅度的浮动状态，但始终保持一定数额的资金，如出质人质押账户资金后只能汇入不得汇出，或者质权人允许出质人在一定额度内使用账户内的款项。本案属于实账户质押之情形，即长江担保公司按照约定将保证金存入了本案账户，未经农发行安徽分行同意，长江担保公司不得动用本案账户内的资金。

3. 浮动式账户质押能否成立金钱质押担保？

金钱质押担保除适用固定账户质押外，是否适用于浮动账户质押情形，以往实践中存在不同的意见与做法。本指导案例即认为，浮动账户质押符合金钱特定化和移交债权人占有要求的，是可以成立金钱质押担保的。金钱特定化方面，双方当事人已经依约为出质金钱开立了担保保证金专用账户并存入保证金，该账户未作日常结算使用符合特定化的要求。需要注意的是，特定化并不等于固定化，账户因业务开展发生浮动不影响特定化的构成。占有方面，是指对物进行控制和管理的事实状态，银行取得对该账户的控制权，实际控制和管理该账户即应认定符合出质金钱移交债权人占有的要求。该案例结果不仅符合物权客体特定原则，也符合动产质权之占有公示方法。但需要注意，该案例仅适用于实账户质押情形。另外还要注意，在《民法典》及《民法典担保制度解释》出台之后，最高人民法院《关于适用〈中华人民共和国担保法〉若干问题的解释》（以下简称《担保法司法解释》，已失效）第85条已被《民法典担保制度解释》第70条替代。《民法典担保制度解释》第70条规定："债务人或者第三人为担保债务的履行，设立专门的保证金账户并由债权人实际控制，或者将其资金存入债权人设立的保证金账户，债权人主张就账户内的款项优先受偿的，人民法院应予支持。当事人以保证金账户内的款项浮动为由，主张实际控制该账户的债权人对账户内的款项不享有优先受偿权的，人民法院不予支持。在银行账户下设立的保证金分户，参照前款规定处理。当事人约定的保证金并非为担保债务的履行设立，或者不符合前两款规定的情形，债权人主张就保证金优先受偿的，人民法院不予支持，但是不影响当事人依照法律的规定或者按照当事人的约定主张权利。”

【适用实例】

中国金谷国际信托有限责任公司与河北融投担保集团有限公司等案外人执行异议之诉上诉案

上诉人中国金谷国际信托有限责任公司（以下简称金谷信托公司）因与被上诉人中国银行股份有限公司秦皇岛市文化路支行（以下简称中行文化路支行）、被上诉人河北融投担保集团有限公司（以下简称融投担保公司）、被上诉人河北昌泰纸业有限公司（以下简称昌泰纸业公司）、被上诉人唐山国泰纸业有限公司（以下简称国泰纸业公司）、被上诉人彭某昌案外人执行异议之诉一案，不服北京市第二中级人民法院民事判决，向北京市高级人民法院提起上诉。

一审法院认为，质权是指债权人因担保其债权而占有债务人或第三人提供的动产或权利，并在债务人不履行债务或出现当事人约定的实现权利的条件时，债权人就该财产或权利所得价款优先受偿的权利。金钱作为特殊动产，在符合金钱特定化和移交债权人占有两个要件时，可以成立质权。规定这两个要件，是因为金钱具有种类物的特点，使作为质物的金钱既不与出质人其他财产混同，又能独立于质权人的财产。

最高人民法院**指导案例54号**中，法院认为“关于账户资金浮动是否影响金钱特定化的问题。保证金以专门账户形式特定化并不等于固定化。案涉账户在使用过程中，随着担保业务的开展，保证金账户的资金余额是浮动的。担保公司开展新的贷款担保业务时，需要按照约定存入一定比例的保证金，必然导致账户资金的增加；在担保公司担保的贷款到期未获清偿时，扣划保证金账户内的资金，必然导致账户资金的减少。虽然账户内资金根据业务发生情况处于浮动状态，但均与保证金业务相对应，除缴存的保证金外，支出的款项均用于保证金的退还和扣划，未用于非保证金业务的日常计算。即农发行安徽分行可以控制该账户，长江担保公司对该账户内的资金使用受到限制，故该账户资金浮动仍符合金钱作为质权的特定化和转移占有的要求，不影响该金钱质权的设立”。本案中，融投担保公司依据其与中行河北省分行签订的框架性合作协议，将其担保中行河北省分行下属各具体贷款经办行贷款款项所涉保证金，统一存入在中山支行开立的保证金账户中，导致该账户余额发生经常性变动，这是因业务开展需要发生的保证金账户的浮动。根据上述合作协议的约定，在融投担保公司担保的贷款得到足额清偿时，中山支行要按照中行河北省分行下属各具体贷款经办银行的指令，将保证金予以释放；在担保贷款未得到足额清偿时，可以直接扣划保证金账户内的相应保证金代偿债务。故，中行文化路支行可以通过该保证金账户的开户行中山支行实施对该保证金账户的控制，融投担保公司对账户内的资金使用受到限制，故该账户余额发生经常性变动，仍然符合金钱作为质权的特定化和移交占有的要求，不影响金钱质权的设立。综上，中行文化路支行对案涉75万元保证金的质权自2014年11月13日融投担保公司将该笔保证金存入案涉保证金账户之日起设立。

北京市高级人民法院二审认为，中行河北省分行与融投担保公司签订的《合作协议》中写明，为方便申请贷款的企业，融投担保公司可委托中行河北省分行的下属机构代融投担保公司受理企业的担保申请。融投担保公司在中行河北省分行所属中山支行开立结算账户和保证金账户。结算账户用于融投担保公司日常资金结算，保证金账户专门用于融投担保公司因承担保证责任而存放的履约保证金。融投担保公司承诺，保证金账户按笔开立，每笔保证金账户金额不低于融投担保公司承担该笔贷款保证责任合同本金的5%。非经中行河北省分行或其贷款经办行书面同意，融投担保公司不得以任何理由提取或动用保证金账户内资金。以上约定并未违反法律、法规的强制性规定，当事人据此履行亦无不当。金谷信托公司亦无证据证明案涉账户内的款项用于融投担保公司日常资金结算或其他与保证金无关的用途。且石家庄仲裁委员会已于生效裁决书中认定中行文化路支行对融投担保公司提供的75万元保证金及其利息享有质权。

综上，案涉账户被标注为保证金账户，符合金钱作为质权的法律特征，且无证据证明该账户用于日常结算的用途，亦无证据证明该账户已丧失保证金账户功能，故一审法院对案涉款项符合金钱作为质权的特定化和移交占有的要求所作的相关认定与事实相符，于法有据，一审法院关于中行文化路支

行对案涉账户内75万元保证金享有的质权足以排除强制执行的认定并无不当，应予维持。[（2018）京民终37号]

103 指导案例154号

王四光诉中天建设集团有限公司、白山和丰置业有限公司案外人执行异议之诉案

建设工程价款强制执行过程中，买受人对房屋提起案外人执行异议之诉但不否定原生效判决确认的债权人享有的建设工程价款优先受偿权的，应予受理

（最高人民法院审判委员会讨论通过 2021年2月19日发布）

关键词：民事/案外人执行异议之诉/与原判决、裁定无关/建设工程价款优先受偿权

裁判要点

在建设工程价款强制执行过程中，房屋买受人对强制执行的房屋提起案外人执行异议之诉，请求确认其对案涉房屋享有可以排除强制执行的民事权益，但不否定原生效判决确认的债权人所享有的建设工程价款优先受偿权的，属于民事诉讼法第二百二十七条规定的“与原判决、裁定无关”的情形，人民法院应予依法受理。

相关法条

《中华人民共和国民事诉讼法》第227条[①]

基本案情

2016年10月29日，吉林省高级人民法院就中天建设集团公司（以下简称中天公司）起诉白山和丰置业有限公司（以下简称和丰公司）建设工程施

① 《民事诉讼法》（2021年修正）第234条。

工合同纠纷一案作出（2016）吉民初19号民事判决：和丰公司支付中天公司工程款42746020元及利息，设备转让款23万元，中天公司可就春江花园B1、B2、B3、B4栋及B区16、17、24栋折价、拍卖款优先受偿。判决生效后，中天公司向吉林省高级人民法院申请执行上述判决，该院裁定由吉林省白山市中级人民法院执行。2017年11月10日，吉林省白山市中级人民法院依中天公司申请作出（2017）吉06执82号（之五）执行裁定，查封春江花园B1、B2、B3、B4栋的11××——××号商铺。

王四光向吉林省白山市中级人民法院提出执行异议，吉林省白山市中级人民法院于2017年11月24日作出（2017）吉06执异87号执行裁定，驳回王四光的异议请求。此后，王四光以其在查封上述房屋之前已经签订书面买卖合同并占有使用该房屋为由，向吉林省白山市中级人民法院提起案外人执行异议之诉，请求法院判令：依法解除查封，停止执行王四光购买的白山市浑江区春江花园B1、B2、B3、B4栋的11××——××号商铺。

2013年11月26日，和丰公司（出卖人）与王四光（买受人）签订《商品房买卖合同》，约定：出卖人以出让方式取得位于吉林省白山市星泰桥北的土地使用权，出卖人经批准在上述地块上建设商品房春江花园；买受人购买的商品房为预售商品房……。买受人按其他方式按期付款，其他方式为买受人已付清总房款的50%以上，剩余房款10日内通过办理银行按揭贷款的方式付清；出卖人应当在2014年12月31日前按合同约定将商品房交付买受人；商品房预售的，自该合同生效之日起30天内，由出卖人向产权处申请登记备案。

2014年2月17日，贷款人（抵押权人）招商银行股份有限公司、借款人王四光、抵押人王四光、保证人和丰公司共同签订《个人购房借款及担保合同》，合同约定抵押人愿意以其从售房人处购买的该合同约定的房产的全部权益抵押给贷款人，作为偿还该合同项下贷款本息及其他一切相关费用的担保。2013年11月26日，和丰公司向王四光出具购房收据。白山市不动产登记中心出具的不动产档案查询证明显示：抵押人王四光以不动产权证号为白山房权证白BQ字第××××××号，建筑面积5339.04平方米的房产为招商银行股份有限公司通化分行设立预购商品房抵押权预告。2013年8月23日，涉案商铺在产权部门取得商品房预售许可证，并办理了商品房预售许可登记。2018年12月26日，吉林省电力有限公司白山供电公司出具历月电费明细，显示春江花园B1－4号门市2017年1月至2018年2月用电情况。

白山市房屋产权管理中心出具的《查询证明》载明："经查询，白山和丰置业有限公司B——1.2.3.4#楼在2013年8月23日已办理商品房预售许可登记。没有办理房屋产权初始登记，因开发单位未到房屋产权管理中心申请办理。"

裁判结果

吉林省白山市中级人民法院于2018年4月18日作出（2018）吉06民初12号民事判决：一、不得执行白山市浑江区春江花园B1.B2.B3.B4栋11××——××号商铺；二、驳回王四光其他诉讼请求。中天建设集团公司不服一审判决向吉林省高级人民法院提起上诉。吉林省高级人民法院于2018年9月4日作出（2018）吉民终420号民事裁定：一、撤销吉林省白山市中级人民法院（2018）吉06民初12号民事判决；二、驳回王四光的起诉。王四光对裁定不服，向最高人民法院申请再审。最高人民法院于2019年3月28日作出（2019）最高法民再39号民事裁定：一、撤销吉林省高级人民法院（2018）吉民终420号民事裁定；二、指令吉林省高级人民法院对本案进行审理。

裁判理由

最高人民法院认为，根据王四光在再审中的主张，本案再审审理的重点是王四光提起的执行异议之诉是否属于民事诉讼法第二百二十七条规定的案外人的执行异议"与原判决、裁定无关"的情形。

根据民事诉讼法第二百二十七条①规定的文义，该条法律规定的案外人的执行异议"与原判决、裁定无关"是指案外人提出的执行异议不含有其认为原判决、裁定错误的主张。案外人主张排除建设工程价款优先受偿权的执行与否定建设工程价款优先受偿权权利本身并非同一概念。前者是案外人在承认或至少不否认对方权利的前提下，对两种权利的执行顺位进行比较，主张其根据有关法律和司法解释的规定享有的民事权益可以排除他人建设工程价款优先受偿权的执行；后者是从根本上否定建设工程价款优先受偿权权利本身，主张诉争建设工程价款优先受偿权不存在。简而言之，当事人主张其权益在特定标的的执行上优于对方的权益，不能等同于否定对方权益的存在；当事人主张其权益会影响生效裁判的执行，也不能等同于其认为生效裁

① 《民事诉讼法》（2021年修正）第234条。

判错误。根据王四光提起案外人执行异议之诉的请求和具体理由，并没有否定原生效判决确认的中天公司所享有的建设工程价款优先受偿权，王四光提起案外执行异议之诉意在请求法院确认其对案涉房屋享有可以排除强制执行的民事权益；如果一、二审法院支持王四光关于执行异议的主张也并不动摇生效判决关于中天公司享有建设工程价款优先受偿权的认定，仅可能影响该生效判决的具体执行。王四光的执行异议并不包含其认为已生效的（2016）吉民初19号民事判决存在错误的主张，属于民事诉讼法第二百二十七条①规定的案外人的执行异议“与原判决、裁定无关”的情形。二审法院认定王四光作为案外人对执行标的物主张排除执行的异议实质上是对上述生效判决的异议，应当依照审判监督程序办理，据此裁定驳回王四光的起诉，属于适用法律错误，再审法院予以纠正。鉴于二审法院并未作出实体判决，根据具体案情，再审法院裁定撤销二审裁定，指令二审法院继续审理本案。

（生效裁判审判人员：余晓汉、张岱恩、仲伟珩）

【实务问答】

1. 案外人执行异议的类型及是否停止执行？

《民事诉讼法》第234条规定，执行过程中，案外人对执行标的提出书面异议的，人民法院应当自收到书面异议之日起15日内审查，理由成立的，裁定中止对该标的的执行；理由不成立的，裁定驳回。案外人、当事人对裁定不服，认为原判决、裁定错误的，依照审判监督程序办理；与原判决、裁定无关的，可以自裁定送达之日起15日内向人民法院提起诉讼。

案外人执行异议目前主要包括以下3种情况：（1）对生效的作为执行依据的法律文书所指向的执行标的的权属有争议；（2）原来不是执行标的但在执行过程中误认为是执行标的而予以执行；（3）认为执行行为影响了自己对执行标的的使用权而提出的异议。由于一般审判程序较复杂，若对所有的案外人提出的异议不经审查程序直接进入审判程序，易使执行程序久拖不决，不利于正当债务人合法权利的实现。实践中，也确有部分案外人的异议可通

① 《民事诉讼法》（2021年修正）第234条。

过执行机构的审查便能获得解决，但对执行标的确实存在实体争议的，仍应通过普通诉讼程序解决。为此，《民事诉讼法》第234条作了如上的规定。需要注意，在案外人异议审查期间，法院不得对执行标的进行处分。案外人向人民法院提供充分、有效的担保请求解除对异议标的的查封、扣押、冻结的，法院可以准许；申请执行人提供充分、有效的担保请求继续执行的，应当继续执行。因案外人提供担保解除查封、扣押、冻结有错误，致使该标的无法执行的，法院可直接执行担保财产；申请执行人提供担保请求继续执行有错误，给对方造成损失的，应当予以赔偿。若案外人依照《民事诉讼法》第234条规定提起诉讼，需要注意的是，诉讼期间不停止执行。案外人请求确有理由或提供充分、有效的担保请求停止执行的，可裁定停止对执行标的进行处分；申请执行人提供充分、有效的担保请求继续执行的，应继续执行。案外人请求停止执行、解除查封、扣押、冻结或者申请执行人请求继续执行有错误，给对方造成损失的，应当予以赔偿。

2. 提起案外人执行异议之诉的条件有哪些?

执行异议之诉包括案外人执行异议之诉和当事人执行异议之诉。案外人执行异议之诉，是指案外人就执行标的享有足以排除强制执行之权利，请求法院不对该标的实施执行之诉讼。实践中，需要注意区分案外人执行异议之诉与案外人申请再审之诉和第三人撤销之诉起诉条件的不同。案外人执行异议之诉发生在执行过程中，以案外人执行异议被裁定驳回为前提，若案外人没有对执行标的提起书面异议、书面异议未被驳回或者执行程序已经终结，案外人就不能提起执行异议之诉。而案外人申请再审之诉和第三人撤销之诉则没有此限制。此外，案外人执行异议之诉所针对的是对特定执行标的的执行行为，案外人对作为执行依据的生效判决、裁定、调解书并无异议，只是对执行行为所指向的执行标的有异议，目的则是排除对特定执行标的的强制执行行为。而案外人申请再审之诉和第三人撤销之诉所针对的是生效的判决、裁定、调解书，目的在于推翻生效的判决、裁定、调解书。

根据《民诉法解释》第303条第1款的规定，案外人提起执行异议之诉，除符合《民事诉讼法》第122条规定外，还应当具备下列3个条件：（1）案外人的执行异议申请已经被人民法院裁定驳回；（2）有明确的排除对执行标的执行的诉讼请求，且诉讼请求与原判决、裁定无关；（3）自执行异议裁定送达之日起15日内提起。关于第2个条件“有明确的排除对执行标的执行的诉讼请求，且诉讼请求与原判决、裁定无关”的理解，需要特别注意。一方面，因案外人执行异议之诉的目的是排除人民法院对特定执行标的的执行，因而案外人提起执行异议之诉不仅要有具有诉讼请求，而且要有明确的排除对执行标的执行的诉讼请求。另一方面，案外人所提出的诉讼请求须与原判决、裁定无关。若案外人的诉讼请求与原判决、裁定有关，其应当提起案外人申请再审之诉以撤销原判决、裁定，而非提起案外人执行异议之诉。只有案外人所提出的诉讼请求与原判决、裁定无关时，如原判决判令被执行人向申请执行人偿还借款，被执行人无法用现金偿还，执行法院将本属于案外人的车辆系误认为被执行人所有，对该车采取了强制执行措施，案外人就可提起执行异议之诉。如此区分，在于执行标的与执行依据所确定的标的可能并不相同。若执行标的与执行依据所确认标的相同，如原判决判令被执行人向申请执行人交付特定物，此时执行标的错误实质上不是执行行为本身存在错误而是执行依据存在错误，此时仅排除执行行为并不足以保护案外人对该标的所享有的实体权益。此时即需要借助案外人申请再审之诉而非执行异议之诉对错误的执行依据进行纠正。

104 指导案例155号

中国建设银行股份有限公司怀化市分行诉中国华融资产管理股份有限公司湖南省分公司等案外人执行异议之诉案

在抵押权强制执行的过程中，在抵押登记前购买了抵押房产的案外人提起执行异议之诉但不否认抵押权人优先受偿权的，应予受理

（最高人民法院审判委员会讨论通过　2021年2月19日发布）

关键词：民事/案外人执行异议之诉/与原判决、裁定无关/抵押权

裁判要点

在抵押权强制执行中，案外人以其在抵押登记之前购买了抵押房产，享有优先于抵押权的权利为由提起执行异议之诉，主张依据《最高人民法院关于人民法院办理执行异议和复议案件若干问题的规定》[①] 排除强制执行，但不否认抵押权人对抵押房产的优先受偿权的，属于民事诉讼法第二百二十七条[②]规定的“与原判决、裁定无关”的情形，人民法院应予依法受理。

相关法条

《中华人民共和国民事诉讼法》第227条

基本案情

中国华融资产管理股份有限公司湖南省分公司（以下简称华融湖南分公司）与怀化英泰建设投资有限公司（以下简称英泰公司）、东星建设工程集团有限公司（以下简称东星公司）、湖南辰溪华中水泥有限公司（以下简称华中水泥公司）、谢某某、陈某某合同纠纷一案，湖南省高级人民法院（以下简称湖南高院）于2014年12月12日作出（2014）湘高法民二初字第32号民事判决（以下简称第32号判决），判决解除华融湖南分公司与英泰公司签订的《债务重组协议》，由英泰公司向华融湖南分公司偿还债务9800万元及重组收益、违约金和律师代理费，东星公司、华中水泥公司、谢某某、陈某某承担连带清偿责任。未按期履行清偿义务的，华融湖南分公司有权以英泰公司已办理抵押登记的房产3194.52平方米、2709.09平方米及相应土地使用权作为抵押物折价或者以拍卖、变卖该抵押物所得价款优先受偿。双方均未上诉，该判决生效。英泰公司未按期履行第32号判决所确定的清偿义务，华融湖南分公司向湖南高院申请强制执行。湖南高院执行立案后，作出拍卖公告拟拍卖第32号判决所确定华融湖南分公司享有优先受偿权的案涉房产。

中国建设银行股份有限公司怀化市分行（以下简称建行怀化分行）以其已签订房屋买卖合同且支付购房款为由向湖南高院提出执行异议。该院于

① 以下简称《执行异议和复议案件规定》，该司法解释于2020年12月被修正。

② 《民事诉讼法》（2021年修正）第234条。

2017年12月12日作出（2017）湘执异75号执行裁定书，驳回建行怀化分行的异议请求。建行怀化分行遂提起案外人执行异议之诉，请求不得执行案涉房产，确认华融湖南分公司对案涉房产的优先受偿权不得对抗建行怀化分行。

裁判结果

湖南省高级人民法院于2018年9月10日作出（2018）湘民初10号民事裁定：驳回中国建设银行股份有限公司怀化市分行的起诉。中国建设银行股份有限公司怀化市分行不服上述裁定，向最高人民法院提起上诉。最高人民法院于2019年9月23日作出（2019）最高法民终603号裁定：一、撤销湖南省高级人民法院（2018）湘民初10号民事裁定；二、本案指令湖南省高级人民法院审理。

裁判理由

最高人民法院认为，民事诉讼法第二百二十七条规定："执行过程中，案外人对执行标的提出书面异议的，人民法院应当自收到书面异议之日起十五日内审查，理由成立的，裁定中止对该标的的执行；理由不成立的，裁定驳回。案外人、当事人对裁定不服，认为原判决、裁定错误的，依照审判监督程序办理；与原判决、裁定无关的，可以自裁定送达之日起十五日内向人民法院提起诉讼。"《最高人民法院关于适用〈中华人民共和国民事诉讼法〉的解释》（以下简称《民事诉讼法解释》）第三百零五条①进一步规定："案外人提起执行异议之诉，除符合民事诉讼法第一百一十九条规定外，还应当具备下列条件：（一）案外人的执行异议申请已经被人民法院裁定驳回；（二）有明确的排除对执行标的执行的诉讼请求，且诉讼请求与原判决、裁定无关；（三）自执行异议裁定送达之日起十五日内提起。人民法院应当在收到起诉状之日起十五日内决定是否立案。"可见，《民事诉讼法解释》第三百零五条明确，案外人提起执行异议之诉，应当符合"诉讼请求与原判决、裁定无关"这一条件。因此，民事诉讼法第二百二十七条②规定的"与原判决、裁定无关"应为"诉讼请求"与原判决、裁定无关。

---

① 《民诉法解释》（2022年修正）第303条。

② 《民事诉讼法》（2021年修正）第234条。

华融湖南分公司申请强制执行所依据的原判决即第32号判决的主文内容是判决英泰公司向华融湖南分公司偿还债务9800万元及重组收益、违约金和律师代理费，华融湖南分公司有权以案涉房产作为抵押物折价或者以拍卖、变卖该抵押物所得价款优先受偿。本案中，建行怀化分行一审诉讼请求是排除对案涉房产的强制执行，确认华融湖南分公司对案涉房产的优先受偿权不得对抗建行怀化分行，起诉理由是其签订购房合同、支付购房款及占有案涉房产在办理抵押之前，进而主张排除对案涉房产的强制执行。建行怀化分行在本案中并未否定华融湖南分公司对案涉房产享有的抵押权，也未请求纠正第32号判决，实际上其诉请解决的是基于房屋买卖对案涉房产享有的权益与华融湖南分公司对案涉房产所享有的抵押权之间的权利顺位问题，这属于“与原判决、裁定无关”的情形，是执行异议之诉案件审理的内容，应予立案审理。

（生效裁判审判人员：高燕竹、奚向阳、杨蕾）

【实务问答】

1. 案外人执行异议之诉的诉求是否必须与原裁判无关？

诉讼请求是否“与原判决、裁定无关”是案外人执行异议之诉与案外人申请再审之诉、第三人撤销之诉的重要区别。案外人申请再审之诉、第三人撤销之诉针对的是生效判决、裁定、调解书，认为上述判决、裁定、调解书错误导致案外人的民事权益遭受损害，目的则是推翻生效的判决、裁定、调解书。可以说，案外人申请再审之诉、第三人撤销之诉的起诉条件之一就是要求诉讼请求“与原判决、裁定有关”，认为原判决、裁定、调解书错误。而案外人执行异议之诉所针对的是对特定执行标的的执行行为，案外人对作为执行依据的生效判决、裁定、调解书并无异议，只是对执行行为所指向的执行标的有异议，目的是排除对特定执行标的的强制执行行为，即案外人执行异议之诉中的请求必须“与原判决、裁定无关”。本指导案例中，原告对原判决并无异议，只是主张对涉案房产享有优先于抵押权的权利，其诉请应认为“与原判决、裁定无关”。

2. 如何判断案外人执行异议之诉的诉求是否与原裁判无关？

审查案外人执行异议之诉诉讼请求要件时，除了要有明确的排除对执行标的执行的诉讼请求，关键还要看起诉的事实和理由。要区分诉讼请求是与原判决、裁定有关还是无关，即案外人是基于对执行依据不服还是仅对执行行为不服，抑或对执行标的享有实体权利。具体来讲，审查案外人执行异议之诉的诉讼请求，主要有两步：第一步，若案外人是基于对执行依据不服，那么就属于“与判决、裁定有关”，就不应当提起案外人执行异议之诉，应当选择第三人撤销之诉或申请再审，但是只能在这两种程序中二选一，并按照《民诉法解释》第 301 条规定进行。第二步，确定终止执行的诉讼请求仅是基于案外人认为执行行为和措施本身错误，还是基于案外人主张对执行标的享有某种实体权利。若并没有涉及案外人对执行标的的实体权利，即仅是案外人就是对执行行为、措施不服，便应依照《民事诉讼法》第 232 条的规定启动执行异议和复议程序。若案外人在诉讼请求中提出确权，或虽然在诉讼请求中没有提出确权但在事实理由部分表达了对执行标的享有实体权利，那么就应被认定符合《民诉法解释》第 303 条第 1 款第 2 项规定的“有明确的排除对执行标的执行的诉讼请求，且与原判决、裁定无关”这一核心起诉条件。

105 指导案例 156 号

王岩岩诉徐意君、北京市金陛房地产发展有限责任公司案外人执行异议之诉案

案外人对登记在被执行房地产企业名下的商品房请求排除强制执行的，可选择适用《执行异议和复议案件规定》第 28 条或第 29 条，主张适用第 28 条的，应予审查

（最高人民法院审判委员会讨论通过 2021 年 2 月 19 日发布）

关键词：民事/案外人执行异议之诉/排除强制执行/选择适用

裁判要点

《最高人民法院关于人民法院办理执行异议和复议案件若干问题的规定》第二十八条规定了不动产买受人排除金钱债权执行的权利，第二十九条规定了消费者购房人排除金钱债权执行的权利。案外人对登记在被执行的房地产开发企业名下的商品房请求排除强制执行的，可以选择适用第二十八条或者第二十九条规定；案外人主张适用第二十八条规定的，人民法院应予审查。

相关法条

《最高人民法院关于人民法院办理执行异议和复议案件若干问题的规定》第28条、第29条

基本案情

2007年，徐意君因商品房委托代理销售合同纠纷一案将北京市金陛房地产发展有限责任公司（以下简称金陛公司）诉至北京市第二中级人民法院（以下简称北京二中院）。北京二中院经审理判决解除徐意君与金陛公司所签《协议书》，金陛公司返还徐意君预付款、资金占用费、违约金、利息等。判决后双方未提起上诉，该判决已生效。后因金陛公司未主动履行判决，徐意君于2009年向北京二中院申请执行。北京二中院裁定查封了涉案房屋。

涉案房屋被查封后，王岩岩以与金陛公司签订合法有效《商品房买卖合同》，支付了全部购房款，已合法占有房屋且非因自己原因未办理过户手续等理由向北京二中院提出执行异议，请求依法中止对该房屋的执行。北京二中院驳回了王岩岩的异议请求。王岩岩不服该裁定，向北京二中院提起案外人执行异议之诉。王岩岩再审请求称，仅需符合《最高人民法院关于人民法院办理执行异议和复议案件若干问题的规定》（以下简称《异议复议规定》）第二十八条或第二十九条中任一条款的规定，法院即应支持其执行异议。二审判决错误适用了第二十九条进行裁判，而没有适用第二十八条，存在法律适用错误。

裁判结果

北京市第二中级人民法院于2015年6月19日作出（2015）二中民初字第00461号判决：停止对北京市朝阳区儒林苑×楼×单元×房屋的执行程序。徐意君不服一审判决，向北京市高级人民法院提起上诉。北京市高级人民法院于2015年12月30日作出（2015）高民终字第3762号民事判决：一、撤销北京市第二中级人民法院（2015）二中民初字第00461号民事判决；二、驳回王岩岩之诉讼请求。王岩岩不服二审判决，向最高人民法院申请再审。最高人民法院于2016年4月29日作出（2016）最高法民申254号裁定：指令北京市高级人民法院再审本案。

裁判理由

最高人民法院认为，《异议复议规定》第二十八条适用于金钱债权执行中，买受人对登记在被执行人名下的不动产提出异议的情形。而第二十九条则适用于金钱债权执行中，买受人对登记在被执行的房地产开发企业名下的商品房提出异议的情形。上述两条文虽然适用于不同的情形，但是如果被执行人为房地产开发企业，且被执行的不动产为登记于其名下的商品房，同时符合了“登记在被执行人名下的不动产”与“登记在被执行的房地产开发企业名下的商品房”两种情形，则《异议复议规定》第二十八条与第二十九条适用上产生竞合。案外人对登记在被执行的房地产开发企业名下的商品房请求排除强制执行的，可以选择适用第二十八条或者第二十九条规定；案外人主张适用第二十八条规定的，人民法院应予审查。本案一审判决经审理认为王岩岩符合《异议复议规定》第二十八条规定的情形，具有能够排除执行的权利，而二审判决则认为现有证据难以确定王岩岩符合《异议复议规定》第二十九条的规定，没有审查其是否符合《异议复议规定》第二十八条规定的情形，就直接驳回了王岩岩的诉讼请求，适用法律确有错误。

关于王岩岩是否支付了购房款的问题。王岩岩主张其已经支付了全部购房款，并提交了金陛公司开具的付款收据、《商品房买卖合同》、证人证言及部分取款记录等予以佐证，金陛公司对王岩岩付款之事予以认可。上述证据是否足以证明王岩岩已经支付了购房款，应当在再审审理过程中，根据审理情况查明相关事实后予以认定。

（生效裁判审判人员：毛宜全、潘勇锋、葛洪涛）

【实务问答】

1. 不动产买受人与商品房消费者的物权期待权排除执行的竞合关系如何？

《执行异议和复议案件规定》第28、29条分别规定了不动产买受人和商品房消费者的物权期待权能够排除执行的两类充分条件。该两条在适用上存在竞合情形，但均系依据第24条的规定对合法、真实且能排除执行的物权期待权的认定标准。第28条系对登记在任何被执行人名下的所有不动产适用，属于对不动产物权期待权排除执行的一般性认定标准规定。第29条系针对房屋消费者对登记在被执行的房地产开发企业名下的商品房提出排除执行的特殊性认定标准规定，即在购房消费者与房地产开发企业签订的商品房买卖合同中，在所购房屋用于居住且买受人名下无其他用于居住的房屋情形下，买受人只需签订了合法有效的书面买卖合同，且已支付价款达到合同约定总价款的50%即可排除执行。相较于第28条的规定，第29条并不要求在查封前已合法占有房屋并支付全部价款，但必须严格限定在“用于居住且买受人名下无其他用于居住的房屋”的条件下，目的在于对购房消费者基本居住权的保护。这两条并非单纯以被执行人是否系房地产开发企业作为区分适用标准，也不因被执行人是房地产开发企业，在符合第28条规定情形下还需要以满足第29条为必要条件。换言之，该两条均是得以排除执行的充分条件，符合任何一条均可排除执行。

2. 能否依照《执行异议和复议案件规定》第28、29条直接认定所有权？

如前所述，《执行异议和复议案件规定》第28、29条系对不动产买受人和商品房消费者物权期待权的特殊保护，而非基于对不动产或商品房所有权的保护。需要注意，在依据该两条排除执行的情形下，法院并不能直接认定排除异议权利人享有不动产或商品房的所有权，而仅能产生排除该案执行的法律效果。换言之，对所有权的认定，仍需依照《民法典》第209条的规定来确定，即“不动产物权的设立、变更、转让和消灭，经依法登记，发生效力；未经登记，不发生效力，但是法律另有规定的除外”。

五、执行程序

106 指导案例 2 号

吴梅诉四川省眉山西城纸业有限公司买卖合同纠纷案

二审期间自行达成和解协议并撤回上诉，一方不履行和解协议，另一方申请执行一审判决的，应予支持

（最高人民法院审判委员会讨论通过　2011 年 12 月 20 日发布）

关键词：民事诉讼/执行/和解/撤回上诉/不履行和解协议/申请执行/一审判决

裁判要点

民事案件二审期间，双方当事人达成和解协议，人民法院准许撤回上诉的，该和解协议未经人民法院依法制作调解书，属于诉讼外达成的协议。一方当事人不履行和解协议，另一方当事人申请执行一审判决的，人民法院应予支持。

相关法条

《中华人民共和国民事诉讼法》第二百零七条第二款①

基本案情

原告吴梅系四川省眉山市东坡区吴梅收旧站业主，从事废品收购业务。约自 2004 年开始，吴梅出售废书给被告四川省眉山西城纸业有限公司（简称

① 《民事诉讼法》（2021 年修正）第 237 条第 2 款。

西城纸业公司）。2009年4月14日双方通过结算，西城纸业公司向吴梅出具欠条载明：今欠到吴梅废书款壹佰玖拾柒万元整（￥1970000.00）。同年6月11日，双方又对后期货款进行了结算，西城纸业公司向吴梅出具欠条载明：今欠到吴梅废书款伍拾肆万捌仟元整（￥548000.00）。因经多次催收上述货款无果，吴梅向眉山市东坡区人民法院起诉，请求法院判令西城纸业公司支付货款251.8万元及利息。被告西城纸业公司对欠吴梅货款251.8万元没有异议。

一审法院经审理后判决：被告西城纸业公司在判决生效之日起十日内给付原告吴梅货款251.8万元及违约利息。宣判后，西城纸业公司向眉山市中级人民法院提起上诉。二审审理期间，西城纸业公司于2009年10月15日与吴梅签订了一份还款协议，商定西城纸业公司的还款计划，吴梅则放弃了支付利息的请求。同年10月20日，西城纸业公司以自愿与对方达成和解协议为由申请撤回上诉。眉山市中级人民法院裁定准予撤诉后，因西城纸业公司未完全履行和解协议，吴梅向一审法院申请执行一审判决。眉山市东坡区人民法院对吴梅申请执行一审判决予以支持。西城纸业公司向眉山市中级人民法院申请执行监督，主张不予执行原一审判决。

裁判结果

眉山市中级人民法院于2010年7月7日作出（2010）眉执督字第4号复函认为：根据吴梅的申请，一审法院受理执行已生效法律文书并无不当，应当继续执行。

裁判理由

法院认为：西城纸业公司对于撤诉的法律后果应当明知，即一旦法院裁定准予其撤回上诉，眉山市东坡区人民法院的一审判决即为生效判决，具有强制执行的效力。虽然二审期间双方在自愿基础上达成的和解协议对相关权利义务做出约定，西城纸业公司因该协议的签订而放弃行使上诉权，吴梅则放弃了利息，但是该和解协议属于双方当事人诉讼外达成的协议，未经人民法院依法确认制作调解书，不具有强制执行力。西城纸业公司未按和解协议履行还款义务，违背了双方约定和诚实信用原则，故对其以双方达成和解协议为由，主张不予执行原生效判决的请求不予支持。

【实务问答】

1. 如何理解二审期间当事人达成的和解协议的性质?

一种意见认为，二审诉讼期间当事人签订的和解协议，既未经法院审查确认，又没有制作调解书，因其内容上与执行和解协议大体相似，其在性质上属一种执行和解协议。另一种意见认为，此类和解协议与执行和解协议有不同点，不能认定为执行和解协议。比较本指导案例中的和解协议与执行和解协议，发现存在如下不同：本案和解协议在签订时该案的判决还没有发生法律效力，而执行和解协议是在判决已生效且进入执行程序后签订的协议；本案和解协议是对未生效判决确定的民事权利义务作出新的约定和处分，而执行和解协议是对生效判决确定的民事权利义务进行处分；本案和解协议的签订，法院未参与其中，而执行和解协议法院虽也不参与制定，但需要将协议内容记入笔录，双方当事人签名或者盖章；本案和解协议签订后，一方当事人撤回上诉，法院审查同意后二审程序终止，一审判决生效，而执行和解协议签订后，执行程序中止。因而，可看出，本案和解协议（二审期间当事人达成的和解协议）不宜简单归入执行和解范围。另外，从协议所包含的内容角度而言，类似本指导案例中的和解协议，一般都包括以下内容：对实体民事权利义务作出变更或者新的约定；对履行给付义务作出具体约定；以实体民事权利义务变更为条件，对诉讼权利进行处分，双方达成终止诉讼的意思表示等等。因而，从协议内容看，此类和解协议具有双重性质：一方面，它是当事人双方签订的具有私法行为性质的和解契约；另一方面，它又是一种诉讼行为。

2. 不履行和解协议时如何处理?

如前所述，从法理上讲，和解协议虽具有民事合同属性，但就目前而言，其效力较低。和解协议签订后，在协议履行完毕之前，当事人可随时反悔，很多情形下也无须承担违约责任。可见，和解协议效力仅建立在双方自觉遵守的基础上，而没有法律强制性的保障。和解协议没有强制执行力，它只是执行当事人之间的一种自行约定，并不是具有强制力的法律文书，当事人不能据此申请执行。一方当事人不履行或不完全履行和解协议时，对方当事人只能申请执行原生效的法律文书。和解协议一旦签订，则执行程序应当中止，但并不是结束执行程序，若和解协议没有被人民法院强制执行，程序应当继续进行。和解协议虽被批准，但一方当事人反悔，不完全履行或没有履行的，因执行和解而中断的执行程序就应继续进行。

二审期间当事人达成的和解协议可能涉及变更“法律文书确定的履行义务主体、标的物及其数额、履行期限和履行方式”，实践中还有当事人双方在协议中新设立了债务履行担保等情况。《民事诉讼法》第237条第2款对执行和解协议做了规定，即“一方当事人不履行和解协议的，人民法院可以根据对方当事人的申请，恢复对原生效法律文书的执行。”可见，对执行和解协议而言，法律一方面尊重当事人的意思自治，承认部分履行或者全部履行的和解协议具有合同的效力；另一方面，一旦出现反悔、不履行和解协议的情形，法律提供的并非违约救济手段，而是以赋予当事人请求执行原生效判决的权利作为救济。由于《民事诉讼法》对二审期间当事人达成和解协议的效力未作出明确规定，二审期间庭外和解，未经人民法院依法确认或制作调解书的，作为诉讼外和解协议，与执行和解协议相类似，不具有强制执行力；一方或者双方撤回上诉时，应知道撤诉的法律后果，即一旦法院裁定准许撤诉，一审判决即为生效判决，而一审生效判决具有强制执行力。为此，本指导案例遵循《民事诉讼法》关于执行和解协议有关规定的精神，对当事人申请执行一审生效判决的请求，参照执行和解协议的有关规定，给予了支持，即民事案件二审审理期间，双方当事人达成的和解协议，一方出现不履行和解协议的情形时，遵循现行法律规定的精神，另一方当事人申请执行一审判决的，人民法院应予支持。

【适用实例】

广东中宝联合电缆有限公司与叶某繁买卖合同纠纷执行审查类执行裁定书

广东省佛山市禅城区人民法院在执行申请执行人广东中宝联合电缆有限公司（以下简称中宝公司）与被执行人叶某繁买卖合同纠纷案中，申请执行人中宝公司提出书面异议。广东省佛山市禅城区人民法院作出（2020）粤0604执异100号执行裁定书，驳回异议人异议申请。异议人不服进行复议，广东省佛山市中级人民法院作出（2020）粤06执复146号执行裁定书，撤销上述裁定并指令继续审查。广东省佛山市禅城区人民法院依法进行审查，现已审查终结。

法院认为，异议人与被执行人在执行过程中达成和解协议，该和解协议是双方对相互之间的实体权利义务关系作出的有别于原审判决的重新安排。与实体法高度强调当事人的意思自治精神相一致，民事诉讼程序应当尊重和鼓励当事人的这种处分行为。根据《民事诉讼法》第13条“民事诉讼应当遵循诚实信用原则。当事人有权在法律规定的范围内处分自己的民事权利和诉讼权利”的规定，在原判决业已生效的情况下，这种处分并不会影响原判决的既判力，但可以暂时性地替代原判决的执行力。只要义务人实际履行了和解协议，原生效判决可以视为得到替代性履行从而使其执行力归于消灭。但如一方当事人如不履行和解协议，另一方当事人申请执行原判决的，人民法院应当支持。在最高人民法院**指导案例2号**吴梅诉四川省眉山西城纸业有限公司买卖合同纠纷案中，确立了上述裁判规则。如履行完毕和解协议，从诚实信用原则出发，应视为原一审判决被替代履行完毕，原判决不应再继续执行；如未履行和解协议，申请执行人申请执行原判决，应当得到法律支持。

现被执行人已经履行完毕和解协议。最高人民法院《关于执行和解若干问题的规定（试行）》（以下简称《执行和解规定》）第11条规定“申请执行人以被执行人一方不履行执行和解协议为由申请恢复执行，人民法院经审查，理由成立的，裁定恢复执行；有下列情形之一的，裁定不予恢复执行：（一）执行和解协议履行完毕后申请恢复执行的；（二）执行和解协议约定的履行期限尚未届至或者履行条件尚未成就的，但符合合同法第一百零八条规定情形的除外；（三）被执行人一方正在按照执行和解协议约定履行义务的；（四）其他不符合恢复执行条件的情形。”根据这一规定，执行和解协议履行完毕申请恢复执行的，应裁定不予恢复执行。至于被执行人迟延履行和解协议造成异议人的利息损失或其他损失，根据《执行和解规定》第15条“执行和解协议履行完毕，申请执行人因被执行人迟延履行、瑕疵履行遭受损害的，可以向执行法院另行提起诉讼”的规定，异议人应另行提起诉讼解决这一问题。

现被执行人已经履行完毕和解协议的内容，基于诚实信用原则及尊重当事人对自己诉讼权利的处分原则，原审判决的执行力因和解协议的替代履行应归于消灭。异议人要求恢复原判决的异议请求，没有事实及法律依据，不予支持。[（2020）粤06执复279号]

107 指导案例34号

李晓玲、李鹏裕申请执行厦门海洋实业（集团）股份有限公司、厦门海洋实业总公司执行复议案

生效法律文书权利人在进入执行程序前合法转让债权的，受让人可作为申请执行人直接申请执行

（最高人民法院审判委员会讨论通过　2014年12月18日发布）

关键词：民事诉讼/执行复议/权利承受人/申请执行

裁判要点

生效法律文书确定的权利人在进入执行程序前合法转让债权的，债权受让人即权利承受人可以作为申请执行人直接申请执行，无需执行法院作出变更申请执行人的裁定。

相关法条

《中华人民共和国民事诉讼法》第二百三十六条第一款①

① 《民事诉讼法》（2021年修正）第243条第1款。

基本案情

原告投资2234中国第一号基金公司（Investments 2234 China Fund I B.V.，以下简称2234公司）与被告厦门海洋实业（集团）股份有限公司（以下简称海洋股份公司）、厦门海洋实业总公司（以下简称海洋实业公司）借款合同纠纷一案，2012年1月11日由最高人民法院作出终审判决，判令：海洋实业公司应于判决生效之日起偿还2234公司借款本金2274万元及相应利息；2234公司对蜂巢山路3号的土地使用权享有抵押权。在该判决作出之前的2011年6月8日，2234公司将其对于海洋股份公司和海洋实业公司的2274万元本金债权转让给李晓玲、李鹏裕，并签订《债权转让协议》。2012年4月19日，李晓玲、李鹏裕依据上述判决和《债权转让协议》向福建省高级人民法院（以下简称福建高院）申请执行。4月24日，福建高院向海洋股份公司、海洋实业公司发出（2012）闽执行字第8号执行通知。海洋股份公司不服该执行通知，以执行通知中直接变更执行主体缺乏法律依据，申请执行人李鹏裕系公务员，其受让不良债权行为无效，由此债权转让合同无效为主要理由，向福建高院提出执行异议。福建高院在异议审查中查明：李鹏裕系国家公务员，其本人称，在债权转让中，未实际出资，并已于2011年9月退出受让的债权份额。

福建高院认为：一、关于债权转让合同效力问题。根据《最高人民法院关于审理涉及金融不良债权转让案件工作座谈会纪要》（以下简称《纪要》）第六条关于金融资产管理公司转让不良债权存在“受让人为国家公务员、金融监管机构工作人员”的情形无效和《中华人民共和国公务员法》第五十三条第十四项①明确禁止国家公务员从事或者参与营利性活动等相关规定，作为债权受让人之一的李鹏裕为国家公务员，其本人购买债权受身份适格的限制。李鹏裕称已退出所受让债权的份额，该院受理的执行案件未做审查仍将李鹏裕列为申请执行人显属不当。二、关于执行通知中直接变更申请执行主体的问题。最高人民法院（2009）执他字第1号《关于判决确定的金融不良债权多次转让人民法院能否裁定变更申请执行主体请示的答复》（以下简称1号答复）认为：“《最高人民法院关于人民法院执行工作若干问

① 《公务员法》（2018年修正）第59条第16项。

题的规定（试行）》（以下简称《执行规定》），已经对申请执行人的资格予以明确。其中第18条第1款规定：‘人民法院受理执行案件应当符合下列条件：……（2）申请执行人是生效法律文书确定的权利人或其继承人、权利承受人。’该条中的‘权利承受人’，包含通过债权转让的方式承受债权的人。依法从金融资产管理公司受让债权的受让人将债权再行转让给其他普通受让人的，执行法院可以依据上述规定，依债权转让协议以及受让人或者转让人的申请，裁定变更申请执行主体”。据此，该院在执行通知中直接将本案受让人作为申请执行主体，未作出裁定变更，程序不当，遂于2012年8月6日作出（2012）闽执异字第1号执行裁定，撤销（2012）闽执行字第8号执行通知。

李晓玲不服，向最高人民法院申请复议，其主要理由如下：一、李鹏裕的公务员身份不影响其作为债权受让主体的适格性。二、申请执行前，两申请人已同2234公司完成债权转让，并通知了债务人（即被执行人），是合法的债权人；根据《执行规定》有关规定，申请人只要提交生效法律文书、承受权利的证明等，即具备申请执行人资格，这一资格在立案阶段已予审查，并向申请人送达了案件受理通知书；1号答复适用于执行程序中依受让人申请变更的情形，而本案申请人并非在执行过程中申请变更执行主体，因此不需要裁定变更申请执行主体。

裁判结果

最高人民法院于2012年12月11日作出（2012）执复字第26号执行裁定：撤销福建高院（2012）闽执异字第1号执行裁定书，由福建高院向两被执行人重新发出执行通知书。

裁判理由

最高人民法院认为：本案申请复议中争议焦点问题是，生效法律文书确定的权利人在进入执行程序前合法转让债权的，债权受让人即权利承受人可否作为申请执行人直接申请执行，是否需要裁定变更申请执行主体，以及执行中如何处理债权转让合同效力争议问题。

一、关于是否需要裁定变更申请执行主体的问题。变更申请执行主体是在根据原申请执行人的申请已经开始了的执行程序中，变更新的权利人为申请执行人。根据《执行规定》第18条、第20条①的规定，权利承受人有权以自己的名义申请执行，只要向人民法院提交承受权利的证明文件，证明自己是生效法律文书确定的权利承受人的，即符合受理执行案件的条件。这种情况不属于严格意义上的变更申请执行主体，但二者的法律基础相同，故也可以理解为广义上的申请执行主体变更，即通过立案阶段解决主体变更问题。1号答复的意见是，《执行规定》第18条②可以作为变更申请执行主体的法律依据，并且认为债权受让人可以视为该条规定中的权利承受人。本案中，生效判决确定的原权利人2234公司在执行开始之前已经转让债权，并未作为申请执行人参加执行程序，而是权利受让人李晓玲、李鹏裕依据《执行规定》第18条③的规定直接申请执行。因其申请已经法院立案受理，受理的方式不是通过裁定而是发出受理通知，债权受让人已经成为申请执行人，故并不需要执行法院再作出变更主体的裁定，然后发出执行通知，而应当直接发出执行通知。实践中有的法院在这种情况下先以原权利人作为申请执行人，待执行开始后再作出变更主体裁定，因其只是增加了工作量，而并无实质性影响，故并不被认为程序上存在问题。但不能由此反过来认为没有作出变更主体裁定是程序错误。

二、关于债权转让合同效力争议问题，原则上应当通过另行提起诉讼解决，执行程序不是审查判断和解决该问题的适当程序。被执行人主张转让合同无效所援引的《纪要》第五条也规定：在受让人向债务人主张债权的诉讼中，债务人提出不良债权转让合同无效抗辩的，人民法院应告知其向同一人民法院另行提起不良债权转让合同无效的诉讼；债务人不另行起诉的，人民法院对其抗辩不予支持。关于李鹏裕的申请执行人资格问题。因本案在异议审查中查明，李鹏裕明确表示其已经退出债权受让，不再参与本案执行，故后续执行中应不再将李鹏裕列为申请执行人。但如果没有其他因素，该事实不影响另一债权受让人李晓玲的受让和申请执行资格。李晓玲要求继续执行的，福建高院应以李晓玲为申请执行人继续执行。

---

① 《执行规定》(2020年修正)第16条、第18条。

② 《执行规定》(2020年修正)第16条。

③ 《执行规定》(2020年修正)第16条。

【实务问答】

1. 如何理解进入执行程序前申请执行主体的变更？

变更申请执行主体，一般是指在根据原申请执行人的申请已开始了的执行程序中，变更新的权利人为申请执行人的情形。严格来说，执行立案前已完成的债权转让，而且原债权人一直未参与执行程序，即申请执行的主体自始就是权利承受人。此种情形虽与变更申请执行主体有着相同的法律基础，但实际上其并不完全符合“变更”的概念。此外，执行程序不同于审判程序，效率是执行程序重要且优先的价值取向。本指导案例中，争议焦点在于“债权转让后权利承受人直接申请执行的，执行法院未作出变更申请执行主体的裁定，仅发出执行通知书是否合法”。该指导案例确认了权利承受人即受让人有权以自己的名义申请执行，即权利承受人只要提交相关证明文件，证明自己是生效法律文书确定的权利承受人，符合受理执行案件的条件，法院立案审查后发出立案受理通知，表明确认了新的权利受让人可作为申请执行人，无须再作出变更裁定。如此，可简化程序，这种做法也符合执行程序的效率追求。

2. 执行程序前变更申请执行人的适用范围是什么？

在申请执行人的变更上，从当前规定看，最高人民法院对金融资产管理公司收购、处置国有银行不良资产的情形，明确规定金融资产管理公司、债权受让人可成为申请执行主体。但这并不具有普适性，本指导案例作为变更申请执行人程序的有效补充，在实践中则具有较为普遍的指导意义。案例中涉及的债权转让合同，虽属金融资产管理公司转让不良债权的性质，但关于如何处理申请主体变更的结论，并非仅适用于金融不良债权案件，也适用于普通执行案件。被执行人针对变更申请执行主体提出异议，若不涉及债权转让合同效力的，可依照《民事诉讼法》有关规定作为执行异议审查，并赋予当事人申请复议的权利。若被执行人异议理由主要涉及债权转让合同效力的，应提示被执行人提起诉讼。因合同是否有效属于审判程序解决的问题，执行程序并非审查合同效力的适当程序，被执行人主张债权转让合同无效的，应另行提起诉讼。此外，关于进入执行程序后如何变更申请执行人的问题，实践中，一般参照变更被申请执行人的有关规定，采取裁定方式变更。

【适用实例】

中保世纪资产管理（北京）有限公司执行复议案执行裁定书

复议申请人中保世纪资产管理（北京）有限公司不服辽宁省沈阳市皇姑区人民法院执行裁定，向辽宁省沈阳市中级人民法院申请复议。

锦州汇千经贸有限公司与辽宁华塑实业集团有限公司、辽宁鑫塑源实业有限公司、大连辽塑贸易有限公司、孙某军、柳某债权转让合同纠纷案，由辽宁省沈阳市皇姑区人民法院立案执行并作出执行裁定书，以“本案申请执行人与本院（2016）辽0105民初4666号民事判决书确定的权利人锦州汇千经贸有限公司于2016年8月5日签订债权转让协议，而法院判决于2017年2月14日生效，本案申请执行人未在审判阶段提出变更申请，且本案申请执行人承受权利未经司法确认，故本案申请执行人的执行立案申请不符合立案条件”为由，裁定驳回申请执行人中保世纪资产管理（北京）有限公司的执行申请。

中保世纪资产管理（北京）有限公司不服，向执行法院提出异议称：（一）异议人根据《合同法》第79条和第80条①规定通过债权转让方式依法取得对被执行人享有的全部债权及相关担保权益，法律并未规定取得债权之后立即变更，只规定债权转让未通知债务人的对债务人不发生效力，锦州汇千经贸有限公司也并未在审判阶段发出债权转让通知。（二）《执行规定》第18条第1款第2项②规定应理解为“申请执行人是生效法律文书确定的权利的承受人”，最高人民法院在《关于判决确定的金融不良债权多次转让人民法院能否裁定变更执行主体请示的答复》中也对上述理解予以肯定。异议人是生效法律文书确定的权利承受人，符合受理执行案件的条件。（三）最高人民法院**指导案例34号**，明确了生效法律文书确定的权利人在进入执行程序前合法转让债权的，受让人可以作为申请执行人直接申请执行。综上，请

① 《民法典》第545、546条。

② 《执行规定》（2020年修正）第16条第1款第2项。

求撤销（2017）辽0105执2143号执行裁定。

执行法院认为，2016年8月5日锦州汇千经贸有限公司与异议人中保世纪资产管理（北京）有限公司签订债权转让协议后，锦州汇千经贸有限公司已经丧失了继续出庭及接收法律文书的主体资格。依据锦州汇千经贸有限公司在未经中保世纪资产管理（北京）有限公司授权的情况下仍以原告的身份参与诉讼的事实，可推定双方签订的债权转让协议已因一方的法律行为导致无效，故中保世纪资产管理（北京）有限公司作为申请执行人已不适格，该院（2017）辽0105执2143号执行裁定并无不当。

辽宁省沈阳市中级人民法院认为，最高人民法院**指导案例34号**裁判要点为："生效法律文书确定的权利人在进入执行程序前合法转让债权的，债权受让人即权利承受人可以作为申请执行人直接申请执行，无须执行法院作出变更申请执行人的裁定。"在基本案情方面，第34号指导案例中记载："2012年1月11日由最高人民法院作出终审判决""在该判决作出之前的2011年6月8日，2234公司将其对于海洋股份公司和海洋实业公司的2274万元本金债权转让给李晓玲、李鹏裕，并签订《债权转让协议》"。本案中，复议申请人在执行法院立案环节以其具有《执行规定》第18条第1款第2项①所规定的"权利承受人"的主体资格为由向执行法院申请强制执行，并经执行法院立案部门受理后立为（2017）辽0105执2143号案件。在基本案情与法律适用方面均与第34号指导案例相类似。最高人民法院《关于案例指导工作的规定》第7条规定："最高人民法院发布的指导性案例，各级人民法院审判类似案例时应当参照。"因此，执行法院作出（2017）辽0105执2143号执行裁定书以其未在审判阶段提出变更申请为由裁定驳回其执行申请的行为错误，应予纠正。同时，执行法院在异议程序中认为锦州汇千经贸有限公司在签订债权转让协议之后已经失去相应诉讼主体资格，并进而推定双方债权转让协议因一方的行为而导致无效，缺少法律依据。综上，复议申请人中保世纪资产管理（北京）有限公司的理由成立，应予采纳。为此，裁定撤销沈阳市皇姑区人民法院（2017）辽0105执异359号执行裁定；撤销

① 《执行规定》（2020年修正）第16条第1款第1项。

沈阳市皇姑区人民法院（2017）辽0105执2143号执行裁定。[（2018）辽01执复80号]

108 指导案例35号

广东龙正投资发展有限公司与广东景茂拍卖行有限公司委托拍卖执行复议案

拍卖行与买受人有关联关系，评估价明显低于实际价格且未进行充分竞价，视为拍卖行与买受人恶意串通

（最高人民法院审判委员会讨论通过　2014年12月18日发布）

关键词：民事诉讼/执行复议/委托拍卖/恶意串通/拍卖无效

裁判要点

拍卖行与买受人有关联关系，拍卖行为存在以下情形，损害与标的物相关权利人合法权益的，人民法院可以视为拍卖行与买受人恶意串通，依法裁定该拍卖无效：（1）拍卖过程中没有其他无关联关系的竞买人参与竞买，或者虽有其他竞买人参与竞买，但未进行充分竞价的；（2）拍卖标的物的评估价明显低于实际价格，仍以该评估价成交的。

相关法条

《中华人民共和国民法通则》第五十八条①

《中华人民共和国拍卖法》第六十五条

基本案情

广州白云荔发实业公司（以下简称荔发公司）与广州广丰房产建设有限公司（以下简称广丰公司）、广州银丰房地产有限公司（以下简称银丰公

① 《民法典》第144、145、148、150、154条。

司）、广州金汇房产建设有限公司（以下简称金汇公司）非法借贷纠纷一案，广东省高级人民法院（以下简称广东高院）于1997年5月20日作出（1996）粤法经一初字第4号民事判决，判令广丰公司、银丰公司共同清偿荔发公司借款160647776.07元及利息，金汇公司承担连带赔偿责任。

广东高院在执行前述判决过程中，于1998年2月11日裁定查封了广丰公司名下的广丰大厦未售出部分，面积18851.86m2。次日，委托广东景茂拍卖行有限公司（以下简称景茂拍卖行）进行拍卖。同年6月，该院委托的广东粤财房地产评估所出具评估报告，结论为：广丰大厦该部分物业在1998年6月12日的拍卖价格为102493594元。后该案因故暂停处置。

2001年初，广东高院重新启动处置程序，于同年4月4日委托景茂拍卖行对广丰大厦整栋进行拍卖。同年11月初，广东高院在报纸上刊登拟拍卖整栋广丰大厦的公告，要求涉及广丰大厦的所有权利人或购房业主，于2001年11月30日前向景茂拍卖行申报权利和登记，待广东高院处理。根据公告要求，向景茂拍卖行申报的权利有申请交付广丰大厦预售房屋、回迁房屋和申请返还购房款、工程款、银行借款等，金额高达15亿多元，其中，购房人缴纳的购房款逾2亿元。

2003年8月26日，广东高院委托广东财兴资产评估有限公司（即原广东粤财房地产评估所）对广丰大厦整栋进行评估。同年9月10日，该所出具评估报告，结论为：整栋广丰大厦（用地面积3009m2，建筑面积34840m2）市值为3445万元，建议拍卖保留价为市值的70%即2412万元。同年10月17日，景茂拍卖行以2412万元将广丰大厦整栋拍卖给广东龙正投资发展有限公司（以下简称龙正公司）。广东高院于同年10月28日作出（1997）粤高法执字第7号民事裁定，确认将广丰大厦整栋以2412万元转给龙正公司所有。2004年1月5日，该院向广州市国土房管部门发出协助执行通知书，要求将广丰大厦整栋产权过户给买受人龙正公司，并声明原广丰大厦的所有权利人，包括购房人、受让人、抵押权人、被拆迁人或拆迁户等的权益，由该院依法处理。龙正公司取得广丰大厦后，在原主体框架结构基础上继续投入资金进行续建，续建完成后更名为“时代国际大厦”。

2011年6月2日，广东高院根据有关部门的意见对该案复查后，作出(1997)粤高法执字第7-1号执行裁定，认定景茂拍卖行和买受人龙正公司的股东系亲属，存在关联关系。广丰大厦两次评估价格差额巨大，第一次评估了广丰大厦约一半面积的房产，第二次评估了该大厦整栋房产，但第二次评估价格仅为第一次评估价格的35%，即使考虑市场变化因素，其价格变化也明显不正常。根据景茂拍卖行报告，拍卖时有三个竞买人参加竞买，另外两个竞买人均未举牌竞价，龙正公司因而一次举牌即以起拍价2412万元竞买成功。但经该院协调有关司法机关无法找到该二人，后书面通知景茂拍卖行提供该二人的竞买资料，景茂拍卖行未能按要求提供；景茂拍卖行也未按照《拍卖监督管理暂行办法》第四条“拍卖企业举办拍卖活动，应当于拍卖日前七天内到拍卖活动所在地工商行政管理局备案……拍卖企业应当在拍卖活动结束后7天内，将竞买人名单、身份证明复印件送拍卖活动所在地工商行政管理局备案”的规定，向工商管理部门备案。现有证据不能证实另外两个竞买人参加了竞买。综上，可以认定拍卖人景茂拍卖行和竞买人龙正公司在拍卖广丰大厦中存在恶意串通行为，导致广丰大厦拍卖不能公平竞价、损害了购房人和其他债权人的利益。根据《中华人民共和国民法通则》（以下简称《民法通则》）第五十八条①、《中华人民共和国拍卖法》（以下简称《拍卖法》）第六十五条的规定，裁定拍卖无效，撤销该院2003年10月28日作出的（1997）粤高法执字第7号民事裁定。对此，买受人龙正公司和景茂拍卖行分别向广东高院提出异议。

龙正公司和景茂拍卖行异议被驳回后，又向最高人民法院申请复议。主要复议理由为：对广丰大厦前后两次评估的价值相差巨大的原因存在合理性，评估结果与拍卖行和买受人无关；拍卖保留价也是根据当时实际情况决定的，拍卖成交价是当时市场客观因素造成的；景茂拍卖行不能提供另外两名竞买人的资料，不违反《拍卖法》第五十四条第二款关于“拍卖资料保管期限自委托拍卖合同终止之日起计算，不得少于五年”的规定；拍卖广丰大厦的拍卖过程公开、合法，拍卖前曾四次在报纸上刊出拍卖公告，法律没有

① 《民法典》第144、145、148、150、154条。

禁止拍卖行股东亲属的公司参与竞买。故不存在拍卖行与买受人恶意串通、损害购房人和其他债权人利益的事实。广东高院推定竞买人与拍卖行存在恶意串通行为是错误的。

裁判结果

广东高院于2011年10月9日作出（2011）粤高法执异字第1号执行裁定：维持（1997）粤高法执字第7-1号执行裁定意见，驳回异议。裁定送达后，龙正公司和景茂拍卖行向最高人民法院申请复议。最高人民法院于2012年6月15日作出（2012）执复字第6号执行裁定：驳回龙正公司和景茂拍卖行的复议请求。

裁判理由

最高人民法院认为：受人民法院委托进行的拍卖属于司法强制拍卖，其与公民、法人和其他组织自行委托拍卖机构进行的拍卖不同，人民法院有权对拍卖程序及拍卖结果的合法性进行审查。因此，即使拍卖已经成交，人民法院发现其所委托的拍卖行为违法，仍可以根据《民法通则》第五十八条①、《拍卖法》第六十五条等法律规定，对在拍卖过程中恶意串通，导致拍卖不能公平竞价、损害他人合法权益的，裁定该拍卖无效。

买受人在拍卖过程中与拍卖机构是否存在恶意串通，应从拍卖过程、拍卖结果等方面综合考察。如果买受人与拍卖机构存在关联关系，拍卖过程没有进行充分竞价，而买受人和拍卖机构明知标的物评估价和成交价明显过低，仍以该低价成交，损害标的物相关权利人合法权益的，可以认定双方存在恶意串通。

本案中，在景茂拍卖行与买受人之间因股东的亲属关系而存在关联关系的情况下，除非能够证明拍卖过程中有其他无关联关系的竞买人参与竞买，且进行了充分的竞价，否则可以推定景茂拍卖行与买受人之间存在串通。该竞价充分的举证责任应由景茂拍卖行和与其有关联关系的买受人承担。2003年拍卖结束后，景茂拍卖行给广东高院的拍卖报告中指出，还有另外两个自

---

① 《民法典》第144、145、148、150、154条。

然人参加竞买，现场没有举牌竞价，拍卖中仅一次叫价即以保留价成交，并无竞价。而买受人龙正公司和景茂拍卖行不能提供其他两个竞买人的情况。经审核，其复议中提供的向工商管理部门备案的材料中，并无另外两个竞买人参加竞买的资料。拍卖资料经过了保存期，不是其不能提供竞买人情况的理由。据此，不能认定有其他竞买人参加了竞买，可以认定景茂拍卖行与买受人龙正公司之间存在串通行为。

鉴于本案拍卖系直接以评估机构确定的市场价的70%之保留价成交的，故评估价是否合理对于拍卖结果是否公正合理有直接关系。之前对一半房产的评估价已达一亿多元，但是本次对全部房产的评估价格却只有原来一半房产评估价格的35%。拍卖行明知价格过低，却通过亲属来购买房产，未经多轮竞价，严重侵犯了他人的利益。拍卖整个楼的价格与评估部分房产时的价格相差悬殊，拍卖行和买受人的解释不能让人信服，可以认定两者间存在恶意串通。同时，与广丰大厦相关的权利有申请交付广丰大厦预售房屋、回迁房屋和申请返还购房款、工程款、银行借款等，总额达15亿多元，仅购房人登记所交购房款即超过2亿元。而本案拍卖价款仅为2412万元，对于没有优先受偿权的本案申请执行人毫无利益可言，明显属于无益拍卖。鉴于景茂拍卖行负责接受与广丰大厦相关的权利的申报工作，且买受人与其存在关联关系，可认定景茂拍卖行与买受人对上述问题也应属明知。因此，对于此案拍卖导致与广丰大厦相关的权利人的权益受侵害，景茂拍卖行与买受人龙正公司之间构成恶意串通。

综上，广东高院认定拍卖人景茂拍卖行和买受人龙正公司在拍卖广丰大厦中存在恶意串通行为，导致广丰大厦拍卖不能公平竞价、损害了购房人和其他债权人的利益，是正确的。故（1997）粤高法执字第7-1号及（2011）粤高法执异字第1号执行裁定并无不当，景茂拍卖行与龙正公司申请复议的理由不能成立。

【实务问答】

1. 执行法院能否对执行中委托拍卖机构进行的拍卖进行监督与审查?

法院在强制执行过程中委托拍卖机构实施的拍卖，与自然人、法人和非法人组织等基于自主民事行为自行委托拍卖机构进行的任意拍卖不同，它是一种强制拍卖，是法院基于国家强制力、作为执行机关将被执行人的财产按照拍卖的方式出卖给最高应价者，以取得价金用于向债权人清偿的执行措施。尽管对拍卖机构的授权是以委托形式表现出来的，但实际上拍卖机构所实施的拍卖仍然是司法强制执行措施的延伸，本质上系司法行为的一部分，执行法院需要就拍卖结果对当事人及利害关系人负责。拍卖行和竞买人除应当遵守民事主体参加民事活动的基本法律原则和行业管理规范以外，还应遵守法律和司法解释关于司法拍卖的专门规定，遵守执行法院就拍卖做出的特定指示。执行法院有权对拍卖程序、拍卖结果的合法性进行监督审查。因此，即便是已经履行完毕的司法拍卖，法院经司法审查后认为拍卖行为违法的，仍有权宣布该拍卖无效。本指导案例将该行为认定为恶意串通导致拍卖无效，是因为该行为同时具备以下几个要件：（1）拍卖机构与买受人存在关联关系；（2）无其他竞买人或竞价不充分；（3）成交价格过低；（4）损害标的物相关方的合法权益。如参照与本案例相类似的案件，应符合上述要件。当然，并不排除个案拍卖过程中存在的具体问题，所以需要对认定构成恶意串通的要件作出进一步分析，限缩构成要件的因素。同时，也不排除因拍卖行为存在其他问题而认定拍卖无效。

需要注意，虽然执行中的委托拍卖应当主要遵守专门调整司法拍卖的法律规范以及相关司法解释，但《拍卖法》作为规范拍卖机构拍卖行为的一般性法律，拍卖机构在受法院委托的拍卖活动中，也应遵守。对于尚无司法解释专门规定的一些司法拍卖事项和问题，则应当适用普通拍卖的一般原则及具体规则。在这个意义上说，《拍卖法》的相关规定，在与有关执行程序的法律和司法解释规定的目的和原则不相冲突的前提下，也构成司法拍卖的补充性法律规范。对于司法拍卖无效的问题，在缺乏相应具体司法解释的情况下，对于确实具有无效因素的司法拍卖，可援引《民法典》和《拍卖法》的相关规定予以处理。因而，《拍卖法》第65条关于“竞买人之间、竞买人与拍卖人之间恶意串通给他人造成损害的，拍卖无效”的规定，对司法拍卖亦同样适用。

2. 竞买人为一人的拍卖是否有效?

该问题在实践中存有争议。一种观点认为，仅有一人参加竞买，则违反了《拍卖法》第3条关于拍卖应当公开竞价的规定，拍卖程序无效。另一种观点认为，法院强制拍卖不同于一般的拍卖，强制拍卖的目的是变现被执行人的财产，实现债权人的债权，其立足点是保障债权人的利益。拍卖标的物向社会大众公开拍卖后，仅有一个人竞买，比没有人竞买更符合债权人的利益，更有利于执行工作的顺利进行。就目前而言，主流观点尚不支持直接以一人竞买为由认定拍卖无效。此外，最高人民法院**指导案例125号**具体涉及一人参与拍卖的效力问题，我们将在该指导案例的【实务问答】部分对“一人竞买的法律效力”进一步解读。

【适用实例】

哈尔滨万银小额贷款股份有限公司与武某生执行异议案执行裁定书

在黑龙江省哈尔滨市道里区人民法院执行异议人哈尔滨万银小额贷款股份有限公司（以下简称万银公司）与被执行人武某生民间借贷纠纷一案中，该院于2018年9月8日作出（2017）黑0102执110号之四执行裁定书，裁定撤销其作出的（2017）黑0102执110号之三执行裁定书及协助执行通知书；同日，作出（2017）黑0102执110号之五执行裁定书，裁定冻结申请人万银公司银行存款293,816元。异议人万银公司对上述两裁定不服，向该院提出书面异议。

万银公司异议称，万银公司诉武某生借款纠纷执行一案由黑龙江省哈尔滨市道里区人民法院依法拍卖武某生的奥迪Q7车，该车辆拍卖过程合法有效，拍卖标的车辆经过评估鉴定，评估鉴定结论证明该车辆符合拍卖要求，是合法车辆。拍卖成功后买受人接收该车辆时也对车辆进行了认真的检查，检查无误后才接收了该车辆。通过上述情况可以断定万银公司交付的车辆没有问题。万银公司于2018年7月13日交付该车辆给买受人，买受人是在5日后，即2018年7月19日向黑龙江省哈尔滨市道里区人民法院提出车辆存在问题。所以该车辆的问题有可能是买受人造成的，现有证据不能排除一种可能，买受人在买受车辆后，因车辆销售价格低于预期或车辆使用存在不如意等原因，对车辆进行处理，致使车辆出现问题。黑龙江省哈尔滨市道里区人民法院违反法律规定，作出撤销拍卖结果的裁定，依据的是最高人民法院《关于人民法院网络司法拍卖若干问题的规定》（以下简称《网络司法拍卖规定》）第31条，该条是针对当事人、利害关系人提出的异议请求撤销网络司法拍卖的条款，显然本案应当按照执行异议程序进行审理，但是黑龙江省哈尔滨市道里区人民法院未经开庭审理或听证就裁定撤销已生效的执行裁定，且撤销生效裁定的裁定是由原合议庭作出，这违反了《执行异议和复议案件规定》第11条的规定，人民法院审查执行异议或者复议案件，应当依法组成合议庭，办理执行实施案件的人员不得参与相关执行异议和复议案件的审查。这样的违法裁定剥夺了申请人的诉讼权利，致使无过错的申请人的财产权利遭受重大损失。

黑龙江省哈尔滨市道里区人民法院认为，如果要判断万银公司提出的异议请求能否成立，使应对本院作出的（2017）黑0102执110号之四、（2017）黑0102执110号之五执行裁定书是否存在违反法律规定的问题进行审查。首先，法院作出的（2017）黑0102执110号之四执行裁定书并无不当，理由如下：一是根据车辆管理所提供的情况说明，该拍卖车辆因存在车窗玻璃生产年份代码被涂改、行车电脑储存车辆识别代号与登记信息不一致等情况，无法确定车辆真实唯一性，无法办理转移登记，买受人房雷拍卖目的不能实现；二是根据最高人民法院**指导案例35号**，最高人民法院在该案中认为，受法院委托进行拍卖属于司法强制拍卖，人民法院发现拍卖有错误的，有权宣布无效或予以撤销。该指导案例中即在执行实施程序作出撤销拍卖的裁定，故本院未通过执行异议程序作出的（2017）黑0102执110号之四执行裁定书并无不当，关于万银公司提出的车辆存在的问题不排除发生在交付买受人之后的理由，因万银公司无证据予以证明，故本院不予支持。其次，因拍卖已经撤销，买受人房雷已将拍卖车辆交还，故本院针对已经支付给万银公司拍卖车款293,816元予以冻结亦无不当。再次，关于万银公司提出的“依法调查致使涉案车辆不能更名的原因，追究相关责任人员的行政、民事赔偿责任直至追究其刑事责任”的异议请求，不属于执行异议审查的范围。综上，万银公司提出的异议请求不成立，应予驳回。[（2018）黑0102执异89号]

109 指导案例 36 号

中投信用担保有限公司与海通证券股份有限公司等证券权益纠纷执行复议案

不能将被执行人收到执行通知前已清偿另案执行法院确认的债务纳入执行范围

（最高人民法院审判委员会讨论通过 2014 年 12 月 18 日发布）

关键词：民事诉讼/执行复议/到期债权/协助履行

裁判要点

被执行人在收到执行法院执行通知之前，收到另案执行法院要求其向申请执行人的债权人直接清偿已经法院生效法律文书确认的债务的通知，并清偿债务的，执行法院不能将该部分已清偿债务纳入执行范围。

相关法条

《中华人民共和国民事诉讼法》第二百二十四条第一款①

基本案情

中投信用担保有限公司（以下简称中投公司）与海通证券股份有限公司（以下简称海通证券）、海通证券股份有限公司福州广达路证券营业部（以下简称海通证券营业部）证券权益纠纷一案，福建省高级人民法院（以下简称福建高院）于 2009 年 6 月 11 日作出（2009）闽民初字第 3 号民事调解书，已经发生法律效力。中投公司于 2009 年 6 月 25 日向福建高院申请执行。福建高院于同年 7 月 3 日立案执行，并于当月 15 日向被执行人海通证券营业部、海通证券发出（2009）闽执行字第 99 号执行通知书，责令其履行法律文书确定的义务。

被执行人海通证券及海通证券营业部不服福建高院（2009）闽执行字第

① 《民事诉讼法》（2021 年修正）第 251 条第 1 款。

99号执行通知书，向该院提出书面异议。异议称：被执行人已于2009年6月12日根据北京市东城区人民法院（以下简称北京东城法院）的履行到期债务通知书，向中投公司的执行债权人潘鼎履行其对中投公司所负的到期债务11222761.55元，该款汇入了北京东城法院账户；上海市第二中级人民法院（以下简称上海二中院）为执行上海中维资产管理有限公司与中投公司纠纷案，向其发出协助执行通知书，并于2009年6月22日扣划了海通证券的银行存款8777238.45元。以上共计向中投公司的债权人支付了2000万元，故其与中投公司之间已经不存在未履行（2009）闽民初字第3号民事调解书确定的付款义务的事实，福建高院向其发出的执行通知书应当撤销。为此，福建高院作出（2009）闽执异字第1号裁定书，认定被执行人异议成立，撤销（2009）闽执行字第99号执行通知书。申请执行人中投公司不服，向最高人民法院提出了复议申请。申请执行人的主要理由是：北京东城法院的履行到期债务通知书和上海二中院的协助执行通知书，均违反了最高人民法院给江苏省高级人民法院的（2000）执监字第304号关于法院判决的债权不适用《关于适用〈中华人民共和国民事诉讼法〉若干问题的意见》第300条规定（以下简称意见第300条）的复函精神，福建高院的裁定错误。

裁判结果

最高人民法院于2010年4月13日作出（2010）执复字第2号执行裁定，驳回中投信用担保有限公司的复议请求，维持福建高院（2009）闽执异字第1号裁定。

裁判理由

最高人民法院认为：最高人民法院（2000）执监字第304号复函是针对个案的答复，不具有普遍效力。随着民事诉讼法关于执行管辖权的调整，该函中基于执行只能由一审法院管辖，认为经法院判决确定的到期债权不适用意见第300条的观点已不再具有合理性。对此问题正确的解释应当是：对经法院判决（或调解书，以下通称判决）确定的债权，也可以由非判决法院按照意见第300条规定的程序执行。因该到期债权已经法院判决确定，故第三人（被执行人的债务人）不能提出债权不存在的异议（否认生效判决的定论）。本案中，北京东城法院和上海二中院正是按照上述精神对福建高院

(2009)闽民初字第3号民事调解书确定的债权进行执行的。被执行人海通证券无权对生效调解书确定的债权提出异议，不能对抗上海二中院强制扣划行为，其自动按照北京东城法院的通知要求履行，也是合法的。

被执行人海通证券营业部、海通证券收到有关法院通知的时间及其协助有关法院执行，是在福建高院向其发出执行通知之前。在其协助有关法院执行后，其因（2009）闽民初字第3号民事调解书而对于申请执行人中投公司负有的2000万元债务已经消灭，被执行人有权请求福建高院不得再依据该调解书强制执行。

综上，福建高院（2009）闽执异字第1号裁定书认定事实清楚，适用法律正确。故驳回中投公司的复议请求，维持福建高院（2009）闽执异字第1号裁定。

【实务问答】

1. 如何执行被执行人的到期债权？

《民诉法解释》规定，人民法院执行被执行人对他人的到期债权，可以作出冻结债权的裁定，并通知该他人向申请执行人履行。该他人对到期债权有异议，申请执行人请求对异议部分强制执行的，人民法院不予支持。利害关系人对到期债权有异议的，人民法院应当按照《民事诉讼法》第227条规定处理。对生效法律文书确定的到期债权，该他人予以否认的，人民法院不予支持。

最高人民法院**指导案例36号**主要涉及《92年意见》（已失效）第300条规定："被执行人不能清偿债务，但对第三人享有到期债权的，人民法院可依申请执行人的申请，通知该第三人向申请执行人履行债务。该第三人对债务没有异议但又在通知指定的期限内不履行的，人民法院可以强制执行。"而2015年《民诉法解释》第501条已对该指导案例所涉法律问题予以明确。该条第1款规定："人民法院执行被执行人对他人的到期债权，可以作出冻结债权的裁定，并通知该他人向申请执行人履行。"该条第3款规定："对生效法律文书确定的到期债权，该他人予以否认的，人民法院不予支持"。根据规定，到期债权包含经生效法律文书确定的债权，且债务人不能对该到期债权予以否认。此外，该条款中用“该他人”取代了《92年意见》（已失效）第300条中的“第三人”，避免与民事诉讼中的第三人制度发生混淆，更为严谨。需要说明的是，关于能否对第三人债权执行的问题。在《民诉法解释》制定时，一种意见认为，《92年意见》关于第三人债权执行制度的规定突破了合同相对性且欠缺正当理由，应予删除。另一种意见认为，对第三人债权执行制度应在保留的基础上予以完善，具体应当完善“与代位诉讼制度的衔接”“禁止第三人否定生效法律文书确定债权的存在”等内容。2015年《民诉法解释》第501条的内容在制定时即吸收了第二种意见。该条第1款主要有3项内容。一是执行被执行人对第三人的债权仅限于到期债权。二是冻结该债权需要作出裁定。三是可以通知第三人向被执行人履行。该条第2款则规定了第三人及相关权利人的救济。第三人对其与被执行人之间的债权债务关系提出异议的，执行法院不得继续执行该债权，而应由申请执行人通过代位诉讼救济权利。若相关权利人对该到期债权有异议的，如主张是该到期债权的真实权利人，可按照《民事诉讼法》第234条（案外人异议）的规定进行救济。该条第3款规定对生效法律文书确定的到期债权，第三人不能予以否认。需要注意的是，这里只是规定当事人不能否认生效法律文书确定的债权，但若在判决作出后履行了相应债务，则有权提出已履行的异议。

2. 执行被执行人债权时对其他主体合法权益如何进行保护？

由于被执行人的债权必然涉及其他主体的利益，故对该债权执行时需要注意其他相关主体合法权益的保护。一是应正确把握债权执行的制度精神，既要保证申请执行人生效法律文书确定债权的实现，也要注意保护次债务人、相关利害关系人的合法权益。二是要正确理解债权执行与代位权制度的关系。只有次债务人对债权无异议的，才能予以执行。一旦次债务人提出了异议，申请执行人就无法再通过执行程序向次债务人求偿，而是应该通过代位权诉讼途径主张权利。三是注意保护利害关系人的权利，若其异议符合《民事诉讼法》第234条案外人异议的条件，或其债权符合参与分配的条件时，应依法保护其程序性权利与实体性权利。

【适用实例】

杜某雄与武汉治历置业集团有限公司借款合同纠纷执行监督案执行裁定书

杜某雄在与被执行人武汉治历置业集团有限公司（以下简称武汉治历公司）、湖北治历实业有限责任公司（以下简称湖北治历公司）、朱某彬、徐某礼、利害关系人湖北山河地产集团有限公司（曾用名湖北益鹏置业有限公司、以下简称湖北山河公司）借款合同纠纷执行案中，不服湖北省高级人民法院执行裁定，向最高人民法院申请执行监督。

湖北省高级人民法院认为，黄冈市中级人民法院对被执行人武汉治历公司在第三人处享有的到期债权采取执行措施，本无不妥。但案涉债权经湖北省高级人民法院（2017）鄂民终165号民事判决生效确认并在武汉中院立案执行后，相关法院执行行为发生冲突。黄冈市中级人民法院在没有征得武汉市中级人民法院同意的情况下，已不具有武汉治历公司对湖北山河公司享有的到期债权的执行权。据此，2017年10月17日，湖北省高级人民法院作出（2017）鄂执复125号执行裁定，撤销黄冈市中级人民法院（2017）鄂11执异11号执行裁定；撤销黄冈中院（2016）鄂11执10号、之一通知书、黄冈中院（2016）鄂11执10号之三、之四、之五执行裁定、黄冈中院（2016）鄂11执10号协助执行通知书；驳回湖北山河公司的其他复议申请。

最高人民法院认为，本案的争议焦点是执行管辖权是否构成阻却执行法院对第三人处到期债权采取执行措施的事由。执行过程中，将被执行人对他人所享有的到期债权，作为一种可供执行的财产予以执行，对于解决实践中大量的连环债务问题具有积极意义。根据最高人民法院**指导案例36号**中投信用担保有限公司与海通证券股份有限公司等证券权益纠纷执行复议案的案例要旨，被执行人在收到执行法院执行通知之前，收到另案执行法院要求其向申请执行人的债权人直接清偿法院已经生效的法律文书确认债务的通知，并清偿债务的，执行法院不能将该部分已清偿债务纳入执行范围。该案例的处理意见，事实上肯定了实践中对经人民法院生效民事判决确定的债权，可由非该判决执行法院予以处置的做法，执行管辖权不构成阻却另案执行法院对第三人处到期债权采取执行措施的事由。黄冈市中级人民法院可以根据

《民诉法解释》第501条①，对生效法律文书确定的到期债权采取执行措施。而多个法院对同一执行标的采取执行措施的顺序，应按查封顺位依次进行，在先保全债权的执行法院，对该财产性权益具有执行顺位上的优先性。湖北省高级人民法院为协调黄冈、武汉两地执行冲突，在该院（2017）鄂执复125号执行裁定中认为，黄冈市中级人民法院在先执行行为因武汉市中级人民法院立案执行而应予撤销，但却没有考虑武汉市中级人民法院亦应尊重另案执行法院债权保全的法律效力等情况，该处理意见理据不足。此外，本案复议审查中，湖北省高级人民法院未对湖北山河公司提出的该公司已无可供执行的到期债权、与武汉治历公司存在互负债务应予抵销、应解除对该公司财产所有查封措施等复议请求，予以审查。

综上，杜某雄的部分申诉理由，于法有据，应予支持。湖北省高级人民法院执行裁定遗漏当事人复议请求，处理意见亦欠当。为此，裁定撤销湖北省高级人民法院（2017）鄂执复125号执行裁定；指令湖北省高级人民法院重新审查。[（2018）最高法执监46号]

110 指导案例37号

上海金纬机械制造有限公司与瑞士瑞泰克公司仲裁裁决执行复议案

我国法院对被申请执行人或其财产在我国领域内的涉外仲裁裁决具有执行管辖权

（最高人民法院审判委员会讨论通过　2014年12月18日发布）

关键词：民事诉讼/执行复议/涉外仲裁裁决/执行管辖/申请执行期间起算

裁判要点

当事人向我国法院申请执行发生法律效力的涉外仲裁裁决，发现被申请

① 《民诉法解释》（2022年修正）第499条。

执行人或者其财产在我国领域内的，我国法院即对该案具有执行管辖权。当事人申请法院强制执行的时效期间，应当自发现被申请执行人或者其财产在我国领域内之日起算。

相关法条

《中华人民共和国民事诉讼法》第二百三十九条、第二百七十三条①

基本案情

上海金纬机械制造有限公司（以下简称金纬公司）与瑞士瑞泰克公司（RETECH Aktiengesellschaft，以下简称瑞泰克公司）买卖合同纠纷一案，由中国国际经济贸易仲裁委员会于2006年9月18日作出仲裁裁决。2007年8月27日，金纬公司向瑞士联邦兰茨堡（Lenzburg）法院（以下简称兰茨堡法院）申请承认和执行该仲裁裁决，并提交了由中国中央翻译社翻译、经上海市外事办公室及瑞士驻上海总领事认证的仲裁裁决书翻译件。同年10月25日，兰茨堡法院以金纬公司所提交的仲裁裁决书翻译件不能满足《承认及执行外国仲裁裁决公约》（以下简称《纽约公约》）第四条第二点关于"译文由公设或宣誓之翻译员或外交或领事人员认证"的规定为由，驳回金纬公司申请。其后，金纬公司又先后两次向兰茨堡法院递交了分别由瑞士当地翻译机构翻译的仲裁裁决书译件和由上海上外翻译公司翻译、上海市外事办公室、瑞士驻上海总领事认证的仲裁裁决书翻译件以申请执行，仍被该法院分别于2009年3月17日和2010年8月31日，以仲裁裁决书翻译文件没有严格意义上符合《纽约公约》第四条第二点的规定为由，驳回申请。

2008年7月30日，金纬公司发现瑞泰克公司有一批机器设备正在上海市浦东新区展览，遂于当日向上海市第一中级人民法院（以下简称上海一中院）申请执行。上海一中院于同日立案执行并查封、扣押了瑞泰克公司参展机器设备。瑞泰克公司遂以金纬公司申请执行已超过《中华人民共和国民事诉讼法》（以下简称《民事诉讼法》）规定的期限为由提出异议，要求上海一中院不受理该案，并解除查封，停止执行。

---

① 《民事诉讼法》（2017年修正）第246、280条。

裁判结果

上海市第一中级人民法院于2008年11月17日作出（2008）沪一中执字第640－1民事裁定，驳回瑞泰克公司的异议。裁定送达后，瑞泰克公司向上海市高级人民法院申请执行复议。2011年12月20日，上海市高级人民法院作出（2009）沪高执复议字第2号执行裁定，驳回复议申请。

裁判理由

法院生效裁判认为：本案争议焦点是我国法院对该案是否具有管辖权以及申请执行期间应当从何时开始起算。

一、关于我国法院的执行管辖权问题

根据《民事诉讼法》的规定，我国涉外仲裁机构作出的仲裁裁决，如果被执行人或者其财产不在中华人民共和国领域内的，应当由当事人直接向有管辖权的外国法院申请承认和执行。鉴于本案所涉仲裁裁决生效时，被执行人瑞泰克公司及其财产均不在我国领域内，因此，人民法院在该仲裁裁决生效当时，对裁决的执行没有管辖权。

2008年7月30日，金纬公司发现被执行人瑞泰克公司有财产正在上海市参展。此时，被申请执行人瑞泰克公司有财产在中华人民共和国领域内的事实，使我国法院产生了对本案的执行管辖权。申请执行人依据《民事诉讼法》“一方当事人不履行仲裁裁决的，对方当事人可以向被申请人住所地或者财产所在地的中级人民法院申请执行”的规定，基于被执行人不履行仲裁裁决义务的事实，行使民事强制执行请求权，向上海一中院申请执行。这符合我国《民事诉讼法》有关人民法院管辖涉外仲裁裁决执行案件所应当具备的要求，上海一中院对该执行申请有管辖权。

考虑到《纽约公约》规定的原则是，只要仲裁裁决符合公约规定的基本条件，就允许在任何缔约国得到承认和执行。《纽约公约》的目的在于便利仲裁裁决在各缔约国得到顺利执行，因此并不禁止当事人向多个公约成员国申请相关仲裁裁决的承认与执行。被执行人一方可以通过举证已经履行了仲裁裁决义务进行抗辩，向执行地法院提交已经清偿债务数额的证据，这样即可防止被执行人被强制重复履行或者超标的履行的问题。因此，人民法院对该案行使执行管辖权，符合《纽约公约》规定的精神，也不会造成被执行人重复履行生效仲裁裁决义务的问题。

二、关于本案申请执行期间起算问题

依照《民事诉讼法》(2007年修正)第二百一十五条①的规定,"申请执行的期间为二年。""前款规定的期间,从法律文书规定履行期间的最后一日起计算;法律文书规定分期履行的,从规定的每次履行期间的最后一日起计算;法律文书未规定履行期间的,从法律文书生效之日起计算。"鉴于我国法律有关申请执行期间起算,是针对生效法律文书作出时,被执行人或者其财产在我国领域内的一般情况作出的规定;而本案的具体情况是,仲裁裁决生效当时,我国法院对该案并没有执行管辖权,当事人依法向外国法院申请承认和执行该裁决而未能得到执行,不存在怠于行使申请执行权的问题;被执行人一直拒绝履行裁决所确定的法律义务;申请执行人在发现被执行人有财产在我国领域内之后,即向人民法院申请执行。考虑到这类情况下,外国被执行人或者其财产何时会再次进入我国领域内,具有较大的不确定性,因此,应当合理确定申请执行期间起算点,才能公平保护申请执行人的合法权益。

鉴于债权人取得有给付内容的生效法律文书后,如债务人未履行生效文书所确定的义务,债权人即可申请法院行使强制执行权,实现其实体法上的请求权,此项权利即为民事强制执行请求权。民事强制执行请求权的存在依赖于实体权利,取得依赖于执行根据,行使依赖于执行管辖权。执行管辖权是民事强制执行请求权的基础和前提。在司法实践中,人民法院的执行管辖权与当事人的民事强制执行请求权不能是抽象或不确定的,而应是具体且可操作的。义务人瑞泰克公司未履行裁决所确定的义务时,权利人金纬公司即拥有了民事强制执行请求权,但是,根据《民事诉讼法》的规定,对于涉外仲裁机构作出的仲裁申请执行,如果被执行人或者其财产不在中华人民共和国领域内,应当由当事人直接向有管辖权的外国法院申请承认和执行。此时,因被执行人或者其财产不在我国领域内,我国法院对该案没有执行管辖权,申请执行人金纬公司并非其主观上不愿或怠于行使权利,而是由于客观上纠纷本身没有产生人民法院执行管辖连接点,导致其无法向人民法院申请执行。人民法院在受理强制执行申请后,应当审查申请是否在法律规定的时效期间内提出。具有执行管辖权是人民法院审查申请执行人相关申请的必要

① 《民事诉讼法》(2021年修正)第246条。

前提，因此应当自执行管辖确定之日，即发现被执行人可供执行财产之日，开始计算申请执行人的申请执行期限。

【实务问答】

1. 如何确定涉外仲裁裁决的执行管辖权？

《民事诉讼法》第280条就仲裁裁决执行的管辖做了规定："经中华人民共和国涉外仲裁机构裁决的，当事人不得向人民法院起诉。一方当事人不履行仲裁裁决的，对方当事人可以向被申请人住所地或者财产所在地的中级人民法院申请执行。"《仲裁法》第62条规定："当事人应当履行裁决。一方当事人不履行的，另一方当事人可以依照民事诉讼法的有关规定向人民法院申请执行。受申请的人民法院应当执行。"只要被执行人可供执行的财产在我国领域内，将产生我国国内人民法院的管辖连接点，人民法院即对该纠纷享有执行管辖权。即使仲裁权利人向域外法院申请了对我国涉外仲裁机构仲裁裁决的承认与执行，也并不意味着具有排除我国法院执行管辖的效力。换言之，只要仲裁义务人的财产处于我国领域内时，仲裁权利人向人民法院申请强制执行，人民法院仍可立案受理。《民事诉讼法》第287条第2款规定："中华人民共和国涉外仲裁机构作出的发生法律效力的仲裁裁决，当事人请求执行的，如果被执行人或者其财产不在中华人民共和国领域内，应当由当事人直接向有管辖权的外国法院申请承认和执行。"该内容属司法协助范畴，不影响外国法人财产在我国领域内时，人民法院可依法要求该外国法人履行我国仲裁机构作出的仲裁裁决确定的义务，这也是司法主权原则在执行工作中的体现。因而，根据上述内容可知，仲裁权利人向域外法院申请对我国涉外仲裁机构仲裁裁决的承认与执行，并不排除我国法院的执行管辖；外国自然人或法人在我国领域内能确定住所地或有可供执行财产的，住所地或财产所在地人民法院有执行管辖权。

2. 申请执行涉外仲裁裁决的期间如何起算？

仲裁裁决生效后，仲裁义务人未履行裁决所确定的义务时，仲裁权利人即拥有了民事强制执行请求权。《民事诉讼法》第246条规定申请执行的期间为2年，且该期间"从法律文书规定履行期间的最后一日起计算；法律文书规定分期履行的，从规定的每次履行期间的最后一日起计算；法律文书未规定履行期间的，从法律文书生效之日起计算”。但就涉外仲裁裁决而言，因没有发现被执行人在我国领域内有住所地或可供执行财产，人民法院对该案没有执行管辖权，申请执行人并非其主观上不愿或怠于行使诉讼权利，而是由于客观上没有发现被执行人及其财产在我国领域内，案件没有产生人民法院执行管辖连接点，致其无法向人民法院申请执行。此种情况下，人民法院不能计算当事人申请执行期间，否则，将产生“没有管辖权的人民法院在不能受理当事人的执行申请，更不能对被执行人采取强制执行措施的情况下，却计算当事人申请执行期间”的矛盾。从另一角度来看，在执行管辖没有确定的情况下，当事人也没有取得向我国法院申请强制执行的权利。人民法院具有执行管辖权，受理强制执行申请后，亦应在当事人取得强制执行请求权后，审查其是否在法律规定的期间提出，而不能计算不存在的权利行使期间。本指导案例中，申请执行人一直在积极主张权利，多次向外国法院申请执行，三次提交由不同权威机构翻译的仲裁裁决翻译件，但均被外国法院以相同理由驳回，因此可认定其并不存在怠于行使自身权利的情况。

111 指导案例 117 号

中建三局第一建设工程有限责任公司与澳中财富（合肥）投资置业有限公司、安徽文峰置业有限公司执行复议案

民事调解书（笔录）载明第三人以债务承担方式加入债权债务关系的，可在该第三人债务承担范围内对其强制执行

（最高人民法院审判委员会讨论通过 2019 年 12 月 24 日发布）

关键词：执行/执行复议/商业承兑汇票/实际履行

裁判要点

根据民事调解书和调解笔录，第三人以债务承担方式加入债权债务关系

的，执行法院可以在该第三人债务承担范围内对其强制执行。债务人用商业承兑汇票来履行执行依据确定的债务，虽然开具并向债权人交付了商业承兑汇票，但因汇票付款账户资金不足、被冻结等不能兑付的，不能认定实际履行了债务，债权人可以请求对债务人继续强制执行。

相关法条

《中华人民共和国民事诉讼法》第225条①

基本案情

中建三局第一建设工程有限责任公司（以下简称中建三局一公司）与澳中财富（合肥）投资置业有限公司（以下简称澳中公司）建设工程施工合同纠纷一案，经安徽省高级人民法院（以下简称安徽高院）调解结案，安徽高院作出的民事调解书，确认各方权利义务。调解协议中确认的调解协议第一条第6款第2项、第3项约定本协议签订后为偿还澳中公司欠付中建三局一公司的工程款，向中建三局一公司交付付款人为安徽文峰置业有限公司（以下简称文峰公司）、收款人为中建三局一公司（或收款人为澳中公司并背书给中建三局一公司），金额总计为人民币6000万元的商业承兑汇票。同日，安徽高院组织中建三局一公司、澳中公司、文峰公司调解的笔录载明，文峰公司明确表示自己作为债务承担者加入调解协议，并表示知晓相关的义务及后果。之后，文峰公司分两次向中建三局一公司交付了金额总计为人民币陆千万元的商业承兑汇票，但该汇票因文峰公司相关账户余额不足、被冻结而无法兑现，也即中建三局一公司实际未能收到6000万元工程款。

中建三局一公司以澳中公司、文峰公司未履行调解书确定的义务为由，向安徽高院申请强制执行。案件进入执行程序后，执行法院冻结了文峰公司的银行账户。文峰公司不服，向安徽高院提出异议称，文峰公司不是本案被执行人，其已经出具了商业承兑汇票；另外，即使其应该对商业承兑汇票承担代付款责任，也应先执行债务人澳中公司，而不能直接冻结文峰公司的账户。

裁判结果

安徽省高级人民法院于2017年9月12日作出（2017）皖执异1号执行

① 《民事诉讼法》（2021年修正）第232条。

裁定：一、变更安徽省高级人民法院（2015）皖执字第00036号执行案件被执行人为澳中财富（合肥）投资置业有限公司。二、变更合肥高新技术产业开发区人民（2016）皖0191执10号执行裁定被执行人为澳中财富（合肥）投资置业有限公司。中建三局第一建设工程有限责任公司不服，向最高人民法院申请复议。最高人民法院于2017年12月28日作出（2017）最高法执复68号执行裁定：撤销安徽省高级人民法院（2017）皖执异1号执行裁定。

裁判理由

最高人民法院认为，涉及票据的法律关系，一般包括原因关系（系当事人间授受票据的原因）、资金关系（系指当事人间在资金供给或资金补偿方面的关系）、票据预约关系（系当事人间有了原因关系之后，在发出票据之前，就票据种类、金额、到期日、付款地等票据内容及票据授受行为订立的合同）和票据关系（系当事人间基于票据行为而直接发生的债权债务关系）。其中，原因关系、资金关系、票据预约关系属于票据的基础关系，是一般民法上的法律关系。在分析具体案件时，要具体区分原因关系和票据关系。

本案中，调解书作出于2015年6月9日，其确认的调解协议第一条第6款第2项约定：本协议签订后7个工作日内向中建三局一公司交付付款人为文峰公司、收款人为中建三局一公司（或收款人为澳中公司并背书给中建三局一公司）、金额为人民币叁仟万元整、到期日不迟于2015年9月25日的商业承兑汇票；第3项约定：于本协议签订后7个工作日内向中建三局一公司交付付款人为文峰公司、收款人为中建三局一公司（或收款人为澳中公司并背书给中建三局一公司）、金额为人民币叁仟万元整、到期日不迟于2015年12月25日的商业承兑汇票。同日，安徽高院组织中建三局一公司、澳中公司、文峰公司调解的笔录载明：承办法官询问文峰公司“你方作为债务承担者，对于加入本案和解协议的义务及后果是否知晓?”文峰公司代理人邵红卫答：“我方知晓。”承办法官询问中建三局一公司“你方对于安徽文峰置业有限公司加入本案和解协议承担债务是否同意?”中建三局一公司代理人付琦答：“我方同意。”综合上述情况，可以看出，三方当事人在签订调解协议时，有关文峰公司出具汇票的意思表示不仅对文峰公司出票及当事人之间授受票据等问题作出了票据预约关系范畴的约定，也对文峰公司加入中建三局一公司与澳中公司债务关系、与澳中公司一起向中建三局一公司承担债务问题作出了原因关系范畴的约定。因此，根据调解协议，文峰公司在票据预约关系层面有出票和交付票据的义务，在原因关系层面有就6000万元的债务承担向中建三局一公司清偿的义务。文峰公司如期开具真实、足额、合法的商业承兑汇票，仅是履行了其票据预约关系层面的义务，而对于其债务承担义务，因其票据付款账户余额不足、被冻结而不能兑付案涉汇票，其并未实际履行，中建三局一公司申请法院对文峰公司强制执行，并无不当。

（生效裁判审判人员：毛宜全、朱燕、邱鹏）

【实务问答】

1. 如何区分执行中的债务加入与执行和解协议？

执行和解协议是指在执行过程中，双方当事人自行和解达成的协议，一方当事人不履行和解协议的，人民法院可以根据对方当事人的申请，恢复对原生效法律文书的执行。而执行过程中的第三人加入债务协议，往往具有担保属性，是第三人为被执行人不被采取执行措施或暂缓执行，加入执行程序中来，与被执行人共同承担法律文书确定的义务。基于此可知，区分二者的主要途径在于根据双方达成协议时主体之身份来确定为执行和解协议还是执行中的债务加入。若以被执行人身份订立协议，双方所达成的协议使法院变更了执行措施，应认定为执行人与被执行人达成的执行和解协议。需要注意的是，在这种情况下，不应因该主体提出执行异议且其被执行人身份被撤销，而将协议认定为执行中第三人加入债务与申请人达成的协议。

2. 如何理解执行行为异议？

《民事诉讼法》第232条规定，当事人、利害关系人认为执行行为违反法律规定的，可以向负责执行的人民法院提出书面异议。当事人、利害关系人提出书面异议的，人民法院应当自收到书面异议之日起15日内审查，理由成立的，裁定撤销或者改正；理由不成立的，裁定驳回。当事人、利害关系人对裁定不服的，可以自裁定送达之日起10日内向上一级人民法院申请复议。

2007年《民事诉讼法》修改时，为加强和改进执行工作，在参照域外规定的基础上，新增了执行行为异议的内容。执行行为异议，是指在民事案件执行过程中，当事人、利害关系人认为执行行为违反法律规定并要求法院撤销或改正执行的请求。可以说，赋予当事人或利害关系人在执行程序中对其正当权利保护的救济途径是保证执行公正、公平的重要内容。关于执行行为异议及其复议，需要注意以下几点：(1) 就执行行为异议而言。首先，提出异议的方式应为书面。其次，法院审查执行行为异议，应在收到执行行为异议的15日内进行审查。最后，审查结果有两种。如果法院认为异议理由成立，应裁定撤销执行或改正违法的执行行为；若认为理由不成立，可裁定驳回。(2) 就对执行行为异议的复议而言。该条还规定了当事人、利害关系人在法院裁定驳回执行行为异议申请后的救济途径，即当事人、利害关系人对人民法院的裁定不服的，可以自裁定送达之日起10日内向上一级人民法院申请复议。申请复议的书面材料，可通过执行法院转交，也可直接向执行法院的上一级人民法院提交。另外需要注意的是，执行异议审查和异议期间，并不停止执行。但若被执行人、利害关系人能够提供充分、有效的担保，并请求停止相应处分措施的，法院可准许；申请执行人提供充分、有效的担保请求继续执行的，应继续执行。

112 指导案例118号

东北电气发展股份有限公司与国家开发银行股份有限公司、沈阳高压开关有限责任公司等执行复议案

撤销权诉讼撤销了财产转让合同并判令受让人向债务人返还财产，受让人未返还的，债权人可以债务人、受让人为被执行人申请强制执行

（最高人民法院审判委员会讨论通过　2019年12月24日发布）

关键词：执行/执行复议/撤销权/强制执行

裁判要点

1. 债权人撤销权诉讼的生效判决撤销了债务人与受让人的财产转让合同，并判令受让人向债务人返还财产，受让人未履行返还义务的，债权人可

以债务人、受让人为被执行人申请强制执行。2. 受让人未通知债权人，自行向债务人返还财产，债务人将返还的财产立即转移，致使债权人丧失申请法院采取查封、冻结等措施的机会，撤销权诉讼目的无法实现的，不能认定生效判决已经得到有效履行。债权人申请对受让人执行生效判决确定的财产返还义务的，人民法院应予支持。

相关法条

《中华人民共和国民事诉讼法》第225条①

基本案情

国家开发银行股份有限公司（以下简称国开行）与沈阳高压开关有限责任公司（以下简称沈阳高开）、东北电气发展股份有限公司（以下简称东北电气）、沈阳变压器有限责任公司、东北建筑安装工程总公司、新东北电气（沈阳）高压开关有限公司（现已更名为沈阳兆利高压电器设备有限公司，以下简称新东北高开）、新东北电气（沈阳）高压隔离开关有限公司（原沈阳新泰高压电气有限公司，以下简称新东北隔离）、沈阳北富机械制造有限公司（原沈阳诚泰能源动力有限公司，以下简称北富机械）、沈阳东利物流有限公司（原沈阳新泰仓储物流有限公司，以下简称东利物流）借款合同、撤销权纠纷一案，经北京市高级人民法院（以下简称北京高院）一审、最高人民法院二审，最高人民法院于2008年9月5日作出（2008）民二终字第23号民事判决，最终判决结果为：一、沈阳高开偿还国开行借款本金人民币15000万元及利息、罚息等，沈阳变压器有限责任公司对债务中的14000万元及利息、罚息承担连带保证责任，东北建筑安装工程总公司对债务中的1000万元及利息、罚息承担连带保证责任。二、撤销东北电气以其对外享有的7666万元对外债权及利息与沈阳高开持有的在北富机械95%的股权和在东利物流95%的股权进行股权置换的合同；东北电气与沈阳高开相互返还股权和债权，如不能相互返还，东北电气在24711.65万元范围内赔偿沈阳高开的损失，沈阳高开在7666万元范围内赔偿东北电气的损失。三、撤销沈阳高开以其在新东北隔离74.4%的股权与东北电气持有的在沈阳添升通讯设备有

① 《民事诉讼法》（2021年修正）第232条。

限公司（以下简称沈阳添升）98.5%的股权进行置换的合同。双方相互返还股权，如果不能相互返还，东北电气应在13000万元扣除2787.88万元的范围内赔偿沈阳高开的损失。依据上述判决内容，东北电气需要向沈阳高开返还下列三项股权：在北富机械的95%股权、在东利物流的95%股权、在新东北隔离的74.4%股权，如不能返还，扣除沈阳高开应返还东北电气的债权和股权，东北电气需要向沈阳高开支付的款项总额为27000万余元。判决生效后，经国开行申请，北京高院立案执行，并于2009年3月24日，向东北电气送达了执行通知，责令其履行法律文书确定的义务。

2009年4月16日，被执行人东北电气向北京高院提交了《关于履行最高人民法院（2008）民二终字第23号民事判决的情况说明》（以下简称说明一），表明该公司已通过支付股权对价款的方式履行完毕生效判决确定的义务。北京高院经调查认定，根据中信银行沈阳分行铁西支行的有关票据记载，2007年12月20日，东北电气支付的17046万元分为5800万元、5746万元、5500万元，通过转账付给沈阳高开；当日，沈阳高开向辽宁新泰电气设备经销有限公司（沈阳添升98.5%股权的实际持有人，以下简称辽宁新泰），辽宁新泰向新东北高开，新东北高开向新东北隔离，新东北隔离向东北电气通过转账支付了5800万元、5746万元、5500万元。故北京高院对东北电气已经支付完毕款项的说法未予认可。此后，北京高院裁定终结本次执行程序。

2013年7月1日，国开行向北京高院申请执行东北电气因不能返还股权而按照判决应履行的赔偿义务，请求控制东北电气相关财产，并为此提供保证。2013年7月12日，北京高院向工商管理机关发出协助执行通知书，冻结了东北电气持有的沈阳高东加干燥设备有限公司67.887%的股权及沈阳凯毅电气有限公司10%（10万元）的股权。

对此，东北电气于2013年7月18日向北京高院提出执行异议，理由是：一、北京高院在查封财产前未作出裁定；二、履行判决义务的主体为沈阳高开与东北电气，国开行无申请强制执行的主体资格；三、东北电气已经按本案生效判决之规定履行完毕向沈阳高开返还股权的义务，不应当再向国开行支付17000万元。同年9月2日，东北电气向北京高院出具《关于最高人民法院（2008）民二终字第23号判决书履行情况的说明》（以下简称说明二），具体说明本案终审判决生效后的履行情况：1. 关于在北富机械95%股权和东利物流95%股权返还的判项。2008年9月18日，东北电气、沈阳高开、新东北高开（当时北富机械95%股权的实际持有人）、沈阳恒宇机械设备有限公司（当时东利物流95%股权的实际持有人，以下简称恒宇机械）签订四方协议，约定由新东北高开、恒宇机械代东北电气向沈阳高开分别返还北富机械95%股权和东利物流95%股权；2. 关于新东北隔离74.4%的股权返还的判项。东北电气与沈阳高开、阜新封闭母线有限责任公司（当时新东北隔离74.4%股权的实际持有人，以下简称阜新母线）、辽宁新泰于2008年9月18日签订四方协议，约定由阜新母线代替东北电气向沈阳高开返还新东北隔离74.4%的股权。2008年9月22日，各方按照上述协议交割了股权，并完成了股权变更工商登记。相关协议中约定，股权代返还后，东北电气对代返还的三个公司承担对应义务。

2008年9月23日，沈阳高开将新东北隔离的股权、北富机械的股权、东利物流的股权转让给沈阳德佳经贸有限公司，并在工商管理机关办理完毕变更登记手续。

裁判结果

北京市高级人民法院审查后，于2016年12月30日作出（2015）高执异字第52号执行裁定，驳回了东北电气发展股份有限公司的异议。东北电气发展股份有限公司不服，向最高人民法院申请复议。最高人民法院于2017年8月31日作出（2017）最高法执复27号执行裁定，驳回东北电气发展股份有限公司的复议请求，维持北京市高级人民法院（2015）高执异字第52号执行裁定。

裁判理由

最高人民法院认为：

一、关于国开行是否具备申请执行人的主体资格问题

经查，北京高院2016年12月20日的谈话笔录中显示，东北电气的委托代理人雷爱民明确表示放弃执行程序违法、国开行不具备主体资格两个异议请求。从雷爱民的委托代理权限看，其权限为：代为申请执行异议、应诉、答辩，代为承认、放弃、变更执行异议请求，代为接收法律文书。因此，雷爱民在异议审查程序中所作的意思表示，依法由委托人东北电气承担。故，

东北电气在异议审查中放弃了关于国开行不具备申请执行人的主体资格的主张，在复议审查程序再次提出该项主张，本院依法可不予审查。即使东北电气未放弃该主张，国开行申请执行的主体资格也无疑问。本案诉讼案由是借款合同、撤销权纠纷，法院经审理，判决支持了国开行的请求，判令东北电气偿还借款，并撤销了东北电气与沈阳高开股权置换的行为，判令东北电气和沈阳高开之间相互返还股权，东北电气如不能返还股权，则承担相应的赔偿责任。相互返还这一判决结果不是基于东北电气与沈阳高开双方之间的争议，而是基于国开行的诉讼请求。东北电气向沈阳高开返还股权，不仅是对沈阳高开的义务，而且实质上主要是对胜诉债权人国开行的义务。故国开行完全有权利向人民法院申请强制有关义务人履行该判决确定的义务。

二、关于东北电气是否履行了判决确定的义务问题

（一）不能认可本案返还行为的正当性

法律设置债权人撤销权制度的目的，在于纠正债务人损害债权的不当处分财产行为，恢复债务人责任财产以向债权人清偿债务。东北电气返还股权、恢复沈阳高开的偿债能力的目的，是为了向国开行偿还其债务。只有在通知胜诉债权人，以使其有机会申请法院采取冻结措施，从而能够以返还的财产实现债权的情况下，完成财产返还行为，才是符合本案诉讼目的的履行行为。任何使国开行诉讼目的落空的所谓返还行为，都是严重背离该判决实质要求的行为。因此，认定东北电气所主张的履行是否构成符合判决要求的履行，都应以该判决的目的为基本指引。尽管在本案诉讼期间及判决生效后，东北电气与沈阳高开之间确实有运作股权返还的行为，但其事前不向人民法院和债权人作出任何通知，且股权变更登记到沈阳高开名下的次日即被转移给其他公司，在此情况下，该种行为实质上应认定为规避判决义务的行为。

（二）不能确定东北电气协调各方履行无偿返还义务的真实性

东北电气主张因为案涉股权已实际分别转由新东北高开、恒宇机械、阜新母线等三家公司持有，无法由东北电气直接从自己名下返还给沈阳高开，故由东北电气协调新东北高开、恒宇机械、阜新母线等三家公司将案涉股权无偿返还给沈阳高开。如其所主张的该事实成立，则也可以视为其履行了判决确定的返还义务。但依据本案证据不能认定该事实。

1. 东北电气的证据前后矛盾，不能做合理解释。本案在执行过程中，东

北电气向北京高院提交过两次说明，即2009年4月16日提交的说明一和2013年9月2日提交的说明二。其中，说明一显示，东北电气与沈阳高开于2007年12月18日签订协议，鉴于双方无法按判决要求相互返还股权和债权，约定东北电气向沈阳高开支付股权转让对价款，东北电气已于2007年12月20日（二审期间）向沈阳高开支付了17046万元，并以2007年12月18日东北电气与沈阳高开签订的《协议书》、2007年12月20日中信银行沈阳分行铁西支行的三张银行进账单作为证据。说明二则称，2008年9月18日，东北电气与沈阳高开、新东北高开、恒宇机械签订四方协议，约定由新东北高开、恒宇机械代东北电气向沈阳高开返还了北富机械95%股权、东利物流95%股权；同日，东北电气与沈阳高开、阜新母线、辽宁新泰亦签订四方协议，约定由阜新母线代东北电气向沈阳高开返还新东北隔离74.4%的股权；2008年9月22日，各方按照上述协议交割了股权，并完成了股权变更工商登记。

对于其所称的履行究竟是返还上述股权还是以现金赔偿，东北电气的前后两个说明自相矛盾。第一，说明一表明，东北电气在二审期间已履行了支付股权对价款义务，而对于该支付行为，经过北京高院调查，该款项经封闭循环，又返回到东北电气，属虚假给付。第二，在执行程序中，东北电气2009年4月16日提交说明一时，案涉股权的交割已经完成，但东北电气并未提及2008年9月18日东北电气与沈阳高开、新东北高开、恒宇机械签订的四方协议。第三，既然2007年12月20日东北电气与沈阳高开已就股权对价款进行了交付，那么2008年9月22日又通过四方协议，将案涉股权返还给沈阳高开，明显不符合常理。第四，东北电气的《重大诉讼公告》于2008年9月26日发布，其中提到接受本院判决结果，但并未提到其已经于9月22日履行了判决，且称其收到诉讼代理律师转交的本案判决书的日期是9月24日，现在又坚持其在9月22日履行了判决，难以自圆其说。由此只能判断其在执行过程中所谓履行最高法院判决的说法，可能是对过去不同时期已经发生了的某种与涉案股权相关的转让行为，自行解释为是对本案判决的履行行为。故对四方协议的真实性及东北电气的不同阶段的解释的可信度高度存疑。

2. 经东北电气协调无偿返还涉案股权的事实不能认定。工商管理机关有关登记备案的材料载明，2008年9月22日，恒宇机械持有的东利物流的股权、新东北高开持有的北富机械的股权、阜新母线持有的新东北隔离的股权已过户至沈阳高开名下。但登记资料显示，沈阳高开与新东北高开、沈阳高开与恒宇机械、沈阳高开与阜新母线签订的《股权转让协议书》中约定有沈阳高开应分别向三公司支付相应的股权转让对价款。东北电气称，《股权转让协议书》系按照工商管理部门的要求而制作，实际上没有也无须支付股权转让对价款。对此，东北电气不能提供充分的证据予以证明，北京高院到沈阳市有关工商管理部门调查，亦未发现足以证明提交《股权转让协议书》确系为了满足工商备案登记要求的证据。且北京高院经查询案涉股权变更登记的工商登记档案，其中除了有《股权转让协议书》，还有主管部门同意股权转让的批复、相关公司同意转让、受让或接收股权的股东会决议、董事会决议等材料，这些材料均未提及作为本案执行依据的生效判决以及两份四方协议。在四方协议本身存在重大疑问的情况下，人民法院判断相关事实应当以经工商备案的资料为准，认定本案相关股权转让和变更登记是以备案的相关协议为基础的，即案涉股权于2008年9月22日登记到沈阳高开名下，属于沈阳高开依据转让协议有偿取得，与四方协议无关。沈阳高开自取得案涉股权至今是否实际上未支付对价，以及东北电气在异议复议过程中所提出的恒宇机械已经注销的事实，新东北高开、阜新母线关于放弃向沈阳高开要求支付股权对价的承诺等，并不具有最终意义，因其不能排除新东北高开、恒宇机械、阜新母线的债权人依据经工商登记备案的有偿《股权转让协议》，向沈阳高开主张权利，故不能改变《股权转让协议》的有偿性质。因此，依据现有证据无法认定案涉股权曾经变更登记到沈阳高开名下系经东北电气协调履行四方协议的结果，无法认定系东北电气履行了生效判决确定的返还股权义务。

（生效裁判审判人员：黄金龙、杨春、刘丽芳）

【实务问答】

1. 如何理解债权人撤销权判决的性质?

就当下的主流观点而言，债权人撤销权判决并非总是单纯的形成判决。根据债务人行为的不同类型和阶段，可能是形成判决，也可能是形成判决与给付判决的复合，而这种复合的本质可概括为“一肯定、一否定”，肯定是指返还的积极效力，否定则指撤销的消极效力，撤销权判决的给付内容则是相对人向债务人返还财产。而撤销权判决是否有强制执行力，就以往司法实践而言，肯定、否定裁判都有。撤销权就其本质而言，虽是通过维护债务人责任财产保障债权实现的实体法制度，但该制度的运行还需要民事诉讼程序和强制执行程序的配合。只有实体与程序缜密衔接，才能解决实践中虽能取得胜诉的撤销权判决但流失的责任财产无法追回的问题。在债务人财产已实际转移的情况下，撤销权判决兼具否定诈害行为的消极效力和追回责任财产的积极效力，是形成判决和给付判决的复合，具有强制执行力。本指导案例即明确债权人有权以债务人、相对人为被执行人申请执行，以独立的强制执行程序执行该判决中的给付内容。在主债权已获强制执行的情况下，由于撤销权判决具有恢复物权的效力，债权人可直接执行被转移的财产，即借助主债权执行程序一并实现债的保全、清偿，无须开启独立的执行程序。不过，在应返还的财产为金钱时，则无法适用。

2. 如何确定债权人撤销权判决执行中被执行人？

在债权人撤销权中，被撤销的行为是使债务人受损、相对人受益的行为，原则上执行相对人才能使责任财产归位，相对人的被执行人地位并无疑问。但值得注意的是，是否需要将债务人列为被执行人呢？债务人处分财产的行为，可能是无偿的赠与行为，也可能是虽有对价但不相符的双务有偿行为，此时便会出现撤销权判决中的给付部分属对待给付判决的情况。从该意义上说，将债务人列为被执行人有助于相互返还的实现，因而将其列为被执行人也确有必要。为此，应进行区分处理：当被撤销行为系无偿赠与等单务合同时，列相对人为被执行人；当撤销的行为系双务合同时，相对人和债务人均应列为被执行人。本指导案例即肯定了债权人的申请执行人地位，同时明确了债务人、受让人均为被执行人。

【适用实例】

毛某、高某某民间借贷纠纷执行审查类执行裁定书

复议申请人毛某不服山东省青岛市市北区人民法院（以下简称市北法院）执行裁定，向山东省青岛市中级人民法院申请复议。

市北法院认为：第一，最高人民法院**指导案例118号**东北电气发展股份

有限公司与国家开发银行股份有限公司、沈阳高压开关有限责任公司等执行复议案，认为债权人撤销权诉讼的生效判决撤销了债务人与受让人的财产转让合同，并判令受让人向债务人返还财产，受让人未履行返还义务的，债权人可以债务人、受让人为被执行人申请强制执行。市北法院（2019）鲁0203民初7534号债权人撤销权民事判决书生效后，在毛某尚未向米某某返还财产之前，依据上述最高人民法院指导案例，高某某享有以米某某、毛某为被执行人申请强制执行的请求权。第二，市北法院在执行高某某与米某某金钱给付案件中直接对撤销权诉讼案件被告毛某名下的财产采取强制措施并无不当。(1) 最高人民法院《关于依法制裁规避执行行为的若干意见》（以下简称《制裁规避执行行为意见》）第4章第14条指出，被执行人放弃债权、无偿转让财产或者以明显不合理的低价转让财产，对申请执行人造成损害的，执行法院可以告知申请执行人依照《合同法》第74条[①]的规定向有管辖权的人民法院提起撤销权诉讼。最高人民法院《关于依法制裁规避执行行为的若干意见》提出了6个方面24个具体措施要求依法制裁规避执行的行为，其目的在于最大限度地实现生效法律文书确认的债权，提高执行效率，强化执行效果，维护司法权威。因此，撤销权诉讼胜诉后可以合并执行依据至正在执行的金钱给付案件中一并执行，增加可供执行财产，符合债权人提起撤销权诉讼的诉讼目的。(2) 如果在债权人撤销权诉讼胜诉后强行要求债权人必须以债务人、受让人为被执行人申请强制执行并另行立案，将导致同一笔金钱给付的强制执行存在两个执行案件，一方面不足以表明金钱给付强制执行与债权人撤销权判决两个执行依据之间的先后主从关系，另一方面亦对债务人利益保护不利，可能产生两个执行案件标的额重叠的情形发生。(3) 参考执行实务中执行依据合并的情形，例如，金钱给付强制执行程序中另案取得追加被执行人判决判令抽逃注册资金的股东在指定范围内承担责任的，可以视为以生效判决的方式在原执行案件中增加了新的被执行人、在新判决确定的范围内承担责任，形成执行依据的合并执行。因此，本案申请执行人高某某在取得债权人撤销权胜诉判决后获得对米某某和毛某的强制执行请求权、未选择另案申请执行而择定在已经进入强制执行程序的金钱给付（米某某已经

① 《民法典》第535条。

成为被执行人的案件中）增加毛某为执行义务人、并请求采取强制措施，并未违反法律禁止性规定。市北法院根据原金钱给付执行依据即（2018）鲁0203民初712号民事判决书，以及申请执行人取得的债权人撤销权判决内容，将毛某视为因债权人撤销权判决生效后在本案中增加的一个附有履行义务范围的新的执行义务人对待，作出（2020）鲁0203执恢1号之一执行裁定书直接对撤销权诉讼被告毛某名下的财产采取强制措施，属于债权人依法通过诉讼追回被转移的财产后对其予以执行的行为，符合依法制裁规避执行行为的指导意见。（4）（2020）鲁0203执恢1号之一执行裁定书应当参照最高人民法院2019年12月24日发布的指导案例第118号，不应认为（2019）鲁0203民初7534号民事判决书撤销的无偿转让财产×元系被执行人米某某的财产，该部分裁定内容应予纠正。

综上，市北法院于2020年8月18日作出（2020）鲁0203执异181号执行裁定书，裁定驳回利害关系人毛某的执行异议；去除（2020）鲁0203执恢1号之一执行裁定书当中认定188460元系米某某的财产的部分。

山东省青岛市中级人民法院认为，《民诉法解释》第501条①规定："人民法院执行被执行人对他人的到期债权，可以作出冻结债权的裁定，并通知该他人向申请执行人履行……对生效法律文书确定的到期债权，该他人予以否认的，人民法院不予支持。"本案中，市北法院（2019）鲁0203民初7534号民事判决书判决撤销米某某向毛某无偿转让财产共计188460元的行为，依据该生效判决，复议申请人毛某负有向被执行人米某某返还财产的义务，也即本案被执行人米某某对毛某享有到期债权。因米某某怠于行使该判决书确定的其对毛某享有的债权，未向执行法院申请执行，依据上述司法解释的规定，经本案申请执行人高某某申请，执行法院可以依法强制执行米某某对毛某享有的到期债权，故执行法院作出（2020）鲁0203执恢1号之一执行裁定书冻结、扣划毛某银行存款人民币×元并无不当。案涉撤销的无偿转让财产×元不应认定系被执行人米某某的财产，故（2020）鲁0203执异181号执行裁定将（2020）鲁0203执恢1号之一执行裁定书当中认定×元系米某某的财产的部分去除并无不当。复议申请人毛某主张申请执行人对毛某向米某某

① 《民诉法解释》（2022年修正）第499条。

返还的财产不享有优先受偿权，但没有证据证明有其他债权人向执行法院就该笔债权主张权利。综上，复议申请人毛某的复议理由不能成立，不予支持。［（2020）鲁02执复180号］

113 指导案例119号

安徽省滁州市建筑安装工程有限公司与湖北追日电气股份有限公司执行复议案

执行开始前自行达成和解协议并履行，一方申请执行原生效文书，被执行人以已履行和解协议提出执行异议的，可参照《执行和解规定》第19条处理

（最高人民法院审判委员会讨论通过　2019年12月24日发布）

关键词：执行/执行复议/执行外和解/执行异议/审查依据

裁判要点

执行程序开始前，双方当事人自行达成和解协议并履行，一方当事人申请强制执行原生效法律文书的，人民法院应予受理。被执行人以已履行和解协议为由提出执行异议的，可以参照《最高人民法院关于执行和解若干问题的规定》第十九条的规定审查处理。

相关法条

《中华人民共和国民事诉讼法》第225条①

基本案情

安徽省滁州市建筑安装工程有限公司（以下简称滁州建安公司）与湖北追日电气股份有限公司（以下简称追日电气公司）建设工程施工合同纠纷一案，青海省高级人民法院（以下简称青海高院）于2016年4月18日作出

① 《民事诉讼法》（2021年修正）第232条。

（2015）青民一初字第36号民事判决，主要内容为：一、追日电气公司于本判决生效后十日内给付滁州建安公司工程款1405.02533万元及相应利息；二、追日电气公司于本判决生效后十日内给付滁州建安公司律师代理费24万元。此外，还对案件受理费、鉴定费、保全费的承担作出了判定。后追日电气公司不服，向最高人民法院提起上诉。

二审期间，追日电气公司与滁州建安公司于2016年9月27日签订了《和解协议书》，约定："1、追日电气公司在青海高院一审判决书范围内承担总金额463.3万元，其中1）合同内本金413万元；2）受理费11.4万元；3）鉴定费14.9万元；4）律师费24万元。……3、滁州建安公司同意在本协议签订后七个工作日内申请青海高院解除对追日电气公司全部银行账户的查封，解冻后三日内由追日电气公司支付上述约定的463.3万元，至此追日电气公司与滁州建安公司所有帐务结清，双方至此不再有任何经济纠纷"。和解协议签订后，追日电气公司依约向最高人民法院申请撤回上诉，滁州建安公司也依约向青海高院申请解除了对追日电气公司的保全措施。追日电气公司于2016年10月28日向滁州建安青海分公司支付了412.880667万元，滁州建安青海分公司开具了一张413万元的收据。2016年10月24日，滁州建安青海分公司出具了一份《情况说明》，要求追日电气公司将诉讼费、鉴定费、律师费共计50.3万元支付至程一男名下。后为开具发票，追日电气公司与程一男、王兴刚、何寿倒签了一份标的额为50万元的工程施工合同，追日电气公司于2016年11月23日向王兴刚支付40万元、2017年7月18日向王兴刚支付了10万元，青海省共和县国家税务局代开了一张50万元的发票。

后滁州建安公司于2017年12月25日向青海高院申请强制执行。青海高院于2018年1月4日作出（2017）青执108号执行裁定：查封、扣押、冻结被执行人追日电气公司所有的人民币1000万元或相应价值的财产。实际冻结了追日电气公司3个银行账户内的存款共计126.605118万元，并向追日电气公司送达了（2017）青执108号执行通知书及（2017）青执108号执行裁定。

追日电气公司不服青海高院上述执行裁定，向该院提出书面异议。异议称：双方于2016年9月27日协商签订《和解协议书》，现追日电气公司已完全履行了上述协议约定的全部义务。现滁州建安公司以协议的签字人王兴刚没有代理权而否定《和解协议书》的效力，提出强制执行申请的理由明显不能成立，并违反诚实信用原则，青海高院作出的执行裁定应当撤销。为此，青海高院作出（2017）青执异18号执行裁定，撤销该院（2017）青执108号执行裁定。申请执行人滁州建安公司不服，向最高人民法院提出了复议申请。主要理由是：案涉《和解协议书》的签字人为“王兴刚”，其无权代理滁州建安公司签订该协议，该协议应为无效；追日电气公司亦未按《和解协议书》履行付款义务；追日电气公司提出的《和解协议书》亦不是在执行阶段达成的，若其认为《和解协议书》有效，一审判决不应再履行，应申请再审或另案起诉处理。

裁判结果

青海省高级人民法院于2018年5月24日作出（2017）青执异18号执行裁定，撤销该院（2017）青执108号执行裁定。安徽省滁州市建筑安装工程有限公司不服，向最高人民法院申请复议。最高人民法院于2019年3月7日作出（2018）最高法执复88号执行裁定，驳回安徽省滁州市建筑安装工程有限公司的复议请求，维持青海省高级人民法院（2017）青执异18号执行裁定。

裁判理由

最高人民法院认为：

一、关于案涉《和解协议书》的性质

案涉《和解协议书》系当事人在执行程序开始前自行达成的和解协议，属于执行外和解。与执行和解协议相比，执行外和解协议不能自动对人民法院的强制执行产生影响，当事人仍然有权向人民法院申请强制执行。追日电气公司以当事人自行达成的《和解协议书》已履行完毕为由提出执行异议的，人民法院可以参照《最高人民法院关于执行和解若干问题的规定》第十九条的规定对和解协议的效力及履行情况进行审查，进而确定是否终结执行。

二、关于案涉《和解协议书》的效力

虽然滁州建安公司主张代表其在案涉《和解协议书》上签字的王兴刚未经其授权，其亦未在《和解协议书》上加盖公章，《和解协议书》对其不发生效力，但是《和解协议书》签订后，滁州建安公司根据约定向青海高院申请解除了对追日电气公司财产的保全查封，并就《和解协议书》项下款项的支付及开具收据发票等事宜与追日电气公司进行多次协商，接收《和解协议书》项下款项、开具收据、发票，故滁州建安公司以实际履行行为表明其对王兴刚的代理权及《和解协议书》的效力是完全认可的，《和解协议书》有效。

三、关于案涉《和解协议书》是否已履行完毕

追日电气公司依据《和解协议书》的约定以及滁州建安公司的要求，分别向滁州建安公司和王兴刚等支付了412.880667万元、50万元款项，虽然与《和解协议书》约定的463.3万元尚差4000余元，但是滁州建安公司予以接受并为追日电气公司分别开具了413万元的收据及50万元的发票，根据《最高人民法院关于贯彻执行〈中华人民共和国民法通则〉若干问题的意见（试行）》第66条的规定，结合滁州建安公司在接受付款后较长时间未对付款金额提出异议的事实，可以认定双方以行为对《和解协议书》约定的付款金额进行了变更，构成合同的默示变更，故案涉《和解协议书》约定的付款义务已经履行完毕。关于付款期限问题，根据《最高人民法院关于执行和解若干问题的规定》第十五条的规定，若滁州建安公司认为追日电气公司延期付款对其造成损害，可另行提起诉讼解决，而不能仅以此为由申请执行一审判决。

（生效裁判审判人员：于明、朱燕、杨春）

【实务问答】

1. 如何区分“执行和解”与“执行外和解”？

《执行和解规定》第19条规定，执行过程中，被执行人根据当事人自行达成但未提交人民法院的和解协议，或者一方当事人提交人民法院但其他当事人不予认可的和解协议，依照《民事诉讼法》第225条规定提出异议的，人民法院按照下列情形，分别处理：（1）和解协议履行完毕的，裁定终结原生效法律文书的执行；（2）和解协议约定的履行期限尚未届至或者履行条件尚未成就的，裁定中止执行，但符合《民法典》第578条规定情形的除外；（3）被执行人一方正在按照和解协议约定履行义务的，裁定中止执行；

(4) 被执行人不履行和解协议的，裁定驳回异议；(5) 和解协议不成立、未生效或者无效的，裁定驳回异议。

《执行和解规定》第 1、19 条分别明确了执行和解（狭义）和“执行外和解”的区分标准，并规定了相应的法律后果。执行过程中，双方合意并向法院提交的和解协议，为执行和解协议。相反，仅有当事人合意，而没有法院参与而订立的和解协议，属于“执行外和解”(又称案外和解)，不具有中止执行程序、变更执行标的的效果。执行和解中所谓“向法院提交和解协议”，包括双方当事人共同向法院提交、一方当事人向法院提交后另一方同意以及双方达成口头和解协议条款并记入法院执行笔录三种类型。执行和解协议和执行外和解协议，主要区别在以下方面：(1) 概念含义不同。构成“执行和解协议”的要件包括双方达成合意和提交法院两点。“执行外和解协议”则是执行过程中达成的但未向法院提交的和解协议，其只满足“合意”一项。(2) 法律后果不同。执行和解可直接引起案件执行中止、执行终结，对执行程序产生直接影响。“执行外和解协议”，仅产生实体法效果，并不当然引起执行中止、终结的法律后果。(3) 可诉性不同。执行和解协议具有可诉性，被申请执行人不履行执行和解协议，申请执行人可申请恢复原生效法律文书的执行，也可就履行执行和解协议向执行法院提起诉讼。“执行外和解协议”则不直接具有可诉性。因原执行程序并未中止，若被申请执行人不履行和解协议的，原执行程序继续进行，不存在另行起诉的问题。(4) 协议中担保条款法律效力不同。执行和解协议中的担保条款，一定条件下可直接强制执行。执行外和解协议中的担保条款，如担保人不履行，申请执行人无法直接在本次执行程序中申请强制执行担保财产或担保人的财产。(5) 结案形式不同。执行和解协议，被申请执行人在执行过程中不按照协议履行，申请执行人可申请恢复原生效法律文书的执行；“执行外和解”，申请执行人撤回申请执行书将直接导致执行终结。

2. 执行过程中的“借条”可否认定为执行和解协议？

在执行过程中，常会出现双方就借款的延期归还等出具附有担保人签名的“借条”的情形。对此，有观点认为，借条是申请执行人与被执行人之间的真实意思表示，应认定申请执行人已放弃对前一执行案的继续执行，前一执行案已经执行终结。对利息部分，双方之间已形成新的债权、债务，被执行人未按约定支付利息部分，申请执行人可再向法院起诉要求支付利息、违约金并要求担保人承担保证责任。也有观点认为，执行过程中，申请执行人同意被执行人对利息部分延期归还并由被执行人出具“借条”的行为，符合执行过程中双方形成执行和解的法律特征。我们认为，第二种意见较为妥当。从申请执行人同意被执行人出具“借条”的本意并不能看出申请执行人同意终结执行。类此“借条”的效力不能简单地认为是新的债权债务。原判决已确定并已进入执行程序的权利义务，因“借条”的出现又需要当事人请求法院重新确定，既浪费了司法资源，也增加了当事人的诉累。因而，类似的“借条”应认定为是有执行担保人担保的执行和解协议，被执行人未能按期履约的，应恢复案件的执行，对被执行人、执行担保人采取执行措施。

【适用实例】

高某生、卞某帅不当得利纠纷执行审查类执行裁定书

高某生不服山东省德州市德城区人民法院执行裁定，向山东省德州市中级人民法院申请复议。

山东省德州市德城区人民法院认为，本案的争议焦点为：(1) 当事人在执行依据二审期间达成和解协议且被二审法院准予撤回上诉的情况下，是否可以申请执行一审判决；(2) 若当事人可以申请执行一审判决，另一方认为自己已经实际履行了和解协议确定的义务的，应如何寻求救济。

关于第一个焦点，最高人民法院指导案例2号针对同类案件已作出过裁定，其裁判要旨为：民事案件二审期间，双方当事人达成和解协议，人民法院准许撤回上诉的，该和解协议未经人民法院依法制作调解书，属于诉讼外达成的协议。一方当事人不履行和解协议，另一方当事人申请执行一审判决的，人民法院应予支持。据此，当事人在民事案件二审期间达成的和解协议，属于诉讼外和解协议，一方当事人可以因另一方当事人不履行和解协议而申请执行一审判决，对此，人民法院应当立案执行。故本案中，尽管异议人卞某帅与高某生在执行依据二审期间达成了和解协议，但高某生认为异议人没有履行和解协议的，其可以申请人民法院执行已生效的一审判决。异议人认为双方当事人已经按照和解协议履行完毕义务，应

当驳回高某生执行申请的请求，缺乏法律依据。(2021)鲁1402执73号执行裁定书尽管认定事实不清，应予纠正，但认为本案应予立案执行的结论正确，应予维持。

关于第二个焦点，最高人民法院**指导案例119号**亦针对同类案件作出过裁定，其裁判要旨为：执行程序开始前，双方当事人自行达成和解协议并履行，一方当事人申请强制执行原生效法律文书的，人民法院应予受理。被执行人以已履行和解协议为由提出执行异议的，可以参照《执行和解规定》第19条的规定（有关执行外和解协议的审查规定）审查处理。本案中，涉案《和解协议》系双方当事人的真实意思表示，其内容不违反法律法规的强制性规定，应为合法有效。涉案《和解协议》第2条约定："逾期未付，按(2020)鲁1402民初3113号民事判决书申请强制执行。"尽管异议人在协议约定的还款日（2020年11月6日）因高某生提供的汇款账户有误没有完成汇款，但经德州市中级人民法院办案人员协调，异议人于2020年11月13日按高某生提供的更正后的汇款账户将约定款项全部支付完毕，高某生接受该款项时对此并无异议，可以认定双方以行为对《和解协议》约定的付款日期进行了变更，构成合同的默示变更，故案涉《和解协议书》约定的付款义务已经履行完毕，不构成"逾期未付"的前提条件，依照《执行和解规定》第19条第1项的规定，应裁定终结原生效法律文书即山东省德州市德城区人民法院（2020）鲁1402民初3113号民事判决书的执行。

山东省德州市中级人民法院认为，案件争议的焦点是高某生能否向山东省德州市德城区人民法院申请执行（2020）鲁1402民初3113号民事判决书。从本案查明的事实和双方当事人的诉辩意见可以确认如下事实：卞某帅与高某生在本案上诉期间自愿达成协议，卞某帅延迟履行了还款义务，但迟延履行义务的原因是高某生提供错误收款账户。卞某帅因与高某生达成协议撤回上诉，本院作出准许卞某帅撤回上诉的裁定也发生法律效力。依据上述事实，高某生接受卞某帅的还款后，再以卞某帅逾期履行还款义务为由，向山东省德州市德城区人民法院申请执行上述判决，显然违反诚实信用原则。卞某帅向山东省德州市德城区人民法院提出不应执行判决的申请，应予支持。但山东省德州市德城区人民法院作出（2021）鲁1402执73号执行裁定书，驳回卞某帅的申请，显然错误。卞某帅为此向山东省德州市德城区人民法院提出异议，山东省德州市德城区人民法院审查后作出（2021）鲁1402执异40号执行裁定，裁定终结执行涉案判决，应予维持。综上，山东省德州市德城区人民法院异议裁定裁判结果正确，依法应予维持。[（2021）鲁14执复57号]

114 指导案例120号

青海金泰融资担保有限公司与上海金桥工程建设发展有限公司、青海三工置业有限公司执行复议案

被执行人虽有财产但严重不方便执行时，可执行一般保证人的财产

（最高人民法院审判委员会讨论通过 2019年12月24日发布）

关键词：执行/执行复议/一般保证/严重不方便执行

裁判要点

在案件审理期间保证人为被执行人提供保证，承诺在被执行人无财产可供执行或者财产不足清偿债务时承担保证责任的，执行法院对保证人应当适用一般保证的执行规则。在被执行人虽有财产但严重不方便执行时，可以执行保证人在保证责任范围内的财产。

相关法条

《中华人民共和国民事诉讼法》第225条①

《中华人民共和国担保法》第17条第1款、第2款②

基本案情

青海省高级人民法院（以下简称青海高院）在审理上海金桥工程建设发展有限公司（以下简称金桥公司）与青海海西家禾酒店管理有限公司（后更

① 《民事诉讼法》（2021年修正）第232条。

② 《民法典》第687条第1款、第2款。

名为青海三工置业有限公司，以下简称家禾公司）建设工程施工合同纠纷一案期间，依金桥公司申请采取财产保全措施，冻结家禾公司账户存款1500万元（账户实有存款余额23万余元），并查封该公司32438.8平方米土地使用权。之后，家禾公司以需要办理银行贷款为由，申请对账户予以解封，并由担保人宋万玲以银行存款1500万元提供担保。青海高院冻结宋万玲存款1500万元后，解除对家禾公司账户的冻结措施。2014年5月22日，青海金泰融资担保有限公司（以下简称金泰公司）向青海高院提供担保书，承诺家禾公司无力承担责任时，愿承担家禾公司应承担的责任，担保最高限额1500万元，并申请解除对宋万玲担保存款的冻结措施。青海高院据此解除对宋万玲1500万元担保存款的冻结措施。案件进入执行程序后，经青海高院调查，被执行人青海三工置业有限公司（原青海海西家禾酒店管理有限公司）除已经抵押的土地使用权及在建工程外（在建工程价值4亿余元），无其他可供执行财产。保全阶段冻结的账户，因提供担保解除冻结后，进出款8900余万元。执行中，青海高院作出执行裁定，要求金泰公司在三日内清偿金桥公司债务1500万元，并扣划担保人金泰公司银行存款820万元。金泰公司对此提出异议称，被执行人青海三工置业有限公司尚有在建工程及相应的土地使用权，请求返还已扣划的资金。

裁判结果

青海省高级人民法院于2017年5月11日作出（2017）青执异12号执行裁定：驳回青海金泰融资担保有限公司的异议。青海金泰融资担保有限公司不服，向最高人民法院提出复议申请。最高人民法院于2017年12月21日作出（2017）最高法执复38号执行裁定：驳回青海金泰融资担保有限公司的复议申请，维持青海省高级人民法院（2017）青执异12号执行裁定。

裁判理由

最高人民法院认为，《最高人民法院关于人民法院执行工作若干问题的规定（试行）》第85条[①]规定："人民法院在审理案件期间，保证人为被执行人提供保证，人民法院据此未对被执行人的财产采取保全措施或解除保全措

① 《执行规定》（2020年修正）第54条。

施的，案件审结后如果被执行人无财产可供执行或其财产不足清偿债务时，即使生效法律文书中未确定保证人承担责任，人民法院有权裁定执行保证人在保证责任范围内的财产。”上述规定中的保证责任及金泰公司所做承诺，类似于担保法规定的一般保证责任。《中华人民共和国担保法》第十七条第一款及第二款①规定：“当事人在保证合同中约定，债务人不能履行债务时，由保证人承担保证责任的，为一般保证。一般保证的保证人在主合同纠纷未经审判或者仲裁，并就债务人财产依法强制执行仍不能履行债务前，对债权人可以拒绝承担保证责任。”《最高人民法院关于适用〈中华人民共和国担保法〉若干问题的解释》② 第一百三十一条规定：“本解释所称‘不能清偿’指对债务人的存款、现金、有价证券、成品、半成品、原材料、交通工具等可以执行的动产和其他方便执行的财产执行完毕后，债务仍未能得到清偿的状态。”依据上述规定，在一般保证情形，并非只有在债务人没有任何财产可供执行的情形下，才可以要求一般保证人承担责任，即债务人虽有财产，但其财产严重不方便执行时，可以执行一般保证人的财产。参照上述规定精神，由于青海三工置业有限公司仅有在建工程及相应的土地使用权可供执行，既不经济也不方便，在这种情况下，人民法院可以直接执行金泰公司的财产。

（生效裁判审判人员：赵晋山、葛洪涛、邵长茂）

【实务问答】

1. 现行法律对一般保证人的先诉抗辩权有何规定？

《民法典》第687条规定，当事人在保证合同中约定，债务人不能履行债务时，由保证人承担保证责任的，为一般保证。一般保证的保证人在主合同纠纷未经审判或者仲裁，并就债务人财产依法强制执行仍不能履行债务前，有权拒绝向债权人承担保证责任，但是有下列情形之一的除外：（1）债务人下落不明，且无财产可供执行；（2）人民法院已经受理债务人破产案件；（3）债权人有证据证明债务人的财产不足以履行全部债务或者丧失履行债务能力；（4）保证人书面表示放弃本款规定的权利。

---

① 《民法典》第687条第1款、第2款。

② 该司法解释已失效。

一般保证人的先诉抗辩权，是指在主合同纠纷未经审判或仲裁，并就债务人财产依法强制执行仍不能履行债务前，保证人对债权人可以拒绝承担保证责任。但需要注意，若有证据证明债务人本身没有财产或财产不足以履行全部债务或丧失履行能力，从实质效果考虑，应剥夺一般保证人的先诉抗辩权，保证实质公平。为此，《民法典》第687条第2款规定了4种例外，且前3种均是基于上述原理规定的：债务人下落不明，且无财产可供执行；人民法院受理债务人破产案件；债权人有证据证明债务人的财产不足以履行全部债务或者丧失履行债务能力。第4种例外为一般保证人本人书面放弃了先诉抗辩权，理由在于当事人自愿处分自己的民事权利，法律应予尊重。另外需要注意的是，第3种例外情形是原《担保法》未明确列举规定而《民法典》增加规定的，即债权人只要有证据证明债务人的财产不足以履行全部债务或者丧失履行债务能力，保证人就不能行使先诉抗辩权。此外应注意，一般保证的保证人享有先诉抗辩权的本意并不是指在主合同纠纷未经审判或者仲裁，并就债务人财产依法强制执行仍不能履行债务前，债权人不能一并起诉保证人，而只是保证人承担保证责任的时间是在对债务人财产依法强制执行后仍不能履行债务时。换而言之，虽然一般保证人享有先诉抗辩权，但债权人也可将其与债务人一并提起诉讼。

2. 如何确定债务人是否属于“不方便执行”的情形

债务人是否已经达到“不能履行（清偿）债务”的状态是能否对一般保证人开始执行的关键。《民法典》施行后，《担保法司法解释》虽已失效，但在此问题未有明确替代性规定的情况下，该解释第131条的规定仍有一定参考价值，该条规定：“本解释所称‘不能清偿’指对债务人的存款、现金、有价证券、成品、半成品、原材料、交通工具等动产和其他方便执行的财产执行完毕后，债务仍未得到清偿的状态。”该条规定的核心便是方便执行的财产。所谓方便执行的财产，是指清偿直接、变现容易、回收便捷的财产，一般列举的存款、现金、有价证券、成品、半成品、原材料、交通工具等动产，但不限于动产。需要注意，债务人的对外债权并不属于方便执行的财产。当然，除本条列举的以外，也不排除还有其他方便执行的动产和不动产，如土地、建筑物。但一般而言，不动产与动产相比变现困难，变现周期长，一般情况下，不认为其属于方便执行的财产。因而，对不动产是否属于方便执行的财产的判断，应由法院根据不动产的实际状态，从执行实践出发来进行。如果债务人方便执行的财产已经执行完毕，即便债务人还有其他难以回收或变现的财产没有被执行，仍属于“不能清偿”的状态，此时可执行担保人财产。本指导案例即参照上述精神，在债务人仅有在建工程及相应的土地使用权可供执行的情况下，认为既不经济也不方便，故而直接执行保证人的财产。

【适用实例】

山东鲁建工程集团有限公司、罗某虎建设工程施工合同纠纷执行审查类执行裁定书

复议申请人山东鲁建工程集团有限公司（以下简称鲁建公司）不服山东省东营市垦利区人民法院执行裁定，向山东省东营市中级人民法院申请复议。

山东省东营市垦利区人民法院认为，关于山东省东营市垦利区人民法院（2007）垦民初字第928号民事调解书载明的异议人对“海生公司不能清偿的部分承担连带责任”的性质问题。因双方涉诉的（2007）垦民初字第928号案件系调解结案，调解协议的内容系双方经充分协商达成的，在不违背法律强制性规定和不侵害国家、集体、第三人利益的前提下，协议内容当然有效。调解协议第2项中鲁建公司作出的“被告鲁建公司对被告海生公司不能清偿的部分承担连带清偿责任”承诺，类似于《担保法》第17条①的规定“当事人在保证合同中约定，债务人不能履行债务时，由保证人承担保证责任的，为一般保证。一般保证的保证人在主合同纠纷未经审判或者仲裁，并就债务人财产依法强制执行仍不能履行债务前，对债权人可以拒绝承担保证责任。”规定的是一般保证责任，而并不是异议人在执行异议申请书中提到的次债务人地位。民法中的次债务人，通常是指债务人的债务人，即民法意义上的具有协助执行义务的“第三人”，而本案中的异议人是作为被告出现在民事诉讼中，且其也并非被执行人海生公司的债务人。虽然其在民事调解书中作出的承诺是以首先执行海生公司财产为前提，但也不能混淆次债务人与一般保证的概念。另外，《担保法司法解释》（已失效）第131条规定：

① 《民法典》第687条。

“本解释所称‘不能清偿’指对债务人的存款、现金、有价证券、成品、半成品、原材料、交通工具等可以执行的动产和其他方便执行的财产执行完毕后，债务仍未能得到清偿的状态。”故参照上述规定，在查明被执行人海生公司无财产可供执行或有财产无处置可能的情况，异议人鲁建公司在调解协议第2项中所做出的承诺条件成就，为保护申请执行人的合法权益，执行法院执行异议人财产并无不当。

综上，可看出海生公司在目前情况下已无财产可供执行，双方当事人在（2007）垦民初字第928号民事调解书中达成的第2项协议内容“鲁建公司对海生公司不能清偿的部分承担连带责任”条件已经成就，因此垦利法院作出（2008）垦执字第45号之一执行裁定书，依法冻结异议人在济南西城投资开发有限公司所享有的工程款1,300,000元，有事实依据，符合相关法律规定。依照《民事诉讼法》第225条，《执行异议和复议案件规定》第7条第1款、第17条第1款第1项之规定，裁定驳回异议人山东鲁建工程集团有限公司的异议。

山东省东营市中级人民法院认为，海生公司和鲁建公司作为（2007）垦民初字第928号案件的被告，其与罗某虎在案件审理过程中达成调解协议并承诺：“海生公司支付工程款999,000元，鲁建公司对海生公司不能清偿的部分承担连带责任。”据此可知，鲁建公司承担的是一般保证责任。因一般保证人享有先诉抗辩权，所以，一般保证人在执行案件中有权要求申请执行人先强制执行债务人的财产，在债务人的财产不足以执行或不方便执行时，方可执行一般保证人的财产，但该顺序是指在同一执行案件中的执行先后顺序，而非指须先立案执行债务人的财产，而后再立案执行一般保证人的财产。本案中，鲁建公司和海生公司均为（2007）垦民初字第928号民事调解书的被告，申请执行人罗某虎依据民事调解书的约定向执行法院申请强制执行鲁建公司和海生公司，符合法律规定。复议申请人主张执行法院只能先受理第一顺序执行人的执行程序，待第一顺序执行人执行程序有结论后，才能受理一般保证人执行申请的论述没有法律依据，法院不予支持。

关于尚有零星闲置土地，是否符合“不能清偿”标准的问题，根据《担保法司法解释》第131条规定，本解释所称“不能清偿”指对债务人的存款、现金、有价证券、成品、半成品、原材料、交通工具等可以执行的动产和其他方便执行的财产执行完毕后，债务仍未能得到清偿的状态。最高人民法院**指导案例120号**观点：债务人没有财产或虽有财产但其财产严重不方便执行时，可以执行一般保证人的。因此，本案中，即便海生公司名下存在其他零星闲置土地，因已经被查封多次，应认定无处置可能和必要，符合最高人民法院指导案例中“严重不方便执行”的标准。执行人海生公司的现有财产应当认定为“不能清偿”债务，执行法院对同为被执行人的鲁建公司采取强制措施，并无不当。[（2020）鲁05执复23号]

115 指导案例121号

株洲海川实业有限责任公司与中国银行股份有限公司长沙市蔡锷支行、湖南省德奕鸿金属材料有限公司财产保全执行复议案

保全执行中的标的物为非金钱动产，被保全人不支付保管（租赁）费用的，协助执行人在保管（租赁）合同到期后无继续无偿保管的义务

（最高人民法院审判委员会讨论通过 2019年12月24日发布）

关键词：执行/执行复议/协助执行义务/保管费用承担

裁判要点

财产保全执行案件的保全标的物系非金钱动产且被他人保管，该保管人依人民法院通知应当协助执行。当保管合同或者租赁合同到期后未续签，且被保全人不支付保管、租赁费用的，协助执行人无继续无偿保管的义务。保全标的物价值足以支付保管费用的，人民法院可以维持查封直至案件作出生效法律文书，执行保全标的物所得价款应当优先支付保管人的保管费用；保全标的物价值不足以支付保管费用，申请保全人支付保管费用的，可以继续采取查封措施，不支付保管费用的，可以处置保全标的物并继续保全变价款。

相关法条

《中华人民共和国民事诉讼法》第225条①

基本案情

湖南省高级人民法院（以下简称湖南高院）在审理中国银行股份有限公司长沙市蔡锷支行（以下简称中行蔡锷支行）与湖南省德奕鸿金属材料有限公司（以下简称德奕鸿公司）等金融借款合同纠纷案中，依中行蔡锷支行申请，作出民事诉讼财产保全裁定，冻结德奕鸿公司银行存款4800万元，或查封、扣押其等值的其他财产。德奕鸿公司因生产经营租用株洲海川实业有限责任公司（以下简称海川公司）厂房，租期至2015年3月1日；将该公司所有并质押给中行蔡锷支行的铅精矿存放于此。2015年6月4日，湖南高院作出协助执行通知书及公告称，人民法院查封德奕鸿公司所有的堆放于海川公司仓库的铅精矿期间，未经准许，任何单位和个人不得对上述被查封资产进行转移、隐匿、损毁、变卖、抵押、赠送等，否则，将依法追究其法律责任。2015年3月1日，德奕鸿公司与海川公司租赁合同期满后，德奕鸿公司既未续约，也没有向海川公司交还租用厂房，更没有交纳房租、水电费。海川公司遂以租赁合同纠纷为由，将德奕鸿公司诉至湖南省株洲市石峰区人民法院。后湖南省株洲市石峰区人民法院作出判决，判令案涉租赁合同解除，德奕鸿公司于该判决生效之日起十五日内向海川公司返还租赁厂房，将囤放于租赁厂房内的货物搬走；德奕鸿公司于该判决生效之日起十五日内支付欠缴租金及利息。海川公司根据判决，就德奕鸿公司清场问题申请强制执行。同时，海川公司作为利害关系人对湖南高院作出的协助执行通知书及公告提出执行异议，并要求保全申请人中行蔡锷支行将上述铅精矿搬离仓库，并赔偿其租金损失。

裁判结果

湖南省高级人民法院于2016年11月23日作出（2016）湘执异15号执行裁定：驳回株洲海川实业有限责任公司的异议。株洲海川实业有限责任公司不服，向最高人民法院申请复议。最高人民法院于2017年9月2日作出

---

① 《民事诉讼法》(2021年修正）第232条。

(2017）最高法执复2号执行裁定：一、撤销湖南省高级人民法院（2016）湘执异15号执行裁定。二、湖南省高级人民法院应查明案涉查封财产状况，依法确定查封财产保管人并明确其权利义务。

裁判理由

最高人民法院认为，湖南高院在中行蔡锷支行与德奕鸿公司等借款合同纠纷诉讼财产保全裁定执行案中，依据该院相关民事裁定中"冻结德奕鸿公司银行存款4800万元，或查封、扣押其等值的其他财产"的内容，对德奕鸿公司所有的存放于海川公司仓库的铅精矿采取查封措施，并无不当。但在执行实施中，虽然不能否定海川公司对保全执行法院负有协助义务，但被保全人与场地业主之间的租赁合同已经到期未续租，且有生效法律文书责令被保全人将存放货物搬出；此种情况下，要求海川公司完全无条件负担事实上的协助义务，并不合理。协助执行人海川公司的异议，实质上是主张在场地租赁到期的情况下，人民法院查封的财产继续占用场地，导致其产生相当于租金的损失难以得到补偿。湖南高院在发现该情况后，不应回避实际保管人的租金损失或保管费用的问题，应进一步完善查封物的保管手续，明确相关权利义务关系。如果查封的质押物确有较高的足以弥补租金损失的价值，则维持查封直至生效判决作出后，在执行程序中以处置查封物所得价款，优先补偿保管人的租金损失。但海川公司委托质量监督检验机构所做检验报告显示，案涉铅精矿系无价值的废渣，湖南高院在执行中，亦应对此事实予以核实。如情况属实，则应采取适当方式处理查封物，不宜要求协助执行人继续无偿保管无价值财产。保全标的物价值不足以支付保管费用，申请保全人支付保管费用的，可以继续采取查封措施，不支付保管费用的，可以处置保全标的物并继续保全变价款。执行法院仅以对德奕鸿公司财产采取保全措施合法，海川公司与德奕鸿公司之间的租赁合同纠纷是另一法律关系为由，驳回海川公司的异议不当，应予纠正。

（生效裁判审判人员：黄金龙、刘少阳、马岚）

【实务问答】

1. 现行法律对协助执行人的权益保护问题有何规定？

针对协助执行人的权益保护问题，一方面，本指导案例明确了查封的标的物被他人保管的，保管人负有按照查封法院的要求协助执行的义务；另一方面，该案又明确当保管合同、仓储合同或租赁合同到期后未续签，且被保全人不支付保管、仓储、租赁费用的，协助执行人并无继续无偿保管的义务，且处分保全标的物所得价款应优先支付该保管（仓储、租赁）费用等。最高人民法院《关于人民法院民事执行中查封、扣押、冻结财产的规定》（以下简称《民事执行中查封、扣押、冻结财产的规定》）第10条规定，查封、扣押的财产不宜由人民法院保管的，人民法院可以指定被执行人负责保管；不宜由被执行人保管的，可以委托第三人或者申请执行人保管。由人民法院指定被执行人保管的财产，如果继续使用对该财产的价值无重大影响，可以允许被执行人继续使用；由人民法院保管或者委托第三人、申请执行人保管的，保管人不得使用。

执行中涉及第三人利益时，需要做好第三人合法权益的保护，不能因强制执行增加第三人的负担或者损害第三人的利益。在被执行人的财产由第三人占有的情况下，应区分第三人是为自己的利益占有还是为被执行人的利益而占有的两种不同情况。第三人为自己的利益，根据与被执行人之间的合同等关系而占有被执行人的财产的，虽然可以查封，但不能影响第三人对该财产的占有和使用。对第三人替被执行人保管或其他为被执行人的利益而占有的被执行人的财产，可以查封，并不受第三人占有的限制。第三人占有的财产还可能属于其与被执行人共有的财产，对该类财产，可先查封后进行财产分割。财产分割后，查封的效力及于被执行人享有份额内的财产，对其他共有人份额内的财产视为自行解除。

2. 查封的财产可否由被执行人保管?

《民事诉讼法》第253条规定，被查封的财产，执行员可以指定被执行人负责保管。因被执行人的过错造成的损失，由被执行人承担。

实践中，很多情况下被查封的对象是场所或是大型动产、不动产，而法院对其保管缺乏足够的精力和经验，特别是很难根据财物的不同特性分门别类地加以保管。而指定被执行人负责保管，对被查封财产的维护更为有利，故应允许执行法院指定被执行人负责保管被查封的财产。当然，被执行人负责保管被查封的财产的，因被执行人的过错造成的损失，由被执行人承担。

被执行人保管被查封的财产，应当尽到善良管理人的注意义务。被执行人主观上并无毁损、灭失被查封财产的故意，而只是由于保管不善以致出现被查封财产损失的，被执行人无须承担妨碍执行的法律责任。但若被执行人主观上故意造成被查封财产毁损、灭失的，则需要承担妨碍执行的法律责任。

116 指导案例 122 号

河南神泉之源实业发展有限公司与赵五军、汝州博易观光医疗主题园区开发有限公司等执行监督案

同一被执行人多个案件合并执行的，应按照申请执行人的各个债权受偿顺序清偿

有章

（最高人民法院审判委员会讨论通过　2019 年 12 月 24 日发布）

关键词：执行/执行监督/合并执行/受偿顺序

裁判要点

执行法院将同一被执行人的几个案件合并执行的，应当按照申请执行人的各个债权的受偿顺序进行清偿，避免侵害顺位在先的其他债权人的利益。

相关法条

《中华人民共和国民事诉讼法》第 204 条①

基本案情

河南省平顶山市中级人民法院（以下简称平顶山中院）在执行陈冬利、郭红宾、春少峰、贾建强申请执行汝州博易观光医疗主题园区开发有限公司（以下简称博易公司）、闫秋萍、孙全英民间借贷纠纷四案中，原申请执行人陈冬利、郭红宾、春少峰、贾建强分别将其依据生效法律文书拥有的对博易公司、闫秋萍、孙全英的债权转让给了河南神泉之源实业发展有限公司（以

① 《民事诉讼法》（2021 年修正）第 211 条。

下简称神泉之源公司)。依据神泉之源公司的申请，平顶山中院于2017年4月4日作出（2016）豫04执57-4号执行裁定，变更神泉之源公司为上述四案的申请执行人，债权总额为129605303.59元（包括本金、利息及其他费用)，并将四案合并执行。

案涉国有土地使用权证号为汝国用【2013】第0069号，证载该宗土地总面积为258455.39平方米。平顶山中院评估、拍卖土地为该宗土地的一部分，即公司园区内东西道路中心线以南的土地，面积为160720.03平方米，委托评估、拍卖的土地面积未分割，未办理单独的土地使用证。

涉案土地及地上建筑物被多家法院查封，本案所涉当事人轮候顺序为：1. 陈冬利一案。2. 郭红宾一案。3. 郭志娟、蔡灵环、金爱丽、张天琪、杨大棉、赵五军等案。4. 贾建强一案。5. 春少峰一案。

平顶山中院于2017年4月4日作出（2016）豫04执57-5号执行裁定："将扣除温泉酒店及1号住宅楼后的流拍财产，以保留价153073614.00元以物抵债给神泉之源公司。对于博易公司所欠施工单位的工程款，在施工单位决算后，由神泉之源公司及其股东陈冬利、郭红宾、春少峰、贾建强予以退还。"

赵五军提出异议，请求法院实现查封在前的债权人债权以后，严格按照查封顺位对申请人的债权予以保护、清偿。

裁判结果

河南省平顶山市中级人民法院于2017年5月2日作出（2017）豫04执异27号执行裁定，裁定驳回赵五军的异议。赵五军向河南省高级人民法院申请复议。河南省高级人民法院作出（2017）豫执复158号等执行裁定，裁定撤销河南省平顶山市中级人民法院（2017）豫04执异27号等执行裁定及（2016）豫04执57-5号执行裁定。河南神泉之源实业发展有限公司向最高人民法院申诉。2019年3月19日，最高人民法院作出（2018）最高法执监848、847、845号裁定，驳回河南神泉之源实业发展有限公司的申诉请求。

裁判理由

最高人民法院认为，赵五军以以物抵债裁定损害查封顺位在先的其他债权人利益提出异议的问题是本案的争议焦点问题。平顶山中院在陈冬利、郭红宾、春少峰、贾建强将债权转让给神泉之源公司后将四案合并执行，但该四案查封土地、房产的顺位情况不一，也并非全部首封案涉土地或房产。贾建强虽申请执行法院对案涉土地B29地块运营商总部办公楼采取了查封措施，但该建筑占用范围内的土地使用权此前已被查封。根据《最高人民法院关于人民法院民事执行中查封、扣押、冻结财产的规定》第二十三条第一款①有关查封土地使用权的效力及于地上建筑物的规定精神，贾建强对该建筑物及该建筑物占用范围内的土地使用权均系轮候查封。执行法院虽将春少峰、贾建强的案件与陈冬利、郭红宾的案件合并执行，但仍应按照春少峰、贾建强、陈冬利、郭红宾依据相应债权申请查封的顺序确定受偿顺序。平顶山中院裁定将全部涉案财产抵债给神泉之源公司，实质上是将查封顺位在后的原贾建强、春少峰债权受偿顺序提前，影响了在先轮候的债权人的合法权益。

（生效裁判审判人员：向国慧、毛宜全、朱燕）

【实务问答】

1. 现行法律对民商事案件的合并执行有何规定？

在案件执行过程中，受主客观因素的影响，同一债务人有多个债权人的情况在现实中非常普遍，也难免出现多个申请执行人对同一债务人的同一标的物申请强制执行的情形，此时成为强制执行的竞合。由于多个给付的种类和内容不同，可能产生既互相重合又互相排斥的现象，使得各个债权人的债权无法同时获得满足。若债务人财产足以清偿各债权人，那么可以适用优先主义清偿方式，这不仅有利于及时实现债权人权利，而且有助于鼓励当事人及时维护自己的合法权益。但在实践中更多的则是债务人财产不能满足所有债权人的权利，因此具体选择何种执行方式就显得非常重要了。

在金钱债权请求权竞合的情况下，我国相关法律及司法解释在实体和程序上都规定了比较详细的适用规则。一是被执行人（法人）有清偿能力的，各债权人对执行标的物均无担保物权的，按照执行法院采取执行措施的先后顺序受偿。二是被执行人无力清偿又无人申请破产的，债务人可向法院申请破产。债务人不申请破产的，原诉讼程序可继续进行。三是未经清理或清算而撤销、注销、歇业，资不抵债的，则适用平等主义方式。参与分配解决了

① 《民事执行中查封、扣押、冻结财产的规定》（2020年修正）第21条第1款。

申请人已经取得执行依据或已经起诉、被执行人为个人或其他组织等非法人情况下的执行竞合问题。但是，在多个当事人以多份生效法律文书向不同法院请求强制执行时，各债权人之间的利益如何进行平衡、各个法院之间执行措施如何协调的问题仍值得研究。

现行民事强制执行制度虽未明确规定合并执行，但从我国相关法律及司法解释来看，对执行标的的分配，只有在并案执行的前提下，才能确保不同债权人之间的公平受偿。如果案件分别由不同法院受理，应将案件委托给债务人住所地法院、被执行财产所在地法院或是最先采取查封、扣押等执行措施的法院进行并案执行。并案执行可基于当事人的申请进行，也可由法院依职权决定。在债务人财产有限的情况下，将若干已开始的强制执行案件合并执行，由对各个债权人权利实现最为有利的法院执行，应为比较妥当的选择。本指导案例中，执行法院为同一法院，并不涉及不同法院的问题。该案中执行法院将同一被执行人的几个案件合并执行，但这四个案件查封土地、房产的顺位情况不一，也并非全部首封案涉土地或房产，为避免侵害顺位在先的其他债权人的利益，虽然进行了合并执行，但仍需要按照申请执行人的各个债权的受偿顺序进行清偿。

2. 裁定以物抵债是否需要考虑在先顺序债权人的利益?

基于公平保护当事人和利害关系人合法权益的理念，贯彻兼顾、平衡债权人、债务人以及利害关系人合法权益的原则，本指导案例明确了对查封顺位在先的其他债权人的权利应予保护，将同一被执行人的几个案件合并执行的，仍应按申请执行人各债权受偿顺序清偿。即便裁定以物抵债，亦需要在申请人应受清偿的债权范围内抵偿，以避免侵害顺位在先的其他债权人利益。另外需要注意，原《物权法》(《民法典》物权编）规定了土地使用权与地上建筑物、构筑物及附属设施一体化处理原则，执行程序中处置相关财产时需要遵循这一原则，将地上建筑物、构筑物与土地使用权一并处分。执行中的查封等措施虽只单独针对土地使用权或建筑物，但其效力同样及于相应的建筑物或相应的土地使用权。通过以物抵债方式处置执行债权时也应贯彻“房地一体”原则。简言之，以物抵债需要坚持房地一体原则这一前提，不可分割的财产只能整体处置，可分割的可单独处置。

【适用实例】

郑某华、洛阳新好景房地产开发有限公司不当得利纠纷执行实施类执行裁定书

河南省洛阳市孟津县人民法院在执行涉及被执行人洛阳新好景房地产开发有限公司系列案中，因涉及被执行人的执行案件持续增多、尚未执行到位的总标的为23,436万余元（截至2020年9月1日），案情持续复杂化，为保护申请执行人的合法权益，决定成立专案组，对涉及被执行人的全部执行案件进行统一执行管理。

经对已执行立案及参与分配登记的案件进行分析，现尚未执行到位的涉及被执行人的案件主要有以下几类：一、由洛阳市中级人民法院指定本院执行且本院已立案执行的案件；二、申请执行人在本院直接申请执行且已由本院立案执行的案件；三、申请执行人所持有的法律文书已生效，且曾依法对被执行人向本院提起执行立案申请，已经终结本次程序和终结执行结案的案件，由本院依法进行登记，申请对被执行人执行到位的财产参与分配的案件。经统计，上述案件的申请执行标的为234,363,844元（利息计算按照其相对应之裁判文书确定的计算方式予以履行）（具体案件详见裁定书附表）。

河南省洛阳市孟津县人民法院对于洛阳新好景房地产开发有限公司的全部财产进行统一处置。因各申请执行人的个案执行标的均不足以达到法院依法对被执行人的大面积不动产采取评估拍卖措施的程度，又因关联执行案件数量多，加重了各申请执行人在执行中的程序负担，依照《洛阳市问题楼盘信访突出问题化解处置办法（暂行）》对涉及被执行人洛阳新好景房地产开发有限公司的执行案件合并执行，一并并入（2020）豫0322执769号孟津县城关镇人民政府申请执行洛阳新好景房地产开发有限公司借款不当得利纠纷一案。

河南省洛阳市孟津县人民法院认为，该系列案各个案件大部分均以金钱给付行为为申请执行标的，因孟津县城关镇人民政府在本系列案件的执行中案件标的较大，法院可将其他在本院立案申请执行洛阳新好景房地产开发有限公司并入（2020）豫0322执769号孟津县城关镇人民政府申请执行洛阳新好景房地产开发有限公司不当得利纠纷一案合并执行（具体案件案号详见裁定书附表）。启动合并程序后，法院不会再以其余各申请执行人的个案名义

对被执行人采取执行措施，故每一个个案均可以依法终结执行。并案前法院对被执行人采取了查控措施及采取查控措施时作出的执行裁定书继续有效，处置到位的款项依据最高人民法院**指导案例122号**予以有序清偿。综上，依照《民事诉讼法》第154条第1款第11项、第257条第6项①规定，裁定将其他在本院立案申请执行洛阳新好景房地产开发有限公司的执行案件并入（2020）豫0322执769号孟津县城关镇人民政府申请执行洛阳新好景房地产开发有限公司不当得利纠纷一案合并执行（具体案件案号详见裁定书附表）；终结（2020）豫0322执1709号案件朱某梅申请执行洛阳新好景房地产开发有限公司的执行。[（2020）豫0322执1242－1号]

117 指导案例123号

于红岩与锡林郭勒盟隆兴矿业有限责任公司执行监督案

执行法院向相关主管机关发出的协助执行（采矿权转让手续）通知书，只具有启动主管机关审批转让手续的作用

（最高人民法院审判委员会讨论通过　2019年12月24日发布）

有章

关键词：执行/执行监督/采矿权转让/协助执行/行政审批

裁判要点

生效判决认定采矿权转让合同依法成立但尚未生效，判令转让方按照合同约定办理采矿权转让手续，并非对采矿权归属的确定，执行法院依此向相关主管机关发出协助办理采矿权转让手续通知书，只具有启动主管机关审批采矿权转让手续的作用，采矿权能否转让应由相关主管机关依法决定。申请执行人请求变更采矿权受让人的，也应由相关主管机关依法判断。

① 《民事诉讼法》（2021年修正）第157条第1款第11项、第264条第6项。

相关法条

《中华人民共和国民事诉讼法》第204条①

《探矿权采矿权转让管理办法》第10条

基本案情

2008年8月1日，锡林郭勒盟隆兴矿业有限责任公司（以下简称隆兴矿业）作为甲方与乙方于红岩签订《矿权转让合同》，约定隆兴矿业将阿巴嘎旗巴彦图嘎三队李瑛萤石矿的采矿权有偿转让给于红岩。于红岩依约支付了采矿权转让费150万元，并在接收采矿区后对矿区进行了初步设计并进行了采矿工作。而隆兴矿业未按照《矿权转让合同》的约定，为于红岩办理矿权转让手续。2012年10月，双方当事人发生纠纷诉至内蒙古自治区锡林郭勒盟中级人民法院（以下简称锡盟中院）。锡盟中院认为，隆兴矿业与于红岩签订的《矿权转让合同》，系双方当事人真实意思表示，该合同已经依法成立，但根据相关法律规定，该合同系行政机关履行行政审批手续后生效的合同，对于矿权受让人的资格审查，属行政机关的审批权力，非法院职权范围，故隆兴矿业主张于红岩不符合法律规定的采矿权人的申请条件，请求法院确认《矿权转让合同》无效并给付违约金的诉讼请求，该院不予支持。对于于红岩反诉请求判令隆兴矿业继续履行办理采矿权转让的各种批准手续的请求，因双方在《矿权转让合同》中明确约定，矿权转让手续由隆兴矿业负责办理，故该院予以支持。对于于红岩主张由隆兴矿业承担给付违约金的请求，因《矿权转让合同》虽然依法成立，但处于待审批尚未生效的状态，而违约责任以合同有效成立为前提，故不予支持。锡盟中院作出民事判决，主要内容为隆兴矿业于判决生效后十五日内，按照《矿权转让合同》的约定为于红岩办理矿权转让手续。

隆兴矿业不服提起上诉。内蒙古自治区高级人民法院（以下简称内蒙高院）认为，《矿权转让合同》系隆兴矿业与于红岩的真实意思表示，该合同自双方签字盖章时成立。根据《中华人民共和国合同法》第四十四条规定，依法成立的合同，自成立时生效。法律、行政法规规定应当办理批准、登记

① 《民事诉讼法》（2021年修正）第211条。

等手续生效的，依照其规定。《探矿权采矿权转让管理办法》第十条规定，申请转让探矿权、采矿权的，审批管理机关应当自收到转让申请之日起40日内，作出准予转让或者不准转让的决定，并通知转让人和受让人；批准转让的，转让合同自批准之日起生效；不准转让的，审批管理机关应当说明理由。《最高人民法院关于适用〈中华人民共和国合同法〉若干问题的解释（一）》[①] 第九条第一款[②]规定，依照合同法第四十四条第二款[③]的规定，法律、行政法规规定合同应当办理批准手续，或者办理批准、登记手续才生效，在一审法庭辩论终结前当事人仍未办理登记手续的，或者仍未办理批准、登记等手续的，人民法院应当认定该合同未生效。双方签订的《矿权转让合同》尚未办理批准、登记手续，故《矿权转让合同》依法成立，但未生效，该合同的效力属效力待定。于红岩是否符合采矿权受让人条件，《矿权转让合同》能否经相关部门批准，并非法院审理范围。原审法院认定《矿权转让合同》成立，隆兴矿业应按照合同继续履行办理矿权转让手续并无不当。如《矿权转让合同》审批管理机关不予批准，双方当事人可依据合同法的相关规定另行主张权利。内蒙高院作出民事判决，维持原判。

锡盟中院根据于红岩的申请，立案执行，向被执行人隆兴矿业发出执行通知，要求其自动履行生效法律文书确定的义务。因隆兴矿业未自动履行，故向锡林郭勒盟国土资源局发出协助执行通知书，请其根据生效判决的内容，协助为本案申请执行人于红岩按照《矿权转让合同》的约定办理矿权过户转让手续。锡林郭勒盟国土资源局答复称，隆兴矿业与于红岩签订《矿权转让合同》后，未向其提交转让申请，且该合同是一个企业法人与自然人之间签订的矿权转让合同。依据法律、行政法规及地方法规的规定，对锡盟中院要求其协助执行的内容，按实际情况属协助不能，无法完成该协助通知书中的内容。

于红岩于2014年5月19日成立自然人独资的锡林郭勒盟辉澜萤石销售有限公司，并向锡盟中院申请将申请执行人变更为该公司。

---

① 该司法解释已失效。

② 《民法典》第502条、最高人民法院《关于适用〈中华人民共和国民法典〉时间效力若干问题的规定》（以下简称《民法典时间效力规定》）第8条。

③ 《民法典》第502条第2款。

裁判结果

内蒙古自治区锡林郭勒盟中级人民法院于2016年12月14日作出(2014)锡中法执字第11号执行裁定，驳回于红岩申请将申请执行人变更为锡林郭勒盟辉澜萤石销售有限公司的请求。于红岩不服，向内蒙古自治区高级人民法院申请复议。内蒙古自治区高级人民法院于2017年3月15日作出(2017)内执复4号执行裁定，裁定驳回于红岩的复议申请。于红岩不服内蒙古自治区高级人民法院复议裁定，向最高人民法院申诉。最高人民法院于2017年12月26日作出（2017）最高法执监136号执行裁定书，驳回于红岩的申诉请求。

裁判理由

最高人民法院认为，本案执行依据的判项为隆兴矿业按照《矿权转让合同》的约定为于红岩办理矿权转让手续。根据现行法律法规的规定，申请转让探矿权、采矿权的，须经审批管理机关审批，其批准转让的，转让合同自批准之日起生效。本案中，一、二审法院均认为对于矿权受让人的资格审查，属审批管理机关的审批权力，于红岩是否符合采矿权受让人条件、《矿权转让合同》能否经相关部门批准，并非法院审理范围，因该合同尚未经审批管理机关批准，因此认定该合同依法成立，但尚未生效。二审判决也认定，如审批管理机关对该合同不予批准，双方当事人对于合同的法律后果、权利义务，可另循救济途径主张权利。鉴于转让合同因未经批准而未生效的，不影响合同中关于履行报批义务的条款的效力，结合判决理由部分，本案生效判决所称的隆兴矿业按照《矿权转让合同》的约定为于红岩办理矿权转让手续，并非对矿业权权属的认定，而首先应是指履行促成合同生效的合同报批义务，合同经过审批管理机关批准后，才涉及到办理矿权转让过户登记。因此，锡盟中院向锡林郭勒盟国土资源局发出协助办理矿权转让手续的通知，只是相当于完成了隆兴矿业向审批管理机关申请办理矿权转让手续的行为，启动了行政机关审批的程序，且在当前阶段，只能理解为要求锡林郭勒盟国土资源局依法履行转让合同审批的职能。

矿业权因涉及行政机关的审批和许可问题，不同于一般的民事权利，未经审批的矿权转让合同的权利承受问题，与普通的民事裁判中的权利承受及债权转让问题有较大差别，通过执行程序中的申请执行主体变更的方式，并不能最终解决。本案于红岩主张以其所成立的锡林郭勒盟辉澜萤石销售有限公司名义办理矿业权转让手续问题，本质上仍属于矿业权受让人主体资格是否符合法定条件的行政审批范围，应由审批管理机关根据矿权管理的相关规定作出判断。于红岩认为，其在履行生效判决确定的权利义务过程中，成立锡林郭勒盟辉澜萤石销售有限公司，是在按照行政机关的行政管理性规定完善办理矿权转让的相关手续，并非将《矿权转让合同》的权利向第三方转让，亦未损害国家利益和任何当事人的利益，其申请将采矿权转让手续办至锡林郭勒盟辉澜萤石销售有限公司名下，完全符合《中华人民共和国矿产资源法》《矿业权出让转让管理暂行规定》《矿产资源开采登记管理办法》，及内蒙古自治区国土资源厅《关于规范探矿权采矿权管理有关问题的补充通知》等行政机关在自然人签署矿权转让合同情况下办理矿权转让手续的行政管理规定，此观点应向相关审批管理机关主张。锡盟中院和内蒙高院裁定驳回于红岩变更主体的申请，符合本案生效判决就矿业权转让合同审批问题所表达的意见，亦不违反执行程序的相关法律和司法解释的规定。

（生效裁判审判人员：黄金龙、刘少阳、朱燕）

【实务问答】

1. 如何确定依法应办理批准手续的合同生效时间？

《民法典》第502条规定，依法成立的合同，自成立时生效，但是法律另有规定或者当事人另有约定的除外。依照法律、行政法规的规定，合同应当办理批准等手续的，依照其规定。未办理批准等手续影响合同生效的，不影响合同中履行报批等义务条款以及相关条款的效力。应当办理申请批准等手续的当事人未履行义务的，对方可以请求其承担违反该义务的责任。依照法律、行政法规的规定，合同的变更、转让、解除等情形应当办理批准等手续的，适用前款规定。

关于合同生效时间，《民法典》第502条做了明确规定，依法成立的合同自合同成立时生效，法律另有规定或者当事人另有约定的除外。合同生效与合同成立在法律效果上的区别在于，合同生效后，当事人才可请求对方履行合同主要义务。合同成立但未生效的，当事人不得请求对方履行合同主要义务。值得特别注意的是，该条第2、3款对未办理批准等手续对合同效力的影响做了规定。法律、行政法规对部分合同规定了批准等手续，但并不是所有的批准等手续都能影响合同的生效。目前来看，规定合同应办理批准等手续的法律、行政法规较多，但明确办理批准等合同才生效的，《探矿权采矿权转让管理办法》是为数不多的一个。该办法第10条规定，审批管理机关批准当事人转让探矿权、采矿权的，转让合同自批准之日起生效。除此之外，其他法律、行政法规并未明确未办理批准等手续影响合同生效。为此，司法实践应结合具体情况，在设定批准等程序的管理政策与《民法典》合同编保障意思自治、鼓励交易间做好平衡判断。此外，由于合同生效与物权变动相区分理念的确立，物权登记不再作为合同特殊的生效要件，故该条相较原《合同法》，删去了“登记”，但在“批准”后保留了“等”字，既尊重了实际情况，也为将来发展留下了一定空间。另外需要注意，该条第2款明确将履行报批等义务条款及相关条款，作为一种特殊的条款独立对待，即使合同整体因未办理批准等手续不生效，也不影响合同中履行报批等义务条款及相关条款的效力。违反报批等义务条款及相关条款的，对方可请求承担违反该义务的责任，具体可参照合同违约责任，包括继续履行、赔偿损失等。但损害赔偿数额的确定，需要将报批义务放到交易整体中考虑，综合考量办理报批手续在整个交易中的重要性、报批后批准的难易度、报批义务履行后整个交易的成熟度与完成度等因素。就本指导案例而言，采矿权转让合同依法成立但未生效，判令转让方按照合同约定办理采矿权转让手续，并非对采矿权归属的确定，采矿权能否转让应由相关主管机关依法决定而非通过法院进行申请主体变更的方式来确定。

2. 如何应对矿业权转让审批未通过的风险？

矿业权相较于其他物权而言，其在设立、变更、灭失等层面的变动不仅需要符合《民法典》物权编等相关规定，还应符合国家行政管理的相关要求。据此并结合前面内容可知，执行法院依据生效判决向相关主管部门发出协助办理矿业权转让手续的通知，只是相当于完成了报批义务人向审批管理机关申请办理矿业权转让手续的行为，启动了行政机关审批的程序。至于转让手续能否经过批准，并非法院可决定的范围。换言之，矿业权最终能否完成转让需要由相关主管机关依法依规决定。若主管机关对矿业权转让审批通过，合同生效，矿业权由出让方转让至受让方。若审批未通过，则转让合同不生效，采矿权仍属原权利人。但当事人可基于各方过失情况请求承担缔约过失等责任。当然，由于审批存在通过、不通过两种可能，不通过的话将导致转让合同目的无法实现。为更好地做好风险应对，避免相应损失，建议事前做好相应的防范举措，最重要的一点则体现在签订转让合同时既要明确转让的报批义务，也要明确审批不通过时的具体责任及承担。

118 指导案例124号

中国防卫科技学院与联合资源教育发展（燕郊）有限公司执行监督案

双方对执行和解协议内容产生争议，客观上无法继续履行的，可执行原生效法律文书

（最高人民法院审判委员会讨论通过　2019年12月24日发布）

关键词：执行/执行监督/和解协议/执行原生效法律文书

裁判要点

申请执行人与被执行人对执行和解协议的内容产生争议，客观上已无法继续履行的，可以执行原生效法律文书。对执行和解协议中原执行依据未涉及的内容，以及履行过程中产生的争议，当事人可以通过其他救济程序解决。

相关法条

《中华人民共和国民事诉讼法》204条①

基本案情

联合资源教育发展（燕郊）有限公司（以下简称联合资源公司）与中国防卫科技学院（以下简称中防院）合作办学合同纠纷案，经北京仲裁委员会

① 《民事诉讼法》（2021年修正）第211条。

审理，于2004年7月29日作出（2004）京仲裁字第0492号裁决书（以下简称0492号裁决书），裁决：一、终止本案合同；二、被申请人（中防院）停止其燕郊校园内的一切施工活动；三、被申请人（中防院）撤出燕郊校园；四、驳回申请人（联合资源公司）其他仲裁请求和被申请人（中防院）仲裁反请求；五、本案仲裁费363364.91元，由申请人（联合资源公司）承担50%，以上裁决第二、三项被申请人（中防院）的义务，应于本裁决书送达之日起30日内履行完毕。

联合资源公司依据0492号裁决书申请执行，三河市人民法院立案执行。2005年12月8日双方签订《联合资源教育发展（燕郊）有限公司申请执行中国防卫科技学院撤出校园和解执行协议》（以下简称《协议》）。《协议》序言部分载明："为履行裁决，在法院主持下经过调解，双方同意按下述方案执行。本执行方案由人民法院监督执行，本方案分三个步骤完成。"具体内容如下：一、评估阶段：（一）资产的评估。联合资源公司资产部分：1. 双方同意在人民法院主持下对联合资源公司资产进行评估。2. 评估的内容包括联合资源公司所建房产、道路及设施等投入的整体评估，土地所有权的评估。3. 评估由双方共同选定评估单位，评估价作为双方交易的基本参考价。中防院部分：1. 双方同意在人民法院主持下对中防院投入联合资源公司校园中的资产进行评估。2. 评估的内容包括，（1）双方《合作办学合同》执行期间联合资源公司同意中防院投资的固定资产；（2）双方《合作办学合同》执行期间联合资源公司未同意中防院投资的固定资产；（3）双方《合作办学合同》裁定终止后中防院投资的固定资产。具体情况由中防院和联合资源公司共同向人民法院提供相关证据。（二）校园占用费由双方共同商定。（三）关于教学楼施工，鉴于在北京仲裁委员会仲裁时教学楼基础土方工作已完成，如不进行施工和填平，将会影响周边建筑及学生安全，同时为有利于中防院的招生，联合资源公司同意中防院继续施工。（四）违约损失费用评估。1. 鉴于中防卫技术服务中心1000万元的实际支付人是中防院，同时校园的实际使用人也是中防院，为此联合资源公司依据过去各方达成的意向协议，同意该1000万元在方案履行过程中进行考虑。2. 由中防卫技术服务中心违约给联合资源公司造成的实际损失，应由中防卫技术服务中心承担。3. 该部分费用双方协商解决，解决不成双方同意在法院主持下进行执行听证会，法院依听证结果进行裁决。二、交割阶段：1. 联合资源公司同意在双方达成一致的情况下，转让其所有的房产和土地使用权，中防院收购上述财产。2. 在中防院不同意收购联合资源公司资产情况下，联合资源公司收购中防院资产。3. 当 1、2 均无法实现时，双方同意由人民法院委托拍卖。4. 拍卖方案如下：A. 起拍价，按评估后全部资产价格总和为起拍价。B. 如出现流拍，则下次拍卖起拍价下浮 15%，但流拍不超过两次。C. 如拍卖价高于首次起拍价，则按下列顺序清偿，首先清偿联合资源公司同意中防院投资的固定资产和联合资源公司原资产，不足清偿则按比例清偿。当不足以清偿时联合资源公司同意将教学楼所占土地部分（含周边土地部分）出让给中防院，其资产由中防院独立享有。拍卖过程中双方均有购买权。

上述协议签订后，执行法院委托华信资产评估公司对联合资源公司位于燕郊开发区地块及地面附属物进行价值评估，评估报告送达当事人后联合资源公司对评估报告提出异议，此后在执行法院的主持下，双方多次磋商，一直未能就如何履行上述和解协议达成一致。双方当事人分别对本案在执行过程中所达成的和解协议的效力问题，向执行法院提出书面意见。

裁判结果

三河市人民法院于 2016 年 5 月 30 日作出（2005）三执字第 445 号执行裁定：一、申请执行人联合资源教育发展（燕郊）有限公司与被执行人中国防卫科技学院于 2005 年 12 月 8 日达成的和解协议有效。二、申请执行人联合资源教育发展（燕郊）有限公司与被执行人中国防卫科技学院在校园内的资产应按双方于 2005 年 12 月 8 日达成的和解协议约定的方式处置。联合资源教育发展（燕郊）有限公司不服，向廊坊市中级人民法院申请复议。廊坊市中级人民法院于 2016 年 7 月 22 日作出（2016）冀 10 执复 46 号执行裁定：撤销（2005）三执字第 445 号执行裁定。三河市人民法院于 2016 年 8 月 26 日作出（2005）三执字第 445 号之一执行裁定：一、申请执行人联合资源教育发展（燕郊）有限公司与被执行人中国防卫科技学院于 2005 年 12 月 8 日达成的和解协议有效。二、申请执行人联合资源教育发展（燕郊）有限公司与被执行人中国防卫科技学院在校园内的资产应按双方于 2005 年 12 月 8 日达成的和解协议约定的方式处置。联合资源教育发展（燕郊）有限公司不服，向河北省高级人民法院提起执行申诉。河北省高级人民法院于2017年3月21日作出（2017）冀执监130号执行裁定：一、撤销三河市人民法院作出的（2005）三执字第445号执行裁定书、（2005）三执字第445号之一执行裁定书及河北省廊坊市中级人民法院作出的（2016）冀10执复46号执行裁定书。二、继续执行北京仲裁委员会作出的（2004）京仲裁字第0492号裁决书中的第三、五项内容（即被申请人中国防卫科技学院撤出燕郊校园、被申请人中国防卫科技学院应向申请人联合资源教育发展（燕郊）有限公司支付代其垫付的仲裁费用173407.45元）。三、驳回申诉人联合资源教育发展（燕郊）有限公司的其他申诉请求。中国防卫科技学院不服，向最高人民法院申诉。最高人民法院于2018年10月18日作出（2017）最高法执监344号执行裁定：一、维持河北省高级人民法院（2017）冀执监130号执行裁定第一、三项。二、变更河北省高级人民法院（2017）冀执监130号执行裁定第二项为继续执行北京仲裁委员会作出的（2004）京仲裁字第0492号裁决书中的第三项内容，即“被申请人中国防卫科技学院撤出燕郊校园”。三、驳回中国防卫科技学院的其他申诉请求。

裁判理由

最高人民法院认为：

第一，本案和解执行协议并不构成民法理论上的债的更改。所谓债的更改，即设定新债务以代替旧债务，并使旧债务归于消灭的民事法律行为。构成债的更改，应当以当事人之间有明确的以新债务的成立完全取代并消灭旧债务的意思表示。但在本案中，中防院与联合资源公司并未约定《协议》成立后0492号裁决书中的裁决内容即告消灭，而是明确约定双方当事人达成执行和解的目的，是为了履行0492号裁决书。该种约定实质上只是以成立新债务作为履行旧债务的手段，新债务未得到履行的，旧债务并不消灭。因此，本案和解协议并不构成债的更改。而按照一般执行和解与原执行依据之间关系的处理原则，只有通过和解协议的完全履行，才能使得原生效法律文书确定的债权债务关系得以消灭，执行程序得以终结。若和解协议约定的权利义务得不到履行，则原生效法律文书确定的债权仍然不能消灭。申请执行人仍然得以申请继续执行原生效法律文书。从本案的和解执行协议履行情况来看，该协议中关于资产处置部分的约定，由于未能得以完全履行，故其并未使原生效法律文书确定的债权债务关系得以消灭，即中防院撤出燕郊校园这一裁决内容仍需执行。中防院主张和解执行协议中的资产处置方案是对0492号裁决书中撤出校园一项的有效更改的申诉理由理据不足，不能成立。

第二，涉案和解协议的部分内容缺乏最终确定性，导致无法确定该协议的给付内容及违约责任承担，客观上已无法继续履行。在执行程序中，双方当事人达成的执行和解，具有合同的性质。由于合同是当事人享有权利承担义务的依据，这就要求权利义务的具体给付内容必须是确定的。本案和解执行协议约定了0492号裁决书未涵盖的双方资产处置的内容，同时，协议未约定双方如不能缔结特定的某一买卖法律关系，则应由何方承担违约责任之内容。整体来看，涉案和解协议客观上已经不能履行。中防院将该和解协议理解为有强制执行效力的协议，并认为法院在执行中应当按照和解协议的约定落实，属于对法律的误解。

鉴于本案和解协议在实际履行中陷入僵局，双方各执己见，一直不能达成关于资产收购的一致意见，导致本案长达十几年不能执行完毕。如以存在和解协议约定为由无限期僵持下去，本案继续长期不能了结，将严重损害生效裁判文书债权人的合法权益，人民法院无理由无限期等待双方自行落实和解协议，而不采取强制执行措施。

第三，从整个案件进展情况看，双方实际上均未严格按照和解协议约定履行，执行法院也一直是在按照0492号裁决书的裁决推进案件执行。一方面，从2006年资产评估开始，联合资源公司即提出异议，要求继续执行，此后虽协商在一定价格基础上由中防院收购资产，但双方均未实际履行。并不存在中防院所述其一直严格遵守和解协议，联合资源公司不断违约的情况。此外双方还提出了政府置换地块安置方案等，上述这些内容，实际上均已超出原和解协议约定的内容，改变了原和解协议约定的内容和条件。不能得出和解执行协议一直在被严格履行的结论。另一方面，执行法院在执行过程中，自2006年双方在履行涉案和解协议发生分歧时，一直是以0492号裁决书为基础，采取各项执行措施，包括多次协调、组织双方调解、说服教育、现场调查、责令中防院保管财产、限期迁出等，上级法院亦持续督办此案，要求尽快执行。在执行程序中，执行法院组织双方当事人进行协商、促成双方落实和解协议等，只是实务中的一种工作方式，本质上仍属于对生效裁判的执行，不能被理解为对和解协议的强制执行。中防院认为执行法院的上述执行行为不属于执行0492号裁决书的申诉理由，没有法律依据且与事实不符。

此外，关于本案属于继续执行还是恢复执行的问题。从程序上看，本案执行过程中，执行法院并未下发中止裁定，中止过对0492号裁决书的执行；从案件实际进程上看，根据前述分析和梳理，自双方对和解执行协议履行产生争议后，执行法院实际上也一直没有停止过对0492号裁决书的执行。因此，本案并不存在对此前已经中止执行的裁决书恢复执行的问题，而是对执行依据的继续执行，故中防院认为本案属于恢复执行而不是继续执行的申诉理由理据不足，河北省高级人民法院（2017）冀执监130号裁定认定本案争议焦点是对0492号裁决书是否继续执行，与本案事实相符，并无不当。

第四，和解执行协议中约定的原执行依据未涉及的内容，以及履行过程中产生争议的部分，相关当事人可以通过另行诉讼等其他程序解决。从履行执行依据内容出发，本案明确执行内容即为中防院撤出燕郊校园，而不在本案执行依据所包含的争议及纠纷，双方当事人可通过另行诉讼等其他法律途径解决。

（生效裁判审判人员：黄金龙、刘少阳、朱燕）

【实务问答】

1. 如何理解“债的更改”与“替代型执行和解协议”?

债的更改，也称债务更替，是指因成立新债务而使旧债务消灭的契约。债的更改与代物清偿、新债清偿虽有着很多相似之处，但仍存在显著区别。其与代物清偿最大的不同在于前者容纳了债的主体要素变更的情形，而代物清偿则不能变更债的主体；其与新债清偿最大的不同之处则在于当事人是否有“更改意思”，即以新债务代替旧债务以消灭旧债务的意思表示。此外，债的更改始终只有一种生效的债权债务关系，而新债清偿则有两个并存的债权债务关系存在。就执行和解协议而言，“替代型执行和解协议”一般认为属债的更改情形，该类型和解协议的显著特征就是当事人明确约定以和解债权替代原生效法律文书所确认的执行债权。“替代”意味着原生效法律文书所确立的债权债务关系的消灭，同时意味着执行和解协议所确立的债权债务关系的成立。和解当事人的这种意思表示就是债法理论所讲的“更改意思”，即以新债务（和解债务）代替旧债务（执行债务）以消灭旧债务的意思表示。就本指导案例而言，案涉协议实质上只是以成立新债务作为履行旧债务的手段，新债务未得到履行的，旧债务并不消灭，非属“替代型执行和解协议”，该和解执行协议不属于民法理论上的债的更改，申请执行人仍然可以申请继续执行原生效法律文书。

2. “选择型执行和解协议”的含义及特点是什么?

选择之债，是指得于数宗给付中，依选择而定某个给付为标的之债。在当事人对和解债权与执行债权的关系约定中，并未约定以和解债权替代执行债权，而是约定由债权人在“替代”与“恢复执行”之间进行选择的特殊和解协议，可归入选择型执行和解协议范畴。简言之，“选择型执行和解协议”的本质特征在于当事人明确约定债权人选择通过申请恢复对原生效法律文书的执行来实现执行债权，也可选择通过就执行和解协议另行起诉或将执行和解协议转化为执行名义的方式来实现和解债权。具体来讲，在执行债权债务关系以外，当事人通过执行和解协议另行成立新的债权债务关系，但是与一般执行和解协议不同，执行债权与和解债权间并不存在着效力上的高低之分，两个给付均处于被选择状态，在选择确定之前有同等的选择资格。履行和解债务前，当事人之间的债权债务关系为简单之债，债务人拒不恰当履行和解债务时，债权人取得选择权，有权在执行债权与和解债权之间进行选择。因此，约定由债权人选择以和解债权替代执行债权或选择恢复原生效文书执行的选择型和解协议，可解释为附停止条件的选择之债。

【适用实例】

沈阳嘉盛房屋开发有限公司、吴某借款合同纠纷执行审查类执行裁定书

复议申请人沈阳嘉盛房屋开发有限公司、武某不服辽宁省沈阳市和平区人民法院执行裁定，向辽宁省沈阳市中级人民法院申请复议。

在辽宁省沈阳市和平区人民法院（以下简称执行法院）执行申请执行人刘某堂与被执行人沈阳嘉盛房屋开发有限公司、武某借款合同纠纷一案中，被执行人沈阳嘉盛房屋开发有限公司、武某作为异议人向执行法院提出异议，请求法院撤销于2020年8月11日作出的（2020）辽0102执恢1093号执行裁定书。

申请执行人刘某堂答辩称，双方在和解协议中明确约定恢复执行的条件为因被执行人对房屋权利瑕疵，使和解协议无法履行，申请执行人有权利恢复执行。同时该和解协议因房屋无土地证和房产证根本无法履行，依据和解协议第4条规定恢复申请执行及最高人民法院**指导案例124号**规定，客观上和解协议已无法继续履行的可继续执行原生效法律文书。

执行法院认为，异议人提交的证据材料不能证明其主张，对其申请裁定不予恢复执行该院不予支持。故裁定驳回异议人沈阳嘉盛房屋开发有限公司、武某的异议请求。

辽宁省沈阳市中级人民法院认为，《民事执行中查封、扣押、冻结财产的规定》第26条①第1款规定："被执行人就已经查封、扣押、冻结的财产所作的移转、设定权利负担或者其他有碍执行的行为，不得对抗申请执行人。"第2款规定："第三人未经人民法院准许占有查封、扣押、冻结的财产或者实施其他有碍执行的行为的，人民法院可以依据申请执行人的申请或者依职权解除其占有或者排除其妨害。"本案中，执行法院对案涉房屋系轮候查封，并未产生查封的法律效力，即使被执行人沈阳嘉盛房屋开发有限公司及武某与申请执行人刘某堂就案涉房屋的使用及收益作出相关安排，亦不具有对抗执行法院另案中的在先保全查封行为的法律效力，同时还存在涉及妨害人民法院执行工作的情形因素。上述《协议》中载明"被执行人承诺对沈阳市和平区太原北街12甲-1号房屋享有合法的使用权，如因被执行人对房屋上的权利瑕疵影响该和解协议的履行，则申请人有权恢复执行。"如前所述，案涉房屋上存在执行法院其他案件的在先查封，对被执行人沈阳嘉盛房屋开发有限公司及武某的处分权构成法律上的限制，并对申请执行人刘某堂的使用产生法律上的影响，故申请执行人刘

① 《民事执行中查封、扣押、冻结财产的规定》（2020年修正）第24条。

某堂申请执行法院恢复对本案的执行，符合上述《协议》的约定，并无不当。此外，最高人民法院**指导案例124号**的要旨为“申请执行人与被执行人对执行和解协议的内容产生争议，客观上已无法继续履行的，可以执行原生效法律文书。对执行和解协议中原执行依据未涉及的内容，以及履行过程中产生的争议，当事人可以通过其他救济程序解决”。参照该指导案例，执行法院恢复对本案的执行亦无不当。因此，执行法院异议程序裁定驳回异议人沈阳嘉盛房屋开发有限公司及武某针对恢复执行的异议请求的结论正确。复议申请人沈阳嘉盛房屋开发有限公司及武某关于不应恢复执行的复议理由不能成立，不予采纳。[（2021）辽01执复5号]

119 指导案例125号

陈载果与刘荣坤、广东省汕头渔业用品进出口公司等申请撤销拍卖执行监督案

网络司法拍卖是法院通过互联网拍卖平台进行的司法拍卖，属于强制执行措施

（最高人民法院审判委员会讨论通过　2019年12月24日发布）

关键词：执行/执行监督/司法拍卖/网络司法拍卖/强制执行措施

裁判要点

网络司法拍卖是人民法院通过互联网拍卖平台进行的司法拍卖，属于强制执行措施。人民法院对网络司法拍卖中产生的争议，应当适用民事诉讼法及相关司法解释的规定处理。

相关法条

《中华人民共和国民事诉讼法》第204条①

① 《民事诉讼法》（2021年修正）第211条。

基本案情

广东省汕头市中级人民法院（以下简称汕头中院）在执行申请执行人刘荣坤与被执行人广东省汕头渔业用品进出口公司等借款合同纠纷一案中，于2016年4月25日通过淘宝网司法拍卖网络平台拍卖被执行人所有的位于汕头市升平区①永泰路145号13—1地号地块的土地使用权，申诉人陈载果先后出价5次，最后一次于2016年4月26日10时17分26秒出价5282360.00元确认成交，成交后陈载果未缴交尚欠拍卖款。

2016年8月3日，陈载果向汕头中院提出执行异议，认为拍卖过程一些环节未适用拍卖法等相关法律规定，请求撤销拍卖，退还保证金23万元。

裁判结果

广东省汕头市中级人民法院于2016年9月18日作出（2016）粤05执异38号执行裁定，驳回陈载果的异议。陈载果不服，向广东省高级人民法院申请复议。广东省高级人民法院于2016年12月12日作出（2016）粤执复字243号执行裁定，驳回陈载果的复议申请，维持汕头市中级人民法院（2016）粤05执异38号执行裁定。申诉人陈载果不服，向最高人民法院申诉。最高人民法院于2017年9月2日作出（2017）最高法执监250号，驳回申诉人陈载果的申诉请求。

裁判理由

最高人民法院认为：

一、关于对网络司法拍卖的法律调整问题

根据《中华人民共和国拍卖法》规定，拍卖法适用于中华人民共和国境内拍卖企业进行的拍卖活动，调整的是拍卖人、委托人、竞买人、买受人等平等主体之间的权利义务关系。拍卖人接受委托人委托对拍卖标的进行拍卖，是拍卖人和委托人之间“合意”的结果，该委托拍卖系合同关系，属于私法范畴。人民法院司法拍卖是人民法院依法行使强制执行权，就查封、扣押、冻结的财产强制进行拍卖变价进而清偿债务的强制执行行为，其本质上属于司法行为，具有公法性质。该强制执行权并非来自于当事人的授权，无

---

① 该区于2003年与金园区被并为金平区。

须征得当事人的同意，也不以当事人的意志为转移，而是基于法律赋予的人民法院的强制执行权，即来源于民事诉讼法及相关司法解释的规定。即便是在传统的司法拍卖中，人民法院委托拍卖企业进行拍卖活动，该拍卖企业与人民法院之间也不是平等关系，该拍卖企业的拍卖活动只能在人民法院的授权范围内进行。因此，人民法院在司法拍卖中应适用民事诉讼法及相关司法解释对人民法院强制执行的规定。网络司法拍卖是人民法院司法拍卖的一种优选方式，亦应适用民事诉讼法及相关司法解释对人民法院强制执行的规定。

二、关于本项网络司法拍卖行为是否存在违法违规情形问题

在网络司法拍卖中，竞价过程、竞买号、竞价时间、是否成交等均在交易平台展示，该展示具有一定的公示效力，对竞买人具有拘束力。该项内容从申诉人提供的竞买记录也可得到证实。且在本项网络司法拍卖时，民事诉讼法及相关司法解释均没有规定网络司法拍卖成交后必须签订成交确认书。因此，申诉人称未签订成交确认书、不能确定权利义务关系的主张不能得到支持。

关于申诉人提出的竞买号牌A7822与J8809蓄谋潜入竞买场合恶意串通，该标的物从底价230万抬至530万，事后经过查证号牌A7822竞买人是该标的物委托拍卖人刘荣坤等问题。网络司法拍卖是人民法院依法通过互联网拍卖平台，以网络电子竞价方式公开处置财产，本质上属于人民法院“自主拍卖”，不存在委托拍卖人的问题。《最高人民法院关于人民法院民事执行中拍卖、变卖财产的规定》第十五条第二款明确规定申请执行人、被执行人可以参加竞买，作为申请执行人刘荣坤只要满足网络司法拍卖的资格条件即可以参加竞买。在网络司法拍卖中，即竞买人是否加价竞买、是否放弃竞买、何时加价竞买、何时放弃竞买完全取决于竞买人对拍卖标的物的价值认识。从申诉人提供的竞买记录看，申诉人在2016年4月26日9时40分53秒出价2377360元后，在竞买人叫价达到5182360元时，分别在2016年4月26日10时01分16秒、10时05分10秒、10时08分29秒、10时17分26秒加价竞买，足以认定申诉人对于自身的加价竞买行为有清醒的判断。以竞买号牌A7822与J8809连续多次加价竞买就认定该两位竞买人系蓄谋潜入竞买场合恶意串通理据不足，不予支持。

（生效裁判审判人员：赵晋山、万会峰、邵长茂）

【实务问答】

1. 如何理解网络司法拍卖的性质？

拍卖是指以公开竞价的形式，将特定物品或财产权利转让给最高应价者的买卖方式。拍卖作为有效的变价方式，被引入民事诉讼的强制执行程序，成为联结民事强制执行中财产控制与财产分配的一项重要执行措施。强制执行拍卖也称为法院司法拍卖，是指执行法院依照《民事诉讼法》的规定，强制对查封、扣押的被执行人财产以公开竞价的形式出卖给出价最高的应买人，并以所得价金清偿债权的行为。关于司法拍卖的形式，理论上有公法说、私法说与折中说三种观点。按照我国《民事诉讼法》的规定，法院拍卖是执行法院基于执行权对债务人被查封、扣押财产的一种变价处分，是作为国家机关的人民法院依照《民事诉讼法》的规定进行的强制执行活动。拍卖原因是基于法律规定，属公权力行为。因而可以说，我国司法实践采纳的是公法说。为此，有学者也将其称为强制拍卖、公法上拍卖或法定拍卖，以区别于民法上作为特种买卖的一般拍卖。而在互联网时代，作为提高拍卖效率顺应时代发展的具体方式，网络司法拍卖越发成为法院进行司法拍卖的一个重要途径，但其本质上仍系法院司法拍卖的一种，属强制执行程序范畴。

2. 判断一人竞买行为法律效力的关键是什么？

对于一人竞买，应避免依据对强制拍卖概念的解读直接作出有效或无效的结论，而应从诉讼法的视角，以拍卖程序是否合法为主要评判标准，即判断一人竞买行为法律效力的关键所在。从积极角度上看，一人竞买不是程序正义直接评价的对象，应以程序正义的标准衡量相关拍卖程序是否具有正当性。从消极角度来说，宣告拍卖无效或撤销拍卖行为，不应制裁一人竞买行为本身，而应制裁致出现该情形的程序性违法行为，如未按程序规定公告或进行信息公示、恶意串通损害其他竞买人利益、非法限制竞买人资格让特定的竞买人竞买等。换言之，评判一人竞买是否有效，不能简单根据存在一人竞买便直接得出非此即彼的结论，而应关注拍卖实施过程本身是否合法。若拍卖过程没有违反法律程序的行为，拍卖程序也依法进行，一人参加竞买且出价不低于起拍价的，拍卖行为应获肯定。《网络司法拍卖规定》第11条规定，一人参与竞拍，出价不低于起拍价的，拍卖成交。其所包含的一个前提条件便是网络司法拍卖行为本身符合法律程序规定。若网络司法拍卖行为出现严重的程序性违法，拍卖仍有可能被撤销。该规定第31条即明确了当事人、利害关系人可以提出执行行为异议、请求撤销网络司法拍卖的情形。

【适用实例】

贺某迪与国家税务总局深圳市龙华区税务局、国家税务总局深圳市税务局其他一审行政判决书（被告答辩引用）

原告贺某迪不服被告国家税务总局深圳市龙华区税务局（以下简称龙华区税务局）作出的税务行政处理决定及国家税务总局深圳市税务局（以下简称市税务局）作出的行政复议决定，向广东省深圳市盐田区人民法院起诉。

原告诉称，其通过淘宝网司法拍卖竞得深圳市龙华区民治×栋××房产（以下简称涉案房产），根据广东省深圳市福田区人民法院（以下简称福田法院）裁定的成交价格，深圳市不动产登记中心所认定的交易价格（登记价格）4,261,432元、涉案房产原登记价1,235,595元及相关税法规。原告发现超过应纳税额缴纳的税款后，向被告龙华区税务局申请返还多缴的税款并加算银行同期存款利息。原告认为，被告作出不予审批的258586号税务事项通知书违法。

被告市税务局辩称，市税务局作出60号行政复议决定书认定事实清楚、适用法律正确。根据原《合同法》第6、8条①等规定，参照最高人民法院**指导案例125号**的裁判理由，《竞买公告》关于拍卖成交价为不含税价的条款对原告具有法律拘束力。根据《增值税暂行条例》第5、6条及《增值税暂行条例实施细则》第30条等规定，增值税的计税依据即销售额不含增值税，该拍卖成交价为涉案房产交易计征增值税的销售额。根据

① 《民法典》不再保留第6条内容；第8条对应《民法典》第465条。

《契税暂行条例》第1、3、4、5条和财税〔2016〕43号文第1条“计征契税的成交价格不含增值税”的规定，原告应当以拍卖成交价格作为计税价格申报缴纳契税。

法院认为，福田法院通过淘宝网司法拍卖平台公开的涉案房产的《竞买公告》和《竞买须知》等公示材料载明，“拍卖成交时，成交价不包含转让时双方的一切税、费、应补地价、土地使用费；过户时产生的转让双方的一切税、费（包括但不限于所得税、土地增值税、营业税及其附加、印花税、契税等）、应补地价、土地使用费均由买受人承担”，对作为竞买人的原告具有约束力。原告作为买受人已经签订《拍卖成交确认书》，承诺拍卖前已认真阅读《竞买公告》和《竞买须知》等公示材料，自愿履行上述材料的相关规定。因此，涉案房产拍卖成交价不含增值税。根据财政部、国家税务总局《关于营改增后契税、房产税、土地增值税、个人所得税计税依据问题的通知》（财税〔2016〕43号）第1条规定：“计征契税的成交价格不含增值税。”因涉案房产拍卖成交价格4,261,432元为不含增值税的价格，故契税计税依据应为4,261,432元。财政部、国家税务总局、住房城乡建设部①《关于调整房地产交易环节契税、营业税优惠政策的通知》（财税〔2016〕23号）第1条第1款规定，对个人购买家庭唯一住房，面积为90平方米以上的，减按1.5%的税率征收契税。据此，契税的计税依据为不含增值税的成交价格，原告购买的该涉案房产适用家庭唯一住房的优惠税率1.5%，契税应纳税额为63921.48元（4261432×1.5%）。原告按涉案房产成交价格作为计税价格申报并缴纳契税，不存在多缴契税的情况。因此，被告龙华区税务局作出被诉税务事项通知书认定事实清楚、适用法律法规正确、程序合法。被告市税务局按照《行政复议法》和《税务行政复议规则》的规定进行了受理、审查、作出复议决定并送达，且龙华区税务局作出的被诉行政行为并无不当，因此，市税务局作出维持原行政行为的行政复议决定合法。[（2020）粤0308行初251号]

① 现为住房与城乡建设部。

120 指导案例126号

江苏天宇建设集团有限公司与无锡时代盛业房地产开发有限公司执行监督案

申请人因被执行人迟延履行而申请恢复执行，同时又继续接受并积极配合后续履行至全部履行完毕，不再恢复执行

（最高人民法院审判委员会讨论通过　2019年12月24日发布）

关键词：执行/执行监督/和解协议/迟延履行/履行完毕

裁判要点

在履行和解协议的过程中，申请执行人因被执行人迟延履行申请恢复执行的同时，又继续接受并积极配合被执行人的后续履行，直至和解协议全部履行完毕的，属于民事诉讼法及相关司法解释规定的和解协议已经履行完毕不再恢复执行原生效法律文书的情形。

相关法条

《中华人民共和国民事诉讼法》第204条①

基本案情

江苏天宇建设集团有限公司（以下简称天宇公司）与无锡时代盛业房地产开发有限公司（以下简称时代公司）建设工程施工合同纠纷一案，江苏省无锡市中级人民法院（以下简称无锡中院）于2015年3月3日作出（2014）锡民初字第00103号民事判决，时代公司应于本判决发生法律效力之日起五日内支付天宇公司工程款14454411.83元以及相应的违约金。时代公司不服，提起上诉，江苏省高级人民法院（以下简称江苏高院）二审维持原判。因时代公司未履行义务，天宇公司向无锡中院申请强制执行。

① 《民事诉讼法》（2021年修正）第211条。

在执行过程中，天宇公司与时代公司于2015年12月1日签订《执行和解协议》，约定：一、时代公司同意以其名下三套房产（云港佳园53－106、107、108商铺，非本案涉及房产）就本案所涉金额抵全部债权；二、时代公司在15个工作日内，协助天宇公司将抵债房产办理到天宇公司名下或该公司指定人员名下，并将三套商铺的租赁合同关系的出租人变更为天宇公司名下或该公司指定人员名下；三、本案目前涉案拍卖房产中止15个工作日拍卖（已经成交的除外）。待上述事项履行完毕后，涉案房产将不再拍卖，如未按上述协议处理完毕，申请人可以重新申请拍卖；四、如果上述协议履行完毕，本案目前执行阶段执行已到位的财产，返还时代公司指定账户；五、本协议履行完毕后，双方再无其他经济纠葛。

和解协议签订后，2015年12月21日（和解协议约定的最后一个工作日），时代公司分别与天宇公司签订两份商品房买卖合同，与李思奇签订一份商品房买卖合同，并完成三套房产的网签手续。2015年12月25日，天宇公司向时代公司出具两份转账证明，载明：兹有本公司购买硕放云港佳园53－108、53－106、53－107商铺，购房款冲抵本公司在空港一号承建工程中所欠工程余款，金额以法院最终裁决为准。2015年12月30日，时代公司、天宇公司在无锡中院主持下，就和解协议履行情况及查封房产解封问题进行沟通。无锡中院同意对查封的39套房产中的30套予以解封，并于2016年1月5日向无锡市不动产登记中心新区分中心送达协助解除通知书，解除了对时代公司30套房产的查封。因上述三套商铺此前已由时代公司于2014年6月出租给江苏银行股份有限公司无锡分行（以下简称江苏银行）。2016年1月，时代公司（甲方）、天宇公司（乙方）、李思奇（丙方）签订了一份《补充协议》，明确自该补充协议签订之日起时代公司完全退出原《房屋租赁合同》，天宇公司与李思奇应依照原《房屋租赁合同》中约定的条款，直接向江苏银行主张租金。同时三方确认，2015年12月31日前房屋租金已付清，租金收款单位为时代公司。2016年1月26日，时代公司向江苏银行发函告知。租赁关系变更后，天宇公司和李思奇已实际收取自2016年1月1日起的租金。2016年1月14日，天宇公司弓奎林接收三套商铺初始登记证和土地分割证。2016年2月25日，时代公司就上述三套商铺向天宇公司、李思奇开具共计三张《销售不动产统一发票（电子）》，三张发票金额总计11999999

元。发票开具后，天宇公司以时代公司违约为由拒收，时代公司遂邮寄至无锡中院，请求无锡中院转交。无锡中院于2016年4月1日将发票转交给天宇公司，天宇公司接受。2016年11月，天宇公司、李思奇办理了三套商铺的所有权登记手续，李思奇又将其名下的商铺转让给案外人罗某明、陈某。经查，登记在天宇公司名下的两套商铺于2016年12月2日被甘肃省兰州市七里河区人民法院查封，并被该院其他案件轮候查封。

2016年1月27日及2016年3月1日，天宇公司两次向无锡中院提交书面申请，以时代公司违反和解协议，未办妥房产证及租赁合同变更事宜为由，请求恢复本案执行，对时代公司名下已被查封的9套房产进行拍卖，扣减三张发票载明的11999999元之后，继续清偿生效判决确定的债权数额。2016年4月1日，无锡中院通知天宇公司、时代公司：时代公司未能按照双方和解协议履行，由于之前查封的财产中已经解封30套，故对于剩余9套房产继续进行拍卖，对于和解协议中三套房产价值按照双方合同及发票确定金额，可直接按照已经执行到位金额认定，从应当执行总金额中扣除。同日即2016年4月1日，无锡中院在淘宝网上发布拍卖公告，对查封的被执行人的9套房产进行拍卖。时代公司向无锡中院提出异议，请求撤销对时代公司财产的拍卖，按照双方和解协议确认本执行案件执行完毕。

裁判结果

江苏省无锡市中级人民法院于2016年7月27日作出（2016）苏02执异26号执行裁定：驳回无锡时代盛业房地产开发有限公司的异议申请。无锡时代盛业房地产开发有限公司不服，向江苏省高级人民法院申请复议。江苏省高级人民法院于2017年9月4日作出（2016）苏执复160号执行裁定：一、撤销江苏省无锡市中级人民法院（2016）苏02执异26号执行裁定。二、撤销江苏省无锡市中级人民法院于2016年4月1日作出的对剩余9套房产继续拍卖且按合同及发票确定金额扣减执行标的的通知。三、撤销江苏省无锡市中级人民法院于2016年4月1日发布的对被执行人无锡时代盛业房地产开发有限公司所有的云港佳园39－1203、21－1203、11－202、17－102、17－202、36－1402、36－1403、36－1404、37－1401室九套房产的拍卖。江苏天宇建设集团有限公司不服江苏省高级人民法院复议裁定，向最高人民法院提出申诉。最高人民法院于2018年12月29日作出（2018）最高法执监34号执行裁定：驳回申诉人江苏天宇建设集团有限公司的申诉。

裁判理由

最高人民法院认为，根据《最高人民法院关于适用〈中华人民共和国民事诉讼法〉的解释》第四百六十七条①的规定，一方当事人不履行或者不完全履行在执行中双方自愿达成的和解协议，对方当事人申请执行原生效法律文书的，人民法院应当恢复执行，但和解协议已履行的部分应当扣除。和解协议已经履行完毕的，人民法院不予恢复执行。本案中，按照和解协议，时代公司违反了关于协助办理抵债房产转移登记等义务的时间约定。天宇公司在时代公司完成全部协助义务之前曾先后两次向人民法院申请恢复执行。但综合而言，本案仍宜认定和解协议已经履行完毕，不应恢复执行。

主要理由如下：

第一，和解协议签订于2015年12月1日，约定15个工作日即完成抵债房产的所有权转移登记并将三套商铺租赁合同关系中的出租人变更为天宇公司或其指定人，这本身具有一定的难度，天宇公司应该有所预知。第二，在约定期限的最后一日即2015年12月21日，时代公司分别与天宇公司及其指定人李思奇签订商品房买卖合同并完成三套抵债房产的网签手续。从实际效果看，天宇公司取得该抵债房产已经有了较充分的保障。而且时代公司又于2016年1月与天宇公司及其指定人李思奇签订《补充协议》，就抵债房产变更租赁合同关系及时代公司退出租赁合同关系作出约定；并于2016年1月26日向江苏银行发函，告知租赁标的出售的事实并函请江苏银行尽快与新的买受人办理出租人变更手续。租赁关系变更后，天宇公司和李思奇已实际收取自2016年1月1日起的租金。同时，2016年1月14日，时代公司交付了三套商铺的初始登记证和土地分割证。由此可见，在较短时间内时代公司又先后履行了变更抵债房产租赁关系、转移抵债房产收益权、交付初始登记证和土地分割证等义务，即时代公司一直在积极地履行义务。第三，对于时代公司上述一系列积极履行义务的行为，天宇公司在明知该履行已经超过约定期限的情况下仍一一予以接受，并且还积极配合时代公司向人民法院申请解封

① 《民诉法解释》（2022年修正）第465条。

已被查封的财产。天宇公司的上述行为已充分反映其认可超期履行，并在继续履行和解协议上与时代公司形成较强的信赖关系，在没有新的明确约定的情况下，应当允许时代公司在合理期限内完成全部义务的履行。第四，在时代公司履行完一系列主要义务，并于1月26日函告抵债房产的承租方该房产产权变更情况，使得天宇公司及其指定人能实际取得租金收益后，天宇公司在1月27日即首次提出恢复执行，并在时代公司开出发票后拒收，有违诚信。第五，天宇公司并没有提供充分的证据证明本案中的迟延履行行为会导致签订和解协议的目的落空，严重损害其利益。相反从天宇公司积极接受履行且未及时申请恢复执行的情况看，迟延履行并未导致和解协议签订的目的落空。第六，在时代公司因天宇公司拒收发票而将发票邮寄法院请予转交时，其全部协助义务即应认为已履行完毕，此时法院尚未实际恢复执行，此后再恢复执行亦不适当。综上，本案宜认定和解协议已经履行完毕，不予恢复执行。

（生效裁判审判人员：黄金龙、薛贵忠、熊劲松）

【实务问答】

1. 不履行执行和解协议时如何恢复执行？

《民诉法解释》第465条规定，一方当事人不履行或者不完全履行在执行中双方自愿达成的和解协议，对方当事人申请执行原生效法律文书的，人民法院应当恢复执行，但和解协议已履行的部分应当扣除。和解协议已经履行完毕的，人民法院不予恢复执行。

执行和解协议虽然不具有强制执行力，但在当事人之间是有效的，双方应自觉履行。但由于其并没有强制执行力，当事人可随时反悔，同时也容易出现一方尤其是被执行人利用执行和解拖延执行、转移财产的情形，这无疑将严重损害相对方利益。为此，对一方当事人不履行或不完全履行和解协议的，应赋予对方当事人申请执行原生效法律文书的权利。当然，为更好地督促和制约，应明确坚持不履行和解协议的当事人一方无权自行申请恢复强制执行的原则。换言之，申请执行人不履行和解协议的，无权向法院申请恢复强制执行，只要被执行人按协议履行完毕，执行程序即可终结；被执行人不履行和解协议的，申请人可申请恢复执行原生效法律文书。但需要注意，法院此时执行的是原生效法律文书而非和解协议。此外，被执行人还需要承担包括执行和解期在内的迟延履行责任。恢复执行后，应结合不履行的具体情形来确定继续执行的相应内容。和解协议已履行完毕后，申请执行人反悔并要求恢复执行的，不予恢复执行。和解协议未履行完毕的，被执行人按照和解协议已履行的部分，应予扣除。当然，是否不履行协议应按照有关合同不履行的有关条款判断，对给付方式、数额、履行时间等主要条款反悔的，应认定为不履行合同，对方申请恢复执行的则应准许。

2. 实务中，对执行和解协议的迟延履行应注意哪些问题？

前面已有论及，执行和解协议具有合同性质。但需要注意，迟延履行不必然意味着被执行人完全不履行和解协议，不必然导致和解协议完全不能实现。就本指导案例而言，时代公司违反了和解协议中协助办理抵债房产转移登记等义务的时间约定，天宇公司在时代公司完成全部协助义务之前先后两次向法院申请恢复执行。但天宇公司在申请恢复执行的同时又继续接受并积极配合被执行人的后续履行，直至和解协议全部履行完毕。综合而言，该案例仍认定和解协议已经履行完毕，不应恢复执行。另外需要注意，对于迟延履行和解协议所造成的损失，在执行程序中一般不予处理。此外，最高人民法院执行工作办公室在致四川省高级人民法院的函（〔2005〕执监字第24－1号）中也明确指出："本案执行和解协议的履行尽管存在瑕疵，但和解协议确已履行完毕，人民法院应不予恢复执行。至于当事人对迟延履行和解协议的争议，不属执行程序处理，应由当事人另诉解决。"